U0692684

全本全注全译丛书

中华经典名著

杨寄林◎译注

太平经 下

中华书局

虚无无为自然图道毕成诚第一百六十八

【题解】

《太平经》庚部经文，基本保存完整，且篇目多达四十六篇（《敦煌目录》亦然），字数十万有余，不乏长篇巨制，对窥探本经的原有规模与面貌颇有典型示例的意义。本篇所谓"虚无"、"无为"，分别指位居上乘的使人能够登仙成神的两种真道而言，在戊部《真道九首得失文诀》中又被称作"凝静虚无"、"元气无为"，俱属"守一"修炼方术的具体表现形式。"自然"乃谓天然如此，原本便该那样，属于修炼上列两种真道必须遵循的原则，亦为获得"道毕成"最终结局的关键所在。对"自然"这种绝对不可违背性的标揭，即成"诚"。"图"则列示三幅，两同一异，对因循自然、精修二术进行形象化地揭示。篇中据图并采用韵文来具体阐述虚无、无为的特定内涵，修炼的要领，臻及的幻境，尤须注意的禁忌事项等。其排列顺序则由始及终，由高起点的二等道术推演到上等道术，而以道成必赖明师卒其章。整篇图文，不啻对道家基本哲学概念的道术化，其间"不死长仙"论，又是建立在古医学关于人体经脉之气循环规律的基础之上的。本篇同戊部《真道九首得失文诀》内容相通且局部重合，但显有详略之别。

左列本卷第一幅插图,如环无端。红黄青三色,则分别代表火行、土行、木行,依次象征由元气分化而成的太阳气、太阴气、中和气以及天、地、人,神、精、形,道、德、仁,生、养、施等。

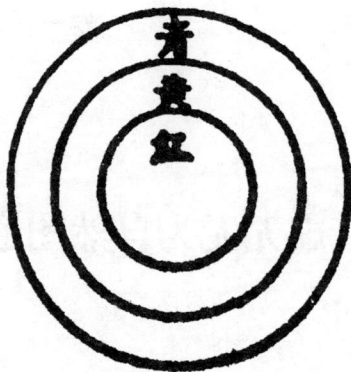

虚无者,乃内实外虚也①,有若无也②。反其胞胎③,与道居也④;独存其心⑤,县龙虑也⑥;遂为神室⑦,聚道虚也;但与气游⑧,故虚无也;在气与神⑨,其余悉除也;以心为主,故得无邪也。

【注释】

①实:充实,盈实。虚:虚空,虚廓。《文子·道原》云:"实生于虚。"

②有:指具体存在。无:指玄远空寂的初始形态。《老子·四十章》云:"有生于无。"

③胞胎:指婴儿在母腹中存息的那种情形。亦即名为胎息的气功养生术。本经辛部云:"请问胞中之子,不食而取气。在腹中,自然之气;已生,呼吸阴阳之气。守道力学,反自然之气;反自然之气,心若婴儿,即生矣。随呼吸阴阳之气,即死矣。"

④居:同列之意。

⑤心:心灵。指高度集中的意念活动。本经卷六十九《天谶支干相配法》云:"火之精为心,心为圣。"又卷九十六《忍辱象天地至诚与神相应大戒》称:"精明人者,心也。"又卷一百十九《三者为一

家阳火数五诀》谓："人心之为神圣，神圣人心最尊真善，故神圣人心乃能造作凡事，为其初元首。故神圣之法，乃一从心起，无不解说。"又辛部称："凡人腹中，各有天子。……其一气主行为王者，主执正凡事，居人腹中，自名为心。心则五藏之王，神之本根，一身之至也。"

⑥县（xuán）：悬示，张悬。龙虑：谓去俗念，守虚空。盖自"犹龙"衍出，即体悟大道之高深奇妙，犹如龙之变化不可测。《史记·老子列传》载，孔子曾向老子问礼，老子告以良贾深藏若虚，君子盛德而外表若愚，必须去除骄气与多欲，态色与淫志，方有益于身，致使孔子遂生老子犹龙之叹。

⑦神室：指真神在人腹中所形成的真人室宅。本经卷五十二《胞胎阴阳规矩正行消恶图》云："欲知其意胞中童，不食十月神相通。自然之道无有上，不视而气宅十二重。"又佚文云："古者上真睹天神食气，象之为行，乃学食气。真神来助其为治，乃游居真人腹中也。古者真仙之身，名为真人室宅耳。"

⑧气：指人所含怀的先天元气。按照后世道教内丹术的说法，气为生命的动力。本经卷七十一《真道九首得失文诀》称："守形洞虚，自然无有奇也。身中照白，上下若玉，无有瑕也。"

⑨神：指寄居在人体各部位、诸器官内并起主宰作用的人格化的神灵。本经卷四十二《四行本末诀》称："神者，乘气而行，故人有气则有神，有神则有气，神去则气绝，气亡则神去。故无神亦死，无气亦死。"又癸部《还神邪自消法》云："人气亦轮身上下，神、精乘之出入。神、精有气，如鱼有水，气绝神、精散，水绝鱼亡。"又辛部谓："凡事安危，一在精神，故形体为家也，以气为舆马，精神为长吏，兴衰往来，主理也。"

【译文】

虚无这种道术，恰恰表现为内部盈实而外部虚廓，具体存在和那玄远空寂的初始形态完全一个样。返回到婴儿在母体内存息的那种情形，便与真道站在同一行列了；唯独把那高度集中的意念掌控好，张悬起排除俗念、凝化虚空的思索目标；于是就筑成了真神栖居腹内的真人室宅，聚合起真道的灵虚魔力了；只管随同体内的先天元气沉浮升降，所以就达到虚无的境界了；把那重心投注在元气和体内众神灵身上，其余一律斥除掉；极力发挥出心念的主宰作用，因而就没有邪物存在了。

　　详论其意，毋忘真书也①；得之则度②，可久游也③；何不趣精④，反与愚俱也⑤？凶祸一至，被大灾也；弃其真朴⑥，反成土灰也⑦。贤者见书，诫之诫之。

　　右虚无之室。

【注释】

①真书：阐述真道的书文。

②度：谓超凡成仙。

③游：指周游天界，逍遥自得。本经卷七十一《致善除邪令人受道戒文》谓："何忧不得上九天，周历二十五天乎哉？"又壬部称："其化生，光耀日中，所见洞彻，正神相随，浮游八表。"

④趣(qū)：归向。

⑤俱：搅在一起之意。

⑥真朴：指纯真质朴的天然情状。

⑦成土灰：意谓形骸化成泥土飞灰。本卷一百十二《贪财色灾及胞中诫》云："三气合成，乃为人；不成，离散为土在瓦石，同底破碎，在不见之处，不得与全完为比。"

【译文】

详尽求索其中的要意，切莫忘记阐述真道的书文；获取到奥义妙旨也就超凡成仙了,可以永久在天界游历了;为什么不赶紧归向精思深求,反而同愚昧的人搅在一起呢? 凶殃祸害一降临,也就遭受重大的灾难了;摒弃纯真质朴的天然情状,反过来就身躯化成泥土和飞灰了。贤明的人看到这篇文书,要引以为戒啊引以为戒。

以上为虚无之室。

左列本卷第二幅插图,盖即下文所谓修持"无为之术"应闭的"金阙"。

无为者,无不为也①,乃与道连;出婴儿前②,入无间也③;到于太初④,乃反还也⑤。天地初起,阴阳源也⑥;入无为之术,身可完也⑦。去本来末⑧,道之患也;离其太初,难得完也;去生已远,就死门也。

【注释】

①"无为"二句:袭自《老子·三十七章》及《四十八章》。原意谓,顺应自然变化,不加人为干涉,反转来则无所不能为,即有为。此系老子从帝王治国到个人活动所倡行的行动准则。本经卷七十一《真道九首得失文诀》则已改造为:"念其身也,无一为也,但思其身洞白,若委气而无形。常以是为法,已成则无不为、无不知也。故人无道之时,但人耳,得道则变易成神仙,而神上天,随天变化,即是其无不为也。"

②出婴儿前:意为修炼到积气无形的境地。婴儿喻指聚结元气而
　　浑沦柔和的状态。《老子·十章》云:"专气致柔,能如婴儿乎?"

③入无间:意为化形成神。无间,谓不存在空隙。指极细微处。
　　《老子·四十三章》云:"无有(无形物)入无间。"本经卷四十二
　　《九天消先王灾法》称:"日练其形,毋夺其欲,能出无间去,上助
　　仙真元气天治也,是为神士,天之吏也。"

④太初:元气始萌,谓之太初。亦即天地未分前的混沌状态。言其
　　气广大,乃为万物之本始,故名。

⑤乃反还也:此四字中"乃"原作"及"。据《太平经钞》改。反还。
　　谓返璞归真。

⑥阴阳源:元气之清轻者上凝成天,浊重者下凝成地,天为阳,地为
　　阴,故谓之为阴阳源。《河图》云:"元气无形,洶洶蒙蒙,偃者为
　　地,伏者为天。"

⑦完:保全。指形体长存。

⑧来:后多作"徕"。招引,招致。

【译文】

　　无为这种道术,恰恰表现为最后什么都能做得到,于是便和真道紧
紧连在一起了;修炼到积气无形的境界,就能出入任何地方了。跻身天
地未分以前的混沌气态,于是就返璞归真了。天地最初划分开来,恰恰
构成了阴阳的本源;深入到无为这种道术中,身躯就能长存了。舍弃根
本却把末节细梢招引来,就给修道造成大祸患了,脱离开天地未分以前
的混沌气态,身躯就很难保全了,距离存活已经太遥远了,直接跌入死
亡的门坎里了。

　　好为俗事①,伤魂神也②;守二忘一③,失其相也④;可不
诚哉? 道之元也⑤! 子专守一⑥,仁贤源也;天道行一⑦,故
完全也;地道行二⑧,与鬼神邻也⑨;审知无为,与其道最

神也⑩。

【注释】

①好为俗事：此四字中"事"字《太平经钞》作"学"。俗事，指世俗所兴行的那类事情。如聚饮之类。

②魂神：即灵魂、魂魄。在《太平经》编著者看来，其附着人体则人生，其离开人体则人死。本经壬部云："故昼为阳，人魂常并居；冥为阴，魂神争行为梦，想失其形，分为两，至于死亡，精神悉失，而形独在。"又卷七十三至八十五《阙题》（三）谓："形若死灰守魂神，魂神不去乃长存。"

③二：指真道的分叉。即下文所称之"地道"。一：指真道的纲领。即下文所称之"天道"。本经卷五十《诸乐古文是非诀》云："一者，道之纲；二者，道之横行。"又乙部《修一却邪法》称，守一延命，守二与凶为期。又癸部《分别形容邪自消清身行法》云："守三不如守二，守二不如守一。深思此言，得道深奥矣。"

④相：指人的外在形体、整副身躯。本经癸部《分别形容邪自消清身行法》云："道之生人，本皆精气也，皆有神也，假相名为人。"

⑤元：本原，基元。

⑥守一：此系《太平经》所极力阐扬的一套精神修炼方术，即高度集中和控制意念力的一套功夫。其大要在于"真合为一"以体道，但具体所指非一。此处则谓固守元气。

⑦行一：意谓施布灌输职在化生的阳气。天为阳，主生，天道随之亦主生，故曰行一。

⑧行二：意谓施布灌输职在养育和戕杀的阴气。地为阴，具有既好养又好杀的两重属性，地道随之亦发挥养育和戕杀的双项功能。此处着眼于杀，故曰行二。本经卷一百十五至一百十六《某诀》云："地者常养而好德。"又卷一百十七《天咎四人辱道诫》称："故

地者主辱杀,主藏。"卷七十三至八十五《阙题》(六)则谓:"天道常生无有丧,地道持两主死亡。"壬部又称:"阳者守一,阴者守二,故名杀也。"

⑨与鬼神邻也:此五字中"神"字《太平经钞》作"为"。于义为长。

⑩与:步入,臻及。神:神妙。

【译文】

喜好干那世俗兴行的事情,就损伤本人的魂神;守行真道的分叉却忘掉了真道的纲领,也就丧失了自己的那副身躯;对此能不引起警戒吗?那个真道的基元啊!你专心致志固守那元气,恰恰成为仁惠贤明的来源;天道总去施布灌输职在化生的阳气,所以就长存永在;地道总去施布灌输职在养育和戕杀的阴气,所以就和鬼物结成邻居;确实了解掌握了无为的宗旨,深入这道术当中来也就变得最神妙了。

　　详思其事,真人先也①;闭子之金阙②,毋令出门也;寂无声,长精神也③;神气已毕④,仙道之门也⑤;易哉大道,不复烦也;天道无有亲⑥,归仁贤也。

　　右无为。

【注释】

①真人先:意谓构成修炼成真人的先导。真人通常指炼养天性而悟道归真的人。《庄子·刻意》称:"能体纯素,谓之真人。"《淮南子·本经训》云:"莫死莫生,莫虚莫盈,是谓真人。"《周易参同契·二土全功章》谓:"改形免世厄,号之曰真人。"本经在其所构设的神仙序列中,将"真人"列为正牌神仙中的二等神仙。职在掌理大地。卷一百十二《不忘诫常得福诀》云:"昆仑之墟有真人,上下有常。"

②闭子之金阙:此五字中"金阙"二字《太平经钞》作"金关"。金阙
为帝王的居所,此处喻指五官和五脏。本经卷八十七《长存符
图》谓:"五官五王为道初,为神祖,审能闭之闭门户。""金关"之
金,则言其坚刚。关指三关,即目、耳、口。《淮南子·主术训》
谓:"夫目妄视则淫,耳妄听则惑,口妄言则乱。夫三关者,不可
不慎守也。"或指四关,即目、耳、口、心。《文子·下德》云:"精存
于目,即其视明;存于耳,即其听聪;留于口,即其言当;集于心,
即其虑通。故闭四关,即终身无患。"

③长(zhǎng):驾驭、支配之意。精神:指寄居在人体各部位、诸器
官内并起主宰作用的人格化的神灵与精灵。本经倡言兴衰由
人,人可恃道支配神。乙部《守一明法》云:"万神可祖,出光明之
门。"癸部《盛身却灾法》谓:"千二百二十善神为其使,进退司候,
万神为其民,皆随人盛衰。此天地常理。"

④神气:指体内同神灵打成一片的精纯元气。《庄子·田子方》云:
"夫至人者,上窥青天,下潜黄泉,挥斥八极,神气不变。"《淮南
子·要略》谓:"言至精而不原人之神气,则不知养生之机。"本经
卷四十二《四行本末诀》称:"神乃与元气并,同身并行。"又癸部
《分别形容邪自消清身行法》云:"愚人不知还全其神气,故失
道也。"

⑤仙道:成仙之道。仙指超脱尘世而身变形易、长生不死的人。其
在本经中半具神性又半具人性,为本经所构设的神仙等级序列
中的三等正牌神仙(其上为神人、真人,其下为道人),职在掌理
四时,属于早期道教修炼所欲实现的主要目标和理想结果之一,
但与神话传说及后世道教、文艺作品所称神通广大者不同。详
参本经丙部《九天消先王灾法》、卷五十六至六十四《阙题》(六)
所述。

⑥亲:偏私,偏爱。《老子·七十九章》谓:"天道无亲,常与善人。"

【译文】

周详思忖这等事体,也就构成修炼成真人的先导了;严密封存封堵住你那五官和五脏,不要让它们的神灵与精灵游荡到外面去;虚寂又宁静,也就驾驭住体内那些神灵与精灵了;神气已经充盈齐备,也就步入成仙之道的门槛了;大道本来很容易修炼,不必再去瞎折腾了;皇天的道法决没有什么偏私,只是付归给仁惠贤明的人。

以上为无为。

左列本卷第三幅插图,与第一幅相同,其象征和说明作用亦无二致。

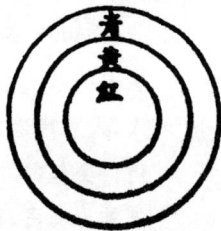

自然之法①,乃与道连,守之则吉,失之有患。比若万物生自完②,一根万枝无有神③。详思其意道自陈,俱祖混沌出妙门④,无增无减守自然。凡万物生自有神,千八百息人为尊⑤,故可不死而长仙,所以蚤终失自然⑥,禽兽尚度况人焉⑦!

【注释】

①自然:本然固有的情状与态势。本经卷八十九《八卦还精念文》云:"道以自然,为洞虚无。"

②完:谓形体完好无缺。

③一根万枝无有神:此七字中"无"下《太平经钞》有"不"字。当据补。

④祖:奉为根本之意。混沌:形容元气迷蒙一团的初始状态。实指
　元气而言。妙门:神妙之门。指体察和领悟道法道术之奥义妙
　旨的门径。《老子·首章》云:"玄之又玄,众妙之门。"

⑤千八百息:指人体经脉之气在正常情况下,一昼夜循行周身的周
　数、呼吸次数和气行长度等。详参《灵枢·五十营》所述。人为
　尊:此系宣示人在自然界中所占据的固有地位和应起的作用。
　《老子·二十五章》谓:"道大,天大,地大,人亦大。域中有四大,
　而人居其一。"伪《古文尚书·泰誓》云:"惟天地,万物父母;惟
　人,万物之灵。"《素问·宝命全形论》曰:"天覆地载,万物悉备,
　莫贵于人。"《礼记·礼运》称:"人者,五行之秀气也。"《孝经·圣
　治章》谓:"天地之性人为贵。"《风俗通义》称:"万类之中,唯人为
　贵。"本经卷五十《生物方诀》云:"故万物芸芸,命系天,根在地,
　用而安之者在人。……凡物与天地为常,人为其王。"

⑥蚤:通"早",早终,早亡。

⑦禽兽:指仙鹤、灵龟之类。《洛书灵准听》云:"灵龟者,玄文五色,
　神灵之精也。上员法天,下方法地,能见存亡,明于吉凶。"《春秋
　说题辞》谓:"龟之为言久也,千岁知吉凶也。"本经佚文称:"太阴
　之精为龟,匿于渊源之中。"《春秋说题辞》又谓:"鹤所以寿者,无
　死气于其中也。"

【译文】

　自然而然的法则,正与真道紧紧连结在一起,守持它就吉利,偏离
它就带来祸患。也就如同万物生长出来形体都自行完好无缺,一条老
根和万片枝叶无不有那神灵寄存在里面。缜密思索其中的要意,真道
就自行来降示,全都把元气奉为根本,从那神妙的门径中闪出来,既不
增加,也不减损,只管守持那自然而然的状态。万物只要生长出来,就
都自行有那神灵在伴随,可一昼夜呼吸吐纳和气血流注的脉管多达一
千八百道,也就顶数人类最尊贵了,所以就能不死亡而长生成仙。那些

早早死去的人恰恰在于偏离了自然而然的法则,灵龟仙鹤这类动物尚能存活千年而变化,更何况人类呢!

　　愚者贱道,志下与地连①;仁贤贵道,忽上天门②;神道不死③,鬼道终焉④。子欲为之,如环无端⑤,慎毋有奇⑥,自益身患,亦毋妄去⑦,令人死焉。天地之性,独贵自然,各顺其事,毋敢逆焉。道兴无为,虚无自然,高士乐之⑧,下士恚焉⑨。

【注释】

①志下与地连:此五字中《太平经钞》无"志"字。

②天门:谓天庭紫微宫门。本经卷九十四至九十五《阙题》称:"乘云驾龙行天门,随天转易若循环。"

③神道:指神灵所奉守行用的皇天道法。即令人长生久存之道。本经卷九十二辟有《火气正神道诀》专篇,可参阅。

④鬼道:指鬼物所奉守行用的邪道。即令人死亡之道。

⑤环:指环形物体。端:指起点和终点。本经卷七十三至八十五《阙题》(三)谓:"周者反始环无端,去本求末道有患。"

⑥慎毋有奇:此四字中"有奇"二字《太平经钞》作"入有"。有奇,意谓产生杂念和邪念。入有,身陷俗事之意。本经卷八十七《长存符图》称:"其有奇思反为咎。"

⑦妄去:谓已从事道术修炼又随意放弃而径自停止修炼活动。

⑧高士:最高明的人。

⑨下士:低劣的人。恚(huì):怨恨。《老子·四十一章》谓:"下士闻道,大笑之。"

【译文】

愚昧的人瞧不起真道，志向低下便与阴间连成一处了；仁惠贤明的人看重真道，转瞬间就跃升到天庭紫宫的宫门前；神灵所奉守行用的皇天道法就是能让人长生不死，而鬼物所奉守行用的邪道偏偏是叫人死掉。你要修炼那真道，就如同环形物体不存在起点与终点，切莫产生杂念和邪念，自己给自己增添祸患；也不要半路就随意停止修炼，这样会让人死掉。天地的本性，唯独看重那自然而然的法则，各自随顺各自的事态，决不敢与它对着干。真道兴行起无为和虚无的修炼方术，又完全遵循那自然而然的法则，最高明的人对此喜欢，低劣的人对此就怨恨。

　　详学于师①，亦毋妄言②；有师道明，无师难传。学不师诀③，君子不言。妄作则乱文④，身自凶焉。道已毕备，便成自然。

　　右道毕成诚。

【注释】

①详学：意为周详审慎地去学习去修炼。师：指道术精深高明的师长。本经卷七十一《真道九首得失文诀》谓："故凡学者，乃须得明师；不得明师，失路矣。"又卷七十三至八十五《阙题》(八)："师者，智之所出，不穷之业也。师者，乃晓知天地之意，解凡事之结。"又卷九十四至九十五《阙题》称："夫师开矇，为道之端。"

②妄言：谓对道法道术轻易发表个人意见。本经卷九十七《事师如事父言当成法诀》云："所言不中，名为妄语，乱误上者也。"又卷七十《学者得失诀》谓："内学才太过者，多入大邪中，自以得之也，不与傍人语，反失法度而传妄言也。读书出其奇，多才而不得其要实者，非也。"

③师诀：指由授道明师作出的决断或定论。诀，通"决"，决断。本
　　经卷七十《学者得失诀》谓："读书见其意，而守师求见诀示解者，
　　是也；读书不师诀，反自言深独知之者，非也，内失大道指意也。"
　　又卷七十三至八十五《阙题》（三）云："顺受师语不死焉，愚者逆
　　师与鬼邻。"

④妄作：谓按本人一己之见另编道书。乱文：败乱道经经文。本经
　　卷四十《分解本末法》、卷七十一《真道九首得失文诀》俱云："不
　　以师传之，名为妄作，则致凶邪矣。"

【译文】

　　从明师那里周详审慎地去学习去修炼，也不要轻易就发表个人意
见；赖有明师，真道便得到彰明，没有明师，真道就很难传授。学道而不
属于经由明师作出的决断或定论，君子就闭口不谈。胡乱去瞎编道书，
就会搅乱真道的经文，本人也自行落个凶险的下场。真道已经全部修
炼成功，也就形成自然而然的结果了。

　　以上为道毕成诚。

兴上除害复文第一百六十九

【题解】

本篇和以下三篇所谓"复文",属于早期道教所造作的符箓秘文。这种符箓秘文,本经丙部《解师策书诀》称之为"天书累积之字"。它实际上是由帝王发兵或传令的凭证即符节,外加民间所制避邪象征物,结合古代的文字崇拜,特别是注入天神威灵之气而创制出来的。在构形上,均用两个以上的隶书汉字重叠累积而成,虽已似篆非篆,化为非字之符,但文字形迹依稀仍可略辨,非如后世云篆符书那样繁杂神秘,其草创性质犹未改变。在意义上,又都属于《太平经》的本文,即最原始的灵文秘诀。换言之,《太平经》是依据这四卷总计二千一百三十二个复文推演成卷帙浩繁的一部大道经的(此系古说,尚俟深考)。在功用上,它们除具备后世符箓所讲的镇邪治病、召神劾鬼外,更对治国修身起指导与主宰作用。本篇共列复文五百五十个,冠以"兴上除害"的总称,而篇末所附篇旨亦与标题相同,可知是向帝王宣授为政之道的。它被南朝道士视为《太平本文》四部之首。篇中某些复文,尚能略窥其义。如第五个复文,由"北"、"曰"和两个"月"字所组成。北方为太阴,月为阴精,双月为偶,偶亦属阴,则"北"、"曰"、双"月",似与东汉后宫专政、女主擅权的历史现象有关,这在本经卷六十九《天谶支干相配法》中亦可寻找到坚确的佐证。

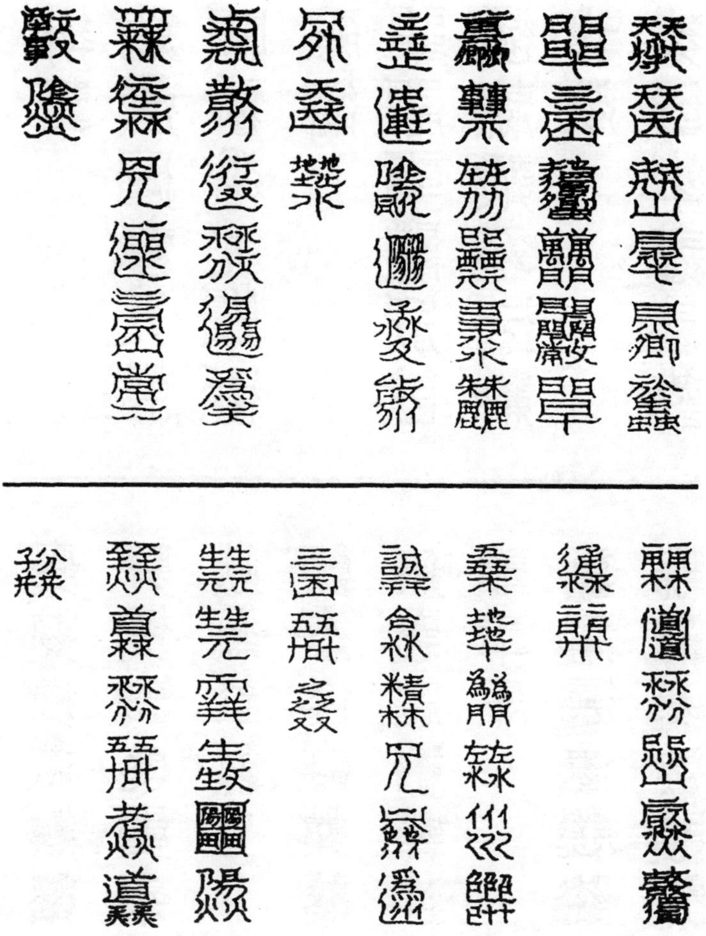

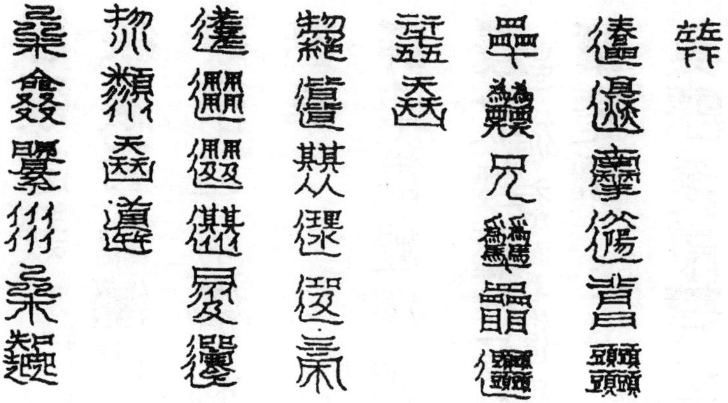

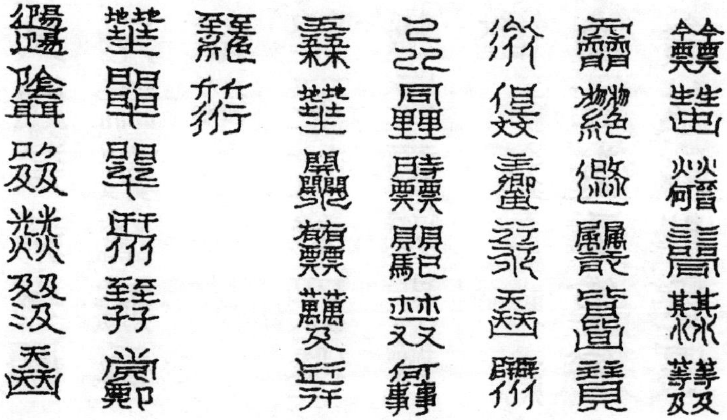

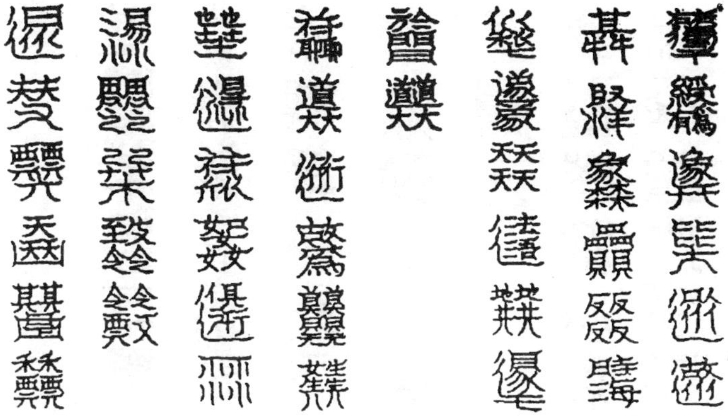

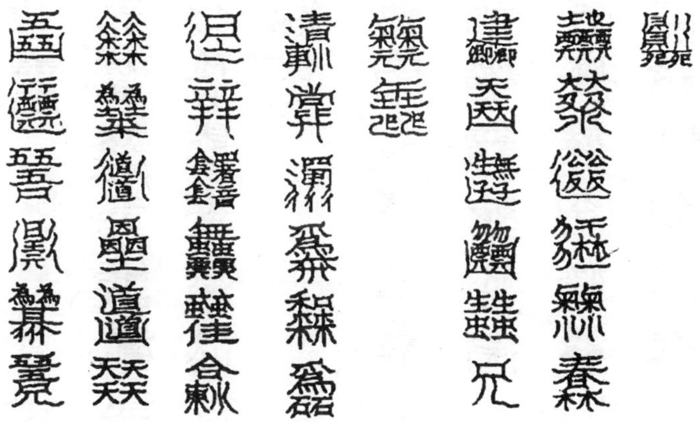

右兴上除害复文诀。

令尊者无忧复文第一百七十

【题解】

本篇共列复文五百三十个，被南朝道士视为《太平本文》四部之二。既冠以"令尊者无忧"的总称，而篇末所附篇旨，除与标题用语相同者外，又谓"邪自除"。揆之本经经文，每每言称帝王愁苦若何，据此臆测，这五百三十个复文同上卷一样，也主要是向君主喻示治国之术的。惟上卷重在除害，本卷重在除邪，互有区分而已。如篇中第三百五十七个复文，由"议"字和三个"子"字组成。"子"为臣民，三"子"或系隐指地方官吏、邑民和来往行人；"议"谓集议。依此来看，该复文或许在讲通上三道文书之事。本经卷一百九《四吉四凶诀》所谓"续命符"、"短命符"，容或也在本篇复文当中。

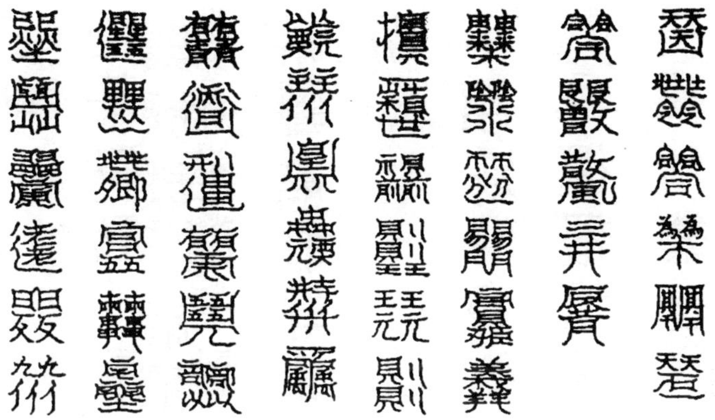

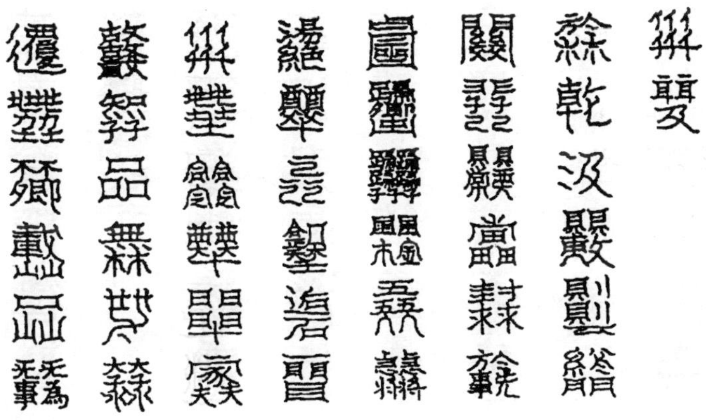

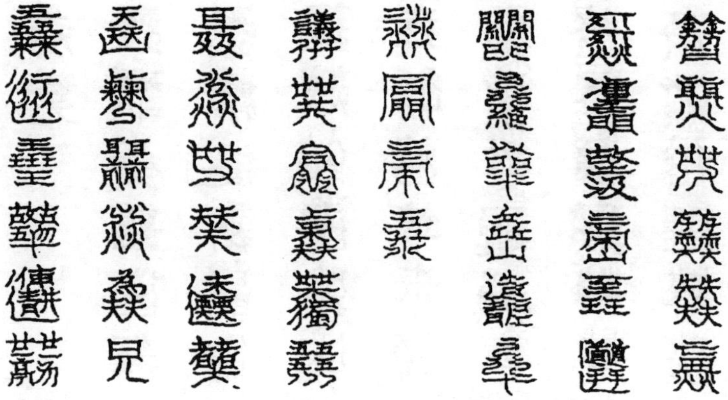

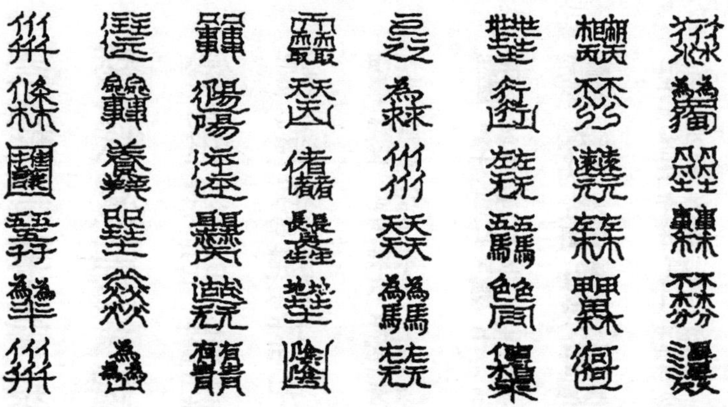

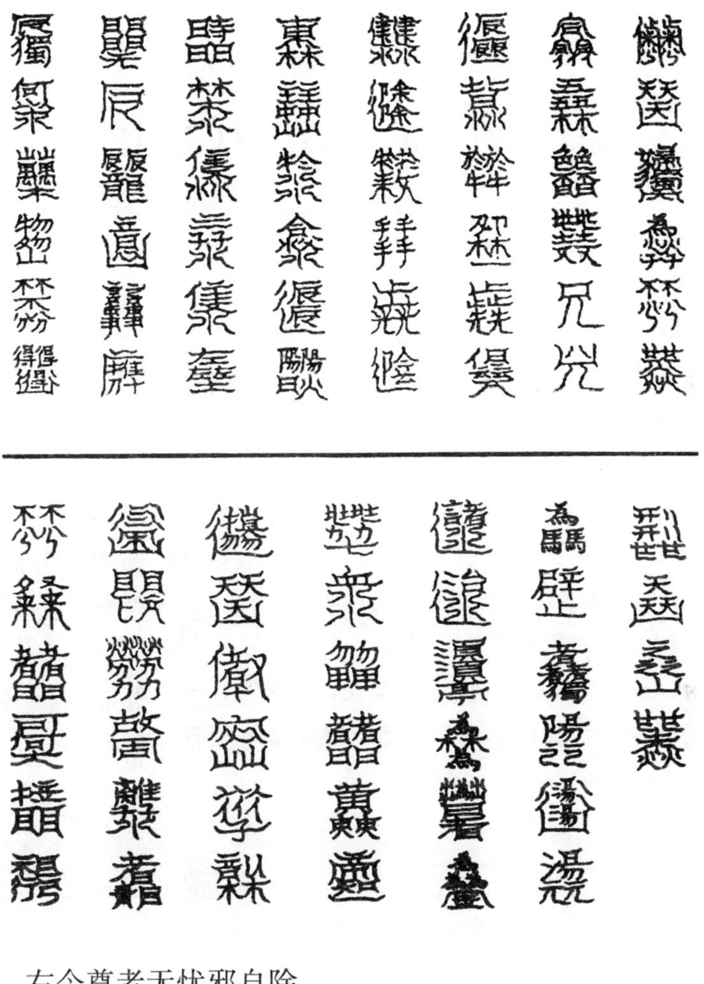

右令尊者无忧邪自除。

德行吉昌复文第一百七十一

【题解】

　　本篇共列复文五百四十八个,被南朝道士视为《太平本文》四部之三。其总称既曰"德行吉昌",而篇末所附篇旨,复增五字:"每留每苟法"。每,往往、常常之意;留,盖指留年,即延命长寿;苟,则意谓承受。留年系对德行者本人而言,承受系对德行者后代而言;本人常常延命长寿,后代往往承受福禄,共同构成了"吉昌"的具体内容。由于善恶报应论乃系本经所极力播扬的主题之一,执此并结合本篇标题和篇旨来作悬测,这五百四十八个复文,基本上是晓谕臣民奉道行德,以求皇天善报的。如篇中第五百一十三个复文,由"魂"、二"甲"及"月"四字组成。"魂、甲、甲、月"连而一之,或许即谓盛德者的子孙必定会在吉月降生。这在本经卷一百十一《有德人禄命诀》中亦有踪迹可寻。

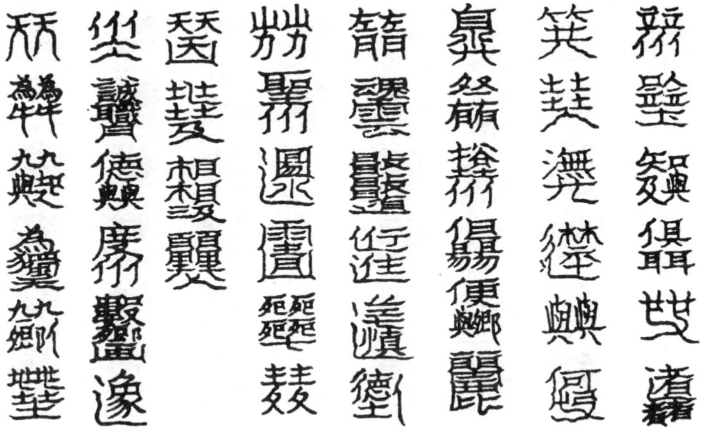

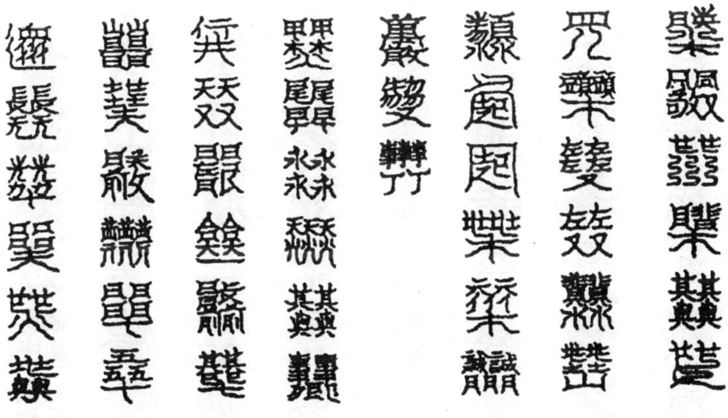

右德行者吉昌每留每荷法。

卷一百七　庚部之五

神祐复文第一百七十二

【题解】

　　本篇共列复文五百零四个,被南朝道士视为《太平本文》四部之末。其既总称"神祐",篇末所附篇旨又在"神祐"前面增置"藏之幽处"四字。据此推断,这五百零四个复文,乃是告诫道徒并诱导世人对其密持精修,锐意并致力于法天敬地、重道爱德、尊神重精,以求神灵佑护救助的。本经卷八十七《长存符图》、卷九十二《洞极上平气无虫重复字》,似应都包括在本篇之内。另如第三百二十九个复文,由"诚君子"三字组成。对"诚"之表现和所获结果,本经卷九十六《忍辱象天地至诚与神相应大戒》,述之甚详,可作注脚。值得重视的是,本经四卷复文,以"兴上除害"开其端,"令尊者无忧"承其绪,"德行吉昌"张其帜,"神祐"殿其后,显示出《太平经》编著者心目中所构设的君主与臣民、人与神的领属关系,治国与修身的逻辑结构,行道目的和行道效果的统一格制,对探究全经的基本宗旨和主体内容,颇具破竹剥笋之用。

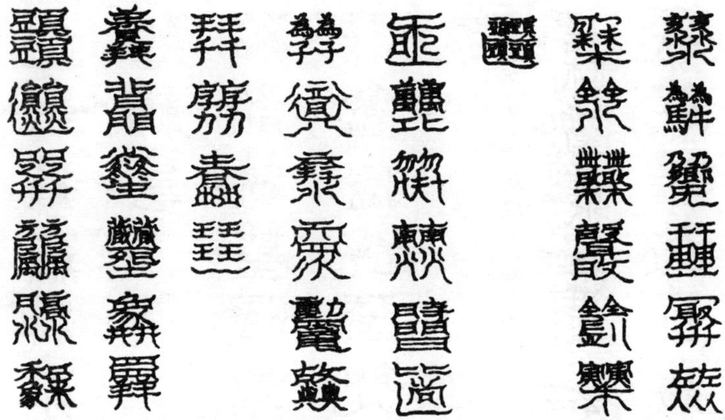

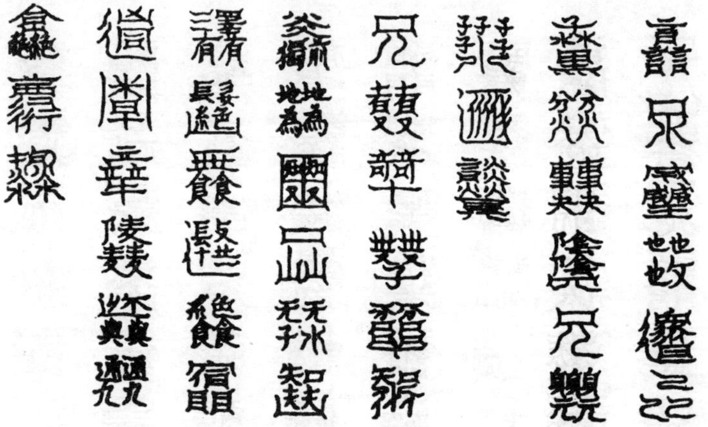

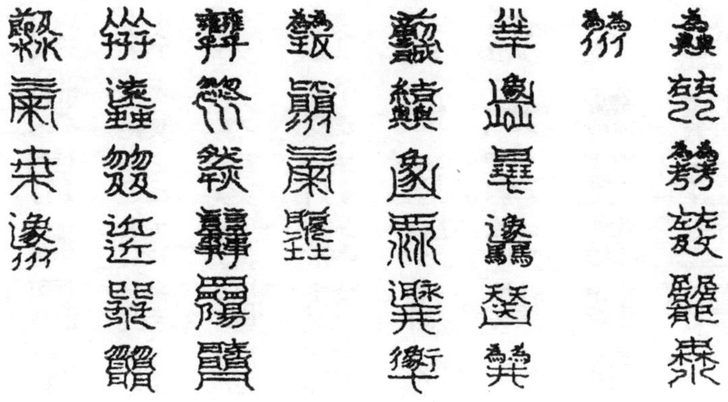

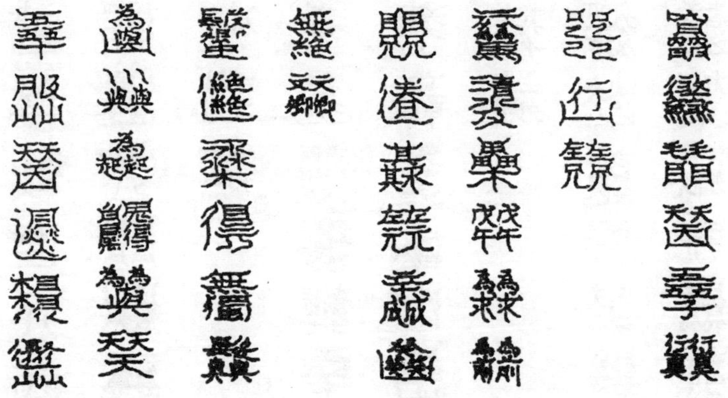

龘
龧龖龞龗龘
龥

右藏之幽处神祐之。

要诀十九条第一百七十三

【题解】

本篇所谓"要诀",意为关键性的秘诀定论。"十九条"则言其包纳范围与具体数目。篇中所列具者,或一事而专述一诀,或数诀乃共讲一事,析殊会同,计有三端:一是关于《太平经》这部神书天经兼社会法典的勒成、奉行与功效的,凡六条(即第四、五、九、十、十四、十六条)。二是关于治国之道的,凡七条(即第二、六、十一、十二、十三、十七、十九条),包括通上三道行书,授官署职,断金兵,禁市酒,维护妇女人身安全,促进人口增长,治臻太平而人寿灾消。三是关于修炼方术的,凡六条(即第一、三、七、八、十五、十八条),涉及到元气无为、虚无自然、存思体内神灵等形式的守一术,以及吞符治病,索验良药仙方等。这三类十九条要诀,远不足以赅本经之全,但全经要点所在,借本篇可以得见其轮廓。

其为道者①,取诀于入室②,外内批之满日数③,开户入视之④。于其内自批者⑤,勿入视也;其内不自批者⑥,即乐人入视之也。开户入视欲出者,便出之⑦。

【注释】

①道:此处指守一思神术。即高度集中和控制意念力而存思并睹

见体内神灵的修炼方术。

②取诀：意为择取秘诀定论。诀，秘诀，诀窍。室：指茅室。即设在偏僻之处而又清静整洁的修炼专用处所。

③外：指目之所见。内：指心之所想。批：排除。之：指一切世俗杂念，如功名利禄、声色玩好等。满日数：即本经佚文所云："守一之法，百日为小静，二百日为中静，三百日为大静。"

④视：谓与体内神灵接触交结。本经卷一百二《经文部数所应诀》后附遗文云："乃好念身形，形容上下，累累可睹。诚好爱不止，面目生光明也。"又佚文称："思神与人者内相恃，皆令可睹。""守一之法，有三百六十六数，数有一精，精有一神，守一功成，此神可睹。"

⑤于其内自批者：指仍然处在排除世俗杂念过程中的人。

⑥其内不自批者：指已完全排除掉世俗杂念的人。

⑦"开户"二句：此言中途出现不适应状况的处理方法。即未达到精熟自安的境地，不妨出室复入，无须乎强为。对以上第一诀，本经卷七十三至八十五《阙题》(四)、卷九十六《守一入室知神戒》、癸部《分别形容邪自消清身行法》，述之较完整详尽。

【译文】

那些真想修炼道术的人，择取秘诀定论在于敢下茅室精修，从双目所见到内心所想，都要事先排除掉一切世俗杂念，达到规定的天数，就打开室门，进入里面，径与体内神灵进行接触和交结。但仍处在排除世俗杂念过程中的人，就不要进入室内径与神灵进行接触和交结；已经完全排除掉世俗杂念的人，神灵就高兴他进入室内来与自己进行接触和交结。已经打开室门进入里面径与神灵进行接触和交结的人，感觉不适应想再出来，那就赶快出来。

其三道行书者①，悉取诀于集议②，以为天信③，即其之人上建也④。

【注释】

①三道行书：指官吏、邑民、来往行人应诏献呈意见书。之所以定
　　为三道，乃系取法日月星，日以察阳，月以察阴，星以察中央即阴
　　阳交合处。参见本经卷五十三《分别四治法》所述。

②集议：谓大范围展开讨论评议而归于一揆，定于一是。

③天信：皇天之信。极言其绝对真实可靠。

④即其之人上建也：此七字《太平经钞》作："即且响应立效也。"上
　　建，第一等的建言或建议。对以上第二诀，本经卷八十六《来善
　　集三道文书诀》、卷八十八《作来善宅法》述之甚详。

【译文】

　　让世人从三条途径向朝廷献呈意见书，择取秘诀定论在于大范围
展开讨论评议，把这作为最真确可靠的证验，他那意见书也就属于第一
等的建言或建议了。

　　其正神灵者①，取诀于洞明万万人也②，以为天信矣。

【注释】

①正：端正。神灵：指邪神恶鬼精魅等。

②洞明：极其通明。对以上第三诀，本经卷七十二《斋戒思神救死
　　诀》、卷九十二《火气正神道诀》，述之较完整详尽。

【译文】

　　打算端正神灵，择取秘诀定论在于让万万人腹内极为通明，把这作
为最真确可靠的证验。

其凡文欲正之者①，取诀于拘校②，以为天信。

【注释】

①凡文：指世间流传的一切书文，包括天经、地经、人经、道经、圣经、贤经、吉经、凶经、生经、死经等。参见本经卷七十三至八十五《阙题》（五）所述。

②拘校：汇集校理。对以上第四诀，本经卷四十一《件古文名书诀》、卷五十一《校文邪正法》、卷九十一《拘校三古文法》，述之甚详。

【译文】

打算使世间流传的所有书文归于纯正，择取秘诀定论在于进行汇集校理，把这作为最真确可靠的证验。

其欲乐知吾道书信者①，取诀于瞀疾行之②，且与天响相应，善者日兴，恶者日消，以为天信。

【注释】

①信：谓真确且有奇效。

②瞀（mào）疾：头晕目眩的病患者。语本《庄子·徐无鬼》。此处所言，则异于该篇黄帝与牧马童子对话的原意。

③响相应：像回音应和本声那样相应合。对以上第五诀，本经在诸篇中得宣扬处且宣扬，或从正反面、或从侧面屡予标揭，可谓比比皆是，纷至沓来。

【译文】

希望了解我那道书真确并有奇效，择取秘诀定论在于头晕目眩的病患者行用它，也眼看着与皇天如同回声应和本声那样相应合，良善的事情一天比一天兴起,邪恶的玩艺一天比一天消亡,把这作为最真确可靠的证验。

其欲署置得善人者①,取诀于九人②。

【注释】

①署置:谓授官署职和社会分工之安排。善人:指胜任者及适合者。本经卷九十八辟有《署置官得失诀》专篇。

②九人:此系《太平经》所构设的从天国到人间所有人物的总体等级序列和类型归属。九为阳数之极,而汉代以九等品评人物蔚成风气,故而着意组配和标示"九人"。亦即九等人、九类人。包括职在掌理元气的无形委气神人、职在掌理皇天的神人、职在掌理大地的真人、职在掌理四时的仙人、职在掌理五行的道人、职在掌理阴阳的圣人、职在掌理文书的贤人、职在掌理草木五谷的民人、职在掌理财货贩运的奴婢。前五者依次属于特级神仙和正牌神仙,中间二者依次属于候补神仙,末二者依次属于亦有可能步入神仙行列者。对以上第六诀,本经卷九十六《守一入室知神戒》、卷四十二《九天消先王灾法》,述之较详。

【译文】

打算授官署职和社会分工获取到确能胜任与合适的人,择取秘诀定论在于从无形委气神人一直到奴婢这九等人各得其所。

其问入室成与未者①,取诀于洞明白也②,形无彰蔽③,以为天信。

【注释】

①入室:指修炼"元气无为"、"凝靖虚无"之类的守一方术。

②洞明白:谓身形变成积气形态,上下雪白一片。

③彰蔽:被遮蔽阻挡住。彰,通"障",阻挡。对以上第七诀,除本经卷七十一《真道九首得失文诀》述之较详外,尚有庚部首篇《虚无无为自然图道毕成诫》申论之。

【译文】

如果要问入室修炼是否成功了,择取秘诀定论在于通身上下变成积气的形态,一片雪白,没有什么地方能被遮蔽阻挡住的,把这作为最真确可靠的证验。

其欲知身成道而不死者①,取诀于身已成神也②,即度世矣,以为天信。

【注释】

①身成道:指修炼食气方术获得成功。

②成神:谓形变身易,出入无间,随天变化,成为天吏。对以上第八诀,本经卷七十《学者得失诀》辨之甚力。

【译文】

要想验定自身已经成道而长生不死了,择取秘诀定论在于化形成神,这也就表明超凡登仙了,把这作为最真确可靠的证验。

其欲洽洞知吾书文意者①,从上到下尽读之,且自昭然心大解②,无复疑也。一得其意,不能复去也③。

【注释】

①洽：全面。洞：透彻。

②且自昭然心大解：此七字中"昭然"二字《太平经钞》作"照察"。

③去：抛掉，丢开。对以上第九诀，在本经卷九十八《神司人守本阴祐诀》等篇中，每加强调。

【译文】

希望全面透彻地了解掌握住我那书文意旨的人，就要从上到下读个遍，也就眼看着自行在心里非常明彻地解悟，不再怀有疑虑了。一旦获取到了其中的意旨，就根本没办法再抛开了。

其欲效吾书①，视其真与伪者，以治日向太平，以为天信。

【注释】

①效：验证，核定。对以上第十诀，本经卷四十二《验道真伪诀》、卷四十六《道无价却夷狄法》专行申论。他篇也屡加述及。

【译文】

打算验核我那经书，察看它究竟是真是假，就把国家政治一天比一天趋向太平，作为最真确可靠的证验。

其欲知寿可得与不者①，取诀于太平之后也。如未太平，先人流灾为害，难以效命②。以为天信矣。

【注释】

①寿：指天年。即皇天为世人在其生前所注定的寿龄。本经分人寿为三类，即，乙部《解承负诀》、癸部《盛身却灾法》所云上寿一

百二十岁,中寿八十岁,下寿六十岁;辛部经文所云头等寿命一百三十岁,二等寿命一百二十岁,三等寿命一百岁;己部《经文部数所应诀》后附遗文所云天寿一百二十岁,地寿一百岁,人寿八十岁,霸寿六十岁,仵寿五十岁。

②效命:尽享天年之意。对以上第十一诀,本经卷四十五《起土出书诀》、卷九十二《万二千国始火始气诀》申论较详。

【译文】

打算知道能否获享天年,择取秘诀定论在于实现太平以后。如果尚未实现太平,前代人所沿袭流布的灾殃就仍构成危害,难以叫人尽享天年。把这作为最真确可靠的证验。

太阳欲知太平者①,取诀于由断金也②。

【注释】

①太阳:最旺盛的阳气。属火行。用以象征帝王。东汉盛行汉为火德说,故本经大力加以播扬。

②断:禁遏,断绝。金:指兵器和武力。兵器和武力俱属金行,依照汉代五行休王说,金王(旺盛),则水相(强壮)、木死,火囚(困囚)、土休(休退),故宜断金。对以上第十二诀,本经卷六十五辟有专篇《断金兵法》特予申论。

【译文】

德运应合火行的帝王要想知道太平景象会到来,择取秘诀定论在于从禁绝兵器和武力做起。

水与火①,欲厌绝奸臣妖不得作者②,取诀于由断金衰市酒也③。

【注释】

①水与火：指代臣民同君主的关系。水即水行，代表臣民。

②欲厌(yā)绝奸臣妖不得作者：此十字中"妖"原作"诀"。据《太平经钞》改。厌，禁遏。妖，妖孽。作，兴起。

③衰：谓大幅度削减酿造量和销售量。市酒：市场上出售的酒水。按照汉代五行休王说，水王则火死，而酒为水之甘良和浆饮最善者，气属太阴，为害万端，故须使之衰减。对以上第十三诀，本经卷五十六至六十四《阙题》(二)、卷六十九《天谶支干相配法》，述之甚详。

【译文】

在臣民和帝王之间，帝王要遏制灭绝掉奸臣，使妖孽没办法兴起来，择取秘诀定论在于从禁绝兵器和武力并让市场上出售的酒水大幅度衰减来做起。

欲得天道、大兴法者①，取诀于拘校众文与凡人诀辞也②。

【注释】

①法：指真确有效的治国修身的原则与方法。

②凡人诀辞：指民间口头流传的对事象作出精确概括的符合天心及人情的用语。如谚语、顺口溜之类。本经卷八十八《作来善宅法》云："或有黎庶幼弱老小、田家婴儿妇女，胸心各有所怀善字诀事，各有一两十。"对以上第十四诀，本经卷九十一《拘校三古文法》，述之尤详。

【译文】

希望切合天道，大力兴行真确有效的治国修身的原则与方法，择取秘诀定论在于汇集校理全部的传世书文和民间流传的精妙口头语。

欲得良药者①,取诀于拘校凡方文而效之也②。

【注释】

①良药:包括所谓仙药在内。

②凡方文:指医药书籍。包括各种医方、药方、民间偏方及仙方等。

　效:验核。即通过临床实践并根据治愈率的高低作出判定。对
　以上第十五诀,本经卷五十《草木方诀》、《生物方诀》、《灸刺诀》、
　《神祝文诀》,申论颇详。

【译文】

希望获取到良药,择取秘诀定论在于汇集校理所有的传世医药书
籍并按治愈率的高低作出判定。

欲得疾太平者①,取诀于悉出真文而绝去邪伪文也②。

【注释】

①疾:快速。指提前一半时间。详见本经卷九十三《敬事神十五年
　太平诀》所述。

②真文:指能使人身安增寿、国家治理实现太平的书文。本经卷九
　十八《核文寿长诀》谓:"文书亿卷,中有能增人寿、益人命、安人
　身者,真文也,其余非也;文书满室,中有能得天心、平理治者,真
　文也,其余非也。"邪伪文:指单言孤辞、浮华记等。对上第十六
　诀,本经卷四十九《急学真法》、卷九十一《拘校三古文法》,辨之
　至晰。

【译文】

希望提前一半时间实现天下太平,择取秘诀定论在于把真道书文
全部传布到社会上去,同时断绝去除邪僻虚伪的书文。

　　欲乐思人不复杀伤女者^①，取诀于各居其处^②，随其力衣食^③，勿使还愁苦父母而反逆也^④。

【注释】

①杀伤女：指溺女婴、堕女胎之类的行径。

②其处：指同女子本人条件相适合的夫家。

③其力：指女子本人所能发挥的作用和可以做到的事情。

④反逆：指弱者反而供养强者，体力不足者反而供养体力有余者。
　　对以上第十七诀，本经卷三十五《分别贫富法》、《一男二女法》论之甚详。

【译文】

　　愿意思量世人不再杀害伤残女子，择取秘诀定论在于让她们各自嫁到与她们本人条件相适合的夫家，依靠她们所能发挥的作用和可以做到的事情，解决自身的穿衣吃饭问题，不要让她们反转来使父母感到愁苦，仍旧承当自己年老体弱反而还要养活年轻体健的女儿的负担。

　　欲除疾病而大开道者^①，取诀于丹书吞字也^②。

【注释】

①大开道：谓导人入正，开其天神。

②丹书吞字：谓吞服特用红色书写和绘制而成的符箓。此类符箓，当以本经卷一百七《神祐复文》所列者居多。对以上第十八诀，本经卷八十七《长存符图》、卷九十二《洞极上平气无虫重复字诀》，述之尤详。

【译文】

　　打算消除四处蔓延的疾病而强有力地引导世人进入正道，开启他

们的神明,择取秘诀定论在于让世人吞服特用红色书写和绘制而成的
符箓。

欲知集行书诀也^①,如其文而重丁宁^②,善约束之,行之
一日消百害,猾人心一旦转而都正也,以为天信。

【注释】

①集行书:指经过集议和集记的各地所进呈的三道行书。

②其文:指所献意见书的原件原文。重(chóng)丁宁:意为朝廷须
接连作出批复。丁宁,即叮咛。指训诲告诫的言辞。对以上第
十九诀,本经卷四十八《三合相通诀》述之甚详。

【译文】

打算了解掌握怎样处理好经过集议和集记的三道行书的秘诀定
论,那就是针对人们的意见书,接连由朝廷作出批复,在批复中妥善地
加以制约和管束,像这样来施行就每天能消除百害,奸猾的人心在一个
早晨就都归于纯正了,把这作为最真确可靠的效验。

瑞议训诀第一百七十四

【题解】

本篇所谓"瑞",即祥瑞,系指天地所降示的各种吉祥的兆应而言。而传道天师同学道真人围绕这类兆应所展开的问答,即为"瑞议"。在"瑞议"中,天师加以训导,故称"训";其训导之辞,俨然不可更改或者说绝对正确,遂成"诀"。篇中突出强调:祥瑞由人招致,乃系"清、静、端、正、专、一"六者集于一身、感天动地的产物。这种祥瑞观,显然将道家思想注入了传统的"天人感应论"、"德盛治隆致瑞说"当中,而"端"、"正",又不失儒家思想的因子。执祥瑞反观灾异,篇末又对邪恶之"应",作了理归一揆的说明。通篇若与《论衡·指瑞》、《是应》、《宣汉》诸篇相较,迥然形成两种面貌。这也正是早期道教独具特色的地方。

"请问瑞者,何等之名字也①?""子何故因为愚邪②?""不敢故愚也,实不及,愿天师不弃,示以一言。""行,安坐。瑞者,清也,静也,端也,正也,专也,一也,心与天地同,不犯时令也③。"

【注释】

①何等之名字也:此六字中"何"原作"伺"。据《太平经钞》改。何

等,什么样。名字,犹言概念或定义。

②故因为愚:意谓故意借此装傻充愣。

③犯:违背。时令:指依从四季各节气物候所应从事的以农业生产
  为主的各项活动。详参《逸周书·时训解》《吕氏春秋·十二
  纪》、《大戴礼记·夏小正》、《礼记·月令》、《淮南子·天文训》暨
  《时则训》所述。

【译文】

"请求询问一下,所谓祥瑞,究竟是一种什么样的概念呢?""你为什
么故意借此装傻充愣呢?""弟子决不敢装傻充愣,的的确确闹不清这宗
事体,但愿天师不抛弃弟子,告诉给弟子一句话。""近前来,稳稳坐定仔
细听。所谓祥瑞,是说人要清寂、宁静、端庄、正直、专注、纯一不杂,心
念和天地完全相同,不违背节气时令。"

"愿闻以何知其清静、端正、专一邪?""善哉!子之问
也。夫天地之性,自古到今,善者致善,恶者致恶,正者致
正,邪者致邪,此自然之术,无可怪也。故人心端正清静,至
诚感天①,无有恶意,瑞应善物为其出②。子欲重知其大
信③,古者大圣贤,皆用心清静专一,故能致瑞应也;诸邪用
心佞伪④,皆无善应⑤,此天地之大明征也。子知之邪?"

【注释】

①至诚:指极其真挚诚恳的心意和行动。本经卷九十六《忍辱象天
  地至诚与神相应大戒》云:"夫至诚者名为至诚,乃言其上视天而
  行,象天道可为;俯视地而行,象地德而移。"

②瑞应:吉祥的兆应。如凤凰至、芝草生、甘露降、醴泉出之类。汉
  刘歆《西京杂记》卷三谓:"瑞者,宝也,信也。天以宝为信,应人

之德,故曰瑞应。"善物:指美好的生物。本经卷五十六至六十四《阙题》(四)云:"阳之施,乃下入地中,相从共生万二千物。其二千者,嘉瑞善物也。"

③大信:异常显著的效验。

④佞伪:奸巧虚伪。

⑤善应:犹言瑞应。

【译文】

"希望再听一听,根据什么就能断定他清寂宁静、端庄正直、专注又纯一不杂了呢?""你这提问太好了! 天地的本性,从古到今都表现为,人吉善,就招来吉善;人险恶,就招来险恶;人正直,就招来正直;人邪僻,就招来邪僻,这正属于原本就那样的定律,没有什么值得奇怪的。因而人的内心端庄正直又清寂宁静,至诚感动皇天,没有一丝邪恶的念头,吉祥的兆应和美好的生物就为他降现涌生出来。你想再了解那异常显著的效验,古代的大圣贤全都用心清寂宁静而又专注和纯一不杂,所以就能把吉祥的兆应招引来;各种邪恶的人用心奸巧虚伪,全都得不到美好的兆应,这正构成天地的最为明显的证验。你清楚这种情况了吗?"

"唯唯。亦有应邪?""然。邪者致邪,亦是其应也。不调者致不调①,和者致和②,此天之应明效也。""善哉善哉! 愚生解矣。"

【注释】

①致不调:意为造成阴阳失调的灾害。

②致和:意为带来阴阳协和的景象。

【译文】

"是是。也有同邪恶形成回应的吧?""是的。人邪恶,就招来邪恶,这正形成那种回应。人不协调一致,就招来阴阳失调的灾害;人能和谐一致,就招来阴阳协和的景象,这正属于皇天作出回应的最明显的效验。""这可太好了! 这可太好了! 愚生真真解悟了。"

忠孝上异闻诀第一百七十五

【题解】

本篇所称"忠孝",系指第一流、最上等的忠臣和孝子而言,同时也包括最恭顺的受业弟子在内。"上"谓特向君、父、师进呈,献纳。"异闻"则属进呈献纳的具体对象,亦即世所稀见罕闻的理论与做法,而《太平经》栩栩然恰为首选。篇中基于君、父、师居高临下的地位,裁定臣、子、弟子必须分别敬上如同"珍宝"般美好贵重的道文神书,不曾目睹的珍馐美味,闻所未闻的异解奇说。如此才符合最忠、最孝、最顺的名分要求。倘若所"上"仅限于人所习知、常见、共闻的事物,纯属欺君罔上,罪不容赦。从这正反对照中又推出大圣人"定凡事",务在"去同取异,乃得天地心意"的道法。由此可见,本篇倡言"上异闻",旨在提振《太平经》的声价,扩大其社会影响面和思想震撼力。本篇同丙部《上善臣子弟子为君父师得仙方诀》交相发明。

"请问人之为善也,上孝子、上忠臣、上顺弟子①,当思上何等于其君、父、师哉②?""当上其异闻、珍宝、希见之文而得上者是也③。""忠臣孝子顺弟子,常可乐为也④,何不上同闻而上异闻邪⑤?""同闻,上自有之⑥,何须复上邪?"

【注释】

①上：最上等，第一流。

②上：进献，献呈。

③异闻：指人们从未听说过的理论与做法。珍宝：意为能使人们视同珍宝的物品。希见之文：难得一见的书文。指道经。

④可：高兴，甘愿。乐为：指能使天下安乐的行动。参见本经卷一百十三《乐怒吉凶诀》所述。

⑤同闻：指人们早已听说过的理论与做法。

⑥上：上司，统领者。即君、父、师。

【译文】

"请求询问一下，世人做善事，而身为第一流的孝子、第一流的忠臣、第一流的谨顺弟子，应当考虑向君主、父亲、师长进献什么东西呢？""正该进献那些人们从未听说过的理论与做法，那些能使人们视同珍宝的物品，那些难得一见的书文，总之理应进献才去进献的东西。""忠臣、孝子和谨顺的弟子，总去高兴做出使天下安乐的行动，为什么不进献人们早已听说过的理论与做法，反倒偏偏进献人们从未听说过的理论与做法呢？""人们早已听说过的理论与做法，上面的人原本就了解掌握它了，哪里还需要再进献呢？"

"愚生不晓其意。""行，且使子知其审实①。天下所来所珍②，悉未尝见而善珍者也③，以上其君，是上忠臣也。未尝见善食④，以上其亲，是上孝子也。未尝见之说，以上其师，是上善顺弟子也。子知之邪？"

【注释】

①审实：犹言真谛所在。

②来：召取。珍：珍视。

③善珍：意为谁都感到美好贵重。

④善食：指珍馐美味。

【译文】

"愚生还不明白这其中的深意。""近前来，立刻让你闹清那真谛所在。天下所召取所珍视的东西，都是那些自己未曾见过而谁见到后都感到美好贵重的东西，把这样的东西进献给自己的君主，这才表明他不愧为第一流的忠臣。把从来都没见过的珍馐美味进献给自己的双亲，这才表明他不愧为第一流的孝子。把从来都没听说过的学说进献给自己的师长，这才表明他不愧为第一流的谨顺良善的弟子。你明白这种情况了吗？"

"唯唯。愿闻上同事①，上之所有而重上之，何也？""然。皆应故其上②，罪不除。""何其重也？""子应不晓之生！人之所常有，重皆厌之，何须复上之邪？上人所厌，名为故其上也。下而故其上③，于子意，宁当坐不邪④？""愚生已觉矣。"

【注释】

①同事：指人所共知的事象事理。

②故其上：意为成心愚弄和欺骗其尊长。

③下：身为下属之意。

④坐：获罪判刑。

【译文】

"是是。希望能再听一听，进献人所共知的事象事理，可上面的人对此已经了解掌握了，但仍还去进献它，这究竟属于什么性质的举动呢？""好的。这都够得上成心愚弄和欺骗自己的君长，罪该万死，死有余辜。""为什么罪过竟那样深重呢？""你简直够上不懂事理的徒弟了！人们都已拥有的屡见不鲜的东西，再把它搬弄一番，没有谁不对它厌恶极了，哪里还需要再去进献它呢？进献人们所厌恶的东西，这被称作成心愚弄和欺骗自己的君长。身为下属，却成心愚弄和欺骗自己的君长，在你看来，到底应当获罪不获罪呢？""愚生对此已经解悟了。"

"故得瑞应善物希见之珍，当上于君父师也。上之所自有，慎无上也①。是故自古及今，大圣之定凡事也，去同取异，乃得天地之心意，此之谓也。子晓邪？""善哉善哉！"

【注释】

①慎无：切莫。

【译文】

"所以获取到吉祥的兆应、美好的生物、罕见的如同珍宝般的东西，就应进献给君主、父亲和师长。对上面的人原本就已拥有的那些东西，切莫再进献它们。因而从古到今，大圣人确定任何事体，全都去除相同的部分，专门择取不同的地方，于是就获取到了天地的心意，说的也正是这个意思。你明白这一点了吗？""这太好了！这太好了！"

灾病证书欲藏诀第一百七十六

【题解】

本篇所谓"灾病"，特指天降灾异给世人造成的祸殃而言。此类祸殃之有无，恰恰证明《太平经》这部"天师书"应否收归闭藏，即为"证书欲藏"的涵义所在。篇中宣明：若收归闭藏而"灾病"不绝，恰恰标志着皇天要让本经在人间出示行用；若出示行用却"灾病"犹存，便端端表明皇天要让本经从人间收归闭藏。如此转来绕去地作申说，意在凸现《太平经》消除"灾病"的特效和奇效，说明已经到了本经非出世不可、靠它来收拾"无道而治"的败乱政局的时候了。对无道而治，篇中用"承负说"释其成因，借天道轻刑谈其对策，都落在"德君"和"人民"亟宜信奉行用《太平经》上。

"请问天师书，以何知其欲见行①，以何知其欲见逃也②？""子欲明之邪？以灾病为证也③。出而病人④，即天欲藏也；逃而病人，即天欲出行也。""以何重明之？""以天行四时气，生养万物，随天意也。凡物乐出而反逃藏之，大凶矣；凡物欲逃藏而反出之，亦大凶也。悉为逆天命，后皆有大灾矣。子欲乐知吾天⑤，天乐行不，以是为占也⑥。真人知之邪？""唯唯。"

【注释】

①见行：意谓被皇天所出示行用。

②见逃：意谓被皇天所收回闭藏。

③灾病：指灾异给人间造成的祸殃。

④病人：叫世人遭殃之意。

⑤吾天：意为我顺从天命和天意。

⑥占：占测，占验。本经甲部佚文云："应感而现，事已即藏。"又卷四十六《道无价却夷狄法》谓："如当悉出，不敢有可藏；如不可出，亦不敢妄行。天地之运，各自有历，今且案其时运而出之，使可常行，而家国大吉，不危亡。"

【译文】

"请求询问一下，天师的道书，根据什么就能知道皇天要叫它向人间出示行用呢？又根据什么就能知道皇天要叫它从人间收回藏匿起来呢？""你想彻底弄清这宗事体吗？那就把灾异给人间造成的祸殃作为明证。它出示以后却使世人遭殃，这就证明皇天要让它从人间收回藏匿起来呀！与此相反，它正被收藏着，可却使世人在遭殃，这就证明皇天要叫它向人间出示行用。""依据什么能再证明这一点呢？""依据皇天施布春气夏气和秋气冬气，化生并养长万物，随顺皇天的心意在流转。万物高兴在地面上生长，可春气夏气却不按时降临，那就十分凶险了；万物渴望进入地下重新作胎，可春气夏气却偏偏降临，那也十分凶险了。这都属于违逆天命，到后来都会出现大灾难了。你想了解我顺从天命和天意，皇天高兴我那道书出示行用与否，就用这一条来进行占验。真人闹清这种情况了吗？""是是。"

"是故自古到今，举事不详，悉失天道意，故生承负也。

是故使民至于无道而治,共乱天正道;人异政治①,故人民万物多被冤也。""愿请问:夫无道,乃重死罪之法也②,天师何不为制作重刑死法,而各以其罪罪之? 今天下之事,各以其罪罪之为平也③。今天师不以其无道罪之,何也?""不可也!"

【注释】

①人异政治:谓世人同国家政治俱不合拍。亦可解作,世人使国家政治变得不成正样。

②重死罪之法:汉律规定,凡犯大逆无道(大逆不道)之罪者,本人及其父母妻子同产无少长,皆处死。或腰斩,或弃市。

③平:公平。

【译文】

"所以从古到今,采取什么行动却不仔细察辨,完全失去了天道的心意,因而就生出承负来了。所以导致民众竟然恶化到无道而治,共同败乱皇天的纯正大道;世人同国家政治处处不合拍,因而民众和万物就大多蒙受冤屈而早早死掉。""希望请求再问一下:无道正属于按法律应该处死的重罪,天师为什么不给他们制定重刑处死的法律,各自根据他们的罪过来给他们定罪呢? 如今天下的一切事情,全都各自依照各自的罪过来给他们定罪,这才够得上公正。如今天师不按他们无道来给他们定罪,究竟出自什么原因呢?""这样做不行啊!"

"何故?""夫先人但为小小误失道,行有之耳,不足以罪也;后生人者承负之,畜积为过也。虽其触死①,其行邪伪空虚者,后生人皆学于先生人。虽失天道,为无道而治者,皆师师相传,更以相教示,非一人造此过也,故不可予其重刑也。念下古人罪过②，皆足以死；又神圣为法③，不可一旦予人重刑，灭人世类也④。故天遣吾下者，革其行，除其责，而不章更⑤，天地人且共治之，使神病灾之也。后世人见是，吾受天教之明效也。子知之邪？""唯唯。""行，语竟天辞绝⑥，传之德君。""唯唯。""行去，勿复问。""唯唯。"

右凡诀、瑞应、说在下竟⑦。

【注释】

①触死：谓触犯到死罪律条。

②下古：指夏商周以下的历史时期。

③神圣：指天神、神灵。

④世类：指代代传衍的家族世系。

⑤章更：谓重定刑法。

⑥竟：告一段落。绝：截止于此。

⑦"右凡诀"句：此句系对本卷共计四"诀"之内容主旨所作的总体概括与揭示。凡诀，具有普遍适应性的定论。即"要诀十九条"。在下，指位在下属的臣、子、弟子和后世之人。

【译文】

"为什么不行呢？""只因为前代人逐渐产生错误，失去了真道，这种过失确实犯下了，但还不足以定罪惩治；后来出生的人对此承负，越积越多，构成了罪过。尽管他们已经触犯到死罪的律条，可那类邪恶虚伪、空泛浮华的行径，都是后来出生的人从生在前面的人那里学来的。虽然失去了天道，大搞无道而治那一套，却都属于一代师长又一代师长地递相往下传授，轮番拿它进行教唆宣示，并不是哪个人造成的罪过，所以就不能对谁施加重刑。验核下古人的罪过，全都够得上死罪；加上天神制定法律，决不能在一个早晨便猛然给世人施加重刑，灭绝世人代代传衍的家族世系。所以皇天就派遣我来到人间,从根本上改变世人的行为,解除掉他们承负的罪责,而不重新定立法律,一起由天地人施行惩治,让神灵去殃害他们。后来出生的人看到这种情况,也就构成我承受皇天教令的最明显的效验了。你清楚这一点了吗?""是是。""回去吧,讲说告一段落,皇天的话语到此为止,要把它传付给具有道德的君主。""是是。""回去吧,不要再询问了。""是是。"

　　以上为凡诀、瑞应、说在下竟。

卷一百九　庚部之七

两手策字要记第一百七十七

【题解】

　　本篇所谓"两手",喻指事物对立面之间相互依存和协调统一的关系,或者说属于"阴阳"的另一种形象化的表述方式。"策字要记"则为道经书文体式的专门用语。策字,带有经典性与神秘性;要记,含有疏解说明的成分在内。篇中以天地、四时、五行、夫妇、君臣、师弟子为例,强调凡事必赖当事双方如同两手,"齐同并力"去施行,方能成功,这被天上名为"重规沓矩皆当相应者也";反之一手邪恶,一手独作,便"乱祸恼恼",日益加剧,这被诸神称作"半死不持"。对于治国来说尤其如此,故而篇末又呼吁"选举当得其人",以期君臣"若两手平调"。通篇意在"天心"名义下弥合当时社会的尖锐矛盾,凸显本经所抱持的阴阳相须相合的观点,宜与乙部《合阴阳顺道法》、丁部卷五十六至六十四《阙题》(六)、癸部《和合阴阳法》合观并读。

　　"天有两手,乃常共成凡事。其一手有病邪恶,则无有成事①。天大怨之,地以为忌,天下乱而无成功,一由此一手邪恶而不并力②。凡事尽不理,六方不太平③,亦由此两手有病邪恶,而不并力所致。吉凶安危,一由此两手。真人亦岂深知之邪?""不及,唯天师开示其要意,使得知之则知之,不者终古冥冥昏乱④,无从得知之也。夫师者,乃天地凡事教化之本也,虽难⑤,安得不言哉?"

【注释】

①成事:成功之事。

②一:完全。

③六方:上下四方。

④终古:永久。冥冥:懵懂无知的样子。

⑤难(nàn):诘难。

【译文】

"皇天恰有两只手在运作,于是总能共同成就所有的事情。如果其中一只手出现毛病,变得邪恶,就没有真能取得成功的事情。皇天对这种状况极为怨恨,大地也把它看作忌讳的事项,天下混乱而无成就的功业,完全出自变得邪恶的这只手不把力量往一处使。任何事情都得不到治理,上下四方不太平,也是由这两只手存在毛病,变得邪恶,不把力量往一处使所造成的。吉凶安危,完全取决于这两只手怎么样。真人恐怕也深深了解这一点了吧?""弟子还闹不明白,只请天师开示其中的切要意旨,使弟子得以明白也就明白了,不然的话,永久会暗昧昏乱,没有任何途径能够弄明白了。作为老师,正是天地万事教化的根本所在,即使生徒诘难,哪能不进行开导呢?"

"善哉!真人之求问事之辞也。天使子主问乎?其言要而□□①。诺,安坐,为诸真人具说其意②。天下象而行之,无复凶乱事,天上诸神名为两手策字③,为要记④。国家行之则长存,凡人行之则久富。要道将出⑤,近在凡人之身。今为诸真人分别言之。""唯唯。"

【注释】

①其言要而□□：此句原缺二字。要，切要。

②诸真人：指跟随天师学道传道的六个弟子。合称六方真人或六端真人。据本经丁部《戒六子诀》所述：上为玄真真人，下为顺真真人，东为初真真人，南为太真真人，西为少真真人，北为幽真真人。其中一人名纯，其他五人则在本经中均佚其名。本经卷一百《东壁图》绘有六名"受戒弟子"图像，或与六方真人相对应。

③策字：道经书文的种类专称。如本经丙部所载《师策文》、《敦煌目录》所列辛部《策文训诀》、后世道教所谓玉策、玉字之类。

④要记：亦属道经书文种类之一。如本经所言"去浮华记"、丙部所载《天文记诀》、《敦煌目录》所列癸部《人君急记》之类。

⑤要道：指近在胸心、散满四海的真道。详见本经卷六十八《戒六子诀》所述。

【译文】

"真是太好了！你们这番求知问事的话语！恐怕正是皇天在让你们负责询问事情吧？你们的问话很切中要害。好好，稳稳坐定，我为众位真人详尽讲说那要意。天下取法并去施用它，也就不会再有凶险败乱的事情了，天上的众神灵把它特称为两手策字，属于紧要的真道记。国家照着去做就永远不会灭亡，所有普通人照着去做就长久富足。切要的真道即将降示，近得就在所有普通人的身边。眼下便为众位真人条分缕析地讲说它。""是是。"

"天地者，主造出生凡事之两手也①；四时者，主传养凡物之两手也②；五行者，主传成凡物相付与之两手也③；男女夫妇者④，主传统天地阴阳之两手也⑤；师弟子者⑥，主传相教通达凡事文书道德之两手也⑦；君与臣者⑧，主传治理凡事人民诸物之两手也⑨。此有六事，才举其纲，见其始耳⑩，不可胜书也。凡事相须而成事者⑪，皆两手也，天上名为重规沓矩皆当相应者也⑫。一手邪恶不等⑬，无成事，天上名为大乱之治，六方八远名为鳏寡断嗣⑭，日以向衰。无成事，即由此两手不并力也！"

【注释】

①主：职在。造：创制。凡事：一切事情。天属阳，地属阴，天地为人类万物之父母，故出此语。本经卷四十五《起土出书诀》云："天者主生，称父；地者主养，称母。"又卷五十六至六十四《阙题》（六）谓："天阳，主生也；地阴，主养也。"又癸部《和合阴阳法》云："自天有地。"又卷一百十七《天乐得善人文付火君诀》称："夫天地之生凡物也，两为一合。"又壬部谓："夫天地各出半力，并心同欲和合，乃能发生万物。天地之道，乃一阴一阳，各出半力，合为一，乃后共成一。"

②传养：使其轮番得到生养之意。指四季交替推移而万物随之春生、夏长、秋获、冬藏的循环过程。本经卷四十五《起土出书诀》云："故天因四时而教生养成，始终自有时也。"又卷九十二《万二千国始火始气诀》谓："比若四时之气，但当更相生成，相传而去。"又卷一百十六《阙题》（二）称："四时顺行，春乐生，夏乐长，秋乐收，冬乐藏。"又卷一百十七《天咎四人辱道诫》云："故四时受天道，教传相生成，无有穷已也，以兴长凡物类。"

③传成：使其轮番得到成就之意。相付与：指五行相生的定律。即木生火，火生土，土生金，金生水，水生木。本经卷九十二《三光蚀诀》云："水火各以其道守其行，皆相得，乃立功成事。比若五行，不可无一也，皆转相生成。"又卷四十《分解本末法》称："夫天

道生物,当周流俱具,睹天地四时五行之气,乃而成也;一气不足,即辄有不足也。"又卷九十七《妒道不传处士助化诀》谓:"夫四时五行,乃天地之真要道也,天地之神宝也,天地之藏气也,六畜禽兽皆怀之以为性,草木得之然后生长。若天不施具要道焉,安能相生长哉?"

④男女夫妇:二者中男与夫属阳,女与妇属阴。本经卷五十六至六十四《阙题》(六)谓:"男子,阳也,主生;女子,阴也,主养。"又癸部《和合阴阳法》云:"自男有女。"又壬部称:"男女各出半力,同志和合,乃成一家。"

⑤传统天地阴阳:意为使代表阳物的天统、代表阴物的地统各自成其统系并传续下去。男属天统,女属地统,故出此语。本经卷三十五《分别贫富法》云:"夫男者乃承天统,女者承地统。"又卷五十六至六十四《阙题》(六)谓:"男不以施生,为断天统。"又卷三十五《一男二女法》云:"男女者,乃阴阳之本也。"又卷九十三《阳尊阴卑诀》谓:"天名阴阳男女者,本元气之所始起,阴阳之门户也。"

⑥师弟子:二者中师属阳,弟子属阴。本经卷五十六至六十四《阙题》(三)谓:"夫师,阳也,爱其弟子,导教以善道,使知重天爱地,尊上利下;弟子敬事其师,顺勤忠信不欺。二人并力同心,图画古今旧法度,行圣人之言,明天地部界分理,万物使各得其所,积贤不止,因为帝王良辅,相与合策,共理致太平。"

⑦传:传布,传播。通达:沟通传达。本经卷三十六《守三实法》称:圣人师弟子,主通天教,助帝王化天下。道德:二者中道属阳,德属阴。本经卷五十六至六十四《阙题》(四)云:"道者,天也,阳也,主生;德者,地也,阴也,主养。"

⑧君与臣:二者中君属阳,臣属阴。本经卷五十六至六十四《阙题》(六)称:"君,阳也,主生;臣,阴也,主养。"又癸部《和合阴阳法》

云:"自君有臣。"又壬部谓:"故君与臣合心并力,各出半力,区区思同,乃成太平之理。"

⑨传:传示,传宣。

⑩见其始耳:此四字中"始"原作"治"。据《太平经钞》改。始,端绪。

⑪相须:相互依赖。

⑫重规沓矩:万分切合之意。规,校正圆形的工具。矩,校正方形的工具。沓,合。本经乙部《合阴阳顺道法》谓:"道无奇辞,一阴一阳,为其用也。"又卷五十六至六十四《阙题》(六)称:"天下凡事,皆一阴一阳,乃能相生,乃能相养。"又癸部《和合阴阳法》云:"此道之根柄也,阴阳之枢机,神灵之至意也。"又佚文称:"天失阴阳则乱其道,地失阴阳则乱其财,人失阴阳则绝其后,君臣失阴阳则其道不理,五行四时失阴阳则为灾。"

⑬等:齐同。

⑭八远:八方极远之地。鳏(guān)寡:男子无妻曰鳏,女子无夫曰寡。嗣:后代。

【译文】

"作为天地,属于职在创造和化生出一切事物的两只手;作为春夏秋冬四季,属于职在使万物轮番得到生养的两只手;作为木火土金水五行,属于职在使万物轮番得到成就而自身在迭次相生的两只手;作为男女夫妇,属于职在使天统、地统各自成其统系并传续下去的两只手;作为师长和弟子,属于职在传布递相施教并宣达万事文书和真道真德的两只手;作为君主和臣僚,属于职在传示治理政事、百姓和万物的两只手。这共计六宗事,也仅仅列举出纲要,显现出端绪罢了,其实多得记述不过来。只要属于两个方面相互依赖而取得成功的事情,全靠那两只手,天上把这称作都像圆规重叠、方矩复合那样彼此相应合。而其中有一只手变得邪恶竟不协同动作,压根就没有能获成功的事情,天上把这称作大乱的治理方式,六方八远把这称作男子无妻、女子无夫而灭绝后代,一天比一天滑向衰落。压根就没有能获成功的事情,恰恰由于这两只手不把力量往一处使啊!"

"善哉善哉!请问天上何故正名此为两手哉?""善乎!子之问也,得其意。两手者,言其齐同并力,无前无却①,乃后事可成也。两手不并力者,事不可成也。故凡事者,象此两手皆当各得其人,并力同心。象此两手,乃吉安太平之气立至也②;不象此两手者,亿亿万年不能出上皇太平气也③。太平气常欲出,若天常欲由此两手;久不调御之④,故使闭,不得通出。治悒悒可訾⑤?咎在此两手不调⑥!若两手平调者,此上皇太平气出,前后至,不相须⑦。""善哉善哉!"

【注释】

①前:谓单独前进。却:谓单独后退。

②吉安:吉祥安和。

③上皇:最盛明。

④调御:协调运用之意。

⑤悒悒(yì):忧闷不乐。訾(zī):计量。

⑥咎:祸患。

⑦须:等待。

【译文】

"这太好了!这太好了!请求再询问一下,天上为什么正把这种关系称为两只手呢?""真是太好了!你们这提问,获取到了其中的意旨。所谓两只手,是说它们协同动作,力量往一处使,既不单独一只手前进,也不单独一只手后退,然后事情才会成功。两只手不把力量往一处使,事情就不能成功。所以任何事情,效仿这两只手就都应各自获取到合适的人选,劲儿往一处使,心往一处想。效仿这两只手,吉祥安和的太平气就立刻来到了;不效仿这两只手,亿亿万年不能使那最盛明的太平气降临。太平气总乐意降临,也就如同皇天总乐意由这两只手成就事情;可世间却长久不去协调地运用这两只手,因而就叫太平气锁闭住,没办法涌出降临下来。治理显得那样让人感到忧闷不乐,已经达到该去计量的程度了吗?祸患正出在这两只手不协调啊!如果这两只手既协调又均匀用力,最盛明的太平气就涌腾出来,前后接连降临,根本不用中间再等待了。”“这太好了!这太好了!”

“是故天地不并力,万物凡事无从得出;四时不并力,凡物无从得长;五行不并力,凡物无从得成;君臣不并力,凡事无从得理;夫妇不并力,子孙无从得长,家道无从得立①;师弟子不并力,凡结事无缘得解②,道德无从得兴,曚雾无从得通③,六方八远大化无从得行④。是故皆当并力,比若两手,乃可通也;不若两手,故日致凶也;虽治疗之,无益也,犹无从得成功也,但空久愁苦,而日日凶凶。故凡象此两手者,选举当得其人⑤;不得其人者,天上诸神名为半死不持⑥。一手独作⑦,安有能成功成事哉?

【注释】

①家道:成家之道。指家庭赖以成立与维持的规则和道理。《周易·家人》谓:“父父子子,兄兄弟弟,夫夫妇妇,而家道正。”

②结事:纠结难明之事。《老子·二十七章》谓:“善结,无绳约而不可解。”

③曚雾:遮蔽视线的迷雾。喻指世人昏昧受蒙蔽的地方。

④大化:谓对普天之下施行的真道教化。本经卷一百十七《天咎四
　人辱道诫》云:"夫道者,乃大化之根,大化之师长也,故天下莫不
　象而生者也。"

⑤选举:谓选拔荐举人才而授官任职。汉代实行察举制和征辟制,
　前者由郡国向中央荐举各类人才,后者由朝廷直接征召社会名
　流赴京任职,或由各级官府自行辟用下属官吏。

⑥持:互持。

⑦作:谓操作,运作。

【译文】

"所以天地不把力量往一处使,万物万事就没办法得以产生出来;
春夏秋冬四季不把力量往一处使,万物就没办法得以生长;木火土金水
五行不把力量往一处使,万物就没办法得以成就;君主和臣僚不把力量
往一处使,各种政事就没办法得以治理;夫妇不把力量往一处使,子孙
就没办法得以传衍下去,家道也没办法得以确立起来;师长和弟子不把
力量往一处使,任何纠结难明的事情就没办法得以解释清楚,道德也没
办法得以兴行起来,世人的迷雾也没办法得以驱散开,六方八远的普遍
性的真道教化更没办法得以推行开。所以都应当把力量往一处使,也
就好比那两只手在协调运作,才能使太平气畅通;不像那两只手在协调
运作,因而就每天都招来凶祸;即使治疗它,也没有什么效用,依旧没办
法获得成功,只会白白地在长久愁苦,而日复一日,凶祸又加上凶祸。
所以凡是需要效仿这两只手来协调运作的政务,就应在选拔任用官吏
上。获取不到合适的人选,天上众神灵把这称为半死不持。只用一只
手来单独操作,怎能获取成功,有那做成的事情呢?

"真人为天来远问凡疑事,宜深思此意以赤心①。心生
于火②,还以付火,为治象民③,则延年益寿,万不失一,吾不
欺子也。以示德君,以示凡人贤者,各思其意,无敢犯者也。

用之名为自厚自养，不用之名为自愁自苦。神哉[4]！吾之为道，纯天意也。但可前，不可却；但可顺，不可逆；顺之纯得天心也，逆之事乱。乱祸恟恟[5]，人意西[6]，天意东[7]，名为与天意不同。""善哉善哉！""行，子可谓已觉知之矣。"

【注释】

①赤心：赤诚的本心。

②心生于火：心为五脏之主，火即火行，以人体五脏配五行，则心属火，故出此语。本经卷九十六《忍辱象天地至诚与神相应大戒》谓："心者，最藏（脏）之神尊者也；心者，神圣纯阳，火之行也。"

③为治象民：此四字中"民"字《太平经钞》作"是"。于义为长。

④神：神验。

⑤恟恟：喧嚣扰纷的样子。

⑥人意西：意谓世人偏偏想向死亡靠拢。西方本为万物衰萎之地，属地、属阴、属刑、属金行，好杀主杀，故出此语。详参本经卷一百一《西壁图》所述。

⑦天意东：意谓皇天专为施生化生着想。东方本为万物始生之地，属天、属阳、属道、属木行，好生主生，故出此语。详参本经卷一百《东壁图》所述。

【译文】

"真人为皇天从远处前来询问一切闹不清楚的事情，就该用那赤诚的本心来深深思索其中的要意。心从火行那里凝结而成，反转来要付归给火行，施行治理效仿那两只手，就能延年益寿，绝对不会出现任何差错，我决不欺哄你们。把这篇书文亮给具有道德的君主看，再亮给众百姓和贤明人士看，叫他们分别精思其中的意旨，就没有敢再违犯的人了。行用它，这被称为自己厚待自己，自己养护自己；拒不行用它，这被称为自己使自己犯愁，自己使自己受苦。我所创制和传布的道法神验极了,纯粹属于皇天的心意啊! 只可以照它朝前奔,决不能往后退;只可以顺从它,决不能违逆它;顺从它就完全获取到了天心,违逆它就事情败乱。乱象和祸难来势汹汹,世人却偏偏想向死亡靠拢,而皇天恰恰专为施生化生着想,这被称作竟与天意大不相同。""这太好了! 这太好了!""回去吧,你们可以说已经觉悟并且了解到这一切了。"

四吉四凶诀第一百七十八

【题解】

本篇经文,脱落较严重,由《合校》本辑校者参据《太平经钞》(主要为"二大凶"以前部分)综汇而成。所谓"四吉四凶",特就荐举人才问题而发。对此重大问题,篇中宣明,地方向中央举士、贡士确得其人,则有益帝王,使被荐举者卓有政治建树,彰明师道并恩及业师,令荐举者更受信用,是为"四吉"。四吉进而导致国家大治,天地悦喜,上中下三士各得其所,遂被天上名此为"续命之符"。不得其人,则无益帝王,其人亦渎职灭身殃及子孙,毁弃学业并祸及业师,荐举者也落个与被荐举者同样的下场,是为"四凶"。四凶进而造成天下大乱,天怒地怨,事事逢凶而人早亡,遂被天上名此为"减年短命之符"。这种吉凶符命诀,显然是对东汉中后期察举制下请托繁兴、官非其人、履职弛怠而吏事日废之现状的神学批判;惟对师道和业师由举士而非"吉"即"凶"之遭际的强调,则寄托着《太平经》编著者跻身国家最高权力层的内在愿望。本篇同丁部《分别四治法》、《使能无争讼法》、己部《署置官得失诀》虽各有侧重,但都不离选官署职之事,自应参稽互察。

"真人前。今凡人举士①,以贡帝王,付国家,得其人几吉,不得其人几凶;得其人何所能成,不得其人何所能倾②,

诸真人自精且对。""然。得其人有四吉,不得其人有四凶。得其人,天地六方八远安;不得其人,天地六方八远不安。愿闻其要意。"

【注释】

①举士:指郡国向中央荐举人才。此就汉代察举制而发。

②倾:毁败。

【译文】

"真人你们到前面来。如今世人荐举人才,把他们贡献给帝王,付归给国家,获取到合适的人选有几种吉庆的结果,获取不到合适的人选又有几种凶险的结果;获取到合适的人选能够成就哪些事情,获取不到合适的人选又能毁败哪些事情,众位真人自行对此精思,并且当面作出对答来。""好的。获取到合适的人选,会有四种吉庆的结果;获取不到合适的人选,会有四种凶险的结果。获取到合适的人选,天地和六方八远就安平;获取不到合适的人选,天地和六方八远就不安平。对天师先前向我们作出的这种训诲,我们希望听一听其中的切要意旨。"

"然。贡士得其人①,上得以理,有成功而常安,日有益于上,一大吉也。所举人可任,得成器②,二吉也。得成器,能彰明其师道③,恩及其师④,三吉也。所举者信事有效⑤,复令上信任用之,四吉也。共并力同心,所为者日有成功,月益彰明,岁益兴盛,天地悦喜,善应悉出,恶物藏去。天地悦则群神喜,守而不失,上可以度世⑥,中可以平理⑦,下可以全完⑧,竟其天年。举士得其人,善如斯矣,天上明此续命之符⑨。"

【注释】

①贡士：犹言举士。

②得成器：意为取得突出政绩，成为良吏。

③师道：犹师法。指自创立而递相传承且必遵用的一师传授之法。

④恩及其师：意谓自家师长被朝廷聘用，委以重任。本经卷四十七《上善臣子弟子为君父师得仙方诀》云："属托其师，为其言语，或使师上得国家之良辅，今复上（步步高升），长有益帝王之治。"

⑤所举者：即荐举人。指负责向朝廷贡举的郡守等。信事：事属真确可靠之意。

⑥上：指上士。即高明人。

⑦中：指中士。平理：意为妥善处理好政务。

⑧下：指下士。全完：谓身躯不受任何损伤。

⑨天上明此续命之符：据后文，此八字中"明"当作"名"。符，古代用以发兵、传令或表明身份的凭证、信物，包括符券、符节、符传等。道家《庄子》一书已用"符"字作为篇目字眼，即《德充符》。道教则推衍为天符、神符等，用以显示其准确度、可信度、灵验度。

【译文】

"好的。向朝廷荐举人才获取到合适的人选，帝王就得以实现大治，取得成功而永久安定，每天都对帝王有补益，这正形成了第一种相当吉庆的结果。被荐举的人能胜任职务，成为卓有政绩的优异官吏，这正形成了第二种吉庆的结果。已经成为卓有政绩的优异官吏了，随后又能彰明自己师长所持守宣扬的学说，使朝廷的恩泽施布到自己师长的身上，这正形成了第三种吉庆的结果；荐举人负责荐举，事属真确可靠，大见成效，又使帝王对他更加信任，越发重用，这正形成了第四种吉庆的结果。于是君臣上下共同劲儿往一处使，心往一处想，所采取的举措和行动每天都看到成功，每月都得到进一步彰明，每年都显得愈益兴盛,致使天地大为喜悦,吉祥的兆应全部降现出来,邪恶的东西藏伏遁去。而天地大为喜悦,众神灵就全高兴了,守护住它们而不让它们消失掉,高明的人就能超凡成仙了,中等人就能妥善处理好政务了,低等人就能保全住自己的身躯而尽享天年了。荐举人才获取到合适的人选,它所带来的美好结果就像这个样子了,天上把这称作续命符。”

“请问何故正名为续命之符?”“然。所以续命符者,举士得人,乃危更安①,乱更理,败更成,凶更吉,死更生。上至于度世,中得理于平,下得竟其天年,全其身形。

【注释】

①更:转变成,转化为。

【译文】

“请求再询问一下,为什么偏偏把这称为续命符呢?”“好的。称作续命符的原因在于,荐举人才获取到了合适的人选,于是就危险转变成安全,混乱转变成大治,失败转变成成功,凶险转变成吉庆,死亡转变成存活。高明人直至超凡成仙,中等人得以把政事处理得妥善,下等人得以尽享天年,保全了自己的身躯。

“夫举士不得人,上无益帝王,国家令其理乱,帝王愁苦,天地不悦,盗贼灾变万种①,是一大凶也。所举人不能理职②,佞伪日欺,久久坐俟不安③,不得保其天年,或天地鬼神害之,或为人所贼杀,辱及其父母,恶流及妻子,后生已下世类,遂见知过失为恶人④,是二大凶也。其人恶,则其学弃⑤,污辱先师圣贤业⑥,祸及其师,是三大凶也。又举之者不信,共欺其上,贡非其人,乱天仪⑦,污列宿⑧。天疾之,地怨之,国君恶之,圣贤非之。是为世大佞妄语之子,当坐是事⑨,不得天地鬼神诛,则人当害之,辱其先人,祸及妻子后生,是四大凶也。

【注释】

①灾变:由自然现象反常而引起的灾害。《白虎通义·灾变》云:"天所以有灾变何?所以谴告人君,觉悟其行,欲令悔过修德,浃思虑也。"《援神契》曰:"行有点缺,气逆于天,情感变出,以戒人也。"本经卷四十三《大小谏正法》对此述之甚详。

②理职:履行职责。

③坐俟(sì):徒然等待,白白等待。

④见知:谓身世被世人所了解。指社会舆论将其斥为孽种。

⑤弃:被唾弃。即因人废言之意。

⑥先师圣贤业:指先师所传承的圣人与贤人的学业。圣、贤关系为,贤亚于圣,佐圣辅圣。《关尹子·三极篇》谓:"以圣师圣者,贤人;以贤师圣者,圣人。盖以圣师圣者,徇迹而忘道;以贤师圣者,反迹而合道。""圣人制言行而贤人拘之。"《鹖冠子·能天》云:"圣者,贤之爱(仰慕对象)也。"《礼记·乐记》称:"作者之谓圣,述者之谓明(即贤人)。"《列子·力命》谓:"以德分人谓之圣人,以财分人谓之贤人。"《白虎通义·圣人》引《礼别名记》曰:"千人曰英,倍英曰贤,万人曰杰,万杰曰圣。"又《封公侯》云:"使圣人主其难者,贤者主其易者。"本经卷五十《去邪文飞明古诀》谓:"故自古到今,众圣共为天谈,众贤者同其辞,共为圣谋。"又卷七十一《致善除邪令人受道戒文》云:"圣人主治百姓,贤人辅助圣人,理万民录也,给助六合之不足也。"又卷一百十《大功益年书出岁月戒》称:"故圣人知阴阳之会,贤人理其曲直,解其未知,使各自知分画,不相怨。"

⑦天仪：上天的法度。

⑧列宿：众星辰。汉代盛行官制象天论，如谓天有三台星，故设三公；天有北斗九星（其中辅、弼二星不常出现），故设九卿。《春秋繁露》即辟有以天数为理据的《官制象天》专篇，谶纬则续加推衍。《后汉书·天文志》亦谓："天者，北辰星合元垂耀，建帝形，运机授度，张百精，三阶九列，二十七大夫，八十一元士，斗衡、太微、摄提之属百二十官，二十八宿各布列，下应十二子。"本经卷九十八《为道败成戒》则云："官者，乃天之列宿之官也，以封有德，赏有功也，不以妄予无功之人也。"

⑨坐：获罪受刑。汉制规定，若察举失实，则追究荐举人的法律责任，予以减俸降职或免官下狱的处罚。《后汉书·明帝纪》载其《诏有司顺时气》曰："今选举不实，邪佞未去，权门请托，残吏放手，百姓愁怨，情无告诉，有司明奏罪名，并正举者。"唐李贤注："举非其人，并正举主之罪。"《汉官仪》载章帝建初八年十二月己未诏曰："有非其人，不习官事，正举者故举不实，为法罪之。"

【译文】

"向朝廷荐举人才却未获取到合适的人选，往上对帝王没有任何补益，给国家造成治理混乱，帝王愁苦，天地不高兴，盗贼和灾害以及各种反常的现象简直多极了，这正形成了第一种极其凶险的结果。被荐举的人不能履行职责，每天都用奸巧邪伪那套伎俩进行欺骗，时间一长便干等不安平的局面到来，没办法保住自己的天年，有的在天地鬼神那里遭到殃害，有的被人所虐杀，耻辱加到父母的头上，罪恶殃及到妻室儿女，于是后来出生的一代又一代子孙，都被社会舆论斥之为曾经犯下罪过的那类恶人的孽种，这正形成了第二种极其凶险的结果。因他本人邪恶，他那学问也被世上唾弃，污辱了先师所传承的圣人与贤人的学业，祸难也连带到自己的师长，这正形成了第三种极其凶险的结果。再有就是，荐举人负责荐举却不真确可靠，共同欺骗自己的君主，所荐举的对象并不属于合适的人选,这是在污辱天上由众星辰构成的职官制度。皇天痛恨他,大地怨恨他,国君憎恶他,圣贤责难他。这类荐举人纯属世上特别奸巧而胡说一通的家伙,应按荐举不实定罪受惩罚,即使不被天地鬼神诛杀,世人也会要他性命,由此辱没自己的祖先,祸难殃及到妻室儿女和后代子孙。这正形成了第四种极其凶险的结果。

"犯四大凶,贡非其人也,乃使帝王愁苦,治云乱①,凡害气动起②,不可禁止,前后不理,更相承负。天地大怒,群神战斗,六方不喜,八远乖错③,终古不理,天上名是为曰减年短命之符。"

【注释】

①云乱:谓像乌云搅动般混乱。

②害气:凶害之气。

③乖错:颠倒错乱。

【译文】

"触犯到四种极其凶险的结果,所荐举的人并不属于合适的人选,于是致使帝王愁苦,治理像乌云搅动那样混乱,一切凶害气都涌动扩散开来,根本没办法控制阻止住,前后得不到治理,递相承负。天地由此大怒,众神灵彼此争斗,六方不高兴,八远颠倒错乱,永久得不到治理,天上把这称作减年短命符。"

"何故名是为短命之符哉?""然。治当长,反为其短;年当多,反为其少;举事逢凶,无益于身。天地不悦,除算减年①,故天上名为短命之符也。""善哉善哉!愚生闻命矣。"

【注释】

①算：指上天在人生前为之注定的寿龄。凡人早亡，享寿未尽，其剩余部分则为余算。余算归天掌握，可转赐他人。本经以一年为一算，与《抱朴子》所称百日一算不同。详见卷一百二《经文部数所应诀》后附遗文及辛部第十三条经文所述。

【译文】

"为什么把这称作减年短命符呢？""好的。治理本来应使国运绵长，反而给它造成了存在时间变短促的巨大危害；天年本应得到增加，反而给它造成了硬被减少的恶劣情况；采取任何行动就都遭受凶祸，对身家性命没有一点儿益处。天地不高兴，于是便缩短减除寿龄，所以天上就把这称作短命符啊！""这太好了！这太好了！愚生领受到教诲了。"

"然。子可谓□□知之矣①。慎此天上文，以示德君，以示凡贤，下及民间。为人上求士②，不可不详；为人下贡士③，不可不忠。后世传诵此书文，结于胸心。中急举士不若此④，天地不复喜也。知而故违，其过重哉！真人慎之。""唯唯。诚受教敕，不敢犯禁忌余力行⑤。""子可谓慎事，得天命矣⑥。"

右天地手策、贡士四吉四凶短命符续命符、安国得天地心、群神喜谶⑦。

【注释】

①子可谓□□知之矣：此句原缺二字。

②人上：指帝王。

③人下：指地方长官。

④中急：谓内心怀有某种动机。

⑤余力行：不尽全力践行。

⑥天命：指皇天增赐的寿命。

⑦"右天地"句：此句系对本卷共计两篇经文之内容主旨所作的总体概括与揭示。谶(chèn)，诡为隐语、预决吉凶谓之谶。此处表示极灵验。

【译文】

"好的。你们可以称得上了解这一切了。慎重对待天上的这篇神文，把它亮给具有道德的君主看，也亮给所有的贤明人士看，往下扩展到民间去。身为人们的上司，求取人才不可以不审慎；作为人家的下属，荐举人才不可以不忠实。后来出生的人传付并诵读这篇书文，把它牢牢铭记在胸中和心上。内心怀有某种动机而去荐举人才却不依照这篇书文所讲的去做，天地就更不高兴了。明知故犯，罪过就深重到极点了！真人对此要多加小心。""是是。确实领受到训导戒饬，决不敢触犯禁忌而不尽全力去践行。""你们可以称得上慎重对待该做的事情，获取到皇天增赐的寿命了。"

以上为天地手策、贡士四吉四凶短命符续命符、安国得天地心、群神喜谶。

大功益年书出岁月戒第一百七十九

【题解】

本篇所谓"大功"，特指尽忠、奉孝、持顺、输诚、守信、行善完全达到符合天心神意的地步而言。"益年"意为：非仅益寿延年，而且永无极限，乃属"天报"。"书出岁月"，则谓每隔三年零八个月即一千三百二十天，辄向大功益年者出示天庭在八月晦日（三十日）验核认可了的登仙成神的正式文书。"戒"遂专就获此文书据事并逐条逐项而发。篇中围绕寿命问题，基于世人"贪生恶死"的一般心理，拟设出一个凌驾人间之上的天庭实体，树立起至高神"天君"及其首席辅佐"大神"的两尊偶像，极力凸显天庭和神灵对世人命运的主宰作用：既在生前为人预定"长寿"并享有未来神仙资格的花名册，以及与此相应的"禄相"；又在生后遣神监视，呈报逐条记录人之善恶的专项举告书。进而仿照汉代考核制度，定立出天庭八月晦日勘合花名册与举告书、决定仙度的惯例，构建起神位空缺依功补授的定制。以此为基托，列示上古有信之人、上古圣人、上古得道之人、上古有心之人、上善之人、上德之人顺天施为的"六极"表现，各自向大神匍匐在地，哀乞拜受戒敕和"不足之文"的无以复加的惶恐场景，标揭"思从心出，发愤尽精诚"的天君谕旨；描述未来神仙辗转反侧接受天庭考验、饮药变形、终得上天的情形；显示"悔过命长"的天恩"大分之施"，有功而贫厄空虚者蒙受"天官给食"和"地主敬慎"的超常优遇,愚士和"恶亡命"之徒幡然悔改得获天赦的特殊处置;宣明人自清身、爱身、成身、念身、责身的训条,铺设"时见宠荣,复贪得长游,复贪得神仙,复贪得不死位,复贪使众神"的"上行"之路;对怙恶不悛者,则发出恶鬼缠身、除算减年入鬼门、复受地府拷问并殃及后代的威慑。通篇所述,近乎七千言,而其主旨则在申明一点,也就是那条既定的世人必须积善绝恶的"求生索活之道",形同下卷五"诀"的总纲。

惟上古之道①,修身正己,不敢犯神灵之所记②,乃敢求生索活于天君③。不敢自恣恐不全④,日念生意⑤,与神为臣,表其类也⑥。欲得尽忠直之言,与诸所部主者之神⑦,各各分明是非,乃敢信理曲直耳⑧。何日有忘须臾之间? 上有占人⑨,具知是非,何所隐匿,何所有不信者也⑩? 故得自理,求念本根,未曾有小不善之界也⑪。但自惜得为人,依仰元气,使得蠕动之物⑫,所不睹见灾异之属。但人负信于誓言,两不相信⑬,故有所不安。天地中和上下⑭,各自有信⑮,人不得知其要,而言何独有善有恶耶? 灾异悉所从生。

【注释】

①上古:指天皇、地皇、人皇所谓三皇时代。

②记:指对世人平常所犯过失与恶行所作的逐项记录,届时将由神灵禀报给天庭。

③天君:本经所拟设的至高天神的专称。壬部第二十四条经文谓:"天君者,则委(积)气,故名天君,尊无上。"

④全:谓保全身家性命和躯体完整。

⑤生意:存活的意旨。

⑥表:表明。类:指同一类属。

⑦诸所部主者之神：指由天庭署置委派到各个区域的神灵。

⑧信(shēn)理：谓辨明是非曲直，加以清理。信，通"伸"，伸张，辩驳。

⑨占人：指奉天君之命，监视下方举动的值日神灵。参见卷一百十一《善仁人自贵年在寿曹诀》所述。

⑩信：真确，属实。

⑪界：意谓那个圈子。

⑫蠕动之物：泛指一切动物。蠕动，爬行。

⑬两不相信：意为人不信天，天不信人。

⑭中和：天地交合而成者曰中和，实即人间。

⑮信：指本应遵守的行为准则与规范。

【译文】

只有那上古时期的道法，表现为修养身心，端正自己，决不敢触犯到神灵所要记录上报的事项，于是就敢向天君求生索活。人们不敢自我放纵，唯恐保不住性命和身躯完整，每天都精思存活的意旨，与神灵一样，充当天君的臣子，表明自身的类属。心想要把忠诚正直的话语毫无保留地进献上去，与天庭委派到各个区域的神灵逐一分明是非，才敢向天君伸诉曲直罢了。哪一天曾出现过片刻遗忘的时候呢？天上专有监视世人活动的值日神，完全了解谁是谁非，哪里能有隐匿起来的地方，哪里能有不真确的事情呢？所以就得以自己治理自己，求取精思根本，未曾出现过陷入稍微不良善的圈子里的情况。只管自行爱惜本身能够成为一个人，依凭仰赖元气，致使一切动物看不到灾异这类祸殃。只因世人对自己立下的誓言径自违背，天不信人，人又不信天，所以才出现不安平的局面。天地和人间从上到下，各自都有本应遵守的行为准则与规范，而世人却不了解那要领所在，反倒说什么哪里就偏偏存在着良善与邪恶的区分呢？于是灾异便从这里头全部产生出来了。

人食五常之气①,无所不禀,无所不依,无所不行,独何不奉知古有知人②,相及逮乎③?此为失善从恶,令命不全,何独而是耶?故天君言,有善有恶,善可令同?所以然者,当令有分别,不可自从④。善当上行⑤,恶当见刑,何得与善相及耶?以人意言之,亦为可知。自有当直之者⑥,故设恶以分明天地四时五行之意,使知成生为重⑦,增其命年。人得生成之道,承用其禁,不敢触忌。以是言之,天知愚人甚薄而无报复之意⑧,逆天所施为。证天所施为,加人所施⑨,行邪中类⑩,反当活恶疾善也⑪。故圣人知阴阳之会,贤人理其曲直,解其未知,使各自知分画⑫,不相怨。善自命长,恶自命短,何可所疑所怨乎?人人为不如六畜、飞鸟走兽、水中物耶⑬?以为人无状邪⑭,天使然也。天同欲使为善耳,不欲令为恶也。如善恶同其苦乐耳,富贵寿老,天在上为,不能分别好丑,使无知人得气扬声,言我与汝曹等耳⑮,行善何至用⑯?是故进益善,令久生;其人薄者,念之等耳。比恶亡命,乃欲正悔过,见善与从事,见恶退止,日夜克躬思省⑰,所负既复,小生得与人等⑱,虽不仙度,可竟所受⑲,不中亡年⑳,是为可矣。

【注释】

①五常:即木、火、土、金、水五行。《礼记·乐记》云:"道五常之行,使之阳而不散,阴而不密。"汉郑玄注:"五常,五行也。"
②古有知人:上古时代深明事理的人。
③及逮:追上,赶上。
④自从(zòng):自我放纵。从,"纵"的古字,放纵。

⑤上行：谓向登仙成神的目标迈进。

⑥直：通"置"，置身其列之意。

⑦成生：化生与成就。

⑧薄：谓情薄。报复：指回报天恩。

⑨加人所施：此四字中"施"下《太平经钞》有"为"字。当据补。加，通"嘉"，嘉许，嘉奖。

⑩行邪中类：此系假设性的否定语。意为行为邪恶如果还与神灵同属天君臣子的话。中，切中，符合。

⑪疾善：谓使良善遭殃。

⑫分画：指善恶的界限。

⑬六畜：马、牛、羊、猪、犬、鸡。

⑭无状：罪大无可名状。

⑮汝曹：意为你们行善这班人。等：相同，对等。

⑯至用：指所获得的最大益处。

⑰克躬：约束自身之意。

⑱小生：稍得生存。

⑲所受：指天庭付与的寿龄。

⑳中亡年：即半路死去。

【译文】

　　世人体内吸纳五行气，没有什么不能禀受到的，也没有什么不能依附住的，更没有什么不能施行开的，为什么就不只去倾心尊奉上古时期深明事理的人，还要赶上他们呢？这纯属偏离吉善，归入险恶，致使身家性命得不到保全，为什么偏偏要叫自己这样干呢？因而天君便晓谕，良善和邪恶同时存在，怎么能让做善事竟与干坏事一个样呢？之所以这样作晓谕，是因为本来就该具有区别，不能让谁想自我放纵就自我放纵。做善事便理应叫他向登仙成神的目标迈进，干坏事就该叫他遭受刑杀，哪里能和做善事结果相同呢？依照人们的通常看法来说，这也就属于可以体察领悟的了。压根就会有置身邪恶当中的人,所以便把干坏事特地标列出来,用来鲜明地显示出天地和四时五行的意愿,让世人闹清楚化生和成就在天庭那里是占主要的,会给世人增加寿龄。世人获取到化生和成就的道法,就该承顺并行用那些禁忌的事项,不敢去触犯。照这一条来说,皇天知道世间那些愚昧人非常薄情,一点儿也没有报答天恩的意思,违逆皇天所要施布行用的事情。本来应去验证皇天所要施布行用的事情,嘉奖世人所要施布行用的事情,而行为邪恶如果还与神灵同属天君臣子的话,那就变成反倒应叫干坏事的人存活,让做善事的人遭殃了。因而圣人明了阴阳的际会,贤人梳理其中的曲直所在,把世人还不懂的事理讲个明明白白,使各自都自行掌握良善与邪恶的界限,不再彼此埋怨。做善事自然就寿命长,干坏事自然就寿命短,还有什么值得再去怀疑、再去埋怨的呢?每个人还不如那鸡犬六畜、飞鸟走兽和水中的动物吗?可竟认为世人邪恶得罪大无可名状,正是由皇天给造成这个样的。皇天希望能够让世人都去做善事,决不希望叫他们去干坏事。倘若真让做善事和干坏事得到的苦乐完全对等,而富贵与长寿恰恰都由皇天在上面掌握着,可皇天却不能区分出好坏来,致使世上什么都不懂的那类人神气活现,公开叫嚣,说什么我和你们这群做善事的人并无两样,那行善还有什么最大的益处呢?所以有谁精进而善事越做越多,就让他长生;那些行为浅薄的人,只不过妄想和善人结果一个样罢了。等到他们作恶多端快丧命的时候,于是想到变端正,对罪过感到悔恨,看到良善的行为就跟在后面照着去做,看到邪恶的事情就退离开来不去干,从早到晚约束自己,深思反省,所承负的罪责已经得到解除,多多少少还能存活得以同普通人一个样,尽管没办法超凡成仙,但还能尽享皇天赋予的寿龄,不在半路就死去,这也算得上做得对的事了。

　　俗人之所长须臾耳[1],不念久生可上及[2]。知士有心,念索生,故不作恶耳。天见其善,使可安为,更求富有子孙,虽不尽得,尚有所望。何为作恶久灭亡? 自以当可竟年,不知天遣神往记之,过无大小,天皆知之。簿疏善恶之籍③,岁日月拘校④,前后除算减年。其恶不止,便见鬼门⑤。地神召问其所为,辞语同不⑥,同复苦鬼治之⑦,治后乃服。上名命曹上对⑧,算尽当入土,愆流后生⑨。是非恶所致邪? 人何为不欲生乎? 人无所照见乃如是,何所怨咎乎? 同十月之子⑩,独何为不善? 施恶不息,安得久乎? 愚士之计,壹何不与小善合乎?

【注释】

① 长须臾:意谓多活一些时日。

② 上及:指登仙成神。

③ 簿疏善恶之籍:谓用簿册分条记录世人善恶的专项文书。

④ 拘校:汇集验核。此系仿照古代日成、月要、岁会的考核制度而来。《周礼·天官·宰夫》谓:"岁终则令群吏正岁会,月终则令正月要,旬终则令正日成,而以考其治。治不以时举者,以告而诛之。"《司会》又云:"以参互考日成,以月要考月成,以岁会考岁成。"

⑤ 鬼门:通往阴间之门。《论衡·订鬼》云:"《山海经》又曰:'沧海之中有度朔之山,上有大桃木,其屈蟠三千里,其枝间东北曰鬼门,万鬼所出入也。'"

⑥ 不:同"否"。

⑦ 苦鬼治之:谓将其打入愁苦鬼或恶鬼的行列予以惩治。本经卷四十《努力为善法》谓:"地下得新死之人,悉问其生时所作为,所更,以是生时可为,定名籍,因其事而责之。""其自愁苦而尽者,

为愁苦鬼;恶而尽者,为恶鬼也。”

⑧上名:呈报名籍之意。命曹:又称长寿之曹或寿曹。指天庭掌管世人寿命的专设机构。机构于此称“曹”,系仿自东汉尚书台分设六曹之制。曹即分科办事的部门。上对:谓勘问魂神,当庭对质。本经卷九十六《六极六竟孝顺忠诀》称:“故随天为法,常以月十五日而小上对,一月而中上对,一岁而大对。……或击治此乱治者专邪恶之神也。”

⑨愆(qiān):罪过。

⑩十月:指妊娠期。

【译文】

世俗人通常都希望自己能多活一些时日也就可以了,却不去考虑应该长生,还能登仙成神。但聪明人却有心计,只想求取到长生,所以就不干坏事了。皇天看到他良善,就使他乐意做的那些事情都很顺利;转而谋求子孙众多,尽管不能全部实现,但还大有希望。世人可为什么偏要去长久干那邪恶的勾当而死掉呢?自以为能够尽享天年,却不知道天庭派遣神灵前去作记录,罪过无论大小,天庭都掌握得清清楚楚。用簿册分条记录世人善恶的专项文书,每天每月每年都在进行汇集验核,前前后后加起来,就缩短减少他那寿龄。干坏事不止息,就到鬼门那里去报到了。阴曹地府的神灵把他押到面前来,审问他生前的所作所为,看他所招供的事情是否与神灵的记录相一致,一致之后,再把他打入愁苦鬼或恶鬼的行列予以惩治,惩治以后就只有认罪了。认罪后把他的姓名上报到天庭的寿曹,当庭勘问魂神,判定寿龄该到尽头,应当打入阴间,而且罪过还要殃及到他的子孙后代。这种结果难道还不是由干坏事招来的吗?作为人,为什么不去追求存活呢?作为人却像这样无所察见,还有什么值得怨恨和憎恶的呢?同属怀胎十月生下来的人,为什么偏偏就不去做善事呢?干坏事而不止息,怎么能够长久活在世上呢?愚昧人的计虑,为什么竟是那样地不同一点点儿良善相切合呢?

行,复道小不急之事①。凡人所为,各不同计,自以为可,所触所犯,皆欲得人利②,人亦不欲利之。善利得生须臾③,恶利不久④。以善不久居地上也⑤,故使有天地,知不乎? 天使人为善,故生之;而反为恶,故使主恶之鬼久随之不解⑥,有解不止,余鬼上之,辄生其事⑦,故使随人不置也。知不乎?

【注释】

①小不急之事:不甚紧要的事项。

②人利:他人的利益。

③善利:意谓通过正当手段谋利。

④恶利:意谓采用恶毒手段谋利。

⑤善不:良善与否。

⑥主恶之鬼:指在意念上支配和驱使人去作恶的鬼物。不解:即附体缠身之意。本经卷一百一《西壁图》称:"故前有害狱,后有恶鬼,皆来趋斗,欲止不得也,因以亡身。"

⑦其事:谓大祸临身之事。

【译文】

注意听来,再讲说一桩不太紧要的事情。世人的所作所为,各自怀有各自的目的,自以为行得通,但那些触犯与侵害的行为,都企图把别人的利益弄到自己的手中,可别人也不甘愿就让自己的利益被对方弄走。通过正当手段谋利的人,还能够稍略多活一些时日;采用恶毒手段谋利的人,性命就长不了。凭仗良善与否,决定人能在地上长久存身,所以才使天地撑立在那里,察视人间,对此清楚不清楚呢? 皇天要让人做善事,所以才叫他生存;可他反而去干坏事,因而就派遣专门支使人干坏事的鬼物紧紧缠在他身上而不离去,即使离去也不中断,其他鬼物又紧跟上去,动不动就叫他大祸临身,所以便驱使鬼物缠住人而不弃置。对这种情况知道不知道呢?

　　此书先进善退恶,古今文也①。自不从其长命就恶,无可奈何,鬼使得不白也②。故有过者,没形于土耳,精神不安③,未知所止④,是谁过乎? 人行且自详思念,取便安,勿非所言。辞语前后复重,其所道非一事,故重耳。

【注释】

①古今文:意为统括了古今之理的天赐神文。

②不白:闹不明白。指主恶之鬼对怙恶不悛者的迷惑作用。

③精神:指寄居在人体各部位、诸器官内并起主宰作用的人格化的神灵与精灵。

④止:停留的地方,栖止的处所。

【译文】

这篇书文把奖励良善、贬斥邪恶放在第一位,属于统括了古今事理的天赐神文。硬行不去遵从身家性命得长存的训戒,偏偏倒向邪恶,那就对他没有办法可想了,这是恶鬼让他明白不过来。所以犯下罪过的人,身形已经被埋进土里了,而体内的精灵与神灵却不得安生,根本不知道栖止在什么地方,这可是谁造成的罪过呢? 世人一举一动要自行仔细作思忖,选取那便利平安,不要认为书文所讲的不正确。书文辞语前后重复,因为它所讲说的并不仅仅是一宗事体,所以才重复罢了。

　　人命近在汝身,何为叩心仰呼天乎? 有身不自清,当清谁乎? 有身不自爱,当爱谁乎? 有身不自成,当成谁乎? 有身不自念,当念谁乎? 有身不自责,当责谁乎? 复思此言,无怨鬼神！见善白善^①，见恶白恶，皆不同也。复知之乎？辞小止^②。有恶不息，文书不绝^③，人没乃止，此戒可知。为恶自负其身耳，不负他人也，复知之乎？行顺所言，可思无离于心，离之为败，不可复理，与鬼同伍^④，何得活乎？念生得生，是为知；恶会当尽，不得久在，知之不乎？

【注释】

①白：指鬼神特向天庭作禀告。

②辞小止：意谓开导戒饬之辞告一段落。

③文书：指鬼神向天庭举报的文书。

④同伍：同一行列。

【译文】

人命长短离你自身太近了，为什么还要去叩心捶胸，仰面呼叫苍天呢？有副身躯自己却不清肃它，那可该去清肃谁呢？有副身躯自己却不爱惜它，那可该去爱惜谁呢？有副身躯自己却不成就它，那可该去成就谁呢？有副身躯自己却不顾念它，那可该去顾念谁呢？有副身躯自己却不责备它，那可该去责备谁呢？反复思量这番话语，不要去怨恨鬼神！鬼神看到良善行为就向天庭禀告良善行为，看到邪恶行径就向天庭禀告邪恶行径，一律各有规定。对这种情况又了解到了吗？训导戒饬的话语暂且告一段落。犯有过恶却不止息，鬼神的禀告文书也就不断绝，直到人死掉才算完事，这一戒条理应牢记不忘了。干坏事只是自己辜负本人的身躯罢了，并不辜负别人的身躯，对这一条又清楚了吗？行为要顺从此处所告诫的话语，高兴去精思它，决不让它从内心离开；离开就构成毁败了，没办法再挽救了，与恶鬼成为同列了，怎能得以存活呢？满心只想存活就能活，这才够得上明智；干坏事终归会丧命，根本没办法长久活在世上，对这一条弄清没弄清呢？

行,复小说①。人居天地之间,皆得为人,奈何忘天地恩乎? 此为何等哉? 其愚乃如是,不能改,何所复望乎? 欲望天报②,当自责恳恻③,垂泪而行,言我蒙恩得为人,与万物绝殊④,天使有异,能言能语,见好丑,知善恶,可不之事当自详慎。所言反天,辞令不奉顺⑤,是为大逆不道之人,天安从得久与从事乎? 故置凶神古观之⑥。

【注释】

①小说:略作陈说。

②天报:天庭的酬报。

③恳恻:恳切凄恻。

④绝殊:截然不同之意。

⑤辞令:泛指言辞。

⑥故置凶神占观之:此七字中"古"当作"占"。形近而讹。凶神,专门给人带来凶险的神灵。占观,侦测察视。

【译文】

注意听来,再略作陈说。世人置身在天地之间,全都得以成为活生生的人,为什么却忘记天地的厚恩呢? 这可算是什么东西呢? 他那愚昧竟然达到了这般地步,压根不能改变,还有什么能再希望得到的呢? 希望获取到皇天的酬报,就应恳切凄恻地自我责备,泪流满面地往前走去,口称我蒙受皇天的恩德,得以成为一个人,与万物截然不同,皇天叫和它们区别开来,叫我会说话,看得出哪个美观哪个丑陋,懂得什么是良善,什么是邪恶,对该做不该做的事情应当自行仔细察辨,慎重对待。如果口中所说的那一套正与皇天大唱反调,言辞极不承奉顺从,这就纯属大逆不道的家伙,皇天会从什么地方能够长久与他办事呢? 因而便安排凶神侦测察视他。

　　还辞如所言,其人自不好善。天君言:"前已有文书不绝,部主者下收其魂①,骨肉付地主②,不须时,恶人不可数闻。"故自损威怒③,还就儒雅④,改易其恶,采取众善,著之于内,以心置⑤。心神言⑥:"我受天心教敕,使主随人心,其不得有小脱⑦,善恶辄有傍神复得⑧。"心神言益复悲楚:"未知吉凶,故自恐在恶伍之部,日夜自惟,不知当所自置。故不敢有不善之意,唯诸神相假借⑨,使得自责,不用神诫,被诛不恨。"天君遣大神下言⑩:"此人有自责悔过,不犯所禁,假之假之⑪。后有不善,取之未晚。"见神言,日夜长息,恐身过未悉除,久不与太阳气通⑫,而在死伍之部⑬,益复笃⑭,不知而何也⑮。受敕未能通达,静于闲处自省⑯,责过所负,以谢天地四时五行诸所部神。天君聆听,令自思。

【注释】

①部主者:指太阴法曹。即天庭所设的司法机构。参见本经卷一百十二《有过死谪作河梁诫》所述。

②地主:指地阴神及土府。参见本经卷一百十二《有过死谪作河梁诫》所述。

③故:特意。威怒:指作恶时的情态。

④儒雅:谓温文尔雅的做派。

⑤心置:谓在内心妥善地措置。

⑥心神:五脏神之一。本经辛部云:"心神,乃天之神也。"又壬部称:"神者居人心阴。"言:谓对作恶者述说。

⑦小脱:微小的闪失。

⑧傍神:其他的神灵。指近在胸心的司命神等。本经卷一百十二《写书不用徒自苦诫》称:"故令司命,近在胸心。"

⑨假借:宽容给机会之意。

⑩大神:无形委气大神人的别称。属特级神仙,为至高神天君的辅佐,如同人间宰相或帝王的太子。本经丙部《九天消先王灾法》谓:"其无形委气之神人,职在理元气。"又壬部第十六条经文称:"上皇神人之尊者,自名委气之公,一名大神,常在天君左侧,主为理明堂文之书,使可分别。曲领大职。"佚文又有云:"大神比如国家忠臣,治辅公位,名为大神。"

⑪假:饶恕,宽免。

⑫太阳气:最旺盛的施生阳气。

⑬死伍之部:意为与死为伍的范围内。

⑭笃:诚恳。

⑮而何:犹如何。

⑯闲处:清静无人的地方。

【译文】

凶神回来禀告,跟他口中所说的那一套一个字都不差,并断定这个家伙压根就不喜好良善。天君于是命令说:"过去对他已经有举报文书接连奏上了,太阴法曹下去收取他那魂神,把他那副身躯打入地府去,不能延缓片刻,对恶人决不准屡屡听到他还在干坏事。"随后这个家伙便特意自行减损平日做恶时的凶狠劲儿,掉转头来归从温文尔雅的做派,改变恶行,把各种良善的行为都选取在身,铭记在内心,从内心做出妥善的措置。于是心神对他说道:"我领受天心的教令,让我负责随同人心活动,不许使人心出现微小的闪失,一旦产生善恶之念,就有其他的神灵重新侦测到。"心神越说越悲哀凄楚:"现下是吉是凶还不清楚,因而自身唯恐被打入凶恶的行列里面去,日夜自思,真不知究竟应该怎么办才好。所以决不敢产生不良善的念头,只请众位神灵宽容,赐给一个机会,使我能够进行自责,再不听用神灵的诚语,受到诛杀也不抱怨。"天君派遣大神人下去说:"这个人有自责悔过的表现,不触犯禁令,先宽恕他,先宽恕他。日后再有不良善的行径,收取他也不算晚。"听见神灵的话语,这个人日夜只管长长叹息,唯恐自身的罪过尚未完全解除掉,长期下去就不能再与最旺盛的施生阳气相融通,而被打入死鬼的圈子里去了,于是越发诚恳,不知怎么办才好。领受到戒饬后还没能表明自己的态度,就在清静的地方静静地自行反省,痛责自己的过恶所承负的罪责,用来向天地和四时五行各路神灵谢罪。天君听到后,让他自行深思。

惟上古之人,皆有知虑,不敢犯禁,自修自正,恐见有失,动辄为不承命,失其年。用是之故,不敢小解①。过辄有罚首②,以是自省自爱,敬重禁忌③,不敢有违失意,复见责问,心常恐悸,怅然失气。负天心,言有小不称,是为文烦④,辄考问实核。所言所信可⑤,可以得名誉;及其身无信久,亡人年。故复思念,不失我心,切怛恐怖⑥,不敢自安。舍气而行⑦,常自恋慕,贪与天地四时五行共承统而行⑧,不敢有小过差。心自忿,当前后深知至意⑨,不失其常。念恩不违精实⑩,贪生望活,何有小恶闻上乎?

【注释】

①小解:稍稍懈怠。解,通"懈",懈怠。

②罚首:犹言罪魁。此处指严厉的惩罚。

③禁忌:指天庭的禁令戒条。

④文烦:意为被神灵举报的次数就太多了。

⑤可:谓称天心。

⑥切怛(dá):极度忧伤。

⑦舍:守持之意。

⑧统：统系。指职在施生的天统，职在养长的地统，职在成就的人统。

⑨至意：最高意旨。

⑩精实：专精诚实。

【译文】

想那上古时代的人们，都具备智识谋虑，不敢触犯天庭的禁令戒条，自己修明自己，自己端正自己，唯恐出现闪失，动辄便构成拒不承奉天庭的命令，失去寿龄。由于这个缘故，决不敢稍稍懈怠。构成罪过就有严厉的处罚，所以就自己省察自己，自己爱惜自己，敬畏并看重那些禁令戒条，不敢产生违犯和偏离的一丝念头，又会遭到责问，内心经常恐惧惊悸，惆怅得就像失去了气息。辜负天心，言辞出现一点点儿不符合的地方，这就属于被神灵举报的次数太多了，动辄遭到勘问审讯。所言说的事项真确可靠，符合天心，也就获取到名誉了；等到他本身不守信用而时间一长，也就使他的寿龄丧失了。所以便反复精思专念，不让自己的内心出现偏差，极为忧伤又万分恐惧，不敢自己安生下来。牢牢守持元气而从事活动，总自行贪恋来仰慕去，只求和天地四时五行一起承奉天统、地统、人统而从事活动，不敢出现丝毫的偏差和过错。内心总在自己愤恨自己，应当从前到后深深了解掌握皇天的最高意旨，始终保持常态。感念天恩而不违背专精诚实，贪求长生，渴望存活，哪里有轻微细小的过恶传到天庭那里去呢？

结躯行相承事①，何敢有解意？恐不能得上至意，不知如何也，心益复悸切。自安无益，天寿难得②，一失不可复还。远俗日久，而反中折③，当顾望下，是令怅然，故自救惶栗而已④。常恐一旦大小不称见退，愁懑在心⑤，自责自过。既蒙天恩，得展舒前命⑥，饥渴之情不敢忘，得活而已。

【注释】

①结躯：蜷身。形容极度顺服。

②天寿：又称上寿，指一百二十岁。详参本经己部《经文部数所应诀》后附遗文及乙部《解承负法》、癸部《盛身却灾法》所述。

③中折：半途而废。

④惶栗：惶恐战栗。形容极度戒惧。

⑤愁懑（mèn）：忧愁烦闷。

⑥展舒：延长。前命：指生前注定的寿命。

【译文】

极为顺服地从事活动，只晓得承应侍奉，哪里敢有懈怠的想法？唯恐不能获取到天庭的最高意旨，简直不知道怎么做才好，内心又更加惊悸迫切。自我安生并无任何益处，皇天赐给的最长寿龄很难得到，一旦失去就没办法再争取回来了。超凡脱俗已经时间很长了，反倒半途而废，天庭照理是会顾念下边人的，这就使人惆怅到极点，所以便自行督促自己，达到惶恐战栗的地步也就算做到头了。经常担心一旦大小事情不符合皇天的心意就被贬退，于是愁苦和郁闷便在心中涌生，自己责备自己，自己感到自己存在过错。既然蒙受到天恩，得以延长生前注定的寿命，如饥似渴去索求的心愿更不敢抛到一边去，真能存活也就万事大吉了。

诸大神哀省①，录示元元②，禀气于天厨③，驾乘天气而行④，薄所主防禁⑤，众多不可有失亡。身虽鄙贱，不足荣宠，亦不以不肖故⑥，能见嫌疑也⑦。真以心求进索生，唯大神原省语言⑧，使见四时五行生成，复见日月难报⑨，想不见中弃。正营之人⑩，不敢自远，倾倒枕席⑪。

【注释】

①诸大神：指九君。详见本经卷一百十四《九君太上亲诀》所述。
　哀省：哀怜省察。

②录示：层层开示。录，次第。元元：平民百姓。汉高诱《战国策·
　秦策一》"子元元"注："元，善也，民之类善，故称元。"

③天厨：星名。位于紫微宫东北维，凡六星，主天庭盛馔。

④天气：天际的云气。参见本经卷九十九《乘云驾龙图》所绘者。
　卷一百十一《大圣上章诀》则称："驾乘精气。"又卷一百十二《写
　书不用徒自苦诫》云："有命当存，神神相使，乘云驾龙，周遍乃
　止。"同卷《有过死谪作河梁诫》谓："天有教使，奔走而行，以云气
　为车，驾乘飞龙，神仙从者，自有列行。"

⑤薄：请勿吝惜之意。犹言慷慨宣示。

⑥不肖：子不似父曰不肖。即不贤。

⑦嫌疑：猜疑，怀疑。

⑧原省：体谅省察。

⑨日月难报：日月轮番照耀人间大地，恩赐甚重，故曰难报。

⑩正（zhēng）营：即怔营。惶恐不安的样子。

⑪倾倒枕席：意谓敬受神戒。其具体情形见下文所述。

【译文】

　　只请众位大神人哀怜省察，层层开启平民百姓，怎样才能从天厨星
那里领取到皇天的精华气，驾乘皇天的云气四处游历，但愿慷慨宣示你
们所执掌的有关皇天的禁规戒律，即使再多，我也条条都遵守行用。我
自身尽管鄙陋低贱，没资格获得荣耀和宠信，但也请不要因为我不贤明
的缘故，就受到你们的猜疑。真真凭借那颗赤心在追求成仙，索取长
生，只请大神人体谅省察我这番话，使我能够看到四时五行怎样在化生
和成就万物，又看到日月照耀的恩德是多么难以报答，想来不会被半路
抛弃。惶恐不安地在做求索的人，决不敢自行远远躲开大神人，只等辗

转反侧地领受那神戒。

　　大神言："此人自师化乃如是①，何忧无蒙保者耶②？往昔有是人，天右哀之③，近在左右。今见在视事久远④，多知虑，所言所语，无不得天君腹心者，且为之为。"生伏地泣出而言⑤："被敕觉寤⑥，乃以先古有心忠诚，进在所知，无不包怀闻之⑦，何敢比望先之人乎⑧？"

【注释】

①师化：奉天为师而承受教化之意。

②保者：指神灵充当成仙者的荐举担保人。若担保失实，神灵则受天谴。此系模仿汉代察举制的规定而来。在察举制下，如果被荐举人名实不副，则荐举人依法必受减俸降职或免官下狱的处罚。

③右：后多作"佑"，佑助。

④见在：意为面前这个人。

⑤生：索求长生者的代称。因其自行承受师化，遂与大神构成师长和弟子的关系，故用此称。

⑥觉寤：即觉悟。

⑦包怀：均予包容接纳之意。闻：谓向上报告。

⑧比望：对等平列或并驾齐驱之意。

【译文】

　　大神人说："这个人自行奉天为师而承受教化竟然达到了这般境地，还忧虑什么没有愿意给他做担保人的天神呢？从前就遇见过这样的人，皇天哀怜又保佑他，让他在天君身边担任职务。如今面前这个人，把事情看得很长远，智识计虑很全面，口中所讲的一切，没有不切中天君心意的,立刻替你在天君那里推荐一番。"这个甘当大神弟子的人跪倒在地上,流下眼泪说:"领受到训饬,内心觉悟了,只因古人怀有真心,特别忠诚,向天界升进在于他们计虑深远,而大神人对这类人士个个都包容接纳,并向天君奏报,可我哪里敢想要和古代那种人对等平列呢?"

大神言:"持是有信之人相语者,欲令相生为行比望耳①。人有不及时。"生言:"大神乃开导大分明,生等比众多②,独见异,使有开思,是恩极重,何时教大神乎③?"大神言:"思从中出,发愤念之为报。"生言:"自分不知所奉上④,虽自天有珍奇可好者,思复上之。见敕发愤想念,是为可。诚受是言,非口辞相报有文也⑤。诚日夜惟思,不敢有解。"大神言:"所诚众多,所谏亦非一人所问。持是久远相语者,诚重生耳,言特见厚哀尤深。"

【注释】

①相(xiàng):佑助,辅佐。

②等比:谓与自己一样的人。

③教:意谓如其教导那样来作回报。

④自分:意为自己命里便该如何如何。

⑤文:指虚夸敷衍的成分。

【译文】

大神人说:"特意拿古代确有信用的人做例子来告诉你,也正出于佑助你,想叫你付诸行动而和他们并驾齐驱罢了。作为人,都有对事情闹不明白的时候。"这位求生弟子说:"大神人竟开导得万分明晰,而世上和我一样的人多得很,唯独我蒙受到这种优遇,使我思虑大为开通,这种恩情极其深厚，我可什么时候能像大神人所教导的那样作出回报呀？"大神人说："要拿思虑真从内心涌出，发愤精思作为回报。"这位求生弟子说："自己命里就不知道该向天庭献呈些什么，虽然天庭原本就有觉得珍贵、值得喜爱的东西，可我还想再进献它们。领受到训饬，发愤去精思它，这才像个样。确实要照大神人所嘱告的话语去做，决不是口头说一说就能敷衍一下作个回报的。我要日夜只管真去精思它，决不敢产生懈怠情绪。"大神人说："我所告诫过的人很多，所规谏的事项也不仅仅是一个人曾经询问过的。拿这事关长远的诫条来告诉你，确实是看重你，既然对你讲了，也正表明你受到的恩遇特别厚重，对你的哀怜也更深切。"

　　天君闻之，呼大神曰："比生何从发起①，自致大神异语乎？"大神言："见此学人尤信②，故为道难易。"天君言："见善进之，使及是③，是其宜也。"大神言："天君召问是信生。"生言："不敢希望及天左侧也④，愿在无职之处，自力尽忠而已。"大神言："皆当有所部主⑤，乃见信理⑥。""如是诚侥幸甚，得大分⑦，不敢有小不称者也。"大神言："是生见化乃如是，宜且复进，可及先古。"生言："不敢进。长寿也，其人所贪也。"大神言："是天愿。"生言："是本因大神所保，不敢失大神之戒也。"天君知此二人相谏敕，尤深善之，使自相教也。

【注释】

①比生何从发起：此六字中"比"当作"此"。形近而讹。发起，引发牵动。

②学人：学习和求取长生的人。

③是：谓在天君左右供职。

④左侧：指身边。左属阳，故而此处特加标揭。本经庚部《某诀》
（《音声儛曲吉凶》）云："吉事尚左，凶事尚右，左者阳，右者阴，言
各从其类也。"

⑤部主：署职分派之意。

⑥信理：意为天庭绝对恪守诺言的施治原则。

⑦大分：指大分之施。即天恩广大，多所爱伤（爱惜悯伤），使得自
思，悔过命长。详下文所述。

【译文】

天君听到以上的对话，就把大神人召到面前说："这个求生的弟子
从哪里引发牵动起来，自行就把大神人吸引到他的身边，而对他说出了
一般不能说的话语呢？"大神回答说："发现这个学习和求取长生的人特
别诚实可靠，因而就为他讲说难易所在了。"天君表态说："看到良善的
人，让他超凡成仙，使他到我身边来供职，这是做得很对的。"大神人又
对求生弟子说："天君召见我，问起了你这个诚实可靠的弟子。"求生弟
子说："我可不敢希图能到天君身边去供职，只求能在没有职位的地方，
自行大力竭尽忠诚罢了。"大神人说："全按规矩署职分派，这才显示出
天庭绝对恪守诺言的施治原则来。""既然是这样，弟子可就确实侥幸极
了，蒙受到天庭的广大恩施，决不敢出现一点点儿不符合天君心意的地
方。"大神人说："你这弟子得到化度竟像这个样子，按道理还会往上晋
升，可以达到古人的地步。"求生弟子说："我可不敢再被提升。长寿恰
恰是我所贪求的目标。"大神人说："这也属于皇天的意愿所在。"求生弟
子说："这一切都从根本上来自大神人的担保荐举，弟子决不敢偏离大
神人的戒饬。"天君了解到这两个人彼此规谏训饬，认为他们做得非常
对，便让他们自行相互教诲。

惟上古圣人之为道也，乃出自然①。心知天上之治，所

施行皆豫知者。音声彻通，还知形容②，自视心昭然意解③，知当救之事。吉凶之会，了然可知，心内欣然，乃知得天之福也。使见前行之事④，皆戒笃达⑤。自惟蒙恩见宠遇，得与诸六神相持日久⑥，辄见教戒，使不危。窥望四表⑦，上下通洞，益复哀哀⑧，心中欢然，复得近期⑨，并及所不闻。是皆天大神恩力所施化。

【注释】

①自然：原本固有的情状与态势。

②形容：指神灵的形体容貌。

③自视：意谓自行往腹内观看。此系本经所列示的名为内观或内视的一种修真方术。卷五十二《胞胎阴阳规矩正行消恶图》谓："瞑目内视，与神通灵。"又壬部称："眩目内视，以心内理，阴明反洞于太阳，内独得道要，犹火令明，照内不照外也，使长存而不乱。今学度世者，象古而来内视，此之谓也。"

④前行：谓向登仙成神的目标迈进。

⑤笃达：诚恳明达。

⑥诸六神：指六司命神。本经佚文称："常有六司命神，共议人过失。"

⑦四表：四方极远之地。表，外端，边际。

⑧哀哀：恨不能报答深恩的样子。

⑨复得近期：据下文，此四字中"近"当作"进"。音同而误。进期，谓登仙成神之日。

【译文】

想那上古时代的圣人行用真道，恰恰出自自然而然的状态。心中了解天上的治理情形，所施行的事项也都预先就清楚。神灵的话语上下畅通,掉转来又目睹神灵的形体容貌,自己往腹内观照,内心明彻,意旨解悟,知道应当补救的事情。对吉凶的际会状况,非常清楚地就能预测到,心里格外欣悦,于是便知晓得到皇天的福佑了。让他看出向登仙成神迈进的大事来,都把诚恳明达作为重戒。他自己随即深思蒙受天恩,得到特殊的优遇,得以同六名司命神长时间彼此交结往来,动不动就领受到训导戒饬,使自己不遇危险。观望四方边际,上下通透洞彻,又越发恨自己不能报答天恩,心中转而欢悦,得知登仙成神的具体日期以及本人从未听说过的天庭要事。这都是天庭大神人用恩德和力量施行化度的结果。

　　大神言:"是诸神共知,进者有命,录籍有真①。未生豫著其人岁月日时在长寿之曹②,年数且升,乃施名各通③,在北极真人主之④。变易骨体身轻⑤,润泽生光,时暮得药⑥,以成精华⑦。所在化为,无不成,出窈入冥⑧,丝发之间何所不通?"圣人言:"实有是。从俗成食⑨,从地阴神出⑩,安得不重乎?易之为轻,乃上是易⑪,大神恩不能报。功大施,想大恩,忍不及,使得苏息之间深厚⑫,非辞所报。"

【注释】

①录籍:指天庭所设置的未来神仙的花名册。

②豫著:预先登录。豫,预先,事先。

③施名:下达名单之意。

④北极:又称中极,指昆仑山。昆仑山被古人视为天下之中,上与北极星相对应,为天帝地上都城和众仙人聚集之所,故称北极。参见下文所述。真人:通常指炼养天性而悟道归真的人。《庄子·刻意》称:"能体纯素,谓之真人。"本经在其所构设的神仙序

列中,将"真人"列为正牌神仙中的二等神仙。职在掌理大地。卷一百十二《不忘诚常得福诀》云:"神仙之录(名册)在北极,相连昆仑。昆仑之墟有真人,上下有常。真人主有录籍之人,姓名相次。高明得高,中得中,下得下。"

⑤变易骨体身轻:谓将进食之身化作食气之身。本经卷一百十一《善仁人自贵年在寿曹诀》称:"断有形之物,裹天大仓气,食消,化令轻。"又卷一百十四《天报信成神诀》谓:"不疑日自轻,食日少为信。"

⑥药:指使骨节开炼的仙药。详下文所述。

⑦精华:指无形的精粹生气。

⑧出窈入冥:谓在世人看不到的地方出入往来。窈,玄远处。冥,幽冥处。

⑨成食:即成为吸食精粹生气的神仙。

⑩从地阴神出:意谓永远得免死亡,突破死亡大限。

⑪乃上是易:意谓执意追求登仙成神,定叫身躯化成精气。

⑫苏息:生息,喘息。深厚:加深加厚之意。

【译文】

大神人说:"这都属于众位神灵所共同了解掌握的事体,向登仙成神迈进的人享有既定的本命,神仙花名册上也有真确的登统。那个人在出生以前便由天庭寿曹预先注录下登仙成神的具体年份、月份、日期和时辰了,到那年数已满、即将飞升的时候,就下达名单,分别通报,由昆仑山的真人负责处理这宗事体。将那副俗骨凡身变成轻灵的食气真身,面部润泽,生出光芒,到傍晚时分获得仙药,就化作一团精气了。在精气抵达之处再怎样变化,也都没有不成功的了,在世人根本看不见的地方出入往来,哪怕在细如发丝的缝隙之间,又有什么穿不过去的呢?"

上古圣人说:"确实有这等事情。由一介俗夫成为吸食精气的神仙,完全从地府阴神那里超脱出来,怎能不对此万分重视呢? 改换形体变得轻灵,更要继续向上提升,化成那团精气,大神人的这一恩德简直没办法来报答。功德已经重重施布,我只感念这种大恩,敬请大神人能够容忍我仍有许多事情还不懂,使我得以在存活喘息的过程中把它们加深加厚。这可不是用一两句话就能报答的。"

　　大神言:"是天禀人命,禄相当直①,非大神意所施为。见善荐之,是神福也②,何所报谢乎? 恐其后有疑,为施禁固者③,使圣知教戒,后人照知之耳。圣人自有知,无所敕也。"圣人言:"已得被报,虽生录籍④,会当有教导不及。"大神言:"是生之语,悦然谦者⑤,是其宜也。""生重见辞,前后悉备。唯大神以成就恩意,生见人分人也⑥,而不敢自解,而有骄慢也,请复于闲静之处伸力。大神所教施,愿念不逮之生⑦。"

【注释】

①禄相:指人生前所注定的命数、禄位和骨体相貌。参见《论衡》之《命禄》篇、《骨相》篇及《潜夫论·相列》所述。当直:先天便该轮上之意。直,逢,对应。

②神福:神灵的福业。

③禁固者:指禁止、防范和应固守的戒令。

④录籍:意为姓名已登列神仙簿。

⑤悦然:怅然自失的样子。

⑥人分人:指随俗与成仙的区别。

⑦不逮:意为尚有多处仍不懂得。

【译文】

　　大神人说:"这正属于天庭让世人禀受到他那本命,禄位和骨体相貌恰恰该轮上,决不是大神我想做就这样做的。看到良善的人,向天君推荐他,这也构成神灵的福业。还需要哪门子报谢呢? 只不过担心你日后产生疑虑罢了。特意为你定下有关禁止、防范和理应固守的戒条,使圣人了解掌握住教令戒条,目的在于让后来追求长生的人非常明晰地知道这一切罢了。圣人压根就具有智识,没有什么要去训饬的。"上古圣人说:"已经得到大神人的指示,虽然在神仙簿上蒙获长生了,可恰恰还有应该教导的那些我仍然不懂的事体。"大神人说:"你这弟子的话语,真真属于怅然自失的谦恭人士的表现,这样做也很对。""弟子我再度看到大神人的嘱告,前前后后已经齐备了。只因大神人凭借化生和成就的大恩盛意,弟子我才从中看出随同世俗和追求登仙成神的区别来了,决不敢自我懈怠,显出骄傲轻慢,请求让我再在清静的处所继续用力。大神人所进行的教导和施布的化度,万望还要顾念到我这个仍有许多事体还不懂的弟子。"

大神言:"尽辞前后可知,余无所戒也。辞别各宜照所言。"生言:"受戒之日,不敢解止须臾也,但恐未能卒竟之耳。唯蒙扶将①,使得视息复生望②,倾侧在心,唯大神时时相存教敕③,是恩不小。"大神言:"是生之所言,宜称之。"生言:"唯唯。不敢。以身自防。"大神言:"成名之人,精进有益兼并④,部主非一⑤。"

【注释】

①扶将:扶持。

②视息:视觉和呼吸。指性命尚存。生望:谓对长生充满渴望。

③存:存恤,体恤。

④精进:精勤上进。指在积善绝恶的修持过程中不懈努力。兼并:谓在天庭的神位级别不断提升。

⑤部主：谓统领的范围及其所属的神灵。

【译文】

大神人说："戒语已经说到极限了，前后可以理解掌握住了，其他没有什么还要告诫的了。对戒语要逐条按照所说的那样去做。"这位甘当弟子的圣人说："从领受训戒的那天起，就不敢懈怠和止息片刻，只去担心自己不能最终实现它罢了。只因蒙受到大神人的扶持，使我得以幸存下来，又对长生充满渴望，辗转反侧牢记在心头，只因大神人时时刻刻加以体恤、训导和戒饬，这种恩情可不小。"大神人说："你这弟子讲出这番话来，按理说是完全够格的了。"这位甘当弟子的圣人说："是是，但弟子可绝对担当不起。只不过拿这副身躯来自作防范罢了。"大神人说："成就名声的人，依旧精勤上进，对自己在天庭神职神位的不断提升大有好处，他所统领的范围和下属的神灵也就不只一处了。"

天君闻之，大神戒圣人相对辞语，为有知之人，宜勿忽解，命可至无訾之寿①。各还就所部，见善当进之。大神、圣人言："俱受天君教，尽力有效，有效不敢倦时也。"天君言："成人者为自成②。""唯唯。"

【注释】

①无訾(zī)：犹言不訾。即不可计量之意。訾，计量。

②成人：成就他人。自成：成就自身。

【译文】

天君听到大神人告诫圣人的彼此间的对话，认为都属于特有智识的人，就指示他们应当不懈怠不轻忽，性命便会达到永无尽头的时候。分别回到自身的统领区域和职位上去，看到良善的人应把他们奏禀上来。大神人和圣人一起说："我们全都领受天君的教令，竭尽全力去报效,报效决不敢有倦怠的时候。"天君说:"成就别人,等于是成就自己。"二人又赶紧说:"是是。"

　　惟上古得道之人,亦自法度未生有录籍①。录籍在长寿之文②,须年月日当升之时③,传在中极,中极一名昆仑。辄部主者往录其人姓名④,不得有脱⑤。数使往动摇支节⑥,屈申转倾⑦,反复教戒敕,随神屈折⑧,以药饮之,骨节开炼⑨。虽不时相见者,知其可坚与不也,示之志不倾也⑩。贪生恶色⑪,思行天上之神⑫,数使往实核,有岁数,乃令拜受不足之文⑬,心言出辞,使知所行防禁,传示学者不用神文言自已⑭。赍书且竟⑮,神乃知,相对语言。亦连岁月,积千三百二十日⑯,乃将与俱见大神,通元气,行自然。天君簿见⑰,密敕所案行⑱,不得有私相信,感心易意,行无失误。

【注释】

①法度(duó):意为以之为法作思忖。

②长寿:长寿之曹的简称。

③年月日当升:此五字原作"年日月当斗"。据《太平经钞》改。

④部主者:指各处奉命施化的神灵。

⑤脱:指遗漏或错误的现象。

⑥支节:四肢与骨节。支,同"肢"。

⑦屈申转倾:此四字中"倾"字《太平经钞》作"顺"。屈申,即屈伸。申,伸展。转倾,谓在枕席上辗转反侧。

⑧随神屈折:意为唯神是从。

⑨开炼:谓化成精气。

⑩示之:谓显示幻象。

⑪恶(wù)色：厌恶女色。指不受天遣玉女的勾引和迷惑。本经卷七十一《致善除邪令人受道戒文》云："复数试人以玉女，使人与其共游，已而共笑人贱，还反害人之躯。"又卷一百十四《九君太上亲诀》称："或赐与美人玉女之象，为其作色便利之。"

⑫行：驱使、驾驭之意。本经倡言兴衰由人，人可恃道支配神。乙部《守一明法》云："万神可祖，出光明之门。"癸部《盛身却灾法》谓："千二百二十善神为其使，进退司候，万神为其民，皆随人盛衰。此天地常理。"

⑬不足之文：指解除先人所遗过恶、务尽精诚的神戒。详下文所述。

⑭自已：自取灭亡。参见本经卷一百十四《不用书言命不全诀》所述。

⑮赍(jī)：持带。竟：谓四处传示完毕。

⑯千三百二十日：犹言三年零八个月。一年三百六十日，三年共一千零八十日，八个月共二百四十日，其总和适为一千三百二十日。下文称："此书出后，三岁八月，乃示俗人。"则与此处所云密合不爽。

⑰簿：指由天君直接掌握的注录未来神仙姓名的正本内簿。

⑱案行：意谓查验届时升天者的行为举动。

【译文】

想那上古时代获取到真道的人，也自行把世人出生前就被注录在神仙簿册上当成天庭大法来思忖。神仙簿册有一份收藏在天庭寿曹，等到年份、月份、日期已经到了既定的期限、那个人应当登仙成神的时候，就传报到中极去，中极又名昆仑山。届时各处奉命施化的神灵就报呈那个人的姓名，决不允许出现遗漏或错误的现象。多次让神灵前去摇撼那个人的四肢和骨节，蜷起来又伸展开，在枕席上翻转来又翻转去，反复进行训导和戒饬，随同神灵怎么说就怎么做，最后拿仙药让他喝下去,骨节也就化成精气了。尽管时时与他见面,但为确认他是否持志坚密,还要向他显示幻象,判定他志向果真始终不动摇。贪求长生,厌恶美色,一心只想驾驭天上的神灵,天上就多次派遣神灵再前去验证核定,经过一段时间,于是叫他跪拜领受解除先人所遗过恶、务尽精诚的天文神诫,心神特作讲述,亮出言辞,使他了解掌握该做的事情和需要加以防备、禁绝的事项,并责成他专向学习长生的人传达宣明一点:不遵用天赐神文所讲说的戒条,就自取灭亡。他持带天赐神文四处传达宣明刚完毕,神灵就已预先知晓,于是便同他面对面交谈。如此历经大段时间,积累到一千三百二十天,就随同神灵一起去见大神人,与元气化为一体,按照自然而然的法则来行事。这时天君也把神仙簿册的正本予以出示,秘密命令神灵再行查验届时升天者的行为举动,决不允许神灵怀有私心,偏听偏信,所得所获必须是内心彻底感悟、意念完全改变,行为没有任何过失和偏差的人。

　　大神言:"已算计诸神所假禀①,常以八月晦日②,录诸山海陵池、通水河梁、淮济江湖所受出入之簿③,各分明。天君有所劳赐,有簿署④。天君前自复数通⑤,藏金室⑥。署有心之人,令主天君所问,辄当承所教,宜日夜不解。属主室之人⑦,勿失所索部别⑧,令可知,应得有心之人,须以定录簿。当有使神⑨,主为计名。诸当上下⑩,先时百日皆文上,勿有失脱。如有文书不相应,计曹不举者并坐⑪。先敕令勿犯神书言,此书出后三岁八月⑫,乃示俗人,如有道信文者,大可示之。"

【注释】

①假禀:指暂且先行禀告的考核文书。假,非正式之意。因其尚待

验定,故称假稟。下文云:"先时百日皆文上。"

②晦日:与朔日相对而称。初一为朔日,三十日为晦日。时至农历八月,万物俱已成熟,果实均可分辨,故定本月月末校核文书。参见本经卷四十八《三合相通诀》所述。

③河梁:桥梁。淮济:即淮水与济水。二水与长江、黄河合称四渎。渎谓发源而注海。《风俗通义·四渎》云:"淮者,均,均其务也。济者,齐,齐其度量也。"刘熙《释名·释水》谓:"淮,围也,围绕扬州北界,东至海也。""济,济也,源出河北,济河而南也。"

④有簿署:此四字中"簿"字《太平经钞》作"部"。簿署,谓对登仙成神者加以委任和安排。

⑤数通:好几道。指正、副本。

⑥金室:收藏未来神仙名簿的专用处所。本经卷一百十四《九君太上亲诀》云,录籍"自生精光,皆以金为简(简册),银成其文章(光采)"。

⑦属主室之人:意谓尚有在掌管金室名册之神灵手下供职者。属,隶属。

⑧所索部别:指各方神灵辖区内的求索长生者的具体姓名。

⑨使神:指奉命前去施化的神灵。其主管部门为天庭所设置的"使曹"。本经壬部云:"使曹有文辞,数上功,有信可任。曹白其意,天君当自有数。"

⑩诸当上下:此四字中"下"字《太平经钞》作"升"。上下,指届时应升天或应贬抑的未来神仙。

⑪计曹:天庭所设置的审计机构。此由东汉大司农、少府两套财会机构以及尚书台属下主管府史署用的西曹比附而来。本经壬部云:"诸当上计之者,悉先时告白,并计曹者,正谓奏司农。"并坐:共同治罪。

⑫三岁八月:意为三年零八个月。即上文所言"积千三百二十日"。

【译文】

大神人宣布说："已经查验过各路神灵暂先奏报的考核文书，按常规在八月月末这一天，正式核定所接到的山峦丘陵、海洋池塘、有水流过的渡口桥梁、淮水和济水、江河湖泊等各处神灵前前后后与天庭往来的全部文书簿册，使它们各自分辨得异常明晰。天君有慰劳赏赐的对象，也有对登仙成神者作出的委任和安排。天君在以前就有好几份神仙簿册，收藏在金室。委任具有深心的成神世人，让他们负责天君有关查问的事务，一有事就要承奉教令，应当日夜不松懈。还有人专在掌管金室簿册的神灵手下供职，不要遗漏或弄错各个神灵辖区内求索长生的那些人的姓名，叫他们牢牢记住这一条，应当择取到具有深心而渴求登仙成神的人，要对这些人确定下名籍。还要有人充当专去施化的神灵，负责验定姓名。各个应当届时升天或贬退的人，都要提前一百天把文书奏报上来，不准出现遗漏或弄错的情况。如果所奏报的文书和天庭预先掌握的事实不一致，负责监察审计的神灵却不举报，就与前去施化的神灵共同治罪。首先要训饬真正渴求登仙成神的那些人不准违犯天赐神书所讲的一切，这篇书文宣布以后，经过三年零八个月，才许向世俗人示知，如果是怀有真道又相信这篇书文的人，可以向他毫无保留地出示。"

天君有教言："此人先时有承负，敕神为解除、收藏①，未藏者为藏之。"大神言："此人贫厄空虚日久，恐不自全，得天君腹心，乃令神收藏不藏者。其主未藏者，时恐不如所言也。前乞敕，拜谢受恩，虽日月未至，诸先时一月令知之。"天君言："下所部神，将士众田地中，勿失时以藏，为作姓名，令地主敬慎②，使有神灵往来。有欲从愿所求，听之有信之后，宜慎也。"大神言："如是，必海内闻知，好道之人将相扶承,事之敬之。"天君言:"有功之人,亦自当见敬。"

【注释】

①收藏:特予保护之意。

②地主:指土地神。《国语·越语下》云:"四乡地主正之。"三国吴韦昭注:"四方神主。"《史记·封禅书》及《汉书·郊祀志》则谓地主为八神之一,享祭于泰山、梁父。

【译文】

天君下达教令说:"这个该登仙成神的人,过去留有承负的罪殃,命令神灵给他解除掉,予以特别保护。对那些还没得到特别保护的人,都要进行特别保护。"大神人说:"这个人身陷贫困当中,穷得一无所有,已经时间很长了,恐怕性命就要保不住了,因他获取到了天君的心意,才命令神灵特别保护那些还没得到特别保护的人。可负责对没得到特别保护的人加以特别保护的神灵,恐怕不能立刻就按天君的吩咐处置好。从前曾请天君作指示,登仙成神的人拜谢受恩,尽管还没到那规定的期限,但都提前一个月让他本人知道这个消息。"天君听后说:"给各个区域的神灵下命令,要把读书人和农夫中即将登仙成神的人,不失时机地特别保护起来,专给他们开出姓名,责成土地神尊敬并审慎地对待他们,派神灵去同他们接触往来。有人真想实现志愿,得到自己求取的结果,要在他们确有忠诚可靠的表现以后再应允他们,对此事必须慎重处理。"大神人说:"像这样处理,海内必定会都知道了,眼看着喜好真道的人也就相互扶助,侍奉他并尊敬他了。"天君说:"对皇天立有功劳的人,原本就应受到尊敬。"

大神言:"此人年未满,期末至,请至期教其所报谢。当时未升①,其舍空虚,无以自衣,有道者给食,至时止。"天君言：“是小事耳。以天官给家、有家有心者②。”大神言：“请如所道。敕天官给所当得，此人空虚日久，与食令足。”大神言：“令敕天官神给姓名，勿令空乏。”天君言：“善。”

【注释】

①当时：眼下，此刻。

②天官：指天庭掌管禄食的部门，即天仓星、天厨星等。给家：意谓充裕丰厚地去养护其全家人。

【译文】

大神人又说：“这个人年数尚未满数，期限还没达到，请允许到达期限的那一天再教导他怎样报谢。可眼下尚未升入天庭，他家里什么东西都没有，连衣服都穿不上，请求对怀有真道的人赐给衣食，到他升入天庭的时候为止。”天君说：“这纯属小事一桩罢了。由天庭掌管禄食的神灵去充裕丰厚地养护他全家，去养护那些携家带口而又有深心追求登仙成神的人。”大神人说：“请按天君的吩咐去执行。命令天庭掌管禄食的神灵供给他应当领取到的禄食，这个人穷得一无所有，已经时间太长了，赐给他禄食，让他完全够用。”大神人又说：“命令天庭掌管禄食的神灵按照姓名去发放禄食，不要让他们贫乏。”天君说：“这样做很好。”

　　惟上古之人，皆得天报应，有信可成，乃令受命，为神所护视，恐有毁缺①，日夜占之。见为善，助其欢悦，不欲闻其恶，常置长寿之曹。心使为善，无有恶时，使有进善，有孝忠顺之意。所承所行，不敢以意，承教而行。人谓无知，我亦见知之；人有善大恩，有哀以思，力自喜加②；人久见狐疑③，尤恶先没。用是自损度自约④，恐犯恶人，日夜惶惧，不知何如也。

【注释】

①毁缺：谓身躯毁败残缺。

②加：超过之意。

③狐疑：猜疑，怀疑。《汉书·文帝纪》唐颜师古注："狐之为兽，其性多疑，每渡冰河，且听且渡。故言疑者，而称狐疑。"

④损度：意为每日予以损抑。《老子·四十八章》谓："为道日损。"

【译文】

想那上古时代的人们，全都赢得皇天的回报，具有忠诚可靠的表现，值得成全，于是便叫他们获取到长寿，被神灵所保护和照看，唯恐他们出现身躯毁坏残缺的惨状，神灵就日夜在上面监测他们。看到他们做善事，就帮助他们从心里更觉得欢悦，根本不想听到他们有恶行，常把姓名注录在天庭寿曹。心神驱使他们只去做善事，没有想干坏事的时候，并使他们表现出越发良善来，存有孝敬、忠诚、顺从的意念。对承奉天心和该去施行的事情，不敢任凭自己的性子来，全都依照皇天的训导去完成。别人都说不懂得这个那个，而我也能了解并看出其中的奥妙来；别人有善举和大恩德或者出现哀痛的地方，就去思索，自行乐意大力超过他们去；别人长久被疑惑不定所困扰，而我却最厌恶在前面死掉。因此就自行损抑自己，自行约束自己，唯恐陷入到恶人的圈子里面去，日夜惶恐畏惧，不知究竟怎么办才好。

天生人，知善恶，行善有信，天不欲令人有恶闻也。用是欲贪生恶死，亦不敢犯禁，如所妨害于身也。故因缘天气①，得与通人之辞，语言自往来，知人情意。见其不善，而退自责，恐有文书，污名存其中也②。如人当时意，加施于人③，诚不敢对首理委曲④，得自责所施。行不得人意，过多难除，故人来悔易势⑤，当时锋通，以为命可再得也，不意天遣大神，占之尤恶,先入土。用是自慰隐忍,不敢当恶格⑥。辞有小异意,既得天恩,假其须臾,使得苏息,长有活之望,是天之部分也⑦。以故得有分,意命不久存,用是之故,复益怅然,有惭恢之心⑧,欲见天神,求哀教戒,照未知之事,防备未来,当与天心合,可得小如意。

【注释】

①因缘:依仗,凭借。天气:皇天的施生阳气。

②污名:恶名。

③加施:加恩施惠之意。

④对首:面对面。

⑤易势:盖谓割去睾丸,变成阉人。

⑥恶格:指对重罪予以惩治的律条。

⑦部分:指原本划定的界限。

⑧恢(hài):愁苦。

【译文】

　　皇天使人降生下来,原本就叫人懂得良善与邪恶,应去专做善事并讲究诚信,皇天决不乐意让人有恶行传报上来。因此真想贪求长生,厌恶死亡,那就不敢触犯皇天的禁忌事项,给自身带来相应的妨害。所以仰仗皇天的施生阳气,得以和世上人沟通彼此间的言辞,讲论是非自相往来,了解到人情人意。看到那些不良善的言行,返回来进行自责,唯恐有神灵的举报书奏报到天庭去,自己的姓名也肮脏地夹在里面。如果有谁切合同时代人的意愿,就对他加恩施惠,委实不敢面对面争辩谁对谁错,只管自己责备自己所施予的还有不足的地方。行为违背人们的共同意愿,罪过太多,很难抵消掉,所以这类人前来悔过,割去睾丸变成阉人,当时刀子刺下去,以为性命可以重新得到了,却没料到天庭派

遣大神人前来查验他，属于最邪恶的家伙，第一个叫他入土归西。因此
人们对任何事都要自我宽慰，克制忍耐，不敢与那重罪严惩的法律对上
号。言辞流露出稍显不满的意思，既已蒙获皇天的恩典，允许多活一些
时日，使能喘气还活着，就总有继续活下去的希望，这正构成皇天原本
划定的界限。因此而掌握住这种界限，揣摩自己性命不会长久存在下
去了，出自这一缘故，又更加感到惆怅，涌生出惭愧愁苦的心情，渴望见
到天神，乞求哀怜、训导和戒饬，明晰告知自己所不清楚的事项，防止将
来再出差错，应当与天心相切合，多少可以实现自己的愿望。

　　贪上有计虑之人①，并思善恶，得不见之敕，乃见大神，
苦甘自道："生求俗之人，贪及上，以故自修自正，唯大神敕
厉其不足②，使觉寤，望戒左侧，唯大神哀省索生之人。"大神
言："何惜禁戒乎？想自深知之。辞令各自吐写情实③，但恐
不如所言。且复谛之④，计从心出，宜复熟念。"生言："皆感
恐，既身及之，何敢不从心出乎？"大神言："如是为发，且复
还静处，惟思之，有不足乃求。"

【注释】

①贪上：谓贪求登仙成神。

②厉："励"的古字，劝勉，督导。

③吐写（xiè）：吐露。写，用同"泻"，倾泻。指和盘托出。

④谛：详察之意。

【译文】

　　贪求登仙成神而怀有长远想法的人，把善恶放到一起作权衡比较，
渴望得到绝少外传的训饬，于是谒见大神人，自道甘苦说："弟子原本只
是个追随俗事的人，如今贪求进入登仙成神的境地，因此自行修明自

己,自行端正自己,只请大神人训饬督劝那些还做得远远不够的地方,使我觉悟,万望赐给能在天君身边供职的禁戒,只请大神人哀怜省察我这个求取存活的人。"大神人说:"哪能吝惜禁戒呢? 想来你自己就已经深深了解它了。辞语句句吐露的全是真心话,只恐怕做不到本人所说的那样罢了。还应对它仔细思忖,计虑确实从内心生发出来,还应反复地精思它。"求生弟子说:"我对一切都深感惧怕,既然自己要实现它,哪敢不让计虑真从内心生发出来呢?"大神人说:"真像这样生发出来,就再回到清静的处所,只管精思它,发现仍有不足的地方了,就去弥补它。"

　　生言:"禀知希疏少①,未得大通著之戒也②。匍匐须教③,乃敢进见。"大神言:"如欲尽精诚,有功可得及之。努力自念,从生以来功效所进,解先人承负,承负除解过尽,亦当上,何所疑也? 且复慎所言,宜勿外意也④。"生言:"受敕见戒,不敢余力而不进善也。已善复恶,自与命戏耳。"大神言:"善人也,宜复屈意⑤。虽心劳命之日⑥,当时微苦,用心不解,复后得福。""生受敕,诚归闲静处,思失自责。"大神言:"思从中出,天神知之,勿倦也。""生以年穷尽乃止。"大神言:"有行乃如是,何忧不前乎?"天君闻之,重敕大神:"使欲进者观其所为,积岁月日,各令有部⑦,有功当上,名须缺补⑧。"

【注释】

①希疏:稀疏,稀少。

②通著:晓畅明确之意。

③匍匐:爬行。形容极度敬畏。

④外意：谓心生他念。

⑤屈意：委屈心意。

⑥劳命：为活命而奔波。

⑦部：谓在天庭的归属。

⑧缺补：谓神位空缺，予以补授。

【译文】

求生弟子说："我禀受的智识太少了，还没获取到重大、晓畅又明确的戒条。爬行前来，等待训导，这才敢进见大神人。"大神人说："如果真愿意竭尽精诚，立下功劳，就能登仙成神。努力自行精思，本人从降生到人间以来应对天庭献上何等功劳，解除掉自家前辈人的承负罪责，承负罪责完全解除掉了，也就该登仙成神了，还有什么值得疑虑的呢？而且要慎重对待自己所讲的那些话，不应在心里产生别的想法。"求生弟子说："领受训饬，得到了大戒，决不敢保留气力而不向良善继续努力。已经归向良善却又变得邪恶，这可纯属自己同身家性命在开玩笑。"大神人说："你确实够得上善人，但还应委屈一下自己的心意。虽然在内心为活命而奔波的日子里，适当其时不免有些辛苦，但用心一直不懈怠，到后来就会获取到吉福。""弟子我领受到戒饬，回去后真真在清静的处所思忖过失，进行自责。"大神人说："思虑要真从内心生发出来，天神对此掌握得很清楚，千万不要厌倦。""弟子我一直到天年结束那一天才告罢休。"大神人说："拿出实际行动来，竟然达到这等地步，还忧虑什么不能登仙成神呢？"天君听到以上的对话，又命令大神人说："对渴望登仙成神的人要察视他们的所作所为，积累到规定的时限，要让他们在天庭各自具有归属的部门，立有功劳的，应当奏上他们的姓名，等到神位空缺，再予以补授。"

上古之人，心言口语，皆知人情，无文而治①。表里外内，具见其信，各不相负。天有要令②，犯者尤丑③，辄见治问,责其过咎。用是之故,益复悌动恻然,念天恩所施行,使得全完为人④,知好恶之义。人以此等念恩深厚,不知以何报之,但心思欲进,而有忠诚之信,所为所作,承奉不敢失小差,恐为众神所白,见过于上,有不竟年命之寿。以是益复感伤忧心,不敢自解,而望报施之意,实贪生,与诸天神共承天心。有善者,财小过除⑤,竟其年耳。如有大功,增命益年,承事元气,合精华,照见所知,复受大恩,非辞所报,但独心不知如何也。唯诸大神共省哀,录不及教戒,使见知虑,知天上所施,禁忌众多,当辄相承,不得有失也。唯大神惟其不足,见戒不敢忘大分,受施不忘生恩意也⑥。

【注释】

①文:指文字和诉诸文字的律令条规。《孝经钩命决》云:"三皇设言(以言施教)民不违。"又云:"三皇无文。"

②要令:紧要的戒令。

③丑:大。

④全完:谓躯体毫发无损。

⑤财:通"才",仅仅。

⑥生恩:使人得获长生的重大恩德。

【译文】

上古时代的人们,心里想的和口中讲的,全都懂得人情事理,没有文字便推行开治理。从表面到里层,由内部到外部,一律充分显现出诚信来,各自谁也不辜负谁。皇天定有紧要的戒令,触犯的人更显得罪过大,一上来就受到惩治审问,追究他那过失和罪责。出自这个缘故,就越发惊悸凄恻,忆念皇天恩德所施布的一切,致使自己得以成为完完整整的一个人,懂得喜好和厌恶的取舍标准。作为人依凭这种事由去忆念恩德,也就感到太深厚了,不知道该用什么报答才好,心里只思量要登仙成神,具有忠诚的实际表现,所作所为都承顺奉从,不敢出现一点点儿差错,唯恐被众位神灵禀报上去,在皇天那里犯下罪过,招来无法尽享天年的短寿。因此又越发感慨悲伤,内心忧虑,不敢自行懈怠,而希望报答皇天所施恩德的那种意向,实际正体现在贪求长生上,能与众位天神共同承顺皇天的心意。做出善事来,也就仅仅抵消了曾经犯下的小过失,尽享天年罢了。如果立下大功劳,便增加寿命,延长天年,承顺侍奉那元气,聚合起天地的精华,明晰地了解到天上的事体,又蒙受到大恩惠,这可不是几句话所能报答的,只是内心唯独不知怎么办才算好了。只请众位大神人一起省察哀怜,逐条开示压根就不知道的教令戒条,使自己看出什么才属于真正的智识计虑,懂得天上所施行的事体,禁令戒条固然很多,应当一上来就递相承用,不会出现任何差错。只请大神人想到他还有那么多不足的地方,得见戒条更不敢忘记天庭这番广大的恩施,蒙受到恩施更不敢忘记这种使人长生的重大恩德的厚意。

大神言:"生自有知之人,何所教敕? 但当顺天所为,勿逆其心。见敕戒,应时奉行,勿失脱而已,是为得天心意矣。赏罚有轻重,宜各实之,勿有失误,得为可,余少所戒。宜详慎所言,出辞当谛思之①,令可行。有小妄者,辄以心自况之从善,是为小戒。余者当平生之言,见深戒,不有失神意也。""自惜童蒙②,未见大分,故固大神重戒,所照众多,知虑广博,无所不包。唯大神重戒,欲蒙其德,不逆所言。唯复顾意,伏须重戒。"

【注释】

①谛思:仔细思忖。

②童蒙:幼稚愚昧。语出《周易》蒙卦。

【译文】

大神人说:"你原本就是很有智识的人,还有什么需要训导戒饬的呢?只应顺从皇天所施行的事项,不去违逆天心。得到命令和戒语,立即就奉从行用,决不出现偏差和遗漏现象罢了,这就属于获取到皇天的心意了。赏赐和惩罚,各有轻重规定,应当分别落到实处,决不产生失误,恰到好处就行,其他的就很少再有告诫的了。应当仔细慎重地对待自己说出的话语,想说什么应当认真作思考,叫它真能落到实际行动上。出现了稍显乱讲的地方,就自行用心作比照,顺从那些吉善的说法,这属于次要的告诫。剩下的就是要和自己平素所讲的那些话对上号。如今看到了深切的戒条,决不去违背神灵的意旨。""我只叹惜自己幼稚愚昧,尚未看到天庭的广大恩施,所以压根还请大神人重新戒饬,对我明晰开启的地方显得特别多,使我智识计虑变得广远博大,没有不被包纳进来的东西。只请大神人重新戒饬,特别渴望蒙受到那番恩德,决不违背所嘱告的一切。只请再加以顾念,跪拜只等你们重新戒饬。"

大神言:"是语可知。天上之施,与中知地下傍行等耳①。法律相应②,无有差也。自有相教者,且随其主,勿逆而已。"生言:"自分当戒也。法律虽同,而用心少得其意也,天心难知其诀③。"大神言:"是皆实无欺而已。乃豫知天君意所施为者,为上第一之人,可在天君左侧。有功劳赐赏,谦逊不敢尽受,益复竭尽筋力④,用心乙密为大⑤。故天君重复自面敕教人,是生之福也。所主众多,平心为行,是自可矣。"生言:"不敢乃望在天君左侧也,见活而已。但思忠孝,顺理尽节⑥,不敢受重赐,但恐无功耳。如小功效之日,令生身日明,长见生日久矣。但思无极,不敢有不思过须臾也。得见温言⑦,心志饱满,大神与生同居⑧,对治无思也⑨。诚复受恩,出入上下,时小相戒,是大神之恩,不可中谢⑩,但心意恋慕,常在心中,不敢解止。"天君闻之,知之士所行,莫不得愿也。常能自责过负,想不中恶,敕大神教戒之,使及上,勿倦也。

【注释】

①与中知地下傍(páng)行等耳:此九字中"知"当作"和"。中和,即人间。傍行,指四面延伸到的地方。傍,旁侧。本经卷九十三《国不可胜数诀》云:"天上当于何极,上复有何等,而中得止极乎?地下当于何极,下复有何等,于何得中止而言极乎?天地傍行于何极,何故得中上而反极穷乎?此六表者,当于何穷极乎?"

②法律:法则定律。

③诀:决断性的定论。诀,通"决",决断。

④筋力:体力。指个人能力而言。

⑤乙密:谓凡事思前想后,如同万物抽芽难出那样慎重缜密。

⑥节:指节操、节义。

⑦温言:温存体恤的教戒。

⑧同居:同列。

⑨对治:面对面施治。

⑩中谢:心存感谢。

【译文】

　　大神人说:"刚才所讲的,已经能够体悟出其中的意旨来了。天上所施行的事项,与人间、地下和四面延伸到的地方完全相同。法则定律都彼此对应,不存在什么差异。自行便有对你进行训导的人,只管随顺那个主管者,不违逆他也就行了。"求生的这个人说:"自己命里想来也应对此引以为戒。可法则定律虽然相同,但我用心却绝少真能获取到其中的意旨,对天心难以了解掌握住它那决断性的定论。"大神人说:"这也就是一切都诚实,不存在欺骗罢了。竟能预先猜测到天君意下所要施行的事项的人,那就确属第一等人,可以在天君身边供职。立有功劳得到赏赐,谦逊却不敢全部领受,越发竭尽本人的力量,用心像万物抽芽难出那样慎重缜密,这才构成最好的举动。所以天君就亲自再度当面训导戒饬一些人,这可成为你的大福分了。本身所掌管的事务特别多,用心公平地去处理,这自然也就可以了。"求生的这个人说:"决不敢竟去希图在天君身边供职,能叫我存活也就到头了。只管去思索怎样忠诚孝敬,顺从事理,尽到节义,决不敢领受重大的赏赐,只担心立不下功劳罢了。如果在真能立下一点点儿功劳的那一天,能让我那副身躯日益明彻,总会看到存活的期日,这可真真盼望很长时间了。只管精思永无止境,不敢出现片刻不思索自己过错的时候。得以看到温存体恤的教戒,心志饱满,大神人与我站在同列,面对面对我实地施治,也就没有什么其他的想法了。确实又再度蒙受到恩典,出入上下,经常对我略作告诫,这更是大神人的恩惠了,根本不能仅仅心存感谢便作罢,只应把那贪恋仰慕的情志永久装在内心深处,决不敢懈怠止息。"天君听到以上的对话,很清楚这个人所要做的事情,没有一件不会实现他那愿望的了。总能自行责备本人的过失和承负的罪责,希望不陷入邪恶的圈子里去,于是便命令大神训导戒饬他,使他最终登仙成神,为此而不中途厌倦。

　　上善之人[①],皆生于自然,皆有历纪[②],著善籍之文[③],名之为善人之籍。常有善人之行,未尝有恶称,行止出入,辄闻善意,未尝有恶,故名善人。动辄进之于人众,奇为不见之物,得上于尊。尊者见之,或善其言,或贪其善行,或贪其诚,或贪其见爱④,或贪其孝忠,或贪其久所言,或亦贪其见信,是善之善也,故名之为善。时见宠荣,复贪得长游⑤,复贪得神仙,复贪得不死位⑥,复贪使众神,是善人之贪也。

【注释】

①上善:最良善。

②历纪:指所获享的预定寿龄及成仙年限。本经辛部谓:"天之受命,上者百三十,谓之阳历闰余也;其次百二十,谓岁数除纪也;其次百岁,谓之和历物纪也。"

③善籍之文:指善人名册的文档案卷。

④见(xiàn)爱:显示仁爱。见,"现"的古字,显示。

⑤长游:谓长久游历于天地之间。

⑥不死位:指天庭所设的神职神位。

【译文】

第一等良善的人,全都天生就那样,都有固定的寿龄和成仙的期限,姓名注录在善人的簿册上,这被天庭称为善人的名籍。总是做出善人的行为来,未曾出现过一点点儿邪恶的传闻。行止出入,动不动就传出他那良善的用意,从未产生过邪恶的举动,所以就被称为善人。善人一有机会就从众人当中被推荐上去,并被惊奇地视为非常罕见的人物,得以进荐到尊长那里。尊长看到他,有的深感他那言论太好了,有的贪图他那良善的行为,有的贪图他那诚实,有的贪图他那仁爱,有的贪图他那孝顺和忠正,有的贪图他所讲论的事体经得起长时间检验,有的贪图他对人特讲信用,这正构成良善中更为良善的表现,所以就把他称为良善。经常蒙受尊荣,又进一步贪求长久游历在天地之间,又进一步贪求能成神仙,又进一步贪求获取到天庭的神职神位,又进一步贪求统领众神灵,这正构成善人的贪求目标。

行仰善,与天地四时五行合信,诸神相爱,有知相教,有奇文异策相与^①,见空缺相荐相保,有小有异言相谏正,有珍奇相遗^②,共进于天神。欲见敬求戒思过,恐有不称天之大神也,常日夜进心念笃。见善从心思,闻善言、忠直之志、完躯之人,爱其命年,常恐一朝有异小不善之意。闻人有过,助其自悔,主其有知^③,善所谏,用其人言,并见其荣,善教戒人求生索活之道,是善人之极。

【注释】

①奇文异策:指奇异隐秘的天书神文。参见本经卷四十七《上善臣子弟子为君父师得仙方诀》、卷一百八《忠孝上异闻诀》所述。

②珍奇:指前所未闻的说法与做法。

③主:引导之意。

【译文】

一切行为都朝良善做攀升,与天地四时五行诚信一致,众神灵都喜爱他,遇有什么该做的事情都教导他,见有奇异隐秘的天书神文都授付给他,看到天庭的神职神位出现了空缺,都荐举他并愿意充当他的担保人,发现他说出了稍显过头的话语,就都劝谏规正他,见有前所未闻的说法与做法,就都赐赠给他,共同把他进献到天神那里。善人渴望得到敬重,就求取戒条,思索过失,唯恐出现不切合天庭大神人意旨的地方,日夜总有登仙成神的强烈愿望,忆念更加恳切。看到良善的行为就从内心里细加思忖,听到美好的言论以及忠诚正直的志向和身躯完好无缺的人,就越发爱惜自己的寿命,时常害怕自身在哪天早晨会冒出稍微不良善的念头来。听说别人犯下了过失,就帮助他自行悔改,引导他用天性分辨出是非来,让他感到对他所做的规谏果然不差,并且真照规谏去做,一起获取到荣誉,还擅长运用求生索活的真道去开导告诫人们,这正构成了善人的最佳表现。

但当有功,不敢违神之愿,思慕长在,复得行见人之愿所当逮及,唯天大神,通达辞令,检敕所行防禁,得小失相假忍①,使思其意②。天恩广大,多所爱伤,使得自思,悔过命长,是大分之施也。但恐不而卒竟恩贷③,唯诸大神原其不及,愿蒙不见之戒,使得思,乐其志广见,唯思重敕。

【注释】

①假忍:予以容忍。

②使思其意:此四字中"其"字《太平经钞》作"天"。

③而:能。恩贷:施恩宽宥。

【译文】

只应立下功劳,决不敢违逆神灵的意愿,渴求并仰慕长生,再能够立即看到世人愿望要实现而应了解掌握的训戒,因而只请天庭大神人传示戒语以及检查督责一切行为应当加以预防、需要禁绝的事项,对我的小过失暂且予以宽容,让我精思其中的意旨。皇天的恩德太广大了,对世人大多都爱惜悯伤,让他得以自行反思,悔恨自己的过失,性命得以延长,这正属于重大的恩德施布。可只担心自己不能够最终对得起这施恩宽恕,只请众位大神人体谅我什么都还不懂得,盼望蒙受到绝少外传的训戒,使我得以精思,为自己的志向变得广远而欣慰,现下只想大神人重新加以戒饬。

大神言:"上天地各有文理①,知用前,不知自却,此自然耳,不惜爱戒而不相教也。见众善之人②,无有疑,何所复戒? 但且详念所言,相副而已③。是善人之愿也,宜复明之。"生言："自不肖,行不纯质④,以故自亲大神所禁戒者;数蒙厚遇,辄见思念显见,以故复诣⑤,不知厌足⑥,天使其然。"大神言："是生受自然之姿⑦,天使来问者,知其同不耳,何所嫌疑乎? 密欲来承敕者,皆言自情实,少双辞语⑧,出于华耳⑨,会以心自正者少,故使有空缺转补⑩,是生短也。宜复慎之,勿解也。"生言："禀性迟钝,设意不失⑪,但以文自防也,唯哀之不耳。"大神言："是亦出于知。知善行善,知信行信,知忠行忠,知顺行顺,知孝行孝,恶无从得复前也。想生自知,是故重之耳。"

【注释】

①文:指由天庭制定的各有职分的条文。

②众善:意为各方面俱极良善。

③副:兑现之意。

④纯质:纯正质朴。

⑤诣:拜谒。

⑥厌足:满足。

⑦姿:指资质。

⑧少双:无以伦比。

⑨出于华耳:意谓在人耳畔动听地飘来荡去。华,动听之意。

⑩转补:谓至下一轮再决定补授神位与否。

⑪设意:意为立下志向。

【译文】

大神人说："天地分别具有条文施行治理,懂得遵用它,就能朝着登仙成神迈进;不懂得遵用它,自行就会被贬退,这是自然而然的了,并不是吝惜戒条而不予训导。看到各方面都很良善的人,对他并不存在值得怀疑的地方，还有什么需要重新告诫的呢？只管仔细思忖自己讲过的话语，做到兑现也就行了。这正属于善人的心愿，应当再申明这一条。"求生的这个善人说："自己不贤明，行为并不纯正质朴，因此自行跟大神人所指出的禁规戒律靠拢贴近；多次蒙受到优厚的待遇，一经精思专念，大神人就显现出真身来，因此又前来拜见，没有感到满足的时候，这是皇天在让这样。"大神人说："你这个人禀受到天生就那样的资质，皇天驱使你前来求问戒条，只须了解掌握是否言行一致罢了，还有什么值得疑虑的呢？渴望秘密前来承受训饬的人，都说自己讲的全是一片真心话，话语简直无以伦比，在我们耳畔动听地飘来荡去，可恰恰用那颗心去自己端正自己的，偏偏就很少了，所以便造成要到下一轮出现空缺的神职神位再决定补授与否的结果，这类人可就太命短了。你对这种情况应当再多加小心，不要懈怠。"这位求生的善人说："我禀性迟钝，立下志向就决不会再放弃它，只管依从天庭的条文来作自我防范罢了，全看大神人是否哀怜了。"大神人说："这也取决于自身对事情的认识程度。认识到良善，就去做善事；认识到诚信，就去做诚信事；认识到忠正，就去做忠正事；认识到谨顺，就去做谨顺事；认识到孝敬，就去做孝敬事，随后邪恶便无从再冒出来了。想来你自己也清楚这一条，所以我就再特别强调一下罢了。"

生诚怅然曰："是生所闻，是大善，是有重戒出其中。大神所道乃如是，何敢有懈慢之意乎？是为活生之意，蒙宠如是，不知何所用报大神恩也。"大神言："是曹事视之①，而不足为戒。念可行宜，复成名，可及上无疑。行自得之，何所报谢乎？辞令自善，不得相闻语耳。"生言："是戒使生长得有活之望，请于无知之处，思惟所言。"大神言："当知生辞，勿离于内也。前后所戒来学问之人，如此矣。"生言："谁当肯相敕如此乎？生禄命②，大神喜之，时约敕，前后备足，但无以副恩，诚惭无以自置③。"天君闻之："是善之善，善中尤善，可兼行诸部④，勿使有失。"大神还语生："天君所敕，恩荣如是，宜勿犯之。""唯唯。"

【注释】

①曹事：指天庭官署的例行公事。

②禄命：贵贱为禄，寿夭为命。均由上天在人生前所注定。

③无以自置：犹言无地自容。

④兼行诸部：意谓统领和巡视各地神灵。

【译文】

这位求生的善人从内心里很惆怅地说："这是我曾听说过的，这正构成非常良善的表现，这正有重重的戒条从里面显示出来。大神人所讲的戒条竟像这样，我哪里敢有懈怠轻视的念头呢？这正属于使我存活的厚意，我蒙受恩宠竟然达到了这般地步，真不知道该拿什么来报答大神人的恩典。"大神人说："我们把这作为天庭官署的例行公事来看待，还不足以构成戒条。只管精思自己的行为绝对正确，再成就名声，肯定能够登仙成神。你那行为自行获取到这种结果，又有什么需要报谢我们的呢？这番话语你要好好对待，不许告诉给别人。"这位求生的善人说："这一大戒使我永久获取到了生存的希望，请求让我针对我还不懂得的地方，只管精思大神人所讲的话语。"大神人说："你应体察领悟使人长生的言辞，把它牢牢铭记在心。我们先后对前来求学拜问的人所作的告诫，都和刚才那些话一个样。"这位求生的善人说："还有谁乐意像这样训诫我呢？我那贵贱寿夭，大神人特别关心，经常约束戒饬我，前后已经既完备又充分了，只是我没有什么能够和这恩典对应上，确实惭愧得无地自容。"天君听到以上的对话，说道："这个人属于良善中的良善人，良善人中的更良善的人，可以委派给统领和巡视各地神灵的重任,不要让他产生差错。"大神人转过来通知这个求生的善人说:"天君下达的命令,把那恩宠荣耀提升到这般地步了,自应不去违犯它。"求生的这位善人赶紧表示说:"是是。"

　　上德之人,乃与天地之间①,当化成之事,使各如愿。善者著善之文②,不失其常,不失其宜,是为上德。无所不成,无所不就,不失其明,不失其实,不失阴阳所生成,不失四时主生之气所出入③,不失五行之成,不失日月星宿,不失其度数④,不失吉凶之期⑤,不失有灾异之变,不失水旱之纪⑥,人命短长不失所禀系星宿厚薄之意⑦,是上德所当行也。故言有德之人,无所不照,无所不见。上下中和,各从其宜,就其德,各不失其名,是为顺常。

【注释】

①与:置身。

②善者著善之文:此六字之下《太平经钞》尚有四字"不失其文"。文,指天庭的记录。

③四时主生之气:指春之少阳气,夏之太阳气,秋之少阴气,冬之太阴气,以及每季季末后十八日特别是季夏六月后十八日之中和气。换言之,即五行之气。出入:指交替推移的次序。

④度数:指运行的固有轨道和在天体中的既定位置。

⑤期:指届时而至的定数。

⑥水旱之纪:纪,指要结所在。即阳九百六。汉代《易九厄谶》以四千六百一十七年为一元,初入元一百零六年,简称百六。其中有旱灾之年九,谓为阳九。一元终始,共有九厄,即阳厄五,阴厄四,阳为旱灾,阴为水灾。其水旱灾年份合计五十七个,而一元

常岁为四千五百六十年,则每平均八十年,即有一灾年。详见《汉书·律历志》所述。

⑦所禀系星宿厚薄:此乃本于星命说而为言。如人倘若命系东星、则多所生存之类。详参本经卷一百十一《有德人禄命诀》所述。

【译文】

德业最高的人,置身在天地之间,承当起化生与成就的重事,使各自都称心如意。良善的事迹载录在天庭的善行登记簿上,不失掉那连续性,不失掉那恰切性,这才属于德业第一流。没有什么不化成的,没有什么不造就的,不失掉那洞明,不失掉那真实,不失掉阴阳所化生和成就的一切事物,不失掉春夏秋冬职在化生的时气所交替推移的次序,不失掉五行所成就的东西,不失掉太阳、月亮和众星辰的出没定律,不失掉它们固有的运行轨道和在天体中的既定位置,不失掉吉凶应期而至的定数,不失掉天地降现灾异的变化情形,不失掉水灾旱灾定期出现的要结所在,不失掉世人性命长短从星辰那里禀受到并被决定厚或薄的意旨,这都组成德业最高的人所应施行的事情。因而才说建有德业的人没有什么不能察照的,没有什么看不出来的。天上地下和人间各自依从他那适宜的做法,归就他那德行,分别不失去既定的名义,这正属于顺从常规定法。

长生之文,莫不被荣。万物岩牙部甲而生①,垂枝布叶,以当衣裳;雾露霜雪时雨②,以当饮食;生长自成覆叶实,令给人。地之长③,名为水母④,民名为瓜⑤。盛夏热时,以当水浆,天下所仰,人无大小皆食之。是德人承天统⑥,成天形于地⑦,以给民食,行恩布施,无不被德,以自饱满,是天恩非也? 天所施生甚大,不顺命,反言自然⑧,是为逆耳。故使德人上知天意,教民作法,无失天心。育养长大⑨,使得为人,复知文理⑩,行成德就,可上及天士⑪。

【注释】

①万物岩牙部甲而生:此八字中"部甲"之"部"《太平经钞》作"剖"。岩牙,挺芽。岩谓如同岩石般挺出。牙,通"芽",剖甲,脱去外壳。

②时雨:按节气时令应期而降的雨水。汉代谶纬有八风三十六雨的说法。详见《春秋说题辞》所述。

③地之长:指地里生长得最多、最普遍的那类植物。

④水母:比喻由水养育而成。《老子·八章》谓:"水善利万物而不争。"《韩诗外传》卷三云,水者,"历险致远,卒成不毁,似有德者"。本经卷四十五《起土出书诀》称:"水乃地之血脉也。"

⑤瓜:泛指可以生食的瓜类植物。《诗经·大雅·绵》称:"绵绵瓜瓞,民之初生。"

⑥天统:与地统、人统相对而称,亦即皇天的统系。其为三统之首,职在施生化生。

⑦天形:指天然物体的各色形状。

⑧自然:当然。

⑨长大:指身体发育而言。

⑩文理:谓按天赐神书的各项要求去做。

⑪天士:供职天庭的官吏。详参本经卷四十二《九天消先王灾法》所述。

【译文】

讲论长生的天文神书,没有一种生物不从它那里获得繁茂兴盛。万物挺芽又脱去外壳冒出地面来,垂下枝条,布满绿叶,把这当成自己的衣服;雾气、露水、霜雪和按节气时令应期降下的雨水,把它们当成自己的饮食;持续生长,自行成熟,垂落下枝头叶尖上的果实,让它供给人们充足地来享用。在地里生长得最多、最普遍的那类植物，被称作水母，众百姓把它们叫做瓜。在盛夏炎热的时候，拿它们当成水浆来喝，属于天下所仰赖的东西，人们无论大人小孩，都食用它们。这正表明建有德业的人，承奉皇天的统系，在地上铸成万物的各色形状，来向民众提供充裕的食品，推行恩惠，普遍施予，没有谁不蒙受到那恩德，由此而自身吃得饱饱的，这究竟是不是皇天的恩典呢？皇天所施布化生的范围简直大极了，可有人却不顺从天命，反而说什么事情本来就是那个样的，这纯属叛逆罢了。所以就让建有德业的人往上了解掌握住皇天的心意，教化民众，给他们定立起准则，切莫偏离天心。享有养育的物品，长成身体，致使成为活生生的人，又懂得按照天书神文所讲的去做，行为构成了楷模，德业也树立起来，便能往上成为天庭的官吏。

　　天上之事，功劳有差①。德人主知地之事，令民依仰，重见恩施，不能以时报之。德人为天行气上下中央不得其所者②，人反轻天所施为，是正令天怒不止，神灵不爱人，侵夺年命，反自怨非天③，是愚甚剧。故下神书，使住敕④，为施禁固。既民不犯，有豫知来事，远恶趣善⑤，不犯所禁，复得见天道所师化⑥，无不从之化者。故使人主为作羽翼，开导头尾，成其所为城郭⑦，倬然可知⑧。

【注释】

①差：指级别区分。

②行气：意谓播布生养的气流。

③非天：责怪皇天。

④使住敕：此四字中"住"当作"往"。形近而讹。

⑤趣(qū)善：归向良善。趣，归向。

⑥师化：作为师长所施布的教化。

⑦城郭：谓与体内神灵相融合，铸成防病长寿之身。本经卷一百十二《有过死谪作河梁诫》云："无离舍宅及城郭。"又癸部《盛身却灾法》称："若以神同城而善御之，静身存神，即病不加也，年寿长矣，神明祐之。"《周易参同契·养性立命章》谓："阴阳为度，魂魄所居。阳神日魂，阴神月魄。魂之与魄，互为室宅。性主处内，立置鄽鄂。情主营外，筑垣城郭。城郭完全，人物乃安。"

⑧倬(zhuō)然：显著的样子。

【译文】

　　天上的事体，对功劳定有级别区分。建有德业的人负责掌管大地的事务，使民众依凭仰赖它，多次看到皇天的恩惠施布，但民众却不能随时令变化去作报答。建有德业的人代替皇天在上下中央一切达不到的地方播布生养的气流，可有人反而轻视皇天所施行的事体，这正导致皇天愤怒不止，神灵不再爱护世人，侵害甚至夺去世人的年寿与性命，可世人反而竟自埋怨，责怪皇天，这纯属愚昧到了极点。所以便降示神书天文，让建有德业的人前去做训饬，为世人定下有关禁止、防范和理应固守的戒条来。民众不违犯以后，就会进一步有人预知将来的事情，远远离开邪恶，归向良善，不违犯禁令，进而得以看到天道作为师长施布教化而无不随顺并蒙受教化的情景。所以要让建有德业的人充当辅助的角色，从头至尾予以开导，铸成人们既防病又长寿的身躯，这明显可以想象到了。

　　知上及大化①，并理元气，复知人事，是亦有禄有命之人，皆先知之。随人化可，得延之期，天亦爱之，善神随护，使不中恶，心使见善，恶者不得以为比等②。故天重善，使得从愿，不侵不克如其平③。殊能过善④，天复增其命年，不危陷,是非大恩也? 当报何疑? 前有大善,所行合天心意,近之左侧,恶气不来,不敢视之,延命无穷。是恩难报,报之不以珍奇,但写心归诚,自实有信,不负所言,是为有报,为报为⑤,知不乎? 知善为善,见信行信,是人所长也,且宜照之,勿自疑。前有信人,已寿无极,化为神灵,所兼备足,功劳所致,复知之乎? 故德人有知之士,所得上进,天甚爱之。不其文章⑥,知命不怨天,行各自慎,勿非有邪,教人为善,复得天心意者,命自长。

【注释】

①大化:谓对普天之下施行的真道教化。本经卷一百十七《天咎四人辱道诫》云:"夫道者,乃大化之根,大化之师长也,故天下莫不象而生者也。"

②比等:意为势均力敌的东西。

③克:克扣。平:指斗、秤等量器衡器。谓极其公平。

④过善:谓在良善表现上异乎寻常。

⑤为报为:意为确属报谢的行动。

⑥不其文章:指否定并抛弃浮华虚伪那套说法和做法。

【译文】

智识往上步入对普天之下施行真道教化的境地,就与元气共同施行治理,同时也了解人间的事体,这也就是享有禄位又享有长寿的人了,对一切都能预先了解到了。随顺人能教化的要求去做,就会得到延长寿命的具体年数,皇天也喜爱他,吉善的神灵跟随并且保护他,使他不陷入邪恶的圈子里面去,心神叫他只看到良善,邪恶的玩艺没办法在他身上构成势均力敌的东西。所以皇天看重良善,使人实现各自的愿望,既不侵吞又不克扣,公平得就像斗秤。在良善表现上异乎寻常,皇天就又给他增加寿命,使他永远不陷入危亡,这还不是重大的恩德吗?理应报答,又有什么值得怀疑的呢?向登仙成神迈进具有特别良善的表现,做出的行为切合皇天的心意,就会在天君的身边供职,凶恶之气侵袭不到他面前来,连看他一眼都不敢,延长寿命更没有到达尽头的时候。这种恩德的确太难报答了,报答的话,也不用什么奇珍异宝,只须吐露出真心,归向至诚,自我诚实,讲求信用,不违背本人所讲过的话语,这就属于报答了,也形成报答的实际行动了,对此闹清没闹清呢?懂得了良善,就做良善事;看出了诚信,就做诚信事,这正属于人类所特有的本能,应当明晰地洞察出这一点了,不必自我疑虑了。前面已经出现过特别诚信的人,寿命达到了永无尽头的地步,化成了神灵,在天庭所统领的事项一样不缺,全靠功劳得来呀!对这一点又弄明白了吗?所以建有德业的人和具有智识计虑的人,获取到登仙成神的结果,皇天特别喜爱他们。抛弃浮华虚伪那套说法和做法,深知自己的本命所在,不怨恨皇天,行为各自多加小心,决不出现过错,更不干邪恶的勾当,教导世人做善事而又获取到皇天的心意,性命自行就长存。

　　事皆天君出,不得留止①。俗人难化,化之以渐②,无有卒暴③。详慎所言,勿为神所记④,各慎所部文书簿领⑤,自有期度⑥,勿相逾越⑦。见善进之,见恶当改,勿有所疑。贪生之人,自不忘天所施为,故重之者,诚爱人之命耳。念善得善,寿不疑也。天君爱信,知不乎?详慎神文,勿以自试。天下之事,孝忠诚信为大,故勿得自放恣,复夺人算,不得久长。慎之慎之,勿懈也,懈为自疑耳,疑之自令不令⑧,知不乎?知不乎?

　　右天上文、解六极大集、天上八月校书、象天地法、以除灾害⑨。

【注释】

①留止：谓拖延不办理。

②渐：指循序渐进的方式。《周易》有渐卦。本经卷九十二《万二千国始火始气诀》云："此灾病，非一世人过也，其所从来久远，勿反卒害之。但当行天道，以消亡之耳。如是者，所谓得天心意矣。"

③卒暴：急于求成之意。卒，后多作"猝"，一下子，猛可地。暴，急骤。

④记：谓施化之神被其他神灵抓住把柄。

⑤簿领：指记录在案的簿册。

⑥期度：指时间要求和各项登统规定。

⑦逾越：指超越权限的行径。

⑧令：致使。不令：没有好下场，得不到好结果。令，美、善。

⑨六极：指篇中所列举的上古有信之人、上古圣人、上古得道之人、上古有心之人、上善之人、上德之人的最佳表现。大集：谓将神灵文书和簿册全部汇集到一起。

【译文】

　　事项都由天君布置，决不允许各路神灵拖延不办理。世俗人很难教化，教化他们要循序渐进，不要出现急于求成的情况。仔细慎重地对待这番话语，不要被其他神灵抓住把柄奏报上来，各自料理好本辖区的文书簿册，原本就有时间要求和各项登统规定，不要彼此超越权限。看到良善的人就把他推荐上来，看到邪恶的家伙就促使他改正，对此不要产生迟疑。贪求长生的人，自然不会忘记皇天所施行的事项，所以要看重它，委实出自皇天爱惜世人的性命。精思良善就得到美好的结果，获享长寿毫无疑义。天君喜爱说话算话的人，对此清楚不清楚呢？仔细慎重地对待天书神文，千万不要同它对着干，看它到底灵不灵。天下的事体，顶数孝敬、忠正、诚实讲信用最重要，所以就决不能自我放纵，想怎么干就怎么干，这样皇天又会削夺世人的寿龄，没办法活得长久。对此要多加小心啊多加小心，切莫懈怠，一懈怠就陷入自我疑虑了，一疑虑就会自己使自己没有好下场了，对此闹明白没闹明白呢？对此闹明白没闹明白呢？

以上为天上文、解六极大集、天上八月校书、象天地法、以除灾害。

大圣上章诀第一百八十

【题解】

本篇所谓"大圣",特指精光感天、预知至高神天君当行事宜、并与天庭文书相通的人间卓异圣人而言。"上章"则谓向天庭奏呈有关荐举登仙成神之合适人选暨其他事项的章表。篇中把人间这等"大圣"拟定为天庭首席重臣"大神"的得力助手、如同"国有公卿"的角色,借此树立起世人朝"驾乘精气,为天行事"的目标竭力迈进的效法样板。转而申明天君"亲随月建斗纲传治不失"的威灵,心神在人腹中扬善惮恶的职能,并以命当白日升天者为例证,通过转死籍于寿曹、获享上寿一百二十岁并有子孙传家等天恩之赐,诱导并敦促无志追求长生的酒俗世人"自责悔过",行善重信。其中对骤贵遽富的暴发户的天谴,具有揭露和批判东汉社会现实的客观意义。

　　惟始大圣德之人,乃承元气自然①,精光相感动②,乃为大圣。悉知当所施,辄如天意,不失其元气之志常行,上为大神辅相③,如国有公卿④。心知大神之指历⑤,文书相通,上章各有荐举⑥,宜得其人使可保⑦。有言事辄用,天君以事更明堂⑧,得书辄下,无失期,辄得朝上之恩贷⑨。

【注释】

①元气：化生宇宙万物的无形实体。自然：原本固有的情状与态势。本经卷五十六至六十四《阙题》(六)云："元气，阳也，主生；自然而化，阴也，主养凡物。"又壬部谓："自然元气，同职共行。"

②精光：精气的光华。指内心明彻而言。《白虎通义·圣人》谓："圣人所以能独见前睹，与神通精者，盖皆天所生也。"本经卷五十六至六十四《阙题》(六)云："精光为万物之心明。"

③辅相：意为得力的助手。

④公卿：即三公九卿。为汉代辅政大臣和中央行政机构的长官。

⑤指历：谓行事准则及程序。

⑥上章：进呈奏章。后世道教则把上奏天庭的祈请之文称作上章。《隋书·经籍志四》云："奏上天曹，请为除厄，谓之上章。"

⑦使可保：谓让大神可以放心充当担保人。汉代察举制规定，若荐举失实，荐举人则受减俸降职或免官下狱等处罚。此处所言，即由此而来。

⑧更：再度审核、重新验定之意。明堂：天庭布政之宫。即二十八宿中东方苍龙七宿中的心宿。本经壬部云："天君敕明堂，诸当为天君理众职，务平其心。""有所白，辄开明堂，乃得所言，各有所明，各有所带，不得无有功效。"

⑨朝上：谓至天庭朝见述职。本经壬部云："朝天谒见，自有常日。当以月初建，大神小神自相差次，铨次尊卑。"恩贷：恩赏与宽恕。

【译文】

想那从一开始就身为道德异常圣明的人，压根便承顺元气和自然法则，精明之光在相互感召引动，于是才成为大圣人。完全了解所该施行的事体，一上来就符合皇天的心意，从不失去他那化成元气的志向和通常的行为，往上成为天庭大神人的得力助手，就如同人间王朝设有公卿。内心明了大神人的行事准则和程序，文书上下通达，奏上祈请的章表,各自具有荐举的对象,十分恰切地获取到合适的人选,使大神人甘愿充当该人选的担保人。一有奏请的事项,就被接受,天君把它转到明堂再度进行审核,明堂收见文书便批转下来,从来没有延误的时候,动辄便在天庭朝见述职之际得到恩赏与宽恕。

自天君曰,不讹朝廷旨①,请寄之人,文书所上皆自平均②,无有怨讼者③。各自身受恩分,赏罚有差,何有分争者乎? 大圣先知天君所当施行之事,安得有失乎? 俗人不知,以为如民长吏,安能知诏书所当道下文乎④? 天上之事,音声遥相闻,安得有隐也? 此在自然之中,相检何有脱时乎?

【注释】

①讹:意谓篡改或伪造。

②平均:公平允当。

③怨讼:私相攻击或诬陷。

④诏书:帝王颁布的命令。《独断》卷上云:"其命令,一曰策书,二曰制书,三曰诏书,四曰戒书。"道下:宣达给下级。

【译文】

从天君那里发出话来,决不篡改朝廷的旨意,请求寄达的人,他那文书所奏呈的事项自行就都公平允当,不存在私相攻击或诬陷的现象。各自亲身蒙受到恩情,赏罚具有级别区定,哪里还会有那争来斗去的人呢? 大圣人预先就了解天君所要施行的事项,怎能产生偏差呢? 世俗人什么都不懂,认为就像百姓头上的普通官吏,哪能了解到朝廷诏书所该向下宣达的内容呢? 天上的事项,任何讯息都远远地相互沟通,怎么能有隐瞒得住的东西呢? 这正包括在本来便那样的定律当中,而相互之间进行督察,哪里会有被遗漏掉的时候呢?

天君日夜预知天上、地下、中和之间大小乙密事①,悉自知之,诸神何得自在乎②?故记首尾善恶,使神疏记③。天君亲随月建斗纲传治不失④,常意皆修正,不敢犯之。故言天遣心神在人腹中,与天遥相见,音声相闻,安得不知人民善恶乎?天君言,善信举之,恶无信下之⑤,不但天上欲得善信人也,中和地下亦然。人不深知当来之事,故使有心志之⑥,久久与大神同路,是天之所近,比如国有忠臣良吏,不离左侧。但人自不信天,天何时当信有二心之人乎?

【注释】

①乙密事:犹言机密事。

②自在:毫无拘束。谓任意乱干胡来。

③疏记:意为分条逐项记录在案。

④月建:又称斗建。意谓北斗星斗柄所指。古代用十二地支代表十二方位,即以子为北,午为南,卯为东,酉为西等等。依此,则夏历十一月黄昏时斗柄指北,即称该月为建子之月。嗣后斗柄每月移动,指向一个既定方位,周而复始,遂成十二月建。斗纲:即斗柄。由北斗七星中的第五至第七星所组成。其按空间方位依次旋转,指东则天下皆春,指南则天下皆夏,指西则天下皆秋,指北则天下皆冬。《鹖冠子·道端》谓:"斗柄东指,天下皆春;斗柄南指,天下皆夏;斗柄西指,天下皆秋;斗柄北指,天下皆冬。斗柄运于上,事立于下。斗柄指一方,四塞俱成。此道之用法也。"《史记·天官书》称:"斗为帝车,运于中央,临制四乡,分阴阳,建四时,均五行,移节度,定诸纪,皆系于斗。"《春秋文耀钩》云:"斗者,天之喉舌。"本经卷六十九《天谶支干相配法》称:"又天谶格法,东、南为天斗纲斗所指向,推四时,皆王受命。"

⑤下：谓打入地府，令其丧命。

⑥志：牢记并苦苦追求之意。

【译文】

天君从白天到夜间都预先就知道天上、地下和人间大大小小的机密事，每宗每件都自行了解它们，各类神灵哪能毫无拘束呢？所以要从头至尾记下世人的善恶表现，专门命令神灵分条逐项记录在案。天君亲自随同北斗星斗柄运转所标示的月份宣明治理，不会放掉一个，众神灵总在自身用意上个个予以修明端正，决不敢触犯。所以才说皇天派遣心神寄居在人体体内，与皇天远远看得见，任何讯息都彼此沟通，哪里会不知道人间百姓的善恶表现呢？因此天君宣布，良善而讲信义的人，就要让他升天；邪恶而不讲信义的人，就要叫他归入阴曹地府，不仅仅天上希望得到良善而讲信义的人，人间和地下也是这样。作为人却不深深懂得应当招来好结果的事情，所以皇天就让有心人牢记并去追求它，时间一长便与大神人站在同一条道路上了，这正构成皇天所亲近的对象，也就好比国家拥有忠臣良吏，决不叫他离开皇帝的身边。可世人却只是自己偏不信从皇天，而皇天又会在什么时候能相信那等怀有二心的人呢？

中不为，天不如民人邪？虫蚁之人①，亦何因缘得天心意，所寿贪惜？此人不时相亲者，过起于民，收摄十三于后②，亦有岁数。见有心之人，不念俗事，贪进求生，故神告其心，出之耳。有心志之人，可与从事对谈，诚信之。无有心志，念众口当食求利，衣温饭饱，礼费相随③，驱使贫弱，自以高明，非天腹心也。行不纯质，复欲求道索久生，是正为索所不得，罪大重，少有贳时④。此为知不乎？当白日升天之人⑤，求生有籍，著文北极，天君内簿有数通。无有心志之人,何因缘得著录有姓名乎?强学之人学之,得天腹心者,可竟天年。殊能思尽力有功效者,转死籍之文⑥,复得小生,何时当得驾乘精气,为天行事乎?

【注释】

①虫蚁:喻人极易死掉。本经卷七十三至八十五《阙题》(六)谓:"下士虫死居民间。"

②收摄十三:意谓重新决定人之生死。十三,十分之三。《老子·五十章》谓:"出生入死,生之徒,十有三;死之徒,十有三;人之生,动之于死地,亦十有三。"

③礼费:指在邪伪礼数亦即享乐方面的花销。本经卷九十八《为道败成戒》云:"不乐随邪礼相随饮食也。"又云:"或有不善之人,轻上害下,好从邪礼不急之行,数到市道。"

④贳(shì):赦免。

⑤白日升上:此系本经所宣扬的登仙成神的最高级方式。升上即升入天庭。汉代盛行黄帝乘龙上天和淮南王刘安白日升天之说。参见《论衡·道虚篇》、《风俗通义》(卷二)所述。本经壬部则描述其情景为:"其化生,光耀日中,所见洞彻,正神相随,浮游八表。"

⑥死籍:指由地府掌握的世人死亡簿,即鬼簿。本经卷一百十四《见诫不触恶诀》谓:"地有死籍。"

【译文】

你内心不想真去做,这是皇天不让世人称心如愿吗?那些像蚂蚁一样极容易死掉的人,又能依仗什么获取到皇天的心意,对自己的寿命做到贪恋又惜护呢?这正属于世人并不时常与大神人相亲近的结果,过错恰恰从百姓那里产生出来,于是随后便要重新决定世人的生死了,而且定有固定的年份。看到深有心计的人,不理会世俗所兴行的那套玩艺，只管贪求成仙，索取长生，所以神灵便开启他那心地，把他从死亡圈内超脱出来。深有心计和志向的人，神灵可以同他办事，面对面交谈，确实相信他。然而没有心计和志向，光想众人谁都要吃饭而去谋求私利，衣服应当穿得暖暖的，饭食应当用得饱饱的，在邪伪礼数的花销上都得贴上一份，让贫穷力弱的人干这干那，自以为很高明，可却一律违逆了皇天的心意所在。行为压根就不纯正质朴，却又希图求取真道，索取长生，这正构成索求的东西得不到，罪过反而巨大深重，绝少有被天庭赦免的时候。对这种情况到底闹清没闹清呢？命里就该白日升天的人，求索长生原本便有天庭花名册在掌握着，姓名登录在北极昆仑山，天君收藏在金室的花名册，具有正、副本好几份。世上没有心计和志向的人，凭借什么能被登录上去而注有自己的姓名呢？勉力学习的人真去学道，获取到皇天的心意，便能尽享天年。特别想尽全力并取得功效的人，更会把姓名从死鬼簿上转移出来，又能多活一段时日，可在什么时候真能驾乘精气，专为皇天去办事呢？

是为可知：得书感心，泣出自责，言我同十月之子，施行独不得上心意，而在死伍之中，是行何一不得上意？是我之过也。天地上中和，皆当从天恩生，而反多不信，是罪之重也，何可望乎？天上诸神闻知，言此人自责自悔，不避昼夜，积有岁数，其人可原，白之天君。天君言，人能自责悔过者，令有生。录籍之神移在寿曹①，百二十②，使有续世者③。相贫者④，令有子孙。得富贵少命⑤，子孙单⑥。所以然者，富贵之人有子孙，家强自畜，不畏天地，轻以伤人以灭世，以财自壅⑦，杀伤无数，故天不与其子孙。为恶不息，安得与善而寿乎？此为知不乎？大神遣小神下⑧，令各受其命长短之事从出，无所疑也。思之复思，书辞可知，小大念后；有失脱之,文当疏记。

【注释】

①录籍之神:掌管世人生死簿的神灵。

②百二十:谓可享寿一百二十岁。此在本经中被列为天寿,亦称上寿。详参已部《经文部数所应诀》后附遗文及乙部《解承负法》、癸部《盛身却灾法》所述。

③续世者:谓传宗接代的后嗣。

④相贫者:指生来便在骨体相貌上属于穷命的人。

⑤得富贵:指骤然大富大贵起来的奸人。

⑥单:通"殚",穷尽。指断子绝孙。

⑦壅:聚积不施舍之意。详参本经卷六十七《六罪十治诀》所述。

⑧小神:供役使的神灵。

【译文】

由此就可以明白:得见这篇书文,内心便应深有感悟,流下眼泪,自己责怪自己,言称我和别人同样都是怀胎十月而降生的人,所作所为却偏偏获取不到皇天希望世人向成仙方向努力的心意,仍旧陷在死亡的圈子里面,这种行为为什么竟是那样地获取不到要人成仙的皇天心意呢?这都属于我自己的罪过。皇天和地上、人间的一切生物,本来都应依从皇天的恩德而生存,可大多却反而不相信,这纯属罪过深重,还会有什么指望呢?天上众神灵听到他这番话,都说这个人自我责怪,自我悔恨,从白天到夜间都不止息,加起来也年头很长了,对他这个人可以体谅,于是就禀报给天君。天君表态说,世人能够自我责怪,对罪过做悔改的,就让他享有生存的待遇。掌管生死簿的神灵要把他的姓名转移到寿曹去,寿命归入天寿一百二十岁当中,还要让他生有传宗接代的后嗣。对那种生来便在骨体相貌上属于穷命的人,也要让他生有子孙。但对骤然大富大贵起来的奸人,要叫他寿命短促,并且断子绝孙。之所以这样办,是因为富贵人若有子孙,家族强盛,只往自家敛积财物,不畏惧天地,轻易就去伤害人甚至斩尽杀绝,把财物聚积在自己手中而不施舍,杀人伤人不计其数,所以皇天就不赐给他子孙后代。专干坏事而不止息,怎能置身到吉善长寿的行列里来呢? 对这种情况闹清没闹清呢? 大神人派遣小神进入世人的心中,让它们分别把人寿命长短这宗大事的来龙去脉讲明白,这显然没有值得怀疑的了。精思再精思,就可以弄通这篇书文的言辞,小事大事都要想到后果;出现偏离和违逆的行径,就会被神灵逐条记录在案的。

有德人禄命诀第一百八十一

【题解】

本篇所谓"有德人",特指深知未然之事、"笃达四方"而无不开启、奉行皇天大化而端正天下、并且掌领世人先天禄命诀文的第一等大德之人而言。而"禄命",析言之则贵贱贫富曰禄,寿夭厚薄曰命。"有德人"既执禄命诀文,其为本经所标举的又一类型的效法偶像便突兀而立。循此而进的是,篇中环绕"禄命"这封建时代人生道路上被冥数化了的两大要事,另行组配起十二地支,兼顾天干,连及生肖,区定五行,糅入建除家言,完整开列了从"命在子午"到"巳亥之期年"的由天庭为世人预定的年命所属系统及其吉凶表现,进而强调禄命系于星宿,名籍操在天曹,一方面昭示天生圣贤出神仙,另方面宣明"行善可尽年命,行恶失长就短",为恶不止,殃及子孙。通篇所述,构成了早期道教自成一格的星命说,其旨归在于奖善惩恶,这与后世专言人之祸福休咎的推命术,迥然有别,而同《淮南子·时则训》的"六合"之说、《论衡·物势篇》及《言毒篇》所列举的十二生肖论,密不可分。

　　惟太上有德之人①,各自有理②,深知未然之事,照达上下,莫不得开③。心之所念,常不离于内,思尽所知而奉行大化,布置正天下④,所当奉述皆不失其宜⑤。笃达四方,意常通问,正其纲纪星宿⑥,而置列在四维⑦,罗列各有文章⑧,所行目有其常⑨,系命上下⑩,各有短长。

【注释】

①太上:第一流,最上等。

②理:指天然职守。

③开:谓对事象、事理豁然开朗,悉行解悟。

④布置:指对世人禄命所作的安排。

⑤奉述:奉守遵行。

⑥纲纪:网上总绳曰纲,丝缕头绪曰纪。喻指事物的统领部分。此处谓禄命的主宰物。星宿:指与世人禄命相对应的星辰。

⑦四维:又称四隅。指东北方、东南方、西南方、西北方。《淮南子·天文训》依次称之为报德之维、常羊之维、背阳之维、蹄通之维。于时节则当立春、立夏、立秋、立冬之际。于八卦则为艮卦、巽卦、坤卦、乾卦所居的位所,标志着阴阳二气在全年内消长进退的交会点和全过程。

⑧文章:光彩,光芒。指世人禄命存否的闪耀标志。

⑨所行目有其常:此六字中"目"字或系"自"字之讹。若不误,则"目"指诸多具体事项而言。

⑩系命:执持禄命。

【译文】

想那第一等怀有大德的人,各自具有天然的职守,深深知道尚未发生的事情,照见洞达上下,没有一处不让人能对事象、事理悉行解悟的。心中所精思的事项,总不离开本心,只想竭尽自己所了解的一切,奉守并实行普遍的教化,部署安排世人的禄命所在,用来端正天下,所该承奉循行的事项全都不偏离那合适的做法。把诚实纯厚播扬到四方,经常同天上沟通意向,端正那纲纪以及同世人禄命相对应的星宿,让它们分布在东北、东南和西南、西北方,罗列在空中,各自具有禄命存在与否的闪耀标志,所要施行的事项也有固定不变的规程,执持上下的禄命,各有长短期限。

生命之日①,司候在房②,记著录籍③,不可有忘。命在子午④,其命自长。丑未之年⑤,不失土乡⑥,寿小薄。不宜有恶,使付土乡⑦。寿未尽,籍记在旁⑧,虽见王相月建⑨,气以不长。所以然者,在土之乡,故令坤艮之乡⑩,其寿自减。生日及时,三土相望⑪,其日以生⑫,不进价⑬,作巳钱⑭,从岁至岁⑮,少有利时。

【注释】

①生命之日:即诞辰。

②司候:指司命神和候神(监视之神)。本经卷一百十四《见戒不触恶诀》谓:"司命近在胸心。"又同卷《不孝不可久生诫》称:"天遣候神,居其左右。"

③记著:登录。

④子午:指子年或午年。即鼠年或马年。子为地支第一位,属水行;午为地支第七位,属火行。二者俱为阳支,在方位上则北、南相对冲,在生肖配属上则子鼠、午马。《史记·律书》谓:"子者,滋也。滋者,言万物滋于下也。""午者,阴阳交,故曰午。"《论衡·物势篇》云:"子亦水也,其禽鼠也。午亦火也,其禽马也。"

⑤丑未之年:指丑年或未年。即牛年或羊年。丑、未为地支第二位与第八位,俱属阴支和土行,在方位上则东北、西南相对冲,在生肖配属上则丑牛、未羊。《史记·律书》谓:"丑者,纽也。言阳气在上未降,万物厄纽未敢出也。""未者,言万物皆成,有滋味也。"

《论衡·物势篇》云:"丑、未亦土也,丑禽牛,未禽羊也。"

⑥土乡:土行所在的位所。

⑦使付土乡:意为身有恶行必将招致入土的后果。

⑧籍记:指神灵在幽冥中逐条记录人之善恶的簿册。

⑨见:得遇之意。王相月建:指降生的吉利月份。王相为"五行休王说"的专用术语,王表示旺盛,相表示强壮。按照五行生克原理,春则木王,火相。"王相月建"于此乃指建除十二辰中斗前六辰即农历正月至六月而言。详参本经卷七十三至八十五《阙题》(三)、卷一百十五至一百十六《某诀》所述。

⑩坤艮:即八卦中的坤卦与艮卦。坤卦卦位居西南,属阴土;艮卦卦位居东北,属阳土。二卦卦位适相对冲。坤卦于时所在之"未"即农历六月,在建除十二辰中为"执",属斗前生气;艮卦于时所在之"丑"即农历十二月,在建除十二辰中为"闭",属斗后死亡气。

⑪三土:指年支、日支、时支俱属土行。即丑年、丑日、丑时生或未年、未日、未时生。

⑫其日以生:意为本人每日去营生。

⑬进价:获得收益之意。

⑭作已钱:意谓落个不赔不赚的价码。

⑮从岁至岁:犹言年复一年。

【译文】

临到降生的那一天,司命神和督察神都聚集在产房里面,把他登记在生死簿上,决不许出现遗忘的现象。本命在鼠年或马年,他那寿龄压根就很长。若在牛年或羊年,终归离不开土行的位所,寿龄稍显短一些。就更不应产生邪恶的行为,使身躯被交付到土里去。寿龄尚未到头,可神灵记载善恶的簿册却在身旁,即使碰到了降生时的吉祥月份,可生气却已经不悠长了。之所以如此,是因为正处在土行的位所,因而便让逢遇坤卦、艮卦卦位所在的人,他那寿龄自行就减少。降生的日期与时辰,恰恰同年份都属于土行,构成三土连成一整串,这样的人每天去谋划生计,收益都不会增多,只落个不赔也不赚的价码,年复一年,很少有获利的时候。

　　辰戌之岁①,天门地户②,天土地土,自当所生。天地土生上草木③,天地土生下草木④,天土出圣智土⑤,地土有贤。虽有衡⑥,衡伍不相干⑦。人不知之,反言年在辰戌,月建相破⑧,以为大恶。天门地户相对,阴阳相望,生日直之天戊日⑨,复直岁生⑩,是为大德之人,无所妨,固宜勿惶惧。地土出贤,为之府土⑪,乃所居⑫,何有恶者?人自不知,以土为人皆属土府⑬。寿命有期,直圣得圣,直贤得贤,是天常法。禄命自当,或出神仙。

【注释】

①辰戌之岁:指辰年或戌年。即龙年或狗年。辰戌为地支第五位与第十一位,俱属阳支和土行。在方位上则偏东南、偏西北相对冲,在生肖配属上则辰龙、戌狗。《史记·律书》谓:“辰者,言万物之蜄也。”“戌者,言万物尽灭,故曰戌。”《论衡·言毒篇》云:“辰为龙。”又《物势篇》称:“戌,土也,其禽犬也。”

②天门地户:天门指二十八宿中奎宿和壁宿所夹峙的天区,位在西北,为乾卦之位。地户指角宿和轸宿所夹峙的天区,位在东南,为巽卦之位。此处以“辰戌”为“天门地户”,则基于万物毕生于辰,毕死于戌。在十二地支空间坐标系中,辰、戌并不具有连续度量的性质。参见本经卷一百二《经文部数所应诀》所述。

③上草木:指天上草和天上木。本经卷五十《草木方诀》云:“治事

　　立愈者,天上神草木也,下居地而生也;立延年者,天上仙草木
　　也,下居地而生也。"

④下草木:指地上草和地上木。草木之分,前者为阳,后者为阴。
　　本经卷一百十八《烧下田草诀》谓:"但阳者称木,阴者称草,此自
　　然之法,天上之经也。"

⑤天土出圣智士:此六字中"智"下"土"字当作"士"。形近而讹。

⑥衡:抗衡。指辰、戌形成方位上的地支相冲。

⑦衡伍:对冲居于同列之意。干:凌犯。

⑧月建相破:指北斗星斗柄指辰(季春三月),则由第一星至第四星
　　组成的斗魁随而指戌(季秋九月)。斗柄所指为建为立,斗魁所
　　指为破为败。本经卷七十三至八十五《阙题》(三)称:"当月建名
　　为破大耗。""天斗所破乃死,故魁主死亡。"

⑨直:恰当。天戊日:指天干为戊的那一天。戊为天干第五位,属
　　阳干和土行。《汉书·律历志》谓:"丰楙于戊。"《释名·释天》
　　云:"戊,茂也,物皆茂盛也。"蔡邕《月令章句》称:"大挠探五行之
　　情,占斗纲所建,始作甲乙以名日,谓之干,作子丑以名日,谓之
　　枝,枝干相配,以成六旬。"

⑩复直岁生:谓与出生年份恰又相合。

⑪府土:意为发祥地或庇护所。

⑫居:意为命该轮上的东西。

⑬土府:指阴曹地府。

【译文】

　　本命在龙年或狗年,正逢遇天门、地户的位所,分别属于天土和地
土,自然便有它们所该化生的人和物。天土地土既化生天上的草木,又
化生地上的草木,天土会降生出圣明机智的人士来,地土会降生出贤能
的人士来。虽然存在着方位对冲的情况,但彼此并不相互凌犯。世人
对此根本就不了解,反而声称本命在龙年或狗年,恰恰形成北斗星斗柄

所指和斗魁所指一建一破,认为最不吉利。其实天门与地户两相对峙,阴和阳彼此遥望,生日正赶上天干为戊的那一天,又与出生年份恰恰相合,这正属于具有盛大道德的人,没有什么妨害的地方,压根就不必对此担惊受怕。地土降生出贤能的人士,专为他们创设了庇护所,正是命该轮上的东西,哪里会有凶害呢?世人原本对此不明白,把土行和人联系起来就觉得都属于阴曹地府了。寿命具有固定的期限,命里该是圣人就获得个必成圣人的结果,命里该是贤人就获得个必成贤人的结果,这正构成皇天不可更改的法则。富贵寿夭自行承受到,有的还会产生出神仙来。

　　寅申之岁①,其人似虎,日月相直②,殊不得相比。所以然者,寅为文章③,在木之乡④,山林猛兽,自不可当。但宜清洁⑤,天遣令狩⑥,不宜数见⑦,多畏之者,名之为虎⑧。年在寅中,命亦复长,三寅合生⑨,乃可久长。申为其冲⑩,了不相亡⑪。多恶畏夜,但能缘木上下,所畏众多⑫。其命在金行,害伤人,故令小寿,是为可知。事神忽荒⑬,精邪厌畏无常⑭,少有利时。

【注释】

①寅申之岁:指寅年或申年。即虎年或猴年。寅为地支第三位,属木行。申为地支第九位,属金行。二者俱属阳支,在方位上则偏东北、偏西南相对冲,在生肖配属上则寅虎、申猴。《史记·律书》谓:"寅言万物始生螾然也,故曰寅。""申者,言阴用事,申贼万物,故曰申。"《论衡·物势篇》云:"寅,木也,其禽虎也。""申,猴也。"

②日月相直:谓日支、月支亦属木行,适与年支相合。即下文所言"三寅合生"。

③文章：指文彩。《论衡·书解篇》谓："物以文为表，虎猛，毛纷
　纶。"本经卷六十五《王者赐下法》云："文者生于东，明于南。""虎
　有文，家在寅。"

④木之乡：木行所在的位所。亦含林木乃系猛虎栖居地之意。本
　经卷一百十八《烧下田草诀》谓："天上急禁绝火烧山林丛木
　之乡。"

⑤清洁：意谓虎年出生、命在木行的人需要清身净性。

⑥狩：捕猎。

⑦不宜数见（shuò xiàn）：意谓敛迹韬光。数见，频繁显现。

⑧"多畏"二句：此言确能令人畏服者，才真正称得上虎。即不怒而
　威、声震四方之意。

⑨三寅合生：即寅年寅月寅日生。

⑩冲：指对冲之位。

⑪相亡：彼此克害。按照五行相克的关系，则属金行之"申"当克本
　属木行之"寅"。即猴会害虎。此处则予以否定。

⑫"多恶"三句：此系根据猴性讲说猴年出生之人需要引以为戒的
　事项。《春秋元命苞》谓："象猴者多捷便。"本经卷三十五《兴善
　止恶法》云："故猴猿便巧，处向衰之地置焉。"

⑬忽荒：轻率懈怠。

⑭精邪：指精魅邪物。厌（yā）：遏制。

【译文】

　　本命在虎年或猴年，在虎年的人就像老虎，如果日期与月份又都同
年份相合，一般人更没办法同他相比。之所以如此，是因为寅位形成文
采，处在木行的位所，虎又属于山林中的猛兽，自然就不可抵挡。但本
人也应清身净性，因为皇天还要派人去捕猎它，所以更不应频繁地显现
自己，能够叫人大都畏服他的，才真正称得上是虎。年份在寅年当中，
寿命也会很长，而寅年寅月寅日降生下来的，才会寿命特别长。申位构

成寅位的对冲方位，但一点儿也不相互克害。猴性大多厌恶并害怕黑夜，只能沿着树木上来下去，所畏惧的东西很多。猴年降生的人，他那本命正归属金行，金行职在伤害人，因而便叫他寿命短一些，这是容易理解的。侍奉神灵轻率懈怠，对精魅邪物进行遏制并让它们畏惧人却没有固定的办法，那就很少会有吉利的时候。

　　卯酉之命①，各直其月，其月复同②。卯主于东，系命东星③，多所生活。人民饮食卯，故言东方正卯④，为东之中⑤。春生荣华⑥，夏长其实⑦，无所不施，莫不被德，故名东星为仁⑧，不忍中伤。天惜人年，复得长久。西正西⑨，复在金乡⑩，喜行战斗⑪，不得久长。行恶自然，何从久生？虽得王相月建，裁自如耳⑫。其六七恶⑬，日亡其过半，是为可知。

【注释】

①卯酉之命：指本命年在卯年或酉年。即兔年或鸡年。卯为地支第四位，属木行；酉为地支第十位，属金行。二者俱属阴支，在方位上则东、西对冲，在生肖配属上则卯兔、酉鸡。《史记·律书》谓："卯之为言茂也，言万物茂也。""酉者，万物之老也，故曰酉。"《论衡·物势篇》云："酉，鸡也。卯，兔也。"

②其月复同：据上下文意，此四字中"月"当作"日"。涉上而讹。

③东星：指东方苍龙七宿。《管子·四时篇》谓："东方曰星。"唐尹知章注："东方乃阴阳之气和杂之时，故为星。"

④正卯：恰为卯位所在之意。

⑤中：正中。指处在东北和东南之间。

⑥荣华：谓草木花繁叶茂。《淮南子·原道训》云："是故春风至则甘雨降，生育万物，羽者姁伏，毛者孕育，草木荣华，鸟兽卵胎。"

⑦实:指果实,

⑧东星为仁:仁为人伦五常之一。以人伦五常和五方分别配五行,仁和东方俱属木行,故曰东星为仁。《管子·四时篇》云:"柔风甘雨乃至,百姓乃寿,百虫乃蕃,此谓星德。"

⑨正酉:恰为酉位所在之意。

⑩金乡:金行所在的位所。

⑪战斗:交锋争斗。此与雄鸡好斗及斗鸡之戏相关联。《春秋繁露·五行相胜》称:"博戏斗鸡,走狗弄马,长幼无礼,大小相虏,并为寇贼,横恣绝理。"《易纬通卦验》卷上谓:"坎气逆乎阳衡,晦象昧见斗旬,斗鸡谁谋者?"

⑫裁:通"才",仅仅。自如:得竟天年之意。

⑬六七:十分之六七。谓恶行多而善行少。

【译文】

本命在兔年或鸡年,各自会轮上所在的月份,具体日期也相同。兔年卯位恰在东方主事,本命由东星执掌,大多都会生存。人们仰赖卯位获得饮食,所以说东方正属卯位所在,构成东方的正中部位。在春季让草木花繁叶茂,到夏季又长出果实来,没有不施布到的,谁都蒙受到恩德,所以就称东星为仁爱,不忍中途伤害。皇天怜惜世人的寿龄,又会得以长久。西方恰为酉位所在,又处在金行的位所,金行喜好交锋争斗,寿命便无法获得久长。专干坏事出自天性,又从哪里会长久生存呢?即使碰上吉祥的降生月份,也仅仅能够尽享天年罢了。他那恶行占到了十分之六七,存活的日期也就失去多一半了,这是容易弄明白的。

巳亥之期年以生①,各置其月②,复以其名为之③。重阴无阳④,命自不长。三阴会,时会复当⑤,故言巳亥拘⑥,主开藏⑦。亥主西北,巳主东南,所向所为,少得其宜,治生难以进,寿难以长。

【注释】

①巳亥之期年:指巳年或亥年。即蛇年或猪年。巳为地支第六位,属火行;亥为地支第十二位,属水行。二者俱属阴支,在方位上则东南、西北相对冲,在生肖配属上则巳蛇、亥猪。期年,一整年。《史记·律书》谓:"巳者,言阳气之已尽也。""亥者,该也,言阳气藏于下,故该也。"《论衡·物势篇》云:"亥,水也,其禽豕也。巳,火也,其禽蛇也。"

②置:谓由天庭作出安排。

③名:指五行属性与之相同的天干。下文云:"十干名功。"

④重(chóng)阴无阳:谓出生年、月、日俱属阴干阴支。即下文所云"三阴会"。

⑤时会复当:谓出生时辰又与"三阴"相合。

⑥拘:谓彼此制约,相互束缚。

⑦开藏:开指阴气始于巳(农历孟夏四月与东南方),藏指阳气凝核于亥(农历孟冬十月与西北方)。以上十二地支两两相配,本于《淮南子·时则训》"六合"之说而为言。即农历孟春(建寅之月)与孟秋(建申之月)为合,仲春(建卯之月)与仲秋(建酉之月)为合,季春(建辰之月)与季秋(建戌之月)为合,孟夏(建巳之月)与孟冬(建亥之月)为合,仲夏(建午之月)与仲冬(建子之月)为合,季夏(建未之月)与季冬(建丑之月)为合。其与后世四柱命学之"六冲"说,"六合"说(子与丑合、寅与亥合、卯与戌合、辰与酉合、巳与申合、午与未合),迥然不同。

【译文】

在蛇年或猪年整年之内降生的人,天庭分别安排他们所在的月份,还用五行属性相同的天干做配属来确定具体日期。如果出生年月日均为阴干阴支而没有阳干阳支,寿命自然就不长。三阴已经重叠在一起,再加上时辰恰与年月日又重叠,所以便说蛇年巳位与猪年亥位彼此制约,负责阴气的生发和阳气的藏伏。亥位执掌西北方,巳位执掌东南方,所要达到的目标和采取的行动,很少能恰切地得到实现,在筹划生计上难以增进财物,在寿命上难以延续长久。

　　故言十文转相通①,十干名功②,复宜天算③,计其短长,相推为命。天之行,何得自从? 故今大德之人并领其文④,籍系星宿⑤,命在天曹⑥,外内有簿⑦,上下八方,皆有文理⑧,何得自从?

【注释】

①十文:指对以上十二生肖本命年的述说。因"命在子午"仅一带而过,未予展开,适减其二,故曰"十文"。

②十干:通称十天干,又称十母。乃系古代为表示时间或方位等而创制的序列化专用符号,即甲乙(木)、丙丁(火)、戊己(土)、庚辛(金)、壬癸(水)。其中单数为阳干,双数为阴干。名功:意谓通过配隶子孙后代降生的阳干或阴干来彰明其家前辈对皇天所立下的功劳。

③天算:即天年。指天庭为世人在其生前所注定的寿龄。本经以一年为一算,分人寿为三类,即乙部《解承负诀》、癸部《盛身却灾法》所云上寿一百二十岁,中寿八十岁,下寿六十岁;辛部经文所云头等寿命一百三十岁,二等寿命一百二十岁,三等寿命一百岁;己部《经文部数所应诀》后附遗文所云天寿一百二十岁,地寿一百岁,人寿八十岁,霸寿六十岁,仵寿五十岁。

④领:掌管。

⑤籍系星宿:本卷下篇《善仁人自贵年在寿曹诀》称:"星宿皆持命,善者增加,恶者自退去。"

⑥天曹:指寿曹。详见本经卷一百十《大功益年书出岁月戒》所述。

⑦外内有簿:指天君居处和神仙聚集的昆仑山分别藏有长寿及未来神仙的名册,地府则有死籍。

⑧文理:谓对禄命簿册的掌控与处理。即行善则增寿,作恶则减年。

【译文】

所以说十种禄命的天文辗转推演又互相贯通,彰明世人前辈对皇天所立功劳而用十天干配隶他家子孙诞辰的阴阳属性,再确定该得的寿龄,计核短长,迭次推算形成那本命。皇天这样处置,世人哪能自我放纵呢? 所以如今道德盛大的人一并掌管那禄命天文,命籍拴系在星宿本位,寿命登录在天庭寿曹那里,从天君住所到昆仑山和地府都储存着花名册,上下八方都有条文治理,世人哪能自我放纵呢?

人不得其数①,反言何负于天。行善可尽年命,行恶失长就短,恶恶不止,祸及未生②,何可希望? 行自得之! 其命亦薄,不尽其算。阁在天上③,以遗善人④,可戒子孙慎之。反正悔过,可复竟年。各自分明,计其所为,勿怨天神。努力为善,子孙延年;不者自在,可无怨天。复小正⑤,复念其后,复疑者当平之矣。

【注释】

①数:定数,定法。指禄命所在。

②未生:指后代。

③阁:指收藏长寿和未来神仙簿的处所。本经卷一百十《大功益年书出岁月戒》谓之为金室。

④遗（wèi）：赐赠。

⑤小正：逐渐端正自身行为之意。小，逐渐。

【译文】

世人弄不清定数所在，反而声称自己对皇天可有什么愧对的地方。去做善事就可以尽享天年，偏干坏事就失去长寿，归入短命，坏事越干越多而不止息，祸殃就延及到后代子孙，还有什么能希求指望的呢？正由自己的行为落个相应的下场！他那禄命也很微薄，尽享不了天年。收藏未来神仙花名册的金室正设在天上，用来赐赠给良善的人，应当告诫子孙对此要谨慎对待。回到正路上，悔恨自己的过错，也能重新尽享天年。各自要分辨得一清二楚，思量本人的所作所为，不必再怨恨天神。努力做善事，子孙就会延长寿命；相反仍旧自我放纵，就不要埋怨皇天了。回过头来逐渐端正自己的行为，再琢磨子孙后代会怎样，依然抱有怀疑的地方就该消除掉了。

善仁人自贵年在寿曹诀第一百八十二

【题解】

本篇所谓"善仁人",特指世间第一等善人和第一等仁人而言。"自贵",天生便尊贵之意。"年在寿曹"则谓这两种人的年命生前即在天庭所设长寿之曹的登统与掌握之中。篇中遂巨细无遗地列举善人、仁人的各自表现与主要标志,将善人树为"行无怨负"、"修身自省"、竭尽忠诚孝顺的典范,将仁人列作"积功累行"、助天施化的楷模,共同归为皇天信任、大地佑护、皆得中和之心腹的未来神仙的最佳人选,递次证实为尸解仙人、白日升天者的膺受代表。与此相同步,也为命与寿、仙先天无缘的"俗人",辟设了一条"自责悔过"、可得延年、补授神位的求进之路。对怙恶不悛者,则发出入死籍、下阴曹的恫吓。直至对已登仙成神者,仍然申明稍有"恶闻"便与鬼为伍的戒饬。有关四时五行日月星宿如何掌控人命、登仙成神究系何等场景,借此篇所述可见大要。

惟太上善人之为行也,乃预知天地表里,出入阴阳,道其纲纪①,发中念之,不忘其理。顺天而行,不敢有疑,用是得成奉天大施②。思念在身,行无怨负③,微禀自然④,数见戒,前后可知。

【注释】

①道：循行之意。

②大施：大分之施。即天恩广大，令悔过者命长。参见本经卷一百
　十《大功益年书出岁月戒》所述。

③愆(qiān)负：愆指身犯过失，负谓殃及后代。

④微禀：意为深得奥妙地予以秉承。

【译文】

　　想那第一等良善的人构成自身的行为，竟预先明了天地的外端与里层，在阴阳之间出此入彼，按照那纲纪所在亦步亦趋，从内心一味精思，不忘自身的天然职守。顺从皇天去行事，不敢产生任何的怀疑，由此得以实现承奉皇天而益寿延年的恩施。只管思忖本人怎么样，行为没有失误和殃及后代的地方，深得奥妙地来秉承自然而然的定律，多次得到神灵的戒饬，前因后果也就一清二楚了。

　　人自犯之，亦无所怨。从古以来，小有信人①，信欲相欺，不念其后，故令天地瞑怒殊不止②。贤圣有知自悔耳，天知之教之。不用人言，反恶意相视，谏之不用，但欲自可，此人无知，甚于畜产③。用是之故，故自责过，负安从起？日夜思人④，不解行所负，何所怨咎？但自无状，不计其咎，妄为不当行，不承大教而反自在，自令命短，何所怨咎？

【注释】

①小有：少有。信人：恪守诚信的人。

②瞑怒：隐然发怒，暗中恨怒。

③畜(chù)产：牲畜所生的小崽子。

④思人：谓攫取他人利益。本经卷一百十《大功益年书出岁月戒》

云:"所触所犯,皆欲得人利,人亦不欲利之。"

【译文】

世人自行触犯皇天禁戒,也就不要再有什么抱怨了。自古以来,很少有恪守诚信的人,本来应当恪守诚信,却去光想彼此欺骗,不考虑那后果,因而导致天地暗中恨怨,简直平息不下来。贤能圣明的人具有识见,自我悔恨而已,皇天了解这种情况,也教诲他们。不听从别人的劝告,反而充满敌意对待,规谏他却不采纳,只想自己愿意怎么干就怎么干,这种人懵懂无知的程度,比那牲畜所生的小崽子还要厉害。出自这一缘故,特意自行责备本人的过失,承负的罪责还会从哪里冒出来呢?然而日夜琢磨攫取他人的利益,解除不掉自己的行径所带来的承负罪责,还要去怨恨憎恶什么呢?只是自身罪大无可名状,不考虑它那祸患,任意去干不该干的事情,拒不承奉天神的重大教戒,反而自我放纵,自己叫寿命变得很短促,还要去怨恨憎恶什么呢?

时念上古得仙度世之人,何从起念之①,见书皆言忠孝,敬事父母,兄弟和睦,无有表里,上下合同②,知天禁③。神主为理④,白其过失,无有休止,修身自省,既得生耳。

【注释】

①何从起念之:此五字中"从"下《太平经钞》有"恶"字。

②合同:吻合一致。

③知天禁:此三字《太平经钞》作"和天大禁"。天禁,指皇天的禁令戒条。

④理:谓在幽冥中对人善恶行为进行监视和记录。

【译文】

经常忆念上古时代超凡脱俗成为神仙的人,是从什么地方开始做起的,精思这宗事体,又看到书文全都讲论忠孝,恭敬地侍奉父母,兄弟和睦，不存在外端与里层，上下吻合一致，了解掌握皇天的禁令戒条。神灵负责在幽冥中对世人善恶行为进行监视和记录，向天庭禀告他们的过失，根本就没有停息的时候，修养好自身，自我反省，就已经获取到长生了。

　　受命有期①，安得自在？念之心痛，泪下沾衣，无有解已，日惜年命，恐不得寿。见长命之人问之，言有忠孝，不失天地之心意，助四时生，助五行成，不敢毁当生之物。为善不行侵人，无所欺抵②，诚信不敢有所负。行成于人众，不敢失于亲而亏闾里③。出辄相报，其以时还，未曾大醉卧于市里④。贤知相随，不顾愚子⑤，念恩于天地，不敢望报⑥，自责而已。复有过失，承负所起，自责有岁数，乃感动耳⑦。

【注释】

①受命有期：意谓天庭对世人寿命早已作出固定安排。

②欺抵：用欺骗对付欺骗。即你骗我，我也骗你。

③闾里：指周围同住的人。古称乡里为闾里。闾，里巷大门。

④市里：指市场商街。

⑤顾：理睬。

⑥报：指赐福增寿之类的回报。

⑦感动：谓感天地、动神灵。

【译文】

从皇天那里秉受到本命，具有固定的期限，哪能自我放纵呢？想到这宗事就内心发痛，眼泪流下来，湿透了衣襟，一直没有放得下的时候，一天比一天珍惜寿命，唯恐活不长。看到长命的人就去拜问，说是要心怀忠孝，不偏离天地的心意，协助春夏秋冬生长万物，协助五行成就万物,不敢毁败处在生长期的动植物。净做善事,不去侵害别人,受骗也不报复对方,忠诚信实,不敢做出愧对别人的事情。在众人当中形成本人的一贯行为,不敢对亲属有闪失和对不起周围邻居。一出门就先告知,并且按时回到家中,未曾在市场商街喝得大醉而躺卧在那里。只跟贤人智士相交往,根本不理睬愚昧的家伙。对天地感念恩德,但不敢希求得到天报,只管自己责备自己罢了。再出现过失,便恰恰构成那承负的根源,自己责备自己年头很长了,这才会感天地、动神灵。

　　生俗多过负,了无有解已①,愁毒而行②,不知所止。每见人有过,复还责己,不知安错③,思见善文及其善戒,禄命侥幸,逢天大神戒书文,反复思计,念之过多,无有解已。叩头自搏而啼鸣④,有身不能自正,而反多怨;禁书致重⑤,而自触之,致命不寿。晨夜自悔,冀复小久⑥,不敢施恶,更念当行。恩德布施,蒙得其理,无有恶言,但见泪耳。

【注释】

①解已:化解终止。

②愁毒:愁苦到极点。毒,言其程度之甚。

③安错(cù):意为置于何处为好。错,通"措",放置。

④自搏:谓叩心捶胸。啼鸣:哭泣悲鸣。

⑤禁书:有关禁戒的书文。

⑥小久:指多活一些时日。

【译文】

　　我这名弟子只是一个凡夫俗子,存在很多过失和承负的罪责,一点儿也没有真能叫它化解终止的时候,为此愁苦到极点并去付诸行动了,但却不知道最终的归宿在哪里。每次看到别人产生过错,掉过来就责备自己，真不知道把它放在何处为好，渴望看到劝善的天文以及劝善的重戒，能够侥幸把自己的禄命转到长寿成仙的天庭花名册上，正遇见天庭大神戒饬的书文，反复思忖琢磨，想到本人过失太多，没有真能叫它化解终止的时候。只有朝天磕头，自行叩心捶胸，哭泣悲鸣，有副身躯却不能自己端正它，反而怨天怨地；禁戒的书文极其重要，可却自己去触犯它，致使寿命活不长。从早到晚一直对此自我悔恨，希图能再多活一些时日，决不敢再干邪恶的勾当，重新考虑应当去做的事情。只请天庭施布恩德，使我蒙获到整治自身的机会，在我这里没有歹恶的言语，只看到悔恨的泪水罢了。

感伤于心，天神闻知，来下言："此人为谁？何一悲楚①？""窥见大德之人，延命久长在，问之，言此但行应天心，合地意，是故得寿耳。还归靖舍念之②，如太上德人之言，以故自省也。"

【注释】

①悲楚：哀伤凄楚。

②靖舍：静室。靖，通"静"，清静。道教的修持处所，民家曰靖，师家曰治，皆长一丈八尺，宽一丈六尺。

【译文】

在内心这样感伤，天神听到后，下凡前来说："这个人到底是谁呢？为什么竟是那样地哀伤凄楚呢？"这个人回答说："我暗地看到了道德盛大的人，他寿命延长，长久活在世上，就去拜问，说是这也只因行为顺应天心，符合地意，所以才获取到长寿罢了。我回到静室回味他那话语，觉得事情真像第一等具有道德的人所讲的那样，因此就自我反省。"

使神见自责悔人①，还上天道言②，有悔过人啼泪而行，未曾有止时，恐见不活，以故自责。大神闻知，言天君常敕诸神曰，有功善之人，为忠孝，顺所言，进独其人也。因白天君，天君言："闻知此人自责悔过，有岁数也。此本俗人耳，而自责过无解已，更为上善人也。大神数往占视之③，知行何如。有善意欲进者，且著命年在寿曹，观其所为，乃得复补不足④。"

【注释】

①使神：奉命前去查看的神灵。

②道言：禀报说。

③占视：审察验核。

④补：补授。不足：指空缺的神职神位。

【译文】

奉命前去查看的神灵见到这个自责悔过的人，返回天庭禀告说，人间有个悔过的人，流着眼泪在做善事，未曾出现过止息的时候，唯恐落个活不了的下场，因而在自己责备自己。大神人听到禀告就发话说，天君时常命令众神灵说，遇到世间良善而立有功劳的人，奉行忠孝，顺从天庭的训导，而天庭该让世人登仙成神的对象唯独正是这种人。随即禀报给天君，天君说："听说这个人自责悔过，已经有年头了。他原本只是个凡夫俗子罢了，却能自行责备本人的过失，没有放得下的时候，要把他改成第一等良善的人。大神要多次前去审察验核他，了解他那行为到底怎么样。对怀有专做善事的愿望而追求登仙成神的人，暂且把他那本命和寿期登记在寿曹，继续观察他的所作所为，才准许补授空缺的神职神位。"

大神言："此人自责大久，承负除解，请须有阙上补，名为太上善人，可以报下不及者①。"天君言："太上善人之行，必当如其言。大神数敕之，护视成神上之，皆须其年数，勿侵也②。"大神言："此人本无籍文也，得敕在寿曹，请须上阙补以年次③，不相逾越。"天君言："得次补缺之日数，上其姓名，勿失期。"大神唯唯。

【注释】

①报：示知。下不及者：指人间在良善行为上还有差距的人。

②侵：凌越，逾越。指提前处置。

③年次：所历年数的次序。

【译文】

大神说："这个人自己责备自己，时间已经很长了，承负的罪责被解除了，请求等待出现空缺的神职神位，把他召到天上来，再进行补授，专门称为第一等的善人，借此可以让人间在良善行为上还有差距的人看到希望。"天君说："第一等善人的行为，一定要和他口头所表示的完全一致起来。大神人要多次去训戒他，加以保护监视，直至成神，让他升入天庭，但都要等他真够年数，切莫提前施恩。"大神人说："这个人原本在长寿成神的簿册上没有姓名，得到天君的命令，把他列在寿曹，请求按年次等待升天，补授空出的神位，决不出现逾越的现象。"天君说："到了按顺序等级补授空出的神位那一天，要把他的姓名奏报上来，不要延误了期限。"大神赶紧表示是是。

惟太上仁人为行也，乃积功累行于天，天乃听信，使助东星布置当生之物，华实以给民食①，使得温饱，形身长大，展转相养②，阴阳接会③，男女成形，老小相次，禀命于天数于星④。

【注释】

①华实:开花结果之意。华,同"花"。

②展转相养:意为长辈抚养晚辈,晚辈赡养长辈。

③阴阳接会:谓生育繁衍后代。

④天数:皇天的定数。

【译文】

想那第一等仁爱的人构成自身的行为,竟在皇天那里积累下功绩德行,于是皇天加以听信,责成他们协助东星部署安顿应当生长的万物,开花结果来给民众提供充足的食物,使他们得以温饱,身体发育得健壮高大,长辈抚养晚辈,晚辈赡养长辈,夫妇生育繁衍后代,男女各成自身特有的模样,老少一辈接一辈排列起来,从皇天的定数和星宿那里秉受到自己的本命。

二十八宿展转相成①,日月照察不得脱,更直相生②,何有解息?但人不知,以为各自主名③;虽有主,更相检持④。所以然者,人命有短长,春秋冬夏,更有生死无常,故使相主,移转相问⑤,寿算增减,转相付授⑥。故言四时五行、日月星宿皆持命⑦,善者增加,恶者自退去,计过大小,自有法常。案法如行⑧,有何脱者?天上地下,相承如表里,复置诸神并相使。故言天君敕命曹,各各相移,更为直符⑨,不得小私⑩,从上占下,何得有失?

【注释】

①二十八宿:对周天黄道(太阳和月亮所经天区)之恒星群所分二十八个星座的统称。即东方七宿:角、亢、氐、房、心、尾、箕;南方七宿:井、鬼、柳、星、张、翼、轸;西方七宿:奎、娄、胃、昴、毕、觜、

参；、北方七宿：斗、牛、女、虚、危、室、壁。共有星 182 颗。或谓
之为东宫、南宫、西宫、北宫。既构成日月五星的运行坐标，又被
古人包括《太平经》编著者视为各有职掌的人间主宰物。参见
《淮南子·天文训》、《史记·天官书》及《晋书·天文志》所述。
成：意为形成一个掌控世人本命的完整体系。本经卷一百十二
《贪财色灾及胞中诫》称："二十八宿更直察民，用有支干，吉凶
有文。"

②更直：轮番当值。直，值班，值勤。相生：意为互相在发挥作用。

③主名：意为仅仅拥有一个本身的名称而已。即日归日，月归月，
星辰归星辰，其与人事并无任何联系。

④检持：检照对证。谓日月星对人善恶行为互通讯息。

⑤移：古代用于不相统属的官署之间的一种公文。此处则以之拟
设天庭所施行的公文制度。

⑥付授：意为交代示知。

⑦持命：掌控人命。张衡《灵宪》云："众星列布，其以神著，有五列
焉，是谓三十五星。一居中央，谓之北斗，动变定占，实司王命。
四布于方，为二十八宿，日月运行，历示吉凶，五纬更次，用告祸
福，则天心于是见矣。中外之官，常明者百有二十四，可名者三
百二十，为星二千五百，而海人之占未存焉。微星之数，盖万一
千五百二十。庶物蠢动，咸得系命。不然，何以总而理诸？"

⑧如行：勘验行为之意。

⑨直符：犹言值班。符，指天庭发放的巡察凭证。本经卷九十八
《包天裹地守气不绝诀》云："朝于中极，受符而行。"又卷一百十
四《不用书言命不全诀》称："是生神之愿，辄有符传以为信行。"

⑩小私：稍微作弊之意。

【译文】

二十八宿辗转沟通，递相形成一个掌控世人本命的完整体系，太阳

和月亮在照射察视,遗漏不掉任何举动,轮番当值,相互在发挥作用,哪里存在放松和停止的时候呢? 只因世人并不了解这种情况,也就认为它们不过各自拥有一个本身的名称罢了;即使仅仅拥有一个本身的名称,其实也递相在对世人进行检照对证。之所以如此,是因为世人的寿命本来存在着长与短,而在春秋冬夏又会递相出现甲已死去、乙还活着的不固定状况,所以便让它们分别执掌一个方面,而且公文往来,互通讯息,对寿龄或增或减,转相交代示知。所以说四时五行和日月星宿全都操持着世人的本命,对做善事的人就给他增寿,对干坏事的人就自然把他斥退勾销,核计罪过的大小,压根便有固定的处置法则。依照处置法则去勘验世人的行为,哪里会有躲藏过去的家伙? 天上和地下,递相承接对应如同外表与里层,还设置众位神灵,全都一级支配一级去履行职务。所以便讲天君命令寿曹,在天庭各个部门、各个辖区之间互通公文,轮番值班察视,决不允许稍微作弊,从上面监测下边,哪里会出现丝毫差错呢?

　　有性之人①,自无恶意,虽有小恶,还悔其事,过则除解。有文书常入之,籍恶者付下曹②。善者白善,恶者白恶,吉凶之神,各各自随所入。恶能自悔,转名在善曹中③;善为恶,复移在恶曹④,何有解息? 地上之生人中,有胎未生,名姓在不死之录。年满行成,生者摄录⑤,令有保者乃上之。所以然者,其寿难待,重之,故令保者,过并责。以是故,自不忠孝顺无功者,皆无保任者,但为生先祖绩⑥,使有祀耳⑦。殊为恶不止,何有得后生食者乎?

【注释】

　　①有性:谓具备人伦五常仁义礼智信的要素。本经卷九十六《忍辱

象天地至诚与神相应大戒》云:"凡天下之名命所属,皆以类相从,故知其命所属。故含五性多者,象阳而仁。"

②下曹:指阴曹地府。

③善曹:指长寿之曹。

④恶曹:即下曹。

⑤摄录:收取姓名之意。

⑥生先祖绩:意谓只因自家先祖对皇天立有功绩,自家方获生存。

⑦祀:指对先祖祭享奉祀的后人。

【译文】

怀有人伦五常的世人,天生就没有干坏事的念头,即使出现轻微的过恶,掉转来悔恨那种事,罪过就会解除掉。神灵有记录善恶的文书按照期限奏报到天庭,姓名在恶人花名册上的家伙,就被打入阴曹地府。谁良善就禀告他良善,谁邪恶就禀告他邪恶,主管吉凶的神灵,分别依从禀告的情况自行去处置。邪恶却能自我悔恨,就把他的名籍转到天庭善曹来;良善却变成去干坏事,就把他再转到天庭恶曹去,哪里有那放松和停止的时候呢? 在地上的活人当中,有的投胎还没生下时,姓名就登录在不死亡的花名册上了。年数满限,行为落到了实处,该长生的人就收取他那姓名,确有神灵甘愿充当担保人,才叫他升入天庭。之所以这样做,是因为长寿很难期望获取到,特别看重它,因而便让神灵充当担保人,出现偏差,连同神灵一起予以惩罚。由于这个缘故,压根就不忠不孝不谨顺而没有功劳的人,全都没有神灵甘愿给他充当担保人,只因为他家祖先对皇天立有功劳,才叫他存活,使这家有传接香火的人罢了。一直继续大干特干邪恶的勾当,哪里还会有后代仍对自己这一辈进行祭享呢?

食粪之人①,亦安从得与天大神久共事乎? 粪中之有应天书度者? 天遣神教之,岁月旦满,敕天大仓守神②,断有形之物③,禀天大仓气,食消④,化令轻,化神灵出窈入冥,乃上姓名。不在簿中,何有求生,人安从知之?

【注释】

①食粪之人:指修炼食粪饮小便之类的邪恶方术的人。详见本经卷一百十七《天咎四人辱道诀》所述。

②大仓:指天仓星。凡六星,位于西方七宿中娄宿的南部,被视为天庭储谷之所。

③有形之物:指各种硬食软食。

④食消:意谓摆脱了世人进食方能生存的状态。

【译文】

那些耍弄食粪饮小便一类邪术的人,又从哪里能和天庭大神人长久共事呢? 粪便里面竟有应合天书而登仙成神的吗? 皇天派遣神灵去教导世人,岁月一旦期满,就命令天仓星的守护神,断绝他那硬食软食,禀受天仓星的精气,不再进食依旧存活,化解骨体使他身躯变轻灵,化作神灵而在人们看不到的地方出入往来,于是把他姓名奏报上去。自身不在未来神仙的花名册中,哪里会和求取长生沾上边呢? 俗人怎能知道这一点呢?

人自善,无失天心,大神动其心,使乐为生道①。俗人自贪之②,所以然者,自行恶,无一善,时但贪好衣,车乘相随,自得不满之命③,天地亦不夺其愿也,恶人亦不得久视天日月星宿也,当归长夜,何得久在? 此人不得自师为善者④,天知为恶,可久前? 故使食有形之食,故藏土下,主为地神使⑤,不得复生。故以书相示,令知之耳。

【注释】

①生道：求生索活之道。

②自贪：意谓空自妄想。

③不满之命：活不到尽头便提前死去的命运。

④自师：自觉效法之意。

⑤主为地神使：意为变成鬼物专供地神役使。主，职在。

【译文】

作为人，自动做善事，不偏离天心，大神就启动他那心念，使他高兴修持求生索活的真道。普通的世俗人也只不过自行在那里空作妄想罢了，之所以如此，是因为原本就去干坏事，没有一种良善的表现，平常光去贪求穿得好，车辆跟在自己的后面，自行落得个没活到尽头就提前死去的命运，天地也从不违背他那意愿，邪恶的人也没资格长久看到太阳、月亮和星宿啊，本来就应归入到漫漫黑夜里面去，怎能让他长久活在世上呢？这正属于世人不能自觉效法皇天去做善事，皇天很清楚他们专干坏事，难道可以让他们长寿并登仙成神吗？所以就叫他们吞咽各种硬食和软食，因而最终入藏地下，变成鬼物专供地神役使，永远不能复活再生。所以就通过这篇书文来作开示，让世人明白这一点罢了。

或有尸解分形，骨体以分，尸在，一身精神为人，尸使人见之，皆言已死，后有知者见其在也，此尸解人也。久久有岁数，次上为白日升天者。使有岁数，功多成，更生光照，助天神，周遍复还，止云中①，所部界皆有尸解仙人②。主知人鬼者，有道之家其去者，得封为鬼之尊者，名为地灵祇③，亦得带紫艾青黄④。所主有上下，转有所至为恶闻，得片⑤，退与鬼为伍。知之乎？故言死生异路，安得相比？行，辞小复息⑥，念其后遗脱不足者，当说之。

【注释】

①云中：指天庭设在云中的官舍。本经辛部云："人仙未能上天者，云中风中以舍。"

②部界：指分管的区域。

③地灵祇(qí)：祇为地神的通称。本经癸部《还神邪自消法》称："形者，太阴，主祇，包养万物，故精、神藏于腹中，故地神称祇。"

④紫艾青黄：指标示官位品级的系印绶带。汉制规定，公侯将军佩紫绶，诸王国贵人、相国佩绿绶，九卿、二千石官（太守级）佩青绶，四百石至二百石官佩黄绶。艾，草绿色。此处系以人间印绶制度比附天庭亦行此制。本经卷四十九《急学真法》云："魂神居地下，尚复长，不复见作事，不见名为恶。"

⑤片：指劾奏文书。

⑥小复息：意为暂且告一段落。

【译文】

还有人尸解分形，骨体已经化解开来，尸身还留在那里，全身各部位的精灵与神灵凝成一副仙人之躯，尸身让人还看得见，都说他已经死去了，到后来却仍有认识他的人，看到他依然活着，这正属于尸解仙人。再过很长一段时间，积累到固定的年数，又按次序跃升为白日升天的神仙了。继续让他积累到固定的年数，功绩大多建立，再度闪耀出光华来，协助天神，绕遍整个天区，重新返回来，栖止在天庭所设的云中官舍，所辖区域内都有归他统领的尸解仙人。那些统领人鬼的人，有道世家中去世的人，都被封为精鬼中地位尊贵的人，统称为地灵祇，也有资格佩带那些标示着自身品级的印绶。在所主管的界域内，仍有上下等级规定，到别处去料理事务，引出了邪恶的传闻，得到劾奏的文书，便把他斥退，和鬼物结成同伴。对这种情况闹清没闹清呢？所以说死生完全构成两条道路，怎能互作对比呢？注意听来！言辞暂且告一段落，考虑到后面或许存在遗漏或不充分的地方，理应再作讲说。

惟太上善人之为行也,乃表知天地当行之事①,各有所主,各有其辞,各修其事,各成其神,各立其功,各行其忠,各理其文,各布施于人,各道其进②,各得天地腹心,各不失四时五行之生成,乃应太上善之人。是天之信,地所保③,皆得中和之心腹。

【注释】

①表知:全面了解之意。

②道(dǎo):引导,诱导。

③保:保佑,保护。

【译文】

想那第一等良善的人构成自身的行为,竟全面了解天地本应施行的事项,各自具有所承担的职责,各自具有本身的文辞,各自办好本身的事务,各自化成本身该属哪一等级的神灵,各自建立本身的功绩,各自竭尽本身的忠诚,各自料理本身的文书,各自向世人施布恩惠,各自引导他们向登仙成神的方向迈进,各自获取到天地的心意,各自不偏离四时五行化生与成就的规制,这才够得上第一等良善的人。这种人属于皇天信任的对象,大地佑护的目标,都能获取到世人和万物的心意。

知人情,出入内外,承令而行,不敢失大圣之人意,下不敢犯诸神所禁。常念成人,使乐为善人,令得天心地意,从表定里①,成功于身,使得长生,在不死之籍,得与大神从事对职。却知是非,忠诚于天,照见日月星宿,不失法度,不失志意。常生贪活,思奉承天化,复知地理②,心乃欢喜,复知吉凶之籍③,存亡之事,欲与自然同其路。行少恶,贪见大神之戒,闵伤未知④,照其不逮,使及长生之录。见天君蒙其生活,久在不死之籍,行天上之事,下通地理,所照见所闻,目明耳聪,远知无极去来之事⑤。文书通辞,复知要妙⑥,是太上善人之愿也。

【注释】

①从表定里:此四字中"定"字《太平经钞》作"彻"。于义为长。

②地理:指大地的施治法则。

③吉凶之籍:即生籍与死籍。

④闵伤:哀怜。闵,后多作"悯",怜念。

⑤无极:指宇宙迷蒙浩莽的原始形态。

⑥要妙:指精深微妙的意旨。《老子·二十七章》云:"不贵其师,不爱其资,虽智大迷,是谓要妙。"

【译文】

懂得人情,出入内外都承奉命令而去行动,不敢偏离大圣人的意旨,往下不敢违犯众神灵所禁忌的事项。总去思量成全别人,使他们乐意成为良善的人,让他们获取到天地的心意,从表面定住里层,在自身成就功业,获得长生,登录在永不死亡的天庭花名册上,得以和大神办事,禀报履行职责的情况。退下后更明辨是非,对皇天特别忠诚,异常清晰地察见太阳、月亮和星宿的反应,不偏离它们的法度,不失去它们的志意。总使万物生存下来,贪求活命,精思承奉皇天的化度,又知晓大地的施治法则,心中这才万分喜悦,又了解生死的文簿和存亡的大事,想与自然而然的定律归在同一条道路上。行为稍微出现过恶,就贪求得到大神的训戒,希望能哀怜本人还有不懂的事情,点拨自己尚未做到的地方,使自己名列长生簿上。亲眼见到天君,承蒙它叫自己存活下去,永远登录在不死亡的名籍上,守行天上的事项,往下又洞达大地的施治法则,对应明晰察见和闻知的东西,一律看得透彻听得清,广远地通晓无极世界以前和未来的事体。借助文书宣达言辞,又理解其中的深妙意旨,举凡这一切,正属于第一等良善的人所要实现的愿望。

　　唯天上大神照知指愿①,贪慕自然表纪②,合生气而行,无有穷已。常言天不夺人愿,地不夺人所安③,是自然。不敢有毛发之系④,而烦苦诸神深记文墨也⑤。日夜思念过负,恐有不称太上君之意⑥。何惜何爱,而不尽忠诚孝顺乎? 当自言被受恩施,得荣华⑦,不望报。天心重爱,但自过责,少所贳也。唯大神原之,戒之不及。恋慕之不敢自远,常独念恩不报,罪还著身,恐不辞解,但恻怛而已⑧。虽见原省,使得自思念所负。

【注释】

①指愿:谓天庭的意旨和希望。

②表纪:指广大辽阔的空间分布图式。

③安:所认定的事项。

④毛发之系:丝毫的干系。指与恶行沾边。

⑤深记文墨:谓逐条逐项详尽地记录人之过恶。文墨,刑律判状。

⑥太上君:指天君。

⑦荣华:喻指美好的容颜和完整的躯体。

⑧恻怛(dá):凄恻悲苦。

【译文】

　　只请天上的大神人明确晓谕天庭的意旨和希望,我贪恋仰慕自然和广大辽阔的空间分布图式,与那生气融为一体,没有穷尽止息的时候。总说皇天决不会违背世人的意愿,大地也决不会违背世人所认定的事项,这正构成自然而然的定律。我不敢与邪恶产生丝毫的干系,致使众位神灵烦劳辛苦,逐条详尽地记录下什么罪恶。日夜思忖承负的罪责,唯恐有什么地方仍不切合天君的心意。我可吝惜什么又偏爱什么,而不去竭尽那忠诚孝顺呢?应当自行表态,蒙受恩施,得到人所具备的美好容颜和完整躯体,但皇天却不希图世人回报。天心那样深厚地予以爱护,也就只有自行责怪本人的过错了,稍能获得皇天的赦免。只请大神人体谅,告诚还做得不够的地方。贪恋仰慕至极,不敢自行远离大神,唯独常常在想,既获恩德却不回报,罪过掉转来恰恰落在自己的身上,唯恐推卸不掉又解除不了,只在那里凄恻悲苦而已。虽然蒙受到体谅和省察,但还应使我能够自行精思那承负的罪责。

大神言:"太上善之人思过自责,文辞逢出上闻,是其文辞延及也,但恐不知所言耳①。天信②,尤善尊之,可至无极之寿,宜当复遥心勿忘天所生大施之分。太上之君善之,言生自命好生,不顾财色,见活之人,常思与同久。""何时当妄行不道③,无心之意不报重恩乎?但自惜年生以来,不见大分耳。唯蒙恩教戒,使知分理④,当言知命,不怨天,不敢自怨而妨活也。心相加,当有贪时邪?但自恐年命穷尽,不见天之大施分部耶!唯复敕戒愚蒙之生⑤,使有知虑,为大恩,非辞所报也。但克心念,常在于内,不忘其饥渴,求戒见活,唯蒙原省。"

【注释】

①但恐不知所言耳:此七字中"知"当作"如"。形近而讹。

②天信:谓对皇天竭尽诚信。

③不道:胡作非为。

④分理:指原本划定的界限。

⑤愚蒙:愚昧不明。

【译文】

大神人说:"第一等良善的人思量过错,自己责备自己,言辞刚一吐露,就被天上听到了,这正属于言辞传达到天上了,只恐怕不像所说的那样真能做到罢了。对皇天竭尽诚信,皇天就更认为这个人太好了,并且尊崇他,可以让他蒙获永无尽头的寿期,这又理应在那远处更从心里不忘记皇天使自己生下来以及悔过便延长他寿命的大恩。天君断定你很好,说你自己看重性命,喜好长生,不理会财物和女色,看到活得长的人,总去琢磨要与他同样地长久。""我可什么时候陷入过蛮干乱来、胡作非为的泥坑里,根本没心而不去报答重恩呢? 只是痛惜自己从出生以来,没看到悔过便延长他寿命的大恩施布罢了。只求蒙获恩德,加以教导训戒,使我弄清原本划定的范围界限,理应声明知晓本命,决不抱怨皇天,不敢妄自抱怨而妨害存活。把那心念加在一起,应当有那妄自贪求的时候吗? 只是自己唯恐寿命已到尽头,看不到皇天对悔过者延长寿命的那种大恩的施布界限哪! 只请再戒饬像我这样愚蠢昏昧的小生,使我形成明智的计虑,这可属于大恩情,决不是用语言就能报答的。我只管能用全副心思去忆念,总在内心不忘记那如饥似渴的追求,求取重戒,获得存活,只请给予体谅省察。"

大神言:"我本从诸神,自进于天君'无有小失、助天地有功'之谕,上籍在天君,何时当相忘乎? 请白生辞。令自责有岁数,贪慕天化,其人在录籍与不。"天君言:"自责之人,皆于自然,亦神所资善也①。使主案天文籍之人视之,有自责,乃白生籍神②。""使敕视文,文案籍有此人。"天君言:"人有生自行善,不犯所禁,是人行之所致也。大神且复详,须施行,有缺上名。"

【注释】

①资善:扶助良善。资,扶助,赞助。

②生籍神:指掌管长生簿的神灵,即寿曹。

【译文】

大神人说:"我原本从众神灵当中,由奉行天君'不要出现微小的过失,协助天地立有功绩'这条谕旨而得到进用,姓名被奏报到天君那里,什么时候该当忘记你呢?请让我禀告你那番言辞。如今让世上一个人自己痛责自己,已经很有年头了,他万分贪求和仰慕皇天的化导,不知这个人的姓名是否在册籍上。"天君说:"自己痛责自己的人,都出自自然本心,也属于神灵扶助良善的对象。让负责验核天庭花名册的人去查对,要是有这个自责人的姓名,就告知给掌管长生簿的神灵。"大神回禀说:"命令去查对花名册,花名册上有这个人。"天君说:"世人生到世上,自行去做善事,不触犯禁忌的事项,这正达到了世人行为的标准。大神人还需要再仔细作考察,等他真正完全做到了,出现空缺的神位,就把他姓名奏报上来。"

大神言:"从太初以来①,诸神有功得天心意者见进,颇有阙。有其人所行,当备上姓名。"天君言:"所部职多烦②。计功除过,使其更勿违所言。"大神言:"此太上人自随正,过负尤少。"天君言:"复念之。有未称举者,责保③。信上之,补阙。"天君言:"是曹之事,不可不谛也④。"大神言:"请如辞所言。"未能百日⑤,天上诸神争保上之。大神白意,天君言:"如是,各使可使⑥,使往视事⑦,遂复见重⑧,信者补真⑨。"

【注释】

①太初:元气始萌,谓之太初。亦即天地未分前的混沌状态。言其气广大,乃为万物之本始,故名。

②所部职:指分派在各部门的神灵职位。多烦:足以封授之意。

③责保:意谓追究做担保人之神灵保举失实的责任。

④谛:格外仔细慎重。

⑤百日:指群神对簿上有名的未来神仙之考核文书以八月晦日(三十日)为准而须提前报送的法定期限。本经卷一百十《大功益年书出岁月戒》云:"当有使神,主为计名,诸当上下,先时百日皆文上,勿有失脱。"

⑥各使可使:意为因人委任。本经壬部云:"随其智能高下,各各使不忘部署分别,各令可知,使自状其能,却乃任之。"

⑦视事:就职治事。

⑧遂:圆满完成之意。

⑨真:指掌有实权的神职神位。

【译文】

大神人说:"自从天地未分以来,众神灵中立有功绩并且获取到皇天心意的,就得到进用,空缺的职位仍有很多。人间确有同类行为的合适人选,应当一个不少地把他们的姓名奏报上来。"天君说:"分派在各部门的神灵职位多得很,足够封授。要核定立有功绩的人,斥除存在过失的人,递次叫他们切莫违背自己所作出的保证。"大神人说:"这位第一等善人自觉依从忠正,过失和承负特别少。"天君说:"还要对他再作考虑。如果出现不符合荐举条件的现象,务必追究充当担保人的神灵的责任。果然真确属实,再奏报上来,补授空缺的神职神位。"天君又说:"寿曹的事务,不能不格外仔细慎重。"大神人说:"请求完全依照天君的吩咐去做。"在法定提前报送考核文书的一百天之前,天上的众神灵就争着给他充当担保人,把他荐举上来。大神人向天君禀告这种情况,天君说:"既然如此,那就因人委派,叫他前去办公,完成得好,更会受到重用,的确实现了自己诺言的人,就补授掌有实权的神职神位。"

　　大神言:"请遣使神,取召上之,先化形容①。"神使往化,成精光耀多。大神言:"取白天君。"言人已化成神,上在于门外未入②。天君言:"使诣主者曹③,谒之大神,言大神所白。""唯唯。请属所白④。如言,宜遂观望其行。"天君言:"当如大神所白。"

【注释】

①化形容:谓变易形体容貌。

②门:指天门。

③主者曹:指寿曹。本卷《有心之人积行补真诀》云:"敕主察之,言有此人姓名牒文者,此人未生时,预有姓名。"

④属(zhǔ):嘱告。谓批复意见。

【译文】

　　大神人说:"请求派遣专门负责施化的神灵,把他召取到天庭来,首先叫他变易形体。"神灵使者于是前去化度他,叫他变成了一团精气,光华照耀到远方。大神人说:"去向天君禀告并请天君定夺。"神灵使者于是禀报说,那个人已经把他化成了神灵,带到了天上,正在天门外面,还没进来。天君说:"让他到主管部门去报到,拜见大神人,大神人要拿出处理意见来。"大神人说:"是。请天君对处理意见作出批复。这个人实现了自己的诺言,应当趁势再观察他在天庭的行为表现。"天君说:"应按大神拿出的意见去办理。"

有知人思慕与大神相见诀第一百八十三

【题解】

本篇所谓"有知人",特指预知天心神意和长生登仙之路、并唯恐奉行不周的世间第一等明细之人而言。"大神"则为特级神仙和天庭首席辅臣,因其对世人能否步入神仙天国具有举足轻重的作用,故而篇题中特用"思慕""相见"这等字眼予以标揭。篇中除列举有知人的行止计虑足可为人师表外,通过其与大神相见的对话,着力点明思从心出、有知必禀的天之"重戒",而这一重戒,又是以进献其忠顺之"志"、进献其"诚"、进献其"孝"为核心内容的,以"隐知藏能,过祸之根"为警钟的,以失精先亡为震慑并以至高神天君无不预先察知为强力后盾的。同时申敕"外内"必须"相副",言行更应一致。在此等天庭大戒面前,有知人极端恭顺,顶礼膜拜,简直达到了令人鄙夷的地步,而篇中为其展示的前景,则是命在寿籍,年满成神。

惟太上有知之人,乃预知天上之事,当所施为,当所奉行。事出自然元气相加[①],得成熟,了然可知。变化其心,使成自然,在其所为,故有知,乃知表里出入,所行莫不得成就,莫不成其所,莫不变化有时。钦仰威神[②],以成其功,以名其德。常不离忠信,未尝有解,昼夜悲惶[③],不离于内,倾

侧思慕,贪成得与大神相见,谈言通辞,行其所道,进其所
知。常思成功,有恩于神,益寿增年。故令有知,从内视外,
何所不知,何所不见?

【注释】

①相加:交互作用之意。本经壬部谓:"自然元气,同职共行。"

②钦仰:景仰,敬慕。威神:威严尊贵的神灵。

③悲惶:悲伤惶恐。

【译文】

想那第一等具有真知的人,竟预先便了解天上的事体,所应施布的
项目,所应奉行的法则与方式。事体都源于自然和元气交互作用,得以
成熟,让人从中非常明晰地看出来和把握住了。改变他那心念,使他成
就自然的那一形态,取决于他自身的所作所为,因而具有真知的人,便
深明表里出入,所采取的行动没有一种不获得成功的,没有一种不适得
其所的,没有一种不按时机妥善变化的。仰慕威严尊贵的神灵,借以建
成自己的功劳,借以显扬本人的业绩。总不脱离忠诚信实,未曾出现过
懈怠的时候,昼夜悲伤惶恐,不从内心抹去,辗转反侧地一味向往倾慕,
贪求成仙成神,能够与天庭大神人相见,当面交谈,沟通言辞,践行大神
人所讲的一切,把从大神人那里获悉的事项变成自己扩大了解范围的
首要内容。总想建成功绩,对神灵能有恩惠,自己益寿延年。所以便让
具有真知的人,能从内层察视到外部,这可还有什么会不知晓的呢? 还
有什么会不察见的呢?

见心了了①,念但贪长生活之道,思得驾乘②,为大神奉
使。在其所至,不敢还言,应时如到,思得心开。受神之言,
如神所为,知神所行,务以自信,乃敢前言,欲求蒙得见活而

已。不敢求大职③，见哀而已。虽见存亡之事，内心惶恐，被受大教，辄当行通，施恩布惠，有益于上，有益于人，著名录籍，常在不死之位，心乃欣然，嬉思尽功于天君所。

【注释】

①了了：即清清楚楚。

②驾乘：谓驾乘精气。

③大职：指重要显赫的神职神位。

【译文】

把自己的心意表露得清清楚楚，而志念只在贪求永远存活的真道，盼望能够驾乘精气，为大神人奔走效力。在奉命要到达的地方，决不敢说什么时候该回来；按照时限准时抵达，渴望内心得以开通。承受神灵的命令，便像神灵吩咐的那样去落实，明了神灵的施行事项，但务必凭借自己非常有把握，才敢向前表达一下自己的话语，只求蒙受恩德能让自己存活下来而已。决不敢希求重要显赫的神职神位，只想得到哀怜而已。虽然发现或存或亡的事体非同小可，内心感到十分恐惧，但承受到重大的训导，就应去践行沟通，施布恩惠，既对上面有益，又对世人有益，从而把自己的姓名登录在神仙簿上，永远处在不死亡的神职神位上，这才内心倍感欣慰，愉悦地精思在天君那里竭尽功效。

积之有岁，乃前语言："唯蒙大神，通其不足，知所辞辞大，故以贪进。受其乙密，征营门阁①，不敢自息，欲得教戒，禀其不及，愿得省察，不逆所言，使须戒敕。"大神之言："太上有知之人，自多所照见，但为未能悉知天之部界耳②。悉何所戒，天上之神皆照之。太上有知之人言也，但为欲知所语、所道、所行与耳③，何所嫌疑乎？天君言常敕诸神，有欲

忠孝诚信有功之人，进上姓名。是太上有知之人禄相所贪，
故以心自明是也，但恐文辞笔墨自言耳④，亦何惜爱天上之
教戒乎？常言苦无应书者⑤，恐外内不相副也。如欲进其知
虑，广问深达，是亦当所知也。行，其听大神所言。天有重
戒，不可不慎，不可不敬，不可不畏，乃可。诚所戒众多，当
知其要，且复开耳目用心。""唯唯。"

【注释】

①征营：惶恐不安的样子。门阁：门指天门，阁指天君存贮内簿包
　　括仙籍神策在内的金室。详见本经卷一百一十《大功益年书出
　　岁月戒》、本卷《有德人禄命诀》所述。

②部界：指各方面作出的部署与规定。

③与：赞许，赞扬。谓被天神所赞许。

④文辞：动听的言辞。笔墨：耍弄的文字。谓光说漂亮话。

⑤应书：意为符合神书的要求。

【译文】

　　积累到好多年头，于是向前表态说："只请蒙受大神人的恩德，开示
我还懂得不多、做得不够的地方，我明白大神人的教戒言辞特别重大又
紧要，因而便倚仗它去贪求成仙成神。领受到非常慎重缜密的训诲后，
就在天门和金室外面惶恐不安地竭力去争取，决不敢自行罢休，希望得
到教诲和戒饬，告知我还不懂的事项，希望能得到大神人的省察，我决
不违背您所告知的一切，叫我果真等待到戒饬了。"大神人于是前去对
他说："作为第一等具有真知的人，自行会明晰地看出许多事情来，只是
还未能详尽了解皇天各方面的部署与规定罢了。究竟都有什么禁戒，
天上的神灵其实全给显示出来了。你这第一等具有真知的人刚才所讲
的那番话，只是想弄明白自己说的话、走的路、做的事，都有哪些属于天

神所赞许的罢了,还有什么值得疑虑的呢? 天君发起话来,总是命令众神灵,发现世上有那真想竭尽忠孝诚信并且立下功劳的人,就把他的姓名奏报到天庭。这也正是你这位第一等具有真知的人禄命和骨体相貌注定要贪求的结果,所以就掏出心窝子来自行表明这一点,但只担心光用漂亮话在那里自作表白却实际做不到罢了,我又吝惜什么天庭的训导与戒饬呢? 我也常说只在为世上没有确实符合神书要求的人选而深感苦恼,担心他言行不一致啊。如果想要扩大自己的了解范围和计虑程度,广泛地进行询问,深刻地加以理解,这一点也是首先应当闹明白的。近前来,你再听一听大神人要讲的话语。皇天定立下重戒,对此不能不多加小心,不能不恭敬领受,不能不畏惧在心,这样做以后,才符合要求。所要禁戒的事项确实很多,但应了解掌握住其中最重要的部分,你再睁大眼睛、竖起耳朵用心听。""是是。"

　　"然。从中出。天上大戒,诸欲见进求生久活者,宜当进其所知。有知不言,如听①,是为无自进之心也。心有知思,思当进见。其中有志,当进见其志;有诚,当进见其诚;有孝,当进见其孝。乃为得天之腹心,不可不悉进也。天君预知人情,不可有不进;而不进道说之也,隐知藏能,天恶此人,使不见寿籍。为知不乎? 不但不见寿籍也,亡先失精②,去离身中亡其年。可不慎乎? 太上有知之人! 所以然者,天君知有知无知,其自知之,何有疑也。但详念神言,勿负于言而已。"

【注释】

　　①如听:谓和左耳听、右耳冒一样。

　　②精:指主宰人命的体内精灵与神灵。

【译文】

"好的。一切要真从内心生发出来。天庭的重大戒条是,诸多渴望得到升进、求取长生的人,应向天庭献上自己所知晓的一切。知晓些什么,却不讲出来,就和左耳听、右耳冒一样,这正表明他没有自行上进的心意。内心产生出某些认识和想法,就应考虑把它们表达出来献上去。内心涌生出特定的志向,就应把这志向表达出来献上去;内心怀有诚信,就应把这诚信表达出来献上去;内心怀有孝敬,就应把这孝敬表达出来献上去。这才算得上获取到了皇天的心意,绝对不能不把一切都表达出来献上去。天君预先就了解掌握人们的情志,因而不能出现不献上的现象;果真不献上不讲出来,反而隐瞒自己所知晓的事项,故意把本人的才能掩藏起来,皇天恰恰痛恨这种人,让他们在长寿的花名册上没有姓名。对这条大戒闹清没闹清呢? 不仅在长寿的花名册上没有姓名,还叫他们死在前面,失去体内的精灵,精灵都离开体内,也就把他们的寿命一笔勾销了。对此能不多加小心吗? 第一等具有真知的人哪! 之所以如此,是因为天君完全知晓谁真知晓些什么,谁又真不知晓些什么,他自己就知晓一切,哪里还有值得人们再去怀疑的。只管仔细地精思神灵的话语,切莫违背自己所表示的一切罢了。

太上有知之人言:"自下愚,强问不及,欲蒙得所不知,何敢隐知藏能? 使天君诸神闻知,更为亡命失年,寿不久长,是过祸之根。灭身未足报谢,何敢有进,而乎①? 唯诸大神照原其不及逮者②。"大神言:"求生恶死之人,亦自有心志,意不可也,恐有迷时。"生言:"自分不知戒文也,而被大神恩贷,教之乃如是,何敢自息,而不进所知所言乎? 唯大神录前不耳③。"大神言:"相前不易,辄有保者,有信可天君心意,乃可望生耳。当谛之。""生诚贪生,故尽其忠诚,不敢解息。思过自责,何敢失日夜乎?"

【注释】

①而:能。

②照原:明察和体恤。

③录前:谓将姓名登录在长生簿上。

【译文】

第一等具有真知的人说:"我只是一个低贱愚昧的人,硬行询问自己所不懂的事体,渴望蒙恩获取到本人所不知晓的禁戒,哪敢隐瞒起自己所知晓的事项,故意把本人的才能掩藏起来呢? 这让天君和众位神灵听到了,转而变成丧失本命和寿龄,享寿不会长久,这正构成罪过和祸殃的根源。我身躯毁灭还不足以报答大恩,哪里再敢希求升进,这可能吗? 只请众位大神人明察和体恤我还做得不够的地方。"大神人说:"求取长生、厌恶死亡的人,也自行立有心愿志向,但意下不见得都高兴去实现,恐怕也会出现迷乱的时候。"这位甘当大神人弟子的具有真知的人说:"想我命里就没资格得知禁戒的天文,但却蒙受大神人的额外开恩与宽恕,训导我竟然达到了这般地步,哪敢自我止息,而不献上所知晓的一切和所该讲述的一切呢? 只请大神人把我的姓名登录在长生簿上,我决不会出现任何差错的。"大神人说:"辅助你登仙成神并不容易,一上来就要有神灵充当担保人,确实说话算数,切合天君的心意,才会有希望长生。应当仔细注意这一条。""小生我确实贪求长生,所以就竭尽我那忠诚,决不敢懈怠和止息。思索过错,自己责备自己,哪里敢有不日日夜夜进行的时候呢?"

天君闻知,言:"此太上有知之人言也,乃知是。案簿文,有此人姓名,有阙备①。"敕生籍之神案簿②,籍有此人。

"虽有姓名,自善多知,须年满,勿失其年月。"神唯唯。

【注释】

①备:待补授之意。

②生籍之神:掌管长寿和未来神仙簿的神灵。

【译文】

天君听到以上的对话,就表态说:"这真是第一等具有真知的人才能讲出来的话语,竟然明白这些事项。查对一下长生簿,如果上面载有这个人的姓名,出现空缺的神职神位就补授给他。"随后命令掌管长生簿的神灵查验长生簿,回禀说确有此人。天君又说:"尽管载有姓名,但他还要自行多做善事,懂得更多的事项,等到年数满限,不要延误他升入天庭的具体时间。"掌管长生簿的神灵赶紧表示是是。

有心之人积行补真诀第一百八十四

【题解】

本篇所谓"有心之人",特指贪寿惜年、"自思愆负"、恋念天上之事、渴求天庭禁戒、思尽忠顺孝诚、言行唯恐不得天神心腹的世间第一等持心坚密之人而言。"积行",则谓积累善行和功绩。"补真"乃系"积行"赢得的天报,即蒙天庭补授确有实权的神职神位。篇中通过对有心之人求登仙籍神簿的各种举动的描述,结合大神晓谕的"防禁"之戒尤其是"持心射心,亦无间私"的着意嘱告,径将有心之人定立为"天之亲近"的对象和"天神所信"的人选,特为"草野之人"竖起标杆,引导他们始终以惶恐不安、汲汲求进的"坚密"心态和"改正易节"、"竭精尽志"的实际行动而蒙受"大化",直至"白日升天",跻身"知除兼行"的天庭成员之列。其中耐人寻味的是,通篇专就"草野之人"而发,然则"补真"之命又以先署天庭"间职"为过渡,以示神职神位从不轻授,适可见出早期道教对下层民众既大力争取又有所保留的态度。

惟太上有心之人,各知分部,各自有所道①,自有所行,自有所奉,自有所进,自有所白,自有所言,自有所至,自有所动。心不系于内②,常思尽忠信孝诚,有功于天,积行累岁,未曾有解而忘恩分。常念贪生,得于上众神所佑,不敢施有小分③，常怀怖心，未曾自安，思得太上之戒④，以全其命，何敢有望大分之施！

【注释】

①道：指恪守的准绳。

②心不系于内：此六字中《太平经钞》"心"下无"不"字。于义为胜，当据删。

③小分：任何一点点儿差错。

④太上之戒：指至高神天君所制定的戒条。

【译文】

想那第一等具有心计的人，各自了解天庭的部署与规定，个个自行有那所该恪守的准绳，自行有那所该采取的行动，自行有那所该奉用的事项，自行有那所该进献的东西，自行有那所该禀报的内容，自行有那所该言说的问题，自行有那所该达到的境界，自行有那所该变动的地方。心念牢牢拴系在内层深处，总去精思竭尽忠正信实和孝顺诚挚，对皇天立下功劳，积累德行，多历年所，未曾出现过懈怠而忘记恩情的时候。总去思量本人贪求长生，完全得自天上众神灵的佑助，不敢在行为上产生任何一点点儿差错，时常把那万分恐惧的心情悬在那里，未曾自行安生过，只想获取到天君所制定的戒条，用来保全住自己的性命，哪里敢对悔过便叫他命长的皇天大恩有什么希求呢！

惟诸大神，宜小顾照不及。心常恋念太上之事①，当所奉行，规矩绳墨②，见信自然。窥望四境，通达四隅③，承天所知，表通未然④。心念大神之疏⑤，相通文所进所白，不敢自以心意评之，常与诸神集议⑥，可承用与不，常恐不得神心腹。

【注释】

①太上之事：指至高神天君所施行的事体。

②规矩：校正圆形与方形的两种工具。绳墨：木工画直线用的工具。意谓丝毫不敢偏离。

③四隅：又称四维。指东北方、东南方、西南方、西北方。

④表通：意谓全面搞懂弄通。

⑤疏：疏导。

⑥集议：共同评议。

【译文】

只请众位大神人，应当稍略垂顾并晓谕我还不知道的那些禁戒。我从内心总在恋慕和思量天君所施行的事体，凡属应去奉行的，全都不敢偏离一丝一毫，在自然而然的定律那上面获取到信任。窥望东西南北广阔的界区，通达到东北、东南、西南、西北的角落，承奉皇天所预知的情由，全面弄通未来的事体。心中思忖大神人的疏导意见，往来文书中所进献和所禀报的东西，决不敢自行就按本人的意向评定它们，常常和众神灵聚在一起商议，看看能否承奉行用，总怕获取不到神灵的心意。

　　自惟本素无舛之人也①，如自发中思慕，常在不害之命，全身前，贪其光耀②，上及无精无形之音声③，洞达太上奉使，进不敢忘有解而妨大化。唯诸神省其贪生，不敢去离大神左侧。见戒心开目明，欲在久长之文，增年寿，思进有功，以身躬亲，不敢自信而擅道曲直④，争其不足也。望上之人常汲汲⑤，唯哀照戒之。恩爱念何有解时？心想日夜相见，贪知防禁之失，以动其心，使还见其不逮及者。是非文辞口言所报，唯蒙见省念，贯于心鬲⑥。

【注释】

①舛(chuǎn)：背逆，违逆。

②光耀：指白日升天。

③精：指精力。《庄子·在宥》云：“必静必清，无劳女(汝)形，无摇女精，乃可以长生。”《论衡·命禄》谓：“信命者则可幽居俟时，不须劳精苦形求索之也。”

④自信(shēn)：自我申辩。信，通“伸”，伸张，辩驳。

⑤汲汲：心情急切的样子。

⑥贯：贯结。鬲(gé)：通“膈”。即分隔人体胸腔和腹腔的肌膜结构。

【译文】

　　自行想来，我原本只不过是个一向没有违逆行径的人，如果真从心里精思恋慕，永远把姓名列在受不到任何危害的命禄当中，身躯完整地向登仙成神迈进，贪求那白日升天的殊荣，往上接触到没有精力在内又看不到踪影的音声，彻里彻外明白天君调遣驱使的用意，升进而不敢忘记出现懈怠就会妨害对普天之下施行的真道教化。只请众位大神人体察我贪求长生，不敢离开大神人的周围。看到戒饬内心开通，眼睛雪亮，渴望姓名登录在长生簿上，增加寿命，精思升进并建立功劳，任何事情都亲身去办理，决不敢自行伸张分辨，擅自就讲论是非曲直，争论谁还做得不够格。盼望登仙成神的人总是那样地殷切急迫，只请哀怜明示训诫他。他想蒙获这种恩遇和怜爱的愿望哪有能够化解的时候呢？心里只盼日夜相见，贪婪地想知道自己在防范和禁绝方面存在的过失，用来震动本人的心灵，使我掉转来更看到那些原本就不懂的事项。这可不是用文辞和口头话就能作出报答的，只请蒙获恩典得到大神人的省察顾念，我一定把它铭刻在心胸间。

　　大神言：“是太上有心之人，亦当所宜行也。求蒙天重戒防禁，自有知之人本素自了晓，分别其理，何所道戒乎？

持心射心①,亦无间私②。从上占下,悉自知所主。今太上有心之人,天之亲近,天神所信,但当持心意,常恐惶不失耳。余者自有心所知,努力传达广问,勿失所言。有知之人多所分明,但恐当时有不如言耳,何嫌不相白说③?其人有心,自思愆负也。平但念其前后④,寿自从中出,与天君心相应也。余少戒。"

【注释】

①持心射心:犹言将心比心。射,忖度之意。

②间私:一丝一毫的私心。间,缝隙。

③嫌:忌讳。白说:告知。

④平:平素,日常。

【译文】

大神人说:"看来你这个人确实够得上第一等具有心计的人,不过这也属于应去实行的。渴求蒙获天庭重重告诫那些防范和禁绝的事项,这对第一等具有心计的人来说,平素原本就自行闹得明明白白,分得清其中的道理,还谈得上什么告诫呢?只不过要将心比心,不存在丝毫的私心罢了,神灵从天上监视人间,全都自行了解掌握所主管的具体对象。如今像你这样的第一等具有心计的人,正是皇天所亲近的人,也是天神所相信的人,只应持定心意,总感到惶恐惊惧,不失去它罢了。其他事项自然是有心人所清楚的了,努力传播宣达,广泛询问,切莫违背自己的诺言。具有真知的人对许多事项都区分得一清二楚,只恐怕到时候不像自己所表示的那样罢了。我们大神人可有什么猜忌而不告知给你呢?你这个人具有心计,就要自行思索过错和承负的罪责。平常只管去考虑那前因后果,寿命自行就从里面产生出来了,而与天君的心意相应合了。其余的,也就没有什么再值得告诫的了。"

　　有心之人言："生本末草野之人①，见有久生、老化复丁光景②，滋液出入无有失③，未见其失。学者众多，得者少无其人。所以然者，持心不致密④，而轻所言，禄策不宜⑤，故令希少。今生见是前行之事，益复改正易节⑥，开心相留耳，欲开音声善闻。贪寿惜年，以是不敢解息，唯大神省其不及。"大神言："有心之人，当赐录籍，请案曹簿⑦，有姓名者白天君，大神不得自从也。"生言："唯大神照议之耳，不敢自远，倾侧在外，必身自效。"大神言："请持有心之人白之，有报名籍者⑧，何嫌相应也？"生言："唯大神相白，成就之日，以死命自效。""何须望还报！"

【注释】

①末草野：意谓民间、社会下层。

②老化复丁：犹言返老还童。丁，青壮年人。

③滋液：唾液。指代言谈话语。

④致密：极其缜密。

⑤禄策：注录世人禄命所在的簿册。

⑥易节：谓转变平素的气节操守。

⑦曹簿：指由天庭寿曹掌管的花名册。

⑧报名籍：谓对名列长生簿者届时作出酬报。

【译文】

　　这名具有心计的人说："小生我原本不过是民间的一个普通人，看到有人长生并且返老还童的情景，发现他开口讲话也好，闭口不谈也好，从来没有出错的时候，根本就看不到他真存在什么过失。向他学习的人很多，可确有所得的人却很少，甚至一个也没有。之所以如此，是因为执持心意不极其缜密，对自己作出的承诺不重视，与天庭的禄命登

记册不相符合,所以就造成人数很稀少。如今小生我看到这类从前发
生的事情,更要进一步归向纯正,转变平素的气节操守,开启心灵并留
意耳闻,真想给自己创出一片声誉和良善的美谈来。贪恋寿命,珍惜天
年,因此不敢懈怠止息,只请大神人省察我那还懂得不多、做得不够的
地方。"大神人说:"具有心计的人,应当赐给长生的名籍,请让我们去查
验一下寿曹的花名册,上面登有姓名的人都要报告给天君,我们大神人
也不许自我放纵。"这位甘当大神人弟子的有心人说:"只请大神人按规
定议论一下罢了,我决不敢自行和大神人疏远开来,只在外面辗转反侧
地期待着,一定拿身家性命来自行报效。"大神人说:"请让我们拿你这
具有心计的人向天君禀报一下,对名列长生簿的人届时作出酬报,这有
明确规定,还在姓名恰相应合上有什么猜忌的呢?"这名具有心计的人
说:"只请大神人禀报一下,到登仙成神的那一天,我拿身家性命来自行
报效。"大神人说:"哪里还希望要你回报!"

　　大神以事白,天君言:"太上有心之人,皆持心坚密,志
常贪上有信,敕主者之神察之。有其人者,进白大神。"敕主
察之,言有此人姓名牒文者①,此人未生时,预有姓名。大神
还白曰:"此人未生有籍,唯太上之恩耳。"天君言:"有录籍
之人,当见升,自责承负。大神遣大神除承负之数②,教化其
心,变化成神,年满上进。"

【注释】

①牒文:通报的文书。

②大神遣大神:后一"大神",系指九君之一。详参本经卷一百十四
　　《九君太上亲诀》所述。承负之数:本经乙部《解承负诀》谓:"承
　　负者,天有三部:帝王三万岁相流,臣承负三千岁,民三百岁,皆

承负相及，一伏一起，随人政衰盛不绝。"

【译文】

大神人拿这桩事作禀告，天君说："第一等具有心计的人，全都持心坚固缜密，志向总投注在贪求登仙成神上，讲求信用，命令负责花名册的神灵察看一下。真有这个人，就把他奏报给大神人。"于是命令主管的神灵察看，回禀说通报的文书上真有这个人的姓名，这个人在降生以前，就预先载有姓名。大神人转而向天君禀告说："这个人在出生以前就有名籍，这完全出自天君的恩典罢了。"天君说："名列录籍的人，应当得到升进，但对承负的罪责要自我进行痛责。大神人要派遣九君中的大神人去解除他所承负的年数，教诲化导他那内心，变化形体成为神仙，年数满限把他升进到天庭来。"

大神言："此人年满，算计过期且百日。前未有定^①，故且止。"天君言："敕大神且上，令在间职^②，有真阙使补之^③。殊能竭精尽志，知除兼行^④。"

【注释】

①定：指确切的处理意见。

②间（jiàn）职：临时奉命处理某种事务的神职。间，间或，偶或。"间"字或系"闲"字之讹。闲职即基本无事可做的职位。

③真缺：指掌有实权的神职神位。

④知除：正式委任。兼行：指既统领又巡视各地神灵的职权。参见本经卷一百十《大功益年书出岁月戒》所述。

【译文】

大神人说："这个人年数已经满限了，计核时日总共超过期限将近一百天。以前尚未拿出确切的处理意见，所以暂且还把他留在人间。"天君说："命令大神人，把他升入天庭，叫他先在临时奉命处理某种事务的神职神位上供职，等有真正管事的神职神位空出来，再让他替补上。他能非同寻常地竭尽精诚，献呈忠意，就正式委任并兼职去巡视各处的神灵。”

　　大神言："请上，如天君所言，复精实寿计算明者①，当在白日升天中。"天君言："是有心之人所宜也，欲令有所主。"大神唯唯。请敕正者，故事承本文②。大神言："以升曹白③，谒见者白④。"大神言："请敕主者曹⑤。"主者既白："使署间职，有真阙使补。"天君言："如曹所白。"

　　右天上见善、事当藏匿与不、吉凶所致⑥。

【注释】

①实寿计算：意为查验寿籍，核计寿龄。算，指寿龄。本经以一年为一算，与《抱朴子》所称百日一算不同。详见卷一百二《经文部数所应诀》后附遗文及辛部第十三条经文所述。

②故事：旧有的惯例。本文：指最初的条文规定。

③升曹：即寿曹。

④谒见者白：意谓业已升天的有心之人自行禀告其才能。参见本经壬部经文所述。

⑤主者曹：指有心人被划拨到的那一主管部门。

⑥"右天上"句：此句系对本卷共计五"诀"之内容主旨所作的总体概括与揭示。

【译文】

　　大神人说："请按天君的吩咐把他升入天庭，再精确地查验寿籍，算清他在人间已享的寿龄，按规定应归入白日升天这一等级中。"天君说："这正属于具有心计的人应该获得的结果，还想让他管理一些事务。"大神人赶紧表示是是。请求下命令授予正职,按已有惯例应照最初的条文规定作出处置。大神人说:"经由寿曹提出审查的意见,前去拜见的新升天的有心人要奏明本人的特长。"大神人又说:"请求命令有心人所在的主管部门提出授职的办法。"主管部门于是禀告说:"让他先在临时奉命处理某种事务的神职神位上供职,等有真正管事的神职神位空出来,再叫他替补。"天君说:"按照主管部门的意见办。"

以上为天上见善、事当藏匿与否、吉凶所致。

卷一百十二　庚部之十

贪财色灾及胞中诫第一百八十五

【题解】

本篇所谓"贪财色",乃系作者对世人恶行所作的一种典型例示。"灾及胞中"则言其恶果,意谓竟使胎儿死于腹中而绝嗣灭门。篇中环绕"生死之忌"和"吉凶之会",极力称述上古无形神人的求生之道、化度之功和臻于极致的完满结局,借以树立世人尤须效仿的最高楷模和代天施教的主导型人物,转而痛斥"少孝少忠"特别是对财物和女色"劫夺取非"的诸种触犯天禁的罪恶行径,显示星宿"更直(值)察民"的监控职能,凸现"三气神(三命之神)"近在世人心胸的主宰作用,播扬天造录籍、预定世人生死的宿命论,彰明善得长生仙度并泽及后代、恶入黄泉且灭门绝世的两极效应。其激切愤慨之情,溢于言表。

古者无形之神人也①,学求生道也②,乃上与委气同愿③,念思常慕得长活之寿,思念不敢失委气之意,昏定晨省④,恋牢贪生⑤,常在不忘。时自视顾望,尽忠贞之至,奉承随委气之愿,使得上行⑥,明彻昭然,闻四方不见之物,希声之音⑦,出入上下,皆有法度。群神精气,莫不自来侍奉承颜色,恐失其意系所属,皆有惧心。衣履转成⑧,合怀施惠,布恩上下,流闻四方六极八表之外⑨,延及先生⑩。

【注释】

①无形之神人:全称无形委气大神人,又称大神。属特级神仙,为
　　至高神天君的首要辅佐,如同人间宰相或帝王的太子。职在掌
　　理元气。

②生道:长生久视之道。

③委气:积气。指至高神天君。本经壬部谓:天君委气,尊无上,故
　　名天君。

④昏定晨省:语出《礼记·曲礼上》。本谓子女早晚向父母问安。
　　此处借以表示对天君意旨常加领受和铭记。昏定,含有傍晚必
　　定检讨甄定一天行止如何的意思在内。晨省,含有早晨必定思
　　索一天该怎样去做的意思在内。

⑤牢:谓身躯不败。

⑥上行:谓升至神职神位的顶端。本经卷一百十一《善仁人自贵年
　　在寿曹诀》有大神自述云:我本从诸神,自进于天君"无有小失、
　　助天地有功"之谕,上名籍在天君。

⑦希声:即无声。《老子·十四章》云:"听之不闻,名曰希。"又《老
　　子·四十一章》谓:"大音希声。"

⑧衣履:指所到之处。转成:辗转成就。本经壬部称:(大神)与天
　　同理文书,上下不失其事,乃知可生之物,复下地形,使得成就,
　　万物皆被荣。

⑨六极:上下四方。八表:八方之外。外端曰表。

⑩先生:指本家族的祖先。

【译文】

　　古代看不到形体的大神人,学习和求索长生的真道,往上竟与天君
的心愿保持一致,精思深念,总在恋慕能够获取到永远存活的生命,一

切想法都不敢偏离天君的意旨,从早到晚加以领受和铭记,眷恋身躯不败,贪求长生,这种意念时刻萦绕在心头而不忘却。常常自己察视自己,瞻前顾后,竭尽忠贞达到了极点,奉守承用之事无不随顺天君的意愿,使自己得以升进到神职神位的顶端,洞悉一切,明察秋毫,闻知四方谁都看不出来的事物和谁都觉察不到的声音,出入上下,处处具有法度。众多的神灵和精气,没有一个不自动前来侍奉,让做什么就做什么,唯恐偏离了他那意旨所投注的地方,全都怀有畏惧的心理。他在所到之处,只管辗转成就,满门心思施布仁惠,对上上下下施布恩德,美名传扬到四方六极八表以外,延及到本家族的祖先。

　　各加善恶厚薄之失①,大恩所覆,敬承奉命,乃感动星曜②。无极之赀③,无极之德,选取贞良④,以自障隐⑤,其愿得达,心自祐畅⑥。蒙得生无赀之寿⑦,恬淡少文⑧,躯自念全,何有懈息! 人不得知我,我亦不闻无禄无功何。因得上与委气同陈⑨。用是自惜自爱自养,及尤稚布施周遍⑩,何有不蒙者乎?

【注释】

①善恶厚薄:此处取其偏义,即恶薄(邪恶轻薄)。属禁戒的内容。

②乃感动星曜:此五字中"星曜"二字《太平经钞》作"皇灵"。星曜:指二十八宿和七曜(日月与五大行星)。皇灵,犹言皇天。皇天有灵,故称。

③赀:通"资",辅助。此处指向世人传授求生索活、登仙成神之道。

④贞良:正直善良的人。

⑤障隐:将自身遮蔽隐藏起来。即不暴露身份,暗行阴德。

⑥祐畅:为能佑助世人而欢畅。

⑦无赀：不可计量。赀，估量，计算。

⑧恬淡：清静淡泊。《老子·三十一章》云："恬淡为上，胜而不美。"

　文：文饰。

⑨陈：排列。

⑩尤稚：最小的孩童。

【译文】

　　分别对邪恶轻薄的过失进行戒饬，盛大恩德所覆盖的对象对他都恭敬地承顺，奉守他的教令，于是感召引动星宿和日月。借助长生真道的授付，依凭广大无边的德业，选取正直善良的人登仙成神，却不暴露自己的身份，那种暗行阴德的愿望得到实现，内心为能佑护世人而感到欢畅。他也由此蒙受天恩，获得长生，寿命不可计量，又清静淡泊，绝少文饰，总去自行思量保全身躯，哪里有懈怠止息的时候！世人没有办法全都知道我，我也从未听说过既无爵禄又无功名到底属于什么！因而得以往上和天君站在同一行列。由此自己珍惜自己，自己爱护自己，自己调养自己，直至世上年龄最小的孩童也都把他们施布周遍，哪里还有不蒙受他那恩德的人呢？

　　但自惟出入天地中和之间①，照达日月星辰，取明于前，二十八宿更直察民②，用有支干③，吉凶有文④。但人少知，自以为贤，动作行止，既无益于天，祸罚触禁，上至灭门⑤，绝世无续，先祖无祠⑥，岂祗命不久全⑦？奈此人何！

【注释】

①但自惟出入天地中和之间：此十一字中"天"原作"无"。据《太平经钞》改。

②更直：轮番值班之意。本经卷一百十一《善仁人自贵年在寿曹

诀》云:"二十八宿展转相成,日月照察不得脱,更直相生,何有
解息?"

③支干:地支与天干。均系古代为表示时间或方位等而创制的序
列化专用符号。地支通称十二地支,又称十二子、十二辰,即子
丑寅卯辰巳午未申酉戌亥。支之取义,源自树枝,或称其为月之
灵。天干通称十天干,又称十母,即甲乙丙丁戊己庚辛壬癸。干
之取义,源自树干,或称其为日之精。天干与地支常相配合使
用。此处则指系属于星宿的世人本命年及出生月、日、时辰而
言。详参本经卷一百十一《有德人禄命诀》所述。

④文:指天庭的文书簿册。

⑤灭门:谓家族灭绝。

⑥祠:祭享奉祀之意。

⑦岂祇(zhī):何止。以反问的语气表示不止。祇,只,仅。

【译文】

　　只管自己深思,出入在天地和人世之间,被日月星辰所照耀,在它
们面前获取到光明,而二十八宿轮番值班,正在监视着世人,因而便有
标示出生年月日的地支与天干的组配方式,吉福和凶险都有文书簿册
在掌控。可世人却很少了解这种情况,自以为本身贤能,但行为举止既
对皇天没有任何补益,更惹来祸患,遭到惩罚,触犯皇天的禁忌,最严重
的直至满门灭绝,中断家族的传衍世系,没有香火的接替人,祖先得不
到祭享奉祀,哪里仅仅是自身性命不能长久保全呢? 对这种人可又有
什么办法呢?

　　奉行不承古文①,自以不犯鬼神,是乃三气不和②,亦有
命厚薄③。不能悉深念祸殃,故遣三气神往敕诫之④。用谏
者善,不善者自期至地之下,殃流子孙。天命之为不顺⑤,施
恶废善,何可久存? 皇上所不欲见⑥,急断其年。人不自知,

反怨苍天。天何时相冤，人自求之。殊无知虑，犬羊之命何可久遇⑦？与禽同罗⑧！触犯其纲⑨，贪食害躯，群辈相随，不惜其年。其中有知，乃出于四境不害之乡⑩，是独何得，亦中命自然⑪。虽处无人之间，是命所全。世少报者⑫，时世命然。痛哉！奈何自言何负于天？

【注释】

①古文：指上古以来的天降神文。

②三气：指天之施生的太阳气、地之化育的太阴气、人间之成就的中和气。属于元气的三种分化形态。本经乙部《和三气兴帝王法》谓："元气有三名：太阳、太阴、中和。形体有三名：天、地、人。"又卷四十八《三合相通诀》云："气者，乃言天气悦喜下生，地气顺喜上养。气之法，行于天下地上，阴阳相得，交而为和，与中和气三合，共养凡物。三气相爱相通，无复有害者。……气者，主养以通和也。"

③厚薄：指应享寿命的长短。

④三气神：下文又称"三命之神"，指天神、地精、人鬼。本经卷一百十八《天神考过拘校三合诀》谓："神应天气而作，精物应地气而起，鬼应人治而斗。"

⑤天命之为不顺：此六字中"为"下《太平经钞》尚有四字："安可逃也"。

⑥皇上：即皇天、上天。汉郑玄《驳五经异义》引许慎《异义》称："今《尚书》欧阳说：春曰昊天，夏曰苍天，秋曰旻天，冬曰上天，总为皇天。《尔雅》亦然。《古尚书》说云：天有五号，各用所宜称之。尊而君之，则曰皇天；元气广大，则称昊天；仁覆愍下，则称旻天；自上监下，则称上天；据远视之苍苍然，则称苍天。"

⑦犬羊之命：喻指极易丧亡的命运。犬羊随时会被宰杀，故出此语。

⑧罗：罗网。

⑨触犯其纲：此四字中"纲"字或系"网"字之讹。若原作"纲"，则谓天地纲纪。

⑩不害之乡：受不到危害的地方。乡，地方，处所。

⑪中（zhòng）命：应合禄命之意。即命该如此。

⑫报：指皇天的酬报。

【译文】

奉守实行却不承用古代的神文，自以为并不凌犯鬼神，这正属于天地人三气不和谐的表现，但也注定存在着应享寿命的长短区分。不能人人都去深长地思量祸殃，所以就派遣三气神前去训导戒饬。听从规谏的人就会变良善，仍旧不良善的人纯属自己希望到地底下去做鬼，祸殃还延及到后代子孙。皇天的命令却不顺从，施展邪恶，废弃良善，怎能长久活在世上呢？这是皇天根本就不想看到的人，火速就中止他的寿命。世人自己闹不清这一点，反而抱怨苍天。苍天在什么时候故意冤枉过世人呢？是世人自行求取到这种恶果罢了。俗众一点儿都没有深远的计虑，原本就属于犬羊那样随时会被宰杀的命运，哪能得到长久存活的机会呢？简直和禽兽一起陷入罗网里！触犯天纲地纪，贪图美食，戕害身躯，又有一大群同伙跟在后面乱来，竟不珍惜各自的寿命。其中稍有见识的人，就逃到四周边境受不到危害的地方去躲避，可这又取得了什么效果？也只是命该如此，自然而然。尽管身在荒无人烟的地方，这也不过是为保全住性命而已。世上很少有那获取到皇天酬报的人，这全是时世和禄命给造成的，真让人痛惜呀！为什么还去自己宣称我对皇天可有什么辜负的呢？

先古之人①，万无一人相得，其贪财色，不顾有患，灾及胞中，不见日月星②，何惜痛乎！自遗不完③，命与土连，穷哉此人！亦有比等④，草木禽兽亦然。不思自正、端正意无妄，有恶言,上有神记⑤,下无灵上⑥,无隐匿,其主坐焉⑦。各当努力,求得戒敕。神灵之旨,吉凶之会,何有不报者乎⑧?

【注释】

①先古:谓先在前面死去。死曰作古。

②不见日月星:意谓胎死腹中。

③不完:谓尸骨不全。

④比等:相比拟的同类对象。

⑤神记:指神灵对世人过恶的逐项记录。

⑥灵上:谓魂魄为其作辩解。灵,指寄居在人体内的魂魄。本经卷九十六《六极六竟孝顺忠诀》云:"常以月尽朔旦,见对于天主正理阴阳、是尊卑之神吏,魂魄为之愁,至灭乃已。"又卷一百十四《见诫不触恶诀》称:"积过累之甚多,乃下主者之曹,收取其人魂神,考问所为。"

⑦其主:指作恶多端而承担罪责的人。坐:定罪判刑。

⑧报:报应。

【译文】

死在前面的那些人,一万个当中没有一个真能和皇天的心意保持一致的,他们贪图财物和女色,不顾念会有后患,灾殃延及到胎儿,叫他连日月星辰都看不到一眼,这可让人感到多么痛惜啊!自己给自己造成尸骨不全,性命与黄土连在了一起,这种人可真无可救药了呀!也有和他们相比拟的同类对象,草木和禽兽全都这个样。不思忖自己矫正自己、端正意念而不去轻举妄动,却到处叫骂不休,其实上面正有天神在逐条做记录,下面也没有魂神精魄敢到天庭去为他辩护,绝对不存在真能隐藏起来的事情,那些作恶多端而承担罪责的人也就被定罪了。人们应当各自努力,求取到戒条训饬。神灵的意旨和吉凶的际会,哪有不给予报应的呢?

　　故敕神人①,为民施防禁②,使得见生死之忌。生者阳气所加,录籍有真神仙录③,有过退焉④。阴气所加,辄在死部⑤。熟念惟思,无失天网⑥,下及地理⑦,当知人情,出入表里,可进可退,无遣人咎⑧,各得增年,延及子孙。

【注释】

①神人:通常指神妙莫测、奇异至极的人。《庄子·天地》云:"愿闻神人。曰:'上神乘光,与形灭亡,此谓照旷。致命尽情,天地乐而万事销亡,万物复情,此之谓混冥。'"本经在其所设的神仙序列中,将"神人"列为正牌神仙中的一等神仙。职在掌理皇天。本经主人公授道天师即在此列。卷三十九《解师策书诀》称:"师者,正谓皇天神人师也。"详见本经卷四十二《九天消先王灾法》、卷五十六至六十四《阙题》(六)、卷七十一《致善除邪令人受道戒文》所述。

②防禁:指需要加以防范、禁绝的事项。

③真:真确无疑。指姓名登录其上。本经卷一百十《大功益年书出岁月戒》谓:进者有命,录籍有真。又卷一百十四《九君太上亲诀》称:按次簿名真。

④退:谓由名列神仙录转入鬼簿。

⑤死部:死亡的范围以内。

⑥天网:上天所设布的罗网。《老子·七十三章》谓:"天网恢恢,疏而不失。"

⑦地理:指阴曹地府对世人的整治。

⑧无遣人咎:此四字中"遣"当作"遗"。形近而讹。遗,留下。人咎:人为造成的罪责。

【译文】

　　所以就责成神人,为民众设布防范和禁绝的事项,使他们得以看出生死的大忌来。那些长生的人，属于阳气所施注的对象，在天庭簿籍中藏有本人姓名登录在上面的神仙花名册，出现过失便将他转入地籍鬼簿。那些阴气所施注的人，一上来就归在死亡的范围以内。只管精思熟念啊精思熟念！切莫陷入皇天张布的罗网当中，往下又遭到阴曹地府的整治。应当知晓人情，在外部和内层出来进去，既可以朝成仙升进，也可以向死亡靠拢，千万不要留下人为造成的罪责，力争各自得以增加寿龄，延及到子孙后代。

得戒之后，重慎其言，为恶在下，上所不顾。俗世之人，少孝少忠，贪慕所好，劫夺取非①，其有杀心，不离口吻，何望活哉？会有殃咎，早与晚耳。奉承天文，神灵所记致当远之②，不可自试。试生得生，试死得死，会死不疑，故复丁宁③，反复语之，勿与无知，有小异言。长生之道，近在三神④。三气合成，乃为人；不成，离散为土在瓦石，同底破碎，在不见之处，不得与全完为比⑤。

【注释】

①取非：谓用不正当手段进行攫取。

②致当：极应。

③丁宁：即叮咛。再三嘱告。

④三神：即上文所称三气神、下文所言三命之神。

⑤全完：全命完身之意。

【译文】

得到神人的禁戒以后，务必重视并谨慎对待它所讲说的一切。人若在下面干那邪恶的勾当，天神就对他毫不顾惜。世上的俗人缺少忠孝，贪求恋慕自己所喜好的那套玩艺，抢劫夺占或者采用不正当的手段来攫取,他们怀有杀人的心思,总把它挂在嘴上,这还能指望继续活在世上吗?最终会有灾殃临头,不过早一点儿或晚一点儿罢了。奉守承用皇天降赐的戒文,对神灵记录恶行应当离得远远的,决不可自行去尝试。尝试能不能存活,就落个存活;尝试能不能死亡,就落个死亡,死亡终归跑不掉,这是毫无疑义的。所以便再做叮咛,反复告知,切莫陷入什么恶果都不懂的圈子里,讲出和神人禁戒稍稍违背的蠢话来。长生的真道,距离很近就在三气神那里。三气聚合成一体,才形成世人那副身躯;三气聚不成一体,就离散化为泥土,撒落在瓦石缝隙中间,连同兜底的底盘破损碎裂,就散灭到什么都看不见的地方去,这与性命保全、身躯毫发无损根本就无法比拟。

　　三命之神①,近在心间,何惜何爱?反贪形残,都市示众②,何时生还?父母怜念,妻子被患,疏亲快之③,比邻恨其晚死④,流后生。能自正为善,历得复长⑤,至诚所加⑥,物有自然。致慎内外,阴阳之间,四时生成,无得毁焉。天上地下中和之间,皆自有主⑦,为有知之人作相之法所抵⑧。思生者,与天道同愿,恶者自亡年,可不慎哉!

【注释】

①三命:指三统即天统、地统、人统之命。本经卷一百十九《道祐三人诀》称:"是好道德仁,此三人皆有三统之命。乐好道者,命属天;乐好德畜养者,命属地;乐好仁者,命属人。此三人者,应阴阳中和之统,皆有录籍。"其具体享年之数,本经乙部《解承负诀》则云:"凡人有三寿,应三气:太阳、太阴、中和之命也。上寿一百二十,中寿八十,下寿六十。"又已部《经文部数所应诀》后附遗文谓:天命:上寿百二十为度,地寿百岁为度,人寿八十岁为度。

②都市示众:谓被公开处死。即弃市。汉律规定,凡犯大逆无道
（大逆不道）之罪者,本人及其父母妻子同产无少长,皆处死。或
腰斩,或弃市。弃市原谓受刑罚者皆在街头示众,民众共同鄙弃
之,后则专指死刑。《汉书·景帝纪》载:"改磔曰弃市,勿复磔。"
唐颜师古注:"磔,谓张其尸也。弃市,杀之于市也。"都市:指设
于国都中的市场。

③疏亲:指远近亲戚。

④比邻:周围邻居。

⑤历:即年命。

⑥至诚:指极其真挚诚恳的心意和行动。本经卷九十六《忍辱象天
地至诚与神相应大戒》云:"夫至诚者名为至诚,乃言其上视天而
行,象天道可为;俯视地而行,象地德而移。"

⑦主:主宰。指各色神灵。

⑧作相之法:指天庭依据世人禄命归属而赋之以何种骨体相貌的
法则。抵:相符合、对得上之意。

【译文】

　　掌管天统、地统、人统本命所在的神灵,距离特近就在世人的胸心
内,它们对人可有什么吝啬和偏爱的呢?但世人却反而追求躯体变残
毁,被处以极刑抛在国都市场上示众,这可什么时候能再生还呢?父母
对他哀怜忆念,妻室儿女遭到株连,远近亲戚感到痛快,周围邻居只恨
他死得太晚了,还殃及到自家的后代。真能自己矫正自己,专做善事,
寿命还会重新延长,在至诚所能感动的地方,事物都有自然而然的回
应。从内心到外表都保持极为谨慎的态度,对属于阴阳范围以内和由
四时化生成就的一切生物,都不去毁伤它们。在天上、地下和人间,原
本就有身为主宰的各色神灵,恰恰同具有真知的人获得骨体相貌的法
则相对应。精思长生的人,就要与皇天的道法在意愿上保持一致,专干
邪恶勾当的家伙自动便会丧命,能不对此多加小心吗?

神人之言,皆受天应①,不得自怨。延命之期,上及为善,竟其天年,恶下入黄泉②。思之思之勿妄传,恶者之人传得恶,被其患,死生异处,无敢有言。行不善,自勿怨,他人辄有注录之者③,无所复怨。读书知意,戒慎神书,精物鬼使,皆有所因。有命家得见此文,慎无自伤,抵欺善人④,天减人命。得疾有病,不须求助⑤,烦医苦巫⑥,录籍当断,何所复疑。谛之念之,思之惟之,可无被患,患祸一及,不复救焉。

【注释】

①天应:皇天的回应。

②黄泉:地最深处。

③注录:谓姓名得以登录在神仙簿上。

④抵欺:侵犯欺凌。

⑤求助:指通过招神驱邪等方式去除疾病。详参《论衡》之《解除篇》及《祀义篇》、本经卷一百十四《病归天有费诀》所述。

⑥巫:指以巫术为职业的人。

【译文】

神人的戒语,都会得到皇天的回应,不要再妄自抱怨了。延长寿命的希望,在于向登仙成神的方向迈进而专做善事,也就尽享天年了,去干坏事就被打到阴间,沦入黄泉。精思再精思,不要对戒语颠倒黑白胡乱传,邪恶的人乱传一气就落个凶险的结局,蒙受到祸患。死亡和长生一个在地下,一个在天上,也就不敢再说这讲那了。行为不良善,自己无须再抱怨了,可别人一上来便有姓名登录在神仙簿上,你也没必要再去抱怨了。诵读书文应当体悟出其中的意旨,对神人书文要引以为戒,慎重对待,精灵和鬼物被皇天所驱使,都有那来由。享有先天禄命的人家看到这篇书文,切莫自己伤败自己,侵犯欺凌良善的人,皇天就缩减他寿命。身患疾病,不需要招神驱邪,让医生和巫师折腾了半天,可命籍眼看就该勾销了,还有什么值得怀疑的呢? 仔细注意啊切记切记,精思又精思,就能不遭受祸患,祸患一临头,也就没办法挽救了。

真人持此书①,以示愚蒙,自改为善,勿恶书言。前后所说,皆复重焉,所以然者,死生易命②,不语其禁令,无从得存,□□自然③。唯当知真心意好文,当知所言,故使守一身躯④,竟其天年。守一思过⑤,复得延期。

【注释】

①真人:与神人相对而称。既为本经所拟设的神仙等级序列中职在理地的二等正牌神仙,又为神人的弟子。本经卷四十《乐生得天心法》云:"吾统乃系于地,命属昆仑;今天师命乃在天,北极紫宫。"卷一百二《位次传文闭绝即病诀》称:"吾位职在天,真人位职在地。地者出万物,故天生者,于地养之,故吾传道于真人。"

②易命:意为性命来个大调换。

③□□自然:此句原缺二字。

④一:整个,全副。

⑤守一:此系《太平经》所极力阐扬的一套精神修炼方术,即高度集中和控制意念力的一套功夫。本经述及守一多处,具体所指非一,大要在于"真合为一"以体道。此处则谓意守全身的主宰三气神(三命之神)。

【译文】

真人持带这篇书文,把它亮给愚蠢蒙昧的人观看,人们应自行悔改,归向良善,千万不要厌恶书文中的那通话语。书文前后所做的讲说,都显得重复来又重复去。之所以如此,是因为死亡和长生等于性命来个大调换,不阐明那些禁令,世人就没有途径得以存活。只该懂得真心实意地去喜好这篇书文,还应了解掌握住它所讲论的意旨,所以就让世人守护好本人的整副身躯,尽享天年。牢牢意守三气神,思索自己的过错,就会重新延长寿命。

天道亿万,少得其真,河图洛书①,废者众多②。所以然者,不信其文,少得仙度,便为俗人。今故因三神人之师③,复感动其心者,神灵附人,不欲令地气召之④。致详念,思惟其意,勿疑此文重复。神人之师,被受天教,故因有录籍之人,通达书意。

【注释】

①河图洛书:古传黄河曾有龙马出图,伏羲氏据以创制八卦;洛水曾有神龟出书,大禹效仿它制作《洪范》(《尚书》篇名),确立九条治国安民的根本大法。此系古代儒家关于《周易》卦形来源及《尚书》"九畴"创作过程的传说,亦被视为圣帝明王承受天命的吉祥瑞应。此类灵迹在汉代谶纬中越来越多,愈演愈奇。本经卷四十七《上善臣子弟子为君父师得仙方诀》谓:"河洛尚复时或敕之。"又卷一百二《神人自序出书图服色诀》称:"夫河洛文书文多,当见其策。"

②废:意谓起不到应起的作用。

③三:即上文所谓三气、三命。

④地气:令人入土的阴气。

【译文】

皇天的道法成万上亿,但很少有人了解掌握了它那真谛,就连河图洛书这等天降神文,起不到应起作用的地方也很多。之所以如此,是因为常人不信奉它那文辞,结果很少有人登仙成神,也就沦落为俗人了。如今特地仰仗深知三气、三命的神人明师,再来感召牵动世人的心念,完全出自神灵缠附在人体内外,不想让地下的阴气把世人招去。世人要仔细考虑,只管精思其中的意旨,切莫对这篇书文话语重复产生疑虑。神人明师领受皇天的教令,因而通过神仙簿上载有姓名的人,特向世人传布这篇书文的意旨。

七十二色死尸诫第一百八十六

【题解】

本篇所谓"七十二色",属于相术术语,系指人之面部所呈现的七十二种气色而言。诸色并现,遂即形成"死尸"的症候与证象。以此为"诫",便使标题充满阴森可怖之感。承题而下,篇中张设起"太阳明堂"掌人录籍、众星列宿察人是非、山海陆地各施禁忌、内外群神记人善恶、"太阴法曹"定人罪状的天庭规制,昭示了天庭特遣凶神鬼物对为恶者力加蹂躏、痛予惩治的特殊措施;既向帝王宣明了化导以道、刑从其刑的"君国子民"的要术,又对官吏和平民发出了"殊能敬好道德仁恩"、务必牢记生养施、"宜当洗去不纯之行"的天敕。在这篇"善恶救命之文"中,威慑与诱导,表现得同样醒目。

天有四维,地有四维,故有日月相传推①,星有度数②,照察是非。人有贵贱,寿命有长短,各禀命六甲③。生有早晚,禄相当直④,善恶异处,不失铢分⑤。俗人不知,反谓无真⑥。

【注释】

①故有日月相传推:此七字中"相传"二字《太平经钞》作"转相"。"相传推"或"转传推",均谓日月升沉起落和交替出没的规律性

运行状态。

②星:谓二十八宿。度数:指在天体中的固定位置。如东方七宿为75 度,南方七宿为 112 度,西方七宿为 80 度,北方七宿为 98 度,共为 365 度。参见《淮南子·天文训》所述。

③六甲:六十甲子中的甲子、甲戌、甲申、甲午、甲辰、甲寅,各为六旬之首。此处则指代世人降生年、月、日、时所逢遇的干支究系为何。详参本经卷一百十一《有德人禄命诀》所述。

④禄相:指人生前所注定的命数、禄位和骨体相貌。参见《论衡·命禄》篇、《骨相》篇及《潜夫论·相列》所述。当直:先天便该轮上之意。直,通"值",对应。

⑤不失铢分:犹言不差毫厘。铢、分均为重量单位。十二粟为一分,十二分为一铢,十二铢为半两。

⑥无真:并非真有此事之意。

【译文】

皇天设布下东北、东南、西南、西北四个空中方位,大地也相应定立起这四个地理坐标,所以便形成太阳和月亮交替运行的周期,确定下众星辰的天体位置,照见并察视人间的是非。世人天生就存在着尊贵和低贱的区分,寿命也各有长短,分别从标示出生年月日的干支组配方式上获取到本命所在。降生到人间固然有早有晚,但禄命及其骨体相貌却一一对应。良善与邪恶被确定在各自的界限和结局以内,绝对不差一丝一毫。可俗人对此压根不知道,反而说什么并非真有这档事。

和合神灵,乃得称人①;得神灵腹心,乃可为人君。日时有应②,分在所部③。得天应者,天神举之;得地应者,地神养之;得中和应者,人鬼佑之。得善应善,善自相称举④;得恶应恶,恶自相从,皆有根本,上下周遍。山海诸通之水,各有部界，各各欲得性善不逆之人，以为户民⑤。陆地之神，亦欲得善人。各施禁忌，上通于天，为恶犯之，自致不存。大恶之家，无大小，鬼神所憎，但可自正，勿非谤神⑥。天道地道人道，禁不空。善神精气尚能假人⑦，恶者不失其文⑧，辄举上白⑨。积过众多，太阴主状⑩，当直法轻重⑪，皆簿领过⑫。

【注释】

① 称人：意谓作为人而活在世上。

② 日时：指诞辰。

③ 所部：被辖领的范围。即下文所称"部界"。

④ 称举：赞扬推举。

⑤ 户民：编入国家户籍的居民。

⑥ 非(fěi)谤：即诽谤。非，通"诽"。

⑦ 假人：意为叫人依旧凭借那副形体容貌在世上存活。本经癸部《分别形容邪自消清身行法》云："道之生人，本皆精气也，皆有神也，假相名为人。"

⑧ 失：遗漏。文：指神灵所作的监察记录。

⑨ 上白：谓禀报到天庭。

⑩ 太阴：全称太阴法曹，为天庭所设的司法机构。主状：审理行状。状指本人的一生履历。本卷《有过死谪作河梁诫》称："太阴在后，主知地理。"又云："太阴法曹，计所承负，除算减年，算尽之后，召地阴神，并召土府，收取形骸，考其魂神。"

⑪ 直法：谓罪行与法律条文相符。

⑫ 簿领过：谓按监察记录领受由其罪过而得到的相应惩罚。领，承受，领受。

【译文】

与神灵融为一体，才能作为大活人而在世上生存；获取到神灵的心意，才能成为君主。每个人的生日都有对它作出回应的主宰物，预先被划拨在其所归属的范围内。命里就该得到皇天回应的人，天神就荐举他；命里就该得到大地回应的人，地神就养护他；命里就该得到中和回应的人，人鬼就佑助他。命里注定属于良善，回应也就良善，良善自动就相互赞扬推举；命里注定属于凶恶，回应也就凶恶，凶恶自动就彼此跟随在后边。良善与凶恶都有根基所在，从上到下分布得满满的。处在山峦海洋和各条河流的神灵，各自具有各自的统辖区域，每一区域都希望获取到本性良善而不背逆的人，作为自己手下的居民。处在陆地上的神灵，也希望获取到良善的人。于是分别施布禁绝和忌讳的事项，把世人行用的情况往上禀报到皇天那里。人若去干坏事违犯它，就自己给自己招来活不成的结果。异常邪恶的人家，无论大人小孩，都属于鬼神憎恨的对象。只能自己去端正自己，不要责怪诽谤神灵。天道、地道和人道，三者所施布的禁绝事项没有白白悬立在那里的。善神精气还能叫人依旧凭借那副形体容貌在世上存活，但一干坏事，就决不会遗漏掉每条记录，动不动就上报给天庭。积聚下的罪过已经很多了，太阴法曹就审理行状，按照罪过与法律条文对上号的轻重情况，都叫他承受同那簿册所记罪过相一致的惩罚。

人不自知，以为无他。太阳明堂，录籍数通①，复得部主神，亦数通。天神部上死亡②，减年灭人世③，不可详念重？其善致善，恶自归其身。及治生④，天知少智，故为施善恶救命之文，以戒前后。勿轻恶言，以为谈首⑤，动作进退，辄有殃咎。故下此文以示子⑥，使思其意，使无自怨。

【注释】

①录籍：指生死簿。数通：意为按善恶记录多次进行通报。

②部上死亡：谓按辖领区域报呈罪该死亡的世人名单。

③人世：指家族代代传衍的世系。

④治生：谓致力于益寿延年的诸项活动。

⑤谈首：指开口讲话的第一桩事或首要内容。

⑥子：你等。指世人。

【译文】

世人对这种情况根本就不清楚，认为没有其他什么能叫自己受惩罚、遭祸殃的主宰者。其实在那最旺盛的阳气所聚积的天庭明堂，正对生死簿按照善恶记录在进行通报，各个辖区的主管神灵也按照善恶记录多次在进行通报。天神按照辖领区域报呈罪该死亡的世人名单，不仅缩减他那天年，还断绝他那家族代代传衍的世系，对此能不仔细思量和高度重视吗？谁做善事，就招来美好的结果；谁干坏事，恶果就自动落在他身上。等到真愿意从事益寿延年的活动，皇天知道世人还缺少智虑，所以便为他们施布有关善恶和挽救性命的书文，用来训戒前因后果之所在。不要轻易就口出恶言，把它当成张嘴发话的第一件事，行为进退，一动就有凶殃灾祸跟在后面。所以降下这篇书文，用来开示你等，让你等精思其中的意旨，不要再自行抱怨这又抱怨那。

朝廷尉设法①，人自犯之，勿恨主者，恨之命簿不得久生。会欲杀人，簿领为证验，乃令入土，辄见考治②，文书相关，何有脱者？努力远恶，无以为伍③，可小活，竟年之寿。不忠疾苦④，虽为狂邪所击⑤，会有活者。天上禁神法令，亦如中和地下，四流傍行⑥，皆同法象⑦，何有疑者？生人有功于天，子孙为凶辄除算，当时不死，算尽之后，亦无望其生。

【注释】

①朝:指当今朝廷。廷尉:汉代九卿之一。掌全国刑狱。

②考治:勘问惩治。指备受阴曹地府的折磨。本经卷四十《努力为善法》称:"地下得新死之人,悉问其生时所作为,所更,以是生时可为,定名籍,因其事而责之。"又卷一百十《大功益年书出岁月戒》谓:"其恶不止,便见鬼门。地神召问其所为,辞语同不,同复苦鬼治之,治后乃服。"

③伍:同列。

④不忠疾苦:意为对不忠诚便深感像生活艰难困苦一般,义同"以不忠为疾苦"。即至为忠诚。

⑤狂邪:指令人心志癫狂的大邪鬼物。详见本经卷七十一《致善除邪令人受道戒文》所述。

⑥四流:四处传布之意。

⑦法象:法则与证象。

【译文】

当今朝廷上由廷尉制定出法律,世人自己触犯了它,就不要怨恨执法的人了;怨恨的话,在本命所属的簿籍上也没办法长久存活。你正要杀人,而神灵记录罪过的文书恰恰成为证据,那就让你入土,受到阴间的审讯惩治,文书都在相互通报,哪有真会躲过去的呢? 在远远离开邪恶上自行努力,不同邪恶处在一个圈子里,就能稍略多活一些时日,尽享天年。竭尽忠诚,即使被大邪鬼物所迷惑,终归也有活下来的人。天上对神灵予以查禁的法令,也和人间、地下一个样,四处传布,广泛执行,全都属于同一法则和证象,哪里还有值得再去怀疑的呢? 活着的人对皇天立下功劳,但子孙却去干坏事,那就缩减他们的寿龄,干坏事的时候虽然没当场毙命,可寿龄到头以后,也没指望再生存了。

君国子民①,当为教道②,导其善恶,务得情实。无夭人命③,绝人世类,刑从其刑④,数见贤智⑤,以为首尾⑥。威神著君⑦,神勿加暴⑧。前书已有言⑨,复宜重之,君父得以迁延及后⑩,永生滋震⑪。慎无贪杀,当时自可,后被其患。吏无大小,正卒因缘⑫,宜明其事,勿为民之所患。殊能敬好道德仁恩,与天合德,与地同意,与中和有益。

【注释】

①君:统辖之意。子:谓像对待儿子那样做对待。即高度爱护。

②教道:意谓教导世人行用真道。本经卷七十三至八十五《阙题》(四)云:"上之好生,民命久长,俗教道上有仁王。……民之好道者,其主明也。"

③夭:中途断送。

④刑从其刑:意为公平客观地施用刑罚。指不行连坐法等。

⑤数见贤智:意谓屡屡显现出执法用刑的贤明睿智来。

⑥以为首尾:犹言前后如一。

⑦威神:威猛之神。

⑧神勿加暴:意谓君主在意念上切莫再驱动威猛之神更猛上加猛。

⑨前书:指列在本经前面的书文。如丙部《服人以道不以威诀》之类。

⑩迁延:自由自在的样子。指逍遥无事度时光。及后:谓泽及后嗣。

⑪滋震:指滋生化育和震服威慑的双重作用。

⑫正卒(cuì):正职和副职。卒,通"倅",副职。因缘:逐级照办之意。

【译文】

统领国家,爱护民众,应当教导他们行用真道,引领他们分清善恶,务必获取到真情实相。切莫中途竟断送世人的性命,灭绝他们家族传衍的世系。公正客观地施用刑罚,屡屡显现出执法用刑的贤明睿智来,始终如一地坚持这样做。威猛的神灵已经依附在君主身上,君主从意念上切莫再驱动它而叫它猛上加猛。前面的书文已经讲论过这宗事体,应当更加引起重视。做到这样以后,形同百姓父亲的君主就得以逍遥自在度时光,还延及到继位的后嗣,永远产生滋长化育和震服威慑的双重作用。切莫贪求杀戮,当时自以为很得意,到日后便会遭到祸患。官吏无论大小,从正职到副职都要逐级照办,亟应昭显这宗事体,切莫成为百姓所痛恨的对象。确能特别敬重并喜好真道、真德、仁爱与恩惠,便与皇天德业一致,又与大地意愿相同,更对人间大有补益。

思与善神灵相睹^①,各有其信^②,勿欺愚者。长生求活,可无自苦愁毒。思行天上之事,神灵所举,可得仙度久生,长与日月星辰相睹,是天之大恩。宜勿有小不善,亦复遣下^③;作恶不止,久灭人户。故复申敕,既无犯者,犯者各为薄命少年^④。人欲为非,当为说解其愚迷,使不逢凶。常时不用人言,后复自悔,谈者之福也^⑤。星宿视人,不可为非,当各有所白,善者命长不复疑。教戒后生,可给先祖享^⑥,不者自亡其名。

【注释】

①善神灵:驱人为善并使人蒙获善报的神灵。本经癸部《盛身却灾法》谓:"千二百二十善神为其使,进退司候,万神为其民,皆随人盛衰。此天地常理。"

②信:指真确的效应。本经卷七十《学者得失诀》谓:"内见形容昭然者,是也;外见万物众精神者,非也。"又卷四十八《三合相通诀》称:"行其事,悉得天应者是也;不得天应者,非也,是即其大明天券征验效也。"

③遣下：谓贬谪人间。

④薄命少年：犹言短命早亡。

⑤福：谓福业。

⑥给：丰厚备办之意。享：谓享用祭祀物品。

【译文】

精思同那吉善的神灵面对面相见，各自应有真确的效应，不要欺哄愚昧的人。长生求取活命，没必要为此而自感苦恼，忧愁到极点。其实只要去精思怎样行用天上的事体，就会成为神灵所荐举的人选，可以登仙长生，永久与日月星辰天天见面，这正属于皇天的大恩典。但也不应出现一点点儿不良善的行为，否则会被重新贬谪到人间。干那邪恶的勾当而不罢休，时间一长就会全家灭绝。所以再次加以申明戒饬，绝对要做根本不犯戒的那种人，而违犯的人各自就招来短命早亡。有人想干坏事，应当为他解开心中那一愚昧惑乱的迷误，使他不遇到凶害。经常拒不听从别人的规劝，但到后来又自己感到悔恨，这种转变也属于劝导者所建成的福业啊！星宿时刻在监视着世人，决不能干坏事，它们肯定对天庭各自有所禀报，良善的人寿命准保长，不要对此再怀疑了。教诲告诫后来出生的人，就能给自家祖先备办丰厚的祭品，让他们享用，否则自行就丧失本家族的姓名了。

　　无犯天禁，无犯地刑①，四时奉顺②，无有杀名。五行所成，宜各自守，无有恶名。勿轻上下③，皆更相主，令无卒无暴，乃有显名。思念在心，慎离其形④，精神离散⑤，邪鬼惊人。念以自全，无忘其名，各自有喜，务道求善⑥，增年益寿，亦可长生。慎之慎之，勿枉行刑，初虽劳意⑦，后被其荣。师有善恶，念本成末⑧，弟子不顺，亦亡其名，不得仙度。犯土刑神⑨，所以增恶，不得受生，慎之复慎。

【注释】

① 地刑:指地神对世人的惩罚。详参本经卷四十五《起土出书诀》
所述。

② 四时奉顺:意为遵循春生、夏长、秋获、冬藏的定律。本卷《有过
死谪作河梁诫》称:"春行生气,夏成长,秋收,使民得以供祭,冬
藏余粮。"又卷一百十六《阙题》(二)称:"四时顺行,春乐生,夏乐
长,秋乐收,冬乐藏。"

③ 上下:指尊卑贵贱的等级关系。

④ 形:指人之形体。

⑤ 精神:指寄居在人体各部位、诸器官内并起主宰作用的人格化的
神灵与精灵。本经卷四十二《四行本末诀》称:"神者,乘气而行,
故人有气则有神,有神则有气,神去则气绝,气亡则神去。故无
神亦死,无气亦死。"又癸部《还神邪自消法》云:"人气亦轮身上
下,神、精乘之出入。神、精有气,如鱼有水,气绝神、精散,水绝
鱼亡。"又辛部谓:"凡事安危,一在精神,故形体为家也,以气为
舆马,精神为长吏,兴衰往来,主理也。"

⑥ 务道:谓全力行用真道。

⑦ 劳意:谓在真道教化上费心思。

⑧ 念本成末:意为深思根本方可成就末节。

⑨ 土刑神:对世人可予惩罚的土地神。《后汉书·来历传》载,若擅
动土木则必得罪土地神而遭病厄,此为"犯土禁"。

【译文】

不要触犯皇天的禁令,也不要触犯地神的惩罚事项,遵循春生、夏
长、秋获、冬藏的定律,切莫惹来戕杀的罪名。对五行所成就的万物,应
当各自加以守护,切莫惹来凶恶的罪名。不要藐视上下等级关系,全都
一级管辖一级,使自己没有紧促暴躁的举动,才会赢得传布四方的美
名。精思集中在心神,千万不能让它离开自己的躯体。体内的神灵与

精灵一离散,邪鬼就来惊扰人。精思用来自我保全,切莫忘记神灵的名称,它们就各自很高兴,致力真道,追求良善,就会益寿延年,还能长生不死。慎重呀再慎重,切莫胡乱便动用刑罚。起初在真道教化上尽管很费心思,但到后来却会赢得荣誉。师长存在着好与坏,追思根本才会成就末节。做弟子的不恭谨顺从,也会失去神仙簿上的姓名,不能够超凡成仙。触犯土地神,正是用来增加过恶,没办法蒙获长生,对此要多加小心啊多加小心。

　　一身之内,神光自生①,内外为一,动作言顺,无失诚信。五神在内②,知之短长,不可轻犯,辄有文章③。小有过失,上白明堂。形神拘系,考问所为,重者不失,轻者减年。神不白举,后坐其人④,亦有法刑⑤,非但生人所为,精神鬼物亦如是。

【注释】

①神光:神明的光华。本经乙部《阙题》(二)称:"夫神灵出入,无有穴窜,清静而无声,安枕而卧,神光自生,安得不吉乐之哉?"

②五神:指五脏神。即肝神、心神、脾神、肺神、肾神。参见本经乙部《以乐却灾法》和《悬象还神法》、卷七十二《斋戒思神救死诀》和《五神所持诀》所述。

③文章:指在人面部显现的颜色,如惊则面青、愧则面赤之类。本经癸部《神人真人圣人贤人自占可行是与非法》云:"人腹中有过,反面赤,何也? 心者,五藏之主,主即王也。王主执正,有过乃白于天也。惊即面青,何也? 肝者主人,人者忧也,反恢肝,胆为发怒,故上出青也。诸神皆有可主,以万物相应,故令人常自谨良而顺天地,而灾不得复起也。"

④其人：指隐匿不报的那些神灵。

⑤法刑：法令律条。

【译文】

在整副身躯之内，神明的光华自动会焕发出来。内外保持一致，行为和言语都恭顺，决不丧失诚信。五脏神寄居在体内，了解世人的短长，决不可轻易便触犯它们，一触犯就会在脸上显现出颜色来。稍微产生了过失，它们就到天庭明堂去禀报。形体和魂神届时被囚禁，审问所曾干过的事情，严重的要按天法惩治，轻微的要缩减寿命。神灵不做禀告和举报，事后要给神灵判定罪行，这也有法令律条摆在那里，并不单单是世上活人所实行的制度，精灵、神灵和鬼物也像这个样。

古者知不敢犯之人，神数下，历之于天地①；人无功，亦无望其报。贤圣之心，当照其书，卷卷有戒谶②，恶人为逆。贪生者，天之所佑；贪养者，地之所助；贪仁者，人共爱之；过此而为恶，必得贼③。天知其恶，故使凶神精鬼物待之，入人身中，外流四肢、头面、腹背、胸胁、七政④，上白明堂，七十二色为见⑤，是死之尸也。

【注释】

①历：周游，遍历。

②戒谶(chèn)：绝对灵验的戒条。诡为隐语、预决吉凶谓之谶。此处表示极灵验。

③贼：虐杀，戕害。

④流：流脓淌血之意。胁：腋下肋骨所在的部位。七政：即七窍。指双目、两耳、二鼻孔、一口。

⑤七十二色：指人面部所呈现的七十二种气色。属于相面术的专

用术语。《论衡·自纪篇》谓:"人面色部七十有余,颊肌明洁,五色分别,隐微忧喜,皆可得察。占射之者,十不失一。使面黝而黑丑,垢重袭而覆部,占射之者十而失九。"

【译文】

古代深知不敢触犯禁律的人,就蒙神灵多次降现下来,带他周游天地;世人没有功劳,也不要指望这种回报。圣人贤人的用心,应当洞悉那天书,天书卷卷列有绝对灵验的戒条,最憎恶世人干那违逆戒条的勾当。贪求长生的人,属于皇天所保佑的对象;贪求养护的人,属于大地所援助的目标;贪求仁爱的人,人们共同爱戴他。超出以上三个范围而去干坏事,必定会遭到皇天的虐杀。皇天知道他邪恶,所以就派遣凶险的神灵、精灵和鬼物去惩罚他,进入人体内部,又叫体外的四肢、头部和面部、腹部和背部、胸部和肋部以及双目、两耳、鼻孔与嘴巴上流脓淌血,往上奏报给天庭明堂,于是七十二种气色就在脸上显现出来,这已经完全是副僵死的尸体了。

五藏有病,其去有期①。慎饮食,无为风寒所犯②,随德出入③,是竟年之寿。天贪人生,地贪人养,人贪人施,为恶其祸不救。故以天书告,令敕民无犯所禁。天气因人出辞④,宜各洗去不纯之行,慎之勿忘,后将有喜,不者不须复存,□□如言⑤。

【注释】

①去:谓离开人世。即死亡。《素问·五藏生成》谓:"五藏之气,故色见青如草兹者死,黄如枳实者死,黑如炲者死,赤如衃血者死,白如枯骨者死。此五色之见死也。"

②风寒:风邪和寒邪。中医谓为致病的两个因素。《素问·风论》

云:"风者善行而数变,腠理开则洒然寒,闭则热而闷。其寒也,则衰食饮;其热也,则消肌肉。故使人怢栗而不能食,名曰寒热。……风寒客于脉而不去,名曰疠风,或名曰寒热。以春甲乙伤于风者,为肝风;以夏丙丁伤于风者,为心风;以季夏戊己伤于邪者,为脾风;以秋庚辛中于邪者,为肺风;以冬壬癸中于邪者,为肾风。"《灵枢·贼风》谓:"贼风邪气之伤人也,令人病焉。"

③德:指五德。即仁义礼智信。《周易乾凿度》称:"道兴于仁,立于礼,理于义,定于信,成于智。五者道德之分,天人之际也。"《白虎通义·情性》谓:"仁者,不忍也,施生爱人也。义者,宜也,断决得中也。礼者,履也,履道成文也。智者,知也,独见前闻,不惑于事,见微者也。信者,诚也,专一不移也。"《释名·释言语》云:"仁,忍也,好生恶杀,善含忍也。义,宜也,裁制事物,使合宜也。礼,体也,得事体也。智,知也,无所不知也。信,申也,言以相申束,使不相逢也。"本经卷七十二《斋戒思神救死诀》称:"此四时五行精神,入为人五藏神,出为四时五行神精。其近人者,名为五德之神,与人藏神相似。"又卷七十三至八十五《阙题》(三)称:"五德和合见魂魄,心神已明大道陈。"

④天气:皇天的施生阳气。

⑤□□如言:此句原缺二字。

【译文】

五脏染上了疾病,离开人世也就具有期限了。此时慎重对待饮食,不被风寒所侵袭,随同五德来出入,这样做还会尽享天年。皇天贪求世人能生存,大地贪求世人被养护,人间贪求世人能施舍,专干坏事,祸殃就无法拯救了。所以特用天书来告知,戒饬百姓不要触犯皇天所禁绝的事项。皇天的施生阳气依据世人的现状出示话语,各自应当洗刷掉不纯正的行为,慎重对待,牢记不忘,日后会有喜事降临。不照这样去做的人,也就别再等着存活了。

写书不用徒自苦诫第一百八十七

【题解】

本篇所谓"写书不用",意为传抄神书原文却不奉用践行;"徒自苦",只会使自身招来极严重灾殃之意。循此因果关系,篇中一方面陈布天庭的内部法纪和登仙须知,另方面宣示天庭对世人"罚恶赏善"的措施与要求。前者主要包括:神灵举告世人失实,则依情节轻重,分别予以打入凡间,"卖菜都市"四十年、三十年、十年的三等处罚;命中注定该成仙的仙士,必须承天教令,慎无误失,即使蒙受不白之冤,也只须提供证据,不能自辩,否则撤销仙籍,直至转付地府。后者主要包括:司命神近在胸心,筑起吉凶自在的"精神舍宅";群神定期会集天庭,决定世人存亡;世人慎勿烧山破石,折木毁草,覆巢取卵,更不能"贼害威劫人命",否则怀胎生子,必遭凶日凶时,直至尸抛他乡荒野,灭绝无户。以神仙失职受处罚来映衬世人尤须承奉天法与行用神文,构成了本篇的显著特点。

　　古者神圣之言,不失纲纪,自有法度①。无知之人,各戒此戒②,尤深彻生③。过罚轻重,皆从人起,非但空虚,辄有所受④。天性自然,不可欺矣。熟念无置⑤,行成天神矣。变化有时,不失纲纪,四时之气,不可犯矣;辄有精神,无复疏矣^⑥。

【注释】

①自有法度：此四字之下《太平经钞》尚有七字："人不可轻犯禁
　　忌"。

②此戒：指本篇《写书不用徒自苦诫》。

③彻生：意为对存活大事透彻晓悟。

④所受：指天庭的实际处治。即轻者减年、重者入土、殃及后代或
　　断子绝孙之类。

⑤置：抛在一边之意。

⑥疏：谓逐条记录世人善恶。

【译文】

　　古代神圣人士的论断，决不偏离天纲地纪，原本就具有法度。懵懂
无知的人各自把本篇诫文作为训诫，其中对存活大事应透彻晓悟的问
题讲述得特别深刻。罪过惩罚的轻重，都是由人招来的，天庭不单单制
定禁令张布在那里，动辄便有实际处治的对象。皇天的本性从来都表
现为自然而然，绝对是不可欺骗的。反复精思决不抛在一边，真去行
用，也就成为天神了。变易形体具有固定的期限，在此过程中不偏离天
纲地纪，四季的寒气暑气就无法侵袭了；动辄便有精灵神灵在监视，可
它们也没有再能逐条记录下来的东西了。

　　以为不白，天以占之^①，神为之使，不妄白上，乃得活
耳^②。不者罚谪^③，卖菜都市，不得受取^④，面目为丑，人所轻
贱，众人所鄙。过重谪深，四十年矣，乃得复上，为诸神使；
中者三十^⑤，下者其十^⑥。夺其所主^⑦，各有分理^⑧，能复易心
自责，可复长久。勿易天言^⑨，自遗其咎，可不熟念？

【注释】

①占：谓天庭始终在监测着世人的一举一动。参见本经卷一百十一《善仁人自贵年在寿曹诀》所述。

②活：谓监视世人的神灵得在天庭存身。

③不者：指胡乱举告或擅自不举告世人的善恶行径。罚谪：惩罚贬谪。即赶出天庭，打入人间。

④受取：赢利之意。

⑤中者：指过失程度在中等的神灵。三十：指三十年期限。

⑥十：指十年期限。

⑦夺：削夺。所主：指神职神位。

⑧分理：谓不同的处罚规定。即上文所称上中下之分。

⑨易：轻视，忽视。

【译文】

认为神灵不向天庭做禀报，天庭其实早已监测着世人的一举一动，神灵只不过在受天庭驱使而已，它们不向天庭乱做瞎做禀报，才得以在天庭存身罢了。否则就把他们贬谪到人间，专在国都市场上卖菜，卖菜中还赚不到一枚铜钱，而且相貌丑陋，成为人们所轻视、所鄙弃的家伙。罪过深重，谪罚就厉害，历经四十年才准返回天庭，专供众神灵役使。罪过处在中等的，谪罚期限则为三十年；罪过处在下等的，谪罚期限为十年。一律削夺它们的神职神位，各有不同的惩治规定。真能重新洗心革面，自行痛责，也允许再获长生。这表明决不可轻视皇天的话语，自己给自己留下罪责，对此能不深思熟虑吗？

　　为后仙士，计虑深浅，咎自在己，无怨神言。出入表里，慎无误失，详谛所受，被天奉使，不可自在，当辄承命，不可留久①，辄有责问，不顷时矣。过重使退，地记所受②。姓名如牒③，不得留止④。处有空缺⑤，下人补矣⑥。所以然者，中心尽神仙尚退⑦,何况愚士! 自是之后,可无犯矣。

【注释】

①留久:稽留拖延。

②地记:地府的名册。受:谓接纳的对象。

③牒:指天庭颁发的专供巡察使用的公文。

④留止:谓在天庭官舍栖存。参见本经辛部经文所述。

⑤处:指所担当的神职神位。

⑥下人:指等待补授其缺的仙人神人。

⑦中心尽神仙:意为内心装满神仙职责和办事规程的人。

【译文】

身为后来登仙的人士,计虑深远或浅近,罪责原本都出在自己身上,不要怨恨神灵的举报。由外端到里层出来进去,切莫出现错误和闪失,仔细思忖所领受的使命,承奉皇天的调遣,决不能自我放纵,一轮上本人该干的事就按命令去做,决不能稽留拖延,一拖延上天就怪罪下来,转瞬间就落到头上了。罪过深重就把他斥退,成为阴曹地府死鬼簿所接纳的对象。去各处巡察时要按公文上所写的姓名做通报,不许在天庭设布的官舍里赖着不走。否则神职神位一出现空缺,就由其他候补的人给替补上了。之所以如此,是因为内心装满神仙职责和办事规则的人,尚且会被斥退,何况愚昧的人呢! 从此以后,可以杜绝触犯禁令的现象再发生了。

天责人过,鬼神为使,不如天教,辄见殃咎,不须鞭笞①,行自得之耳。以为不然,见为所疑,不得久在,故复有言,所戒慎矣。不效俗人,以酒肉相和复止②,仙道至重③,故语人矣。有命当存④,神神相使,乘云驾龙⑤,周遍乃止。天有教令,当复行矣。无失法则,枉疏记⑥,为置证左⑦,不宜自服⑧。天亦止息⑨,各受其罚⑩,可无怨矣。

【注释】

①鞭笞:意为用刑。鞭即鞭抽,笞即杖击。

②和:结交。止:断交。

③仙道:成仙之道。

④命:指生前即被天庭列为未来神仙的本命。

⑤乘云驾龙:源于《庄子·逍遥游》对藐姑射之山的神人描述,《楚辞·离骚》及《九歌》、《九章》更有同类神话的形象描写。本经卷九十九为《乘龙驾云图》,绘制出显现道教所标举之神仙的赫赫灵威与内部等级相当分明的具体场景。而《论衡·龙虚篇》已云:"如以天神乘龙而行,神恍惚无形,出入无间,无为乘龙也。如仙人骑龙,天为仙者取龙,则仙人含天精气,形轻飞腾,若鸿鹄之状,无为骑龙也。"

⑥枉疏记:意为蒙受不白之冤。

⑦证左:亦作"证佐"。指证据和见证人。因当时在其左右必有亲见其事者,故曰证左。

⑧自服:自我申辩之意。

⑨止息:意为做出当事人双方俱无话可说而心服口服的公正判决。

⑩各受其罚:谓对枉行疏记的神灵做出相应的惩罚。即反坐。

【译文】

皇天责问世人的罪过,由鬼神充当执行者,不照皇天的训导去做,就肯定遭受灾殃的责罚,根本不需要鞭抽杖击,全由自己的行为招来罢了。认为事情并不是这样,仍旧抱持怀疑的态度,那就没办法长久活在人间了。所以再次加以告诫,对所告诫的事项应当多加小心了。不要跟着俗人跑,专靠酒肉交结又断交,成仙的真道极为贵重,所以便向世人讲得明明白白了。享有先天的禄命就会长生，神灵一级管一级，乘云驾龙，走遍各个天区才停住。皇天下达教令，又该去审慎施行了。施行中没有偏离法则，但却蒙受冤屈被记下了过恶，对此要向天庭出示证据，但不要自我做申辩。天庭也会做出公正的处断，叫那些乱做记录的神灵分别受到相应的惩罚，也就没有抱怨的地方了。

　　为神所白，无妄犯。天下地上中和之子各不自敬①，无怨天咎地。上下相留②，亦如民法令，辞不情实③，为下得怨，亦不留久，天上诸神争道之，何况凡人民！宜自奉承天法，随顺天和④。无赀之粮，无赀之衣⑤，有功复进⑥，可主诸同⑦。有所白，岁有定⑧，承文而行，不得有疑。各有所白，不两平相怨⑨，同举者有罚⑩，更为贱矣。虽不时下为大神所使，不可神意，便付土主⑩，不得复上。故有空缺，身不处之，是上中下相参如一矣⑪。

【注释】

①子：意为坏小子或歹徒恶棍。

②留：谓留任，留职。

③辞不情实：谓诬告。

④随顺天和：此四字《太平经钞》作下列十二字：“不犯禁忌，即太平臣民矣。天有”；则“天有”宜与下文连读。天和：意为自然和顺的状态。语出《庄子·知北游》。

⑤“无赀”二句：此系盛言天庭储物的富有。“粮”指俸禄，“衣”指仙衣。本经卷四十七《上善臣子弟子为君父师得仙方诀》谓：“天上积仙不死之药多少，比若太仓之积粟也；仙衣多少，比若太官之积布白也。”

⑥有功复进:此四字之下《太平经钞》尚有四字:"即得禄矣"。

⑦主:统领。诸同:指众神灵。

⑧岁有定:谓在每年年终验核处理群神所报呈的文书。本卷《有过死谪作河梁诫》称:"岁尽拘校簿上,山海陆地,诸祀丛社,各上所得、不用,不得失脱。"

⑨两平:指天庭对双方争执所做出的公正裁决。

⑩同举者:指合谋进行诬陷的神灵。

⑪土主:指地府阴神。

⑫上中下:指过失程度的三种区定。参:参奏,弹劾。

【译文】

行为善恶会被神灵奏报给天庭,因而切莫胡乱去触犯。处在天下和地上之间的世上歹徒,各自却不自己敬重自己,那就不要再怨天怨地了。天庭对上下各级神灵做出留职决定,也和人间的法令一样,举报的事项不真实,在世人那里遭到怨恨,也不会让这类神灵长久在天庭留职存身,天庭的众多神灵都竞相检举揭发它们,何况世间的普通百姓呢!应当自行奉守承用皇天的法则,随顺自然和顺的状态。皇天拥有不可计量的俸禄和不可计量的仙衣,立下功劳就继续晋升,可以统领众神灵。有所禀报,在每年年终都有验核处理的固定期限,承奉文书簿册去施行,不准产生任何怀疑。各自出现检举对方的情况,决不能在天庭做出公正裁决后还彼此怨恨。对合谋进行诬陷的神灵予以惩罚,重新又变成低贱的俗人了。尽管经常在人间而被大神人所驱使,但却不切合大神人的意旨,也就把他交付给阴曹地府,没资格再升入天庭了。所以出现了空缺的神职神位,本人却不能得到它,这表明身犯上、中、下三种过失的人相互劾奏,结果却完全一样了。

行慎此言,亡身之寿,与土相连。土者非地之土,自亦有凶神业守之①,为天土神使,使不如所言,辄见苦矣。神仙尚有过失,民何得自在? 故令司命②,近在胸心,不离人远人,为精神舍宅。吉凶自在,何须远避,自令扰祸,急不得活命未尽算,尽之后远之无益。天下会神③,主知存亡,神自有失脱,反受其殃,故令民命不得复久长。故遣神人,示其文章,得戒止恶,神不上白,尚可须臾。

【注释】

①业守:专职看守之意。

②司命:掌管世人生死寿夭的神灵。本经卷一百十四《见戒不触恶诀》谓:"故言司命近在胸心,不离人远,司人是非,有过辄退,何有失时?"

③天下:意为天庭派下。会神:指定期在天庭谒见会集的神灵。本经壬部云:"朝会群神,各明部署。案行无期,务明其文书。"

【译文】

一有行动,就要慎重对待这番戒语,丧失了自家的寿命,就和泥土连在一起了。这种泥土并不是地上的泥土,原本就有凶神在专职看守它,凶神属于天土神灵的派遣对象,不按凶神的吩咐去做,就要备受折磨了。神仙尚且存在着过失,平民百姓哪里能够自我放纵呢? 所以就命令司命神,距离特近地寄居在世人的胸心,既不离开人,也不疏远人,筑成精灵与神灵的宅舍。吉福和凶险原本就张布在那里,何必还想跑到远方躲避开呢? 这只会使自己再招惹祸殃。专为自己寿龄还没到头却不能活命而焦急,可命尽以后,即使想跑到远方做躲避也来不及了。天庭派下定期会集的神灵,负责确定世人的存亡,神灵自身出现遗漏或弄错的地方,反过来便承受那祸殃,因而致使平民百姓的寿命也不能再长久。所以派遣神人宣示那天书神文,得见戒饬以后,就要停止再干邪恶的勾当,神灵就没有事项再向天庭做禀报,凡人还可以多活一些时日。

　　饮食诸谷①,慎无烧山破石,延及草木,折华伤枝实,于市里金刃加之②,茎根俱尽,其母则怒③,上白于父④,不惜人年。人亦须草自给,但取枯落不滋者,是为顺常。天地生长,如人欲活,何为自恣,延及后生⑤?有知之人,可无犯禁,自有为人害者。但仰成事⑥,无取幼稚给人食者⑦,命可小长,终竟录籍。无兴兵刃,贼害威劫人命,天命此人,不可久活。恶恶相及⑧,烦苦神灵、精气、鬼物,各各不得懈息,是非人过所为邪?

【注释】

①诸谷:指五谷杂粮。

②于市里金刃加之:谓在居住地点营建高宅大屋。参见本经卷四十五《起土出书诀》所述。

③母:指大地。

④父:指皇天。本经卷三十五《分别贫富法》云:"故天乃好生不伤也,故称君称父也;地以好养凡物,故称良臣称母也。"又卷一百十七《天咎四人辱道诫》谓:"故天者名生称父,地者名养称母。"

⑤后生:指再生的自然资源。

⑥成事:指动物发育成熟。

⑦幼稚:指雏鸟幼兽和卵蛋之类。

⑧恶恶相及:意谓相互仇视,彼此残害。

【译文】

　　食用五谷杂粮,切莫焚烧山坡,破开岩石,延及到野草树木,折断花朵,伤害枝条果实,在集市和居住地锯断木材建大屋,致使根须和茎干全都一点儿也剩不下,地母由此会动怒,往上告发到天父那里,也就不再怜惜世人的寿命了。世人也依赖野草来满足自己的需要,但只应拾取干枯败落不再滋生的那部分,这才属于顺从常规定律。天地所生长的东西,和世人一样渴望存活,哪能径自想砍就砍,伤害到再生的自然资源呢? 具有真知的人,可以不去触犯禁忌了,触犯原本就会给人带来惩罚性的殃害。只应等到动物发育成熟再去捕猎,切莫取卵蛋、抓幼雏来供人食用,这样不干坏事,世人的性命就可以稍略延长,尽享天庭花名册上给注定的寿龄。切莫兴用兵刃,杀害和威逼别人的性命,天庭给这类人定下本命,绝对活不长。相互仇视,彼此残害,致使神灵、精气和鬼物烦劳愁苦,各自没办法放松和停止下来,这难道还不是世人的罪过给造成的吗?

先时为恶,殃咎下及,故令生子必不良之日。或当怀妊之时①,雷电霹雳②;弦望朔晦③,血忌反支④,以合阴阳,生子不遂⑤,必有祸殃。地气所召,反怨仓狼⑥,为恶报恶,何复所望?

【注释】

①怀妊:即怀孕。

②雷电霹雳:此谓雷电之时行房则所生之子必喑聋痴狂。《礼记·月令》称:"(仲春之月)雷将发声,有不戒其容止者,生子不备,必有凶灾。"《淮南子·时则训》高诱注云:"以雷电合房室者,生子必有瘖聋通精痴狂之疾。"《论衡·命义篇》谓:"喑聋跛盲,气遭胎伤,故受性狂悖。"

③弦:月亮成半圆时称弦,八日为上弦,二十三日为下弦。望:月亮成正圆时称望,即大月十六日,小月十五日。朔:每月初一。晦:每月末日。因日食在朔,月食在望,日月食和弦望均为房事忌日。犯忌有孕,则必殃及初生儿。

④血忌:忌日名。指不宜杀牲见血的日子。参见《论衡·讥日篇》
　　所述。反支:亦为禁忌之日。凡反支日,以月朔为正,如子丑朔,
　　则第六日为反支日。参见《潜夫论·爱日篇》所述。

⑤不遂:谓先天畸形。

⑥仓狼:仓指仓灵星,为岁星的异名。狼指天狼星,为异常明亮之
　　恒星。古以为主侵掠。

【译文】

　　在前面净干坏事,灾殃祸患就往下一代流布,所以就叫这类人生儿子必定摊上最不吉利的日子。有的正想怀上胎的时候,雷电突然大作;有的在月亮上下弦、日月食发生以及血忌、反支等忌日里夫妻行房,生下的孩子就都先天畸形,日后必定会有祸殃。这本来属于地下阴气所召取的对象,反而抱怨岁星和贪狼星太不长眼。你干坏事就得到凶恶的报应,还能有什么其他指望的呢?

　　不知变易①,自职当绝灭无户②,死不与众等部③。吏正卒④,此伍特至旷野不洁之处⑤,才得被土⑥,狐犬所食,形骸不收,弃捐道侧,魂神俱苦⑦,適作不息⑧。或著草木,六畜所食,何时复生! 罚恶赏善,人所知,何不自改? 天报有功,不与无德⑨,思之思之,赏罚可知。自可死,独苦极,善恶之寿当消息⑩,详之慎之,可无见咎,故以重诫,令自悔耳。

【注释】

①变易:谓改恶从善,改邪归正。

②自职:自行认领之意。

③等部:指同一地界。即故乡。

④吏正卒:意谓被编入服兵役的行列。正卒为汉代正式兵役之一。

役期为一年,期满后,遇有重大军事行动,尚需应征入伍。

⑤不洁:指瘴疠流行等。

⑥被土:僵死地上之意。

⑦魂神:即灵魂,魂魄。在《太平经》编著者看来,其附着人体则人生,其离开人体则人死。本经壬部云:"故昼为阳,人魂常并居;冥为阴,魂神争行为梦,想失其形,分为两,至于死亡,精神悉失,而形独在。"又卷一百十四《不用书言命不全诀》谓:"精魂拘闭,问生时所为,辞语不同,复见掠治,魂神苦极,是谁之过乎?"

⑧適(zhé)作:被罚作苦役。適,通"谪"。

⑨与:赞许。

⑩消息:阴进阳退曰消,阳进阴退曰息。此处为从中体悟之意。

【译文】

不懂得改恶从善,自行认领那本人必会死亡和家族定要灭绝的结果,连丧命的地点都和普通人死在故乡不一样。本人被编入服兵役的行列,这支队伍偏偏被派到原野空旷瘴疠流行的地方,刚刚僵死在地面上,就被野狐饿狗所叼食,尸骨没人给收敛,抛弃在路边,魂神全都苦楚,被天庭罚作苦役,没有止息的时候。有的还尸体腐烂,附着在草木上,被牛马等六畜所嚼食,这可什么时候能复生呢? 天庭惩罚邪恶,奖赏良善,属于世人都知道的事情,为什么却不自行改正呢? 皇天酬报立有功劳的人,决不赞许没有道德的家伙。精思啊精思,对赏罚也就可以弄得一清二楚了。自我随心所欲就会死去,独自一个人承受最严酷的那种折磨,应对行善作恶获得的长短寿命细加体悟。仔细慎重来对待,就能不遭祸殃,所以重新拿它做告诫,让世人自行悔改罢了。

　　吉凶之会,相去万里,故下此文,相敕相诫,勿怨天咎地,善恶当分。其文相录①,知恶为善,魂神劳极。愚者不知,故文辞丁宁反复,展转相告,无为后生作咎②。以此自证，复何怨咎？无所复恨，各得其理。此文当传，不得休止，知者减年，愚者自已。写书不用其言③，但自苦耳。

【注释】

①文：指神灵记录世人善恶并向天庭定期禀报的文书簿册。录：记录。

②作咎：意为留下祸殃。

③写书：传写书文。

【译文】

吉福和凶险的际会，结果相差得远极了。所以降示下这篇书文，叫世人相互戒饬，不要再怨天怨地了，善恶本来就该区分得清清楚楚。那些神灵手中的文书簿册在逐条逐项做记录，知道谁在干那邪恶的勾当，谁在做那良善的事情，魂神为此而劳苦到极点了。愚昧的人根本不了解这种情况，所以书文的言辞就反反复复特作叮咛，翻来覆去地进行嘱告，千万不要给子孙后代留下祸殃。专用书文所讲的事体来自我做验证，还有什么值得再去怨恨憎恶的呢？没有能再怨恨的东西了，就要分别实现自我治理。这篇书文应当予以传布，不准抛到一边搁起来。搁起来的话，聪明人就会缩减寿龄，愚昧的人就会自行断送性命。传写天降神文却不行用它那戒语，只会自己给自己带来苦果罢了。

有过死谪作河梁诫第一百八十八

【题解】

本篇所谓"有过死",系指神灵精鬼在对世人进行监视和举报的过程中失职渎职或违命、重至死罪而言。"谪作河梁"乃谓等而次之的惩治办法,即罚作苦役,修筑桥梁等。篇中以此为轴心和落点,一则定列太岁、大阴和人体内外诸色神灵的各自职守,张扬群神众仙彼此监督、相互检举的天规和视罪轻重、辄予处置的"神法",推出俗人各有四季"命树"和天门特地栽植长生树的新奇之说,炫示天庭备有乐工歌伎、"粗细靡物金银彩帛珠玉之宝"无不依功赏赐的独享之乐,借此唤起世人对登仙成神的畏服与憧憬。二则述上古神圣之士"与天共治"的盛况与功德,借此为世人树立起步其后尘的榜样。三则描摹"有德之国"与"无德之国"各获天助与天谴的截然相反的情景,揭露东汉中后期生产停滞、财政枯竭、国少忠臣、民众流亡的状况,斥责引来战祸而断送人命的"大人之罪",并断定:吝不施舍的有财之家必遭灾殃,一味我行我素者求蒙仙度纯属徒劳,狂邪之人诈称得仙俱入死部,化缘修持必成猛兽啮食之物。转而给"智者、愚人、贤者"指明最低限度的出路,强调"念真"有德,常思孝、忠、信、仁、施,径与体内神灵"舍宅及城郭"结为一体,方可有望延年增寿,终获飞升。而确能"得其福"的惟一抉择,恰为世人特别是最高统治者信奉并行用《太平经》这等皇天施布的"洞极之经"。

通篇以王朝制度拟设天国制度,用受审神仙系联人间"恶子",对角线式地组成了一副天庭监控网和世人祸福图。而这幅图景,又是采用散文和韵文相结合的方式来加以凸现的。

上古之时①,神圣先知来事②,与天共治,分布四方,上下中央各有部署。秩除高下③,上下相望,不肃而成④,皆为善,恐有不称,皆同一心;天有教使,奔走而行,以云气为车,驾乘飞龙,神仙从者,自有列行⑤;皆持簿书,不动自齐,恐有所问⑥,动有规矩,得其所行。春行生气⑦,夏成长,秋收,使民得以供祭⑧,冬藏余粮。复使相续⑨,既无解时,神灵之施,莫不被荣,恩及蚑行⑩,草木亦然,是非上之恩邪?

【注释】

①上古,指天皇、地皇、人皇所谓三皇时代。

②来事:未来之事。

③秩:指职位品级。除:拜授。

④肃:肃正,整饬。

⑤列行(háng):前后排成的队列。参见本经卷九十九《乘云驾龙图》所绘者。

⑥问:责问,勘问。

⑦生气:指木行化生之气。

⑧供祭:祭祀。指祭祖和五祀(门、户、井、灶、室中)等。

⑨相续:谓再度展开全年四季交替推移的新一轮活动。

⑩蚑(qí)行:泛指用脚行走的动物。

【译文】

在那上古时代,神圣人士预先就知晓未来的事情,与皇天共同施行治理,划分设布好四方,在上下中央各有分派署置。职位品级按高低来封授,一级服从一级,不加以整饬就履行好职责。全都做善事,唯恐出现不切合皇天心意的过失,个个都心往一处使。皇天发出调遣的命令,便急速去执行,用云气作为车辆,驾乘着飞龙,跟从在后面的神仙,自动就前后排成队列;全都持带记录善恶的簿册,不挥动就自行整整齐齐,唯恐受到责问,任何行动都符合规矩,完成本身所该完成的任务。在春季施布化生的阳气,到夏季使万物茁壮生长,到秋季进行收获,使民众得以有祭品来祭祀神灵和祖先,到冬季就储藏好余粮。返回来又再度展开全年四季交替推移的新一轮活动,根本就没有止息的时候。神灵的那番施布,让每个人都从中获取到旺盛的生机与活力,恩惠扩展到一切动物,草木等植物也不例外,这难道不是皇天的恩德吗?

　　各得自所食,辄令有余,新陈相因,奈何忘之! 既得民助,使神不恨,善人辄报,自以当更相给足①。天使之然,不可藏匿②,令人饥寒。故令有财之家,假贷周贫③,与陈归新④,使得生成,传乎子孙,神灵佑助,是非大恩布行邪? 愚人无知,不肯报谢,自以职当然⑤,反心意不平,强取人物以自荣⑥,无报复之心⑦,不顾患难,自以可竟天年,故复共文⑧。

【注释】

①更相给足:相互周穷救急之意。

②藏匿:谓将财物埋藏地下,宁可朽烂成泥土亦不施予。参见本经卷六十七《六罪十治诀》所述。

③假贷:借贷。

④与:施予。归:通"馈",赠还。

⑤职:犹天分。谓命里该穷。

⑥人物:他人之物。

⑦报复:酬报。指报答皇天和神灵的恩惠。

⑧文:文饰。谓巧加掩饰,自作开脱。

【译文】

分别获取到自己所需要的食物,动不动就让人有那剩余,新粮和旧粮一茬接一茬,怎能忘记这种天恩呢?已经得到了百姓的协助,叫神灵也不怨恨,良善的人就进行报答,自己觉得相互间应该周穷救急。这正属于皇天在叫人这样做,决不能把多余的财物藏匿起来,致使别人挨饿受冻。所以便让财物众多的人家实行借贷,周济穷人,把陈粮先给出去,再得到偿还的新粮,使自家得以化生和成就,传衍子孙,神灵对他予以保佑和帮助,这难道还不属于施布大恩德吗?可愚昧的人却什么都不懂,不乐意报答感谢天恩,自以为别人贫穷那是命里便该那样,反而在内心感到将财物给出去不公平,把能强行攫取他人的财物当成自己有本事,根本没有回报皇天和神灵恩惠的念头,不考虑自己在受难时将会怎么样,自以为能够尽享天年,所以又一起巧加掩饰,给自己不施舍作开脱。

神人真人求善人,能传书文知用,则其人可得延命增寿,益与天地合,共化为神灵,复得驾来①,周遍上下中央,流及六方,岂不善哉!何不熟思,无忘于内?神宅所居②,动观人所为。不自是,知有及③,当相承事,去祸就福,不宜有小不称天心也。

【注释】

①驾来:谓乘云驾龙。

②神宅：指司命等近在胸心的精灵与神灵的栖止处所。参见上篇《写书不用徒自苦诫》所述。

③及：谓晓悟神灵的意旨。

【译文】

　　神人和真人只去求取良善的人，能够传布皇天降示的书文，懂得行用，这样的人就会延年益寿，进一步与天地相符合，就共同化成神灵，还能乘云驾龙，绕遍上下和中央，恩德流布六方，这不显得太美好了吗？为什么不反复精思，把它牢牢铭记在心中呢？神灵宅舍近在胸心，人一动就观察他在干什么。决不自以为是，计虑什么都能晓悟神灵的意旨，应当递相承顺去行动，远离灾祸，归向吉福，不该出现一点点儿不切合天心的地方啊！

　　天地四时五行众神吏直人命录，可不敬重，念报其恩？不欲为善事，反天神，天神使风雨不调，行气转易①，当寒反温，当温反寒，耕种不时，田夫恨怨，不肯为人理之②。轻贱诸谷，用食犬猪，田夫便去在有德之国。

【注释】

①行气：可作两解，一谓施布时气。本经卷四十九《急学真法》称："天行气，四时亦行气。"二指五行之气。即木行春气、火行夏气、金行秋气、水行冬气、土行中和气。本经卷一百十九《三者为一家阳火数五诀》谓："行气者各自有伍，非独火也。"转易：颠倒错乱之意。

②为人理之：谓替统治者生产粮食，提供赋税。

【译文】

　　天地四时五行众神吏正与世人本命所在的名籍相对应，能不敬重他们并考虑报答他们的恩惠吗？不想做善事，却与天神对着干，天神就让风雨不调，五行气颠倒错乱，本应寒冷却反而温暖，原该温暖却反而寒冷。耕种赶不上节气时令，农夫愤恨抱怨，不乐意为执政者搞好生产，提供财源；而执政者又糟踏五谷杂粮，拿来喂猪喂狗，农夫就逃离，来到具有道德的国家。

其处种者少收①，树木枯落，民无余粮，更相残贼，争胜而已。不念真②，后更为贫人，收无所得③，相随流客④，未及贱谷之乡⑤，饥饿道傍，头眩目冥，步行猖狂⑥，不食有日，饿死不见葬，家无大无小，皆被灾殃，反呵罪于天。

【注释】

①其处：指农夫离开的地方。即无德天谴之邦。

②不念真：意为有财之家将求取真道置于脑后。真，指真道。

③收：指田租之类。

④流客：流亡寄居。

⑤贱谷之乡：粮价低贱的地方。即丰收的处所。

⑥猖狂：谓疯疯癫癫，跌跌撞撞。

【译文】

在农夫离开的地方，耕种的庄稼收成很少，树木枯落，老百姓没有剩余的粮食，轮番地相互伤残虐杀，战胜对方才罢手。有钱的人家不精思真道，到后来变成穷人，田租收不上来，跟在众人后面流亡寄居，还没到达粮食价格贱的地区，就在道旁饿得支持不住了，头脑晕眩，两眼发黑，走起路来疯疯癫癫，跌跌撞撞，好多天颗粒未进，活活被饿死了，尸体都得不到掩埋，全家无论大小，无不遭受灾殃，反而呵斥皇天有罪。

其国空虚,仓无储谷,少肉,无储钱,岁岁益剧,无以给朝廷①。复除者多②,仓库无入,司农被空文③,无以廪食④,夺禄除中⑤。国少所用,人民仰国家,而不各施⑥,有难生之期⑦。是皆天之所恶也,地不得久养恶人,知不?

【注释】

①无以给朝廷:意为国家财政枯竭,殊难维持开支。

②复除者:由国家正式免除徭役赋税的人。在东汉,复除既为皇帝颁赐私恩的手段,又为解决荒政问题的一项主要措施。

③司农:汉代九卿之一。掌钱谷金帛和国家财政收支。

④廪食:指官吏的俸禄。

⑤除中:谓裁减官员。中指中二千石官,其年俸为二千一百六十石,超过二千石,拿满数,故曰中。《后汉书・陈蕃传》载其桓帝延熹六年(163)《谏校猎疏》云:"况当今之世,有三空之厄哉!田野空,朝廷空,仓库空,是谓三空。"则与本诚以上所述颇相切合。

⑥不各施:谓富户不协助国家救济灾民。

⑦难生:谓在灾难中自身幸得生存。

【译文】

整个国家空乏虚弱,仓库中没有储存的粮食,缺少肉食品,没有储存的钱币,一年比一年拮据,根本拿不出钱粮来供朝廷开支。被正式免除赋税徭役的人数量众多,仓库压根没进项,掌管国家财政的司农只承受一纸空文,拿不出钱粮支付官员的俸禄,只好削夺俸禄,裁减官员。国家缺少开支所需要的费用,人民正仰赖国家在存活,可富户却不各自施予,只怀揣在那灾厄中光有自己幸存下来的心思。这都属于皇天所憎恶的对象啊!大地不会长久养护邪恶的人,你们对此清楚不清楚呢?

真人急以此文，付有德之国①，各令自责有知，可复竟其天年。无知与禽兽同，寿不可强得，行自得之，无怨于天。详念书文，常思孝忠信仁施，有过自责，复有子孙，书不空言。

【注释】

①付有德之国：此五字中"国"字《太平经钞》作"君"。于义为长。又"君"下《经钞》尚有十二字："令知天之爱人，而人反不爱乎"。

【译文】

真人火速把这篇书文付归给具有道德的君主，分别叫那些吝啬的富人自己责备自己，明白究竟应是怎样一回事，还可以尽享天年。仍旧执迷不悟，便和禽兽会随时死灭一个样，寿命本来就没办法强行索取到，你那行为自行落个这般下场，也就不要再抱怨皇天了。仔细琢磨这篇书文，总去精思孝顺、忠诚、信实、仁爱、施惠，产生过失便自己责备自己，还能留有子孙，这篇书文决不会空讲一通的。

无德之国，天不救护，机衡急疾①，日月催促少明②。有德之国，机衡为迟③，日月有光。是天之所行，机衡日月星皆当为善明；反便少者，是行之所致，何所怨咎乎？同共天地日月星辰耳，得见天地报信者见其明。五星失度④，兵革横行，夷狄内侵⑤，自虏反叛，国遣军师，有命得还，失命不归，是大人之罪也⑥。为子不孝⑦，国少忠臣，行不纯，故令相克，卒岁乃止⑧。故施洞极之经⑨，名曰《太平》。能行者得其福，不者自令极思，聚身无离常⑩。报应不枉人所不者⑪，施恶施人。

【注释】

①机衡：指北斗星的运转。北斗第三星名机(玑)，第五星名衡，故以指代北斗。

②催促：谓运行速度陡然加快。

③迟：谓运转速度自然放慢。参见本经卷五十六至六十四《阙题》(一)、卷六十六《三五优劣诀》、卷九十二《万二千国始火始气诀》所述。

④五星：指水、木、金、火、土五大行星。亦即东方岁星(木星)、南方荧惑(火星)、中央镇星(土星)、西方太白(金星)、北方辰星(水星)。《史记·天官书》载：水、火、金、木、填星，此五星者，天之五佐。《说苑·辨物》云："所谓五星者，一曰岁星，二曰荧惑，三曰镇星，四曰太白，五曰辰星。"失度：谓偏离既定的运行轨道。

⑤夷狄：古代对边疆少数民族的蔑称。

⑥大人：圣人在位者。指以帝王为首的最高统治集团的核心成员。

⑦为子：谓帝王身为天地之子。本经乙部《安乐王者法》称："帝王，天之子也。……是天地第一神气也。"又卷五十六至六十四《阙题》(五)谓："天子者，天之心也。"又卷七十三至八十五《阙题》(三)云："帝王尸上皇天之第一贵子也。"又卷九十《冤流灾求奇方诀》称："帝王乃最天之所贵子也。"

⑧卒岁：犹言亡身。岁，指存活的年数。

⑨施：施布。洞极：通透至极。经：经典。

⑩常：指不可改变的道法。

⑪枉：屈枉。

【译文】

对没有道德的国家，皇天不去救护它，北斗星到它国境内都在陡然加快运转的速度，太阳和月亮也在陡然加快运行的速度，而且暗淡无光。具有道德的国家，北斗星到它国境内却为它自然放慢运转的速度，太阳和月亮也大放光明。这正表明皇天所施行的事体不可违逆,北斗星和太阳、月亮、众星辰理应都为良善而放射光辉;相反就很微弱,这纯粹是由自身行为招来的,还去抱怨憎恨什么呢?都处在同一个天地和日月星辰下面,而获取到天地对自己的诚信做出回报的人,就专为他大放光明。五大行星脱离既定的运行轨道,四处布满武力争斗,边疆各个部族向内地进行侵扰,自从它们反叛,国家派遣军队去征讨,而出生前便有天赐禄命的人得以返回来,未获禄命的人就战死在那里,这正属于执政者犯下的罪过啊!帝王作为天地的儿子却不孝顺,国家缺少忠臣,行为俱不纯正,所以便让世人相互制服对方,直至丧命才算终止。因而施布通透至极的经典,命名为《太平经》。确能行用它的人,就会获取到相应的吉福;拒不行用的人,只管让他自行思来想去到极点,看看究竟会怎样。要把这部经典凝聚在身上,永不偏离那绝对不可更改的道法。报应并不屈枉人们所拒不行用的东西,结果是把凶恶施加到人们的头上。

常言人无贵无贱,皆天所生,但录籍相命不存耳①。爱之慎之念之,慎勿加所不当为,而枉人侵克非有②。是天所不报,地所不养,凶神随之,不得久生乐生。念自令自忽者勿望生③。殊无长生之籍,强入神仙,斋家所有④,祠祭神灵,求蒙仙度,仙神案簿籍,子无生名,祷祭神不享食也。走行乞丐⑤,复诸神灵,其神怒之,猛兽所食,骨肉了已,狐狸所啮⑥,不归故乡。同县比庐⑦,反言得仙,殊无信报⑧,何用自明?以是言之,难可分明,当有报信,众人见之,乃为已升⑨。不者苦其刑为⑩,言得略少,其人狂邪可下⑪,反以为真,俱入死部,下归黄泉,不得自从。

【注释】

①相命:指世人在骨体相貌上所显现出的先天禄命。存,具备之意。

②枉人:陷害人。侵克:侵吞夺占。非有:指不应归己所有的财物。

③自令自忽:犹言我行我素。

④斋家所有:谓将全部家财悉数用于斋戒活动。

⑤走行乞丐:指四处化缘。此系本经作者对早期传入中原的佛教修持方式的否定。详见本经卷一百十七《天咎四人辱道诫》所述。

⑥啮:叼食。

⑦县:汉代所设二级地方政区。下辖乡。汉制:户口达万户以上者设县令,在万户以下者设县长。比庐:紧相毗连的房舍。此处指在本县一块住的人。

⑧信报:指真确的天报征象。

⑨升:谓登仙飞举。以上所云,参见本经卷七十《学者得失诀》所述。

⑩苦其刑为:意为做出成仙模样来如同受刑般难受。

⑪狂邪:狂妄邪僻。下:谓入土。即死灭。

【译文】

总在讲世人无论贵贱,都是由皇天降生下来的,唯独命籍和骨体相貌所显现出的禄命会也会不复存在罢了。因而要珍惜它,慎重对待它并去精思它,切莫添加上不该做出的行为,竟去陷害人,侵吞夺占本来不应归自己所有的财物。这正属于皇天所不酬报的人,大地所不养护的人,凶神在紧紧跟踪他,使他不能长久快乐地活在世上。光想我行我素的人,压根就不要指望能长生。跟天庭的长生名籍一点儿都沾不上边,却要硬行挤进登仙成神的行列,把全部家财都用在斋戒活动上,拼命祭祀神灵,希求蒙恩得以超凡成仙,可神仙一查验名籍簿册,你却没有姓名在上面,无论你怎样祭祀祈祷,神灵也不会前来享用祭品哪! 四处化缘,又妄自比作神灵,神灵对他十分恨怒,就让他被猛兽吃掉,骨肉给啃完了,狐狸又来叼食,根本回不了故乡。都是本县一块住的人,归来后却声称自己成仙了,可却没有天庭做出的一点点儿真确的回报征象,能用什么来自行证明它呢? 由此说来,是否成仙很难区分得特别清楚,应当有那天庭做出的真确的回报征象,众人也亲眼看到了,这才够得上确已升天成仙了。否则做出成仙模样来却像受刑那样难受,讲起收效来又少得可怜,这种人纯属狂妄邪僻,自应到阎王爷那里去报到;可有人却反而信以为真,也就一起进入死鬼的花名册,往下归入黄泉,不许他们自我放纵。

　　有德度者,生时有簿①。年满当上,辄有迎者②。童蒙无知③,何从得往? 但费资用,弃家捐身旷野。道自然,人相禄不可强求。倘自苦不治生养亲妻子相见④,为贤士,但恐不孝不忠少信,可得竟年耳,地下无罚,乐而已⑤。有余财产,子传孙,亦当给用⑥,无自苦子孙。贤不肖,各自活⑦,无相遗患,是为善行。故记此文示智者,愚人忽之妄怒喜,远罚避患为贤者,三谏不中且可止⑧。天佑善人,不与恶子,各自加慎,勿相怨咎。各为身计,行宜人人有知,无有过负于天。录籍所宜,慎勿强索,索之无益。所以然者,恶逆之人,天不佑也。

【注释】

①生时有簿:本经卷一百十一《善仁人自贵年在寿曹诀》谓:"地上之生人中,有胎未生,名姓在不死之录。"

②迎者:指迎接的天神。本经卷一百十四《九君太上亲诀》称:"行

无玷缺,故使白日,辄有承迎,前后昭昭,众民所见,是成其功,使人见善。"

③童蒙:谓幼稚愚昧的人。

④治生:谋划生计,经营家业。

⑤乐:谓被列入乐游鬼的行列。详参本经卷四十《努力为善法》所述。

⑥给用:谓进行施舍。

⑦活:谓致力于求生索活之道。

⑧三谏:指对智者、愚人、贤者的规谏。且可止:眼看便丧命之意。

【译文】

具有道德而登仙成神的人,在出生时就享有未来神仙的名籍。年限满期应当升入天庭时,就有专门前来迎接的神灵。那些幼稚愚昧的人,对什么都不懂,又从哪里会奔往天庭呢?只不过耗费资财,抛弃家人,在空阔的原野丧命亡身而已。成仙之道出于自然,世人的骨体相貌和生前的禄命不可强求。倘若自己真为不能谋划生计来侍养双亲、同妻室儿女天天相见而愁苦,那就应该成为贤士,只担心自己不孝敬、不忠诚、缺少信用,也就可以尽享天年了,死后并不遭受阴间的惩治,特被列入乐游鬼的行列,也就功德圆满了。积攒下多余的财产,由儿子再传给孙子,但也应对穷人进行施舍,不要因为吝惜钱物而给子孙留下灾殃。贤明的人和不贤明的人,各自致力于求生索活的真道,切莫递相留下祸患,这才构成良善的行为。所以载录下这篇书文亮给聪明人来观看,愚昧的人轻视它就会喜怒无常,远离罪罚和避开凶殃便成为贤能的人,对这三种人的规谏却不予采纳,也就眼看着没命了。皇天总在保佑良善的人,决不赞助邪恶的家伙,各自要进一步多加小心,不要再互相怨恨憎恶了。分别为自身多做打算,在行为上应当人人具有正确的认识,不要在皇天那里犯下过失和承负的罪责。生前命籍就注定那样的事体,切莫另外硬行去求取,求取也没有任何作用。之所以如此,是因为邪恶违逆的人，皇天并不保佑他们啊！

　　无离舍宅及城郭①，骨节相连为阡陌，筋主欲生坚城郭，脉主往来为骨络，肉在皮内为脉衣②，神在中守，司人善恶③。何须远虑，七政司候神门户④，求道得生，无离舍宅，变化与神合德，道欲复何索？故置善文于天籍⑤，神仙籍与俗异录⑥。当升之时，主籍之神及保人者来⑦，乃知所部主⑧，奉承教化各有前后，辄当进，有所去⑨，不得自可。众神共治，务取合天心者。

【注释】

①舍宅：指人体内精灵与神灵的寄居处所。其主要部位为五脏。本卷《写书不用徒自苦诫》云："故令司命，近在胸心，不离人远人，为精神舍宅。"城郭：比喻人与体内精灵神灵结为一体，铸成防病长寿之身。城指内城，郭指外城。本经癸部《盛身却灾法》称："若以神同城而善御之，静身存神，即病不加也，年寿长矣，神明祐之。"《周易参同契·养性立命章》谓："阴阳为度，魂魄所居。阳神日魂，阴神月魄。魂之与魄，互为室宅。性主处内，立置鄞鄂。情主营外，筑垣城郭。城郭完全，人物乃安。"

②"骨节"四句：此处所列"骨、筋、脉、肉、皮"，按照阴阳五行说，则各有应象。骨应三百六十五天和地上小山、山石；筋应四时（四时固定，筋亦坚韧，故象之）；脉应人有盛衰变易；肉应地，取其柔厚安静；皮应天，取其覆盖万物。《灵枢·邪客》云："岁有三百六十五日，人有三百六十节。……地有小山，人有小节；地有山石，人有高骨。"《素问·针解篇》谓："人皮应天，人肉应地，人脉应人，人筋应时。"阡陌：指纵横交织的田土分布形状。古以南北为

阡,东西为陌。此处以喻骨节在人全身的组成状态。骨络:骨骼的网络。脉衣:脉管的外衣。

③司:通"伺",侦伺,伺察。参见本经卷九十八《神司人守本阴祐诀》所述。

④七政:即七窍。指双目、两耳、二鼻孔、一口。司候:指司命神和候神(监视之神)。本经卷一百十四《见戒不触恶诀》谓:"司命近在胸心。"又同卷《不孝不可久生诫》称:"天遣候神,居其左右,入其身内,促其所为,令使凶,当断其年,不可令久。"门户:喻出入口。

⑤善文:指善人的花名册。本经卷一百十《大功益年书出岁月戒》云:"上善之人,皆生于自然,皆有历纪,著善籍之文,名之为善人之籍。"

⑥与俗异录:谓同凡夫俗子分开来注录。即获天庭殊遇。

⑦保人者:指对名在仙籍的善人充当升天担保人的神灵。

⑧所部主:指天庭所划定的神灵辖区。如各处山川陆地等。

⑨去:谓贬退行为有过失者。

【译文】

切莫离开精灵和神灵在世人体内筑成的宅舍和内城、外城两道防护线,骨节一处连一处就组成纵横交织的路径,筋的职责是让人追求长生而使内城、外城两道防护线特坚固,脉管执掌血液的循环而成为骨骼的网络,肉在皮肤里面而成为脉管的外衣,神灵则在正中守护,伺察世人的善恶表现。何必还要往远处去做计虑,七窍恰恰形成司命神和候神的出入口,求取真道获得长生,就切莫离开精灵和神灵筑成的宅舍,变易形体正与神灵的德业相符合,真道还想再到什么地方去求索呢?所以就把善人的名籍归入天庭簿册中的神仙簿,同那凡夫俗子划分开来另做登记。到了应当升入天庭的时候,掌管名籍的神灵和充当担保人的神灵就来到,于是便知晓自己所归入的神灵辖区,承奉命令去施行教化各有先后,立下功劳就会继续晋升,也有出现过失又被贬退的,因而决不能自己愿意怎么干就怎么干。众神灵共同施行治理,务必要选取符合皇天心意的人。

先生之人①,皆心明视,无有界意②,所行所生,人未知之,皆先天地变化,上下皆不失其道,神不悉具③。乃置纲纪,岁月偏傍④,各置左右⑤,星辰分别⑥,各有所主⑦,务进其忠,令使分部⑧。见善当进,见恶当退,何有所疑? 行各自力,无为神所误,故得成,得称天君主天之人,辄簿领⑨,亦不失度⑩,部主诸神⑪。故四方,方有孟仲季⑫,更直上下,名为太岁⑬。太阴在后⑭,主知地理⑮。复置四时生成所有,分居于野⑯,有晚早⑰。谷草近人不寿⑱,远人民,然亦复长久。丛社之树小得自矣⑲,易世被诛⑳,延及孙子㉑。所以然者,所居不安㉒,去故就新,神复得还。

【注释】

①先生之人:指上古神圣之人。

②界:谓陷入邪恶的圈子。

③悉具:谓逐条逐项详尽地向天庭禀报其过失或罪恶行径。

④偏傍:意为划成两大部分。

⑤左右:指春夏和秋冬,前半月和后半月,白天与黑夜。左属阳,右属阴。本经庚部《某诀》(《音声舞曲吉凶》)云:"吉事尚左,凶事尚右,左者阳,右者阴,言各从其类也。"

⑥分别:谓分成各自的区域。此就"星土分野说"而为言。古以星辰所在的天体位置划分地面上与之相对应的州、国位置。就天文而言,称作分星;就地面而言,称作分野。如按二十八宿分野

　　模式,东方苍龙七宿则与地面上之兖州、豫州、幽州相对应。

⑦所主:指对本区域内世人命禄的执持和善恶行为的察视。

⑧分部:谓善恶的界限和处置的不同标准。

⑨辄簿领:意谓动辄便对记录世人善恶的文书簿册做出处置。

⑩度:指天庭法度。

⑪部主:谓按区域进行分派。

⑫孟仲季:由前至后或由上至下排列其顺序的专称。犹言一二三。此处指东西南北各方所包括的三个方位,采用地支予以标示。如东方,则由寅位、卯位、辰位组成。

⑬太岁,本为古代天文学家假设的与木星运行方向相反的理想天体,用以纪年。后被术数家奉之为运行于天的岁神,年徙一位,十二年一周。其所在方位及与之对冲的方位,均为凶方,必不可犯。《论衡》辟有《难岁》专篇,责难工伎术士之言。

⑭太阴:神名。《潜夫论·卜列篇》谓之为太阴将军。即岁后二辰,如太岁在寅,太阴则在子。

⑮主知地理:意为履行天庭法曹的职能。详下文所述。地理,指阴曹地府对世人的整治。

⑯野:泛指分布在天下各地的原野或田野。

⑰有晚早:指生长期和成熟期而言。

⑱不寿:谓易被人践踏割断。

⑲丛社:设在丛林中的祭祀土地神的庙宇。小得自:稍得存活之意。因树在神庙,人遂畏忌,不敢轻易攀折砍伐,故出此语。

⑳易世:历经三十年之意。古以三十年为一世。被诛:谓遭砍伐。

㉑孙子:指树种。

㉒不安:庙宇神祠为各色人出入之所,易遭破坏,故言"不安"。

【译文】

　　生在前面的神圣人士,全都内心看得特明晰,根本就没有陷入邪恶圈子的念头，所施行的事体和所化生的东西，世人还没意识到，已经就在天地的前面加以变动协调了，从上到下一律不偏离真道，神灵根本就没办法向天庭逐条禀报他们的过失。于是设布天纲地纪，岁月分成阴阳两大部分，规定左阳右阴，星辰也划定区域，各自具有执持的命禄和监测的对象，务必要进升那些忠诚的人，让世人明白善恶的界限和处置的不同标准。发现良善的人就应让他登仙成神，发现邪恶的人就应让他归入阴间，这可还有什么值得怀疑的呢？在行为上要各自用力，切莫被神灵所耽误，因而得以登仙成神，得以称作天君手下掌管天庭事务的人，动辄便对记录世人善恶的文书簿册做出处置，也不违反天庭的法度，按区域分派众神灵进行监视。所以在东南西北四个方位上，每个方位都有依次排列的三个空间坐标，递次运行到那里，每个空间坐标都天上、地上恰相对应，这被特称为太岁神。而太阴神紧跟在太岁神的后面，负责阴曹地府对世人的整治。又设置春夏秋冬应该化生和成就的所有生物，分别在天下各地的原野上确定它们的生息处所，各有生长期和成熟期。谷草同人距离近就活不长，同人距离远，也就活得长。分布在土地庙的树木稍能自身存活了，但历经三十年就会被砍伐，还延及到它们的种籽。之所以如此，是因为它们所在的处所不安宁，离开旧处所，移到新地方，神灵又得以返回来。

人有命树①，生天土各过②。其春生三月命树桑③，夏生三月命树枣李④，秋生三月命梓梗⑤，冬生三月命槐柏⑥，此俗人所属也，皆有主树之吏。命且欲尽，其树半生；命尽枯落，主吏伐树，其人安从得活？欲长不死，易改心志，传其树近天门⑦，名曰长生⑧。神吏主之皆洁静，光泽自生，天之所护神尊荣，但可常无毁名。天有常命，世世被荣，虽不下护，久自知精⑨。所以然者，去俗久远，当行天上之事，不得失脱,诸神相检,如绳以墨⑩,何复自从? 故不下耳,宜勿怪之。功劳当见,不与俗等。人以为无益于家,内被其荣,岂不善邪?

【注释】

①命树:代表本命所属的树木。此处命树之说,盖本于《素问·五常政大论》、《淮南子·时则训》所列示的季节树、吉礼中社祀之社木制度、丧礼中坟墓之封树制度,续加改造而成。《素问·五常政大论》谓:(木行)敷和之纪,其果李,其实核,其应春。(火行)升明之纪,其果杏,其实络,其应夏。(土行)备化之纪,其果枣,其实肉,其应长夏。(金行)审平之纪,其果桃,其实壳,其应秋。(水行)静顺之纪,其果栗,其实濡,其应冬。委和之纪是谓胜生。其果枣李,其实核壳。伏明之纪,是谓胜长。其果栗桃,其实络濡。卑监之纪,是谓减化。其果李栗,其实濡核。从革之纪,是谓折收。其果李杏,其实壳络。涸流之纪,是谓反阳。其果枣杏,其实濡肉。发生之纪,是谓启陈。其果李桃,其色青黄白。赫曦之纪,是谓蕃茂,其果杏栗,其色赤白玄。敦阜之纪,是谓广化。其果枣李,其色黅玄苍。坚成之纪,是谓收引,其果桃杏,其色白青丹。流衍之纪是谓封藏。其果栗枣,其色黑丹黅。《淮南子·时则训》云:三月官乡,其树李。五月官相,其树榆。六月官少内,其树梓。九月官候,其树槐。十一月官都尉,其树枣。《白虎通义·社稷》引《尚书》曰:"大社唯松,东社唯柏,南社唯梓,西社唯栗,北社唯槐。"又该书《崩薨》引《春秋含文嘉》曰:"天子坟高三仞,树以松;诸侯半之,树以柏;大夫八尺,树以栾;士四尺,树以槐;庶人无坟,树以杨柳。"《齐民要术·栽树》称:"枣鸡口,槐兔目,桑虾蟆眼,榆负瘤散,自余杂木,鼠耳虻翅,各其时。"

②各过:指各自所历经的时空段。

③桑:落叶乔木。析其字则为四十八,即木为十八,三"又"为三十。《益部耆旧传·何祗传》载:何祗梦桑生井中,赵直占曰:"桑非井中之物,……桑字四十下八,君寿恐不过此。"祗年四十八而卒。晋干宝《搜神记》卷十四云:因名其树曰桑。桑者,丧也。

④枣:落叶灌木或乔木。《汉书·武五子传·刘胥传》载:"胥复使巫祝诅如前,胥宫园中枣树生十余茎,茎正赤,叶白如素。……即以绶自绞死。"《旧五代史·晋书·李郁传》载:"一日昼寝,梦食巨枣,觉而有疾,谓其亲友曰:'尝闻枣字重来,呼魂之象也。余神气逼抑,将不免乎?'天福五年夏卒。"李:落叶小乔木。《齐民要术·种李》云:"李性耐久,树得三十年老。"

⑤梓:落叶乔木。晋干宝《搜神记》卷四载:"秦始皇三十六年,使者郑容从关东来,将入函关,西至华阴,望见素车白马从华山上下,疑其非人,道住止而待之。遂至,问郑容曰:'安之?'答曰:'之咸阳。'车上人曰:'吾华山使也。愿托一牍书,致镐池君所。子之咸阳,道过镐池,见一大梓,下有文石,取以欵梓,当有应者,即书与之。'容如其言,以石欵梓树,果有人来取书。明年,祖龙死。"梗:即刺榆。落叶乔木。《春秋元命苞》谓:"三月榆荚落。"桓谭《新论》云:"刘子骏信方士虚言,谓神仙可学。余见其庭下大榆树,久而剥折,指谓曰:'彼树无情,然犹朽蠹。人虽欲爱养,何能使之不衰?'"嵇康《养生论》称:"榆令人暝。"《齐民要术·种榆白杨》云:"榆性扇地,其阴下五谷不植。"

⑥槐:落叶乔木。《淮南子·氾论训》云:"老槐生火。"《五经通义》谓:"士冢树槐。"《洛阳伽蓝记·城东·景宁寺》云:"槐字是木傍鬼死。"柏:常绿乔木或灌木。《淮南子·齐俗训》称:"周人之礼,……葬树柏。"《汉书·东方朔传》云:"柏者,鬼之廷也。"《五经通义》谓:"诸侯冢树柏。"《风俗通义》称:"墓上树柏。"

⑦传:移植之意。天门:指天庭紫官的官门。

⑧名曰长生：《山海经·海内西经》载："开明（东方太阳所出之门）北有不死树。"《淮南子·地形训》云："不死树在其西。"此处所称"长生"树，盖即由此脱化而来。

⑨精：谓竭尽精诚。本经卷一百十《大功益年书出岁月戒》谓："如欲尽精诚，有功可得及之。"又卷一百十一《有心之人积行补真诀》云："殊能竭精尽志，知除兼行。"

⑩如绳以墨：意为丝毫不差。绳、墨为木工画直线用的工具。以：和。

【译文】

世人都有代表本命所属的树木，生长在天土的各个时空段内。其中在春季三个月内出生的人，命树是桑树；在夏季三个月内出生的人，命树是枣树和李树；在秋季三个月内出生的人，命树是梓树和刺榆树；在冬季三个月内出生的人，命树是槐树和柏树。这都组成俗人所归属的命树，全有负责看管的神吏。俗人的寿命眼看要到头了，他那命树就呈现出半死半活的状态；寿命已经到头了，他那命树就根枯叶落，负责看管的神吏随即把它砍掉。这样一来，本人还哪里能存活呢？真想长生不死亡，那就改变心志，把自己的命树移植到靠近天门的地方，特被称作长生树。神吏负责看管它，全都生长得莹洁清静，光泽自动便闪耀出来，由天庭所保护，被神灵看得特贵重，就能叫它总也没有被砍毁的恶名。在天庭那里享有长生的禄命，世世代代就蒙获兴旺，即使神灵不下来佑护，时间一长也自行懂得竭尽精诚了。之所以如此，是因为脱离世俗那套玩艺既已时间长远，便该行用天上的事体，决不出现偏差和遗漏的现象，众神灵相互察验，不差毫厘，哪里还会自我放纵呢？所以就不下来佑护罢了，对这种情况理应不感到奇怪。立有功劳必定会得到皇天的酬报，与俗人完全不一样。俗人只认为对他那个小家庭没有什么益处，但从本家族内部蒙获兴旺，难道还不吉善吗？

　　故示后生,令心觉悟,出书无藏,藏之有罚。无与佞欺,不孝顺为心宜①,皆为不副书言,复见责问,可不慎焉。传当传其人,令可保举②。勿犯神书,勿试神言,慎神之辞,皆天报焉。勿轻犯之,后有患,小犯才谪③,大过不救。故使诸神更相司,便宜上之④。有不实者,当复见治。事当相关不得私⑤,故使诸神转相检持,今悔其后何须疑。中复为止⑥,亦见考之,不首情实考后首⑦,便见下⑧。故进止⑨,亦见考之,不者如故⑩,此之谓也。不可轻犯,无所狐疑,神法大重⑪,故当慎之详之,念之思之。长生久活之道,可不重之? 故下此文,以示当施补空者⑫,为设善事辄相承,无有遁亡⑬。为善有功年益长,无所复疑。自然之道何极,时但觉寙转相治,失如铢分辄见疑⑭。

【注释】

①心宜:心安理得之意。

②保举:谓神灵以担保人的身份向天庭荐举其人可以登仙成神。

③谪:流放服苦役。

④便宜:便利适宜。

⑤关:通报,知照。

⑥中复为止:意为中途作罢或半路终止。

⑦考后首:经拷问再招供。首,自行招供之意。

⑧见下:谓被贬入死部鬼簿。

⑨故进止:意为心怀叵测地时而上进,时而止息。

⑩不者:指既不上进又不止息亦即得过且过的人。如故:谓比照
　“故进止”予以同样的处治。

⑪神法:神灵奉守的法令。

⑫当施补空者:指命在仙籍、有资格受神施化并可补任空缺之神职神位的人。

⑬逋(bū)亡:逃避。

⑭见疑:谓受到天庭神灵的猜疑厌弃。

【译文】

所以就开示后来出生的人,让他们从内心里觉悟,传授神书而不要擅自藏匿起来,藏匿起来就有惩罚。切莫滑入奸巧欺诈的圈子里去,竟把不孝顺当成心安理得的事情,这都与神书所讲的大相径庭,定会受到天庭的责问,能不对此多加小心吗? 传授时应当传授给合适的人选,让他做到能使神灵甘愿替他充任登仙成神的担保人。切莫违犯神书,也不要去试一试神灵的话语灵不灵。慎重对待神灵的话语,都会获取到皇天的酬报。千万不要轻易就去违犯它,事后必定祸殃临身,稍有违犯就被流放服苦役,犯下大罪过更无法挽救了。所以便责成众神灵递相侦伺监测,便利适宜地做禀报。出现失实的情况,反过来会受到惩治。事情都应相互通报,决不准私下有隐瞒。所以便责成众神灵转相揭发检举,让他事后懊悔莫及,何必仍去怀疑呢? 追求登仙成神却中途作罢,也受拷问,不自行招供其中的实情,经过拷问才招供,便被打入死鬼的行列。心怀叵测地时而上进又时而止息,也受拷问;既不上进又不止息而得过且过,便比照前一类人予以同样的处治。所说的也就正是这类情形啊! 总之决不能轻易去违犯,不要再心存疑虑了,神灵奉守的法令特别威严,因而要仔细慎重地对待它,深念精思它。长生久活的真道,能不万分看重它吗? 所以就降示下这篇书文,用来晓喻命该蒙受施化并补任空缺神职神位的人。给你设布下该去做的善事,那就递相承奉来施行,切莫出现逃避的现象。做善事立有功劳,寿命就会更长久,对此不要再有什么怀疑了。原本就那样的真道哪里会有边际呢? 只管随时觉悟,转相治理就是了。产生极其细微的过失,那就受到天庭神灵的猜疑厌弃了。

天有倡乐^①，乐诸神，神亦听之。善者有赏，音曲不通亦见治。各自有师^②，不可无本末不成。皆食天仓^③，衣司农^④。寒温易服，亦阳尊阴卑^⑤。粗细靡物、金银彩帛、珠玉之宝^⑥，各令平均，无有横赐^⑦，但为有功者耳，不得无功受天衣食。前文已有言，今为复道，令无怨恨，无所嫌疑，是天重神灵之命也。

【注释】

①倡乐（chāng yuè）：歌舞杂戏的表演者。倡，乐工，艺人。

②师：指由乐师传授的一脉相承的演唱规程和技法要求。

③天仓：星名。凡六星，位于西方七宿中娄宿的南部，被视为天庭储谷之所。

④司农：此系移植汉代中央官职为天庭官职。司农为汉设九卿之一，掌管国家财政和收支核算。本经在其拟构的天庭建制中设有计曹，其长官则为司农。壬部云："诸当上计之者，悉先时告白，并计曹者，正谓奏司农。"

⑤阳尊阴卑：此就乐工内部组成人员的关系而言。由此可见天庭"倡乐"中亦有女乐歌伎在内。

⑥靡物：指风靡一时的物品。

⑦横赐：犹言滥赏。

【译文】

天庭拥有乐工歌伎，来使众神灵得到娱乐，众神灵也去观赏它们。演唱得美妙动听的，就有赏赐；而对曲调不精通，也会受到惩罚。各自都有经由乐师传授的一脉相承的演唱规程和技法要求，不准首尾残缺而不成套。乐工歌伎都从天仓星那里获得饮食，从天庭司农官那里领取衣物。寒暑季节按时更换服装，内部也阳尊阴卑。无论风靡一时的粗细物品还是金银彩帛和珠玉珍宝,各自都让公平配给,不存在滥赏的现象,但也仅仅面向建有功劳的人罢了,决不允许没立功劳却领受天庭的衣物食物。前面的书文已经讲论过这宗事体,如今再次特作申说,好让谁都消除怨恨,没有什么疑惑难辨的了,这正表明皇天看重神灵的性命啊!

　　岁尽拘校簿上①,山海陆地,诸祀丛社②,各上所得、不用③,不得失脱。舍宅诸守④,察民所犯,岁上月簿⑤,司农祠官⑥,当辄转相付文辞⑦。太阴法曹⑧,计所承负,除算减年,算尽之后,召地阴神,并召土府⑨,收取形骸,考其魂神。

【注释】

①拘校:汇集校核。簿:指记录世人善恶的簿册。上:呈报。此系仿照人间皇朝的"上计"制度以拟天庭制度。本经卷一百十《大功益年书出岁月戒》谓:"簿疏善恶之籍,岁日月拘校,前后除算减年。其恶不止,便见鬼门。"

②诸祀丛社:指各个祭祀场所。

③所得:指可以登仙成神的人。不用:指应贬斥的人。

④舍宅诸守:指人体内众神灵。

⑤岁:意为每年中。月簿:每月所汇总的善恶文簿。此由人间"月要"或"月计"制度而来。

⑥祠官:指天庭所设置的监管世人祭祀情况的机构。此系比附汉代九卿之一太常而设。详参本经卷一百十四《不可不祠诀》所述。

⑦付文辞:意为下发批复文件。依汉制,司农负责国家财会审计,太常每逢朝廷选试博士,则奏其胜任与否,故而此处遂有"付文

辞"之说。

⑧太阴法曹:特指天庭掌管刑法的部门。汉制,廷尉掌全国刑狱,
　尚书台亦设法曹,此处遂予拟设并以"太阴"当之。

⑨土府:谓阴曹地府。

【译文】

　　到年底汇集校核神灵呈报上来的记录世人善恶的簿册,届时山海陆地和各个祭祀场所分别奏报可以登仙成神的人、应该贬斥的人,不许出现遗漏和弄错的现象。在世人体内形成宅舍加以监守的众神灵,时刻察视世人犯下的过恶,全年中要报呈每月所汇总的善恶文簿,司农官和监管人间祭祀情况的祠官,应当及时转接下发批复的文件。太阴法曹综计世人承负的罪责,扣除寿龄,缩减天年,寿龄到头以后,便宣召地阴神,同时命令阴曹地府,收取他们的形体,拷问他们的魂神。

　　当具上簿书相应①,不应主者为有奸私②,罚谪随考者轻重③。各簿文非天所使,鬼神精物不得病人④。辄有因自相检伤⑤,自相发举⑥,有过高至死,上下谪作河梁山海⑦,各随法轻重,各如其事,勿有失脱。各有府县邮亭主者长吏⑧,察之如法,勿枉夭克鬼神精物⑨。如是上下合通行书⑩,各如旧令。

【注释】

①具:完备详尽。相应:谓与至高神天君所预先掌握的情况完全
　吻合。

②主者:指奉命监视世人善恶的各类神灵。

③考者:指勘验核定的结果。

④病人:祟人殃人之意。

⑤检饬:检照戒饬。

⑥发举:揭发检举。

⑦上下:谓程度不等。作:修筑。河梁:桥梁。

⑧府:指郡。郡为汉代所设一级地方政区。下辖县。东汉顺帝时,京师以外十二州共置七十一郡。郡设太守。郡同公府即中央政府机构下属主要部门地位大体对等,故又称府。邮亭:指驿馆。汉制,十里(百户为里)一亭,五里一邮。邮与邮之间相距二里半。亭设亭长,邮设督。既负司奸捕盗之责,又为驿馆所在。此处则被移植为天庭的建置,以汉代地方官制拟设天庭统治网。参见本经辛部"说天地上下、中央八远邮亭所衣食止舍"两节文字所述。

⑨夭克:中途克杀。

⑩行书:指天庭考核鬼神过失的往来公文。本经卷一百十八《天神考过拘校三合诀》称:"天上亦三道集行文书以记过,神亦三道行文书以记过。"

【译文】

神灵应当完备详尽地奏报记录世人善恶的簿册文书,并与天君预先所掌握的情况完全吻合,不相吻合,便证明神灵存在着奸诈营私的地方,对它们的惩罚和贬斥依从验核的结果决定轻重。各处的簿册文书不是由天庭派发下去的,神灵精灵与鬼物就不许去殃人害人。殃人扰害人便通过相互自行约束戒饬,彼此自行揭发举报,发现过恶,最严重的直至处死,程度不等的就予以发配,前去修筑桥梁或在山峦湖海服苦役,分别依据天法的轻重处罚规定,各自同它们的罪行相对应,不许出现偏差或遗漏的情况。天下各地又有郡县邮亭的主管神灵和神灵长官,都按天法对神灵进行监察,不准违犯天法竟半路克杀神灵精灵与鬼物。像这样上下共同验核沟通那些考核文书,分别按照原定的条令去妥善办理。

衣履欲好诫第一百八十九

【题解】

本篇所谓"衣履",意为衣冠鞋履,泛指生活享受而言。"欲好",乃谓不应产生的非分追求。篇中依据命定论和善恶报应的承负说,痛斥自誉谤善、蔑天诬地、解纷索重酬、怒骂妄诅咒、盗人妇女、劫物转卖、衣履快身、竞行斗辩的"恶子"之行,并以官府捕杀、神灵疏记、恶鬼追取相威慑。其间触及到当时社会的若干丑恶现象,但对下层贫民的反抗以及人们正常的物质需求则是径予否定的。

自古及今,各有分部①,上下傍行,有所受取②,辄如绳墨不失,何有不睹死生之诀? 各且自慎,勿犯神灵,各如其职③,慎勿忽忘。命可疏记④,善者当上,恶者当退,吉凶之会,各其所愿。但可顺从,不得逆意,心意不端,反怨神使⑤,行自得之,何所怨仇?

【注释】

①分部:指天庭按照日月星辰和陆地水域所划定的对世人进行掌控的界区。

②受取：谓让世人登仙成神或丧命入土。

③职：指各自的天然职守和既定的社会分工。参见本经卷四十二
《九天消先王灾法》所述。

④疏记：指神灵分条逐项记录世人的善恶行径，定期禀报给天庭。

⑤神使：指受天庭委派前来监视世人行为的神灵。

【译文】

从古代到当今，天庭便对世人分别划定出掌控的区域，由上至下以及向四方延伸，都有让他登仙成神或丧命入土的具体对象，就像工匠按墨迹画线那样丝毫不会出现差错，世人为什么又看不出这或生或死的决断来呢？各自要多加小心，千万不要触犯神灵，分别按照本人的天然职守去行事，切莫忽略忘记这一点。性命能被神灵逐条记录善恶而决定长短，良善的人就应升天登仙，邪恶的人便该打入阴间地狱。吉凶的际会各自依从本人的志愿，因而只能顺从神灵的化导，决不可产生违逆的想法，自己心意不端正，反而怨恨前来监视世人行为的神灵，其实全由本人的行为自动招来险恶的后果，还去怨恨仇视谁呢？

人有难化，知有不足，皆被其殃。枉行所不及①，反自誉满口出。人事殊无知虑，而见当前，不顾其后，合祸离爱②，谤讪善人，以天亡上③，地不在下，不知鬼神有疏记之者。解人怨仇，多施酒脯④，甘美自恣⑤，当时为可，后为人所语⑥。轻口骂詈⑦，咒诅不道⑧，诈伪诽谤。盗人妇女，日夜司候⑨。邀取便者⑩，卖以自食。衣履欲好，竞行斗辩⑪。不从道理，欲得生活⑫，何从得久？

【注释】

①枉行：意为不正直地去偏做硬干。枉，邪曲，不正直。所不及：指

本身根本尚不清楚其恶果的事情。

②爱：指天庭和神灵对世人寿命的爱惜。

③亡(wú)上：不在上面之意。亡，没有。

④脯：干肉。指各种菜肴。意谓索取丰厚的酬谢品。

⑤恣：纵情享用之意。

⑥语：议论纷纷。即非议。

⑦詈(lì)：责骂。

⑧咒诅：即诅咒。本谓祈祷鬼神加祸于所痛恨的人。此处指咒骂。

⑨司(sì)候：意为找机会下手。司，通"伺"，侦伺，探察。

⑩邀取：劫取。便者：指容易得手的货物。

⑪斗辩：争嘴斗舌。

⑫生活：存活。

【译文】

世人存在着难以化导的情况，计虑又有压根不懂得的地方，都会遭受相应的祸殃。不正直地去干自己还不清楚其恶果的事情，反而满嘴冒出自吹自擂的话语。对人间事体一点儿都没有深远的计虑，只看到当前，不顾念后果，径与灾祸归到一处，远离皇天对世人寿命的爱惜。诽谤讪讪良善的人，认为天庭不在上面，地府也不在下面，根本不知道正有鬼神在逐条记录他那过恶。化解别人之间的仇怨，就让他们多多提供酒肉，好吃好喝由自己纵情享用，当时觉得特别得意，日后却被人们议论纷纷。张开嘴巴就大骂特骂，诅咒一切而大逆不道。欺诈哄骗，乱加诽谤。强占别人家的妇女，日夜找机会下手。劫取容易得手的货物，转卖出去给自己混口饭吃。衣服鞋袜都要穿好的，争着抢着干那争嘴斗舌的烂事。不按道理行事，却希图存活，这可从哪里会长久呢？

愚人可为名恶子①，长吏闻知，属吏捕取②，急刑其身③，祸及亲疏④，并得其咎。贫当自力，无为摇手，此人命簿，生所禀受,恶鬼随之⑤,安得留久。此辈众多有前后,会当相得不中止⑥。所以言者,恶鬼所取,慎之小差⑦,不慎自已。

【注释】

①恶子:即恶棍、歹徒。

②属:通"嘱",吩咐。

③急刑其身:谓急速处以死刑。

④亲疏:指父母妻子和远近亲戚。此就连坐法而言。

⑤恶鬼:指在意念上支配和驱使人去作恶的鬼物。随:附体缠身之意。本经卷一百十《大功益年书出岁月戒》云:"而反为恶,故使主恶之鬼久随之不解。"又卷一百一《西壁图》称:"故前有害狱,后有恶鬼,皆来趋斗,欲止不得也,因以亡身。"

⑥相得:谓与天庭禁戒保持一致。中止:即半路丧命。

⑦小差:意为勉强还可以。指能尽享天年。

【译文】

　　愚蠢的人可以把他叫做歹徒恶棍,地方长官听说后,便吩咐手下人员去逮捕他,毫不耽搁地处以死刑,祸患延及到父母妻子和远近亲戚,共同遭受那灾殃。贫穷就应自己下大力气去改变,不要摆手表示不愿这样干。这种人的本命册籍,从生下来就注定遭受恶鬼的附体缠身,怎能长久活在世上呢?这种人数量众多,死有先后,终归应与天庭禁戒保持一致,才能中途不丧命。之所以这样做告诫,原因是他本人属于恶鬼收取的对象,在这一点上多加小心,就还勉强过得去;不加小心,就自取灭亡了。

　　恶不可施,人所怨咎。当时自可,不念其后,见戒当止,可复小生①,竟其余算②。有故记善恶,寿所起;增年之期,要当善矣③。不见贤圣知虑有余,贪生恶死,上及仙士,寿可长年? 何为弃世④,殃流从生? 胞中之子反言我同从父母生耳⑤。是皆怨天咎地。言恶当别,不可杂厕⑥,清浊分离,如君与奴使⑦,故得行大道者生⑧,不行为土。古今相似,亦有善,亦有恶,世世相传未尝止,多与少耳。天知多逆,故出此文重之耳。知戒之后,可无有疑,十百相应⑨,何有脱时?

【注释】

①小生:意谓尚能多活一些年日。

②余算:指未尽的寿龄。本经以一年为一算,与《抱朴子》所称百日一算不同。详见卷一百二《经文部数所应诀》后附遗文及辛部第十三条经文所述。

③要:总之。

④弃世:自动离开人世之意。

⑤胞中之子:指生下来的后代。

⑥杂厕:谓善恶胡乱混杂在一起。厕,放置。

⑦奴使:奴仆。

⑧大道:即成仙之道。

⑨十百:犹言百分之百。

【译文】

邪恶决不能施加给别人,这正属于人们所怨恨憎恶的行径。当时自以为得意,不念及后果,如今看到天庭禁戒了,就应止息,止息还能多活一些时日,尽享尚未到头的寿龄。有那神灵在专门记录世人的善恶行为,构成寿龄长短的来源;对增加寿龄充满期盼,总之就该良善。难道没看见圣贤计虑深远,贪恋生存,厌恶死亡,往上成为仙士,寿命可以长存吗? 为什么自动离开人世,祸殃延及到跟在后面出生的儿子呢?

胎中出生的儿子反而声称，我和别人一样，也是从父母那里生出来的。这都属于怨恨天地的行为。强调邪恶应被区分出来，不能让它同良善胡乱地混杂在一起，清洁与污浊绝对要分离开，就如同君主与奴仆一般。因而确能行用大道的人就长生，谁不行用就化成泥土。古今非常相似，既有良善的人，也有邪恶的人，世世代代往下传续而未曾消失过，只不过两类人中有时这类多，有时那类少而已。皇天很清楚现今的世人大多违逆不顺，所以就降示这篇书文，叫人看重寿命罢了。知道禁戒以后，可以不必再有什么怀疑的了。须知它百分之百地灵验，哪有叫人滑过去的呢？

不忘诚长得福诀第一百九十

【题解】

本篇所谓"诚",统而观之,系指动辄为善、有益于天而言;"福",乃谓蒙天回报,可竟天年,可延寿龄,可获富贵,可成神仙。围绕这种"不忘诚"与"长得福"的因果关系,篇中既勾划出一个以日月星辰和诸色神灵为依托的施惠并监控人间的天界神域体系,又昭示北极紫宫和昆仑山掌理名在仙籍者之未来命运的天庭定制;既痛斥恣意捕杀动物的罪恶行径,又开启念本慕初的生成之道;既强调世人务须讲信用、师君父理应贤明、臣弟子本该忠诚或谨顺或孝敬的准则,又宣明圣智求索仙、贵、富的途径。既揭露"无德之国"阴暗衰败的情形,又展示天地人"三明相得乃合和"的图景。需要特别指出的是,篇中"太平之书三甲子乃复见理"一语,对考索《太平经》的来龙去脉及其成书年代,具有异常重要的参取价值。

惟天地亦因始初^①,乃成精神^②,奉承自然生成,所化莫不得荣。因有部署^③,日月星辰,机衡司候^④,并使五星,各执其方^⑤,各行其事^⑥。云雨布施,民忧司农事^⑦。元气归留^⑧,诸谷草木、蚑行喘息蠕动^⑨,皆含元气,飞鸟步兽水中生亦然,使民得用奉祠及自食。但取作害者以自给^⑩,牛马骡驴不任用者⑪，以给天，下至地祇有余⑫，集共享食⑬。勿杀任用者、少齿者⑭，是天所行，神灵所仰也。

【注释】

①始初：指元气迷蒙混沌的原始形态。初谓太初，始谓太始。《周易乾凿度》认为，元气开始出现，构成"太初"阶段；始有其形，构成"太始"阶段。

②精神：精指由大地阴气凝化而成的精灵，神指由皇天阳气凝化而成的神灵。

③部署：指对天体各自功能的确定。

④机衡：指北斗星的运转。北斗第三星名机（玑），第五星名衡，故以指代北斗。司候：谓掌管气候节令的变化。《鹖冠子·道端》谓："斗柄东指，天下皆春；斗柄南指，天下皆夏；斗柄西指，天下皆秋；斗柄北指，天下皆冬。斗柄运于上，事立于下。斗柄指一方，四塞俱成。此道之用法也。"《史记·天官书》称："斗为帝车，运于中央，临制四乡，分阴阳，建四时，均五行，移节度，定诸纪，皆系于斗。"本经卷六十九《天谶支干相配法》称："又天谶格法，东、南为天斗纲斗所指向，推四时，皆王受命。"

⑤各执其方：指木星执领于东方，火星执领于南方，土星执领于中央，金星执领于西方，水星执领于北方。

⑥其事：指木星治春，火星治夏，土星制四方，金星治秋，水星治冬。详参《淮南子·天文训》所述。《论衡·说日篇》云："日月五星之行，皆施气焉。"

⑦忧司农事：意为关心年景的丰歉和国家财力的盈绌。

⑧元气：化生宇宙万物的无形实体。本经卷五十六至六十四《阙题》（六）称："元气，阳也，主生。"又卷九十八《核文寿长诀》谓："天道广从，无复穷极，不若一元气与天持其命纲也。"归留：意谓

施入生物形体之内而留驻不散。本经乙部《守一明法》谓:"元气无形,以制有形,以舒元气。"

⑨诸谷:指一切农作物。蚑(qí)行喘息蠕动:指用脚行走、用嘴呼吸、用爪爬行的各类动物。

⑩作害者:指给世人造成危害的动物。如野猪之类。

⑪任用:谓以之耕田拉车等。

⑫地祇(qí):地神。

⑬享食:谓天神地神享用祭品而赐福于人。本经卷四十《分解本末法》云:"精神乃从天地饮食,天下莫不共祭食之,尚常恐懈,不能致之也。"

⑭少齿者:指幼驹之类。

【译文】

想那天地依凭元气迷蒙混沌的原始形态,于是凝化成阴气的精灵和阳气的精灵,承奉自然而然的定律来化生和成就,而所化生和成就的万物没有一种不获得兴盛的。随即便有安排部署,日月星辰和北斗星的运转,都掌管气候节令的变化,并且分派五大行星各自执领固定的方位界区,分别履行自身的职事。定期兴云降雨,民间百姓随之关心年景的丰歉和国家财力的盈绌。元气施入万物形体之内而留驻不散,一切农作物和草木以及用脚行走、用嘴呼吸、用爪爬行的各类动物,全都内含元气,飞禽走兽和水中的生物也都这个样,致使民间百姓得以靠它们举行祭祀活动以及自身有饭吃。民间百姓只应捕取对人造成危害的动物用来满足自家的生活需要,要拿不能再耕田拉车的牛马驴骡去隆重地祭祀皇天,往下直至地神,也都祭品有余,天地神灵这才共同前来享用祭品。切莫宰杀还能耕田拉车的家畜和幼驹,这正属于皇天所施行而神灵所仰从的事体。

万民愚戆①,恣意杀伤,或怀妊胞中,当生反死,此为绝命以给人口②。当死之时，皆恐惧近，知不见活。故天诚矜之③，怜愍为施防禁④，犯者坐之。六畜尚去明爱⑤，不忍中伤，人反不自惜，更为贼虏⑥，所取非一，妄行金刃，杀人不坐也。虽不即诛者，天积其过，杀败不止，灭尸下流未生⑦。是者亦不得逢吉，鬼神憎之，司候在前，何有脱时？故记善恶重之，即不犯耳。

【注释】

①愚戆(gàng)：愚蠢粗暴。

②给人口：大饱口福之意

③矜：怜惜。

④怜愍(mǐn)：即怜悯。

⑤去：谓远离可欺之物。

⑥贼虏：虐杀捕取。

⑦下流：殃及。

【译文】

然而人间百姓愚蠢粗暴，却肆意去捕杀伤残，有的动物还在母体内发育，本应存活，反倒死去，这纯属灭绝生命来大饱口福。动物在临死的时候，全都害怕人到跟前来，知道自己活不成了。所以皇天委实怜惜它们，出自哀悯特为它们而向世人做出防止和禁绝的有关规定，违犯的人便受到惩治。牛羊等六畜还离开可以欺侮的弱小动物，由此来表明仁爱，不忍心半路伤害它们，可世人却反而不自觉爱惜，竟去轮番虐杀捕取，所捕取的东西不止一种，随意便动用凶器，简直就像杀人不获罪一般。虽然当场未被立即处死，但皇天也把他们的罪恶积攒起来，伤杀败毁不罢休，就灭掉他们的尸首，还往下殃及他们的后代。这种人也根本遇不到吉福事，鬼神憎恨他，正在前面监视他，哪里能有躲藏逃掉的时候呢？所以便将世人的善恶行为一条条记录下来，引起世人的重视，也就不去触犯了。

神人真人以此文示众民，义不隐藏①，使知不自怨。故随俗作字②，分明可知，圣贤不犯，恐愚不息。师有前后③，无忘其本，念本就新④，恋慕如初⑤，是生之道也。功有小大，所受不同，当为发觉未知之诀、未知之意⑥；不知，其念未知之言、未知之志。两分明，是天意也。生成之道，从此出矣。

【注释】

①义：意旨，义理。

②作字：意为形成书面的浅显表述。

③师：指应取法的准则。

④就新：归向自新之意。

⑤如初：归往初始的形态。如，往，去。

⑥发觉：阐发且使觉悟。

【译文】

神人和真人拿这篇书文亮给众百姓看，对义理决不隐藏什么，使人明白而不再自行抱怨。所以便随顺习俗形成书面的浅显表述，讲得十分清楚，可以了解掌握住了，圣人贤人自然不会去违犯，只怕愚昧的人还不止息啊！理应取法的准则有先有后，但都不能忘记那根本所在。精思根本，归向自新，贪恋仰慕，归往初始的形态，这正构成存活的真道啊！对皇天建立的功劳有大有小，所蒙获的天报也各不相同，应当为他们阐明他们还不知晓的秘诀和尚未开通的志意，使他们觉悟；而对此压根就不清楚的人，反过来就去精思自己未曾听说过的话语和尚未明彻的心志。双方分辨得特别明显，这正构成皇天的心意啊！化生和成就的真道，就从这里面体悟出来了。

取信于天，取信于地，取信于中和①，取信于四时，取信于五行，是皆天所得报信也，不失铢分，知之不乎？是委气无形自然之所服化也②。故三台七星③，辅正天威，日月照察是非，使有自然，然后无有中悔之者。故复申敕诸所部主名④，令分明，受罚不怨，此之谓也。无得是非他人⑤，还自直也⑥。戒无小大，可法则也。不忘此言长得福，宜慎用行之，不失节也⑦。以故言，自杀试也⑧。

【注释】

①取信于中和：此五字中原无"和"字，据《太平经钞》补。中和，天地交合而成者为中和，指人间与万物。

②委气无形：指至高神天君。本经壬部谓："天君者，则委气，故名天君。"服化：顺服归化。

③三台：星名。又称三能或三阶。共六星，两两而居，起于文昌宫，止于太微宫。《黄帝太阶六符经》云："泰阶者，天之三阶也。上阶为天子，中阶为诸侯公卿大夫，下阶为士庶人。上阶上星为男主，下星为女主。中阶上星为诸侯三公，下星为卿大夫。下阶上星为元士，下星为庶人。三阶平则阴阳和，风雨时，社稷神祇咸获其宜，天下大安，是为太平。"《晋书·天文志上·中宫》则谓："在人曰三公，在天曰三台，主开德宣符也。西近文昌二星曰上台，为司命，主寿。次二星曰中台，为司中，主宗室。东二星曰下台，为司禄，主兵。所以昭德塞违也。"七星：即北斗七星。《春秋运斗枢》曰："北斗七星，第一天枢，第二璇，第三玑，第四权，第五玉衡，第六开阳，第七摇光。"第一至第四为魁，第五至第七为杓，

合为斗,居阴布阳,故称北斗。

④诸所部主名:指山川陆地各处神灵所掌理的世人。

⑤是非他人:意谓把责任完全推到别人的头上。

⑥自直:自行申辩以表明本人占理。

⑦节:法度,规则。

⑧自杀试:意为纯属以身试戒,自取灭亡。

【译文】

　　取信于皇天,取信于大地,取信于人间和万物,取信于春夏秋冬四季,取信于木火土金水五行,这都属于皇天会对诚信做出回报的具体对象,丝毫也不差,对这种情况弄清楚了吗? 这正是至高神天君自然而然叫人顺服归化的体现啊! 所以三台星和北斗七星便去辅佐并肃正皇天的威灵,太阳和月亮便去察照世人的对与错,使世人确立起自然而然的法则,然后就不存在内心感到悔恨的人了。所以再次向各个神灵辖区内的世人特作申明和戒饬,让每个人都分辨得异常清楚,受到惩罚不再抱怨,说的也就正是这个意思啊! 不要再去把责任都推到别人头上,掉转来又替自己找借口做申辩,表明本人占理了。戒语无论大小,都要照着去做。不忘记这些戒语,就总能获取吉福,应当谨慎奉用并实行它,决不偏离法度。依旧奉行原来所讲论的那套做法,就纯属拿性命去测试戒语灵不灵而自取灭亡了。

　　书当未用①,帝王未信也。佞者在侧,书不见理也②。灾害并生,民何所止③? 太平之书三甲子乃复见理④,不如十谏令知耳⑤。且念活求知,贤圣有知可及矣。圣人当升贤随后⑥,求生不恶复次之⑦。神仙之录在北极⑧,相连昆仑⑨,昆仑之墟有真人,上下有常⑩。真人主有录籍之人,姓名相次。高明得高,中得中,下得下,殊无搏颊乞丐者⑪。

【注释】

① 当：正确灵验。

② 见理：得到行用。

③ 止：栖身之意。

④ 三甲子：谓一百八十年。本经卷一百二《神人自序出书图服色诀》谓，乙巳出付太平之书。乙巳为东汉桓帝延熹八年(165)，由本年上推一百八十年，则为西汉成帝永始元年(前16)，此年亦为乙巳。据《汉书·李寻传》和《后汉书·襄楷传》载，成帝时，齐地术士甘忠可曾造《包元太平经》。桓帝延熹九年，齐地方士化的儒者襄楷诣阙上疏，内有"臣前上琅邪宫崇受于吉神书，不合明听"之语。此处所言，适可与两传所载相印证，对考察《太平经》的渊源及成书年代，颇具参考价值。

⑤ 十谏：此当特就东汉时期某一重大谏诤行动而发。如《后汉书·任隗传》载："隗义行内修，不求名誉，而以沈正，见重于世。和帝即位，大将军窦宪秉权，专作威福，内外朝臣，莫不震慑。时宪击匈奴，国用劳费，隗奏议征宪还，前后十上，独与司徒袁安同心毕力，持重处正，鲠言直议，无所回隐。"

⑥ 升：谓登仙成神。在本经所构设的神仙等级序列中，圣人、贤人被列为候补神仙的首要和次要人选，故出此语。详见本经卷四十二《九天消先王灾法》、卷五十六至六十四《阙题》(六)、卷七十一《致善除邪令人受道戒文》所述。

⑦ 求生不恶：其动作发出者指平民和奴婢。详参本经卷五十六至六十四《阙题》(六)所述。癸部《贤不肖自知法》则称："夫人愚，学而成贤；贤学不止，成圣；圣学不止，成道；道学不止，成仙；仙学不止，成真；真学不止，成神：皆积学不止所致也。"

⑧ 北极：又称中极。指北极星所在的天区，即紫微垣，亦称紫宫或中宫，属于至高天神的居所。《史记·天官书》载："中宫天极星。

其一明者,太一常居也。"《春秋元命苞》谓:"北者,极也;极者,藏也。言太一之星高居深藏,故名北极。"《春秋演孔图》称:"天皇大帝,北辰星也。含元秉阳,舒精吐光,其星有五,居紫宫中,制驭四方,冠有五采。"本经卷五十六至六十四《阙题》(六)曾说:上神人乃与皇天同形,舍于北极紫宫中,与天上帝同象,名天心神。又卷九十三《方药厌固相治诀》谓:"天者以中极最高者为君长。"又卷一百十一《大圣上章诀》称:"当白日升上之人,求生有籍,著文北极,天君内簿有数通。"

⑨昆仑:山名。其被古人视为天下之中,上与北极星相对应,为天帝地上都城和众仙人聚集之所。《河图括地象》谓:"昆仑之山为地首,上为握契,满为四渎,横为地轴,止为天镇,立为八柱。……其高入天,即所谓天柱也,围三千里,圆如削。下有仙人九府治,与天地同休息。"本卷九十三《方药厌固相治诀》云:"地以昆仑墟为君长。"又卷一百十《大功益年书出岁月戒》称:"年数且升,乃施名各通,在北极真人主之。录籍在长寿之文,须年月日当升之时,传在中极,中极一名昆仑。"

⑩常:谓等级区分。

⑪搏颊:抽耳光。此处似指早期道教某些派别自我折磨的修炼方法。乞丐者:指四处化缘的人。此系本经作者对早期传入中原的佛教修持方式的否定。详见本经卷一百十七《天咎四人辱道诫》所述。

【译文】

　　天书正确又灵验,可帝王并未信从。只知献媚的家伙围在帝王的身边,造成天书得不到施用推行。结果灾殃祸害同时降现,老百姓还能再在什么地方存身呢? 能使天下太平的神书经过一百八十年正该得到施用推行,但却比不上连续十次进行规谏的奏疏使帝王容易领悟到呀! 况且渴望存活,求取其中的要义大旨,圣人贤人了解以后便能达到目的了。圣人准保会升天登仙,而贤人又紧跟在后面;平民和奴婢追求长生不干坏事,也会逐级往上升进。神仙的花名册收藏在至高天神的紫宫居所,正与昆仑山上下相连,昆仑山上聚集着真人,上下之间具有等级区分。真人掌管神仙簿上载有姓名的人,姓名依次来排定。属于第一等的人,届时就升入第一等行列;属于中等的人,届时就升入中等行列;属于下等的人,届时就升入下等行列。但绝对没有一个自抽耳光的邪道术士和四处化缘的家伙。

先生为师①,尊之为君,称之为父,故师君父不可不明②,臣不可不忠,弟子不可不顺,敬从其上,转上及。故天不忘先生之恩③,地不忘先生之养④,人不忘先生之施⑤。故有忠孝信,思生不恶以自近,以自明。天明下照黄泉之下,土明照上天间,中和之明上下合同⑥,故三明相得乃合和⑦。天以三明名日月星,下照中和及地下,无有懈息。无德之国,阴气蔽日,令使无光,人民恐惧,谷少滋息,水旱无常,民复流客有谷之乡。天实怜之,令至活乡处。有明君,国得昌,流客还耕农,休废之地诸谷得下⑧,生之成熟,民复得粮,更奉先祖,鬼神得安。

【注释】

①先生:谓年长有学问的人。

②师君父:此系本经以师为弟子之纲取代夫为妻纲而定立的新三纲。本经卷四十七《上善臣子弟子为君父师得仙方诀》谓:"夫人乃得生于父母,得成道德于师,得荣尊于君。"又卷七十三至八十五《阙题》(八)云:"故父母者,生之根也;君者,授荣尊之门也;师者,智之所出,不穷之业也。此三者,道德之门户也。"又卷九十

四至九十五《阙题》称:"夫师开矇,为道之端,君父及师,天下命门。"

③先生:指出现在皇天形成之前的轻清阳气。

④先生:指出现在大地形成之前的重浊阴气。

⑤先生:指生在自己前面的父母、师长和君主。施。施予。谓父母赐给自己生命,师长赐给自己知识,君主赐给自己官位和荣誉。

⑥合同:吻合一致。

⑦三明:指天明、土明、中和之明。

⑧下:谓播种。

【译文】

年长有学问的人就成为师长,倍受尊崇的人就成为君主,一开口便被挂在嘴边上的人就成为父亲,所以身为师长、君主、父亲,就不能不贤明;而做臣僚的,就不能不忠诚;当弟子的,就不能不谨顺。恭敬地服从自己的上级,辗转便达到最高处。所以皇天不忘记在自身形成之前的轻清阳气的恩惠,大地不忘记在自身形成之前的重浊阴气的养育,世人不忘记生在自己前面的父母、师长和君主的施予。所以心怀忠诚、孝顺和信实,精思长生,不干坏事,以便自行向最高处靠近,自行使内心明彻。皇天明彻,往下便照射到黄泉底下;大地明彻,往上便反照到天区;人间明彻,上下之间便吻合一致,所以这三方面明彻,彼此便协调,聚合成一个整体。皇天正凭仗三大明彻的星体,把它们称为太阳、月亮、星辰,往下照耀人间,直至地下,从来没有懈怠和停止的时候。可在没有道德的国家里,阴气遮蔽住太阳,使太阳暗淡无光,人民由此万分恐惧,农作物很少滋生发育,水灾旱灾随时降临,众百姓又流亡到粮食较多的地方寄居。这实际上源于皇天在哀怜世人,让他们到能活下去的地方存身。有那英明的君主,国家就会昌盛,流亡寄居的人又都返回来务农,撂荒的土地又被播种下谷物,生长出来,直至成熟,众百姓重新又有粮食吃,转而祭祀祖先,鬼神也获得安宁。

中有圣智，求索神仙，簿书录籍，姓名有焉。当复上，为天之吏，案行民间①，调和风雨，使得安政。以此书示后生焉，故当作善，有益于天。自是之后，可戒子孙，延年之期，可不及焉！书虽复重，天大爱人，欲使得竟其年，丁宁反复属于神②，善辄疏上，恶亡其名。无违此书，思善心鬲③，念常不废，意当索生，志常念成。所以然者，以人志所当及也。

【注释】

①案行：巡视，巡查。

②属：属意，归心。

③鬲（gé）：通"膈"，即分隔人体胸腔和腹腔的肌膜结构。

【译文】

其中出现圣明睿智的人，力求登仙成神，而神灵所呈报的文书和本命所在的册籍又都载有他的姓名。应当继续升进，成为皇天的神吏，巡视民间，调和风雨，致使国政安平下来。拿这篇书文亮给后来出生的人观看，所以就该去做善事，对皇天确有补益。从此以后，可以用它告诫子孙，延长寿命的那一期望，能不实现吗？文书尽管语句重复，但皇天特别爱惜世人，想让他们都能尽享天年，所以便反复叮咛他们，务必归向神灵。做出善事，就会逐项奏报给天庭；光去干坏事，就把他姓名勾销了。不要同这篇书文对着干，在内心深处只管思量做善事，这种信念总不放弃，个人意愿应去索取长生，所立志向总在专想登仙成神。之所以如此，是因为这正属于世人志向所应实现的目标呀！

努力精之①，各随其愿，天亦不强不欲也。地下傍行四方亦然；无极之天、无极之地、无极之境亦然；无极之明、无极之光亦然。然，小竟。是天之大分也②。欲理念天上之事,天上理念中和,中和安之。欲念求贵,贵神荣之③;欲念求富,富神富之④。苦乐之间常思之,详慎所言。天道亿万,在人所为,不夺人愿也。生养之道审可观,死亡之道鬼所患也。凶神不安辄受之,难为文也。天上有文,求生根也人所愿,故挺此文使可思也⑤。有过自悔,案此文也。不者亦已,无妄言也。神灵在汝前后,无解时也。

　　右天上昌兴、国降逆、明先师贤圣道、天地喜、神出助人治、令人寿、四夷却⑥。

【注释】

①精:谓精思事象及其义理。本经卷五十《诸乐古文是非诀》云:"故古者名学为往精,精者,乃精念其事象可宜,复思其言也。极思惟此,书策凡事毕矣。"

②大分:大分之施。即天恩广大,令悔过者命长。参见本经卷一百十《大功益年书出岁月戒》所述。

③贵神:使人显贵之神。

④富神:使人大富之神。本经坚执万事万物有神论,故出此语。

⑤挺:突出宣示之意。

⑥"右天上"句:此句系对本卷共计五"诚"一"诀"之内容主旨所作的总体概括与揭示。降,降伏。四夷,古代对周边少数民族的统称。即东夷、南蛮、西戎、北狄。

【译文】

　　努力精思这一点,皇天分别依从每个人的意愿,并不勉强谁,也不希求谁。地下和向前延伸的四方也都这个样,永无边际的皇天、永无边际的大地,永无边际的境域也都这个样,永无尽头的照明和永无尽头的光华也都这个样。好了,讲到这里暂且告一段落。这是皇天对世人悔过还让他寿命延长的大恩典啊！希望实现治理，就精思天上的事体；天上获得治理，就念及到人间，人间便一片安宁。打算一心取得官位，使人显贵的神灵就会让他贵显起来；打算一心变得富有，使人富有的神灵就会让他富有起来。在苦与乐这二者之间要经常思忖，仔细慎重地对待这篇书文所讲的话语。皇天的道法成万上亿，完全在于世人怎样去做，决不会违背世人的意愿啊！化生和养护的真道确实可以显而易见，死亡的途径便是鬼物所忧虑的事项了。凶神乱窜却叫人承受它，这就难以构成真道正文啊！天上具有神文，而求取长生的根基正是世人的愿望所在，因此就突出地宣示这篇书文，让世人能去思量啊！产生过失真想自我悔改，就查考行用这篇书文。不这样去做的人，也就只剩下死路一条了，这里面决没有胡诌瞎说的地方。神灵就在你前后，没有离去的时候。

以上为天上昌兴、国降逆、明先师贤圣道、天地喜、神出助人治、令人寿、四夷却。

乐怒吉凶诀第一百九十一

【题解】

本篇所谓"乐怒"，既属人之常情，又为社会氛围的两种基本的外在表现形式。"吉凶"，则指"乐怒"所分别招致的后果、各自造成的结局而言。篇中赋予"乐"乃属天为阳、"怒"则属地为阴的质性，并拟列"乐"为道德之根、君气盛明和"怒"为刑罚之门、争斗之根、臣盛侮君的彼此对立的两大法象，申明乐怒"相伐"、阴阳互为盛衰的关系，断定乐怒必得天地五方的"善应""恶应"，由此强调务须行守"乐和"之道。有鉴于斯，篇中概述调治音乐和兴作音乐的功用，既按《月令》图式，特将宫商角徵羽五音各自区分为大小中三种调式，列示"音和"定会召感五方神帝与玉女、五脏神与五行气喜来助化赐仙方的"大效"；又把聆声知音者区分为上中下三等，逐级作出必能"乐天地"而登仙、"乐治"而化俗、"乐人"而召食的预判。这种以阴阳五行为主导和以营造欢乐社会氛围为落点的音乐观，在本经卷一百十六《某诀》（《敦煌目录》作《音声舞曲吉凶》）中述之尤详尤备。而"乐和"之道，又在同卷《阙题》（二）［《敦煌目录》作《苦乐断刑罚决》］中阐扬得愈加充分。

"请问太平气俱至，人民但当日相向而游，具乐器以为常①，因以和调相化②，上有益国家，使天气和调③，常喜国家寿^④,天下亦被其德教而无咎^⑤。其乐得与不得^⑥,以何为明哉?和与不和,以何为效乎?欲不及天师具问其事,恐固固有不□□者^⑦,故前后重问,不敢懈怠,恐天怒也。""善哉!子为天问事,日益闲习^⑧,得天意。真人必益年寿无穷,天所祐也。诺,安坐,复为诸弟子具更道其意^⑨,使其察察^⑩,令可知也。

【注释】

①具:意为配备齐全并成套演奏。

②化:感化,染化。

③天气:犹时气。指时令节气的流转变化。

④寿:长治久安之意。

⑤咎:祸殃。

⑥乐(yuè):指音乐。自此以下"乐"字频繁出现,或指音乐,或谓欢乐,对其读音须随文而定。

⑦恐固固有不□□者:此句原缺二字。

⑧闲习:熟习,熟谙。闲,通"娴"。

⑨诸弟子:指跟随天师学道传道的六个弟子。合称六方真人或六端真人。据本经丁部《戒六子诀》所述:上为玄真真人,下为顺真真人,东为初真真人,南为太真真人,西为少真真人,北为幽真真人。其中一人名纯,其他五人则在本经中均佚其名。本经卷一百一《东壁图》绘有六名"受戒弟子"图像,或与六方真人相对应。更道:重新讲说。

⑩察察:分辨得万分明晰的样子。

【译文】

"请求询问一下,太平气全部降临后,平民百姓只应面对面地整天游乐,配齐乐器来成套演奏,把这作为常事,借助它去和谐相处,彼此染化,往上对国家很有益处,使皇天的时气保持协调的状态,总为国家长治久安而感到高兴,全天下也蒙受道德的教化而没有祸殃。可那音乐真正获取到其中的奥义妙旨与否,应拿什么来做验核呢? 究竟实现和谐与否,该靠什么来做证明呢? 打算不跟天师详尽询问这宗事体,恐怕还会一如既往地存在闹不清的地方,所以就前后再做询问,绝对不敢懈怠,唯恐皇天发怒!""真是太好了! 你们专为皇天询问事体,一天比一天越发精熟了,获取到了皇天的心意。真人必定会增加寿命,永无尽头,成为皇天保佑的对象了。好好,你们稳稳坐定,再为众位弟子重新详尽地讲论那要意,使你们分辨得万分明晰,可以完全了解掌握住啊!

　　"乐小具小得其意者①,以乐人;中具中得其意者,以乐治;上具上得其意者,以乐天地。得乐人法者,人为其悦喜;得乐治法者,治为其平安;得乐天地法者,天地为其和。天地和,则凡物为之无病②,群神为之常喜,无有怒时也。是正太平气至,具乐之悦喜也。

【注释】

①小具:意为由几种乐器组配而成并进行小型演奏。

②病:谓遭受伤残或中途枯败等。

【译文】

　　"音乐由几种乐器组配而成并进行小型演奏,已经在初等程度上获取到它那奥义妙旨的,用来叫世人和乐。音乐由多种乐器组配而成并进行中型演奏,已经在中等程度上获取到它那奥义妙旨的,用来使政治和乐。音乐由全部乐器组配而成并进行大型演奏,已经在最高程度上获取到它那奥义妙旨的,用来让天地和乐。获取到叫世人和乐的道法的,世人便通过它而深感喜悦;获取到使政治和乐的道法的,政治便通过它而变得安定;获取到使天地和乐的道法的,天地便通过它而达成和谐。天地和谐,万物就由此而没有病痛,群神也由此而总在高兴,没有发怒害人的时候。这正属于太平气来到,把乐器配齐进行成套演奏所造成的喜悦情形啊!

得天地意者①,天地为和。人法之,其悦喜。得天地人和悦,万物无疾病,君臣为之常喜。

【注释】

①"得天地"句:自此以下整节文字乃系《合校》本附存的以资参考的《太平经钞》钞文。

【译文】

音乐获取到天地心意的,天地便通过它而达成和谐状态。世人去效法这种状态,也都会喜悦。形成天、地、人三方面和谐喜悦的局面,万物就没有疾病,君主和臣僚也由此而总显得高兴。

"是故乐而得大角、上角之音者①,青帝大喜②,则仁道德出③,凡物乐生。青帝出游,肝气为其无病④,肝神精出见⑤。东方之类其恶者悉除去⑥,善者悉前助化,青衣玉女持奇方来赐人⑦,是其明效也。真人详思此意。""唯唯。"

【注释】

①大角:指音高同十二律(十二个高度不同的标准音)中阳律"太簇"(约当西乐 D 调)相应的角调调式。角为五音之一,属木行春音,因其象征意义为阳气动跃,故称角,大致相当于现代简谱上

的3(mi)。古称农历春三月为孟春、仲春、季春，其中孟春律中

（应）太簇，故谓之为"大角"。上角：犹言大角。

②青帝：太微垣天区五帝神之一。名曰灵威仰，其于春起受制，主

东方和木行。木色青，故称青帝。参见《春秋文曜钩》及本经卷

九十三《敬事神十五年太平诀》所述。

③仁：仁爱。属人伦五常之一。以人伦五常配五行，仁属木行，故

出此语。

④肝气：肝脏的精气。肝脏为五脏之一，以五脏配五行，肝脏属木

行，其色青。《素问•玉机真藏论》云：春脉者肝，属东方木，万物

之所以始生，故而其气之来，软弱轻虚而滑，端直而长，状如弦。

与此相反则为病症。又《素问•六节脏象论》谓：肝之华在爪，充

在筋，为阳中之少阳，通于春气。

⑤肝神精：人体五脏神之一。本经乙部《以乐却灾法》和《悬象还神

法》将其人格化为青童子十。

⑥东方：五方之一。其为万物始生之地，属天、属阳、属道、属木行，

好生主生亦主仁。详参本经卷六十九《天谶支干相配法》所述。

类：指各种事象与物象。

⑦青衣玉女：木行女神名。关于玉女，《春秋繁露•天地之行》始有

"玉女芝英"之称。汉代《诗纬含神雾》又谓太华山上有明星玉

女，掌持玉浆，服后可成神仙。《礼纬含文嘉》则称大禹得天赐玉

女敬养，身份为妾。本经卷九十九《乘龙驾云图》则绘有玉女画

像。奇方：即仙方妙药。本经卷五十辟有《草木方诀》、《生物方

诀》专篇，另参卷四十七《上善臣子弟子为君父师得仙方诀》所述。

【译文】

"所以音乐能演奏出音高同十二个标准音中'太簇'相应的角调调

式来，东方青帝就非常喜悦，仁爱和道德一齐涌发出来，万物都高兴得

到化生。青帝不禁出宫来游观，世人肝部的脉气由此就不出现病症，寄

居在肝部的神灵也闪跃出来，迎见青帝。在东方的事象与物象中，那些邪恶的事物全部消除离去，良善的东西一律前来协助教化，青衣玉女还持带仙方妙药来赐给世人。这正构成它那显著的效验啊！真人要仔细思索这一意旨。""是是。"

"故上角音得，则以化上也；中角音得①，则以化中也；下角音得②，则以化下也。而得之以化，南方徵之音③，大小中悉和，则物悉乐长也。南方道德莫不悦喜，恶者除去，善者悉前，赤气悉喜④，赤神来游⑤，心为其无病⑥，心神出见候迎⑦。赤衣玉女来赐人奇方⑧，是其大效也。故得黄气宫音之和⑨，亦宫音之善者亦悉来也，恶者悉消去。得商音之和⑩，亦商音善者悉来也，恶者悉消去。得羽音之和⑪，羽音善者悉来也，恶者悉去。真人自详思其要意所致⑫，述效本行也⑬。

【注释】

①中角音：指音高同十二律中阴律"夹钟"相应的角调调式。夹钟义取万物剖甲而出，种类得分。约当西乐♯D调。农历仲春二月，律中（应）夹钟，故谓之为"中角音"。

②下角音：指音高同十二律中阳律"姑洗"相应的角调调式。姑洗义取万物去故就新，无不鲜明。约当西乐E调。农历季春三月，律中（应）姑洗，故谓之为"下角音"。

③南方：五方之一。其为万物繁茂生长之地，属阳、属火行，主养长，主光明，代表人心圣明。详参本经卷六十九《天谶支干相配法》所述。徵：五音之一。属火行夏音，因其象征意义为阳气至极，故称徵，大致相当于现代简谱上的5(sol)。

④赤气：即火行之气。火色赤，故称其气为赤气。本经卷一百十九《道祐三人诀》称："夫太阳上赤气至，乃火之王精也。"又卷九十二《万二千国始火始气诀》云："以斗极东、南，火气起。"同卷《火气正神道诀》谓："今乃火气最盛，上皇气至。"

⑤赤神：指赤帝。为太微垣天区五帝神之一。名曰赤熛怒，其于夏起受制，主南方和火行。火色赤，故称赤帝。参见《春秋文曜钩》及本经卷九十三《敬事神十五年太平诀》所述。

⑥心：五脏之一。以五脏配五行，心属火行，其色赤。无病：《素问·玉机真藏论》谓，夏脉者为心，心属南方火行，万物之所以盛长，故其气之来，强盛疾速，离去则迟缓，状如钩。与此相反则为病症。

⑦心神：五脏神之一。本经乙部《以乐却灾法》和《悬象还神法》将其人格化为赤童子十。又辛部称："其一气主行为王者，主执正凡事，居人腹中，自名为心。心则五藏之王，神之本根，一身之至也。"

⑧赤衣玉女：火行女神名。

⑨黄气：即土行之气。土色黄，故称其气为黄气。本经卷八十九《八卦还精念文》云："朱雀治病，黄气正中。君而行之，寿命无穷。"宫音：五音之主。属土行季夏六月音。因其象征意义为包含并容纳四时，故称宫。大致相当于现代简谱上的1(do)。

⑩商音：五音之一。属金行秋音，因其象征意义为阴气开张，阳气始降，故称商。大致相当于现代简谱上的2(re)。

⑪羽音：五音之一。属水行冬音，因其象征意义为阴气在上，阳气在下，故称羽。大致相当于现代简谱上的6(la)。

⑫致：最高层面，极点。

⑬述效：遵从并效法之意。本行：指五行中每一行的固有应象。

【译文】

"所以同十二个标准音中'太簇'相应的角调调式演奏出来,就会用它化导上面的人啊! 同十二个标准音中'夹钟'相应的角调调式演奏出来,就会用它化导中间的人啊! 同十二个标准音中'姑洗'相应的角调调式演奏出来,就会用它化导下面的人啊! 能像这样演奏出来而去化导,转成位居南方的徵音,大、小、中三个徵调调式又都和谐一致,万物就无不高兴,茂盛生长,南方道德所涵盖的事象与物象,也没有一样不显得喜悦的。邪恶的事物全部消除离去,良善的东西一律涌向前来,火行气也满心喜悦,赤帝不禁出宫来游观,世人心部的脉气由此就不出现病症,心神也闪跃出来,迎候拜见赤帝。赤衣玉女还前来赐给世人仙方妙药。这正构成它那异常显著的效验啊! 因而演奏出土行宫音和谐的宫调调式来,恰与宫音相感应的良善事物也一律涌向前来,而邪恶事物便全部消除离去。演奏出水行羽音和谐的羽调调式来,恰与羽音相感应的良善事物也一律涌向前来,而邪恶的事物便全部消除离去。真人要自行仔细思索其中的要意所能触及的最高层面,去遵从并效法五行中每一行的固有应象啊!"

"所以不悉究竟说五方者^①,谓其大深。上士见之^②,自得其意,以一承万^③;中士得之,恐其大喜也^④;小人得之,或妄语也^⑤。故不悉露见^⑥,使凡人各自思惟其意。上士且自以一承万,通知其意,亦不须为其悉说也;中士亦且自絑絑几知之^⑦,亦不须为其悉说也;下士或得而反妄语,亦不须为其悉说也。是故财成虑^⑧,小举其纲,见其事,以示凡人,使各自思其意,则可上下通达而无过。真人知之邪?""唯唯。"

【注释】

①五方:东西南北中。其中东属木行,西属金行,南属火行,北属水行,中属土行。

②上士:最高明的人。

③一:谓大纲。承:总揽之意。万:谓万目。

④大喜:犹言狂喜。谓喜乐之情超越限度。《素问·阴阳应象大论》云:"暴喜伤阳。"《淮南子·精神训》谓:"大喜坠阳。"

⑤妄语:谓向他人宣称自己要做当朝天子或日后会登仙成神之类。详参本经卷七十一《致善除邪令人受道戒文》、卷一百十四《九君太上亲诀》所述。

⑥露见:披露无遗之意。

⑦緁緁(chēn chēn):意为到头来。緁,止,谓针线的迄止。几:差不多。

⑧财:通"才",仅仅。

【译文】

"之所以不把五方音乐演奏的情形全都讲说到极点,原因是觉得它们太深奥。高明人看到以后,自行会获取到其中的意旨,用大纲去总揽万目;中等人得见后,担心他们会喜乐过度;下等人得见后,有的便会胡言乱语。所以就不全部披露无遗,只管让世人各自去精思那意旨。高明人眼看着自行能用大纲去总揽万目,通晓那意旨,也就没必要为他们全部讲说出来。中等人到头来也差不多能自行体悟到,仍旧没必要为他们全部讲说出来。下等人得见以后,有的反而会胡言乱语,更没必要为他们全部讲说出来。因而仅仅形成一个大致的考虑,稍略举出纲要所在,只把这宗事的轮廓显现出来,用以开示世人,叫他们各自精思其中的意旨,也就可以上下通达而不会出现过错了。真人明白这种用意了吗?""是是。"

"故上士治乐,以作无为以度世①;中士治乐,乃以和乐俗人以调治②;下士治乐,裁以乐人以召食③。此三人者,各谕意,太平气至,听其所为④,从其具乐琴瑟⑤,慎无禁之,则乐气不出⑥,治难平,难平则气斗讼而多刑⑦。夫乐者致乐,刑者致刑⑧,犹影响之验⑨,不失铢分也⑩。

【注释】

①作:倡行。无为:顺适自然之意。此系老子乃至黄老道家所强调的从帝王治国到个人活动均须恪守的重要原则。度世:即超凡成仙。

②调治:调理政治。

③裁:通"才",仅仅。召食:增进食欲、佐助用餐之意。本经卷一百十五至一百十六《某诀》(《敦煌目录》作《音声儛曲吉凶》)谓:"故举乐得其上意者,可以度世;得其中意者,可以致平,除凶害也;得其下意者,可以乐人也。"

④听:任从,任凭。

⑤从(zòng):"纵"的古字,放任,放纵。琴瑟:配合协调的两种乐器。此处意为吹拉弹唱。

⑥乐气:和乐之气。指欢乐和睦的社会氛围。

⑦斗讼:争讼。即竭力打官司。

⑧刑:指刑杀之气。

⑨影响:如影随形,如声回应。谓其做出的反应极为迅速准确。

⑩不失铢分:犹言不差毫厘。铢、分均为重量单位。十二粟为一分,十二分为一铢,十二铢为半两。

【译文】

"所以高明人致力于音乐,在于用它倡行自然无为,去超凡成仙。

中等人致力于音乐,在于用它让俗人和乐,去调理政治。下等人致力于音乐,只不过用它叫客人欢快,去佐助进餐。这三类人各自了解掌握住目的所在以后,而太平气降临了,就要听任他们去从事本身的音乐活动,随便他们吹拉弹唱,切莫禁阻他们,禁阻就导致欢乐和睦的社会氛围形不成,国家治理难以太平,难以太平就到处充满打官司的争斗气,随即增多又加重了刑罚。音乐会造成欢乐和睦的社会氛围,刑罚会招来伤残克杀的恐怖气氛,这就像如影随形、如声回应那样地快速又准确,简直不差毫厘啊!"

"凡乐者,所以止怒也;凡怒者,所以止乐者也。此两者相伐①,是故乐则怒止,怒则乐止。是故怒者乃生刑罚,斗之根也;喜乐者,乃道德之门也。故当从之,使生道德之根,勿止之也;止之,反且生刑祸之门也。此者,吉凶之所出,安危之所发也。故乐者,阳也;刑罚者,阴也。阴之与阳,乃更相反,阳兴则阴衰,阴兴则阳衰。阳者,君也;阴者,臣也。君盛则臣服,民易治;臣盛则君治侮乱②,此天自然之法也③。故当从其君乐也,以猒其民臣④,止其数怒也⑤。

【注释】

①此两者相伐:此五字中"伐"字《太平经钞》作"代"。伐:克杀。代,取代。

②侮:阴侵阳曰侮。

③自然之法:意为原本如此的常规定法。

④猒(yā):同"厌",遏制,禁阻。

⑤数(shuò):频繁,屡屡。以上所云,本自《春秋繁露·阳尊阴卑》:"喜怒哀乐之发,与清暖寒暑,其实一类也。喜气为暖而当春,怒

气为清而当秋,乐气为太阳而当夏,哀气为太阴而当冬。……人生于天而取化于天,喜气取诸春,乐气取诸夏,怒气取诸秋,哀气取诸冬。……寒暑移易其处,谓之败岁;喜怒移易其处,谓之乱世。"

【译文】

"一切和乐的事物,都是用来制止恨怒的;一切恨怒的事物,都是用来制止和乐的。这两类事物彼此克杀,因而和乐起来,恨怒就平息下去了;恨怒起来,和乐就平息下去了。所以恨怒便产生刑罚,成为争斗的根源;喜悦与和乐恰恰属于道德的入口处。因而应当放任它,使它成为道德的根源,切勿遏制它;一遏制,反而眼看着会开设出刑罚灾祸的入口处来。这种关系处理,正是吉凶出现的根源和安危产生的缘由。所以和乐属于阳,刑罚属于阴。阴与阳轮番在相互排斥,阳兴盛,阴就衰微;阴兴盛,阳就衰微。阳正代表着君主,阴正象征着臣僚。君主强盛,臣僚就顺服,民众也容易治理;臣僚强盛,君主的治理就受到侵凌,变得混乱。这可属于皇天原本就那样的常规定法呀!因而便应使君主纵情地欢乐,用来遏制住手下的臣僚和百姓,同时也把他自己动不动就怒用刑罚给止息住。"

"下古之人愚①,不深知其意,反多断绝之,故使阴气盛,阳气衰也。阴气盛,则多盗贼,罪人不绝,凡万物不生也,多被阴害,大咎在此。乐气兴,则阳气盛,以断此害。君气盛,则致延年益寿,则上老寿②。夫缓与乐者③,上属天也;急与怒刑者,下属地。兴行其上者,万事理;兴行其下者,万事乱。真人戒之,此言可不深思乎?""唯唯。"

【注释】

①下古:指夏商周以下的历史时期。

②上：意为最高。

③缓：和缓，平缓。

【译文】

"下古时期的世人太愚昧,不能深深理解兴行音乐造成和乐的切要意旨,反而大多禁绝它,所以就导致阴气兴盛,阳气衰微。而阴气一兴盛,盗贼就大量出现,犯罪的人一个接一个,万物得不到生长,大多受到阴气的伤残,这种大祸害恰恰出在这上面。如果欢乐和睦的社会氛围兴行起来,阳气就旺盛,恰好能断绝这种大祸害。君主的气势强盛,就带来延年益寿的结果,成为寿命最高的人。平缓与和乐,往上归属于皇天;急躁和怒用刑罚,往下归属于大地。兴行往上属于皇天的事物的人,一切政务就都得到治理;兴行往下属于大地的事物的人,一切政务就都陷入混乱。真人对此要引为鉴戒,我这番话语难道能不去深思吗?""是是。"

"子可谓深知之矣。传之以示下古之人,使各思其意,慎无闭绝也。乐则五方道德悉出,怒则五方恶悉出也;乐则天地道德悉出也,怒则天地恶悉出也。故天地乐者,善应出也①;天地不乐者,恶应出也②。故五方乐而和者,五方善应出也;故五方不乐而怒者,五方恶应出也。是非小事也,故言毋断绝也。令凡人共惟思其意,俱一觉③,悉出之,然后悦乐气至,急怒气去也。""善哉善哉!""行,子已知之矣。"

右天上分别乐与怒、所生吉凶诀。

【注释】

①善应：犹言瑞应。即吉祥的兆应。如凤凰至、芝草生、甘露降、醴泉出之类。汉刘歆《西京杂记》卷三谓："瑞者,宝也,信也。天以

宝为信,应人之德,故曰瑞应。"本经卷一百八《瑞议训诀》称:"瑞者,清也,静也,端也,正也,专也,一也,心与天地同,不犯时令也。"

②恶应:凶险的兆应。如日蚀月蚀、山崩地震之类。详见本经卷四十三《大小谏正法》所述。

③一觉:彻底觉悟之意。

【译文】

"你们可以称得上深深了解这宗事体了。传布这篇书文,把它亮给下古时期的世人观看,让他们各自精思其中的要意,切莫擅自把它扣押住啊!世上一片和乐,五方归属道德的事物就一律涌现出来了;世上一片恨怒,五方的邪恶事物就全部冒出来了。世上一片和乐,天地归属道德的事物就一律涌现出来了;世上一片恨怒,天地的邪恶事物就全部冒出来了。所以天地和乐,吉祥的兆应就降现;天地不和乐,凶险的兆应就降现。因而五方和乐,五方的吉祥兆应就降现;五方不和乐却恨怒,五方的凶险兆应就降现。这可决不是小事,所以就强调切莫禁绝音乐啊!让世人只管共同精思那意旨,全都彻底觉悟,一律大兴音乐,然后喜悦和乐的气流就来到了,急躁恨怒的气流就离去了。""这太好了!这太好了!""回去吧!你们已经弄清这宗事体了。"

以上为天上分别乐与怒、所生吉凶诀。

某诀第一百九十二

【题解】

本篇所谓"某诀"，系由后世编辑刊刻《太平经》者所追加。在这一题目之下、正文之前，首行添有"前文原缺"四字，即表示原来正文的起首一部分和题目一并亡佚，于是暂署"某诀"二字，权当篇题。验之《敦煌目录》，当作《孝行神所敬诀》。其所标示的"孝行"，由孝敬双亲、孝敬朝廷、孝敬皇天三部分依次组成，结果则必被"神所敬"，而且同"善行"紧密结合在一起，言孝遂兼善，善、孝乃并举。按照这种特定内涵与系联关系，篇中强调"天下之事，孝为上第一"，不仅会受到世人的资助和推重，得到官府的礼遇和尊宠，而且为天所爱，被神所敬。具体"福报"则是，本人得长寿，得尊官，得登仙，得成"孝善神人"和天君的"亲近"；全家则有"善神常随护"，治生得富，子孙相传相保，永获"传孝之家"的美名。而孝感所至，既遍及朝野内外，又履行天上之事。通篇所"设"的这番"孝意"，融儒家孝道、道家仙道于一体，并贯之以神道，从而为以孝治天下的刘氏皇朝提供了理论依据和宗教支持。值得注意的是，篇中也触及到官府对孝善之人依旧"因缘征发"的颇带讽刺意味的现实问题。

前文原缺①。行有疾苦②，心中恻然③，叩头医前，补写孝言④。承事恭敬,以家所有,贡进上之,敬称其人。医工见是⑤,心敬其人,尽意为求真药新好⑥,分部谷⑦,令可知。迎医解除⑧,常垂涕而言,谢过于天,自搏求哀⑨,叩头于地,不避瓦石泥涂之中,辄得令父母平安。

【注释】

①前文原缺:此系后世编辑刊刻者所添加的说明语。

②行:指侍奉双亲。疾苦:谓父母染疾在身而遭受痛苦的折磨。

③恻然:凄切悲伤的样子。

④孝言:尽孝的誓言。《论衡·薄葬篇》云:"孝子之养亲病也,未死之时求卜迎医,冀祸消,药有益也。"

⑤医工:民间行医者的泛称。因其工于一技,故称医工。

⑥新好:指奇方秘方。

⑦分部谷:意谓予以确诊并说明病理、药性、用法和疗效等。部,指脏腑部位可测断处。谷,肉之大会处为谷,肉之小会处为豀。参见《素问·阴阳应象大论》和《气穴论》所述。

⑧解除:东汉盛行的一种驱鬼活动。其法,先行祭祀,为宾客设膳,食毕,即以刃杖驱鬼。参见《论衡·解除篇》所述。本经卷七十二《斋戒思神救死诀》列有除病去疾七工师,其中即包括长于祷祀和长于劾鬼者。

⑨自搏:谓捶胸顿足。

【译文】

侍奉双亲而父母得病受折磨,内心对此感到特别忧伤,就在医师面前连磕响头,补写孝敬的誓言。对医师恭敬地加以承奉,拿出家中的钱物献给医师请施恩,钦敬地称赞医师。医师看到这种情况,内心很敬重这位孝子,用尽心思为他寻找确有疗效的药物和不常使用的秘方,予以确诊并讲明病理和治法,使他心中有数。于是迎请医师,进行驱鬼活动,总是流着眼泪做忏悔,向皇天谢罪,自行捶胸顿足,祈求皇天哀怜,跪在地上磕响头,也不避开瓦石和烂泥,一上来只求能使父母平安无事。

　　教儿妇常在亲前,作肥甘脆①,恣口所食。父母商家所有②,不致苦其子孙。令尽家所有,殊私心孝于前。亲属比邻③,见其孝善,知无所有,更往给饷④,为其呼迎医工,蒙荐席⑤,相与日夜数劳,知其安危,问养视。其复闻小善言⑥,心为之喜欢,是孝之所致也。天见其孝心,令得愈,更如平素。心中乃喜欣,复身得能食谷者⑦,斋戒市卖⑧,进所有上于天,还谢先人,诸所得祟⑨,辄卒香洁⑩,不敢负言,是孝子所宜行也。

【注释】

①作肥甘脆:谓变换花样烹制可口的饭菜。

②商:计量,揣忖。指父母感动得将全部积蓄都拿出来。

③比邻:周围邻居。

④给饷:谓出钱出力予以帮助。

⑤蒙荐席:指给患者铺换被褥等行动。草垫曰荐,蒲团曰席。

⑥小善:意谓病有起色。

⑦复:报答,报谢。

⑧斋戒:祭祀前清心洁身的活动。洗心曰斋,防患曰戒。市卖:谓至集市变卖家中物品以购买祭神的供品。

⑨祟:指降示祸殃的鬼神。《论衡·祀义篇》谓:"病作卜祟,祟得修祀,祀毕意解,意解病已。执意以为祭祀之助,勉奉不绝,谓死人有知,鬼神饮食犹相宾客,宾客悦喜,报主人恩矣。"

⑩香洁:指丰盛且来路正当的祭品。参见本卷《为父母不易诀》所述。

【译文】

让媳妇时常守候在父母的面前,变尽花样给公婆烧制可口的饭菜,任凭老人想吃什么就吃什么。父母被感动得把全部积蓄都要拿出来,不至于叫自己的子孙受苦楚。而做儿子的,又让倾尽全部家财,在父母面前特表一片孝心。亲戚和周围的邻居看到他这样良善与孝敬,知道他很穷,就递相出钱出力去帮忙,替他迎请医师,给患者铺换被褥等物品,和他一起从白天到黑夜地频频操劳,关心病人的安危,询问看护的需要。他们听到病有好转的消息,内心都为他感到特高兴。这可正是孝敬所招来的结果啊!皇天看到他那一片孝心,就让他父母的疾病得以痊愈,变得和往常一样。他心中对父母又能正常进食感到非常喜悦,就去变卖家中的物品来购买祭品,斋戒祭祀,向皇天献上自己尽最大努力备办的祭品,报谢祖先,所有降示殃祟的鬼神,也最终都祭品丰盛,又来路正当,决不敢违背自己曾经立下的誓言,这正属于孝子应去极力做好的事情啊!

俗闻知是善,而不能行之。能行之者,性出自然。天禀其命①,令使孝善,子孙相传,治生有进②,不行侵人,有益于亲,宾婚比邻③。孝者还报,不忘其恩④,是之善者也⑤。父母之年,不可豫知,为作储待⑥。减省小费⑦,岁岁有余,藏不见之处,勿使长吏及小吏闻知,因缘征发⑧,尽人财产。为孝心未尽,更无所有,父母年尽,无以饷送,复为不竟孝之意,行孝之人思成其功,功著名太上⑨,闻帝廷⑩,州郡所举⑪,一朝被荣,是非孝所致耶?子孙承之,可竟无极之世⑫。此念恩不忘,为天所善,天遣善神常随护⑬,是孝所致也。其家一人当得长生度世,后生敬之,可无祸患,各以寿终,无中夭者⑭,是不善邪⑮? 善之中所致⑯,何所不成,何所不就,何所不得,何所不通乎? 努力行之,勿以为懈倦也,是善人之福也。

【注释】

①禀其命:谓天庭将其本命在其生前注录在善人的花名册上。本经卷一百十《大功益年书出岁月戒》称:"上善之人,皆生于自然,皆有历纪,著善籍之文,名之为善人之籍。"

②治生:谋划生计,经营家业。

③宾婚:意谓彼此相敬并结成姻亲关系。

④恩:指天恩。

⑤之:作"其"用。

⑥储待:指丧葬所需的费用和物品。

⑦小费:指日常不必要的开支。

⑧因缘:寻找借口或巧立名目之意。

⑨著(zhuó)名:意为姓名归在。著,附着。太上:指至高神天君。

⑩帝廷:即朝廷。

⑪州:汉代监察区名。除京师而外,共设十二州,州置刺史。京师则设司隶校尉。郡:汉代所设一级地方政区。下辖县。东汉顺帝时,京师以外十二州共置七十一郡。郡设太守。举:荐举。汉代在人才选拔上实行察举制,其中设有"孝廉"、"至孝"等科目,故出此语。

⑫世:指代代传衍的家族世系。

⑬善神:驱人为善并使人蒙获善报的神灵。本经癸部《盛身却灾法》谓:"千二百二十善神为其使,进退司候,万神为其民,皆随人盛衰。此天地常理。"

⑭中夭:半路丧命。

⑮善：结果美好之意。

⑯之中：意为由内心生发。之，往，至。中，内心。

【译文】

世俗人听到这种善行，却不能真去照着做。能去照着做的人，恰恰就是本性驱使他自动那样干。皇天掌握着这类人的本命，使他孝敬良善，子孙相传，谋划生计常有进项，不去侵害别人，对亲属都给予援助，和邻居互相敬重，又结成亲家。孝敬的人报答皇天，不忘记皇天的大恩，这正属于良善的人。父母能活到什么时候，无法预先就测定，特为他们积攒送终的费用，平常注意节省各种不必要的花销，年年都有剩余，收藏在谁都看不见的地方，不让地方长官和衙门办事人员了解到，以免被他们寻找借口征收走，榨尽人家的财产。正因为孝心尚未尽到，却又没有什么别的东西，而父母一旦死去，竟没办法送终，又形成并未尽孝的自恨意念，于是行孝的人便精思建立起功绩，功绩很突出，姓名被归在天君那里，并被朝廷所闻知，成为州郡荐举的人选，在一个早晨就蒙获恩荣，这还不是孝敬所招来的结果吗？子孙承受这种恩荣，可以永远一代一代传下去。这正来自感念天恩，牢记不忘，被皇天视为良善的人，皇天就派遣良善的神灵时常跟随并保护他，这正属于孝敬所招来的结果。像这样的人家，肯定会有一个人实现长生，超凡成仙，子孙后代敬奉他，就能没有祸患，各自按天年死去，不存在半路丧生的。这难道还不美好吗？良善从那内心生发出来而所招来的结果，还有什么不能成就的呢？有什么不能实现的呢？有什么不能赢得的呢？有什么能不通畅的呢？努力去践行它，千万不要形成懈怠厌倦，这可属于良善人的福份。

孝善之人，人亦不侵之也。侵孝善人，天为治之，剧于目前，是为可知。欲知善之为善也，知孝之为孝也，苦不能相效也，是出自然。天与善籍，善孝自相得传，相胜举①，亦何有极！心善孝之人，人自从崇之，亦不犯克人②，流闻八远③，州郡县长吏有空缺相补④，豫知善孝之家，县中荐举，长吏以人情欲闻其孝善⑤，遣吏劳来⑥。又有用心者，以身往来候之，知闻行，意荐之，岁岁被荣，高德佩带⑦，子孙相承，名为传孝之家，无恶人也。不但自孝于家，并及内外。为吏皆孝于君，益其忠诚，常在高职，孝于朝廷。郡县出奇伪之物⑧，自以家财市之⑨；取善不烦于民⑩，无所役。郡县皆慈孝，五谷为丰熟，无中夭之民。天为其调和风雨，使时节⑪。是天上孝善之人⑫，使不逢灾害，人民师化⑬，皆食养。有顺之心，天不逆意也。是善尤善，孝忠尤孝，遂成之，使天下不孝之人相效，为设孝意⑭。

【注释】

①胜举：胜任荐举之意。

②犯克：侵犯制伏。

③八远：八方极远之地。

④县：汉代所设二级地方政区。下辖乡。汉制：户口达万户以上者设县令，在万户以下者设县长。

⑤闻：表彰，显扬。

⑥劳来：慰劳存问。来，通"徕"。

⑦带：指系印的绶带。

⑧出奇伪之物：谓向朝廷进贡。奇伪之物即各种奢侈品。

⑨市：购买之意。

⑩取善：谓朝廷责成地方进献当地的特产。汉有贡献之制。

⑪时节：谓按时令节气而必至必降。汉代谶纬有八风三十六雨的说法。详见《春秋说题辞》所述。

⑫上:推重。

⑬师化:意为以善孝为榜样而受到染化。

⑭孝意:孝行的大义要旨。

【译文】

孝敬又良善的人,世人也不去侵害他。谁去侵害孝敬并良善的人,皇天就替他惩治对方,比这个家伙所侵害的程度更为厉害,这是可以弄清楚的了。打算了解良善之所以成为良善,明白孝敬之所以成为孝敬,难在世人不能递相去效仿取法。这也出自自然而然。因为皇天早就赐给他命属良善的名籍,良善又孝敬就自行递次传续,接连胜任荐举,哪里又有那到头的时候呢?内心良善又孝敬的人,人们自行就跟在他后面并且尊崇他,他也不侵犯制伏别人,名声传布到八方最远的地方,而州郡县的长官在手下属吏出现空缺的时候要递加替补,很早以前就知道那户良善又孝敬的人家,于是县里需要荐举人选,长官依据人心所向,打算表彰他那良善又孝敬的行为,就派遣办事人员前去慰劳存问;还有用心更深的长官,亲自往返迎见他,体察他那美好的行为而决定荐举他,结果就年年蒙受恩荣,德行受到尊崇并当上官员,子孙递次承袭,被专门称作传孝之家,一个邪恶的人都没有。不仅在家中自动孝敬,而且影响到里里外外。担任官职的人都对君主孝敬,增进忠诚,常常位居高位,对朝廷竭尽孝行。郡县按规定要向朝廷进献珍奇物品,自己就拿出家财将它买齐来代交;朝廷向地方求取本地特产,也不让百姓烦苦,自己都备好代缴,没有一个被役使的人。整个郡县都仁慈忠孝,五谷为人们生长得丰硕香甜,没有半路死去的民众。皇天也为他调和风雨,让风雨按节气准时到来。这正属于皇天在推崇孝敬又良善的人,使他不遇上灾害,众百姓把他当作榜样而受到感化,全都供养好父母。具有那孝敬的心念,皇天也决不违逆世人的意愿啊!这正称得上良善中更为良善,忠孝中更为忠孝,于是就让他成仙成神,使天下不孝敬的人递相来效仿,为他们设立起孝敬的大义要旨。

有大命赦天下[1]，诸所不当犯者尽除[2]，并与孝悌力田之子[3]，赐其彩帛酒肉，长吏致敬，明其孝行，使人见之，傍人见之，是有心者可进。爱有善，意相爱，此皆天下恩分[4]，使民顺从。此本善致善，本孝致孝，本不孝其末不孝[5]，本恶其未恶[6]。善者其愿，皆令其寿，白首乃终，上至百二十[7]，下百余岁[8]。善孝所致，非但空言而语也。不但天爱之也，四时五行、日月星辰皆善之，更照之，使不逢邪也。其善乃如是，可不重邪？

【注释】

①大命：指新君继位或因其他特殊原因而颁布的朝廷诏令。

②除：谓减罪或免罪。

③与：褒奖。孝悌力田：汉代察举制下所设的选举科目。中选者可享受免除徭役、进入乡级政权、加赐等待遇。《后汉书·章帝纪》载元和二年诏令曰："孝悌，淑行也。力田，勤劳也。"

④天下：皇天降赐之意。恩分：恩情。指人所禀受的善良本性而言。

⑤本不孝其未不孝：意谓原本不孝，但他未必就一定总不孝。

⑥本恶其未恶：意谓原本邪恶，但他未必就一定总邪恶。

⑦百二十：指天寿。又称上寿。

⑧百余岁：指地寿。本经卷一百二《经文部数所应诀》后附遗文云：天命：上寿百二十为度，地寿百岁为度。夫天寿者，数之刚也；东北，物之始也，一年大数终于此，故百二十为象天也。阴者杀而阳生，故亥者核也，阴终西北角也。西北为地之司命，故地寿得百岁。

【译文】

朝廷颁布重要的诏令大赦天下，所有不该去侵犯善人孝子却已侵犯的罪人一律减罪或免罪,同时褒奖孝顺父母、尊敬兄长、致力农耕的子弟,赐给他们彩帛和酒肉,地方长官向他们表示敬意,显扬他们的孝敬行为,使人们都看到这种荣耀。旁人看到以后会认为,这证明具有心计的人是能够往上迈进的。爱惜具有善心和善行的人,内心里彼此相互爱惜,这都构成皇天降赐的恩情,使众百姓顺从。这正属于原本良善就导致良善,原本孝敬就导致孝敬,原本不孝敬,但他未必就一定总不孝敬;原本邪恶,但他未必就一定总是邪恶。只要把良善作为自己的心愿,皇天都让他们寿命长,直到满头白发才死去,最高的可以活到一百二十岁,最低的也活到一百岁。良善和孝敬所招致的结果,决不光是在这里瞎说一气乱许愿啊!不单单皇天爱护他,四时五行和日月星辰也都认为他太好了,轮流照耀他,叫他不遇上凶殃祸害。那等美好的结果竟像这样,能不予以重视吗?

　　天生人民,少能善孝者。身为之,独寿考①,复得尊官②,皆行孝所致。不但祐言,故出此书,以示生民。其欲法则者,天复令寿,可传子孙相保。书出必当行孝度世,孝者其次复望官爵。天下之事,孝为上第一,人所不及③。积功累行,前后相承,无有所失,名复生之人。得承父母之恩,复见孝顺之文,天定其录籍④,使在不死之中,是孝之家也。亦复得增度上天,行天上之事。

【注释】

①寿考:犹言长寿。

②尊官:尊贵的官职。即高官。

③不及:意为通常做不到。

④录籍:指天庭在人生前所设置的未来神仙的花名册。本经卷一

百十《大功益年书出岁月戒》称："录籍在长寿之文,须年月日当升之时,传在中极,中极一名昆仑。辄部主者往录其人姓名,不得有脱。"又卷一百十二《不忘诚常得福诀》云:"神仙之录在北极,相连昆仑。昆仑之墟有真人,上下有常。真人主有录籍之人,姓名相次。高明得高,中得中,下得下。"

【译文】

皇天使人民降生到世上,但其中却很少有能做到良善和孝敬的人。自身真去做到了,就独自获享长寿,又得到尊贵的官职,这可全是由实行孝敬招来的。并不仅仅说些佑助之类的话语,所以特地出示这篇书文,亮给众百姓看。那些真想完全照着去做的人,皇天又会让他长寿,能叫子孙传衍,递次保有家族。文书出示后,必定会有人同那行孝而得以超凡成仙之路应合上,其次孝敬的人还有希望获得官职爵位。在天下所有的事情中,最数孝敬占第一了,可世人通常却又做不到。积累功劳和善行,前后一桩接一桩,决不出现闪失,就被专门称作再生的人。得以承奉父母的恩荫,又看到孝顺的天文,天庭给他确定本命所在的名籍,叫他归在长生不死的行列当中,这正称得上传孝之家啊!还会再增加寿龄,予以化度,升入天庭,奉行天上的事情。

复书忠孝诸所敬:为天领职,荣宠日见,天上名之为孝善神人①,皆为神所敬,有求美之②。食先上③,遗其孝行④。如是无有双人,其寿无极,精光日增⑤,上见无极之天,下见无极之地,傍行见无极之境⑥,复知未然之事,诸神皆随其教令,不逆其意,共荐举白。太上之君见其孝行无辈⑦,著其亲近⑧,内外神益敬重之⑨。故言天所爱者,诸神敬之;天所憎者,诸神危之,是为可知。余者各自用意,自择其便,从其所宜。书辞小息⑩,且念其后,得善复出,不令遗脱。

【注释】

①孝善神人：此系《太平经》编著者为宣传其孝善合一论所创制的一个专门术语。神人为本经所构设的神仙等级序列中的一等正牌神仙。职在理天。详参本经丙部《九天消先王灾法》、卷五十六至六十四《阙题》(六)、卷七十一《致善除邪令人受道戒文》所述。

②美：深感荣幸之意。

③食先上：谓诸神首先享用其祭品。

④遗(wèi)：馈赠。此处意为回敬。

⑤精光：精气的光华。

⑥傍行：谓向四面延伸。傍，通"旁"。

⑦无辈：无人可比之意。

⑧亲近：谓在身边供职。

⑨内外神：指天庭内外众神灵。

⑩小息：意为暂且告一段落。

【译文】

再行载述忠诚孝敬被天庭各方面所敬重的情形：专为天庭履行职责，恩荣宠信一天比一天加重，天上把他们特称为孝善神人，全都受到神灵的敬重，倘若提出什么请求，神灵都为之深感荣幸。首先去享用他们的祭品，用来回报他们的孝敬行为。像这样无与伦比的人，他那寿命根本就没有到头的时候，精气的光华在他身上一天比一天增多，往上看到永无边际的皇天，往下看到永无边际的大地，往四面延伸又看到永无边际的四境，还预知将来的事情，众神灵都随顺他的教令，不违逆他的意旨，共同向天庭奏呈荐举他。天君发现他那孝行没有人能比得上，就命令他在身边担任重要的神职神位，天庭内外的神灵更加敬重他。所以说皇天所喜爱的人，众神灵就都敬重他；皇天所憎恶的人，众神灵就都祸害他。这是可以弄清楚的了。其他事项只管各自用心去琢磨，自

行选取那便利的方面,依从那适宜的做法。文书的话语暂且告一段落,
要精思那后事。获取到良善的人,就再出示书文,不能让人竟还从未听
说过。

九君太上亲诀第一百九十三

【题解】

　　本篇所谓"九君"，系指神仙世界的一个特殊群体，亦即天庭辅臣集团——"诸大神"而言；"太上"，则谓至高天神天君。"亲"乃亲信之义。对于天君，篇中极力张扬其洞照一切、预知一切的法力和言震群神、令无不行的权威地位。由天君而及于其亲信九君，则盛称九君的宰辅作用，列示他们统领诸神对世间求仙者的考验测试活动，即通过显现三种幻象，判定其"心坚志专"与否。一为仙寿富贵，二是美人玉女和家人因缘，三是高山深水和虎狼虫毒。若有一失，即为"不成之道"。进而揭示心灵之明同心星之明、太阳之明融为一体亦即赤诚之心"主正明堂，通日月之光"的"三明"成道法，又炫耀仙籍"以金为简"、银成字迹的焕赫灵光，裁断白日升天和尸解两种登仙成神方式的极难实现，借以凸显修道成功之可羡，敦促世人经受考验又克服艰难而始终不渝向道教天国跃升迈进。

　　惟太上之君有法度，开明洞照可知，无所不通，豫知未然之事①。神灵未言，豫知所指②。神见豫知，不敢欺枉了然③，何所复道？太上之言，何有不动乎？人同敬畏，心不悉行？是且得知，不照其意？所以然者，太上皆神④，所生所化,当生当活,皆可知。神录相次⑤,道其尊卑⑥,何有不从者乎?

【注释】

①豫知:即预知。豫,预先。

②指:通"旨",意旨,意向。此处指想要表达的意思。

③了然:意为明摆着的事。

④皆神:谓对任何事情均神明至极。

⑤神录:神仙花名册。次:依序谱列。

⑥道:通"导",训导,引领。

【译文】

惟独天君握有法度,开通明彻,察照一切,什么都能知道,没有不通达的地方,预先就察知将来的事情。神灵还没说话,便已预先了解它想表达的意思。神灵看到天君预知一切,决不敢欺诈蒙骗,这正构成明摆在那里的事情,还能对此再说什么呢? 天君发布的命令,哪里有不执行的呢? 是人们就都敬畏,内心还不完全照着去做吗? 这类心理活动也眼看着被天君察见到,反过来还不透彻了解把握天君的意旨吗? 之所以如此,是因为天君对任何事情都特别神明,所化生和所化度的,谁该长生又谁该久活,全都一清二楚。神仙的花名册按等级排定,引领它们恪守尊卑关系,哪里还有不顺从的呢?

九皇之上则九君①,九君者,则太上之亲也②。各有所行,恩贷布施③,诸神从者;诸神敬其所为,靡有不就者也。小神食④,不能知九皇之意,何言俗间之人乎?

【注释】

①九皇:指天三皇、地三皇、人三皇。详见本经卷六十六《三五优劣诀》所述。九皇一词,始见于西汉董仲舒《春秋繁露·三代改制质文》。乃谓"黄帝推神农以为九皇"。

②亲:指亲信。

③恩贷:加恩宽恕。

④小神:供役使的神灵。食:谓领取天庭俸禄。即供职之意。

【译文】

在九皇上面是那九君,九君属于天君的亲信,各自具有所履行的职责,对手下的众神灵每每施布恩典,特予宽恕,众神灵都钦佩九君的所作所为,没有不归向它们的啊!连小神在天庭供职,都领悟不了九皇的意旨,还哪里谈得上世间的俗人呢?

　　心圣耳聪,财可观其文章禄策①。当直录籍文辞②,自生精光。皆以金为简③,银成其文章④。此簿在天君内⑤,中极有副⑥。其余曹文书辞⑦,皆以奏简⑧,自生文章⑨,精神随字⑩,名之光明。

【注释】

①文章禄策:即上文所言"神录"和下文所称"录籍"。文章指姓名下面的注录文字。禄谓禄命。贵贱为禄,寿夭为命,均由上天在人生前所注定。策即簿册。

②当直:身应命值之意。直,通"值",正轮上。

③简:简册。为汉代通用的书写材料,分竹简、木简两大类。

④文章:指字迹。

⑤天君:本经所拟设的至高天神的专称。壬部第二十四条经文谓:

“天君者,则委气,故名天君,尊无上。”内:指收藏簿册的金室。
本经卷一百十《大功益年书出岁月戒》谓:“天君前自复数通,藏
金室。”又卷一百十一《大圣上章诀》称:“求生有籍,著文北极,天
君内簿有数通。”

⑥中极:指昆仑山。昆仑山被古人视为天下之中,上与北极星相对
应,为天帝地上都城和众仙人聚集之所,故称中极。本经卷一百
十《大功益年书出岁月戒》云:“中极一名昆仑。辄部主者往录其
人姓名,不得有脱。”副:指副本。相对于正本而言。

⑦曹文书辞:指天庭所设寿曹、计曹等机构所掌管的公文。天庭机
构称“曹”,系仿自东汉尚书台分设六曹之制而来。曹即分科办
事的部门。

⑧奏简:奏报的文簿。

⑨文章:光彩。此与上文“银成其文章”于义有别。

⑩精神:地之太阴气的化身为精灵,天之太阳气的化身为神灵。
字:指世间命该登仙成神者的姓名。

【译文】

内心圣明,听闻反应快,才能观看到登录本人禄命所在的天庭籍
册。籍册上命里注定恰有姓名的那些文辞,自动就放射出天地精气的
光华。全都用黄金编成简册,用白银构成字迹。这类花名册收藏在天
君的金室内,在昆仑山还备有副本。其他天庭各机构、各部门所掌管的
往来公文,因都属于奏报的文簿,也自动闪耀出光辉,精灵与神灵恰恰
跟随在命该成仙者的姓名上,特被称为光明。

每有语言①,辄照有所知,不逆所言。神人真人得天君
辞,便具言②。神人上下,皆知民间,天君知神所言,不失文墨
规矩之中③。自然之道,何所不知,何所不化?动错自无所
私④。饮食天厨⑤,衣服精华⑥,欲复何求,是太上之君所行也。

【注释】

①每有语言：意谓天君发布口谕。

②具言：详加禀报之意

③文墨规矩：指记录世人过恶的各项规定。中：意为恰切度。即最高要求。本经卷一百十二《写书不用徒自苦诫》和《有过死谪作河梁诫》称，神灵举报失实，则视情节轻重，贬谪都市卖菜或罚作苦役。

④错：通"措"，止。

⑤天厨：星名。位于紫微宫东北维，凡六星，主天庭盛馔。

⑥精华：指精粹的天际光气。

【译文】

天君每次传下口谕，就预先察知并清楚执行的情况，因而都不违逆天君所吩咐的一切。神人和真人领受到天君的命令，就详加禀报。神人从上到下都了解民间的情况，天君也清楚神灵禀报的真假程度，因而都不偏离记录世人过恶的各项规定的最高要求。自然而然的真道，可有什么不能掌握的呢？又有什么不能化导的呢？一切行动自然就不存在图谋私利的现象。从天厨星那里得到供养，全身笼罩着精粹的天际光气，还要去索求什么呢？这正是天君所赐予的待遇啊！

　　大神小神①，自有所行，皆相畏敬，不敢有私，恣意见所从求②。动摇有心之心③，知其所为，可成以不④。惑迷其意，使其人各随至意⑤。言汝皆受于仙箓⑥，寿得无极；金银紫文之绶⑦，封侯食邑⑧，复赐彩帛金银珠玉⑨。心想所得，是非神仙道。

【注释】

①大神：即上文所称九皇、九君等。

②恣意：任意，随意。见所从求：意谓应允世间求仙者的请求。

③有心之心：指有心登仙成神之人的深心。参见本经卷一百十一《有心之人积行补真诀》所述。

④以不：即与否。

⑤至意：指最渴望实现的目标与愿望。

⑥仙籙：神仙的名籍。

⑦金银紫文之绶：绶指拴系印玺的丝带。汉制规定，诸侯王佩赤绶，公侯将军佩紫绶，诸王国贵人、相国佩绿绶，九卿、二千石官（太守级）佩青绶。绶有采章多少之分，即所谓"文"。

⑧食邑：意为享受收取封地赋税作为俸禄的待遇。

⑨复赐彩帛金银珠玉：意为另外蒙获朝廷的优渥恩赐。汉代有特赐、腊赐、常赐之制。

【译文】

大神和小神，各自具有所履行的职责，都对天君十分敬畏，不敢怀有奸私，随意就应允人间求仙者的请求。专门前去动摇有心成仙的世人的心志，了解他们的所作所为，判定他们能否成仙。首先去迷惑他们的志愿，叫每个人分别跟着自己最渴望实现的目标想入非非。言称你们都在神仙簿上著录姓名了，寿命可以永无尽头；或者说绝对能佩带上高官显职的印绶，被封为侯爵，享受到收取封地赋税作为俸禄的待遇，朝廷还另外赏赐彩帛和金银珠玉。听后心里真去幻想这些东西，也就构不成登仙成神的真道了。

知人坚与不，或赐与美人玉女之象①，为其作色便利之②。志意不倾③，复令大小之象④，见其形变⑤。意相随念其后生⑥，此为不成之道。

【注释】

①玉女:女神名。本经卷一百十三《乐怒吉凶诀》述及青衣玉女、赤衣玉女。

②作色便利:指诱惑俯就的举动。本经卷七十一《致善除邪令人受道戒文》云:"复数试人以玉女,使人与其共游,已者共笑人贱,还反害人之躯。"

③倾:动摇。

④大小之象:指家庭成员从父母到妻室儿女的各种幻象。

⑤形变:指生前死后的形体容貌。

⑥后生:指来世之事。

【译文】

为测定世人坚定与否,有时赐给他美人玉女的幻象,向他做出诱惑俯就的举动。果真志意不被美色所动摇,就又向他展现自家父母和妻室儿女的幻象,闪映他们生前死后的形体容貌,如果意念随着幻象走,顾及到来世的事情,这也修不成真道。

　　或作深山大谷,中多禽兽虎狼之处深水,使化人心;或有虫毒之物①,使其人杀之。或恐不敢上高山,入大谷深水之中,亦道不成。

【注释】

①虫毒之物:指长蛇巨蟒之类。

【译文】

　　有时设布下深山大峡谷,其中有许多禽兽虎狼聚集的处所和水深的地方,用这来消解世人修道的决心和信心。还有长蛇巨蟒等毒物盘蜷在那里,让人去斩杀它们。有人害怕而不敢上高山,进入大峡谷或深水中去,也真道修炼不成。

是象戒人①,是在不上之中②。殊能坚心专意,见迷惑,不转志坚;随其入出、上下深山大谷之中,水深大,心不恐惧;见其好色③,志不贪慕;家人大小之象,更相拘留④。不随其人言,但得生道⑤,进见太上,尽忠孝之心,无所顾于下,是为可成。

【注释】

①是象:指上列三类幻象。

②上:谓登仙成神。

③好色:美色。

④拘留:拘禁遏止。

⑤生道:长生久视之道。

【译文】

此类幻象用来戒饬世人,都在不能登仙成神的范围以内。异乎寻常地能够坚定和集中自己修炼真道的心志,遇到迷惑后,不被它牵着走而心志更加坚定;随顺幻象入出和上下于深山大峡谷之间,水深又广大,心里也不害怕;看到美色,心里决不对她有所贪图和爱恋;自家父母妻室儿女的幻象闪现出来,一个个把他们拘禁遏制住。不理睬前来测试的神灵所讲的那番话语,只求获得长生的真道,往上升进而能见到天君,竭尽那忠诚孝敬的心意,对下面的俗事根本不予理会,这才可以成仙成神。

戒大众多,取其要文。天亦信善人,使神仙度之也①。其人自善,天何从欺之? 所以有欺者,其人狐疑②,强索神仙,无益之用。无功而求安,何从不见欺邪? 是天重生,爱其情尤志坚③。念生要三明④,三明者,心也主正明堂⑤,通

日月之光⑥，名三明成道⑦。心志自不顾，亦有录策，不可
强求。

【注释】

①使神：派遣神灵之意。仙度：即超凡成仙。其具体情景，详见本
经卷一百十《大功益年书出岁月戒》、卷一百十一《善仁人自贵年
在寿曹诀》所述。

②狐疑：猜疑，怀疑。《汉书·文帝纪》唐颜师古注："狐之为兽，其
性多疑，每渡冰河，且听且渡。故言疑者，而称狐疑。"

③尤：最优异。指贪恋不舍达到最高地步。

④三明：据下文所言，谓心灵之明、心宿之明、太阳之明。

⑤明堂：天帝布政之宫。即二十八宿中东方苍龙七宿中的心宿。

⑥日月：月为衬字，无实义。

⑦三明成道：此系《太平经》编著者所创制的一种颇具指向性的专
用术语。本经以心为人腹中天子、火行之精、神圣纯阳，万事由
心而兴作并执持纯正，臻于至诚则感动神灵，上与心宿、天日相
贯通。而登仙成神之法，乃悉从心起，心明之光同心宿星光、太
阳之光融为一体，即所谓"三明成道"。参见本经卷六十九《天谶
支干相配法》、卷九十六《忍辱象天地至诚与神相应大戒》、卷一
百十九《三者为一家阳火数五诀》及辛部经文所述。

【译文】

戒条重要又很多，务必择用其中的紧要书文。皇天也相信良善的
人，派遣神灵让他超凡成仙。他本人压根就良善，皇天会从哪里去欺哄
他呢？之所以出现欺哄的情况，原因是他本人猜疑不定，硬行要去当神
仙，但实际上却起不到任何作用。没有功劳却希求平安，会从哪里不受
到欺哄呢？这正表明皇天看重长生的真道，喜爱世人心志坚定而贪恋
到无以复加的地步。精思长生就要做到三个方面都洞明。所谓三个方

面都洞明，就是人心赤诚而把天庭明堂渲染烘托得万分纯正，并与太阳的炽烈光辉相贯通，这被特称为三明成道。心志已能主动不去理睬那些幻象了，可毕竟还有天庭在人生前所注定的神仙簿，不能硬行去索求。

白日升上之人①，自有其真。性自善，心自有明，动摇戒意不倾邪，财利之属不视顾，衣服粗②，粗衣才蔽形，是升天之人行也。天善其善也，乃令善神随护，使不中邪，天神爱之，遂成其功。

【注释】

①白日升上：此系本经所宣扬的登仙成神的最高级方式。升上即升入天庭。汉代盛行黄帝乘龙上天和淮南王刘安白日升天之说。参见《论衡·道虚篇》、《风俗通义》（卷二）所述。本经壬部则描述其情景为："其化生，光耀日中，所见洞彻，正神相随，浮游八表。"

②服：穿。

【译文】

有人会白日升天，原本就确有其事。他那天性自行就良善，内心自行就明彻，被神灵测试时抱定自己的心志而不滑向邪僻，钱财名利之类的东西根本不去看一眼，甘愿穿那粗布衣服，仅仅让粗布衣遮掩住自己的身体，这才属于白日升天者的所作所为呢！皇天赞许他的善行，于是命令良善的神灵跟随并去保护他，使他不被大邪鬼物所击中，天神喜爱他，于是叫他成就登仙成神的功业。

是身行所致，其人自不贪世俗大营财物，天知其至意，按次簿名真^①。自有善星^②，其生日时^③，自不为恶^④。天复善之，贪化以助天君治理^⑤，天上文辞使通彻^⑥。行无私隐，见行有岁数，上竟荣簿有生名^⑦。可太上之意，能说其功行^⑧，助其不及，是亦神当所拥护也。天信孝有善诚^⑨，行无玷缺^⑩，故使白日，辄有承迎^⑪，前后昭昭^⑫，众民所见，是成其功，使人见善。

【注释】

①按：查验。次簿：指依照上中下三个等级所排定的神仙簿。名真：意为姓名正式归在仙真之列。真，亦指掌有实权的神职神位而言。

②善星：吉星。

③生日时：即降生的日期和时辰。实谓吉日良辰。详见本经卷一百十一《有德人禄命诀》所述。又本卷《不孝不可久生诫》谓："性善之人，天所祐也。子孙生辄以善日，下无禁忌，复直月建、日月星光明之时。"

④恶：指忌日。本经卷一百十二《写书不用徒自苦诫》称："或当怀妊之时，雷电霹雳；弦望朔晦，血忌反支，以合阴阳，生子不遂，必有祸殃。"

⑤贪化：贪恋化度。

⑥通彻：通晓。参见本经卷一百十一《大圣上章诀》所述。

⑦荣簿：显耀荣盛的仙籍。生名：长生的名分、资格。

⑧说：同"悦"，谓使之喜悦。

⑨信：确实做出回报之意。

⑩玷缺：白玉上的斑点和缺损处。以喻过失。

⑪承迎：谓天神前来承候迎取。

⑫昭昭：显著明晰之意。

【译文】

这正属于自身行为所招来的结果，他本人自行不去贪恋世俗拼命发财那一套做法，皇天很清楚他想实现的最高目标，便去查验按等级排定的神仙簿，把他的姓名正式归在真切确凿的神仙行列。他原本就有吉星高照，降生在吉日良辰，自动就碰不上令人忌讳的时段。皇天又使他处处吉善，他更贪恋化度，专去协助天君进行治理，天上的文辞也叫他通晓。所有行动都不存在奸私和隐瞒的地方，这样去做达到了规定的年限，就被召取上来，终于划归在荣耀显赫的神仙簿册上，获得了长生的名分。符合天君的意旨，能让天君对自己的功绩和善行感到喜悦，能使天君对自己还不懂的事体予以扶助，这也正是神灵应当拥护的对象啊！皇天对孝顺又良善诚信而行为没有任何污点，的人必定会做出回报，所以就让他白日升天，届时便有天神前去承候迎取，前呼后拥的场景显现得非常清晰，众百姓都亲眼看得见，这正属于叫他成就登仙成神的功业，使世人从中看出做善事的好处来。

白日之人，百万之人未有一人得者也。能得之者，天大神所保信也①，余者不得比。尸解之人，百万之人乃出一人耳。功有大小，更相荐举，其人当使天爱重之。内为得太上腹心，荐举其为有信效，各成其功名，是不善邪？天君出教之日，神不枉其言。是天君得善信效，深知未然，不可有毛发之欺②，皆令寿命尽少尽小。解于后③，复念语，未卒意者复念道之④。

【注释】

①保信：意为担保其绝对可靠。此系模仿汉代察举制的规定而来。

在察举制下,如果被荐举人名实不副,则荐举人依法必受减俸降职或免官下狱的处罚。本经卷一百十《大功益年书出岁月戒》云:"是本因大神所保。"又卷一百十一《有知人思慕与大神相见诀》称:"相前不易,辄有保者,有信可天君心意,乃可望生耳。"

②毛发:犹言丝毫。

③解:晓悟。

④卒意:谓将大义要旨完全点出点透。

【译文】

白日升天的人,一百万个世人当中也没有一个人能得到这种回报。能得到这种回报的人,都是天庭大神担保他绝对可靠的人。其余的人根本就无法来做比拟。留下躯体而实际上已经登仙的人,在一百万个世人当中只会产生一个人罢了。功绩存在着大小区别,神灵轮番都向天庭荐举他,他这个人就会使天庭喜爱并重用他。在他内心确实称得上获取到了天君的心意,神灵荐举他确实称得上真切无误,各自成就他们的功业与名声,这还不是美好的事情吗?天君发出教令的时候,神灵绝对不敢窜改他的话语。这正表明天君完全掌握良善人的真实表现,深知将来的事情,决不能出现一丝一毫的欺诈蒙骗行径,一出现就让他寿命最少又最短。要对后事彻底晓悟,再精思这篇书文的话语。对大义要旨尚未完全点出点透的地方,再考虑做讲说。

不孝不可久生诫第一百九十四

【题解】

　　本篇所谓"不孝",系指不养双亲,反而为恶招祸,使父母忧愁至极,老无所依,终生未报哺乳之恩而言。"不可久生",是说官府抓捕正法,或为鬼神所害。篇中主要列举了五种恶子之行,即:轻口易语,不务正业,盗卖家中物什,酒家歌舞作乐,结伙攻取劫盗。与此相因果,区定出两种下场:一为官府的捕杀和天庭的断命,并被亲属称作"蔽子";二为死后备受地府的拷掠与惩治,并殃及后代。为使善恶"得分别",篇中又着意开示了性善孝子所赢得的"命尽乃终"和子孙俱于吉日良辰降生的天报。

　　惟古今世间,皆多不副人意,苟欲自可①,不忠任事,所言所道,乐无奇异②,见人为善,含笑而言③,何益于事?轻言易口,父子相欺,当目无声④,背去随后而言,或善或恶,不可法则,无益世间。世间但为尘垢⑤,言谈自动,无应善书者⑥。心言我善,行不相副,无有循谷⑦,语言浮沈⑧,不可信验,名为不慎之人,何可久前⑨?不可与善心有志之人等乎?

【注释】

①苟欲：谓胡乱思想。

②奇异：指令人长生不老、登仙成神的道法。诸如仙方神药、仙衣异术、奇文殊策等。参见本经卷四十七《上善臣子弟子为君父师得仙方诀》、卷一百八《忠孝上异闻诀》所述。

③含笑而言：意谓讽刺挖苦。

④当目：面对面。

⑤尘垢：指污浊的社会风气。

⑥善书：劝人行善积善的神书。即《太平经》这等道经。

⑦循谷：谓奉守行用良善的准则。谷，良善。

⑧浮沈：意为出尔反尔，变来变去。沈，同"沉"。

⑨久前：久指长寿，前谓成仙。

【译文】

　　想来世间从古至今，一有行动就大多都不符合人之常情，胡乱只想自己愿意干什么就干什么。不去忠实地承担起本职工作来，所谈论的话题最高兴没有什么奇异的东西掺进来，看到别人做善事，就面带笑容挖苦说，这对你身家事能有什么好处呢？张开嘴巴就乱说一通。父子之间彼此欺骗，面对面谁都不说什么，可对方刚一转身离去，随后就说三道四。时而显得挺良善，时而又变得很歹恶，根本就不能让人去效仿，对世间决没有什么补益。世间只在掀起污浊的社会风气，言谈和日常行动就没有能与劝善神书相应合的人。心里总说我最良善，但实际行为却对不上号，没有守行良善的基本准则。言语出尔反尔，变来变去，不能让人相信并得到证实。这被专门称为不谨慎的人，哪能获得长生直至成仙成神呢？难道真真无法与那心地良善、具有志向的人做到一模一样吗？

　　求生难死之人①，不欲见是恶人，而不自知，以为我健，少能相胜者,反晨夜候取无义之财,而不攻苦得之②,以为可久在中和之中③,与人语言也。傍人见之,非尤其言④。神灵闻知,亦占其所为,动作其心⑤,知其恶,不能久善,还语天神,言中和有轻口易语之人,不能久善,须臾之间,恶言复见,无有信效,但佞伪相责,何益于人!

【注释】

①难死:意为视死亡为畏途。

②攻苦:辛勤劳作之意。

③中和:天之阳气与地之阴气交合而成者为中和。即人间。

④非尤:责怪。

⑤动作其心:谓从意念上故意挑动或怂恿其人去干坏事。

【译文】

求取长生而把死亡视为畏途的人,根本就不想看到这类邪恶的家伙,可他却自己不明白自己到底是啥玩艺,只觉得老子我最强健,很少有能制服老子我的人,反而在凌晨和夜晚侦伺劫取别人的财物,而不通过辛勤劳作去获取到它们。认为这样干照样可以长久活在世上,仍能和人说话。别人看到他们的恶行,责怪他们那套混账话,神灵听到后,也去监测他们的所作所为,故意从意念上挑动或怂恿他们去干坏事,结果判定他们很凶恶,绝不能叫他们长久稳稳地活在世上,就回来报知给天神,说是世上有群张开嘴巴就乱说一通的人,绝不能叫他们长久稳稳地活在世上,在转眼间就恶语又冒出来,没有真能让人相信的效验,只去奸巧虚假地相互责备,可对世人会有什么益处呢!

令食诸谷①,衣缯布②,随冬夏易衣服。食欲快口,衣欲快身;市有利人,不肯求之而可养老亲,明旦下床,未知所之;衒卖所有③,更为主宾④,酒家箕踞⑤,调戏谈笑,歌舞作声;自以为健,交头耳语,讲说是非;财物各尽,更无以自给,相结为非,遂为恶人,不可拘绊⑥,自弃恶中,何有善半日之间邪?

【注释】

①诸谷:指五谷杂粮。

②缯(zēng)布:质地粗厚的丝帛和布匹。属平民常用的衣料。

③衒(xuàn)卖所有:谓将家中物品偷到集市上叫卖。

④更为主宾:谓轮流坐庄请客。

⑤箕踞:一种轻慢放肆的坐姿。即随意张开两腿坐定又用手据膝,形似簸箕。

⑥拘绊:控制阻止。

【译文】

皇天让人食用五谷杂粮,穿上布帛制成的衣服,随同季节变化做更换。可有的人却要吃得香喷喷,穿得特舒服;集市上能牟利,却不乐意去赚它,可以用来侍养双亲,第二天早晨一下床,就不知逛悠到哪里去了。把家中的物品偷到集市上叫卖,轮流坐庄请客。在酒家傲慢无礼,调戏歌女,肆意谈笑,歌舞取乐,吹拉弹唱。自以为嘴尖舌利,交头接耳,讲说是非。财物各自都已耗尽,没东西再供自己挥霍,就结成团伙干坏事,于是成为邪恶的人,简直控制不住和阻止不了,自己把自己弃置在邪恶的圈子内,哪有半天良善的时候呢?

无益家用,愁毒父母①,兄弟妇儿,辄当忧之,无有解已②。攻取劫盗,既无休止,自以长年,复见白首。不知天遣候神③,居其左右,入其身内,促其所为,令使凶,当断其年,不可令久。其扬声为恶不欲止,上至县官④,捕得正法,不得久生。与死为比,安得复生? 或为鬼神所害。

【注释】

①愁毒:愁苦到极点。毒,言其程度之甚。

②解已:意为放下心来的时候。

③候神:履行监视责任的神灵。候,监测,监视。

④县官:汉称天子为县官。此处泛指各级官府。

【译文】

对家里没有一点儿用处,使父母愁苦到极点,自家兄弟和媳妇儿子,动不动就为他担忧,没有能放下心来的时候。他一味去攻击夺取,抢劫盗窃,已经到了无法罢休的地步,自以为能活得很长,总会看到自己满头白发的那一天。但却不知道皇天已经派遣履行监测责任的神灵,紧跟在他的身边,进入他的体内,加速他去胡作非为,让他凶险,理应断绝他的寿命,不能叫他长久活在世上。于是他便公开扬言老子就去干坏事,决不想罢休,往上传到官府那里,结果把他逮捕在案,处以死刑,根本没办法再长久活在世上。已经同死亡站在一起了,怎能再复活呢? 或者被鬼神所殃害。

父母念之,常见其独泪孤相守,无有辅佐之者。老更弃捐①,饮食大恶,希得肥美,衣履空穿,无有补者,是恶之极。岁月年长,空虚日久,面目丑恶,不象人色。如是为子,乃使父母老无所依,亲属不肯有之。此恶人之行灭乃上②,亲属患之,名为蔽子③。死不见葬,无有衣木④,便见埋矣。狐狸所食,骨弃旷野,何时当复见汝衣食时乎?

【注释】

①弃捐：谓无人理睬，被人弃置。

②上：株连亲属之意。

③蔽子：意为死不悔改的家伙。

④衣木：指寿衣和棺木。

【译文】

父母想念他，常常看到这老俩口独自掉泪，孤苦地彼此厮守，没有辅助他们的人。他们到老年以后，转而更没人理睬，饮食糟透了，很少能吃上一口好饭菜，衣服鞋袜总是那几件，根本就没有补换的，这可属于困苦到极点了。一年到头时间很长，可却好多天肚里无食，面容非常难看，简直不像人色。像这样当了一回儿子，竟使父母到老年没有任何依靠，亲属也不乐意有他这么一个人。这正表明恶人的行径不仅自身会灭绝，还株连到亲属，亲属把他当成祸根，称为死不改悔的家伙。他死后得不到下葬，没有寿衣和棺木，就被埋掉了。成为狐狸刨食的对象，骨头被扔弃在旷野上，什么时候会重新看到你穿衣又吃饭的时候呢？

是为可知：善恶之行，人自致之，何所怨咎乎？天下之人何其甚愚，不计其死生之间殊绝矣①。生为有生气，见天地日月星宿之明，亡死者当复知有天明时乎？窈冥之中②，何有明时。愚人不深计，使子孙得咎，祸不可救，殃流后生，是谁之过乎？人不化③，自致亡失年，不当善仙士之行邪④？动作言谈，辄有纲纪⑤，有益父母，使得十肥⑥，衣或复好，面目生光，是子孝行。力非恶人⑦，亦独不当报父母哺乳之恩邪？为子不孝，汝生子当孝邪？汝善得善，恶得恶，如镜之照人，为不知汝之情邪？

【注释】

①殊绝:犹言迥然不同。

②窈冥:形容阴暗的样子。

③化:谓顺从皇天的化导。

④善:视为美好之意。仙士:犹言仙人。谓超脱尘世而身变形易、长生不死的人。其在本经中半具神性又半具人性,为本经所构设的神仙等级序列中的三等正牌神仙,职在掌理四时,属于早期道教修炼所欲实现的主要目标和理想结果之一,但与神话传说及后世道教、文艺作品所称神通广大者不同。详参本经丙部《九天消先王灾法》、卷五十六至六十四《阙题》(六)所述。

⑤纲纪:网上总绳曰纲,丝缕头绪曰纪。用以比喻事物的统领部分。此处谓做人准则和行为规范。

⑥十肥:异常肥腴之意。

⑦力非恶人:意为下大力量去做便不会成为恶人。

【译文】

由此可知:良善和邪恶的行为,全是由世人自己造成的,还抱怨憎恨个什么呢? 天下的人们为什么竟是那样地愚昧至极,不去思量死生之间那可截然不同呢? 存活就表现为仍有生命力,看得见天地和日月星宿的光辉;死去的人还会重新知道有那天亮的时候吗? 身在阴暗的地下,哪里还有重见天日的时候呢? 愚昧的人不作深远的考虑,致使子孙遭受灾殃。凶祸没办法挽救,灾殃流布到后代,这究竟是谁的罪过呢? 作为人,却不顺从皇天的化导,自己给自己造成丧命的恶果,还不应当把成仙高士的行为看得最美好吗? 行动和言谈,一上来就有准则,给父母带来好处,使他们特别肥壮,衣服有的还穿得挺好,脸上闪出光泽,这才够得上做儿子的孝行。下大力量去做就不会成为邪恶的人,偏偏就不应当报答父母的哺育大恩吗? 作为儿子却不孝敬,你再生下儿子还会孝敬吗? 你良善,也就获得个好结果；你邪恶，也就获得凶险的结果。这就如同镜子在照人，还以为皇天不了解你那情况吗？

　　故有善恶之文①，同其文墨②，寿与不寿，相去何若？生人久视有岁数③，命尽乃终，后为鬼，尚不见治问④。恶人早死，地下掠治⑤，责其所不当为，苦其苦处⑥，不见乐时。是为鬼，何以独不有赦时？是恶之极，为鬼复恶，何所依止！家无食者，乞丐为事，逐逋亡之气⑦，自不可久。地下亦欲得善鬼⑧，不用恶也。如是宜各念善，不失其度，才可矣。不者，亦欲何望乎？人当同其计策⑨，与生同愿，天不善之邪？而反为恶乎？恶行之人，不可久视天地日月星辰，故藏之地下，不得善鬼同其乐，得分别也。文书前后复重者，诚憎是恶人，不可久生耳。

【注释】

①文：指神灵上报给天庭的记录世人善恶的文书。

②文墨：谓逐条逐项予以详尽记录。

③久视：即长寿。《老子·五十九章》云："是谓深根固柢，长生久视之道。"

④治问：审讯。本经卷四十《努力为善法》称："地下得新死之人，悉问其生时所作为，所更，以是生时可为，定名籍，因其事而责之。"

⑤掠治：拷打勘问。

⑥苦其苦处：谓在最苦的处所令其受苦。

⑦逋亡：逃亡。

⑧善鬼：又称乐游鬼，为本经所拟定的三鬼之一。另二鬼为愁苦鬼、恶鬼。本经卷四十《努力为善法》称："守善学、游乐而尽者，

　　为乐游鬼；法复不见愁苦，其自愁苦而尽者，为愁苦鬼；恶而尽
　　者，为恶鬼也。"又辛部云："地下官舍，舍太阴善神善鬼。"

⑨计策：思量揣摩。

【译文】

　　所以天庭就有记录世人善行与恶行的举报文书，神灵逐项所做的
记录和实际情况一点儿都不差。长寿与短寿，二者的距离又相差多远
呢？良善而得以生存的人长久活在世上，具有固定的年数，寿命享尽才
死去，死后变成鬼，尚且不受到审讯责问。邪恶的人早早就死掉，阴间
还对他用刑审讯，责罚他不该做的那些坏事，叫他在最苦的地方受苦，
根本得不到快乐的时候。这实际上已经成为鬼了，为什么偏偏还没有
饶恕的时候呢？因为这属于罪大恶极，即便成为鬼仍要叫他饱尝恶果，
这还能在哪里存身呢？自己的家中没有祭享的供品，在阴间到处乞讨，
把这作为惟一的事情，追逐那流离逃亡的恶气，自然就不能长久存在
了。阴间也希望得到善鬼，不要恶鬼啊！既然是这样，就应各自去精思
良善，不偏离那法度，这才行得通呀！否则还想去指望什么呢？世人应
当把思量揣摩的目标归向一处，与长生保持一致，皇天还不很好地来对
待吗？反而要去干坏事吗？行为邪恶的人，不准他长久地看到天地和
日月星辰，所以就把他藏入地下，也不准他和善鬼同样得到快乐，需要
加以区分啊！文书前后重复来又重复去地做讲论，缘于确实太憎恨这
类邪恶的人，不能让他们长久存活罢了。

　　性善之人，天所祐也。子孙生辄以善日①，下无禁忌②，
复直月建、日月星光明之时③。用是生者，何忧不寿乎？是
为善行所致也。善恶分别，念中可行者，自从便安，天不逆
人所为也。念之复念之，思之复思之，可前可却④，自不贪生
者，无可奈何也。书辞可知分明，疑之自令苦极。念生勿

懈,致慎所言。辞复小止⑤,使念其后。有不满意,乃复议之。

【注释】

①善日:吉日。如甲午日,甲属木,午属火,木生火,是为保日。又如壬申日,壬属水,申属金,水生于金,是为义日。参见《淮南子·天文训》和《论衡·讥日篇》所述。

②禁忌:指避忌的事物。《风俗通义·正失·彭城相袁元服》云:"今俗间多有禁忌,生三子者、五月生者,以为妨害父母,服中子犯礼伤孝,莫肯收举。"

③月建:又称斗建。意谓北斗星斗柄所指。古代用十二地支代表十二方位,即以子为北,午为南,卯为东,酉为西等等。依此,则夏历十一月黄昏时斗柄指北,即称该月为建子之月。嗣后斗柄每月移动,指向一个既定方位,周而复始,遂成十二月建。本经以建除十二辰中斗前六辰即北斗星斗柄所指向的农历正月至六月为王(旺)气之所在。卷七十三至八十五《阙题》(三)称:"故帝王气,起少阳太阳,常守斗建;死亡气,乃起于少阴太阴,常守斗魁。"

④前:谓趋善长生。却:谓入恶早亡。

⑤小止:暂且告一段落之意。

【译文】

本性良善的人,是皇天所保佑的对象。子孙一降生,就在吉利的日子,生下来也碰不上什么禁忌,还正赶上月建旺气、日月星辰大放光明的时刻。凭借这吉日良辰而生到世上的人,还忧虑什么不长寿呢? 这属于善行所招致的结果。善恶明显地区分开,精思其中乐意奉行的事项,自动依从它,也就平安了。皇天决不违逆人们的所作所为啊! 精念再精念,深思再深思,既可以向善长生,又可以入恶早亡。自行偏不贪求存活的人,对他也就没有任何办法了。文书的言辞可以明晰地了解掌握住了,谁怀疑它神灵就会自动让谁痛苦到极点。精念长生,切莫懈怠,极其慎重地对待文书所讲的话语。言辞暂且再告一段落,让世人深思那后事。出现意下还不满足的地方,就再议论它。

见诚不触恶诀第一百九十五

【题解】

本篇所谓"见诚",意为闻知并领受禁诚,"诚"乃特指富得人情和天之腹心的关于善恶之分的神书重诚而言。"不触恶",意谓与恶行远离开来。篇中言称,天有生籍,地有死籍,而司命神更近在人之胸心,履行监控职能。又以圣德之人和登仙之人为典范,倡言改恶从善,可可逢凶;为善日久,可尽年寿;施仁慎语讲孝顺,可以延命入仕,福荫后裔;思行天上之事,可将先天命在死籍移归长寿之曹。与此相对照,又断定不顺作逆,怙恶积过,必招灾殃,短命入土,非仅魂神受勘问,连祖上亡尸和后代子孙都无一不受牵连,难免祸患。并进一步申明:似此禁诚和"约敕"已如此"明白"且"丁宁相语",便无须在"善恶"及其"苦乐""生死"之结果的择定上适得其反而再"自怨",实应"自咎之耳"。

惟夫圣德之人,各有所言,各有所语,各分别其能,各自第其功①,各成其宜。使有可信而重天言,使天爱人而有盛功,得天之腹心,是圣德之愿也。夫人皆欲承天,欲得其意,无有怨言,故令各从其志,勿有非言而自可,是为富得人情使报信②,同其知虑而从所宜。

【注释】

①第：排定。

②报信：谓皇天必对诚信做出回报。

【译文】

　　想那圣明仁德的人士，各自具有所要讲论的事项，各自具有所要阐说的意旨，各自区分出本人的能力，各自排定出本人的功绩，各自成就本人的完满结局。使本人确有可以让皇天相信的行动，并重视皇天的话语；使皇天爱惜世人，由此建立起本人的盛大功绩，获取到皇天的心意，这正构成圣明仁德之人的愿望啊！世人全都想承奉皇天，希望获取到皇天的心意，没有什么怨言，所以就让他们各自依从本人的志向，避免出现怨恨的言论而自行其是，这才称得上多方面获得人之常情，使皇天对诚信作出回报来，计虑都归向一致，依从那适宜的做法。

　　人居世间，大不容易，动辄当承所言①，皆不失其规中②。而不自责反怨言，人言是，为不平，行之各有怨辞，使天忿怒，而不爱人言，寿命无常。故天下有圣心大和之人③，使语其意，令知过之所由从来，各令自改，乃为人寿从中出④，不在他人。故言司命近在胸心⑤，不离人远，司人是非⑥，有过辄退，何有失时？辄减人年命，为知不？相善之人⑦，欲闻其戒，使得安静；过失之间，使思其意，令其受罚亡年不令有恨。

【注释】

①所言：指皇天的训导与戒饬。

②规中：犹言准绳。指天法的各项要求。

③天下：皇天派下之意。大和：指天之太阳气、地之太阴气、人之中

和气高度协调统一的状态。

④中：即内心。

⑤司命：掌管世人生死寿夭的神灵。本经佚文称：常有六司命神，共议人过失。

⑥司：通"伺"，侦伺，伺察。

⑦相善之人：指骨体相貌天生便属于天庭所立善人名籍中的人。

【译文】

人活在世上，非常不容易，一有行动就应按照皇天的训导去做，全都不偏离那准绳。但偏离后却不自责，反而口出怨言，世人讲话竟像这样，纯属太不公平了。自己偏要那样去干又各有怨言，致使皇天愤恨发怒，不再喜爱世人的话语，让世人寿命没有固定的期限。所以皇天派下具有圣明心志、最为调和三气的神人，叫他宣达天意，使人们弄清罪过的由来，分别让人们自行改正，于是界定每个人的寿命正从自己的内心中产生出来，并不在别人那里。因此便强调司命神近在胸心，离世人并不远，伺察世人的言行对错，出现过失就把他从善人名籍上撤下来，哪里会有遗漏的时候。动辄就缩减人的寿命，对此闹没闹清楚呢？骨体相貌属于本命良善的人，希望听到皇天的禁戒，使自己获得安宁；在过失形成之间，让人深思其中的意旨，使他受到惩罚，减损寿命而不至于产生怨恨。

天大宽柔忍人，不一朝而得刑罚也。积过累之甚多，乃下主者之曹①，收取其人魂神②，考问所为，不与天文相应③，复为欺，欺后首过④，罪不可贷⑤。是故复敕下晓喻，为说行恶灾变所致⑥，使自改耳。不用其言，亦安可久久在民间为人乎？故分别善恶，各使不怨耳。

【注释】

①主者之曹:指天庭所设的太阴法曹。参见本经卷一百十二《有过死谪作河梁诫》所述。

②魂神:即灵魂,魂魄。在《太平经》编著者看来,其附着人体则人生,其离开人体则人死。本经壬部云:"故昼为阳,人魂常并居;冥为阴,魂神争行为梦,想失其形,分为两,至于死亡,精神悉失,而形独在。"又卷七十三至八十五《阙题》(三)谓:"形若死灰守魂神,魂神不去乃长存。"

③天文:指神灵上报的世人恶行录。

④首过:招认罪过。

⑤贷:宽恕,赦免。

⑥灾变:指突然降临的灾殃祸害。

【译文】

皇天非常宽厚柔和,能够容忍世人,并不叫世人在一早晨就遭受刑罚。过失积累得特多了,才命令太阴法曹,收取当事人的魂神,审问所干下的罪恶勾当,不与神灵的举报文书相符合,就又构成欺瞒,欺瞒后再招认罪过,就罪大不可饶恕。所以再对天底下的世人加以戒饬,进行晓喻,为他们讲说干坏事是灾殃祸害降临的根源,使他们自行改正罢了。拒不奉用这番诫语,又哪里能够长久活在民间而成为一个人呢?所以便把善恶区分得清清楚楚,使各自不再怨恨罢了。

天为设禁,使不犯耳,而故犯之,戒命于天神,可以久与人等也①?作行如此,为使人不死之道乎?中为天无所知邪②?俗人之行,不可采取乃如是,安可久置中和之中使食,可食之乎?而反善③,神所护,年尽乃止,无中夭人时,是善之证也。为善日久,何忧不尽年寿乎?是为可知。人自不能力为善,而自害之。是恶之人④,何独剧自以为可久与同命⑤? 不意天神促之,使下入土。入土之后,何时复生出乎? 地下复相引⑥,浸益亡尸⑦。是复不得天福之人⑧,可复计邪?

【注释】

①等:谓享年相同。

②中为:内心以为。

③反善:返归良善。反,后多作“返”,返归。

④是恶:谓对邪恶予以认同。

⑤独剧:意为偏偏那么厉害地。

⑥相引:谓辗转勘问。

⑦浸益:意为步步牵连到。亡尸:指本人的前辈与祖先。

⑧天福:皇天的福佑。

【译文】

皇天为世人设布下禁戒,只是让人不去触犯罢了,但故意还去触犯,而禁戒和性命都掌握在天神那里,又能够长久与别人享年一样吗? 自己做出行为来却像这个样子,这是叫人不陷入死亡的道法吗? 心里以为皇天压根就什么都不知道吗? 俗人的行为不可容忍竟达到了这般地步,怎么能够让他长久置身在世间而享用天赐的食物呢? 可以叫他再享用吗? 真能返归良善,也就成为神灵所佑护的对象,尽享天年才会死去,决没有使人半路丧生的时候,这正构成应当向善的证明。长时间做善事,还担心什么不能尽享天年呢? 这是完全可以了解清楚的了。世人自己不能大力去做善事,也就自己害了自己。甘愿去做坏事的人,为什么偏偏就那么厉害地自以为可以同善人享寿一样呢? 可却想不到天神促使他猛干坏事,使他丧命,进入阴间。进入阴间以后,什么时候能够重新来到世上呢? 阴间又辗转审问,牵连到自家早已死去的前辈与祖先。这又纯粹是获取不到皇天福佑的人,应当再去思量思量了吧?

　　行且各为身计,勿益后生之患,是为中善之人①。不者,欲为恶人也,天所不祐,地不欲载,致当慎之②。勿有愆负③,财得称人耳,可为父母,子孙得续。行恩有施④,可复得增年,精华润泽⑤,气力康强,是行善所致。恶自衰落,亦何所疑? 从今以来,当详消息⑥。善恶分别,念中何行者,自从便安,天不逆人所为也。念之复念!

【注释】

①中(zhòng)善:符合良善。

②致当:极应。

③愆(qiān)负:愆指身犯过失,负谓殃及后代。

④施:指施舍。

⑤精华:指精粹的天间生气。

⑥消息:谓死生。阴进阳退曰消,阳进阴退曰息。

【译文】

　　说话办事要各自多为自身做打算,不要给后代增添祸患,这才够得上良善的人。否则的话,甘愿成为邪恶的人,皇天就不保佑,大地也不愿托载,对此极应多加小心。不出现过失和承负的罪责,才有资格叫做人,才有条件当父母,子孙得以接续上。行布恩惠,广有施舍,又能够增加寿龄,而且得到精粹的天际生气的润泽,内气和体力异常康健强壮,这属于做善事所招来的结果。去干坏事就自动气衰体弱,还有什么值得去怀疑的吗? 从今以后,应当仔细掂量生与死。善恶已经明显区分开,只管精思其中哪些该去奉行它,随即自动依从它,也就获得平安了,皇天决不违逆人们的所作所为啊！精念它啊再精念！

　　不顺作逆，而求久生，是行当可久见于天神？日月星辰安肯久照？为天神所祐，而争欲危之①，是谁过乎？不当是善行孝顺之人邪②？辄有禄位③，食于司农④，久复子民⑤，使上下相事⑥，是民之尊者也。是善所致，恶自不全身，相去几何乎？视其试书⑦，不用其言，自快可意而行，是为人非乎？有恶，不能自化有孝善有忠诚信之心，而望天报？有病求愈，作恶过多无解时⑧，为可久贷与不？故作此文，欲使俗夫之人，各不怨其得罚耳。

【注释】

①危：使其变凶险之意。

②是：认为对。即敬服。

③禄位：官位和俸禄。

④司农：汉代九卿之一。掌钱谷金帛和国家财政收支。

⑤子民：谓像管教儿子那样管教百姓。即出任地方官。

⑥上下相事：意谓形成正常的等级秩序。事，奉事。

⑦试书：谓与神书诚文对着干。

⑧解：止息。

【译文】

　　不顺从反而专去违逆，却还希求长久存活，这种行径能够长时间被天神看在眼皮底下吗？日月星辰怎么能乐意长久地照耀他呢？世人本应受到天神的估护，可天神却争着要叫他变得凶险，这到底是谁的过错呢？还不该认为行为良善又孝顺的人做得对吗？他们常常获取到官品和官位，从大司农那里领取俸禄，时间一长又出任地方官管理百姓，使上下之间一级服从一级,这属于百姓所尊崇的人啊! 恰恰是由良善招来的结果,而专干坏事就自行保全不了身躯,二者之间的距离该有多远呢? 再观察一下,有的人偏与神书对着干,拒不奉用它那诚语,自己觉得怎样快活就去怎样干,这可纯属世人的过错吧? 本身存在着邪恶的行径,却不能自行承受化导而具有孝顺、良善和忠诚、信实的心念,能指望得到皇天的回报吗? 患上疾病就去设法痊愈,可干下的坏事太多又没有止息的时候,对这种人能否总去施恩宽恕呢? 所以就制作这篇书文,想让凡夫俗子各自不抱怨本人受到惩罚罢了。

　　念生求活之人,自不为恶行而亡其年也。得书见诚,使知避禁,不触恶耳。如是能自改为善,可得久见天地日月星辰,与人比等,是不善邪? 而反不惜其命,以为死可得复生,如人知。不自知为恶,自以为可也,谈语欲与人比等,衣食与部人同①,是为可久不乎? 畏死之人,不敢犯此诫文,是亦禄策所致②。其人相薄③,少可宜直;命当直之,何所顾乎? 行各自慎努力,念所行安危之事,书诚亦自可知也。天书文欲使人为善,不欲闻其恶也。故自命簿不全耳④,无可大怪也。详复思之,勿懈也。

【注释】

①部人:同归一个地区管辖的良民。

②禄策:指天庭在人生前为之注定的禄命所在的花名册。

③相薄:谓骨体形貌天生便显出命薄来。

④命簿不全:意为未能尽享天庭名籍上为之注定的寿命。

【译文】

专念生存而求索久活的人,自行就不会干那邪恶的勾当而丧失掉自己的寿命。得到书文,看到了诫语,使人知道避开禁忌,不陷入邪恶而已。像这样确能自行改正,归入良善,就可以长久看见天地和日月星辰,与别人享寿相同,这还不美好吗?但却反倒不爱惜自己的性命,认为死后还能够复生,仍和别人一样具有知觉。对自己干坏事执迷不悟,自以为称心如意,仍想和别人一样能说话,和所在辖区的良民一样能穿衣吃饭,这是否真能保持长久呢?畏惧死亡的人,决不敢触犯这篇特作戒饬的书文,这也是由本命所属的名籍所决定的。有的人骨体相貌天生就显出薄命来,很少会恰恰就轮上畏惧死亡;而本命正赶上是良善长生的人,还顾虑什么呢?在行为上各自多加小心,不断努力,精思自己所做的事情究竟安危如何,对那书文的告诫也就自行能闹清楚了。天书神文只想叫人去做善事,不想听到他们在干坏事啊!所以干坏事就自己使自己不能尽享那皇天给注定的寿龄罢了,对此不必大惊小怪。再去仔细精思它,不要懈怠啊!

天有生籍①,亦可贪也;地有死籍②,亦甚可恶也。生死之间,不可比也,为知不乎?知恶当慎自责,不可须臾有亡其年寿,甚可惜也。与人语言发声为善行,得人心意,是天善之。无出恶言,而自遗咎。同出口,气正等③,择言出之,无一小不善之辞,可得延命。殊能思行天上之事,得天神要言,用其诚,动作使可思,可易命籍,转在长寿之曹④。

【注释】

①生籍:即长生簿。

②死籍:即死鬼簿。

③气正等:意谓彼此要口气平和。

④长寿之曹:又称命曹或寿曹。为天庭掌管世人寿命的专设机构。

【译文】

皇天立有长生簿,这也值得去贪求呀!地下设有死亡簿,这也需要去万分厌恶呀!在生死之间,二者根本不可比拟。对此弄没弄明白呢?弄明白了令人厌恶的那种下场,就应当多加小心,自己责备自己,不能使本人寿命出现缩短的情况,这太叫人痛惜了呀!同人开口讲话,要做出和善的举动,切中人们的心意,这在皇天那里也认为是很好的。不要喷出歹毒的话语,而给自己留下灾殃。彼此间言来语去,口气都要平和,想好恰当的话再说出去,没有半句稍微不良善的言辞,就会延长寿命。异乎寻常地能去思忖如何奉行天上的事情,获得到天神的切要嘱告,遵用它们的戒饬,一举一动使天神能琢磨出本人的追求来,就会更换命籍,转到长寿天曹那里。

宜复各修身正行,无忘天之所施,宜置心念,报施大恩,乃为易行改志,天复追念,使不逢恶①。可信天书言②,可得生治③;不用书言,自不全。择其可行乃行之,不强所为,各且念身善恶,天禀其性,勿有所嫌疑也。宜不欺善而恶人得福也,是言者明白,何有所疑乎?神仙之人,皆不为恶者,各惜其命,是善之证也。

【注释】

①恶:指凶殃。

②可信:认可信从。

③可得生治:此四字中生“治”当作“活”。形近而讹。

【译文】

应再各自陶冶身心,端正品行,不忘记皇天的施予,把这放在内心里做精思,要去报答这施予的大恩,于是由此改变行为和志向,皇天反过来又跟着他的意念走,使他不遇上凶殃。认可并信从天书的话语,就得以存活;拒不奉用天书的话语,就自行活不长。需要选择自己感觉应去行用的事项便去行用它,皇天绝不强迫世人非要做什么不可,各自去精思本人行为的善恶结果,皇天赋予世人本性,没必要再心存什么猜疑啊!终归是绝对不欺哄良善,决不叫邪恶的人得到吉福啊!这已经把话讲得明明白白了,还有什么值得去怀疑的呢?那些成为神仙的人,一律没有干坏事的,各自都在顾惜自己的寿命,这正构成施用良善的证明啊!

书所言,约敕前后①,道人之所愿,为道善恶,使思之耳。不用而自已②,勿自怨;自怨者,但当知怨身少知而穷老乃极③,自咎之耳④。余者自从其意,如欲贪生,不当有恶。故使自思,知其苦乐,乐独何人,苦亦何人,亦宜自念,勿有怨辞,勿妄轻言出气。令可思,思生为善,故丁宁相语者⑤,令语言可知,不失天规矩行成。

【注释】

①约敕:约束戒饬。

②自已:自取亡命。

③极:陷入绝境之意。

④自咎:自招祸殃之意。

⑤丁宁:即叮咛。再三嘱告。

【译文】

书文所讲的话语,前前后后做出约束戒饬,讲明世人乐意做成的事情,特为他们述说善恶的结果,使世人精思这一切罢了。拒不奉用,那就自取灭亡了,也不要再自我抱怨了。要自我抱怨,也该明白应去抱怨自己所懂得的皇天戒饬太少,但已年老,陷入了绝境,自己给自己招来祸殃罢了。其他事项自行依从每个人的意愿,如果真去贪求长生,那就不该产生邪恶的行为。所以特地让人自行精思,明白苦楚和快乐的情形;看看一直在欢乐的惟独是些什么人,始终在痛苦的又是些什么人,对此也应自行精思,不要再有抱怨的话语,不要胡乱就张开嘴巴说三道四,宣泄那股恶气。专让世人可以深思,想要长生,那就去做善事。所以便再三嘱咐告知,目的在于让那话语全能叫人弄明白,决不偏离皇天的规矩而所作所为都取得成功。

　　自然之道,何所不成,何所不化,人皆迎之,是天自然之恩非邪？念下愚之人,不念受天大分①,得为人,自以当常得久也,亦不意有巫灵之神者当止②,勿犯非也。书辞非一,念之复出,文辞有副③,故置重诚,顾其不及。用书念生为善,为有活望。复有恶言不顺者,被疏记不息也④。慎之且止,止复有所思,思后不足,不满意者复申理。

【注释】

①大分:指大分之施。即天恩广大,令悔过者命长。参见本经卷一百十《大功益年书出岁月戒》所述。

②巫灵之神者:指以招神弄鬼替人治病为职业的人。本卷《病归天有费诀》称之为医巫神家。当止:意为恰该毙命。

③副:指完全切中的对象。

④疏记:谓神灵分条逐项将世人恶行记录在案。

【译文】

　　自然而然的真道,能有什么成就不了的呢？又有什么化度不了的呢？世人全都归向它,这到底是不是皇天和自然真道的恩德呢？想那低贱愚昧的人,不去思忖蒙受皇天让悔过者命长的大恩才仍旧得以成为一个人,自以为肯定会长久活在世上,可却想不到以招神驱鬼为职业的人也恰恰会毙命,这正表明切莫陷入邪恶的圈子里去呀!书文的言辞并非仅仅一种,精思它还会降示,而文辞具有那切中的对象,所以便列示重诫,顾及到世人根本就没听说过的事项。奉用书文,精思生存,去做善事,这还称得上真有存活的希望。依旧有人口出恶言,硬不顺从,就被神灵逐条记录下来而不中断啊!对此多加小心,就会中断;中断以后,再有所精思;精思以后感到不足,出现意下还不满足的地方,就再予以申明和梳理。

不可不祠诀第一百九十六

【题解】

本篇所谓"祠",系指祀神祭祖而言。祀神以报天功,祭祖以奉家先,故将篇题特意标作"不可不祠"。篇中计分两部分内容:前一部分指陈"世俗之人"特别是"大逆恶人"的罪恶表现与恶果,后一部分宣明久废祠祀所招致的殃咎与解除的办法。言及前者,则以轻言妄语、虐待双亲、追逐吃穿、盗卖家财、游荡行戏、陷人于罪为抨击对象,斥之为禽兽不如,无益于天地人暨四时五行日月星辰之明,必遭官办或天杀,并贻害子孙。述及后者,则区分为四种情形:富有者醉心奢侈享受而吝财之旁用竟疏于祠祀;命该贫穷又行止无状者招致财匮而不祠;家贫者困穷辄止;财颇自足者拖延不奉。对这四种情形,无一不归入忤逆不顺、罪过"太重"之列,并断定逃不脱家先亡鬼的诅咒、神灵祠官的降祟,天庭地府的诛罚。由此强调务于"春三月"择取"除日"而"三解"谢罪,"后可有善"。这在自古以来便例行的"祠祀"民俗事象中,显然加重了神权的威势。

惟世俗之人,各不顺孝,反叛为逆,竞行为不忠无信之行①,而反无报施之义②。自以成人,久在地上也,所说所道,未曾有小善。有恶之辞③,而反常怀无恩贷之施④,自盗可意而行⑤,不念语后有患苦哉!此子不是在世间⑥,无宜少信,强愚自以得人心意。其念出言,不可采取,难以为师法⑦,无所畏忌,而功犯非历邪⑧,自以可意,不计其命,不见久全。

【注释】

①竞行:争相去做。

②报施:谓回报天恩。施,指天恩。

③有恶之辞:谓天庭存有神灵记录其人恶行的举报文书。

④无恩贷之施:指本人无功于天而天又格外对其开恩宽恕的那种施赐。

⑤自盗:意谓自行盗用皇天仍予恩贷的名义。指自己从心里给自己巧作开脱和辩解。

⑥此子:这班人。不是在世间:谓对社会极度不满。

⑦师法:效法的榜样。

⑧功:当成功绩之意。犯非历邪:谓陷入邪恶,一味干坏事。

【译文】

想来世上那班俗人,各自都不顺从也不孝敬,反倒背叛而构成大逆不道,争着做出既不忠诚又无信用的行径,反倒没有报答皇天施予大恩的适宜做法。自以为已经成为人了,长久会活在地上,嘴里所言说的一切,未曾有过稍略良善的话语。天上备有记录他们恶行的文书,反而常想得到对皇天无功而皇天却又格外开恩宽恕的施赐。自己从心里给自己巧作开脱和辩解,任从本人的想法去胡说八道,竟不考虑说完以后会有灾殃吗?这伙人对社会极度不满,没有一项还算做得对的行动,缺少信用,硬把本人的愚昧当理说,自以为获取到了人们的心意。他们那套想法和说出的话语,不可采取,难以成为效仿的榜样。又对什么都不畏惧忌讳,把陷入邪恶、一味干坏事当成功绩看,自以为称心如意,却不考虑他那性命得不到长久保全。

　　动作出入,不报其亲,不复朝夕①,夷狄相遇②,此独何人? 从所出生,略少其辈。饮食不用道理③,未曾了雪④,当亦无知之人比六畜⑤,生死无期。口亦欲得美,衣欲得好,天当久活汝不? 汝行不可承用亡,亦其行当可用不? 使天忿怒,无有喜时,当爱汝命,令汝不死乎? 所为皆触犯不当⑥,如故为之,是为自索⑦,不欲见天地日月星宿、人民生口之属耳⑧。

【注释】

①朝夕:指昏定晨省的日常礼节。即早晨向父母问安,晚间为父母安排床衽,服侍就寝。《礼记·曲礼上》云:"凡为人子之礼,冬温而夏清,昏定而晨省。"汉郑玄注:"省,问其安否何如。"

②夷狄相遇:谓像对待夷狄那样对待双亲。夷狄,古代对边疆少数民族的蔑称。

③道理:规矩。

④了雪:彻底明白。

⑤六畜:马牛羊犬猪鸡。

⑥不当:指皇天的禁戒。

⑦自索:自取亡命之意。索,讨取。

⑧生口:牲畜。

【译文】

去干什么事和到哪里去,都不告诉自己的父母,又不在早晨和傍晚向双亲问安,却像对待夷狄那样对待老人,这可算是一帮什么样的人呢? 自从人类出现以来,简直太少有这类人了。日常饮食不按通常最简单的规矩办,对那简单规矩从未彻底弄明白过,也就活该让那什么都不懂的人便与猪狗等六畜一个样,生死没有固定的时日。嘴里想吃好的,喝辣的,衣服也想穿舒服的,可皇天是否能叫你们这样而却长久活命呢?你们的行为根本就无法让人照着做并且会自取灭亡,可这类行径是否就该做出来呢?致使皇天愤恨发怒,没有高兴的时候,竟会爱惜你们的性命而不叫你们死去吗?所作所为全都触犯皇天的禁忌,可却还照老样子去干,这纯属自取亡命,不想再看到天地和日月星辰以及世人和牲畜罢了。

　　天有诚书,具道善恶之事,不信其言,何从乎?欲得见久视息乎①?中为不如六畜飞鸟走兽有知邪?是愚之剧,何可依玄②?但作轻薄,衒卖尽财,狂行首罚③,无复道理;从岁至岁④,不忧家事,游放行戏⑤,殊不知止。思不出中,自不可久,此人亦因父母得生,其行反少义,不见尽忠孝、有顺无逆之意,是天当置汝,使眼息不死也⑥?死中有余过,并及未生之子。

【注释】

①视息:视谓视觉,息谓呼吸。即生命犹存之意。

②依玄:意为依凭上天。玄即深青色,为天之正色,用以指代上天。《周易·坤·文言》云:"夫玄黄者,天地之杂也。天玄而地黄。"

③首罚:谓诬告善人,使其陷入法网。参见本卷《不承天书言病当解谪诫》所述。

④从岁至岁:犹言年复一年。

⑤游放:游荡放纵。

⑥眼息:眼睛总在眨动。谓仍存活。

【译文】

　　皇天降有告诫的神书,详尽讲说善恶的事体,可却硬不信从那些话语,到底又该去信从什么呢?这还能长久存活吗?内心还不如六畜和飞鸟走兽那样尚且还懂点儿什么吗？这纯粹是愚昧到了极点，哪里还能再依附皇天呢？只去干那轻薄的勾当，把家里的物品偷到集市上去叫卖，耗尽了家财。肆意进行诬告善人，使他们陷入法网的活动，根本就不存在天理良心了。年复一年地不去忧虑家中的事情，只管纵情游荡，到处戏耍，一点儿都不知道止息。思虑不从内心涌生出来，自然就会活不长。这类人也依凭父母得以降生到世上，他们的行为反而缺少道义，察觉不到竭尽忠孝和只有顺从、没有违逆的义理，这该属于皇天应当安顿好你们，使你们眼睛总在眨动而不死掉吗？其实死后还有抵偿不完的罪过，并且殃及到尚未出生的儿子。

念其作祸之人，虽以身行恶而亡其年，使未生不见有算①。活望作鬼，复死不足塞责②，是恶所致非乎？何得自在而见活乎③？昨使当出生者怨，是非过邪？何为妄言，而久朗乎④？天下之人，何不自责，而使过少，积过何益于人身乎？但有不全人命耳！不当思之邪？何为自益祸乎？是为可知也。

【注释】

①算：指天庭在人生前为之注定的寿龄。本经以一年为一算，与《抱朴子》所称百日一算不同。详见卷一百二《经文部数所应诀》后附遗文及辛部第十三条经文所述。

②塞责：抵塞罪责。指为人之父竟给后代造成余殃。

③自在：自我放纵。

④久朗：意谓一直面对苍天。即长存之意。朗指朗朗晴空。

【译文】

想那惹来祸殃的人，虽然因为自身干坏事而丧失掉性命，但又使还没出生的儿子得不到预定的寿龄。这类人在活着的时候就往鬼路上奔，死后仍不足以抵塞自己的罪责，这是不是干坏事所造成的呢？怎么能自我放纵而得以存活呢？隔夜就使应当出生的婴儿怨恨，这还构不成罪过吗？为什么偏偏要去乱说一气，这能长久面对苍天吗？天下的人们为什么不去自己责备自己而使过恶减少呢？积累起过恶对每个人的身家性命可有什么好处呢？只会落得身家性命不保全而已。不应当精思这种结局吗？为什么要自己给自己增加祸殃呢？这是完全可以闹明白的了。

　　人居世间，作孝善而得寿，子孙相续，复见尊官重禄，是不作善为孝所致邪？自无善而不顾后有患，此为大逆恶人，更为无等比①，不休息乎②？父母生汝时，欲闻其善，宁欲闻恶，声闻老亲耳邪？兄弟相憎，未曾有乐时。各自责过负③，而反自用不为善，是为不可久。

【注释】

①更为无等比：意为进一步发展到登峰造极的地步。

②休息：即死亡。

③过负：过指过失，负谓殃及后代。

【译文】

　　人们活在世上，兴行孝敬和良善，就得以长寿，子孙递相承续，还会获取到尊贵的官位和丰厚的俸禄。这不正是做善事和奉行孝敬所招来的结果吗？自己没有善行却不计虑随后便有祸患，这纯粹是大逆不道的恶人，进一步发展到登峰造极的地步，还不死掉吗？父母在生下你的时候，只想听到周围人都说你很良善，难道还想听到周围人都说你邪恶，让那邪恶的骂名传入二老双亲的耳朵里吗？兄弟间彼此憎恨，未曾有过和乐的时候。各自本应自己责备自己的罪过和承负的罪责,可却反而自以为是,不做善事,这正属于活不长。

行无益于天,无益于地,无益于人,无益于四时五行日月星之明。其人甚恶,欲何希望,不当仰视邪? 以为天不遣凶神①,司汝为非乎? 不当自怪所求所为既无可恃,但日有衰病死不绝邪? 天亦何乐杀汝乎? 众曰汝无有逋须臾之间②,故杀之。或使遭县官③,财产单尽④,复续怨祸⑤。汝行之所致不乎? 何怨于天而呼怨乎? 俗人乃如是,欲复犯天自理⑥,何益乎?

【注释】

①凶神:专门给人带来凶险的神灵。

②逋须臾:拖延片刻之意。

③遭县官:谓被官府捕杀。

④单尽:一无所存。单,通"殚",尽。

⑤续怨祸:谓给后代留下怨恨和灾殃。

⑥自理:自我申辩。

【译文】

行为对皇天没有什么补益,对大地没有什么补益,对世人没有什么补益,对四时五行和日月星辰的光明也没有什么补益。他那个人特别邪恶,还想抱有什么希望呢? 不应当仰面察视一下皇天在上吗? 竟然以为皇天不派遣凶神,侦伺你在干坏事吗? 不应当自行惊怪本人所祈求的东西和所干下的事情,已经没有可以依恃的地方,只在天天造成衰老和疾病,死亡能不断绝人命吗? 皇天又哪里乐意诛杀你呢? 只是众人都说你决不能再拖延片刻而活在世上,所以就诛杀你呀! 有的人就叫他身遭官府捕杀,财产一无所剩,又给后代留下怨恨和灾殃。这是不是你那恶行所招来的结果呢?还对皇天抱怨什么又大喊冤屈呢?俗人竟像这个样子,还想再触犯皇天进行自我申辩,又有什么用处呢?

久逋不祠祀①,神官所负②,不肯中谢所解③。所负解之,常以春三月,得除日解之④。三解可使文书省减。神官亦不乐重责人也,迫有文书,上下相推⑤。何从民人之言,贫困便止,不竟所为乎?

【注释】

①逋:拖欠。谓当祭不祭,当祀不祀。祠祀:指定期在祠堂祭享祖先和在庙宇或牌位前奉祀神灵。本卷《为父母不易诀》称之为"四时所奉进"。按照祭礼的规定,庶民除祭祖外,尚须奉祀社稷(土神与谷神)、户神或灶神等。参见《礼记·祭法》所述。

②神官:天庭监掌世人奉祀之官。负:亏欠。

③中谢:谓从内心谢罪。所解:指理应解除的亏欠。

④除日:黄道吉日中的一个日子。特指君子除罪之日。本经卷九十七《妒道不传处士助化诀》称:"今欲解此过,常以除日于旷野四达道上四面谢。叩头各五行,先上视天,回下叩头于地。"

⑤推:究查讯问。

【译文】

长时间往后拖延而不祭祀祖先和神灵,在天庭神官那里形成亏欠,又不肯从内心谢罪解除掉它们。要把亏欠解除掉,通常在春季三个月内,遇到"除日"这一天进行解除活动。解除三回,就能使神灵的举报文书减少。神官也不乐意重重地责罚世人,只是举报文书订立在那里,上下递相查究讯问罢了。哪里能够听从普通民众的说法,贫困就索性作罢,不把本该奉行的祭祀完全做好呢?

生时皆食有形之物,死当食其气而反不食①,先人自言②,生子但为死亡之后,既得食气与比等③,而反不相食。生子如此,安得汝久有子孙相视乎? 亦当亡其命,与先去等饥饿④。当何得自在⑤? 天官重孝顺,当祠明白,何可所疑!死后三年⑥,未葬之日,当奉祷赛⑦,不可言地上有未葬者而不祠也。不食益过咎,子孙无伤时也⑧,是为可知。

【注释】

①气:指祭品散发出的香气。不食:谓不进献祭品。

②先人:指死去的父祖辈。

③与比等:谓同生前一样。

④等饥饿:意为同样受饥挨饿。

⑤自在:自享清福之意。

⑥三年:古代丧礼以三年为守丧期满,故出此语。

⑦祷赛:祷祭酬神。赛,酬神。

⑧无伤时:谓对不祠家先的父祖也同样没有悯伤的时候。指一报还一报。

【译文】

人在活着的时候食用各种硬质或流质的食物,死后就该食用祭品所散发出来的香气,可却反而不进献,于是自家死去的前辈人不禁自言自语:生下儿子,只是为了死亡以后能够食用到祭品的香气而与生前一个样,可却反而不进献。生下你这儿子竟像这样,你将来怎么也能长久会有子孙照看呢? 你也会有丧命的那一天,而与先死的家人同样在阴间受饥饿,哪里该当只管在阳间自享清福呢? 天官看重孝顺,理应祭祀显而易见,对此哪能有什么怀疑呢? 死后三年,在还没有下葬的日子里,应当举行祷祭酬报神灵,不能说什么地上还有没下葬的人就不祭祀啊! 不进献祭品就加大增重罪责,子孙也同样没有对父、祖真悯伤的时候。这是可以闹明白的了。

　　当祠常苦富时奢侈,死牛羊猪豕六畜,祠官浸疏①,后当见责。不顾有贫穷也,财产不可卒得②,行复无状③,财不肯归,便久不祠,为责安可卒解乎? 宜当数谢逋负之过,后可有善,子孙必复长命,是天喜首过④。

【注释】

①祠官:即上文所称神官。浸:逐渐。

②卒(cù)得:猛然获取到。卒,后多作"猝",一下子,猛然地。

③无状:罪大无可名状。

④首过:主动认罪。

【译文】

　　临到该祭祀时,总为富时的奢侈享受而由此竟白白损耗掉牛羊猪等六畜感到心疼,于是便对天庭祠官逐渐减少供品,这种人在日后必定会受到责罚。还有人看不到命该贫穷的定数,财产又不能一下子就获取到,再加上自己的行为罪大无可名状,钱财也不愿归向他那里,于是就干脆长久不祭祀。这对神官的责罚又怎么能够最终解除掉呢? 应当多次告谢拖延亏欠的罪过,事后就能有好结果,子孙又必定会长命,这正表明皇天是喜欢主动认罪的。

　　其家贫者,能食谷知味①,悉相呼,叩头自搏仰谢天。天原其贫苦②,祠官假之③,令小有④,可用祠乃责,是为天所假⑤。

【注释】

①能食谷知味：此系指代全家老少成员。

②原：体谅。

③假：放宽期限之意。

④小有：意谓逐渐积攒起一些财物。

⑤假：指宽容的大恩

【译文】

那些家里贫穷的人，要全家老少一起呼叫，跪地磕头，自行捶胸顿足，仰面向皇天谢罪。这样做了以后，皇天就体谅他们很贫苦，祠官也对他们放宽期限，让他们逐渐积攒起一些钱财，确实有条件进行祭祀了，才去督责他们，这正属于皇天的宽容大恩。

　　颇有自足之财，当奉不疑也。不奉，复见先人对会①，祠官责之不祠意，使鬼将护归家②，病生人不止③。先人复拘闭④，祠卜问不得⑤，得当用日为之⑥。天听假⑦，期至不为，不中谢天，下地取召形骸入土⑧，魂神于天狱考⑨，更相推排⑩，死亡相次。

【注释】

①对会：谓被祠官召来，当堂互作验证，进行面对面审讯。

②将护：押送。

③病生人：谓使活人得上中邪的怪病。

④拘闭：拘押囚禁。

⑤祠：指通过祭祷除祟。卜问：占卜测问。不得：谓得不出作祟鬼

神究系何种何类的测定结果。此由先人被拘闭所致。东汉盛行
祭祀得福去祸之风，故而此处遂作如是之说。
⑥得：指祠官告知作祟者为谁。用日：谓按日期。
⑦听假：意为赐给一次补过的机会。
⑧下地：意为天庭命令地府。
⑨天狱：指太阴法曹。参见本经卷一百十二《有过死谪作河梁诫》
所述。
⑩推排：推勘核定罪责。

【译文】

拥有足以使自家够吃够用的财物，理应奉祀，这是毫无疑问的。拒
不奉祀，紧跟着就被祠官召来，同自家死去的前辈人当堂对证受审讯，
祠官责问他竟不祭祀的用意，派遣鬼物押送他回家去，使他家活着的人
得上中邪的怪病，一直好不了。并且把他家死去的前辈人拘禁起来，他
家通过祭祷除祟，但占卜测问却得不出作祟的神灵是哪些种类，一旦知
道后，就应当按日期奉祀神灵。皇天已经赐给他家一次补过的机会，到
期仍旧不祭祀，不从内心里向皇天谢罪，皇天就命令地府召取他的形体
入土，而魂神在天庭的太阴法曹遭受审讯，递次勘问，核定罪责，他家的
人就一个接一个死掉。

是过太重，故下其文，使知受天诛罚不怨，可转相告语，
可令不犯。先古已有书，犯者不绝。以棺未藏者①，不可不
祠也。今故延出文②，因有心之人，书解其意。勿疑书言，尚
可得生籍。疑不行，死日有期。自消息③，勿复怨天咎地也。
行，书小息。念其后，思惟文言，知当复所行，复道之。

【注释】

①藏：指下葬。

②故延：特地接续之意。

③消息：谓从中揣摩进退。

【译文】

这种罪过太严重，所以便降示下这篇书文，使人们明白自动受到皇天的诛杀与惩罚，不要再怨恨。可以你告诉我，我告诉你，让世人不再去触犯。古代已经降示过这类书文，可触犯的人却接连不断。即便因为棺木还没下葬，也不能作为理由而不进行祭祀。如今特地接续古代而出示这篇书文，通过具有心计的人采用书面形式解说其中的要意。不去怀疑书文的话语，尚且可以把姓名登在长生簿上，心存怀疑而不奉从行用，死亡的日期就有具体的规定。自行去揣摩进退，不要再怨天怨地了。好了，书文暂且告一段落。要考虑那后事，只管精思书文的话语，了解后还应应再去奉行，到时再讲说它。

天报信成神诀第一百九十七

【题解】

本篇所谓"天报信",意为天庭必定酬答回报世间对天庭信誓旦旦、忠诚至极的进善求生之人。"成神",则为天报信的具体方式和最终体现。篇中以进善求生之人"洗心易行"、惶怖乞戒的极度虔诚的举动作衬托,主要通过"大神"的答复之语,向世人施布既相信上天又兑现本人所发大愿的重戒,彰显亲由至高天神天君核准的使之"白日升天"的天恩大施,列示"簿文内记"、诸神护持、"天厨"解其饥寒、承负得以自除、体自日轻、食自日少、精光日增、得符彻视、与神对语等一系列成神前的天昭其信的征兆。宣明天庭"无有二诺"、"义不相欺"的准则,其间在"正神"与"邪神"名义下对"神象卜工之言"的排斥,表明《太平经》编著者是以道教正宗自任的。

惟有进善求生之人,思乐报称天意,令寿自前①,目见天上可行之事,曰亦奉行天之所化成②,使见久生之文,变化形容③,成其精神,光景日增④,无有解时⑤。是有心志善,不忘天恩。报施之士,何时有怨,解息须臾之间⑥?心自克责⑦,幸得为人,依迎天,得成就,复知天禁⑧,使其远害趋善,不逆神灵。见善从之，未曾不自责，时悔过从正，思念其意，常不敢自安自疑。念之为善，晓天知意，具足可知⑨，亦无所疑。自责悔过，积有日数，既蒙福佑，承奉天化，使不见危。

【注释】

①前：增益之意。

②日亦奉行天之所化成：此九字中"日"当作"曰"。形近而讹。

③形容：形体容貌。本经卷一百十《大功益年书出岁月戒》称："变易骨体身轻，润泽生光，时暮得药，以成精华，所在化为，无不成，出窈入冥，丝发之间何所不通？"

④光景：指精气的光华。本经辛部云："各使成神，光景随其尊卑。所化之神，皆随有职位次第官属。"

⑤解：化解消褪之意。

⑥解息：懈怠止息。解，通"懈"，懈怠。

⑦克责：严厉督责。

⑧天禁：皇天的禁戒。

⑨具足：完备充分。

【译文】

想那向良善迈进而求索长生的人，精思和乐意报答并切合皇天的心意，使寿命自行得到增加，亲眼看到天上乐意施行的事情，每天也承奉行用皇天所化生和成就的事物，使自己看到长生的书文，变化形体容貌而成为精灵和神灵，罩在身上的精气光华一天比一天增加，没有化解消褪的时候。这属于具有心计，志在良善而不忘记皇天大恩的结果。报答皇天恩施的人士，在什么时候产生过怨恨，出现过片刻的懈怠止息呢？内心自行严厉督责，念及本身万幸得以成为一个人，依随迎就皇天才得以成就，又清楚皇天的禁戒，使自己离开凶害远远的，归向那良善，不违逆神灵。看到良善的行为就加以效仿，未曾不自己责备自己，经常悔恨过错,改归纯正,精思深念那意旨,总也不敢自我心安和自生猜疑。一门心思做善事,了解皇天,清楚天意,对怎样才算达到了完备充实的程度都能掌握住,也没有感到怀疑的地方。自责自己责备自己,悔恨过错,积累到天庭规定的时日,就蒙受到吉福和佑助,承奉皇天的化度,使本身不遭到凶害。

　　自知受天报施①,何可有忘须臾之间息,恐神灵非尤所言,故怀怅然,未曾自息。贪进所言,欲承天意,恐有失脱,故复洗心易行,感动于上,欲见升进。贪慕其生,实畏短命之期,恐久不见于天地,竭力尽忠,思其诚心。数闻神言,不见其人,心内不自安,常斋惶惧,日夜愁怖,不敢自安。用是之故,不敢废善而就恶施②。

【注释】

①报施:酬报与恩施。

②恶施:即恶报。

【译文】

　　自己很清楚蒙受到皇天的回报与恩施,哪能出现片刻忘记和停息的时候呢?唯恐神灵责怪自己所表达的意愿,所以便心怀惆怅,未曾自动止息过。贪求进献自己的肺腑之言,光想承顺皇天的心意,唯恐出现什么遗漏和偏失,因而又清除内心的污浊因素,彻底转变行为,在皇天和神灵那里引起感应,渴望能被召到天上,得到进用,贪求恋慕长生,着实害怕缩短寿命的期限,唯恐永远再也看不到天地了,竭尽力量,献出全部忠诚,精思那颗极应具备的诚心。多次听到神灵的话语,可却见不到神灵的形体容貌,于是内心自行感到很不安宁,时常斋戒,惶恐畏惧,日日夜夜在愁虑惊怖,不敢自我心安。出于这个缘故,决不敢把良善抛在一边而归入恶报。

人皆得饮食,仰天元气①,使得喘息,复知人情,自知受天施恩,辄当报谢,何有疑时! 天生人精②,地养人形,使得长大,使得成就。见天书戒,视其文辞,不战自栗,何有负言? 心常怖悸,何有安时? 唯天大神③,时哀省原,数见假贷④,心知不以时报大恩,唯大神使见覆哀,久见常在生气之中,久活前年之寿⑤,不敢忘大施之分。恩贷毕足,不敢解忘须臾之间而背恩也。唯大神成之,使见天神,与其语言,思闻复戒,重天所言,唯蒙有报⑥,乃敢自信。

【注释】

①元气:化生宇宙万物的无形实体。本经卷五十六至六十四《阙题》(六)称:"元气,阳也,主生。"又卷九十八《核文寿长诀》谓:"天道广从,无复穷极,不若一元气与天持其命纲也。"

②精:指寄居在人体各部位、诸器官内并起主宰作用的人格化的神灵。其为天之太阳气的化身。《白虎通义·情性》则云:"神者恍惚,太阴之气也。"

③大神:无形委气大神人的别称。属特级神仙,为至高神天君的辅佐,如同人间宰相或帝王的太子。本经丙部《九天消先王灾法》谓:"其无形委气之神人,职在理元气。"

④假贷:谓赐给宽恕以悔过的机会。

⑤前年:犹言延年。

⑥报:指具体答复。

【译文】

世人仰仗皇天元气,得以饮食和呼吸,又懂得人情,自己知道蒙受皇天的施化恩育,就该报答感谢,哪里应有怀疑的时候！皇天化生出世人体内的精灵与神灵,大地在养育世人的躯体,使世人得以身材高大,得以器官完备和神志清朗。看到天书的训诫,察视那具体的文辞,不颤抖也自行畏惧,怎敢有违逆诫语的地方呢？内心总在恐怖惊悸,哪有安宁的时候？只因皇天大神经常予以哀怜、省察与体谅,多次给予宽恕和悔过的机会,自己心里明白还没按时报答大恩,只请大神能让自己见上一面,再加以哀怜,使我长久看到并总能身在生存阳气的包围当中,不仅活得长,还增加寿龄,决不敢忘记悔过便叫人命长的皇天大恩。对我格外开恩格外予以宽恕,已经无以复加了,我决不敢片刻忘记和懈怠而背离大恩啊！只请大神来成就,使我见到天神,与它当面交谈,只想再听到戒饬的话语,重视皇天所讲的一切,只请蒙恩得到答复,才敢更加自信不疑。

　　大神报有善心人言:“天君常爱是有心善之人,于天有用辄进。自今有心善之人自陈,前以达白天君①,承用所举听勿疑②。必当如前所言,是自天君所敢前也。岁月垂至,努力信天所言,天亦信有心善之人,自不在俗间也。簿文内记③,在白日升天之中,义不相欺。天君欲得进善有心,不违言,是其人也。诸大神自遥见其行④,虽家无之日⑤,前以有言,宜勿忧之。常念与天上诸神相对⑥,是善所致也,宜勿懈倦也。”

【注释】

①达白:通报禀告之意。

②承用:依从采纳。举:指大神的荐举。听:意为任凭化度。

③簿文:指神灵奏报的监测文书。内记:指收藏在天君金室的未来

神仙的花名册。

④诸大神：指九君。参见本卷《九君太上亲诀》所述。

⑤家无：谓家贫如洗。本经卷一百十《大功益年书出岁月戒》称："其舍空虚，无以自衣，有道者给食，至时止。"

⑥相对：当面对语之意。

【译文】

大神人答复具有善心的人说："天君总在喜爱像你这种有心向善的人，对皇天能有用处就升进他。现今世上有个心向良善的人自行向皇天做表白，在此以前已经把这一情况禀报给天君了，天君说听信并接受你们大神人所荐举的人，只管去化度就是了，因而你也就不要再有什么疑虑了。但必须要在行动上和你以前的表态相符合，这正构成天君那里敢让你登仙成神的先决条件。登仙成神的时间眼看就到期了，努力信奉皇天所讲的话语，皇天也相信有心向善的人，届时就自然不在俗人聚集的世间了。神灵上报的测定文书和收藏在天庭金室的神仙名册，确定你在白日升天的行列当中，这按道义也决不会去欺哄谁的。天君希望获取到向良善迈进而有心计的人，但不违背自己向皇天立下的誓言，这才属于真正的人选。众位大神人自行也从远处会看到他们的实际表现，尽管处在家贫如洗的日子里，可从前已经对你讲过了，大可不必忧虑这种处境。总去精思能同天上的众神灵面对面交谈，这正属于良善所招来的结果，理应不懈怠也不厌倦。"

有心善之人言："生本无升进人①，期心报大神，求进贪生，欲竭所知，何敢望白日升乎？举选当得其人，生不敢当之。恐见为大神所非，蒙恩自侥幸得宠，为得恩分毕足，但惜未及重报施，唯大恩假忍苏息之闻②。"

【注释】

①生：弟子对师长的自称。

②苏息：生息，喘息。谓勉强尚得存活。闻：指教戒。

【译文】

有心向善的人说："小生我原本只是一个压根便无缘升进的俗人，满心眼渴望报答大神人，追求升进，贪恋长生，只想把自己应该知道的天戒全都了解掌握住，哪敢希图白日升天呢？荐举和选用自应获取到合适的人选，小生我决不敢承当它，惟恐被大神人所责怪，已经蒙获恩典而自己侥幸受到宠信，对能得到让我长生久活的恩情就深感满足了，只可惜还没来得及重重地报答这一恩施，只请再施布大恩，降赐那容忍并允许我勉强存活下去的教诫。"

大神言："前比白生意，进之天君，辄言有心善意，是其人也。天君自欲亲近之，不使有疑也。恩施不在大神也，何须道报乎？宜复明所知，必为有报信，心谢恳恻而已。必使诸神相护，不令邪神干之也①。致重慎所言，以善为谈首②。书意有信相与，要不负有心善进之人言也③。天自日夜使神将护之④，余无所疑。相命沮触之⑤，书必先人承负自辞，勿用为忧。"

【注释】

①干：侵犯，凌犯。

②谈首：指开口讲话的首要议题。

③要：总之。

④将护：照看保护。

⑤相命：指世人在骨体相貌上所显现出的先天禄命。沮触：阻隔，

抵触。

【译文】

大神人说:"以前接连向天君禀报你这位弟子的志愿,把你推荐给天君,天君动不动就说具有向善的心意,正是合适的人选。天君自己就乐意对他亲近,不让他存有疑虑。大恩的施布并不掌握在在我们大神人这里,你何必还要讲什么报答呢? 应当再把需要了解的天戒搞透彻,必定会看到皇天对诚信做出回报来,对此只从内心恳切凄恻地表示感谢而已。皇天必定会责成众神灵去佑护,不叫邪神侵犯他。要极为重视并谨慎对待自己平常所说的话语,把良善作为开口讲话的第一要务。对天书的意旨确实信从就把天书付归给他,总之不要违背具有心计而向良善迈进的人自己所许下的诺言。皇天自行会日夜派遣神灵照看保护他,其余的就更没有值得去怀疑的了。在骨体相貌上所显现出的先天禄命原与天庭所预定的相抵触,天书也一定会使承负自家先人的罪责自动免除掉,不要把这当成忧虑的事情。"

有心志善之人言:"本性单微,久在俗中,恐不能自出俗世之间,慕大神之恩,宠遇使见温①,诚自知。唯大神白天君,才使在不死之伍中,为何敢望白日乎?"大神言:"天君信有心进善之人,教无有二诺,无所狐疑,是自天君意也。虽念家不足,饥寒并至,自有天厨②,但仰成事③,神自师化其子④,无以为念也。"

【注释】

①见温:蒙受关怀之意。

②天厨:星名。位于紫微宫东北维,凡六星,主天庭盛馔。

③成事:旧有的事例。此为汉代惯用语。实指登仙成神而言。

④子:指弟子。

【译文】

　　具有心计而立志良善的人说:"自己本性单薄微弱,长久处在世俗当中,惟恐不能自行从世俗中超脱出来,贪慕大神人的恩典,万幸给予特殊的优待,使我蒙受关怀,我对此确实非常清楚。只因大神人禀报给天君,才使我进入永不死亡的行列当中,凭什么竟敢希图白日升天呢?"大神人说:"天君相信具有心计而向良善迈进的人,教诲神灵只要应允了什么就一定算数,你不要再存有疑虑了,这原本就属于从天君那里传出的意旨。你尽管会顾念到家中很穷,饥寒一齐袭来,但自有天厨星在做供养,只去追求登仙成神的事体,神灵自行会以师长的姿态去化度自己的弟子,不要把这放在心上。"

　　"生主受分之后①,何时忘大神所言乎? 忧不成耳。不敢失大神枕席②,常在心鬲③,不敢解也。"大神言:"辞乃如是,天君知者,善自得善,有心自得天君心意。前白事,见天君,天君敕大神言:'前日已白此人,当升之日,勿令失期。'竟有符④,在心前彻视,神自语为信。变化以有日期,但日夜念之,勿懈也。"生言:"受敕之后,何敢懈邪? 唯蒙成不。"大神言:"须书有符,自相见也。不忧不得天寿也,不但大神邪! 诸神皆言善。是有心之人,诸神忧之,但仰成辩而已⑤。"

【注释】

①受分:谓蒙受天恩广大、令悔过者命长的大分之施。

②枕席:指辗转反侧蒙受的教诲。

③鬲(gé):通"膈",即分隔人体胸腔和腹腔的肌膜结构。

④符:指符传,即天庭发放的登仙凭证。

⑤成辩：指众神对其人能否成神作出的结论。

【译文】

"小生我职在蒙受皇天那种悔过便让人命长的大恩以后，可曾什么时候忘记过大神人所讲的一切呢？只去深深忧虑自己不会成功罢了。决不敢偏离辗转反侧所领受的大神人的那番教诫，时刻把它铭记在心胸，决不敢懈怠。"大神人说："你这言辞竟像这样，天君肯定会知晓的。良善自行会得到美好的结果，具有心计自行会获取到天君的心意。前些天曾禀告事情，拜见天君，天君命令我们大神人说：'前些天已经禀告过这个人，到他恰该升入天庭的那一天，不要让他误期。'到最后会有天庭发放的登仙凭证，在你心口前看得特别明晰，神灵也自报来路，把这作为真实身份的证明。你变易形体已有具体日期了，只管日夜精思，不要懈怠。"这位甘当大神人弟子的人说："领受戒饬以后，哪敢懈怠呢？只盼蒙受恩典成功与否。"大神人说："等待天书，有那登仙凭证做依据，我们自行会见面的。不愁得不到天寿，还不仅仅是我们大神人，众神灵也都说你良善。这表明具有心计的人，众神灵都忧念他，只靠最后做出的能否成神的结论罢了。"

生言："是大重，如使如愿，必亲心恭而已。"大神言："是亦其人愿，所当承心而言。天君重其家，使无入大过，承负辄解之。勿信神象卜工之言①，是卜不能有所增减②。欲度活人者，要在正神③。虽有小神之疏上，自解之，亦勿狂为不当所行也。是自有心有道之人所知也。且各为身计，信天言，天自不欺有心进善之人也。虽知惠常念，无有忘时，闻邪神自下④。无有心志之人持身不谨，复念非常，故邪下之，使不安或恶，会无成功。此书亦不信恶人，恶人亦不信此书。会有效用有报，得报信之后，乃为可知也。今当有信，知进善之人书,神自欲见报信得用。不信,无有心进善之人欲所得也。行,书辞已可知,见信有验,亦自不久。"

【注释】

①神象卜工:指卖卜者。即在街市闹区给人占卜吉凶祸福而以此为谋生手段的人。《史记》即有《日者列传》,《后汉书·方术传》亦多所述及。《论衡》及《潜夫论》分别设有《卜筮篇》、《卜列篇》,可参阅。

②增减:增指增寿,减谓减年。

③正神:指正牌神灵,正宗神灵。

④闻邪神:意谓听信邪神的蛊惑。

【译文】

这位甘当大神人弟子的人说:"这可属于重大的恩施,如果使我实现了愿望,一定要亲近它们,并从内心深表恭敬而已。"大神人说:"这也属于它们的希望所在,不过确应承顺内心来做出纯真的表态。天君也重视你那家人,使他们不陷入大罪过,把承负给解除掉。切莫相信占卜算卦那类人的话,那类占测根本无法给人增加寿龄或减损天年。打算叫人存活并超凡成仙的,总之取决于正宗的神灵。即使有那小神的善恶记录奏报到天庭,也要自己通过努力来化解它,不要胡乱去干不应干的解除之类的事情。这自然是具有心计和道术的人所清楚的。各自要为自身多做考虑,信奉皇天的话语,皇天原本就不欺哄具有心计而向良善迈进的人哪!尽管深知天恩,总去精思而没有忘怀的时候,但若听信邪神的蛊惑,就会自行被斥退下来。没有心志的人守持自身不谨慎,又去顾及那些想入非非的事情,所以邪神就叫他被打下来,使他不安分或者陷入邪恶,终归不会取得成功。这篇天书并不相信邪恶的人,邪恶的人也不相信这篇天书。然而终归有那效验,有那回报,获取到皇天对世人诚信作出的回报以后,也就一切都可以弄明白了。现今应当说话算话,了解掌握那专为向良善迈进的人所降示的天书,神灵自身也想看到皇天对诚信作出的回报而得到重用。如果说话不算数，就不存在具有心计而向良善迈进的人所渴望得到的结果了呀！回去吧！"

"何以明之?""其人自乐生者，天使乐之，是天报信其人。必化成神，必以白日，不疑日自轻①，食日少为信。精光日益，亲近其人，是信也明之明也。且勿有疑。"

【注释】

①轻：谓形体变轻灵。即把进食之身化作食气之身。本经卷一百十一《善仁人自贵年在寿曹诀》称："断有形之物，禀天大仓气，食消，化令轻。"

【译文】

"借什么来彰明这一点呢?""他那个人为自己能长生而感到欢乐，皇天就叫他总处在欢乐的状态中，这正属于皇天对那个人的诚信做所出的回报啊！必定会变化形体成为神灵，必定通过白日升天的方式来实现，自己不去怀疑而形体一天比一天变得轻灵，饮食一天比一天减少而腹内没有饥饿感，这正构成真确的效验。笼罩在那个人身上的精气光华一天比一天增多，并且离他越来越近，这正构成明显又明显的真确效验啊！不要再有什么疑虑了。"

生言："见诚受敕，请如所言，思惟念之，不敢懈有忘也。虽生素不知，会见之后，益亲无异。"大神言："善善亦当惠成名①，宜卒竟其功，是神常诚也。书语虽多，重生道②，故多耳。勿怖之也，语且有止，各还有言。"有心志念之人言："唯唯。不敢有忘也。"

【注释】

①善善:意为赞许善人。惠:施惠。

②生道:指求生索活之道。

【译文】

这位甘当大神弟子的人说:"看到禁戒,领受到训饬,请求让我完全照着去做,只管精思深念它们,决不敢懈怠和遗忘啊! 小生我虽然一向与大神人相互不了解,这次见面以后,越发与大神亲近了,绝对不会出现偏离戒饬的任何举动。"大神人说:"赞许善人并应施加恩惠而让他成就美名,又该让他最后建立起功绩,这也正是神灵自身总在奉持的戒规啊! 天书的话语尽管很多,但因重视求生索活的真道,所以就话语很多啊! 对此不要感到惊惧,话语随即便告一段落,各自回去后再作讲论。"具有心计、志在良善的人说:"是是,决不敢出现遗忘的现象!"

有功天君敕进诀第一百九十八

【题解】

　　本篇所谓"有功",系指贪慕长生、极尽诚信、为善日久、积功于天的世间德人而言。"天君"乃为本经所创制的至高天神的专称。"敕进",下达谕旨使其升天成神之意。篇中首先列举有功之人的具体表现,诸如奉天承地,随顺四时五行生成之道,施仁行惠,静自克责,畏神求戒等。继则展布天君对"中和有功人"预闻先觉和亲加过问的恩施,随后昭示天君对匿而不报的失职神灵的处罚,处罚则为贬谪凡间,在京洛卖药治病十年,并以此事为例,严饬各地神灵务须克尽职守,及时举荐有功之人。而至篇末,又出现了大神因对其人升天不详年满与否而伏首谢罪的场景。通篇以至高神天君为主宰,当后盾,做担保,相号召,旨在彰明天国可跻,功德有报,为世人自觉朝登仙成神的目标迈进注入更大更强劲的驱动力。本篇同卷一百十二《写书不用徒自苦诫》、《有过死谪作河梁诫》相辅相成,各有侧重又组合式反映出了全经所构建的天庭责罚神灵的制度及其实施的具体情形。

　　惟思古今有大诚信之人,各有效用①,积功于天,乃敢自前②。动作止进,未曾有小差之恶③,常怀慈仁之施,布恩有惠,利于人众。不有失小信而不奉承天地,随四时五行之指历④,助其生成,不敢有不成之意,而自危身令不安。故自克念过负⑤,恐不解除,复为众神所疏记,而有簿文闻太上也。以是故,敢有安时也?

【注释】

①效用:发挥的作用。

②自前:意为主动请求登仙成神。

③小差:稍有偏差。恶:意为污点。

④指历:谓在全年内交替置换和流转的过程。即北斗星斗柄指东,天下皆春,木行少阳之气旺盛用事,万物毕生;斗柄指南,天下皆夏,火行太阳之气旺盛用事,万物得到养长;六月则土行中和之气旺盛用事,万物繁盛;斗柄指西,则天下皆秋,金行少阴之气旺盛用事,万物成熟;斗柄指北,天下皆冬,水行太阴之气旺盛用事,万物枯死且入地下重新孕育。如此周而复始,循环不已。本经卷一百十六《阙题》(二)称:"四时顺行,春乐生,夏乐长,秋乐收,冬乐藏。"又乙部《行道有优劣法》云:"春王当温,夏王当暑,秋王当凉,冬王当寒。"又卷六十五《兴衰由人诀》谓:"今天乃自有四时之气,地自有五行之位,其王、相、休、囚、废自有时。"

⑤克念:深切忆念。

【译文】

　　想那古今存在着极为诚信的一类人,各自具有所能发挥的独特作用,在皇天那里积累起功绩,才敢主动请求登仙成神。一切行动该向前或该停止,都未曾出现过稍有偏差的污点。总去怀揣仁慈的施赐,播布恩德,讲求实惠,给世上众人带来好处。决不产生细小的失信现象和不去承奉天地的情况,随顺四时五行在全年内交替置换和流转的过程,协助它们化生和成就万物,决不敢萌发不让万物成就的念头,由此而危害到自身,使本人不安宁。所以就深切忆念过失和承负的罪责,惟恐不能解除掉,又被众神灵逐条记录下过恶来,转而有那举告的文书奏报到天君那里。出自这一缘故,哪敢有那心安理得的时候呢?

　　今古相承,善恶相流①,何有绝时乎? 故自沈静②,未尝有懈,而忘天之所施为也。但自念求德之人,以心自况③,见人有善心,为之欣然;见人有恶心,为之惶惧。想天神知之,各有所进,复自惟念,本素生于俗间,心常思乐大化④,贪慕生道,去离死部⑤,恋牢精光,贪使在身,使自相爱,心乃可安。不者恐见不在常见之中。

【注释】

①流:流布,延续。

②沈静:亦作"沉静"。沉寂清静。

③况:比照。

④大化:谓对普天之下施行的真道教化。本经卷一百十七《天咎四人辱道诫》云:"夫道者,乃大化之根,大化之师长也,故天下莫不象而生者也。"

⑤死部:死亡的范围以内。

【译文】

　　古今递相承接,善恶递相流布,哪里有那断绝的时候呢? 所以就自行沉寂清静,未曾出现过懈怠而忘记皇天所施行的事体啊! 只去自行精思身为求取仁德的人,要拿心灵来同自己做比照。看到别人有那良善的心肠,就为此而感到高兴;看到别人有那邪恶的心肠,就为此而感到恐惧。想到天神对任何事情都能了解掌握,各自具有进荐的对象,又自行只去精思:自己原本就一向生活在世俗当中,内心常常思忖并喜爱皇天对普天之下所施行的真道教化,贪求仰慕长生的道法,远远离开那死亡的圈子,牢牢眷恋天地的精气光华,贪图让它施注笼罩在自己的身上,叫它自动喜爱自己,这样才内心能够安定下来。否则的话,就唯恐被打入死亡的行列里去。

　　唯诸天神,时原不及,教其进退,当承天意,不可有失,而小不善闻于太上之君耳。故因诸神,求知旷问①,唯蒙不逆,使不见疑。为受一子之分②,势不敢有忘丝发之间③。唯原省念所言,思见天诫,以成其身,不使陷危。是诸神宠恩之日,不敢有休息,而不自念报重之大恩也。

【注释】

　①旷问:意谓询问从未问过的事体。旷,空旷。《老子·十五章》云:"旷兮其若谷,混兮其若浊。"

　②一子:犹言一介世俗弟子。本卷《天报信成神诀》谓:"神自师化其子。"分:情分,缘分。

　③丝发:头发丝。以喻细微。即一点点儿。

【译文】

　　只请众位天神,时常体谅俗人闹不明白的地方,教导他怎样去做,自应承顺天意,决不产生过失,而有稍微不良善的举动给传到天君那里去。所以就通过众位神灵,求取应该懂得的天戒,询问从未问过的事体,只请蒙恩而不予拒绝,使那天戒和事体不让人产生疑虑。对于所承受的那份赐给一个世俗弟子的情分,势必不敢忘记一星半点。只请体谅省察这番话,渴望见到皇天的戒饬,以便成就自身,不让它陷入危险当中去。这正构成众位神灵宠信施恩的时刻,自己决不敢把它放到一边搁起来,而不自行去精思怎样重重报答那大恩啊!

　　诸神未白，天君闻知，被遣当直之神①，承教见之，其人言所动摇云何②，具问其意。使诸神问之③，还白日，言中和之民，自道善行，积功日久，贪慕久生，自薄说④，常自垂念，恐有愆负，未尝有懈息之意，为诸神道其功效。

【注释】

①被遣当直之神：指接受委派、轮到值班而专对群神进行监察的神灵。参见本经卷一百十一《善仁人自贵年在寿曹诀》所述。

②动摇：指神灵的训导和化度。本经卷一百十《大功益年书出岁月戒》云："数使往动摇支节，屈申转倾，反复教戒敕，随神屈折，以药饮之，骨节开炼。虽不时相见者，知其可坚与不也，示之志不倾也。"

③使诸神：谓又派出特使。

④自薄说(tuō)：意为自己总在鄙薄自己行为还有失脱的地方。说，通"脱"，失脱。

【译文】

　　众位神灵却没向天庭禀报这个人，但天君早已听到了这个人的表白，于是受委派而轮到值班专门负责监察众神灵的那些神灵，便承奉天君的教令前去会见这个人，这个人就当面说神灵的训导和化度究竟都有些什么，并且详尽询问其中的意旨。天君又派特使前去查问，到该返回做禀报的那一天便奏呈说，世上有个普通民众自我讲说本人的良善行为，而且为能真对皇天积累起功劳已经坚持很长时间了，贪求并仰慕长生，自己常常鄙薄自己的行为还有偏差和遗漏的地方，总在自行俯念，惟恐出现过失和承负的罪责，未曾产生过懈怠和止息的念头，为此而特向众位神灵奏禀自己取得的功效。

诸神使白,各且相谓曰,此有功效德人,自于中和中,念当报天大恩,积行为善日久,欲因诸神,自道功德,各怀狐疑,不敢进白。天君常属诸神①,见信有功于天,有者进之,而诸神占观其行日久②,何故不白?诸神皆怀惧而言,本素不知此人,来恐不大精实③,且各消息④,其意不知。

【注释】

①属:通"嘱",吩咐。

②占观:占测察视。

③来:后多作"徕",召取。精实:精确真实。

④消息:侦测之意。

【译文】

天君特使禀报完以后,天庭寿曹的神吏相互议论说,这正属于取得功效的仁德人。他在人间自行精思要报答皇天的大恩,积累德行做善事已经时间很长了。打算通过众位神灵,自行奏禀一下功德,可众位神灵却各自猜疑,不敢向天庭进荐禀报。但天君总在嘱告众位神灵,发现特别诚信而对皇天立有功劳的人,就要升进他,而众位神灵占测观察这个人的行为已经时间很长了,为什么竟不禀报呢?随后众位神灵个个都怀着畏惧的心情辩解说,一向就不了解这个人,召取他惟恐不太精确真实,姑且各自对他再进行侦测,他那志意究竟如何还不得而知。

天君闻之,是诸神各无所主正①,见善有功之人,而不时白道之。使者遣使神考积其行②,大有功。是诸神各为无状,各无有功善而齐外心③,以为天君不知,诸神各解辞④,令自何用者?有益而已⑤,各自安乎?谢诸神⑥,各以识事免冠谢⑦。言小神奉职,各平尽忠诚之心,而得问是罪无状,待死于门⑧。

【注释】

①主正：意谓履行分内的职责。

②使者：指天庭所设使曹。本经壬部云："使曹有文辞，数上功，有信可任。曹白其意，天君当自有数。"使神：奉命充当特使的神灵。其主管部门则为"使曹"。

③功善：意为奖励善人。外心：排斥之心。

④解辞：谓找理由推卸责任。

⑤有益：谓对天庭赏善罚恶大有裨益。

⑥谢诸神：命令诸神谢罪之意。

⑦各以识事免冠谢：此七字中"识"当作"职"。形近而讹。

⑧门：指天庭紫微宫宫门。

【译文】

天君听到众位神灵的辩解，认为这纯属众位神灵各自没有履行本身的职责，发现良善又有功劳的人却不按时向天庭做禀报。天庭使曹派遣特使去考察审计这个人的行为，果然功劳很大，这便证明众位神灵各自都犯下了罪大无可名状的失职渎职罪过，个个没有奖励良善却有一齐排斥他们的用心，满以为天君觉察不到，众位神灵又分别找理由推卸责任，然而要你们本来是干什么用的呢？也不过对天庭赏善罚恶大有裨益而已！你们各自感到内心安生吗？命令众位神灵谢罪，各自按照本身的职责摘下官帽来谢罪。众位神灵于是谢罪说，我们小神奉守神职，在平素都各自竭尽忠诚的心念，可在这宗事上却被问罪，简直罪大无可名状，只在天门等待处死。

天君出教曰，且待于外须敕①，诸神伏地，自以当直危立也②。教曰敕诸神言，天君欲不惜诸神，且未忍相中伤③，教谪于中和地上,在京洛十年④,卖药治病,不得多受病者钱。谪竟,上者著闻曹⑤,一岁有功,乃复故⑥。诸神见天君贯不死之罪⑦,才得薄谪,诚自知过失,自以摧折⑧,不望其生,不忍有中伤之意,复以事谢。

【注释】

①须敕:等待敕令。须,等待。

②自以当直危立:意为自身便将伏地听候发落看成值班端立领受谕旨。当直:谓身逢值班供职。危立:端立。

③中伤:半路断送之意。

④京洛:指东汉京师洛阳。

⑤上者:指重得归天的诸神。著(zhuó)闻:使其传报姓名之意。著,表示使令。曹:指天庭寿曹。

⑥故:指原所担任的神职神位。

⑦诸神见天君贯不死之罪:此十字中"贯"当作"贳"。形近而讹。本卷《不用书言命不全诀》云:"大过安从得贳乎?"又《大寿诫》谓"罪至祸重,不见贳时。"可证。贳(shì):赦免。

⑧摧折:折断。意谓罪该万死。

【译文】

　　到天君发布教令这一天,众位神灵暂且在外面等待谕旨,个个把头紧紧贴在地上跪着不起来,把这样听候发落当成平日值班端正站立在领受谕旨。此日特向众位神灵发布敕令说,天君原想不再怜惜众位神灵而全都处死,但又不忍心半路就断送你们,命令把你们谪罚到人间地上,在京师洛阳呆十年,专门卖药治病,不许多收病人的看病钱。谪罚满期,重新返归天庭的神灵要让他们把姓名传报到天庭寿曹,供驱使满一年,立有功劳,就恢复原来的神职神位。众位神灵看到天君赦免了自己的罪过而不予处死,仅仅得到轻微的贬斥,而原来确实感到自己的过失真该处死，没抱还能生存的希望，如今天君却不忍心中途断送自己，便再次拿这宗事叩头谢罪。

天君言："告谢曹吏便下①，勿稽留，时使神行卓视之②。"曹白："使遣下，如天君教。"天君敕曹复告大神，视其文辞③，令诸神见之。曹以文传视大神，下所部④，各顺其职，见有功善贪进之人，当进之。前有事⑤，具白可知。

【注释】

①下：打入凡间之意。

②行：巡查。卓视：仔细察看。

③视其文辞：谓审定谪罚的公文。

④所部：指各个神灵辖区。

⑤事：即失职受罚的事例。

【译文】

天君吩咐说："到寿曹那里谢完罪就打入凡间，不许拖延片刻，还要时常派遣神灵前去巡视，仔细察看它们做得怎么样。"寿曹回禀说："已经遵照天君的吩咐，把它们打入凡间了。"天君命令寿曹再去通知大神人，审核谪罚的公文，让众多神灵都看到它。寿曹把公文呈交给大神人审核，随即下达到各个神灵辖区，要求各自随顺本身的职责，看到立有功劳、良善又贪求升进的人，就应升进他们。前面已经出现了失职受罚的事例，由此也就明白应当一个也不遗漏地做禀报了。

天君敕大神曰："辄早观此人，与使神语言相应与不也。"大神曰："被使往视其人，积其日数，视功效。还白日被敕教，视中和有功人，还白如使神言。"天君亦如是。有功之人而诸神所部不时白①，天君觉知，乃道其意，是不勉邪哉②？
得簿谪于中和，自今以后，可以为诫。有功不白，天君闻之，
受罚自身之谪。各慎职，遣神导化其人，使成神，增其精光。
为视簿籍使上，无者著其姓名上之③。

【注释】

①时白：按时禀报。

②勉：谓勤勉供职。

③著：标列之意。

【译文】

天君命令大神人说："要及早去察视这个人，看看与前些天神灵特使所禀报的情况是否相符。"大神人回禀说："特受天君派遣前去察视那个人，核计他所历经的时日，考察功效究竟怎么样。到回禀那天奏报说，承奉天君的命令，察视人间对皇天立有功劳的那个人，结果和前些天神灵特使所禀报的一模一样。"天君预先所掌握的情况其实也像这样。对那立有功劳的世人，各个辖区的神灵却不按时禀报，天君觉察到了，于是表明态度，这还不是要求供职勤勉吗？结果那些神灵被下公文贬谪到人间，从今以后，要把它当成鉴戒。世人对皇天立有功劳却不禀报，天君知道后，受罚便属于各地神灵自身招来的贬谪了。各自要慎重履行职责，派遣神灵去化导那个人，使他成神，增多他身上的精气光华。为他察看天庭的花名册，叫他升入天庭。不在花名册上的，就专门标列他那姓名奏报上来。

大神受教，还于曹视簿，案其姓名有此，白言："曹文书有此人，请案天君内簿①，知相应与不。"天君出文视之，与外书同②，敕便上。大神言："不审年满未，请还谛案之③。"天君

谓大神：“安置耳目，而不尽视之，而言还案乎？”大神以职事谢，天君言：“趣案疾还④。”大神则案其人，年已满，失脱不白，无状当坐伏⑤，须辜诛⑥。

【注释】

①内簿：指收藏在天庭金室的正本。

②外书：指收藏在寿曹的副本。

③谛案：仔细核对之意。

④趣（cù）：从速。

⑤坐伏：谓定死罪。

⑥辜：罪。

【译文】

大神人领受到天君的教令，回到寿曹察看花名册，核定姓名确有这个人，随即禀报说：“寿曹文书上有这个人，请求对照天君的金室正本，弄清楚彼此应合与否。”天君出示正本一察看，恰与寿曹的副本完全相同，就命令立刻让他升入天庭。大神人说：“搞不清年数满限没满限，请求再回去仔细核对一下。”天君对大神人说：“把你安置在最重要的位置上，却不把所有情况都掌握得一清二楚，竟说什么回去再核对吗？”大神人用自己没能履行好职责来谢罪，天君说：“立即去核对，赶快回来。”大神人核对那个人，年数已经满限，于是自己请求因在供职中出现遗漏和偏差，没能当面就做出准确禀告，罪大无可名状，应当判处死罪，只等被诛杀。

天君言：“且冠视职①，复勿懈。因召其人，上之勿失，其效小职，知所致奉功。”“唯唯。请如天君出教，诺之大神②。且上其人，署小职，观望其行。日月尚浅，请复情实③，有大效信,真有缺者④,署之补缺处。"天君言:"当知大神所白⑤,勿有懈意。"大神言:"唯唯。请使使神往卓视之。"天君言:"善。"

【注释】

①且冠视职:犹言暂且戴罪立功。

②诺:谓对大神不详其人年满与否免予究治。

③复:复查。

④真:指掌有实权的神职神位。缺:空缺。

⑤当知大神所白:此六字中"知"当作"如"。形近而讹。

【译文】

天君说:"暂且戴罪立功,切莫再出现懈怠现象了。随后就去召取那个人,让他升入天庭,不要误期。让他先在低级职位上效力,明白自己在供职中还极应献上的功劳。""是是,请求完全遵照天君出示的教令去办,既已开恩对我大神人免予究治,立刻就把那个人升进到天庭来,授予低级职务,观察他那后续行动。由于时间还太短,请求进一步查验他供职办事的实际情况,确有突出的真实功效,等有管事的神职神位空出来,就委任他去填补。"天君说:"可以按照大神人所禀报的那样去处理,叫他不要出现懈怠的念头。"大神人说:"是是。请求派遣充当特使的神灵前去仔细察看他。"天君说:"就照这样办。"

不用书言命不全诀第一百九十九

【题解】

本篇所谓"书言",意为天书戒语,既包括对初登仙位者的申饬,也包括对俗人的教令。置申饬于不顾,视教令若罔闻,即属"不用"。不用则初登仙位者亡失"精光",其寿损减;俗人便缩短天年,乃至早亡,是为"命不全"所具有的双重涵义。篇中以"天上圣明之人"为样板,向初登仙位者宣示变化形体、"出入无间"的成神光景,天国不可逾越的尊卑之制,惟天君之命是从的原则,巡视各地留驻天上馆舍的注意事项,稍有失职即晨夜自责的补救途径,群神互相监督弹劾的规定;由仙之"防禁"降及世俗教戒,则为"刑德"诸神的监控,天君明堂的裁决,死籍土府的收录,掠治精魂的警告。而这番仙、俗之"诀"又同归一揆:莫入"恶伍",向善自守,"要当重生,生为第一"。

惟天上有圣明之人,皆有部职①,各尽忠行,不负于上,各尽筋力②,所为作亦不失意。皆豫知天君所施为,常倾耳听,欲知其意;常视储曹文部③,别令可知。顾君呼召无时④,不敢私出,公事乃行,辄关意相白⑤,乃敢出。所周所遍,被敕当所案行⑥,不敢留止须臾之间⑦。奉功⑧,私乃敢有所言⑨，诚相归⑩，自不敢施私。所不当全其命，不惜晨夜而自责，常恐有无牢之用⑪。各自该理其身⑫，欲副太上之意，何时敢懈，恐失其宜。

【注释】

①部职：指所在部门和具体职位。

②筋力：体力。指个人能力而言。

③储曹：指天庭所设寿曹、计曹等机构。寿曹掌寿籍，计曹掌财政审计，故曰"储曹"。本卷《九君太上亲诀》谓："心圣耳聪，财可观其文章禄策。……其余曹文书辞，皆以奏简，自生文章，精神随字，名之光明。"

④顾：然而，但是。无时：不固定。

⑤关意：意为关照亟宜注意的事项。白：告知，谓提醒。

⑥案行：勘查巡视。

⑦留止：无故拖延之意。

⑧奉功：谓世人中谁真承奉皇天而立有功劳。

⑨私：私下。所言：指天禁天戒。

⑩归（kuì）：通"馈"，赠。

⑪无牢之用：谓被打入死部，丧失精光。牢指牢牢贪恋长生和精光在身。本经卷一百十二《贪财色灾及胞中诫》云："思念不敢失委气之意，昏定晨省，恋牢贪生，常在不忘。"又本卷《有功天君敕进诀》称："贪慕生道，去离死部，恋牢精光。"

⑫该理：周密修治之意。该，具备。

【译文】

想那天上拥有圣明的人士，全都具有所归属的部门和职位，各自竭尽忠诚的行为，决不辜负上司，各自发挥出全部才能，所作所为也不偏离上司的意旨。一律都预先懂得天君所要施行的事情，总在倾耳聆听，特想摸准它那意旨。经常奉命去察视寿曹等部门的各类公文,单独让他们了解到。但天君呼唤宣召并没有固定的时候,所以决不敢私自离开,遇有公事就去执行,行前又相互提醒,彼此关照亟应注意的事项,这才敢上路。在所历经的每一个地方,承奉天君的命令进行应该进行的勘查巡视,不敢无故拖延片刻时间。世人中有谁承奉皇天立有功劳,这才私下敢有告诫的密语,诚心诚意赠给他,根本不敢施布个人的恩惠。对不该叫他性命保全的人却叫他保全了,就不惜从早到晚一个劲儿地自责这种过失,经常担心受到精气光华不再牢牢罩在身上的处罚。各自周密地修治好自身,只想切合天君的意旨,什么时候也不敢松懈,惟恐偏离那合适的做法。

　　效日自进,不须神言,乃而欲自成欲,得久视。与天上诸神从事,无有大小,皆相关知,可承行不,义不自专[①],恐有嫌疑,动辄相闻,何有息时? 所以然者,人各有志,各自有所念,各有所成,其计不同;各有所见,各有所出生[②],各自欲有所得,各知其所,心乃了然。

【注释】

①义:谓按道理或凭道义。

②出生:指本命所在。

【译文】

　　每天效力,自行就努力上进,不仰仗神灵的告诫,于是便能希望实现什么目标而自动就实现什么目标,获取到长生。与天上众神灵共同办事,无论大事小事,全都关照告知,能否承奉施行,按道理决不敢自做主张,惟恐产生嫌疑,动不动就被奏报上去,哪里有那止息的时候呢? 之所以如此,是因为人各有志,各自有各自所要实现的目标,各自有各自所要成就的事业,具体的计虑并不相同。还各自有各自的认知,各自有各自的本命所在,各自有那希望得到的结果,各自有那固定的位置,于是内心就把一切都弄得明明白白了。

是曹之事①,要当重生,生为第一,余者自计所为。生气著人身,皆不相去,相守相成。神亦贵得其名,变化而入无孔之中,小大自在。俗夫之人,不见神形容②,神神自相知,形容皆气所成,何有不就者乎? 大神小神,精光增减,辄自有差③。其寿增九④,辄有其年,大化行善,寿亦无极。上则无上,下则无下,出入无间,无表无里,象如循环⑤,欲止自止,欲行则行。呼吸成神⑥,光景荣华。

【注释】

①是曹:这班人。

②形容:形体容貌。本经卷九十八《神司人守本阴祐诀》称:"夫神,乃无形象、变化无穷极之物也。"

③差:指级别区分。

④增九:谓敢下茅室精修,更历九室。本经卷七十三至八十五《阙题》(六)谓:"学已更九室成神人。……意乃念天上职事,乃后可下九室,积精笃竭自化,易其形容,即是上天圣人也。"

⑤循环:意谓沿环形物体之轨道运转。本经卷六十五《断金兵法》云:"故天道比若循环,周者复反始,何有解已。"又卷九十四至九十五《阙题》称:"乘云驾龙行天门,随天转易若循环。"

⑥呼吸:谓吐纳精粹的天际生气。

【译文】

这班人面对的事情,总之应去重视生存,生存占据第一位,其余的事情只管自行去考虑做些什么。生存的阳气附着在人的身上,二者都不离去,彼此守持,相互促成。神灵也看重长生不死的美名,变化形体而进入那没有孔隙的处所当中去,大处或小处都能自由自在地出来进去。凡夫俗子看不到神灵的形体容貌,可神灵与神灵却自行都知道对方。它们的形体容貌全由光气凝成,哪里还有不能抵达的地方呢?大神和小神,精气光华在它们身上增多或减少,原本就有级别区分。那个人的寿命历经九处茅室的精修而在递增,也就获取到长生了。对普天之下施行真道教化,净做善事,寿命也永无尽头。往上奔就不存在什么顶端,朝下去就不存在什么底部,出入就不存在什么缝隙,既没有外端,也没有里层,那证象就如同沿着环形的轨道在运转,想停住就停住,想移动就移动,吐纳精粹的天际生气化作神灵,光影显得真荣盛。

上下有期,得当行,便以时还,亦不可自在,迫有尊卑①。各相为使,各有簿领②,各有其职,宜有其心,持志不违,明其所为。各见其功,各进所知,无有所私,动辄承教,不失教言,而精进趣志③,常有不息,得救乃止,是生神之愿④。

【注释】

①尊卑:指神职神位的等级之分。

②簿领:指记事往来的文书簿册。

③精进:精勤上进。指在积善绝恶的修持过程中不懈努力。趣(qū)志:谓朝志向跃升。趣,趋向,归向。

④生神:长存之神。神有过失,仍会贬为凡人或死鬼,故出此语。

【译文】

上来下去具有规定的期限,得到命令就赶往前去,按照天数就定时返回,也不能自由放任,有那职位尊卑制度摆在那里。各自一级支配一级,各自具有记事往来的文书簿册,各自具有本身的职责,应当怀有那番心念,执守志意决不背离,表明自己的所作所为。各自显示出本身的功劳来,各自进献本人所了解的事项,不存在任何奸私,一有行动就承奉教令,不偏离教令所指明的一切,精勤上进,朝那既定志向跃升,总不止息,得到命令就停止行动,这也正是长存神灵的愿望啊!

　　辄有符传①,以为信行。诸所案行,当所禀食②,勿过文书,随其多少。天上传舍③,自有簿领,不当得止者勿止。是天君常教勿妄,恐守传之吏以威势也④。官有尊卑,不可强诈⑤。称大位而称久止传舍,吏辄受天君敕,有过传舍,上其姓名、官位所属,不得有隐欺。天君亦自知之,何得为相私?明各如其平⑥,乃得上。不用令敕,簿书数上⑦,是复亡失精光,其寿损减,是为可知。宜当慎,时无敢自从,而不承上之教也。天上之神,更相案举⑧,亦无息时。后进上下人当知是禁,圣明之人自不犯之。恐后进上之人不见其戒,故天下文使知防禁⑨。是天君大恩,恐有犯者;是天君欲成就善心之故,视其文,并语俗人。

【注释】

①符传:指天庭发放的证件。具有通行证和身份证的双重作用。此系仿自古代符信制度而来。古代用以发兵、传令或表明身份的凭证、信物,包括符券、符节、符传等。符传用于出入门关。《释名·释书契》云:“传,转也,转移所在执以为信也。”

②禀食:谓饮食和住宿。禀,同“廪”,粮食。

③传舍:驿馆和官舍。本经辛部谓:“八表远近名山大川官舍,以舍天地间精神。人仙未能上天者,云中风中以舍。北极昆仑官舍

邮亭,以候圣贤善神有功者。"

④守传之吏:指守护驿馆和官舍的神吏。

⑤强诈:谓谎报官位。

⑥各如其平:公事公办之意。

⑦簿书:指举报文书。

⑧案举:监督检举。

⑨防禁:指需要加以防范、禁绝的事项。

【译文】

一外出就有天庭发放的证件,把这作为确属奉命行事的证明。在所到达的各个勘查巡视的处所,从饮食到住宿都不超过文书上的接待规格,按所写明的级别来享受。天上设布的驿馆官舍,本来就有明文规定,无权在那里留宿的地方就决不留宿。这也正是天君经常训饬神灵不可任意胡来的原因之一,惟恐守护驿馆官舍的神吏竟按前来视察的神灵所摆出的架势做招待。天庭官职原有尊卑高低之分,决不可硬行谎报官位。自称身居天庭大位竟然宣称要在驿馆官舍长时间留宿,对这种神灵,守护驿馆官舍的神吏早就领受到天君的谕旨,有谁在驿馆官舍产生了过失,就把它姓名和它所在天庭机构的官位奏报上来,决不许有所欺瞒。天君其实对一切情况早已自行掌握,怎么能让视察的神灵和守护驿馆官舍的神吏串通起来搞欺诈呢?表明各自都在公事公办,才能获得进升。拒不遵用命令,举报的文书多次被奏报上去,又会叫他丧失身上的精气光华,寿命被缩减,这是可以闹明白的了。应当谨慎,时时刻刻不敢自我放纵而拒不承顺上面的教令啊!天上的众神灵都在轮番进行监督检举,也从来没有停止的时候。在后面升入天庭而上来下去执行公务的人,应当明了这些禁戒,圣明的人自然不去触犯它们。只担心在后面升入天庭的人未曾见过这些禁戒,所以皇天就降示下这篇书文,使他们了解防范和禁绝的事项。这正属于天君的重大恩情,惟恐出现触犯的人哪!这原本出自天君只想成就具有善心的神灵的缘故,所以便要察视这篇书文,同时告诉给世上的俗人。

俗人虽少知,中和之间各有禁忌。文书天下中和①,民间道上、佃夫阡陌、聚社庐宅官舍、门户井灶刑德各主其事②,不可有恶。复见疏记,簿其姓名③。积众多,圣明理之;事更明堂④,天君得知,复减人年,上至死亡,可不慎乎?

【注释】

①天下:由天下达之意。

②佃夫:农夫。阡陌:田野。聚社:指乡民常予聚集的土地庙。灶:生火做饭的设备。刑德:阴气克杀曰刑,阳气施生曰德,此处分别指凶神、吉神。参见本经卷四十四《案书明刑德法》所述。

③簿:整理上报之意。

④明堂:天庭布政之官。即二十八宿中东方苍龙七宿中的心宿。

【译文】

俗人尽管对天上的事体了解得很少,但在人间也分别有那禁忌的事项。书文从皇天下达到人间,而由分布在人间道路上、农夫耕作的田野上、乡民聚集的场所和民宅官舍里、大门水井和灶坑等处的凶神与吉神,分别负责掌管书文所规定的事项,决不可出现过恶。一出现就被逐条记录下来,整理上报他那姓名。一旦加起来数量众多,便由天上的圣明人予以审理,再把事情转呈到天庭明堂,天君得知后,就缩减世人的寿命,最严重的会死亡,能不对此多加小心吗?

数下此文者,后生之人,不信前言。故复因有知虑之人不犯禁者出之,令俗间知之,而不用书言,命不可得全也。恶籍累积日多①,少有减时,故先命敕书诚,勿使相犯,犯之命薄②,不疑也。当顺书言,小过尚可救解,大过安从得赏乎?

【注释】

①恶籍:指恶行被神灵记录在案的文书。

②命薄:犹言活不长。

【译文】

屡次降示这篇书文,原因出自后来出生的人竟不相信前人的话语,所以再通过具有计虑而不触犯禁忌的人去传布它,让世间都明白,而不遵用书文所讲的一切,性命就得不到保全啊!作恶的记录积累起来一天比一天增多,很少有能减少的时候,所以就先让宣布书文的诫语,使人不去触犯,触犯的人就活不长,这是毫无疑义的。应当顺从书文的诫语,出现轻微的过失还可以挽救化解,犯下大罪过,又会从哪里得到赦免呢?

诚文非一卷,宜当重慎重慎,天文不可自在也。有知之人,少有犯者,时有失脱,天亦原之,不著恶伍①。为恶不止,与死籍相连,传付土府②,藏其形骸,何时复出乎? 精魂拘闭,问生时所为,辞语不同③,复见掠治,魂神苦极,是谁之过乎? 同从人生,何为作恶? 行各宜善自守。天禀人寿,不可再得,作恶年减,何有相益时乎? 此时当所主,天君取信,不敢脱人恶行,令得久生也,为不知乎? 书前后相戒者,既民不改,令人欲尽年耳。不欲为善,自令不全,亦奈此人为恶不止可④! 书辞小解,且念其后,如有不备,乃复念之。

【注释】

①恶伍:邪恶的行列。

②土府:指阴曹地府。

③辞语:指供词。不同:谓与神灵所持有的恶行录不一致,即狡辩抵赖之意。

④可:通"何",怎么样。

【译文】

告诫的书文并非仅仅一卷,应当引起重视并多加小心,再引起重视更多加小心,皇天的书文绝对不能随心所欲来应付呀!具有真知的人就很少有去触犯的,偶尔出现一点儿偏差和遗漏的情况,皇天也会原谅他,不把他归入邪恶的行列。但干坏事却不止息,便与死亡簿连在一起,把他打入阴曹地府,收取他那体形,这可什么时候能再出现在阳间呢?精魄和魂神也被囚禁起来,审问它在恶人生前的所作所为,供词如果与神灵的记录不一致,又遭到刑讯,魂神痛苦到极点,这可属于谁造成的罪过呢?自己和别人一样,都是从娘胎里生出来的,为什么偏要去干坏事呢?行为应当各自良善,自行守护住身躯。皇天赋予给世人寿命,不可能第二次获取,去干坏事就被缩减天年,哪里会有延长的时候呢?这正构成时刻应去奉持住的大事,天君要向世上证明说话算数,不敢遗漏掉世人的恶行,竟会让他得以长久存活啊!对此还没弄明白吗?书文前后做告诫,源于民众既然不改正,仍旧打算挽救一下而让人尽享天年罢了。不想做善事,自动就叫他性命得不到保全。对这类专干坏事不止息的人,可又有什么办法呢?书文的言辞已经大略讲清了,要去精思那后事。如果还有未能全面晓悟的地方,就再去精思它。

大寿诫第二百

【题解】

本篇所谓"大寿",意为使寿命延长增益。篇中把自然界向人类提供衣食之源,以及布谷鸟催耕等物候现象,统统归结为皇天派遣奉职之神"布恩施惠"、以遂人愿的具体表现形式,由此盛赞奉天而"有志"孝善之人,切责逆天而"不孝恶逆"之人,断定前者蒙"善神"看护,得"天爱"增命,子孙亦获福佑;后者则被"凶神"追随,遭"天憎"亡身,后代必有殃咎。为区分"善恶之比",篇中运用当时的医学知识,着意演述了一个忧财散亡而染疾在身、久治不愈竟致破家、死后尚为"身无棺椁之鬼"的吝啬富室的形迹,据此敦促周穷救急;又借助当时的招魂葬式,特地拟设了一个怙恶积祸者的遗腹子遭受流殃、招藏其父、得天哀怜、转戒其子的事例,据此彰明天诫:一心为善,勿行游荡,安分谋生,勿取人财,不可饮酒,行慎所言,定期祭神报天恩。凡此种种,恰恰铺就和敞开了世人的"大寿"之路。

惟有志之人,心不迷乱,奉天之化,当所师导①,各使从其愿,乃为随心。众万二千物皆生中和地中②,滋生长大,皆还自覆盖,荫其下本根,其花实以给身口③,助其谷粮④,使有酸咸醋淡自在⑤。化水为盐,使调诸味,以豆为豉⑥,助盐为味,薄厚自恣。菜茹众物⑦,当入口者,皆令民食之。用其温饱,长大形容⑧,子孙相承。复以六畜不任用者,使得食之,肥美甘脆之属皆使食。

【注释】

①师导:取法和疏导。

②万二千物:此系《太平经》编著者用术数推导出来的世界物种总数目。其中有二千物属于嘉瑞善物。其理据与"万二千国"相同,即一年为十二个月,扩大千倍即得此数。参见本经卷三十五《分别贫富法》、丁部《阙题》(四)、卷九十三《国不可胜数诀》所述。

③给身口:供人食用之意。

④谷粮:谓主食。

⑤自在:意为任从调配、各适所需。

⑥豉(chǐ):一种用煮熟的大豆发酵后制成的调味作料。发明于秦汉。

⑦菜茹:蔬菜。

⑧形容:意谓构成一副形体容貌。

【译文】

想那怀有志向的人,内心才不迷乱,自觉承奉皇天的化导,而应予取法和疏导的事项,皇天都让他们各自如愿,于是形成随顺心志的状态。众多的一万两千种生物都从世上和地里化生出来,滋息生长,变得形体很长又粗大,反转来全都自行覆盖好本身,保护住下面的根须,那些花朵和果实用来供世人食用,给人主食提供调味品,使那酸、咸、淡等原料能任意做调配。用水把盐化开,拿去调制各种滋味,用大豆做成豆豉,又拌和盐水构成美味,多加或少加,任凭人们去掌握。蔬菜等众多物品,只要属于能吃的,就都让平民百姓去食用它们。由于有吃有穿,世人发育得身材高大,构成一副形体容貌,子孙代代承续。又用不能再拉车耕田的牛马等六畜,让人食用它们,肥腻可口和香甜酥脆的一类东西,也都让人去食用。

是天使奉职之神,调和平均,使各从其愿,不夺其所安。是布恩施、惠民非乎? 奈何天所施而不求报乎? 天何时当求报施乎? 但平民受大恩而不归相谢,故求之耳。天食精华气①,自然不必须民报谢办也,贵其意耳。而反不念天气所生成②,令得食之,是民中有知不报乃如是③,自以职当④。

【注释】

①精华气:指精粹的元气。

②天气:皇天的施生阳气。

③中有知:谓内心具有知觉。

④职当:意为原本就该那样。

【译文】

以上这些正是皇天在派遣履行自身职责的神灵,公平均匀地调剂组配,让世人各自实现自身的愿望,不违背他们所认定的事情。这究竟算不算施布恩德而让民众得到好处呢? 为什么皇天施布下如此的恩惠却不去谋求报答呢? 皇天又什么时候要求世人应去报答恩惠呢? 只不过平民蒙受到大恩却不回赠表示感谢,所以才要求他们报答罢了。皇天食用精粹的元气,自然不必专等平民备办物品来报谢啊! 仅仅看重世人的那点儿心意罢了。可世人却反而不去忆念皇天阳气所化生和成就的这一切,致使自己能食用它们,这正反映出平民内心具有知觉而不报谢竟然达到了这般地步,还自认为皇天原本就该那样办。

　　天使奉职之人,案行民间,使飞虫施令①,促佃者趣稼②,布谷日日鸣之③,使民用其言。家无大小,能食谷者,晨夜尽日相劝,及泽布种④,天为长大,时雨风摇,枝叶使动,成其身⑤,日满当熟,以给人食,恩不重邪? 从岁至岁,何有极时? 而反齐不作孝顺,有逆之心,何益于天! 久养恶人,使见可食之物乎? 中为天无所知邪⑥? 何为当久养不孝恶逆之人乎?

【注释】

①飞虫:指各种鸟类和昆虫。令:指农事活动的时令。

②趣稼:谓致力农耕。

③布谷:鸟名。鸣于孟夏四月,声似"布谷",又值播种之时,故被视为劝耕之鸟。《淮南子·天文训》谓:"孟夏之月,以熟谷禾,雄鸠长鸣,为帝候岁。"

④泽:谓及时雨所带来的泽惠。

⑤身:指作物的完整形状。

⑥中为:内心以为。

【译文】

　　皇天派遣履行自身职责的神人,巡视民间,让鸟类和昆虫施布农事活动的时令,催促农夫赶紧去致力农耕。布谷鸟天天在鸣叫,想让民众听从它那劝耕的话语。家中不分大小,只要是能吃饭的人,就从早到晚整天地相互鼓劲儿,趁刚下过及时雨播下种子。皇天让种子长成庄稼,按时节降雨滋润,起风吹拂,使枝叶越长越茂盛,形成完整的形状,天数一满就成熟,来让世人够吃够用,这种恩惠还不重大吗? 年复一年,哪里有那到达尽头的时候呢? 可世人反倒一齐不奉行孝顺,怀有背逆的心思,这对皇天可有什么补益呢? 能去长久养护邪恶的人,叫他看到可以食用的物品吗？内心竟认为皇天根本就没有知觉吗？皇天究竟为了什么就该长久养护不孝顺而邪恶背逆的人呢？

　　故置凶神随之，不孝恶逆之人移①，令人重禁，罪至祸重，不见贳时。想民当如是？何为犯之，自致不寿，亡其年命乎？不当视孝善之人，独得寿，有子孙乎？善恶当相比不？寿与不寿为有比不？生之与死当相悬不②？行作善，有孝慈，使各竟其年，或得增命，子孙相次，无中夭时。天用是为善孝之行所致，不当比之邪？何为作非邪施于人乎③？天甚憎恶之，辄使绝命，子孙得咎。是恶所致，欲何所望？

【注释】

①移：去离人世之意，即死亡。

②悬：谓相差悬殊。

③作非邪：犹言干坏事。

【译文】

　　所以天庭就安排凶神紧紧跟随着他们，叫这些不孝顺而邪恶背逆的人离开世上，使世人由此看重禁忌，罪过达到极点，祸殃就最重，得不到赦免的时候。想来民众应当像这样吗？出自什么原因偏要去触犯它而自行招来短命，丧失寿龄呢？不该去察看一下孝顺良善的人独自寿长又有子孙吗？善恶是否应当相互比照一下呢？长寿与活不成是否真有该去比照一下的地方呢？生与死是否相差得特悬殊呢？在行动上专做善事，具有孝敬和仁慈的表现，就能使他们各自尽享天年，有人还会增加寿命，子孙一代一代往下传，没有半路丧生的人。皇天把这种结果看成是良善和孝敬的行为造成的，不该同它比照一下吗？出自什么原因偏要去干坏事而施加给别人呢？皇天非常憎恨这种人，一上来就叫他断命,子孙也遭受灾殃。这可全由邪恶招来的,还能指望什么呢?

天喜善人,不用恶子,宜思书言,其文具足①,可以自护,必得天福。可无久苦自愁,令忧满腹。复有忧气结不解,日夜愁毒大息②,念在钱财散亡,恐不得久保,疾病连年,不离枕席,医所不愈,结气不解,计念之日夜羸劣③,饭食复少,不能消尽谷④,五藏不安⑤,脾为不磨⑥,是正在不全之部⑦。短气饭食不下⑧,家室视之,名为难活。

【注释】

①具足:完备详实。

②大息:即太息,大声长叹。

③羸(léi)劣:消瘦虚弱。

④消尽:谓完全消化吸收。

⑤五藏(zàng):即五脏。指心、肝、脾、肺、肾。藏,内脏。按照阴阳五行说,则肝属木行,心属火行,脾属土行,肺属金行,肾属水行。

⑥磨:指正常的消化吸收和排泄功能。脾主肌肉,与肠胃合成消化系统,转运不息,故出此语。参见《素问·六节藏象论》所述。

⑦不全之部:死亡圈内。

⑧短气:指呼吸短促,难以接续。以上所云病症,详见《素问·腹中论》、《灵枢·忧恚无言》所述。

【译文】

皇天喜爱良善的人,决不信用歹徒恶棍。应当精思书文的话语,书文已经完备详实了,可以靠它自己保全自己,必定会得到皇天的福佑。不要去长久苦闷,自找愁虑,使忧郁塞满一肚子。还有人忧闷气聚结成一团而化解不开,日夜忧愁到极点,长长地在叹息,意念都集中在钱财散亡可怎么办上。这样就恐怕不能长久保全，疾病连年，下不了床铺，根本医治不好，那困郁结的忧闷气化解不开，日夜计虑惦念那钱财，越来越消瘦虚弱，饭食又减少，不能把吃下的谷物完全消化掉，五脏不安平，脾部由此而不能发挥正常的功能，这正沦入了死亡圈内，呼吸短促难接续，饭食一口吃不下，家里人察看他，只好把这叫做很难活下去了。

　　有钱财家，颇有储，侍无钱①，财产殚尽②，内外尽贫，不能相发③。死命以至，不见棺木，毕埋土中。须治生有钱财，乃当出之，相贫之家④。财去人走，何时可合？家室分离，不能复相救，遂不见棺木，为无棺椁之鬼⑤，浮游无家，亦无复食之者⑥。死为鬼，饿乞求食，无有止时。是恶行所致，而不自知亡失宗族。呜呼痛哉！死无所依。

【注释】

①无钱：指代上文所称"念在钱财散亡"的病人。

②殚尽：全部耗光。意谓越念钱散亡病越重，病越重越得出钱来医治，直至人财两空。

③发：指发送死者。

④相贫之家：谓应帮助和周济穷困的人家。相：辅助。

⑤椁：套于棺外的大棺。

⑥食：指祭享。

【译文】

　　拥有钱财的人家，很有一些积蓄，可服侍那光怕钱财散亡的病人，财产就全部耗光了，里里外外穷个底朝天，连送葬都送不起。那个病人死期已经来到，得不到棺材盛殓，整个尸体被埋入土中。仰仗谋划生计积攒起钱财，就应拿去做施舍，帮助那些贫困的人家。不然财产因病全耗光,人也死掉了,可到什么时候能再人财两聚呢? 全家人随即各找各的活路,无法再相互救助,于是连副棺材都无人置办,成为没有棺材盛敛的死鬼,在阴间游荡没有家,也没有再在阳间祭享他的人。死后成为鬼,在阴间光挨饿,乞讨要口吃的,没有止息的时候。这正属于邪恶行径招来的恶果,但却自己闹不清最后会丧失掉宗族。哎呀呀! 这太惨痛了。死后竟没有栖身的处所啊!

是过积祸之人①,自致无门户后世。天甚复伤之,故使复有遗腹子②,未知男女。儿生未大,母去行嫁③。至年长大,问其疏亲④,我父母何在? 亲言,汝父少小,父母不能拘止⑤,轻薄相随⑥,不顾于家,劫人强盗⑦,殊不而自休止⑧;县官诛杀,游于他所,财产殚尽,不而来还故乡,久在异郡,不审所至⑨,死生不可得知也。诸家患毒⑩,亲属中外皆远去矣。汝母怀妊,时见汝生有续⑪,心中复喜,家长大人⑫,无所依止⑬,贫无自给,使行事人⑭,随夫行客⑮,未有还期。

【注释】

①是过:将过恶视为正确。即怙恶不悛之意。

②遗腹子:孕妇于丈夫死后待生或生下的孩子。

③行嫁:犹言改嫁。

④疏亲:远房亲戚。

⑤拘止:管束。

⑥轻薄:指轻薄少年一类人。

⑦强盗:抢夺财物之意。

⑧而:能。

⑨审:确知,详知。

⑩患毒：深怕遭受株连之意。

⑪续：谓传家的根苗。

⑫家长大人：意为在家要把孩子抚养成人。

⑬依止：存身的地方。

⑭事人：谓另嫁他人。

⑮行客：意为出外糊口存身。

【译文】

　　那些怙恶不悛积聚祸殃的人，自己给自己造成本家族灭绝的恶果，没有后代。皇天又特别悯伤这种情况，所以又叫他有个怀在娘胎里的孩子，也不知道是男是女。生下来幸好是个儿子，但还没长大，母亲就离开他，另行改嫁了。到年头长成一个大人了，就询问他那远房亲戚：我父母现今在哪里？远房亲戚对他说，你父亲在年轻时，你爷爷奶奶管不住他，整天跟一群坏小子混在一起，对家里根本不予理会，在外面拦截人逼夺财物，一点儿也不能自行罢休，官府要逮捕处死他，他就逃往别的地方，钱财分文不剩了，不能返回到故乡来，长久流落在别的郡，不知道究竟到哪里去了，连是死是活也没办法闹清楚。各个本家都害怕受到株连，内外亲戚都搬到远处去了。你母亲怀着你，看到你生下来时，有了传家的根苗，心中又感到很高兴，要把你抚养成人，可却没有存身的地方，太穷活不下去，结果就另外嫁给别人，随着丈夫到外面去糊口存身，也没有什么时候回来的消息。

　　遗腹子言，人皆父母依仰之生，我独生不见父母。至年颇大，问父所在，人言汝父行恶，远弃父母，游荡他方，死生不知，所在无有往来者。闻言已死，不知所在。父母忧之，发病不起，遂不成为人，财产殚尽，外内尽衰，咎在余亲希疏①，素无恩分②。不直仰天悲哭③，泪下沾衣，父有恶行，自致不还于处,身自过责,无有解已④。时以行客,赁作富家⑤,为其奴使。一岁数千⑥,衣出其中,余少可视,积十余岁,可得自用,还故乡招藏我父⑦,晨夜啼吟,更无依止,甚哉痛乎!

【注释】

①希疏:意谓平常走动甚少,关系显得太疏远。

②恩分:恩情。

③不直:不单单,不仅仅。

④解已:意为摆脱开的时候。

⑤赁作:受雇为人劳作。

⑥一岁数千:指每年所挣到的工钱。汉以五铢钱为通行的货币单位。

⑦招藏:指招魂葬。即遇人死不得其尸,即用死者生前衣物招魂下葬。

【译文】

这位在没有父亲时生下来的人说,谁都是仰仗父母生下来的,我却惟独出生后看不见父母。到了常见年龄,长成大人了,询问父亲的下落,别人说你父亲净干坏事,远远抛弃你爷爷和你奶奶,游荡在别的地方,是死是活也不清楚,在他藏身的地点,也没有跟他往来的熟人。听说已经死掉了,不知道究竟在哪里。你爷爷和你奶奶忧念他,发病竟严重得起不来了,随后就不成人样了,财产也全耗光了,从里到外彻底衰败了。过错正出在平常同其他亲戚走动太少,关系太疏远了,一向对人家没有什么恩情。我听到这些情况,不仅仅仰面朝天悲哀痛苦,眼泪流下来沾透了衣襟,还想到父亲有那邪恶的行径,自己使自己回不了故乡,我自行责备这罪过,没有能摆脱开的时候。经常凭借一个出外糊口存身者的身份,在富人家中当雇工,供主人当奴仆使唤。一年能有数千钱的工钱,买衣服钱从里面刨出去,剩下的还稍略能看到一些,积攒了十多年,可以够自己用的了,就回到故乡,采用招魂方式下葬了我的父亲,从早到晚一直啼哭呼唤,转而又没有存身的处所,真是痛苦到极点了!

父时为恶,使子无所依止,泪下如行,自无干时。天大哀伤,常使强健,治生有利,使取妻妇①,复有子孙,心乃小安耳。复为其子说之,我父行恶,远在他乡不还,时往人去者,卜工问之殊死生②,不知所安所在,招藏之,有岁数,去行治生,天哀穷人,使有利人,颇有少钱,因求妇相助治生,因有汝耳。我疾我父少小时为恶,故诫汝耳。从今以后,但当善耳,勿效我父远之他所。故复思我过,天哀我耳。汝努力,心为善,勿行游荡,治生有次③,勿取人财,才可足活耳。各且相事④,无妄饮酒,讲议是非,复见失。详思父母言,可无所咎。天上闻知,更为善子,可得久生,竟年之寿。为汝作大⑤,以是为诫。

【注释】

①取:通"娶"。

②殊死生:意谓特就非死即生做出测断来。

③次:由少积多之意。

④相事:谓有事互相帮忙。

⑤作大:即长大成人。

【译文】

父亲当时干坏事,致使儿子没有存身的地方,眼泪流淌得一串又一串,根本没有擦干的时候。皇天非常哀怜悯伤我这样的人,总让我身体强壮不生病,谋划生计有进项,使我娶上媳妇,又生下了儿子,心里这才稍微安定一些了。我又向儿子讲述这宗事说,你爷爷净干坏事,远在他方躲避回不来。经常有到外面去的人,托他们帮助打听;又请占卜的先生专就是死是活做卜问,可都不清楚他平安与否和究竟在什么地方,于是采用招魂方式把他下葬,到了守完孝的年数,我就离家去谋划生计,皇天哀怜穷人,使我有进项,积攒下一些钱物,随后娶妻协助我谋划生计,因而才有了你呀!我痛恨你爷爷年轻时干坏事,所以就告诫你呀!从今以后,只应去做善事,不要学你爷爷远远逃到别的地方。我又特意思量我的过失,皇天这才哀怜我呀!你要努力,从心眼里要良善,不去干那游荡的坏事,谋划生计要由少积多,不要强取别人的钱财,这才能够活完一辈子啊!各自有事要互相帮忙,不要胡乱喝酒,讲论是非,这样还会变穷困。你仔细思忖父母的话语,就会不遭祸殃。天上知道以后,也会把你改成良善人家的子弟,能够长时间存活,尽享天年。因为你已经长大成人,所以就拿这些事作为告诫。

诸神闻知,上白于天,天令善神随之^①,治生有进,财复将增,生子遂健,更为有足,是天恩也。春秋节腊^②,辄奉天报恩,既不解,努力为善,自得其福。行慎所言,复自消息^③。天神常在人边,不可狂言,慎之小差^④,不慎亡身。见诚当责身,勿尤他人也^⑤,此戒可知也。欲得大寿者^⑥,勿失此戒言。

【注释】

①善神:驱人为善并使人蒙获善报的神灵。

②春秋节腊:指二月、八月和腊日。汉行一岁三祠社稷(土神与谷神)之礼。时间定在二月、八月及腊日。参见《汉书·郊祀志上》、《后汉书·祭祀志下》所述。

③消息:从中反复揣摩之意。

④小差:意为勉强还算过得去。

⑤尤：怨恨。

⑥大寿：谓使寿命延长增益。

【译文】

众位神灵听到这番话语，就往上禀报到天庭，天庭于是命令吉善的神灵跟随他，谋划生计更有进项，家财眼看着又在增多，生下儿子也顺当健壮，转而变得很富裕，这正构成皇天的恩典。到了春季、秋季的节日和冬季腊日，就按时举行祭祀活动来敬奉皇天，报答恩典，一直不懈怠，努力做善事，自动就获取到了相应的吉福。在行为上要慎重对待天书所讲的话语，再去反复揣摩。天神总在世人的身边，决不能张口就胡言乱语，对此多加小心还算勉强过得去，不加小心就丧命了。看到天戒应当责备自己，不要怨恨别人，这番天戒是可以弄明白的了。想使寿命延长增加的人，就不要偏离这番天戒所讲的一切。

病归天有费诀第二百一

【题解】

本篇所谓"病归天","病"指世人染患重病顽症而言,"归"通"愧","归天"即自愧于天,捶胸叩头向天认罪,并通过全家相助来乞天哀怜,从而获得痊愈。"有费"乃谓召请医巫神家驱邪除祟,非但无效,而且徒耗资费,适与"病归天"形成对立面。篇中专就这两种治病方式展开论说:首先施布奉天行善免受神灵举报的神书重戒,继则断定违戒便导致病魔缠身,遂对召医巫、却病魔的世俗"解除"之举大加挞伐,重在揭露医巫漫夸海口,意在骗取财物;其所求请者皆为邪神,俱被天庭问以贪赃之罪,直至诛杀;医巫也遭天罚并亡其子孙。由此提醒世人:得病迎请医巫以求生,不止钱财耗尽,甚至病剧身亡。转而指明惟一可以去病保命又节省费用的办法,便是谢罪于天,改恶从善。篇中对医巫神家的批驳,表明《太平经》编著者在驱邪方术中也是极力强调自身的正宗地位的。

惟人居世之间,各有所宜,各有所成,各不夺其愿,随其所便安。自在所喜,商贾佃作①,或欲为吏,及所医巫工师②,各令得成,道皆有成③,以给民可用。是天师化④,何有不就?使自给口,当念奉天所行恩分之施,四时之报皆使不绝香洁而已⑤。是为报天之恩。

【注释】

①商贾:从事经商活动的人。行曰商,坐曰贾。佃作:从事农业生产的人。

②医巫工师:从事行医和各种巫术活动而为人祈祷治病的社会职业者。古代医巫糅杂,故二者连称。

③道:指技艺或方术。

④师化:作为师长所施布的教化。

⑤四时之报:指例行性的祭祀活动。如春祭户、夏祭灶、秋祭门、冬祭井、季夏六月祭室中或春祠、夏礿、秋尝、冬烝之类。香洁:指丰盛且来路正当的祭享物品。参见本卷《某诀》(《敦煌目录》作《孝行神所敬诀》)、《为父母不易诀》所述。

【译文】

想来世人生活在世上,各自具有适合本人的社会职业,各自具有本人所能成就的事项,而皇天分别不违背他们的志愿,随顺他们认为便利安适的职业选择。举凡自己所高兴从事的职业,无论做商人,当农夫,或者想充任官吏,以及成为医生巫师,各自都叫他们得以实现,每个方面的技艺或方术全让他们掌握住,用来满足世上民众的需求,确能发挥出作用。这正表明皇天作为师长所施布的教化,哪有什么不能成就的呢?使每个人都有独自谋生过好日子的本事,那就应去感念承蒙皇天所施予的恩惠,四季祭享的报谢活动都让它们不中断,祭品丰盛又来路正当罢了。这才够得上报谢皇天的恩惠。

行善日久,神灵所爱,是善行所致,何有不从者乎①?故天常为其上,司人是非②,使神往来,知人所为,善恶轭白,何有失者？知知少③，以为不然，故天为视其影响④，使闻音⑤，以是为效，风雨迟疾，皆使可知，何有疑者！

【注释】

①从：谓依从世人的愿望。

②司：监控之意。

③知(zhì)知：意为内心所能透彻了解的天上之事。前一"知"字为"智"的古字，指智识、智慧。

④影响：如影随形，如声回应。谓其做出的反应极为迅速准确。

⑤音：主要指雷鸣声。西汉京房《易传》称："雷起乾宫，人民多疾病。雷起坎宫，国邑多雨。雷起艮宫，禾好枭长，五谷贱。雷起震宫，五谷暴贵多伤。雷起巽宫，雨霜，伤五谷。雷起离宫，夏少水旱，蝗虫。雷起坤宫，蝗虫害五谷。雷起兑宫，兵起，铜铁贵。……春始雷东方，东方五谷尽熟，人民蕃殖；以夜雷，岁半熟。……雷始西方，谷小熟，有虫；夜雷，六畜病。雷始西方，五谷不熟，有曝骨其野，马牛大病；夜雷，赤地千里，籴贵。雷始北方，海水出，百川皆流溢，五谷不成；夜雷，百川皆溢。"《河图帝通纪》曰："雷，天地之鼓也。"《论衡·雷虚篇》云："且说雷之家，谓雷，天怒呴吁也。"又《四讳篇》谓："世讳作豆酱，恶闻雷。"《风俗通义》称："雷已发声作酱，令人肠中雷鸣，故雷不作酱也。"本经卷九十七《妒道不传处士助化诀》云："皇天常独视人口言何，故使响随人音为吉凶，故响应不失铢分也。子独不常观此天地之音证邪？"

【译文】

多做善事时间一长，就受到神灵的喜爱，这正属于良善行为所招来的结果，哪里有不依从世人愿望的呢？所以皇天便总凌驾在人间上面，监视着世人的对错行动，派遣神灵上下往来，了解世人的所作所为，一有善恶表现就禀报上去，哪里会有遗漏的呢？世人内心所能透彻了解的天上事体太少了,认为并不那个样,所以皇天就为世人做出应去细加察视的反应,让世人聆听雷鸣的声音,把这作为证验。风雨晚到或提前降临,都让世人从中了解到吉凶用意,哪里还有什么值得怀疑的地方呢?

动作辄异,文墨相承^①,亦不失其法^②,人亦当知可不,安得自恣而不顺天乎? 天亲受元气自然^③,从其教令,不敢小有违之意,恐其有失;而民所为功^④,犯天法,不避罗网是为^⑤,故天命以自诚,为当久生,可与善人等也。

【注释】

①文墨:指神灵对人过恶的逐条记录与举报。

②其法:指记录与举报无不齐备又准确详尽的原则。

③元气自然:二者关系如本经卷五十六至六十四《阙题》(六)所云:"元气,阳也,主生;自然而化,阴也,主养凡物。"又壬部谓:"自然元气,同职共行。"

④所为功:谓从主观上当成功绩来看的事情。

⑤罗网:捕捉鸟兽的器具。以喻皇天所张布的法网。《老子·七十三章》谓:"天网恢恢,疏而不失。"

【译文】

一有行动就邪僻,神灵的记录也桩桩都跟上,决不偏离齐备又准确详尽的原则,世人由此也该弄明白应去干什么和不应干什么了,怎能自己想干什么就干什么而不顺从皇天呢? 皇天亲身承受元气和自然而然的定律,顺从这二者的教令,不敢产生稍加违逆的念头,惟恐它们出现异常的现象。而平民百姓从心里把它当成自家功绩来看的事情,却都触犯天法,净干那种硬不避开罗网的勾当。所以皇天就责成世人自行戒饬，所作所为应能求得长生，可以和良善的人相提并论。

中为人^①，得自在邪？故使神随恶行人之后，司其不当所为，辄以事白，过无大小，上闻于天。是自人过，何所怨天书？书有戒而不用，其行得病乃惶，岂可免焉？诚民之愚，何益于天，使神劳心烦苦。

【注释】

①中：谓介乎于天地之间。亦即身在人间。

【译文】

在天地之间成为人，能够自我放纵吗？所以皇天就派遣神灵紧紧跟在行为邪恶那类人的后面，侦伺他不该干出却偏干出的勾当，一上来就把事情奏报上去，罪过无论大小，都被皇天了解掌握住。这正属于世人自己犯下的罪过，还对天书抱怨个什么呢？天书列有诚语却拒不奉用，到他所干坏事遭到恶疾缠身的报应，这才感到惊恐，可怎能去除呢？这的确表明平民百姓太愚昧，可对皇天又有什么补益呢？只不过使神灵耗费心机特烦苦罢了。

医巫解除^①，欲得求生，不忘为过时？当为恶时，乃如是，何不即自悔责？已病乃求生，已后之，多亡。所有祷祭神灵^②，轻者得解，重者不贳，而反多征召、呼作诈病之神^③，为叩头自搏^④，欲求其生。文辞数通^⑤，定其死名，安得复脱？

【注释】

①解除：东汉盛行的一种驱鬼活动。其法，先行祭祀，为宾客设膳，食毕，即以刃杖驱鬼。其与后世跳大神相类似。参见《论衡·解

除篇》所述。

②祷祭:谓有事祈祷鬼神赐福而致祭。《论衡·祀义篇》云:"病作卜祟,祟得修祀,祀毕意解,意解病已。执意以为祭祀之助,勉奉不绝,谓死人有知,鬼神饮食,犹相宾客,宾客悦喜,报主人恩矣。"

③诈病:谓将病祟诈走。

④自搏:谓捶胸顿足。

⑤文辞数通:谓神灵记录恶行的举报文书屡屡奏报到天庭。

【译文】

招请医工巫师驱鬼除祟,特想借此求得生存,可就没忘记自己干坏事的时候吗? 在干坏事时,其实结果已经这样了,为什么不立刻就自行悔恨痛责呢? 已经恶疾缠身了,才去求取生存,这早就晚三春了,大多会死掉的。一切祭祷神灵的活动,罪过轻微的还可以解除掉,严重的就根本得不到赦免。可却反而去召取呼请把那病魔诈走的神灵,向它们磕头又捶胸顿足,只想求得生存。然而记录他那恶行的举告文书多次奏报到天庭,天庭已经把他定成死罪,哪能再逃脱掉呢?

医巫神家,但欲得人钱,为言可愈,多征肥美①。及以酒脯呼召②,大神从其寄③,精神致④,当脱汝死名籍⑤;不自致,钱财殚尽,乃亡其命。神家求请,满三不下⑥,病不得愈,何为复请? 事祸必更有祸⑦,责在其后⑧。邪神称正神⑨,狂行斩杀,不得其人而杀之。咎怨讼上至天,天君为理之,杀事神之家⑩,子孙坐⑪。为病者求福,欲令为求生,呼召不顺,反受其殃。

【注释】

①多征肥美:意谓大量索要上等的酬谢物品。

②酒脯：酒水和干肉。

③寄：指寄请之辞。

④精神：指精灵与神灵。致：被招来

⑤死名籍：犹言死亡簿。

⑥三：三次，三回。依次代表天神、地神、人神的回应。本经卷四十《分解本末法》云："初一卜占者，其吉凶是也，守其本也，乃天神下告之也；再卜占者，地神出告之也；三卜占者，人神出告之也；过此而下者，皆欺人不可占。"又卷九十三《方药厌固相治诀》称："十十治愈者方，使天神治之也；十九治愈者方，使地神治之；十八治愈者方，使人精神治之；过此以下者，不可用也。"

⑦事祸：致力于祸患。

⑧责：指天罚。

⑨称：诈称，谎称。

⑩事神之家：指敬奉邪神的医工巫师。

⑪坐：一并获罪之意。

【译文】

医工巫师这类招神驱邪的人，只不过想得到世人的钱财，就向患者亲属瞎吹能治好，随即大量索要上等的酬谢物品。等到拿美酒肉干等祭品呼召神灵，天庭大神人果真应允那寄请的言辞，精灵和神灵就会来到，能够把你从死亡簿上解脱出来；但不自动来到的话，钱财耗个精光，接着就叫他丧命。医工巫师这类人进行求请，接连三次而神灵都没降临，疾病就根本治不好了，为什么还要去继续召请神灵呢？致力祸患必定又招来祸患，罪罚正跟在后面。邪神诈称是正宗神灵，胡乱进行斩杀，随便找个人就戕杀他。而被戕杀的人深感怨恨，就把官司打到天上，天君为他进行审理，处死那敬奉邪神的医工巫师，他们的子孙也一并获罪。这类人本来应为病人求取吉福，皇天想叫他们给病人求得存活，但呼请召取不正当，反而遭受到相应的祸殃。

事邪神之家自言，我神正神者，教其语。邪神精物，何时敢至天君之前，而求请人乎①？但费人酒脯枣馓之属②！得病，反妄邪神之家得愈者，谓在不死之伍中，事未上过③，可得蒙愈。此天自愈之，邪神之家何得名之，而言多愈人病乎？而责人肥美？

【注释】

①求请人：意谓请示该杀哪个人。

②馓（sǎn）：油炸的一种面食。

③事未上过：意为病人罪未及死。

【译文】

敬奉邪神的医工巫师自己申辩说，我所敬奉的神灵属于正宗的神灵，把该驱邪除祟的话语全都告诉给它了。然而邪神精怪可在什么时候敢到天君面前去求请该杀哪个人呢？这正纯属狡辩，只想让人多多支付出美酒肉干和果品面食之类的东西而已。干坏事染上恶疾，反而妄图借助敬奉邪神的医工巫师获得痊愈，以为能在不死亡的行列当中。如果所干坏事尚未达到严重的地步，还会蒙受天恩获得痊愈。这正是皇天叫他自行痊愈的，敬奉邪神的医工巫师怎能把这归在自己的名下，而去扬言能使很多人的疾病都痊愈呢？随即便向世人索要上等的酬谢物品呢？

见邪神所为，则召令上之，考问藏罪①。藏多罪大，便见不活。事神者，神不往来，人复不中②，精神日竭③，是邪神自其殃。神家得邪神余物，以给家口，肥美好衣，自以可久。神尝坐之④，何望得活而寿乎？受神藏多，不可复赏，并亡其子孙，反言其过杀我子孙⑤。或身亦望久，久亡户⑥。人日当自正,可勿咎天。

【注释】

①藏(zāng)罪:犹赃罪。即贪污受贿罪。藏,通"赃",贪赃。

②中:谓心安。

③精神:指人有生气的那股精神劲儿、精神头儿。本经癸部《盛身却灾法》云:"年十岁,二十年神;年二十,四十年神;年三十,六十年神;年四十,八十年神;年五十,百年神;年六十,百二十年神;年七十,百年神;年八十至百二十,神尽矣。少年神加,年衰即神灭,谓五藏精神也,中内之候也。"

④尝:通"常",时常,经常。

⑤过杀:冤杀误杀之意。即轻罪重罚。

⑥亡户:谓断子绝孙。

【译文】

天庭看到邪神的所作所为,就把它召取到天庭,审问它贪赃的罪行。赃物多而罪行大,就受到死灭的惩处。希图通过祭祷神灵来去疾的病人,神灵压根就不降临,而他本人又不心安,精神气儿一天比一天枯竭,这正属于邪神自身在殃害他。医工巫师获取到邪神享用后剩下的物品,用来养活一家大小,吃好的又穿好的,自以为能够长久这样活下去。但邪神受惩治也总对它的同伙人一并治罪,还指望什么能够存活又长寿呢?获取邪神的赃物多,就不可以再赦免,连同他的子孙也叫丧命,可他反而说什么冤杀误杀了我的子孙。有的还自身希图活得长,可希图了半天却断子绝孙了。作为人,每天都应自身行得正,不要把罪责再推到皇天那里去了。

今世之人,行甚愚浅,得病且死,不自归于天①。首过自搏叩头,家无大小,相助求哀,积有日数,天复原之,假其日月②,使得苏息。后复犯之,叩头无益。是为可知:努力为善,无入禁中③,可得生活,竟年之寿;不欲为善,自索不寿,自欲为鬼,不贪其生,无可奈何也。

【注释】

①归(kuì):通"愧",愧悔。

②假:赐给。日月:指存活的一定期限。

③禁:指皇天的禁戒。

【译文】

如今的世人,做起事来特别愚昧又肤浅,得病眼看要死了,却不自行向皇天表示愧悔。其实主动认罪,自行捶胸顿足,跪地磕头,家中无论大小都帮他乞求哀怜,积累到一定的天数,皇天还会宽恕他的,赐给他继续存活的一定期限,叫他缓过气来。以后再触犯禁戒,磕头也没有用了。由此可以明白:努力做善事,决不陷入皇天禁忌的事情里,就能活下去,尽享天年。不想做善事,那就纯属自取亡命,自己想作鬼,不贪求生存,也就对他没有什么办法了。

行慎所言,辞乐知,余者自计,勿枉所为。有病自归于天,可省资费,无为大烦①。反举家忪忪②,避舍远处,当死之人远何益? 凶神随之,当可得脱不乎? 愚人为行乃如是,宁能使命在不死之中? 可勿避也。舍不杀人③,家自衰耳。天神在上占之,欲何所至乎? 中为不知汝处邪④?

【注释】

①大烦:指竭财迎召医巫神家的举动。

②忪忪(zhōng):惊恐不安。

③杀人:谓鬼取人命。

④中:指心神。为人生命的主宰。

【译文】

做起事来,一定要慎重对待这篇天书所讲的话语,这些话语也高兴世人了解掌握住,其余的事情只管自己去琢磨,不要让那所作所为却白忙一场。身患疾病,自行向皇天表示愧悔,可以节省下费用,没必要耗尽钱财去迎召医工巫师。相反却全家人惊恐畏惧,把住处迁到远处去躲避,可那病人注定要死掉,躲到远处又有什么补益呢?凶神紧紧跟着他,能否逃脱掉呢?愚昧的人做出事来竟像这个样,到底能让性命归入不死亡的范围里吗?可以不用躲避啊!在那落脚的地方即使鬼物不去索取人命,家庭也自行就衰败了。天神正在上面监视着世人,打算躲到哪里去呢?心神还不知道你那住处吗?

且慎所言,天致爱人①,欲使人生,何时欲害杀人?故施禁法②,使人不犯之耳。而自犯之,寿命从何得前③?当思之思之,复念书言,可无自疑。书复小止,止后念之,当所道说者,复道之。

【注释】

①致:极其。

②禁法:禁绝的律条。

③前:延长之意。

【译文】

慎重对待这篇书文所讲的话语,皇天极为爱惜世人,想让世人存活,什么时候真真想过殃害世人和戕杀世人呢?所以就施布禁绝的律条,叫世人不去触犯它们罢了。但却偏偏自行去触犯,寿命哪会得到延长呢?

应当对此深思再深思，反复精思这篇书文的话语，不要自生疑虑。书文暂且告一段落，接下来还应精思那些话语。需要再加以讲说的事项，就再讲说它。

不承天书言病当解谪诫第二百二

【题解】

本篇所谓"不承天书言"，意为拒不承用天降神书所开示张布的孝善可得长寿登仙的嘱告之语。"病"为不承天书言所必将招致的三种恶果之一，即被鬼物殃祟，染患邪病而殊难痊愈。"解谪"乃谓通过悔过向善以解除这种惩罚。篇中主要列举恶人的"无状"之行，包括：日夜侵害善人，与污吏相串通陷人入罪而勒索钱财平分享用，结伙打劫，自比贤人却教出不肖子弟，一味追逐衣食之美却怠用祭祀礼仪和不敬老人，闭人妇女而共议污辱，无所事事又呵骂诅咒，一言以蔽之，即"纵横自在"，无法无天。对此，篇中又拟定出天庭的三等诛罚办法：举凡罪大恶极者招灾殃，入"死伍"，上至灭门，下流子孙；"中者"衰颓败落；"下者"患病染疾，直至不救。由于病属常见现象，易于揿住人心，篇中又申说家先亡鬼迫天之命自崇本家活人的情状和解谪的教令；并强调"太平之书，令下可顺其上，可得长久"。其间对当时黑暗丑恶的社会现象不无暴露，也包含着对"烦苛"礼教和法治的责难。

惟念俗间之人甚独愚处，不念作孝顺事，而为反逆；不承大书言①，而苟自薄②；与人既无善，而恶数闻。处者致灾③，中者衰落，下者见病④，无有休息⑤。是为恶施于人，令咎不容。

【注释】

①不承大书言：此五字中"大"当作"天"。形近而讹。

②苟：轻率，随便。自薄：意谓自使命短。

③处者：指首当其冲的头号恶棍。

④见病：得病。指被鬼物缠身，即中邪。

⑤休息：痊愈之意。

【译文】

想那世上的俗人显得最为愚昧的地方，恰恰在于不琢磨专做孝顺的事情，却去干那反逆的勾当；不承用天书的话语，却随意叫自己命短；对别人既无良善的举动，可恶行却屡屡被天庭听到。其中的头号恶棍就招来灾殃，处于中间状态的家伙就衰颓败落，处于第三等的歹徒就被鬼物缠身得邪病，没有痊愈的时候。这正属于干坏事而把害处施加给别人，皇天就让他遭殃，决不予以宽容。

无有施恩之意，日夜行侵克善人①，令使自怨。无有善意相待，而反自策②，陷人入罪名，使得有刑罚，高至死亡而诀③。其主有财之家④，能自解酒⑤；无钱触法⑥，教吏呼召⑦，亡费解之，赍家所有⑧，皆有价数，乃为解之。分半自得⑨，以给家口，美酒善脄⑩，恣其所得，于意乃可，不知人当从傍平之⑪。所为恶也，自以可久而与人等。县君严者⑫，使人司候，效功之吏，当有报应⑬。晨夜司之，欲得其为恶主⑭，默疏等辈为谁⑮。径至门阁⑯，内刺合笺⑰，道其姓名。为吏受邪簿⑱，主为间人⑲，道其短长，酒肉甘肥，常不离目下。君得笺书，默召其主⑳，为置证左㉑，使不得诋㉒。罪定送狱，掠治首臧㉓。人复言之,并加其罪闻亦然㉔。

【注释】

①侵克:侵凌制伏。

②策:策划。谓设下圈套或陷阱之类。

③诀:谓诀别人世。

④其主:指被诬陷的当事人。

⑤解酒:意谓能用酒肉钱物收买诬告者而化解其事。

⑥无钱触法:谓没钱的人家便陷入法网。

⑦教:串通之意。吏:指官府的属吏,即办事人员。

⑧赍(jī):送上。所有:指房屋家什等。

⑨分半:谓与官府属吏平分赃物。

⑩脮(dàn):菜肴。

⑪平:谓议论。

⑫县君:一县之主。汉制,万户以上设县令,不足万户设县长。在汉代,"君"非帝王专用之称,地方长官亦得称君。

⑬报应:指与破案功劳相对应的奖赏。

⑭恶主:指施恶行恶的主犯。

⑮默疏:谓暗中逐个记录下来。等辈:合伙的人,即同案犯。

⑯门阁:指县官的办公地点。

⑰内(nà)刺:递呈名单之意。内,通"纳",献纳。刺:本谓名片。此处指罪犯的名单。笺:指侦伺暗记的书札。

⑱邪簿:指诬告书。

⑲主:谓在案件中充当的角色。间人:汉称潜入敌方进行间谍活动的人为间人。此处用以指代赃吏所犯之罪的性质。

⑳默:不露声色之意。

㉑证左:亦作"证佐",指证据和见证人。因当时在其左右必有亲见

其事者,故曰证左。

㉒诋:指狡辩抵赖。

㉓掠治:动刑审讯。首臧:意为坦白交代出赃款赃物。臧,"赃"的古字。指贪污受贿所得的财物。

㉔罪闻:指其他罪状。

【译文】

没有对人施恩的心思,日夜琢磨怎样去侵凌制服良善的人,让他们抱怨做善事是自找倒霉。从未用良善的心意去对待别人,反而自己设下圈套陷害别人,让他罪名加身,叫他遭受刑罚,直至严重得被处死而诀别人世。受诬陷的人如果是拥有财产的人家,能用酒肉钱物来私下化解那档事;没钱的人就被陷入法网,随后串通官府的属吏去传讯他,他没有钱财来化解,就送上家中的一切物件,每样都有价码,这才替他化解。事后双方平分,各得一半,用来养活自家人,美酒和上等菜肴只管用分到的赃钱任意享用,在心下想来竟也理所当然,根本不管别人会从旁边怎样议论自己。所干的事情万分邪恶,却自以为能活得长久而与其他人一个样。县官中严明的人,就派人去侦伺。而献上功绩的属吏会得到与破案相应的奖赏,就从早到晚察看他们的活动,打算查出其中的主犯,又暗中逐个记下同案犯都有谁。查清后直接来到县官的办公地点,呈上名单,对照好记录,一个个点出这些人的姓名。还有那身为官府的属吏,却受理诬告书,在案件中等于充当了内奸的角色,并指明他们平日的过恶,好酒好肉总在他们眼皮底下传来转去。县官得到这份侦察记录,不露声色地把主犯召来,当场向他亮明证据,叫他无法狡辩抵赖。罪名定下,押送到监牢,经过用刑审问,供认出赃款赃物。人们又检举揭发他们,连同其他罪状加在一起,性质和情节也都相同。

钱财小故①,不自努力周进②,治生有利,而反卖舌于人③,相陷罪名,是正恶④,何复久生?长吏所疾,令不得生,是谁之过乎？皆从恶弊人出⑤。父母愁毒,宗家患毒⑥,为行如此,亦何所望,而欲得久视息哉？主作祸罚,而望求生,此为何人？天从上视之,言不可久忍,下文于主凶恶之曹⑦,遣吏从恶鬼⑧,佐助县官治无状之人⑨,使人死法,不得有生之望。是皆贪非一家之财,以自增益而坐之,得罪定死乃休,无续世之人,乃使先去者不见享食⑩,是汝过非？从今以往,后生之人见诫当止,乃小活耳。不者,定在死伍之中,不疑也。慎之小差,可无相怨。人命不可再得,人皆如是,何为不从禁乎？

【注释】

①小故:意为仍像原先那样微少。

②周进:谓多方面获取收入。

③卖舌:犹言诬告。

④正恶:即法律规定的大罪过。

⑤恶弊人:邪恶衰败的人。弊,衰败,衰落。

⑥宗家:同宗的亲属。患毒:忌恨至极之意,此处指受株连。

⑦文:指世间恶人的名单。主凶恶之曹:指天庭所设的太阴法曹。

⑧吏:指供职于阴间的神吏。下文有"太阴之吏"一语。恶鬼:指在意念上支配和驱使人去作恶的鬼物。本经卷一百十《大功益年书出岁月戒》云:"而反为恶,故使主恶之鬼久随之不解。"又卷一百一《西壁图》称:"故前有害狱,后有恶鬼,皆来趋斗,欲止不得也,因以亡身。"

⑨县官:汉称天子为县官。此处泛指各级官府。

⑩享食:谓享用家人的祭品。

【译文】

钱财仍像原先那样微少，却不自行努力来多方面获取收入，通过谋划生计有利可得，反而对别人进行诬告，勾结官府属吏使人罪名加身，这正属于法律所确定的大罪过，怎能叫他再长久活下去呢？地方长官痛恨这种人，让他不能再生存，这可到底是谁造成的罪过呢？全从邪恶衰败的人那里生出来呀！父母对他忧愁到极限，同族的人对他忌恨到顶点，做出行为竟像这个样子，还能去指望什么呢？仍想得以长久生存吗？职在招惹祸殃刑罚却又希图求得生存，这可算得上一种什么人呢？皇天正从上面在察视他，宣布不能长时间对他容忍，把名单下达到执掌凶险死亡的太阴法曹，派遣神吏带领恶鬼，协助人间官府去惩治这罪大无可名状的人，叫他归入死罪的律条，没办法再有生存的希望。这都属于贪图并非应归自家所有的钱财，靠诬告来使自己增多钱财而获罪，获罪判死刑就丢掉了性命，还没有传宗接代的人，竟使自家在前面死去的人得不到祭祀的供品，这是不是你本人的罪过呢？从今以后，后来出生的人看到戒条就应停止干坏事，这才能够稍略多活一些时日罢了。否则必定就在死亡的行列当中，真真无可怀疑呀！对此多加小心，勉强还算过得去，不要再去怨天怨地了。世人的性命没办法重新获取到，每个人全是这样，为什么不去顺从禁戒呢？

　　无状之人，结客合伍，劫取人财，其主不全①。县官未得杀汝，天代诛罚，上自灭户，下流子孙②。用是财故，而反不生，是计何一不纯！故数出此书文者，贵此不犯耳。今续犯之，尤处故③，令死亡者多，天甚患之，故见其人④。有心知者，自不犯之。今世俗人，了不可晓⑤，视其寿书而不用其言，以为书不可信用也。不当见神仙之人，皆以孝善，乃得仙耳，其寿何极！

【注释】

①其主：指首恶分子。不全：身躯不得保全。即丧命。

②流：殃及。

③尤处故：意谓越发依然故我。

④见其人：意为降现给他们看。见，"现"的古字，显现，降现。

⑤晓：晓谕。

【译文】

罪大无可名状的恶人，聚集起外地的流窜分子，组成团伙，抢劫夺取世人的财物。其中的首恶分子，肯定会丧命。官府没能捕杀你，皇天也代替官府惩办灭掉你，往上厉害到家族灭绝，往下又殃及子孙后代。仅仅因为这点儿钱财的缘故，反而活不成，这在考虑事情上竟是多么不纯正啊！之所以屡屡出示这篇书文，目的在于让世人看重它而不去触犯啊！如今继续触犯它，越发我行我素，致使很多人死掉，而皇天对这种情况却感到特别忧虑，所以又把这篇书文降现给他们看。内心明智的人，自然就不去触犯它。可如今的俗人却完全无法晓谕，见到使人长寿的书文却不遵用它那话语，竟然认为书文压根就不可以信从遵用。然而不该看一看那些成为神仙的人，全都凭仗孝顺与良善才得以登仙罢了，他们的寿命哪有到达尽头的时候呢？

且详所言，同出辞①，言可令好②；所为出恶，自令得各③。书前后之戒者，但欲使人为善，不犯法耳，何时相枉乎？宜往念思，著于五内④，令可奉行，勿非尤于天也⑤。非之无益，更相令过重。慎勿有所恨，行自得之何怨咎？

【注释】

①同出辞：谓同属开口讲话。

②言可令好：意为话要说得妥贴吉祥。

③"所为"二句：此言恶语得恶报。即：谁谩骂、抱怨、诅咒了什么，结果所谩骂、抱怨、诅咒的恶果便落在谁的头上。

④著：铭记之意。五内：五脏。即心、肝、脾、肺、肾。此处用以指代心中、腹内。

⑤非尤：抱怨，责怪。

【译文】

要仔细对待开口讲话这宗事，同属开口讲话，话要说得妥帖吉祥，张嘴却喷出恶语，自行就会叫他恶语得恶报。书文前后告诫的事项，只去想让世人做善事，不触犯天法罢了，什么时候冤枉过世人呢？应去深念精思，铭记在心上，让它能真正奉守实行，不要再去抱怨皇天了，抱怨也没用，反转来更叫罪过加重。切莫再有什么怨恨的了，自身的行为就会自动得到那样的结果，还去怨恨憎恶个什么呢？

努力从善，乃可为人耳。行当自惜，无为鬼所咎，为知不乎？宜各自明其计，勿自逐非，没命不足塞责①。殃祸所归者多，怨憎何有止时？持心不密，但空言，无益世间之用，愁毒于人，复何用！相明使有和顺乎？自以为贤，以化他人，为不肖②，不当自况③！俱生为人，无所照见，问之无有相明之意，是曹之人④，皆如六畜。

【注释】

①塞责：抵塞罪责。指逐非作恶给人造成的危害。

②不肖：子不似父曰不肖，即不贤。

③自况：谓自诩为贤人。

④是曹：此辈，这类。

【译文】

努力归向良善,才可以成为一个人哪! 做起事来要懂得自己爱惜自己,不要被鬼物所殃害,对此是否弄明白了呢? 应当分头把自己的小算盘打清楚,切莫自行去追逐邪恶,丧命还不足以抵塞那罪责。祸殃所扑向的地方很多,怨恨憎恶哪里会有止息的时候呢? 执持心念不周密,只去瞎吹胡诌一通,对世间奉用并没有什么补益,那套瞎吹胡诌的玩艺使人愁苦到极点,又有什么效用呢? 彼此让对方搞清楚该去怎样做,恐怕正在于应叫世人都有和顺的言行吧? 自以为本人很贤明,可去化导别人,却使他们成为不贤明的人,那也就不该再把自己比作什么贤明人了。都从娘胎里生下来成为人,但却不具备明了事理的真见识,别人向他做询问,却根本显不出指明怎样做才对的一点点意思,这类人就都和牛马等六畜一个样。

　　但口知臭香衣好①,礼跪起不可法则②,常有不录之心③,见比邻老人,犯倨不起④。闭人妇女,议相刑⑤,别其丑好,此为恶人! 无所事作,端仰成事⑥,口骂咒诅⑦,以地无神,更相案举⑧,自可而行,不念后患将至,不及相救,救之已晚,何益于事! 但为烦苛⑨,终可见理。何以自明解其所负众多⑩? 人所非作,祸不止,久至亡家,后无子孙。不见其寿,冤哉! 此行亦何可久? 太平之书,令下可顺其上,可得长久,不者失命,复见难治⑪。

【注释】

①臭(xiù)香:香美的气味。臭,气味。

②"礼跪起"句:谓在祭祀礼仪上乱敷衍,瞎对付,胡凑合。

③不录:拒不照办之意。录谓按次序敬奉神灵。

④犯:侵凌。倨:通"踞",箕踞,谓傲慢不逊。

⑤相刑:轮奸之意。

⑥成事:旧有的事例。此为汉代惯用语,实指天灾人祸而言。

⑦咒诅:即诅咒。本经卷一百十二《衣履欲好诫》谓:"轻口骂詈,咒诅不道,诈伪诽谤。"

⑧案举:意为一桩接一桩拎出来咒骂。

⑨烦苛:指琐细繁苛的各种礼法条文和人为制造的诸多事端。本经乙部《修一却邪法》云:"欲致太平,念本根也;不思其根名大烦,举事不得,灾并来也。"又辛部谓:"吏民行之,职事纷纷,丁者力乏,老弱伤筋。礼礼相亲,是为亲属兄弟矣。"

⑩所负:指承负的罪责。

⑪难治:指阴曹地府对死鬼的百般拷掠勘问。参见本卷《不孝不可久生诫》所述。

【译文】

嘴上只晓得吃香的,喝辣的,身上光知道穿好的,依照祭祀礼仪来跪拜起身敬奉神灵,简直不成体统,时常怀有拒不照办的心思。看到周围邻居的老人,仍旧四脚八叉坐在那里,傲慢不逊又去侵凌。把别人家的妇女抢来关住,商量怎样去奸污,分出哪个漂亮又哪个丑陋,这纯粹是那非常邪恶的家伙! 整天什么正事都不干,只拿旧有的事例来痛骂诅咒,认为地上没有神灵,一桩接一桩地列举出来咒骂,自己觉得怎么得意就去怎么干,不考虑后患立刻就会临头,结果来不及挽救,挽救也已经太晚了,这对事情可有什么补益呢? 四处鼓吹只管制订好各种礼法条文,最后终究会得到治理。但又能拿出什么效验来自行证明已经解除掉很多世人的承负罪责了呢? 世人去干不该干的那些事情,祸殃就接连降到他身上,时间一长,直至家族灭绝,往下竟没有子孙。作为人却尽享不了天年,那也太冤枉了吧! 而这类行径又怎能活得长久呢? 致使天下太平的书文,足以让那下面的人乐意顺从上面的人,于是便能活得长久;不像太平书文那样做,也就丧失性命,还在阴间受到百般拷掠审问。

　　令世俗人亦自薄恩①,复少义理②,当前可意,各不惜其寿,纵横自在,以为无神。随疏之者众多,事事相关③,及更明堂,拘校前后④,上其姓名。主者任录⑤,如过负辄白司官⑥,司官白于太阴,太阴之吏取召家先去人,考掠治之,令归家言,咒诅通负被过⑦,行作无有休止,故遣病人⑧。病人之家,为当解阴解谪⑨,使得不作,谪解得除之;不解其谪,病者不止;复责作之,既不解已。以为不然,观其所行,皆有其人,多与少耳,是为可知。复慎其后,勿益其咎,乃为有知,可使无咎,无知自已。患福之间,未曾休止。

【注释】

①令世俗人亦自薄恩:此八字中"令"当作"今"。形近而讹。薄恩:鄙薄天恩之意。

②义理:指符合一定的伦理道德的行事准则。

③关:照知,传告。

④拘校:汇总验核。

⑤主者:指计曹。这一天庭所设审计机构由东汉大司农、少府两套财会机构以及尚书台属下主管府史署用的西曹比附而来。本经卷一百十《大功益年书出岁月戒》云:"诸当上下,先时百日皆文上,勿有失脱。如有文书不相应,计曹不举者并坐。"又壬部云:"诸当上计之者,悉先时告白,并计曹者,正谓奏司农。"任:整理核定之意。录:指举报文书。

⑥司官:指掌理世人命籍的长寿之曹。

⑦逋负：谓使承负的罪责愈积愈重。逋，拖欠。

⑧病人：谓使人患上中邪之类的怪病。

⑨解阴：谓解救阴间的家族祖先。解谪：谓化解天庭施加的惩罚。

【译文】

如今的世俗人也太自行鄙薄天恩了，又绝少讲求做事的通行准则。只要眼前觉得顺心就去胡干乱来，各自都不顾惜本人的寿命，只管横冲直撞，一味自我放纵，认为压根就不存在什么神灵。其实紧随世人而在逐条记下他那善恶行为的神灵多得很，事事都传报给天庭。等到经由天庭明堂汇总验核前前后后的所有记录，把他姓名奏上去，天庭审计部门再对举报文书进行梳理核定，如果罪过和承负的罪责很严重，就转告给天庭寿曹，寿曹又转告给太阴法曹，太阴法曹的神吏就去召取他家已在前面死亡的人，动刑审讯他们，命令他们的鬼魂回到阳间家中责怪说，你整天诅咒东诅咒西，使那承负越积越多，犯下了大罪过，为非作歹没有罢休的时候，所以就派我们来叫你得上受祅害的邪病。而一旦得上这类邪病的人家，就该努力去解救阴间的家先，解除天庭施加的惩罚，能叫邪病不再发作，就证明惩罚已被解除了；而不努力去解除惩罚，所得邪病就一直好不了；天庭再责问而让疾病更厉害地发作，也就根本无法解除了。世人如果认为事情绝非如此，那就观看这类人家的所作所为，都有对上号的人，只不过或多或少罢了。这显然是可以闹明白的了。还要对那后事多加小心，不要加大增重罪祅，这才称得上具有心计，于是皇天可以叫他不遇上罪祅。依旧懵懂无知，那就只有自取亡命了。祸患和吉福归向哪一方，从来没有停息过。

　　各慎书言，不须相负，难为记疏。神不休止，想人知人，而故为耳①，是不善故之也②。固善得善，恶自不寿，何为有恨？自得之耳。下顺其上，可无恶子，为知不乎？戒之戒之，可令小息③。书难为文辞④，法令开张⑤，宜不犯耳。书复小解⑥，复有小不定文者⑦，详念其后，但令可知。慎之慎之，小事致大⑧。文复重，故小息耳⑨。息后有言，复陈说之。

【注释】

①故为：明知故犯之意。

②故之：谓使之死亡。故，死去。

③小息：意为多存活一些年日。

④文辞：繁冗巧饰的言辞。

⑤开张：开示张布。

⑥小解：约略解说。

⑦定文：谓执定天书神文。

⑧致大：招致严重后果之意。

⑨小息：意为暂且告一段落。

【译文】

各自慎重对待书文的话语，不应彼此辜负，要把神灵的逐条记录当成可怕的事情。神灵总也不会止息下来，既惦记着人，又了解人，而仍明知故犯，这正构成不良善在叫人去送死啊！原本就良善，绝对得到美好的结果，邪恶就自动活不成，为什么还在产生怨恨呢？其实全由自己给自己招来的罢了。作为下面的人顺从自己上面的人，也就不会出现邪恶的儿子，对此闹清没闹清呢？引起警戒再引起警戒，还可以叫人稍略多活一些时日。天降书文不乐意编造繁冗巧饰的言辞，天法已经开示张布，就应不去触犯它。书文又把事情大略讲清了，再出现稍稍竟不执定书文的人，就要仔细考虑那后果，只管叫他弄明白就是了。多加小心啊多加小心，小事会招来严重的后果。书文已经显得很重复了，所以就暂且告一段落。以后再有需要讲论的事情，就再陈说它。

为父母不易诀第二百三

【题解】

本篇所谓"为父母不易",系言为人父母,大不容易。其"不易"突出表现在将子女抚育成人并使其从事的社会职业"各得其宜"上。既然如此"不易",则子女务须竭力回报父母养育特别是教诲之恩,而教诲之恩恰为既"善"且"孝"的思想灌输和灵魂铸造。故而篇中首则言善,继则说孝。言善乃以不犯天禁神戒、周穷救急为标尺,做出可得仙度、泽及后代的天报之诺,同时发出"恶自早死"的震慑。说孝则将儒家"孝始于事亲,终于立身"的观念通俗化、具象化、命定化和神意化,并同善行融为一体,且以皇天"禀命"作结。

惟有善行之人,自不犯天地四时五行、日月星辰诸神之禁,畏其所施,恐犯之,辄有上姓名,以故自欲为善,行孝顺之义。天地禁书^①,故不欲令民犯之者,欲令民充盛^②,何时欲令藏乎^③?设施当生之物^④,使得食之,何时欲使相危乎?人自犯耳。故善人无恶言者,各有其文,所诫所成,分明可知。善自得生,恶自早死,与民何争?故置善人文^⑤,以示生民,各知寿命吉凶所起,为道其诚,使不犯耳。

【注释】

①禁书：施布禁戒的神书。

②充盛：数量众多又安康健壮。

③藏：谓亡命入土。

④设施：设布安排。

⑤文：指先天本命所在的簿册。即下文所称"命籍"。

【译文】

想那行为良善的人，自动就不去触犯天地和四时五行、日月星辰众神灵的禁忌，害怕它们反过来给自己所施加的报应，惟恐触犯后，便会产生本人姓名被奏报到天庭的情况，因此自动想去做善事，奉行孝顺的宗旨。天地施布禁戒的神书，专意希望平民百姓不去触犯它们，目的在于想使平民百姓数量众多又安康健壮，什么时候想叫他们丧命入土呢？设布安排下应当生长的万物，让世人能够食用它们，什么时候又想叫世人和万物相互危害呢？只不过世人自行去伤残它们罢了。所以良善的人总也讲不出歹毒的话语，缘于它们各自具有本人禄命所在的天庭名籍，对所应引为禁戒的事项和所能成就的福业，可以清晰地了解掌握住。良善自然就获得长生，邪恶自然就早早死去，这两者可与平民百姓有什么争来夺去的呢？因而天庭特地设置下善人的名籍，把这告诉给民间的百姓，叫他们各自从中知晓寿命吉凶的来由，专为世人讲明有关的禁戒事项，让世人不去触犯罢了。

行善之人，无恶文辞①，天见善，使神随之，移其命籍②，著长寿之曹。神遂成其功。使后生之人，常以善日③，直天王相④，下无忌讳⑤，先人余算并之⑥，大寿百二十⑦。其子孙而承后得善意，无有小恶，亦复得寿，白发相次。子子孙孙，家足人备，亦无侵者。佃作商贾⑧，皆有利入；为吏数迁，无刑罚之意，善所叔也⑨。

【注释】

①恶文辞:指神灵对其恶行的记录与举报。

②移:改换。

③善日:吉日。如甲午日,甲属木,午属火,木生火,是为保日。又如壬申日,壬属水,申属金,水生于金,是为义日。参见《淮南子·天文训》和《论衡·讥日篇》所述。

④直天王相:谓降生的吉利月份。王相为"五行休王说"的专用术语,王表示旺盛,即占据统治地位和发挥支配作用;相表示强壮。按照五行生克原理,如春则木王,火相。"直天王相"于此乃指建除十二辰中斗前六辰即北斗星斗柄所指向的农历正月至六月而言。详参本经卷七十三至八十五《阙题》(三)、卷一百十五至一百十六《某诀》及壬部经文所述。

⑤忌讳:指避忌的事物。《风俗通义·正失·彭城相袁元服》云:"今俗间多有禁忌,生三子者、五月生者,以为妨害父母,服中子犯礼伤孝,莫肯收举。"

⑥余算:算为天庭在人生前为之注定的寿龄。凡人早亡,享寿未尽,其剩余部分则为余算。余算归天掌握,可转赐他人。本经以一年为一算,与《抱朴子》所称百日一算不同。详见卷一百二《经文部数所应诀》后附遗文及辛部第十三条经文所述

⑦百二十:指天寿或上寿。本经分人寿为三类,乙部《解承负诀》、癸部《盛身却灾法》俱云上寿一百二十岁,卷一百二《经文部数所应诀》后附遗文则称天寿一百二十岁。

⑧佣作:谓务农。商贾:谓经商。

⑨叔(chù):美好。

【译文】

专做善事的人,根本不存在神灵记录他那恶行的举报文书,皇天看到他良善,就派遣神灵随护他,改换他那命籍,登录在天庭寿曹那里,神灵于是成就他对皇天立下的功绩。还让他家后来出生的人总在美好的日子里降生到人间,并且正赶上吉利的月份,降生时也碰不上令人忌讳的事情。自家前辈人未能尽享的寿龄全都加在他身上,获享天寿一百二十岁。由他往下的子孙也能承续上来,秉受到良善的天性,没有任何轻微的邪恶行为,又都获享长寿,满头白发的人一代接一代。子子孙孙总是家业富足,人丁兴旺,也没有侵害他们的人。无论务农还是经商,都有进项;做官也屡屡被提升,没有施用刑罚来管理百姓的意念,这全是良善所带来的美好结果。

人不能仿效,反倨笑之①。是善人之心行自善,有益于人。见人穷厄②,假贷与之③,不责费息④,人得其恩,必不负之,小有先偿,酒肉相谢,两相得恩。天见其行,复善之,使其出入,无干犯之者。行善之人,天自佐之,不令逢恶,是行所致。其余为不善之人,欲望坐得寿,复有子孙,是为不分别。故天别其寿,殊能行天上之事,与天同心志合,可得仙度⑤,录上贤圣⑥,精神增加,其寿何极?故言善不可不为,亦人所不及,故天重有善人爱之,不欲使有恶也。善恶之人,各有分部⑦,何得二千乎⑧?故天书辞具,自可知也。善者善之,恶者戒之,欲使不陷于危亡,之失其年耳。是天报善增其命,恶者使下不成人⑨。是亦可知也,何为有疑乎?

【注释】

①倨笑:坐在那里嘲笑。倨,通"踞",箕踞。

②穷厄：穷困。

③假贷：借给钱物。

④费息：利息

⑤仙度：即超凡成仙。其具体情景，详见本经卷一百十《大功益年书出岁月戒》、卷一百十一《善仁人自贵年在寿曹诀》所述。

⑥贤圣：其为本经所拟设的神仙等级序列中的候补神仙。贤即贤人，属神仙次等人选，职在理文书。圣即圣人，属神仙首要人选，职在理阴阳。详见本经卷四十二《九天消先王灾法》、卷五十六至六十四《阙题》(六)、卷七十一《致善除邪令人受道戒文》所述。

⑦分部：指原本划定的界限。

⑧二千：同等对待之意。汉代徭役制度规定，凡二十三岁至五十六岁的男子，每人每年在本郡或本县服股一个月，称为更卒或卒更。每人按一定次序轮流到京师服役一年，称为正卒。雇贫民代替本人服役，每月出钱二千，称为践更。此处所谓"二千"，即指践更而言，意谓善恶之分，非如俱出二千钱那样便一律行得通、过得去的。

⑨下：谓入土。

【译文】

世人不能去效仿，反而坐在那里嘲笑他们。可这良善人的心地和行为自动还照样良善，为别人提供好处。看到有人很穷困，就借给他粮食物品，而且不收利息；人们蒙受他那恩惠，必定不会辜负他，首先慢慢偿还所借到的粮食物品，最后用酒肉表示感谢，双方互相得到对方的恩情。皇天看到他那行为，对他更加优待，使他出来进去不存在侵犯他的人。到处做善事的人，皇天自然就辅助他，决不让他遇上凶祸，这正属于良善行为所招来的结果。其余那些专干不良善勾当的人，希图白白就落个长寿，还有子孙后代相传，果真如此也就构成善恶不分了。所以皇天便区定出二者的寿命，异乎寻常地能去奉行天上的事体，与皇天用心相同又志意契合,就会超凡成仙,姓名注录在圣人贤人的花名册上,富有生气的那股精神劲儿在日益增加,寿命哪有到达尽头的时候呢?所以便强调良善事不能不去做,同时也确属世人很难做到和做好的,因此皇天更看重并喜爱具有良善行为的人,不想让他碰上任何凶殃啊!良善的人和邪恶的人,各自具有原本划定的界限,哪里能像出钱二千雇人代替自己服役那样就全都行得通了呢?所以天书的言辞便讲述得周详完备,使人自行可以了解掌握它。良善的人需要将它看得特别珍贵,邪恶的人需要把它作为鉴戒,目的都是想叫世人不陷入凶险死亡的圈子里,直至丧失自己的寿命啊!这正表明皇天对良善绝对做出回报来,增加他那寿命;而对邪恶的人就叫他入土,不成其为人。这也是显然可以闹明白的了,还有什么值得怀疑的呢?

人从生至老,自致有子孙,各令长大成就,在所喜随使安之①,无逆其意,各得其宜,乃为各从其愿。为人父母,亦不容易。子亦当孝,承父母之教,乃善人骨肉肢节,各保令完全②,父母所生,当令完,勿有刑伤。父母所生,非敢还言,有美辄进③。家少财物,赇恭温柔而已④,数问消息⑤,知其安危,是善之善也。邻里近亲,尽爱象之,成善之行。

【注释】

①所喜:指所喜爱的社会职业。

②完全:完好无损之意。《孝经·开宗明义章》谓:"身体发肤,受之父母,不敢毁伤,孝之始也。"

③美:指上好的衣食物品。

④赇(qiú)恭温柔而已:此六字中"赇"谓贿赂,于文义窒碍难通,疑当作"俅"。俅,顺服的样子。

⑤消息:指冷暖等。

【译文】

世人从生到老,直至自己生有子孙,各自叫他们发育成熟,构成一副完整的身躯,又依据他们每个人所喜爱的社会职业,随顺并让他们终生固定在那上面,决不违逆他们的意愿,叫他们各自获取到适宜的去处,这才够得上分别顺从他们的志向。可见作为别人的父母,也非常不容易。当儿子的自应孝顺,接受父母的教诲,于是使自己身上纯属良善人家的骨体血肉和四肢关节得到好生守护,一处也不受损伤。对父母给生下的那副躯体,应当让它保持完整,决不出现被刑罚伤残的地方。自己既然由父母生下来,就决不敢顶嘴,有了上好的衣食物品,就进献给父母。家中如果缺少财物,那就顺服恭敬、温柔体贴而已,频繁问候冷暖,随时了解掌握父母身体安危的状况,这正构成了良善中更为良善的表现啊!周围邻居和近房亲戚全都敬爱并效法他,形成各自的良善行为。

见有凶恶之人,不敢与语言,恐相反也①。相反之后,更失善,人恶天复憎之,故皆自重惜,损其子孙,慎无犯禁,使家不安。不但不安也,并及家亲,内外肃动②,更逢县官,亡减财产。故令自慎,不违书言。能亲安和,邕邕无有二言③,各自有业,各成其功,是大善之人行,天必令寿,神鬼祐之。

【注释】

①相反:当场闹翻脸之意。

②肃动:谓一片紧张和搅动。

③邕邕:和睦的样子。邕,通"雍",和睦,和乐。

【译文】

看到邪恶的人出现在那里,就不敢上前与他搭话,惟恐当场闹翻脸。闹翻脸以后，转而给善行添加上污点，不仅世人厌恶他，皇天也憎恨他。所以事事都自行看重和爱惜自己，惟恐给子孙带来坏处。切莫触犯皇天的禁忌，导致自家不安宁。不仅自家不安宁，还连带到亲戚，从里到外一片紧张和搅动，转而遇上官府的惩办，失去或减少了自家的财产。所以便让世人自我谨慎，决不违犯天书的话语。确能亲近安和，一片和睦，没有任何其他的闲言碎语，各自建立起本人的家业，各自成就本人的功德，这正构成了第一等良善人的行为，皇天必定会让他长寿，神鬼也去佑护他。

　　不敢失四时所奉进①，各有差序②。市价取好，不争价直③。所以然者，夫有所奉进，皆有精神④，随上下进退，小异不洁⑤，辄有文墨不有失，故顺所贾所道⑥，乃为恭敬。神灵必喜，上白司命祠官⑦，各部吏安行或自行⑧，见其洁香，乃享食。食后，大曾五祖乃于处食⑨。食必欢喜，家遂富有，子孙皆善，无有恶子。

【注释】

①四时所奉进：指一年四季中例行的祭祖祀神活动。本卷《病归天有费诀》谓之为"四时之报"。

②差序：指祭祀的名目、时间和祭品的具体规格及进献仪式等。

③不争价直：谓卖主开价多少便付给多少。直，通"值"，价码、价格。

④精神：指寄身在所购祭品中的精灵与神灵。本经坚执万事万物有神论，故出此语。本经卷五十六至六十四《阙题》（四）谓："夫万二千物，各自存精神。"又辛部称："故凡事大小，皆有精神，巨者有巨精神，小者有小精神。……真事有真神，邪事有邪神，善事有善精神，恶事有恶精神。"

⑤不洁：意为祭品是讨价还价购得后供奉的。如此遂有亵渎神灵之嫌，故曰"不洁"。

⑥所贾（gǔ）：指所看中的卖主。所道：谓卖主所开列的价钱。

⑦司命：掌管世人生死寿夭的神灵。本经佚文称：常有六司命神，共议人过失。祠官：天庭所设监管世人祭祀情况的神官。参见本卷《不可不祠诀》所述。

⑧部吏：指归天庭各机构、各部门辖领的神吏。安行：谓依照惯例前去巡视。

⑨大（tài）曾五祖：指父、祖父、曾祖父、高祖父、高祖父之父。处食：聚食。

【译文】

不敢忘记一年四季中祭祀神灵的例行活动，每次祭祀都按具体规定去做。祭品选购集市上价钱最高的，而且卖主开价多少就付给多少。之所以这样做，是因为供奉进献的祭品里面都有各自的精灵和神灵，随同世人的购买举动上下进退，稍一讲价，就属于讨价还价供奉的，随即被天神记录下来，一项也不会遗漏掉。因此要依从所看中的卖主所开出的价钱爽快购买，这才形成对神灵的恭敬。神灵由此必定会高兴，往上禀告给司命神和监管世人祭祀的祠官，随后各部门的神吏便照惯例前去巡视，或者主动前去巡视，发现祭品精洁馨香，就承受食用。食用以后，祭祀者自家由高祖父之父往下的五代祖先又聚在一起来食用。神灵和祖先食用完毕，肯定大为欢喜，自家于是变得更为富有，子孙全都良善，压根没有邪恶的家伙。

郡县闻之，取召使为有职之吏，辄转入府①，府有署显职。州复闻知，辟召亲近，举廉茂才②，是善所致也。行自得之，其位必至。是亦相禄禀命所得③，明其为善之征，恶不过其门④。

【注释】

①府：指郡曹。郡曹同公府下属主要部门大体地位对等，故又称府。

②举：谓向朝廷荐举。廉茂才：汉代察举制下所设的选举科目。廉指孝廉，茂才指茂才四行。茂才原称秀才，因避光武帝刘秀讳，改称茂才。以上所云，乃就汉代在人才选拔上实行察举制和征辟制而发。前者由郡国向中央荐举各类人才，后者由朝廷直接征召社会名流赴京任职，或由各级官府自行辟用下属官吏。

③相禄：指世人的骨体形貌及其所显现出的禄命。禀命：即承受的天命。

④恶：指凶险的事情。

【译文】

郡县听说本辖区内涌现出这样的人家，就去召取他，让他充任负责具体事务的属吏，一有机会就转入郡曹，郡曹又任命他担当重要的职务。州里又听到消息，就把他聘用为身边的官吏，特向朝廷荐举他为孝廉茂才，这正是良善招来的结果啊！善行自动会得到这一切，他那官位必定就落到身上。这也属于骨体相貌及其所显现出的禄命全都是禀受天命而该得到的，由此表明做善事的效验，任何凶险的事情都降不到他家门口上。

　　天上诸神皆言，是行尤善，但未知天意耳。故使善文善人，记其竹帛①，使后生令得贪进遂善家②。世世有荣，子孙不离朝堂，帝王爱之，常在善职③。是功自然，皆其福所致也。故有善者，当法此书，言取信验，不空言也。

　　右天上说孝、以止逆乱、却夷狄、令下顺从易治④。

【注释】

①竹帛:汉代通用的正规书写材料。竹指竹简,帛指丝帛。

②遂:终于成就之意。

③善职:指朝廷中掌管天下教化的重要职位。

④"右天上说孝"四句:此句系对本卷共计九"诀"三"诫"之内容主
 旨所作的总体概括与揭示。孝:既谓孝敬双亲,又谓孝敬朝廷,
 孝敬皇天。

【译文】

天上的众神灵都在说,这类行为显得特别吉善,只不过还没完全懂
得皇天的用意,所以就把有关良善的天文和堪称善人的标准写在竹简
丝帛上,使后来出生的人能够贪求升进,终于成为良善之家,世世代代
享有荣华富贵,子子孙孙总不离开朝廷,帝王喜爱他们,总让他们处在
掌管天下教化的重要职位上。这正属于功业成于自然,全由他那天赐
吉福所招来的呀!所以具有良善行为的人,就应效仿这篇天书去做,天
书的话语重在真确的效验,决不乱作许诺啊!以上为天上说孝、以止逆
乱、却夷狄、令下顺从易治。

【说明】

下列一节文字,出自《三洞珠囊》卷三《服食品》所征引,征引标示的
具体出处为"《太平经》第一百十四云"。其内容显系盛称道教尊神后圣
帝君之上相"青童君"食气饵丹、吞符佩箓的各种修炼道术及其神效。
恰与本经甲部所配补的《太平经钞》钞文基本相同,属于赝作的可能性
显然无法排除。

青童君采飞根①,吞日景②,服开明灵符③,服月华符④,
服除二符⑤,拘三魂⑥,制七魄⑦,佩星象符⑧,服华丹⑨,服黄
水⑩,服回水⑪,食环刚⑫,食凤脑⑬,食松梨⑭,食李枣⑮,白银

紫金⑯,服云腴⑰,食竹笋⑱,佩五神符⑲。备此变化无穷,超凌三界之外⑳,游浪六合之中㉑。

【注释】

①青童君:尊神上仙的特称与名号。其为道教所称后圣帝君李君的重要辅臣,位居仙界上相(宰相)。采飞根:食气方术之一种。飞根乃系道教所称的日势神威,由日中五色流霞和霞光中数十重大如瞳仁的紫气所构成。

②吞日景:亦属食气方术之一。日景又称日华或日魂,即太阳的精光。景,通"影"。

③开明灵符:符箓名。全称为太微服日气开明灵符。开明谓东方日出之处,日出东方,则天下大明,故称开明。道教谓此符用红色书写于青色丝帛上,配有四言咒语。吞服后则与采飞根、吞日精互相促进。

④月华符:"符"据本经甲部所言乃系衍文。"月华"即月亮的华采。道教称月亮中有五色流精,精光中又有黄气,大如瞳仁,累累数十团,即是飞黄月华之精。又名之为月精、月黄或黄精。

⑤除二符:"除二"据本经甲部所言当作"阴生"。阴生符全称太微服月精太玄阴生符。道教谓此符用黄色书写于青色丝帛上,配有四言咒语。吞服后则与服月华互相促进。

⑥拘三魂:道教称人体内有三魂,一名胎光,为太清阳和之气,属天;二名爽灵,为阴气之变,属五行;三名幽精,为阴气之杂,属地。人对三魂要予以制衡,故此处曰"拘"。

⑦制七魄:道教称人体内有七魄,一名尸狗,二名伏矢,三名雀阴,四名吞贼,五名非毒,六名除秽,七名臭肺,均属身中浊鬼。人要御而正之,摄而威之,故此处称"制"。

⑧星象符:"星"本经甲部经文作"皇",当据改。"皇象符"乃系符箓

之一种。道教称佩带此符,可合元气,与拘制三魂七魄相适应。

⑨华丹:指琅玕华丹。道教谓此丹表层具有三十七种颜色,飞流映郁,紫霞玄涣。

⑩黄水:指黄水月华丹。道教称此丹在琅玕华丹基础上炼成。其精华仰于上釜,结幕,幕中有黄水,水有黄华,华似芙蓉,故称黄水月华。

⑪回水:又作"徊水"。指回水玉精丹。道教称此丹在黄水月华丹基础上炼成。其精华乃结苞,苞中有白水,状如玉膏,自动由左向右流动,而水中更有三颗明珠,大如鸡蛋,百味俱全,香软如饴,故称回水玉精丹。

⑫环刚:仙药名。又称环刚之果。道教谓此果由琅玕华丹同回水化合而成。将二者置于坑内,覆土历三年,则有树生。树高三四尺,树皮呈枣红色,果实如环,故称其树为环刚树,其果为环刚之果。

⑬凤脑:仙药名。道教称此药由环刚果同黄水化合而成。亦将二者埋入地中,三年乃有草生。草为葫芦形,草籽大如桃,上具五色。食之可升太极,唾出则化为凤凰,故称凤脑。

⑭松梨:仙药名。又称赤树白子。道教称此药由凤脑同黄水化合而成。入地三年则生赤树,树高五六尺,形状像松树。树果似梨,雪白如玉,故称松梨。

⑮李枣:仙药名。又称绛木青实。道教称此药由松梨同回水化合而成。三年出土,长成绛树。树形似李树,高六七尺。结青果,果如枣,色青如翠,故称李枣。

⑯白银紫金:此系外丹术之一种。或与烧炼、饵食金丹相关。

⑰云腴:由胡麻汁同白石英等混合制成的所谓仙药。道教谓其香甘异美,可强骨补精,镇生五脏,守气凝液,长魂养魄。

⑱竹笋:又称大明,道教谓其为日华之胎,对采飞根、吞日精有运气之助。

⑲五神符:符箓名。全称为召五神混合符。五神指上元太一,居人脑;中元司命,居心脏;下元桃康,居脐下;无英公子,居肝部;白元尊神,居肺部。道教谓吞服此符,即得五神护身。

⑳三界:指欲界、色界、无色界。此系佛教术语,被道教所借用。

㉑六合:上下四方。

【译文】

青童君采吸飞根,吞咽日光,服用开明灵符,吸食月华,服用阴生符,控制住体内的三魂,威慑住体内的七魄,佩带皇象符,服用琅玕华丹,服用黄水月华丹,服用回水玉精丹,食用环刚果,食用凤脑,食用松梨,食用李枣,运作起白银紫金烧炼物的内力,服用云腴,食用竹笋,佩带召五神混合符。把这些道术全部掌握住,就能变化无穷,超越在难免死亡的三界以外,任意遨游在天地四方当中。

【说明】

下列两小节文字,出自《上清道类事相》卷三《宝台品》所征引,征引标示的具体出处为"《太平经》第一百十四云"。其内容则为道教尊神后圣帝君及其太师之居所的介绍,实与《太平经》经文不类,姑存以广其闻。

灵上光台①,太师彭广渊治其中②。

【注释】

①灵上光台:宝台名。宝台为神仙居止和行道作法之所。

②太师:指位为后圣帝君李君的一师四辅中的太师,为五大护领神之首。彭广渊:神仙的具体姓名。详见本经甲部所配补《太平经钞》钞文所述。

【译文】

灵上光台,由后圣帝君的太师彭广渊在那里修炼和掌事。

太空琼台^①,太平道君处之^②。

【注释】

①琼台:玉砌仙台名。

②太平道君:后圣帝君李君的别称。

【译文】

太空琼台,由太平道君在那里栖居。

某诀第二百四

【题解】

　　本篇所谓"某诀",系由后世编辑刊刻《太平经》者所追加。其卷次亦作"卷一百一十六",并注明:"原缺一百一十五"。又在该标题之下、正文之前,特加"前文原缺"四字,独占一行,即表示原来正文的起首一部分和题目一并亡佚,遂姑置"某诀"二字,权当篇题。核之《敦煌目录》,卷一百十六为《音声僻曲吉凶》,则与全篇内容完全吻合,其目次当作"二百六",非为"二百四"。本篇经文,连同《合校》本辑校者所配补的《太平经钞》起首一段文字在内,超过七千言,属于早期道教音乐理论的代表作。在音乐的起源和本质问题上,篇中强调,音乐发自世人的怡悦欢乐,与天同气,既为太平政治的直接反映,又为天地四时五行的顺应物,既为乐善向化的工具,又为感气类、召神祇的媒介。在音乐的作用问题上,篇中盛称,音乐足以引动天地,引动日月星辰,引动四时五行的"六部十气"和包括青衣玉女在内的众神灵,引动山川万物,引动世人的善恶心理和情感反应。这在本经壬部中,被称为"以无形身召有形身之法",而聆声知音,非仅可使上中下三士各自得以登仙、平治、乐身,使第一等帝王垂拱而治断刑罚,更能总结出一套"同类、同事、同气"的音声"占相之法"。在音乐的推广兴作问题上,篇中极力宣示:依照北斗星斗柄由东向西依次旋转所指向的前列空间坐标序列,随顺二十四节气的变化,遵从五行的盛衰定律,递次动用位居上三部的帝气帝弦、王气王弦、相气相弦和微气微弦,切莫逆向而行,扰动纯属下三部的死破、囚废、衰休之气,并赋予帝气"十十皆善"、王气"二善一恶"、相微气"二恶一善"、死囚衰休气"纯恶无善"的社会属性,分别同三皇五帝、三王五霸相比拟,由此定出"三倍"帝气乐弦、"再倍"王气乐弦的扩大音乐规模和表现力的具体比例数,并对年、月、日、时如何演奏音乐以及特殊情况下需用音乐诸事宜,均用例证择要列示了以帝、王二气为转移的具体规则与程序。通篇所述,是对春秋战国诸子百家以迄汉代谶纬之阴阳五行音乐观的进一步"气"化和术数化,不妨视之为音乐生于人心说、生于"天"气说、太平作乐说、乐象王政说、乐以养生说、五行八卦休王说、物类相感说、吹律定姓说、同声相应声占术的整体大糅合,而其神秘色彩则愈发浓重,不失为一篇久湮无闻又不容忽略的早期道教音乐史料。研读这篇言逾七千的所谓"大诀",宜与本经卷五十《诸乐古文是非诀》、卷一百十三《乐怒吉凶诀》、壬部第十三节经文参稽互察。它们共同构成了早期道教的音乐思想的主体内容。且与己部《乘云驾龙图》、《东壁图》、《西壁图》三幅美术作品殊途同归,对探究早期道教艺术观颇有裨益。

前文原缺①。"夫心同意合,皆为大乐也②;苦心异意,皆为乖错,悉致苦气也③。夫乐者何?必歌舞,众声相和也。苦者何?必致斗争,众凶祸并起。相乐者,所以厌断刑也④;相愁苦者,所以致逆也。其相顺同心,何谓乎?凡人大小能同其意者,必乐也,几类之哉⑤!宜复更自精详其意⑥。天上皇平洞极之师⑦,为天加一言,重解决其意也⑧。然未欲大得天地之心意,有益于帝王政理者,乃当顺用天地之心意,不可逆太岁诸神⑨,同合其气,与帝王用事同喜同心⑩,同指同方⑪,同运同枢⑫,同根同意。

【注释】

①前文原缺:此系后世《太平经》编辑刊刻者所添加的说明语。

②大乐:谓自然界到人类社会所呈现的一种高度协调和谐的理想状态与欢乐景象。详参本经乙部《以乐却灾法》、卷一百十三《乐怒吉凶诀》、本卷《阙题》(二)所述。

③苦气:指举国上下一片愁苦的社会氛围。

④厌:通"压",遏制,禁遏。

⑤几:差不多。类:相接近。

⑥精详:精思详察。

⑦天上皇平洞极之师:此系传道天师的自称。皇平洞极,意谓使最盛明的太平气通透到极点。

⑧解决:晓谕裁定。

⑨太岁:本为古代天文学上所假设的理想天体,用以纪年,后被术数星占家视作岁神,职在率领诸神,统正方位,斡运时序,总成岁功。《论衡·难岁篇》则谓,太岁为天别神(从属于天之神),与青龙无异。本经卷一百十二《有过死谪作河梁诫》称:"故四方,方有孟仲季,更直上下,名为太岁。"

⑩帝王:指帝气和王气。王为五行休王说和八卦休王说的专用术语,意为旺盛,本篇以之象征地。帝乃《太平经》编著者由王气推衍出的一气,至尊贵,象征天。本经卷七十三至八十五《阙题》(三)称:"元气建位,帝王气为第一气,尊严不可妄当也。是故王气所处,万物莫不归王之;王气所居,皆王而生,所背去悉死,由元气也。故王气处阳则阳王,居阴则阴王,居天则天王,居地则地王,所处者皆王,受命主理。"又壬部谓:"夫建气王气,是乃天四时五行之帝气也。"用事:谓占主导地位,起支配作用。

⑪指：指向；方：方位。均谓北斗星斗柄的移动位置之所在。

⑫运：运转。枢：枢轴。

【译文】

"用心一致，意愿切合，也就形成了天下一片和乐的景象啊！用心愁苦，意愿不同，也就造成了违逆错乱的局面，把那愁苦气统统给招来了呀！和乐的景象会是怎样的呢？必定要载歌载舞，众人齐声应和啊！愁苦的情形会是怎样的呢？必定要引发争斗，各种凶殃祸害一齐冒出来。彼此和乐，恰恰属于遏制并断绝刑罚的基托；相互愁苦，恰恰属于造成违逆错乱的根源。有关彼此顺适而用心一致，又指什么说的呢？是说世人从大人到小孩能使各自的意愿都相同，必定会和乐，差不多就接近那美好状态了呀！还应进一步自行精思和详察那要意所在。如今使那最盛明的太平气通透到极点的天上明师，特为皇天再多说一番话，重新晓谕并裁定那要意所在啊！然而尚未准备完全获取到天地的心意、更对帝王政治确有补益的人，就应顺从承用天地的心意，决不可违逆太岁等众位神灵，要与它们所裹挟的时气吻合一致，要与那帝气、王气占据主导地位而一起喜悦，用心相同，都指向同一个空间方位，都围绕同一个枢轴来同步运转，扎在同一个根基上，保持同一个意愿。

　　"故古者圣人陈法，使帝王春东方、夏南方、秋西方、冬北方者①，主与此天气共事也，气同故相迎也。是主所谓谨顺天之道，与天同气，故相承顺而相乐，主所言和同者相乐也。相乐者，则天地长喜悦，不战怒；不战怒，则灾害奸邪凶恶之属，悉绝去矣。恶人绝去，乃致平气，天上平气得下治，地下平气得上升助之也。如不顺乐用皇天后土所顺用气②，而休废气也③，皆应错逆，逆天地之道，逆帝王之气，与天地用意异。天地战怒，万变并起，奸邪日兴，则致不安平凶年气来④,故当深知之也。""善哉善哉! 愚生闻命矣。""易晓乎! 天喜之,真人慎之。""唯唯。谨详记,不敢忘。""善哉善哉!"

【注释】

①"使帝王"句:此言国家定期举行迎气吉礼。即:立春之日,迎春于东郊,祭青帝,车旗服饰皆青,歌以角声,舞以羽翟,是为迎春之乐;立夏之日,迎夏于南郊,祭赤帝,车旗服饰皆赤,歌以徵声,舞以鼓鞞,是为迎夏之乐;立秋之日,迎秋于西郊,祭白帝,车旗服饰皆白,歌以商声,舞以干戚,是为迎秋之乐;立冬之日,迎冬于北郊,祭黑帝,车旗服饰皆黑,歌以羽声,舞以干戈,是为迎冬之乐。参见《礼记·月令》、《淮南子·时则训》及《后汉书·祭祀志中》所述。本经卷七十三至八十五《阙题》(三)谓:"是古者圣人王者,春东,夏南,秋西,冬北,六月中央,匝气则谒见天,王气乃尊于天。"

②后土:对大地的尊称。

③休废:五行休王说和八卦休王说的专用术语。休谓休退,废谓废弃(废在五行休王说中指死亡,此处则取义于八卦休王说)。

④凶年:庄稼歉收或颗粒无收的年头。本经卷九十六《六极六竟孝顺忠诀》云:"其岁少善物,为凶年。"

【译文】

"因而古代的圣人列示法则,让人间的圣帝明王春季在东方、夏季在南方、秋季在西方、冬季在北方举行迎气的吉礼,旨在同那时气一起行事啊! 需要与时气同步,所以就递次去迎候啊! 这种吉礼,作用在于实现人们所说的谨慎地顺从皇天的道法,与皇天的时气保持一致,因而递相承奉顺从而彼此和乐啊! 作用在于实现人们所强调的高度融为一体而彼此和乐啊! 彼此和乐,天地就长久喜悦而不争斗发怒;不争斗发怒,灾殃祸害和奸邪凶恶之类的玩艺就全部灭绝离去了。邪恶的人灭绝离去,于是便招来太平气,天上的太平气得以往下施行治理,地下的太平气得以往上升腾去协助啊!如果不顺从并高兴承用皇天后土所顺从并承用的时气,却去逐取处于休退废弃状态的时气,便与错乱违逆完全在应合,背逆了天地的道法,背逆了帝气和王气,正与天地的用意两个样,天地由此也就争斗发怒,各种灾变同时发作,奸邪日益兴起,招致不安平的凶年气降临,所以便应深深了解掌握住这种情况啊!”“这太好了!这太好了!愚昧的弟子领受到教诲了。”“你们真是太容易加以开启了!皇天对此特别喜爱,真人要慎重对待它。”“是是,弟子只管恭谨地把它仔细铭记在心,决不敢忘怀。”“这就太好了!这就太好了!”

“天明师既加不得已,愿闻其春夏秋冬云何哉?”“皆顺其气,如其数①。独六月者②,以夏至之日③,并动宫音④,尽五月;六月者,纯宫音也。又乐者⑤,乃举声歌舞⑥。夫王气者,宜动摇⑦,动摇见乐,相奉顺,见奉助也。休囚死气皆欲安静⑧,不欲见动摇,即不悦喜则战怒,战怒则生凶恶奸邪灾害矣。是乃自然天地之格性⑨,万不失一也。”

【注释】

①数:度数,定式。谓按五音十二律同阴阳五行、季节月份、节气时令的配属关系,来安排和从事乐舞活动。汉代《乐纬》云:春气和,则角声调;夏气和,则徵声调;季夏气和,则宫声调;秋气和,则商声调;冬气和,则羽声调。

②六月:指农历季夏六月。下文言及月份处,俱指农历而言。以四时配五行,则季夏属土行。此月阴气在地下正式形成,与地表阳气构成进退之势。本经卷四十四《案书明刑德法》云:“六月刑居

六二,在未,居土之中,未出达也。德气在外,扰扰之属莫不乐露其身,归盛德者也。"又癸部《以自防却不祥法》谓:"季夏六月,盛德合治,王气转在西南,回入中宫。"

③夏至:八节即八个主要节气之一。在农历五月下旬,在阳历六月二十一日或二十二日。此日北半球白天最长,夜间最短;南半球则相反。古谓夏至之"至"含有三义:一为阳极之至,二为阴气始至,三为日行北至。本经卷四十四《案书明刑德法》云:"五月刑在初六,在午,地下,下内清无气,地下空。时刑在室中,内无物,皆居外。"

④并动宫音:谓在动用火行夏音即徵音的同时亦动用宫音。宫音为五音之主,属土行季夏六月音。因其象征意义为包含并容纳四时,故称宫,大致相当于现代简谱上的 1(do)。夏至时极阳生阴,阴气始萌,故须"并动宫音"。东汉定有冬至、夏至延请精通音乐的八能之士奏乐言事的制度。《乐纬叶图征》称:"八能之士,常以日冬至成天文,日夏至成地理,作阴乐以成天文,作阳乐以成地理。"

⑤乐:读如"欢乐"之"乐"。本文中"乐"字甚多,或读如"音乐"之"乐",或读如"欢乐"之"乐"。对此异读之处,需按具体语言环境细加辨析,不复赘释。

⑥举声:演奏音乐。《白虎通义·礼乐》谓:"乐所以必歌者何?夫歌者,口言之也,中心喜乐,口欲歌之,手欲舞之,足欲蹈之。"

⑦动摇:引动召感。

⑧囚死:五行休王说和八卦休王说的专用术语。囚谓困囚、禁锢,死谓死亡。

⑨格性:格法(常法)和特性。

【译文】

"皇天明师既已施加教诲又不能不再施加教诲,所以弟子希望听到春夏秋冬究竟应该怎样去进行乐舞活动呢？""全都顺应各自的时气,按照既定的配属规则来进行。其中惟独农历六月份,要从五月份中夏至那天起,在动用火行徵音的同时连带动用宫音,一直持续到五月份徵音结束;转入六月份以后,一律动用宫音。再者说来,世人一和乐,就会演奏音乐,载歌载舞。这时便要对那占据主导地位的时气加以引动,一加以引动,它们就感到高兴;世人去承奉顺从它们,它们就获得辅助而更加兴旺了呀！此刻处于休退、困囚和死亡状态的时气,都想安静,不乐意受到引动;一受到引动就不高兴,就争斗发怒;一争斗发怒,就产生出凶恶奸邪和各种灾殃祸害了。这正构成天地原本就那样的常规定法和固有的属性,绝对不存在任何偏差啊！"

"当动摇何气乎？愿闻之以为法,不敢逆一气。""是常先动其帝气,其次动王气,其次动相气①,其次动候气②,其次动微气③。此气皆在天斗前日进④,欲见助兴,故动之。其余气者,皆在天斗后⑤,天气所背去,气日衰,故不宜兴动。与天反地逆,不合天地之心,故凶。故天之所向者兴之,天之所背者废之,是为知时气吉凶⑥,安危可知矣。"

【注释】

①相:五行休王说和八卦休王说的专用术语。意谓强壮。本篇则以相气和微气象征世人。

②候气:指用十二律律管装塞葭膜灰而测定的相应时气。古代将初生芦苇的葭膜烧成灰末,塞在十二律律管内,到某一节气,和它相应律管内的灰末便会自行飞动起来,据此而测验节气的变化,谓之为候气。如到农历五月,塞在太簇律管内的灰末飞动起来,即称"律中(应)太簇"。《后汉书·律历志上》载:"候气之法,为

室三重,户闭涂衅必周,密布缇缦。室中以木为案,每律各一,内庳外高,从其方位,加律其上,以葭莩灰抑其内端,案历而候之。气至者灰去。其为气所动者其灰散,人及风所动者其灰聚。”

③微气:指孕育滋生之气。相当于八卦休王说中的胎气。参见《白虎通义·诛伐》所述。本经卷六十九《天谶支干相配法》云:“微气者,未能王持事也。”又卷六十五《断金兵法》谓:“其王者得用事,其微气复随而起矣。”

④天斗:指北斗星斗柄,由第五至第七星组成。前:谓斗柄由东向西依次旋转所对准的前列空间方位,即东方和南方。于时则为春夏即农历正月至六月。本经卷六十九《天谶支干相配法》云:“又天谶格法,东、南为天斗纲斗所指向,推四时,皆王受命。”

⑤天斗后:指斗柄递次指向东方和南方而由第一至第四星所组成的斗魁同时所指向的后列空间方位,即西方和北方。于时则为秋冬即农历七月至十二月。二者恰恰构成对冲之势。本经卷六十九《天谶支干相配法》云:西、北属地,为斗魁所系者,死绝气。又卷七十三至八十五《阙题》(三)谓:“古者贤人好生也,悉气属斗前,与天行并,故日吉,能有气也。诸为奸猾阴贼恶邪,悉象阴气,属斗后,故日衰,所为者凶。”

⑥是为知时气吉凶:此七字中“时气”二字《太平经钞》作“天时”。

【译文】

“究竟应去引动哪些时气呢?弟子希望听到这方面的教诲,把它奉为法则,不敢违逆任何一种时气啊!”“在这方面,总要首先引动那最尊贵的帝气,其次引动旺盛的王气,接下来引动强壮的相气,再接下来引动葶膜灰从律管里飞出来的候气,最后引动处于孕育滋生状态的微气。这些时气都处在北斗星斗柄由东向西依次旋转所对准的前列空间方位上,一天比一天在升进,希望得到辅助而更加兴旺,所以就要去引动它们。剩下的那些时气,都处在同北斗星斗柄相对冲的后列空间方位上,属于时气所抛在后面并叫它离去的部分,因而就不该兴用引动它们。硬与天地对着干,不切合天地的心意,所以就结果凶险。因而对那皇天所指向的时气就去兴用它,对那皇天所抛在后面的时气就去废绝它,这才称得上明了时气的吉凶状况,安危也可以从中了解掌握住了。"

　　"请问今纯动王音①,五音不足②,不成歌舞之曲,如何乎?""善哉!子之言也。然。但先动故为阴阳者③,动则有音声,故乐动,辄与音声俱阳者有音,故一宫、三徵、五羽、七商、九角而二、四、六、八不名音也④。刑者,太阴者⑤。无音而作,故少以阴害人。无音而作,此之谓也。"

【注释】

①王音:指与王气相应之音。

②五音:即宫、商、角、徵(zhǐ)、羽。依次分属土行、金行、木行、火行、水行。其中角、徵为阳,宫、商、羽为阴。实乃五声音阶上的五个音级,大致相当于现代简谱上的 1(do)、2(re)、3(mi)、5(sol)、6(la)。《汉书·律历志上》云:"商之为言章也,物成孰可章度也。角,触也,物触地而出,戴芒角也。宫,中也,居中央,畅四方,唱始施生,为四声纲也。徵,祉也,物盛大而繁祉也。羽,宇也,物聚臧,宇覆之也。"《白虎通义·礼乐》称:"土谓宫,金谓商,木谓角,火谓徵,水谓羽。……所以名之为角者,跃也,阳气动跃;徵者,止也,阳气止;商者,张也,阴气开张,阳气始降也;羽者,纡也,阴气在上,阳气在下;宫者,容也,含也,含容四时者也。"

③故为:原本构成之意。阴阳:指阳数与阴数及二者的领属关系。即下文所云"一三五七九"和"二四六八"如何如何。

④"故一宫"句:此系对上文"音声俱阳者"所作的阐发。意为纯动

五音中的一个王音,其他四音也会受召引而做出应和。"一、三、
五、七、九"为天数,俱属阳数,于此表示五音分别位居王音之际。
"二、四、六、八"为地数,俱属阴数,于此表示五音中位居王音者
之外的所余四个音。"不名音"则谓自然随之而动,做出应和。
汉代《乐纬》云:吹律定姓,一言得土曰宫,三言得火曰徵,五言得
水曰羽,七言得金曰商,九言得木曰角。盖系此处讲说"王音"之
所从出。

⑤太阴:最旺盛的阴气。

【译文】

"请求询问一下:如今只去动用与王气相对应的音调,五种音调就
齐备不了,构不成歌舞的完整曲调,对此应该怎么办呢?""你们这问话
简直太好了! 好的。只管首先动用五种音调中原本就构成阴阳领属关
系的那个与王气相对应的音调,一动用就会产生出相应和的其他音声,
所以音乐演奏起来后,就会与那同属于阳的音声产生出相应和的其他
音声,因而'一'则突现出宫音来,'三'则突现出徵音来,'五'则突现出
羽音来,'七'则突现出商音来,'九'则突现出角音来,而递次与之相应
和的'二、四、六、八'那些音就自然跟着产生出来不算数了。刑罚属于
最旺盛阴气的凝结体。没有什么突现出来的音调专去为它而动用,所
以就很少能兴起阴气去伤害世人。所谓没有什么突现出来的音调专去
为它而动用,说的也就正是这个意思。"

"今军师何故有音哉①?""善乎! 子言也。然。君子有
军师有音①,但倡乐却之耳③,不必欲害之也。及怒发且害之
时,非有音声起中而已④,不复相告语也。子知之邪?""唯
唯。真如是,小愚生已觉矣。"

【注释】

①军师：出兵打仗之意。

②有音：对己方来说，则在出师之日，由乐官吹律合音，以测士气。应商声则战胜，军士强；应角声则军扰多变，失士心；应宫声则军和，士卒同心；应徵声则将帅急躁屡怒，军士疲劳；应羽声则兵弱，少威明。参见《周礼·秋官·太师》所述及汉郑玄注。对敌方来说，前去侦察，则以律管当耳，大呼惊动敌方。若敌方传来微妙之声，声应律管为角声，角属木，则用白虎金神克之；声应律管为徵声，徵属火，则用玄武水神克之；声应律管为商声，商属金，则用朱雀火神克之；声应律管为羽声，羽属水，则用勾陈土神克之；声无所应，则为宫声，宫属土，则用青龙木神克之，是为五行之符。参见《太公六韬·五音》所述。

③倡乐：谓振作士气。却：退敌。

④起中：谓鼓舞斗志。

【译文】

"如今出兵打仗为什么要动用音乐呢？""你们这问话简直太好了！好的。君子决定出兵打仗而动用音乐，只不过为了振作士气，击退敌军罢了，并不是一定要把敌军都斩杀啊！到了士兵怒火发作只想斩杀敌军的时候，决非仅仅击鼓吹号鼓舞起斗志就算到头了，他们相互间其实什么也不说而只管前去拼杀了呀！你们明白这种情形了吗？""是是。情形的确像这样，愚昧渺小的弟子对此已经领悟了。"

"故古者圣人，将从乐者左载①，将从刑者右载；吉事尚左②，凶事尚右③，左者阳，右者阴，言各从其类也。""善哉善哉！""故吾事为文也，随天为意，随地为理，顺之者吉且昌，逆之者凶也。与天不同其意，复何所望？故夫天乃有三气：

上气称乐,中气称和,下气称刑,故乐属于阳,刑属于阴,和属于中央④。故东、南阳,乐好生;西、北阴,怒好杀;和气随而往来,一藏一见⑤,主避害也。故乐但当以乐吉事,乐生事,不可以乐凶事,乐死事。自天格法如此,不可反也,真人恻慎吾文言⑥。"

【注释】

①左载:谓从左方开始。载,开始。

②尚左:以左为尊之意。左为东方,东方主生,故吉。

③尚右:以右为尊之意。右为西方,西方主杀,故凶。

④中央:指阴阳交合处。阳在上,阴在下,故曰"中央"。

⑤一藏一见:谓和气从秋分至春分,入藏于内;从春分至秋分,显现于外。参见本经卷四十四《案书明刑德法》所述。见:"现"的古字。

⑥恻慎:恳切审慎。

【译文】

"因而古代的圣人,打算依从和乐来施治的,就都从左方做起;打算依从刑罚来施治的,就都从右方做起;吉祥的事情无不崇尚左方,凶险的事情无不崇尚右方,左方属于阳,右方属于阴,这正表明各自依从事物本身的类属啊!""这太好了!这太好了!""所以我那事体诉诸文字,便依随皇天构成宗旨,依随大地构成义理,顺从它的人就吉祥而且昌盛,违逆它的人就凶险。竟与皇天的心意不一致,还能去指望什么呢?所以皇天正拥有三股气流:处在上面的那股气流被称为欢乐,处在中间的那股气流被称为协和,处在下面的那股气流被称为刑罚。因而欢乐属于阳,刑罚属于阴,协和属于中央。所以东方和南方为阳,既欢乐又喜好化生;西方和北方为阴,既暴怒又喜好杀伤;协和气随同它们往来,既在一个阶段内入藏到里面,又在一个阶段内显现在外面,旨在躲避凶害啊! 所以音乐只应拿它去使吉祥的事情大为欢乐,去使化生的事情大为欢乐,决不能用它去让凶险的事情大为欢乐,去让死亡的事情大为欢乐。皇天的常规定法本来就是这个样,决不能违逆它啊! 真人要恳切审慎地对待我这书文的话语。”

　　阳者动而有音声①,阴者无声,故刑多以阴害人。古者圣人将从乐者,随天意,亦随地意。顺之者吉,逆之凶。故天三气,上气称乐,中气称和,下气称刑。故乐属阳,刑属阴,和属中央。故东、南阳,好生;西、北阴,好杀;和气随而往来,一藏一见,主辟害也。

【注释】

①“阳者”句:自此以下整段文字乃系《合校》本附存的以资参考的《太平经钞》钞文。

【译文】

　　属于阳的音调一动用就有相应和的其他音声,属于阴的音调就没有相应和的其他音声,所以刑罚大多凭借阴气去伤害世人。古代的圣人打算依从和乐来施治的,就随顺皇天的心意,也随顺大地的心意。顺从它的人就吉祥,违逆它的人就凶险。因而皇天那三股气流,处在上面的那股气流被称为欢乐,处在中间的那股气流被称为协和,处在下面的那股气流被称为刑罚。因而欢乐属于阳,刑罚属于阴,协和属于中央。所以东方和南方为阳,喜好化生;西方和北方为阴,喜好杀伤;协和气随同它们往来,既在一个阶段内入藏到里面,又在一个阶段内显现在外面,旨在躲避凶害啊!

"唯唯。今说音，独说一甲①，殊不尽说之。其余当云何而悉得知其所尽引哉②？""然。宜拘校凡圣贤文③，各以家类引之④，出入上下，大小莫不相应。以一况十⑤，十况百，百况千，千况万，万况无极，众贤共计，莫不尽得。故但为子举其端首⑥，不复尽悉言之也。上贤见吾文，自悉得其意；中人见吾文⑦，冀可上及之；小人见吾文，可仪而为之⑧。不犯天地之禁，各使自生善意。尽说之，积文多，反且眩瞀于文⑨，则失其纲纪⑩，令其文乱难理，故当财示其端首⑪，使其自思之耳。""善哉善哉！""行，吾辞小竟⑫，疑乃复来。"

【注释】

①一甲：一个六十甲子。即两个月。指上文所言五月自夏至之日起并动宫音和六月纯动宫音的情状与理据。

②引：指五音所引动的对象。详下文所述。

③拘校：汇集校理。

④家：指相同或相近的事象与物象。类引：谓按类属进行归纳排比。参见本经卷五十《去浮华诀》所述。

⑤况：比照。

⑥端首：首要的部分。

⑦中人：一般人。

⑧仪：奉为法则之意。

⑨眩瞀（mào）：迷乱。

⑩纲纪：网上总绳曰纲，丝缕头绪曰纪。喻指事物的统领部分。

⑪财：通"才"，仅仅。

⑫小竟：暂且告一段落之意。

【译文】

"是是。如今皇天明师讲说音乐,仅仅讲说了一个时段内的动用规则,有意不全部做讲说,而没讲说的那部分应该怎样去彻底弄清它们所引动的对象呢?""好的。应当汇集校理古今圣贤的所有书文,分别拿相同或相近的事象与物象,按类属进行归纳排比,通过比较验核与前后梳理,确定下大小事象物象没有一种不彼此应合的那部分来。用一条去比照十条,用十条去比照一百条,用一百条去比照一千条,用一千条去比照一万条,用一万条去比照无数条,众位贤士对它们共同进行审议,也就完全获取到了。所以只为你们列举出那首要的部分,不再全部做讲说了。最贤明的人看到我这书文,自行会完全获取到其中的意旨;中等人看到我这书文,也有希望能达到贤明人的程度;第三等人看到我这书文,可以把它奉为法则去实行。决不触犯天地的禁忌,分别使他们自行涌生出良善的意念。全部做讲说,文辞加起来就太多了,反而使人对书文眼花缭乱,抓不住要领,导致书文纷乱而特难掌握,因此就应仅仅显示出那首要的部分来,让人自行去精思它而已。""这太好了!这太好了!""你们回去吧!我那言辞暂且告一段落,出现疑问就再来询问。"

"唯唯。请问音声和,得其意与不得,岂可知邪?""然。可知也。帝王之气,以其天数耳[①]。帝王之气得胜[②],教令声响[③],音得先发,是乃比若夫帝王得先发号施令于天下,则凡人万物悉随之而从,天下和平矣。有敢不从为反逆,则死矣。故先发其帝王之气,其余从矣。""善哉善哉!""然。不先发帝王之气,反先动发休囚之气,而反当使帝王之气随从之,为大反逆也[④]。此者,天地格法也,不可强也。子知之邪?""唯唯。"

【注释】

①天数：先天便形成的位数。即列居第一之意。本经壬部云："当王气为死，当月建为破，此尊严第一之气，故不可当也。"

②得胜：意谓占据压倒一切的统率地位。胜：同"盛"，兴盛，旺盛。

③教令：命令。声响：意谓传向四面八方。响，用同"向"，趋向，向着。

④大反逆：招致严重恶果的悖逆行径。《风俗通义·声音》云："谨按刘歆《钟律书》：春宫秋律，百卉必凋；秋宫春律，万物必荣；夏宫冬律，雨雹必降；冬宫夏律，雷必发声。"

【译文】

"是是。请求再询问一下：音乐和谐，是否获取到了其中的恰切意旨，恐怕可以让人掌握住吧？""是的。完全可以掌握住。最尊贵的帝气和旺盛的王气，恰恰凭借它们天然就位居第一罢了。最尊贵的帝气和旺盛的王气得以占据压倒一切的统率地位，便使教令传向四面八方，而音乐正该把它最先引发出来，这也就好比人间帝王正该先向天下发号施令，民众和万物便都跟在后面来听从，天下就和乐太平了。有人敢不听从，便构成反逆，就被处死了。所以首先引发出最尊贵的帝气和旺盛的王气，其他气也就跟在后面来听从了。""这太好了！这太好了！""是的。如果不首先引发最尊贵的帝气和旺盛的王气，反而首先引动处于休退困囚状态的时气，掉转过来却让最尊贵的帝气和旺盛的王气跟在它们后面来听从，那就构成了最大的反逆举动啊！这正属于天地的常法定律，决不能硬行去给扭转过来呀！你们明白这一点了吗？""是是。"

"又五音，乃各有所引动，或引天，或引地，或引日月星辰，或引四时五行，或引山川，或引人民万物①。音动者，皆有所动摇，各有所致。是故和合得其意者致善，不得其意者致恶。动音，凡万物精神悉先来朝②，乃后动占其形体。故动乐音,常当务知其事,审得其意,太平可致,凶气可去。真人详之。"

【注释】

①或引人民万物:按照五行说,宫声于人伦五常为信,于五事为思,代表君,闻宫声则使人莫不温良而宽和,宫声乱则君骄政荒;商声于人伦五常为义,于五事为言,代表臣,闻商声则使人莫不方正而好义,商声错则臣坏职废;角声于人伦五常为仁,于五事为貌,代表民,闻角声则使人莫不恻隐而慈爱,角声谬则民怨政虐;徵声于人伦五常为礼,于五事为视,代表事,闻徵声则使人莫不喜养而好礼,徵声高则事烦民劳;羽声于人伦五常为智,于五事为听,代表物,闻羽声则使人莫不深思而远虑,羽声低则物乱国不安。详参《礼记·乐记》、《史记·乐书》、《乐纬动声仪》、《风俗通义·声音》所述。

②万物精神:指对万物起主宰作用的人格化的精灵与神灵。本经极力宣扬万事万物有神论,如卷五十六至六十四丁部《阙题》(四)谓:"夫万二千物,各自存精神。"又辛部称:"故凡事大小,皆有精神,巨者有巨精神,小者有小精神。……真事有真神,邪事有邪神,善事有善精神,恶事有恶精神。"丁部《阙题》(六)复称:"神也者,皇天之吏也。"卷九十八《神司人守本阴祐诀》云:"夫神,乃无形象、变化无穷极之物也。"

【译文】

"再者说来,五种音调分别具有所引动的对象。有的引动皇天,有的引动大地,有的引动日月星辰,有的引动四时五行,有的引动山峦河流,有的引动人民万物。每种音调的动用,都具有所引动感召的对象,各自具有所招来的事物。因此和谐一致而获取到其中的恰切意旨的,就招来美好的事物;获取不到其中的恰切意旨的,就招来凶险的事物。

只要一动用音乐,万物的精灵与神灵就全都先来朝见,于是便要随后审慎动用,占验它们的形体是吉神还是凶神。所以动用音乐,总该务必知晓那事体,确实获取到其中的恰切意旨,太平随之便能到来,凶气就会离去。真人对此要仔细体察呀!"

"唯唯。请问乐音者,动引之云何哉①?""善乎! 子之问事也,得其要意。然。比若春者,先动大角弦动甲②,甲日上则引动岁星、心星③,下则引动东岳④,气则摇少阳⑤,音则摇木行,神则摇钩芒⑥,禽则动苍龙⑦,位则引青帝⑧,神则致青衣玉女⑨。上洞下达,莫不以类来朝,乐其乐声也。

【注释】

①动引:感召引动。本经壬部云:"夫音,非空也,以致真事,以虚致实,以无形身召有形身之法也。"

②大角弦:指音高同十二律(十二个高度不同的标准音)中阳律"太簇"(略当西乐 D 调)相应的角调调式。弦,谓弦律。古以春音为角,孟春正月则律中(应)太簇,仲春二月则律中夹钟(属阴律;约当西乐♯D 调),季春三月则律中姑洗(属阳律;约当西乐 E 调)。本经对此三种角调调式,依次称作大角(或上角)、中角、下角。参见卷一百十三《乐怒吉凶诀》所述。甲:天干第一位。属阳干。此处表示日名,即下文所称"甲日"。《吕氏春秋·十二纪》、《礼记·月令》、《淮南子·时则训》俱云:春三月"其日甲乙"。

③岁星:即五大行星中的木星。古人观察到木星约十二年运行一周天,其轨道与黄道相近,因将周天分为十二分,称十二次。木星每年行经一次,即以其所在星次来纪年,故称岁星。

④东岳:即泰山。泰山坐落在东方,东方属万物始生之地,故谓之

为东岳,且居五岳之首。又称岱宗。刘向《五经通义》谓:"泰山,
五岳之长,群神之主。故独封泰山,告平于天,报神功也。"

⑤少阳:不甚旺盛的阳气。即春气,散布弥漫在东方。

⑥钩芒:古传为少皞氏之子,死为木行之神和东方天帝太皞的辅
佐,负责执持圆规以管理春天。

⑦苍龙:木行的精灵。《春秋元命苞》谓:"龙之为言萌也,阴中之
阳。"本经卷三十九《解师策书诀》称:"龙者,乃东方少阳、木之精
神也。"又卷八十九《八卦还精念文》谓:"龙德生北,位在东方。"

⑧位:指空间方位。青帝:太微垣天区五帝神之一。名曰灵威仰,
其于春起受制,主木行。木色青,故曰青帝。或指青帝为太皞即
伏羲氏。《淮南子·天文训》云:"东方,木也。其帝太皞,其佐句
芒,执规而治春。其神为岁星,其兽苍龙,其音角。"本经卷九十
三《敬事神十五年太平诀》谓:"春也,青帝神气太平。"

⑨青衣玉女:木行女神名。关于玉女,《春秋繁露·天地之行》始有
"玉女芝英"之称。汉代《诗纬含神雾》又谓太华山上有明星玉女,
掌持玉浆,服后可成神仙。《礼纬含文嘉》则称大禹得天赐玉女敬
养,身份为妾。本经卷一百十三《乐怒吉凶诀》除青衣玉女外,尚
有赤衣玉女诸名;卷九十九《乘龙驾云图》且绘有玉女画像。

【译文】

"是是。请求再询问一下:音乐这东西,具体感召引动的情形又是
怎样的呢?""你们询问事情简直太好了,获取到了其中的切要意旨。好
的。比如在春季,首先动用大角调式去感召引动起孟春甲日,甲日往上
就感召引动起木星和心宿,往下就感召引动起东岳泰山。时气就感召
引动起不太旺盛的阳气,音声就感召引动起木行,天神就感召引动起钩
芒,禽兽就感召引动起苍龙,天区帝位就感召引动起青帝,神灵就感召
引动起青衣玉女,上下通透畅达,没有一种对象不按它所归从的类属前
来会见,因为全都喜欢那音乐的声音。

　　"说一以求其类，无穷极也。自精详索其要意，悉自得也，与凡书文合之，为法式也。故举乐得其上意者①，可以度世②；得其中意者，可以致平③，除凶害也；得其下意者，可以乐人也④。上得其意者，可以乐神灵也⑤；中得其意者，可以乐精⑥；下得其意者，可以乐身；俱得其意，上帝王可游而无事⑦，乐起而刑断绝，精神相厌也。"

【注释】

①上意：最高的意旨。

②度世：谓超凡登仙。

③致平：实现太平之意。

④乐人：使人欢乐之意。本经卷一百十三《乐怒吉凶诀》云："乐小具小得其意者，以乐人；中具中得其意者，以乐治；上具上得其意者，以乐天地。故上士治乐，以作无为以度世；中士治乐，乃以和乐俗人以调治；下士治乐，裁以乐人以召食。"

⑤神灵：指下文所称的"太阳之精"。即天之太阳气的化身。

⑥精：指下文所称的"太阴之精"。即地之太阴气的化身。

⑦上：最上等，第一流。

【译文】

　　"讲说一种情形，用它去求取那些类属，根本就没有能到尽头的时候。自行精切仔细地求索其中的切要意旨，就会自行完全获取到，再与所有的书文加以验合，也就构成法则了。所以动用音乐，获取到其中最高最深意旨的人，就能超凡成仙；获取到其中的中等意旨的人，就能实现太平，去除掉凶殃祸害；获取到其中的初级意旨的人，就能使人们欢乐。在最高层次上获取到其中意旨的人，就能使神灵高兴；在中间层次上获取到其中意旨的人，就能使精灵高兴；在最低层次上获取到其中意旨的人,就能使自身高兴;在各个层次上都获取到其中的意旨,第一流的帝王就能长久游乐而无事可做,和乐兴行起来而刑罚被断绝掉,这正来自精灵与神灵在相互遏制啊!"

"愿闻乐起刑断绝意诀。""善哉!子之言也。然。乐者,太阳之精也①;刑者,太阴之精也。阳盛则阴服②,阴盛则阳服,故乐盛则刑绝也。乐何,故为阳、刑何③。音和者,其方和善得也④;音不和者,其方凶恶。当为之时,精听其音。知音者,悉知其事吉凶;不知音者,亦不可知也。音声者,即是乐之语谈也。占远占近,皆当合之,日时姓字⑤,分画境界⑥,王相休废,更相取合,以为谈语,精者听之无失也。"

【注释】

①太阳:最旺盛的阳气。

②服:通"伏",藏伏。

③"乐何"二句:意谓兴作何等音乐,便会导致与之相应的施生阳气或刑杀阴气到来。

④方:指方位。即所在的特定空间区域。本经卷五十《诸乐古文是非诀》云:"诸乐者,所以通声音,化动六方八极之气。其面和,则来应顺善;不和,则其来应战逆。夫音声各有所属,东西南北,甲乙丙丁,二十五气各有家。"

⑤姓字:指人之姓氏同五音的配属关系。如洪姓为宫音、钱姓为商音、孔姓为角音、田姓为徵音、冯姓为羽音之类。《易纬是类谋》称:"圣人兴起,不知姓名,当吹律听声,以别其姓,黄帝吹律定姓是也。"《白虎通义·姓名》谓:"姓所以有百何?以为古者圣人,吹律定姓,以记其族。人含五常而生,声有五音,宫商角徵羽,转

而相杂,五五二十五,转生四时,故百而异也。气殊音悉备,故殊百也。"《论衡·诘术篇》云:"五音之家,用口调姓名及字,用姓定其名,用名正其字。口有张歙,声有外内,以定五音官商之实。"《潜夫论·卜列》云:"亦有妄博姓于五音,设五宅之符第。其为诬也甚矣。……凡姓之有音也,必随其本生祖所土也。"本经卷五十《移行试验类相应占诀》称:"取故事二十五,行事二十五家,详记其岁日月时所从来,其五音属谁手。"

⑥分画:即划分、区分。境界:界域。指气之上三部、下三部。详下文所述。

【译文】

"希望听一听和乐兴行起来而刑罚被断绝掉的要意裁定。""你们这问话真是问得太好了!好的。和乐属于太阳气精灵的凝结体,刑罚属于太阴气精灵的凝结体。阳兴盛,阴就藏伏起来;阴兴盛,阳就藏伏起来,所以和乐盛行,刑罚也就断绝了。因而动用什么样的音乐,便会引来与它相应的施生阳气或刑杀阴气。音乐和谐一致,也就获取到那些相对应的空间位所的和乐吉善的反应;音乐不和谐一致,也就获取到那些不相对应的空间位所的凶败险恶的反应。正当动用音乐的时候,要精详地聆听那音声。懂得音声的人,就完全了解它所触及的事情的吉凶;不懂得音声的人,也就茫然无知了。音乐正是和乐状态所要宣泄的话语。无论占测远方还是占测近处,都应两相切合。日期时辰、世人姓氏与五音的配属关系,各自要划分出所在的界域;旺盛的王气和强壮的相气以及休退气和废弃气,递相要做择取而总体应合,把这作为和乐状态所要宣泄的话语,精通音乐的人聆听它们就不存在偏差了。"

"善哉善哉!请问以乐除灾害奸猾凶恶,象天地法为数①,帝当晏早而动摇其乐器②,而始唱其声③,以解除愁苦之气,而致太平哉!""善哉,子之问法,何其常巧也!皇天久疾灾害,怜帝王愁苦,令使真人主问凡疑事邪？诺诺,安坐,吾不敢有可匿也,匿之恐得天责,使吾久被重谪④,无益于吾天年。子安坐,详听之,为子一二分别道其至意⑤。

【注释】

①数：指次序,程式。

②晏早：早晚。即先后。

③唱：后作"倡",倡行,发起。

④谪：罪罚。

⑤一二：逐条逐项之意。

【译文】

"这太好了！这太好了！请求再询问一下：凭仗和乐去除掉灾殃祸害和奸猾凶恶的玩艺,效仿天地的法则作为具体的程式,人间帝王应当先后动用乐器,率先倡导那音乐,用来化除愁苦气而实现太平啊！""这可太好了！你们询问道法为什么总是那样地巧妙啊！皇天长期痛恨灾殃祸害在降现,哀怜帝王愁苦不堪,因而便专让真人负责询问一切疑难事吧？好好,你们稳稳坐定,我决不敢有那故意藏匿不传的东西啊！藏匿它们,我惟恐受到皇天的责问,使我长久遭到重重的罪罚,对我那天年没有任何益处。你们稳稳坐定,仔细加以聆听,我为你们逐条逐项地细作区分,讲说其中的最高意旨。

"夫天道,比若循环①,周而复始。起乐也,常以时加其王气建②,响斗所加③,方响其面④,动其音声。人唱之亦可,各以其音为之。数以六甲五行⑤,五六甲五行⑥,即天地之数也⑦。时气者⑧,即天地之所响,所兴为也。

【注释】

①循环:意为沿环形物体之轨道运转。本经卷五十二《胞胎阴阳规矩正行消恶图》云:"天道常在,不得丧亡,状如四时周反乡。"

②加:施加。建:指建位。本经卷一百二《经文部数所应诀》云:"建者,立也。"

③响斗所加:谓随同北斗星斗柄所指向的方位。

④方响其面:谓正朝那一方位。

⑤数:指序数。六甲:即甲子、甲戌、甲申、甲午、甲辰、甲寅。各为六旬之首。

⑥五六甲五行:意为五个六甲即三十同五个五行即二十五相加。换言之,将六甲五行即十一乘以五倍。其所得和数或积数俱为五十五,遂成下文所言"天地之数"。

⑦天地之数:天数包括一、三、五、七、九,相加所得和数则为二十五;地数包括二、四、六、八、十,相加所得和数则为三十;天数二十五与地数三十相加,所得和数则为五十五,是为天地之数。

⑧时气:谓时令节气的流转变化。

【译文】

"天道就像沿着环形物在旋转,转完一圈又重新开始。演奏音乐总要随顺时气施加到旺盛的王气正该建立起本位的那一刻,随同北斗星斗柄所指向的方位,正朝那一方位来兴作音乐,由人朝它歌唱也可以,各自要按与它相应的音调来进行。序数遵用六甲五行,六甲五行的五倍数,恰恰便是天地的和数。时气正属于天地所趋向和所要兴行施用的东西。

"假令立春之日①,斗加寅②,名为上帝之时③,先动大角,月半加甲④;二月斗加卯⑤,月半加乙⑥,三月加辰也⑦。他行效此⑧,各次其时气,晏早为其度数。先动帝音帝弦,次动王音王弦,次动相音相弦,次动候音候弦,次动徵音徵弦⑨,各如其数。此名为承天之教,顺地之气。天地乃自乐用之,而况于人乎?人者,最物之尊者⑩,天之所子也⑪。天乃乐人严敬用其数,地乃乐人谨顺用其数,此犹比若孝子之顺用父母之教,父母安得不爱而好之乎?

【注释】

①立春:二十四节气之一。在农历正月,在阳历二月三、四或五日。本经癸部《以自防却不祥法》云:"立春盛德在仁,气治少阳,王气转在东方,兴木行。其气弱而仁。"

②寅:地支第三位。属阳支。此处代表偏东北方和农历正月。《史记·律书》谓:"寅言万物始生蟥然也。"《释名·释天》云:"寅,演也,演生物也。"

③上帝:最尊严的帝气。

④甲:此处代表二十四节气中雨水那一天。雨水在农历正月,在阳历二月十九日前后。自此日则仍需动用大角音。

⑤卯:地支第四位。属阴支。此处代表代表东方和农历二月。依二十四节气的排序,当为惊蛰那一天。惊蛰在农历二月,在阳历三月五、六或七日。自此日则需改动中角音。《史记·律书》谓:"卯之为言茂也,言万物茂也。"《释名·释天》云:"卯,冒也,载冒土而出也。于《易》为《震》,二月之时,雷始震也。"

⑥乙:天干第二位。属阴干。此处代表二十四节气中春分那一天。春分在农历二月,在阳历三月二十或二十一日。自此日则仍需动用中角音。《史记·律书》谓:"乙者,言万物生轧轧也。"《释名·释天》云:"乙,轧也,自抽轧而出也。"

⑦辰:地支第五位。属阳支。此处代表东南方和农历三月。依二

十四节气的排序,当为清明那一天。清明在农历三月,在阳历四月四、五或六日。此日改动下角音。以上所云,乃系宣示春季依次动用木行角音的程式。参见本经卷一百十三《乐怒吉凶诀》所述。

⑧他行:指火行、土行、金行、水行。

⑨次动微音微弦:此六字中两"微"字俱当作"微"。形近而讹。前文有云:"其次动候气,其次动微气"。可证。

⑩"人者"二句:此系宣示人在自然界中所占据的地位和应起的作用。《老子·二十五章》谓:"道大,天大,地大,人亦大。域中有四大,而人居其一焉。"伪《古文尚书·泰誓》云:"惟天地,万物父母;惟人,万物之灵。"《素问·宝命全形论篇》曰:"天覆地载,万物悉备,莫贵于人。"《礼记·礼运》称:"人者,……五行之秀气也。"《孝经·圣治章》谓:"天地之性人为贵。"《风俗通义》称:"万类之中,唯人为贵。"本经卷五十《生物方诀》云:"故万物芸芸,命系天,根在地,用而安之者在人。凡物与天地为常,人为其王。"

⑪子:当成儿子做养育之意。

【译文】

"假设到了立春那一天,北斗星斗柄指到了农历正月所在的寅位,这被称作为最为尊贵的帝气建立起本位的时候,这时就要先动用大角音;经过半个月,推移到雨水这一天,仍然要动用大角音。到那农历二月,北斗星斗柄指到了卯位;经过半个月,又推移到春分这一天,在此过程中始终要动用中角音。到那农历三月,北斗星斗柄指到了辰位,就要动用下角音。木行既然像这样动用音乐,其他四行也都效仿这一准则,分别排列好时气,先后构成具体的程式。首先要动用与帝气相应合的音调调式,其次动用与王气相应合的音调调式,再次动用与相气相应合的音调调式,接下来动用与侯气相应合的音调调式,再接下来动用与微气相应合的音调调式,各自要符合音高弦律的规定。这被特称为承奉皇天的教令,顺从大地的时气。天地自身恰恰乐意遵用它们,更何况世人呢!世人属于万物中最尊贵的生物,更属于皇天当成儿子来养育的对象。皇天正喜欢世人郑重恭敬地承用它那既定的规则,大地正高兴世人谨慎恭顺地承用它那既定的规则,这也就好比孝子顺从遵用父母的教诲,父母怎能不喜爱他并好好地对待他呢?

　　"今天故使子来问事,吾主为天谈,为上太平制数①,不敢有可遣力②,畏天地之谪,不敢欺诸真人③,不敢有可隐匿也。唯不见问,问辄言之。吾睹真人问事□□④,承知天欲语,故为子具言。真人得吾道,深思其意,以付下古之人⑤,使其象而为之,以除群灾害之属⑥,上以安天地之气,下以助帝王为治,令凡人心安不为邪,万二千物各得其所⑦,岂不乐哉?""大哉大哉!""诸真人可谓知之矣。"

【注释】

①上:无以伦比之意。数:法度,法式。本经卷五十六至六十四《阙题》(三)称:"吾乃上为皇天陈道德,下为山川别度数,中为帝王设法度。"

②不敢有可遣力:此六字中"遣"当作"遗"。形近而讹。

③吾睹真人问事□□:此句原缺二字。

④诸真人:指跟随天师学道传道的六个弟子。合称六方真人或六端真人。据本经丁部《戒六子诀》所述:上为玄真真人,下为顺真真人,东为初真真人,南为太真真人,西为少真真人,北为幽真真人。其中一人名纯,其他五人则在本经中均佚其名。本经卷一百一《东壁图》绘有六名"受戒弟子"图像,或与六方真人相对应。

⑤下古:指夏商周以下的历史时期。此处实谓东汉当朝。

⑥以除群灾害之属：此七字中"群"字《太平经钞》作"辟"。

⑦万二千物：此系《太平经》编著者用术数推导出来的世界物种总数目。其中有二千物属于嘉瑞善物。其理据与"万二千国"相同，即一年为十二个月，扩大千倍即得此数。参见本经卷三十五《分别贫富法》、丁部《阙题》（四）、卷九十三《国不可胜数诀》所述。

【译文】

"如今皇天特意驱使你们前来询问事情，而我职在替天传布话语，专为第一等太平的盛世制定法式，决不敢有力量而不使出来，我害怕天地的责罚，决不敢欺哄众位真人，也不敢有那故意隐匿不传的东西啊！除非没碰到询问，一遇上询问就做讲说。我察看真人询问事情，随后也就明了这是皇天要宣达话语，所以就为你们详尽做讲说。真人获取到我这道法，深深思索其中的意旨，把它授付给下古时期的世人，让他们加以效法去实行，用来去除掉各种灾殃祸害之类的现象，往上安定住天地的时气，往下协助帝王形成大治，让一切人都内心安宁，不去干坏事，叫一万两千种生物都各得其所，难道还不会一片和乐吗？""这太盛大了呀！这太盛大了呀！""众位真人可以称得上明了这宗事体了。"

"请问六洞八方之事①，最何等者为吉善②，最何等者为凶恶？""善乎子之问事！然。详听之，为子说其意。最相顺相乐为善为吉，相逆相愁苦为凶为恶。相顺相乐为善声，相逆相愁苦为凶声。故乐者乃独乐相顺，乐为善，乐吉事，乃得作乐；凶恶事不得有乐，有乐名为乐凶，凶日多。是故时加帝王之气，相气、微气皆在天斗前，吉事也。天地所乐，欲兴起也；天地所共，方兴用也，故当乐之、顺之、昌之也。休废之气，天地所共废共衰，故当废之，不宜兴乐之，乐之为逆天地心，名为大逆，不顺时气。时气者，正天之时气也③。天地为法,王相之气主太平也,内废绝气立凶年④。王相之气多所生,多善事,故太平之岁,凡物具生,多善物⑤,是明证也,天地之大效也。天地之喜善,效乃及见于人民万物,以是为大效证验也。

【注释】

①六洞:犹言六极。即上下四方。

②最何等:意为顶数什么。

③正天:正大的皇天。

④内:"纳"的古字。接纳,容纳。立:人为造成之意。

⑤善物:指自身生命力天然便极强的动植物。参见本经卷三十五《分别贫富法》所述。

【译文】

"请求再询问一下:通透至极的六面八方的事情,要数什么是那最为吉祥美好的呢? 又数什么是那最为凶败险恶的呢?""你们询问事情简直太好了! 好的。你们仔细来聆听,为你们讲说其中的意旨。要数彼此顺从而相互和乐是那最为吉祥美好的事情,要数彼此违逆而相互愁苦是那最为凶败险恶的事情。彼此顺从而相互和乐,就构成吉善的音乐;彼此违逆而相互愁苦,就构成凶败的音乐。所以音乐恰恰去让彼此顺从而倍感欢乐,去让做善事而倍感欢乐,去让吉祥事而倍感欢乐,这才可以动用音乐;对那凶败险恶的事情,决不能动用音乐,动用的话,就被称作让凶败事倍感欢乐,而凶败事就一天比一天增多。所以时气施加到最尊贵的帝气和旺盛的王气,强壮的相气以及处于孕育滋生状态的微气,全都处在北斗星斗柄由东向西依次旋转所对准的前列空间方位上,属于吉祥事。不仅成为天地所喜欢的对象,想叫它们日益兴起;而且成为天地所共同执持的目标,正要对它们兴行施用,因而应去叫它们倍感欢乐,顺从它们并让它们昌盛起来啊! 处于休退废弃状态的时气,纯属天地所共同废弃并叫它们衰落下去的对象,因而应去废弃它们,不该兴起它们而让它们倍感欢乐,让它们倍感欢乐便是直接违逆天地的心意,这被称作大逆,拒不顺从时气。时气实属正大皇天的时气啊! 天地构成它那法则,在于旺盛的王气和强壮的相气执持着太平景象,容纳废弃和死亡的时气也就人为地制造出饥荒年来。旺盛的王气和强壮的相气所能化生的动植物数量众多,带来的吉善事也数量众多,因而在太平的岁月里,万物全都生长出来,罕见的和生命力极强的生物也数量众多,这正构成了那显著的证明和天地的突出效验啊! 天地喜爱美好的东西,效验就在人民和万物身上显示出来,所以便要把这作为突出的效验和证明啊!

　　"故古者圣贤,以是深自占相①,自知行之得失也。明以同类、同事、同气占相之也②,得同气类之象③,则改性易行,不敢为非也。天地之语言④,以此为效,不与人交头言也。视象类所得,可自知矣。夫囚废死绝气少所生,无成善事,是故凶年之岁,少可生,无善应⑤,无善物,是其同事同气也。是故将太平者,得具作乐⑥,乐者乃顺乐王气,平气至也,先以道之⑦。凶年者,不得作乐,不得无故兴乐囚废之气,与天地反逆,故凶年凶事,不得作乐也。故王相之气,德所居也;囚废之气,刑所居也。故有德好生之君,天使其得作乐⑧;无德之君,不得作乐也。是天之明证也,真人知之邪?"

【注释】

①占相:占测察验。

②同事:谓善恶事体各归其类,前后相同。本经卷五十《天文记诀》
云:"歌音声事事同,所谓大周、中周、小周法也。"

③象：证象，法象。

④语言：指向世人宣讲的话语。

⑤善应：谓自然界和全社会做出的吉祥美好的反应。包括颂声四起在内。

⑥具：谓配齐乐器并成套演奏。作乐：动用音乐之意。

⑦道：通"导"，疏导。

⑧作乐：创制音乐之意。此系本于儒家太平乃制礼作乐论而为说。《白虎通义·礼乐》云："太平乃制礼作乐何？夫礼乐，所以防奢淫，天下人民饥寒，何乐之乎？功成作乐，治定制礼。乐言作，礼言制何？乐者，阳也，阳倡始，故言作。礼者，阴也，阴制度于阳，故言制。乐象阳，礼法阴也。"

【译文】

"所以古代的圣贤依据这种效验和证明自行深深地去做占测察验，也就自行认识到本身行为的得失了。既已明了用那同一类属、同一事体，同一时气去做占测察验，获取到同类时气的证象，随即便改变心性，调整行为，不敢再做出错误的事情了。天地要向世人宣讲的话语，正把这作为效验，并不和世人面对面交谈。察视同类证象所得到的结果，也就可以自行闹清楚该怎么办了。处于困囚、废弃、死亡状态的时气，所能化生的动植物数量极少，没有一桩会成就的吉善事，因而在饥荒年的岁月里，本该正常生长的动植物却少得可怜，压根就没有美好吉祥的兆应，也没有罕见的和生命力极强的生物，这正表明它那事体相同、时气一样。因而眼看就要天下太平，那就完全有理由配齐乐器并成套去动用音乐，这正属于顺从旺盛的王气并叫它倍感欢乐，标志着太平气即将降临，先去疏导它。在饥荒年里，绝对没有理由去动用音乐，不允许无故去兴起那处于困囚、废弃状态的时气而让它们倍感欢乐，竟与天地对着干，所以面临凶荒和凶败事，绝对没有理由对它们动用音乐啊！因而旺盛的王气和强壮的相气，恰恰构成阳德所在的地方；处于困囚和废弃状态的时气,恰恰构成阴刑所在的处所。所以具有道德而喜好施生的君主,皇天叫他有资格创制音乐;而不具备道德的君主,压根就没资格创制音乐,这正形成了皇天的明显证验,真人弄清这种情况了吗?"

故凶岁少善应①。故将太平者,具乐者当顺王气。凶年无故不可作乐囚废气,与天地反逆,故凶也。王气,德所居也;囚废,刑所居也。

【注释】

①"故凶岁"句:自此以下整节文字乃系《合校》本附存的以资参考的《太平经钞》钞文。

【译文】

所以饥荒年就绝少出现美好吉祥的兆应。因而眼看天下要太平了,配齐乐器并成套去动用音乐就应随顺旺盛的王气。饥荒年不允许无故动用音乐而让处于困囚废弃状态的时气倍感欢乐,竟与天地对着干,所以就结果凶险。旺盛的王气恰恰构成阳德所在的地方,而处于困囚废弃状态的时气恰恰构成阴刑所在的处所。

"唯唯。可恢哉①!今日具问天明师,乃具知天乐意。不问之时,谓作乐但小事,凡人凡事皆得为之也。今日问,乃后不敢妄动摇也。""善哉晓事生,可谓知文书理,长得天之意矣。太平至,灾气悉去矣。""谨复重请问心所疑。""行,平言勿讳也。""唯唯。今天地之气,乃半王半休②,比若昼夜,无有解已,乐宁可竟日作之邪?独加王乡有王气时可作邪③?""但始作之时,以其帝王始耳,无以休气始也。岁亦然,月亦然,日亦然,时亦然④。"

【注释】

①恔(hài):愁苦。

②半王半休:谓春季木行少阳气、夏季火行太阳气、秋季金行少阴气、冬季水行太阴气轮流占据统治地位和休退状态。本经乙部《行道有优劣法》云:"春王当温,夏王当暑,秋王当凉,冬王当寒。"又卷六十五《兴衰由人诀》云:"今天乃自有四时之气,地自有五行之位,其王、相、休、囚、废,自有时。"

③王乡:谓北斗星斗柄指向的标志王气之所在的位所。

④时:指一日中的时辰。凡十二时,即:夜半、鸡鸣、平旦、日出、食时、隅中、日中、日映、晡时、日入、黄昏、人定。每一时段相当于现代时二小时。

【译文】

"是是,这太让人感到愁苦了。今日特向皇天明师详细做询问,才详细了解到皇天要让什么事物倍感欢乐的意旨。在未做询问以前,还只认为动用音乐纯属小事一桩,任何人与任何事都可以随便去吹拉弹唱。今天经过询问,日后就不敢胡乱去动用了。""真是太好了!你们这些懂得事理的徒弟可以称得上闹清了书文的义理,深长地获取到了皇天的心意。天下太平的局面眼看就来到了,灾害气全部离去了。""恭谨地请求再询问一宗内心疑惑的事项。""近前来,只管慢慢讲,不要有什么忌讳。""是是。如今天地的时气,原本就各占一半地依次处在旺盛或休退的状态,这种状态如同白天和黑夜,没有分离和停止的时候。而那音乐可以整天都去动用吗?还是惟独在北斗星斗柄指向王气占据的位所而有王气时才可以动用呢?""只不过在开始动用的时候,要随顺最尊贵的帝气和旺盛的王气来起头,切莫依从那休退气来起头啊!在各个年份里要像这样做处理,在各个月份里也要像这样做处理,在各个日子里还要像这样做处理,在各个时辰里仍要像这样做处理。"

　　"今愚生未及其意。""然。欲乐岁,岁在东方卯①,以春二月乃乐之②;欲乐月,各加其月③;日者以王日④,时者以王时⑤。如是,则可谓得天之道,灾气去矣。如不若此,皆为乱天之纪,生凶灾矣。是故古者圣王深知天地心意,不敢乐凶事。凶事见乐,则凶事日兴多,兴多不可救,故不当乐之也。天之授性⑥,各自有精神。乐善,善精神至⑦;乐恶,恶精神至⑧。此自然之性也,无有怪也,但愚人不深计之耳。""善哉善哉!"

【注释】

①岁:指岁星。即木星。《史记·天官书》云:"岁星出东,行十二度,百日而止,反逆行,逆行八度,百日复东行。岁行三十度十六分度之七,率日行十二分度之一,十二岁而周天。出常东方以晨,入于西方用昏,单阏岁。"唐司马贞索隐:"在卯也。岁星二月,晨出东方。"《尔雅》云:"卯为单阏。"《乐纬动声仪》称:"角音和调,则岁星常应。"

②春二月:即仲春之月。《吕氏春秋·十二纪》、《礼记·月令》、《淮南子·时则训》俱云:"其音角,律中夹钟。……是月也,日夜分,雷乃发声始电,蛰虫咸动。"

③各加其月:意为适值月建而动用音乐。

④王日:王气所在的日子。指春季寅日、秋季申日之类。属吉日。因其据正位,有帝王之象,故称王日。

⑤王时:指早晨、正午、黄昏以前。《素问·金匮真言论》云:"阴中有阴,阳中有阳。平旦至日中,天之阳,阳中之阳也。日中至黄

昏,天之阳,阳中之阴也。合夜至鸡鸣,天之阴,阴中之阴也。鸡鸣至平旦,天之阴,阴中之阳也。"《灵枢·顺气一日分为四时》云:"春生夏长,秋收冬藏,是气之常也,人亦应之。以一日分为四时,朝则为春,日中为夏,日入为秋,夜半为冬。朝则人气始生,病气衰,故旦慧。日中人气长,长则胜邪,故昼安。夕则人气始衰,邪气始生,故加夜半,人气入藏,邪气独居于身,故甚也。"本经壬部称:"天有四时三部,朝主生,昼主养,暮主施。"

⑥授性:赋予万物体性之意。

⑦善精神:指驱人为善并使人蒙获善报的精灵与神灵。本经癸部《盛身却灾法》谓:"千二百二十善神为其使,进退司候,万神为其民,皆随人盛衰。此天地常理。"

⑧恶精神:指驱人作恶并使人蒙获恶报的精灵与神灵。即凶神恶鬼。本经卷一百十二《七十二色死尸诫》谓:"天知其恶,故使凶神精鬼物待之。"又卷一百十《大功益年书出岁月戒》云:"而反为恶,故使主恶之鬼久随之不解。"

【译文】

"如今愚昧的弟子还没闹清其中的要意。""好的。打算动用音乐去让年份倍感欢乐,而适逢岁星正停留在东方的卯位坐标上,那就在春季农历二月去动用音乐而使它倍感欢乐。打算动用音乐去让月份倍感欢乐,那就各自在北斗星斗柄刚刚指向该月所在方位坐标时去动用音乐;至于日子,要在春季寅日之类的王日;时辰,要在早晨或正午。像这样去动用音乐,也就可以称得上获取到了皇天的道法,灾害气就离去了。如果不像这样去做,全都属于搅乱皇天的纲纪,也就引出凶殃灾祸来了。因此古代的圣明帝王深深了解天地的心意,决不敢去让那凶败事倍感欢乐。凶败事倍感欢乐,它们就一天比一天兴起增多;一兴起增多,也就没办法挽救了,所以不应叫那凶败事倍感欢乐,皇天赋予给万物体性,各自具有精灵与神灵。使那美好的事物倍感欢乐,美好事物的精灵与神灵就会来到;让那险恶的事物倍感欢乐,险恶事物的精灵与神灵就会降临。这正形成原本就那样的本性,没有什么值得大惊小怪的,只不过愚昧的人不能深长地计虑到这种本性和表现罢了。""这太好了!这太好了!"

　　"真人欲知其大效,此比若天道也,诸清净者乐归天①,诸沈重者乐归地②,各从其家③,无可非也。故乐善得善,乐凶得凶,比若水从下,火从高,不失铢分④。真人以此书付有德之君,以示凡人。今太平气至,天兴善,皆使乐善也,不得复有无故乐凶事者也。乐凶事者,乃与天为仇,与地为咎⑤,其过不除。今天上名此乐凶事者为大反逆之人也。天凶气、地中诸咎悉且来下归之也⑥。"

【注释】

①清净者:指轻清纯净的物体。天由轻清之气凝成,而清净物属阳,故言其"乐归天"。

②沈重者:指沉重污浊的物体。地由浊重之气凝成,而沉重物属阴,故言其"乐归地"。本经乙部《以乐却灾法》谓:"故清者著天,浊者著地。"

③家:喻指范围和类别。

④不失铢分:犹言不差毫厘。铢、分均为重量单位。十二粟为一分,十二分为一铢,十二铢为半两。

⑤为咎:结下憎恨之意。咎,憎恨。

⑥诸咎:指各种殃害。咎,殃害,祸患。

【译文】

"真人打算了解那最为显著的效验,这也就如同皇天的道法,各种轻清纯净的物体都乐意往上归属皇天,而一切沉重污浊的物体都乐意往下归属大地,源于各自依从自身的范围和类别,没有什么可以责怪的。所以去让美好的事物倍感欢乐,也就获得美好的结果;去让凶败的事物倍感欢乐,也就获得凶败的下场。这也正像水往低处流,火往高处窜,不差一丝一毫。真人把这篇书文付归给具有道德的君主,再亮给世人观看。如今太平气来到了,皇天要兴行美好的事物,叫世人都去让美好的事物倍感欢乐,不能再有人无故去让凶败事倍感欢乐。让凶败事倍感欢乐的人,正与皇天构成仇怨,同大地结下憎恨,他那罪过死有余辜。如今天上特把这种让凶败事倍感欢乐的人称作极为反逆的人,皇天的凶败气和地下的各种害人鬼物全都降临下来,缠附在他们的身上。"

"请问卒有急①,当以乐乐吉事,时不暇待加王乡斗前,当奈何哉?""善乎!子之问事也,得其要意。然。使乐人居王乡②。不得居王乡者③,令乐人众人,亦向王请之④,亦以其音,亦以其数。如但其人姓字,举持律历音气相应⑤,亦可顺其王相时气,而依其人使作乐,亦可如此。如此者皆为顺用天地之教令,无灾害也。如不若此,有与凶囚气合者,悉生凶事。

【注释】

①卒:后多作"猝",猛然,突然。

②乐人:又称乐工、乐伎。指以歌舞演奏为社会职业的人。居王乡:谓置身于测定的王气所在处所。

③不得居王乡者:意谓安排场地存在困难。

④向王:面朝王气方所之意。

⑤律历:乐律和历法。二者在古代尤显关系紧密,交相为用,即律以候气,历以治时,以律起历,以历明律。故常并称。正史中由《汉书》始立《律历志》,《晋书》、《魏书》、《隋书》均沿而不改。

【译文】

"请求再询问一下:突然遇到了紧急情况,应当动用音乐去使吉祥事倍感欢乐,可时段却来不及等到北斗星斗柄指向王气所在的方位坐标上,这可该去怎么办呢?""你们询问事情真是太好了! 获取到了其中的意旨。好的,这要让演奏音乐的人置身在测定的王气所在的处所;如果安排这样的场地存在困难,也要让演奏音乐的人和所有的参加者面朝王气所在的方位做乞请;而音调也按既定的配属规则和程式来展开。如果只考虑主办者的姓名,经过对照乐律和历法,恰恰音调和时气都与姓名相应合,也可以随顺那处于旺盛和强壮状态的时气,依从主办者姓名的归属来动用音乐,这样处理也不妨事。照以上方式去做,就都属于顺从承用天地的教令,不会招来灾殃祸害。如果不照以上方式去做,出现了同那凶害凶禁气相应合的情况,就都会引出凶败事来。

"又举音倡乐,亦当以吉,吉音善事。夫王相气,比若人之有君王,亦不欲听闻凶事、凶言、凶音也。所以然者,王相之气乃为皇天主生,主成善事,乃而助天生成也。恶音凶事,不而助天生成凡物,是故王气不欲乐闻之也,斗前之气皆不欲乐闻之也。是故古者圣贤帝王,悉积聚善言善事,不内凶恶之事。名为妖言①,罪即诛死。其罪未足以诛死,但恶其妖言不祥耳,故杀之也。真人岂知此禁重邪?""唯唯。可恔哉! 可恔哉!""子知早恔,可长存;不知恔,死之根也。

【注释】

①妖言:秦汉时罪名之一。指蛊惑人心的言论。如自称当为天子之类。

【译文】

"再有就是,动用音乐来倡导和乐,也应依随吉祥去布置,构成动听音乐和美好事物的组合体。旺盛的王气和强壮的相气好比世人拥有的君主,君主也不高兴听那凶败事、凶败话和凶败的音乐啊!之所以如此,是因为旺盛的王气和强壮的相气正为皇天负责化生,负责成就吉善的事项,于是才能协助皇天来化生与成就啊!刺耳的音乐和凶败的事项不能协助皇天化生与成就万物,因而旺盛的王气并不高兴听到它们,处在北斗星斗柄所指向的前列空间方位内的时气也都不高兴听到它们。所以古代圣明贤能的帝王全都聚集美好的言论和吉善的事情,决不容纳凶败险恶的事情。有谁被认定在散布蛊惑人心的言论,按罪名就判处死刑。其实他那罪过尚未达到判处死刑的严重地步,只因憎恶他那蛊惑人心的言论太不吉祥罢了,所以就杀死他了。真人恐怕明白这种禁戒很重了吧?""是是。这太让人感到愁苦了!这太让人感到愁苦了!""你们早早就懂得愁苦,便会长存;不懂得愁苦,恰恰就铺下了死亡的根源啊!"

"一曰先顺乐、动天地四时帝气,一事加三倍以乐天①,令天大悦喜,帝王老寿,妖恶灭,天灾害悉除去,太阳气不战怒,国界安②。而知常先动顺乐之者,天道为之兴,真神为之出③,幽隐穴居之人④,皆乐来助正也⑤,□□哉⑥!

【注释】

①三倍:指扩大乐舞规模和表现力的比例数。之所以如此,乃系兼

容并包天、地、人，而且表明天则驾驭地与人。详下文所述。

②国界：谓国家整个辖区。

③真神：指天界诸神。本经卷三十五《分别贫富法》云："天者最神，故真神出助其化也。"又卷五十《丹明耀御邪诀》谓："天上文书，与真神吏相应，故事效也。"

④幽隐穴居之人：指身怀道术的隐士。穴居：营窟而居。属于原始居住方式。形容其隐遁之深。

⑤正：通"政"，国政。

⑥□□哉：此句原缺二字。

【译文】

"第一条叫做先去顺从并引动天地四时的最尊贵的帝气而使它大为欢乐，专为一宗事动用音乐就要扩大三倍的动用规模来让皇天感到欢乐，致使皇天非常喜悦，人间帝王长寿，邪僻奸恶灭绝掉，天灾祸害全部消除离去，最旺盛的阳气不发怒争斗，国家辖区内一片安宁。确能了解并掌握最先总去引动、顺从最尊贵的帝气而使它大为欢乐的人，天道就为他兴行，真神就为他降现，身怀道术的隐士就都高兴前来辅助国政啊！

"二曰先顺乐、动天地四时王气，再倍以乐地①，地气大悦不战怒，令王者寿，奸猾盗贼兵革消，国界兴善。下悉乐承顺其上，中贤悉出助国治②，地神顺养。□□哉③！

【注释】

①再倍：亦指扩大乐舞规模和表现力的比例数。之所以如此，乃系源于地与人并居，而且表明地则低天一等。详下文所述。

②中贤：意为其中的贤士。

③□□哉：此句原缺二字。

【译文】

"第二条叫做先去顺从并引动天地四时的旺盛王气而使它大为欢乐,就要扩大两倍的音乐动用规模来让大地感到欢乐。地气非常喜悦而不发怒争斗,就使帝王长寿,叫那奸猾的歹徒和盗贼以及战争消除掉,国家辖区内兴行起吉善的事情。下面的人全都乐意承奉顺从上面的人,其中的贤士全都涌现出来,协助国家施行治理,地神也顺从皇天去养护万物。

"三曰先顺乐、动相气微气,令中和之气大悦喜^①,君臣人民顺谨,各保其处,则侫伪盗贼不作,境界保。故和气日兴,王气生凡物好善^②。

【注释】

①中和之气:由天之太阳气同地之太阴气交合而成之气。即人间气。本经乙部《和三气兴帝王法》云:"阴阳者,要在中和。中和气得,万物滋生,人民和调,王治太平。"

②好善:谓枝叶茂盛,果实丰硕。

【译文】

"第三条叫做先去顺从并引动强壮的相气和处于孕育滋生状态的微气而使它们大为欢乐,致使中和气非常喜悦,君主和臣僚以及众百姓顺适又谨慎,各自履行好本身的天然职守,奸巧虚伪的家伙和盗贼就不冒出来,国家辖区得以保守住。所以中和气便一天比一天兴盛,旺盛的王气化生万物就枝叶茂盛,果实丰硕。

"四曰慎无动乐死破之气,致剧盗贼^①,又多卒死者^②,国界常危难安,致邪气鬼物甚多^③,为害甚剧,剧则名为乱扰,极阴之气致返逆④,慎之慎之。

【注释】

①剧盗贼:即大盗、巨盗。指进行偷盗抢劫活动猖獗乃至武装造反的人。

②卒死:犹言暴亡。

③邪气鬼物:播布邪恶的气流和戕害世人的鬼怪。本经卷七十二《不用大言无效诀》称:"夫天地之间,时时有是暴鬼邪物凶殃尸咎杀客。当其来著人时,比如刀兵弓弩之矢毒,著人身矣。所著疾痛不可忍,其大暴剧者,嘘不及喻,倚不及立,身为暴狂。"

④极阴之气:达到顶点的克杀阴气。

【译文】

"第四条叫做切莫引动处于死亡破败状态的时气而让它们大为欢乐,这样就招来横冲直撞的盗贼,暴亡的人也数量众多,国家辖区内经常出现危急局势而难以安定下来;招来的邪气和鬼物也特别多,造成的祸害更异常严重,一严重就被称作胡乱搅扰,达到顶点的克杀阴气便形成反逆,对此要多加小心啊多加小心。

"五曰无动乐囚废之气,多致盗贼,囚徒狱事刑罪纷纷①,甚难安。民相残伤,致多痼病之人②。

【注释】

①狱事:指诉讼审判之事。

②痼病:久治不愈的顽症。

【译文】

"第五条叫做切莫引动处于困囚和废弃状态的时气而让它们大为

欢乐,这样就招来众多的盗贼,导致囚犯和审理案件、用刑判罪一桩连一桩,极难安稳下来。众百姓相互残伤,造成很多顽症不离身的人。

"六曰无动乐衰休之气,令致多衰病人,又生偷猾人相欺①,多邪口舌②,国界少财,民多贫困。

【注释】

①偷猾人:奸诈狡猾的人。

②邪口舌:指各种邪僻的谣言。

【译文】

"第六条叫做切莫引动处于衰落休退状态的时气而让它们大为欢乐,这样就造成很多衰弱患病的人,还会产生出奸诈狡猾的人相互欺骗,各种邪僻的谣言四处传播,国家辖区内缺少财物,众百姓大多贫困。

"乐上帝、上王、相微气三部,今天地人悦①,致时泽②,灾害之属除去,名为顺天地人善气也③,致善事。乐下三部死破、囚、休衰之气④,致逆,灾天时雨,邪害甚众多,不可禁防也。此诸废气动摇乐之,则致恶气大发泄⑤,贤儒藏匿,县官失政⑥,民臣难治,多事纷纷,不可不戒之慎之也。

【注释】

①今天地人悦:据上下文意,此五字中"今"当作"令"。形近而讹。

②时泽:指应时而至的雨水。汉代谶纬有八风三十六雨的说法。
　详见《春秋说题辞》所述。

③善气:吉善之气。参阅本经己部《东壁图》所绘者。

④下三部:意为应予弃置的三大界域。其与上文所言"三部"合计

上下六部,共列十气,系对五行休王说和八卦休王说的糅合与改造。五行休王说认为,五行之气在一年内流转,迭有变化。春则木王、火相、水休(表示休退)、金囚(表示困囚)、土死;夏则火王、土相、木休、水囚、金死;六月则土王、金相、火休、木囚、水死;秋则金王、水相、土休、火囚、木死;冬则水王、木相、金休、土囚、火死。其理论根据则为五行迭相生而间相胜。八卦休王说由五行休王说推衍而来,其以艮卦居东北,主立春;以震卦居正东,主春分;以巽卦居东南,主立夏;以离卦居正南,主夏至;以坤卦居西南,主立秋;以兑卦居正西,主秋分;以乾卦居西北,主立冬;以坎卦居正北,主冬至。每卦依节气用事四十五日,其间变化表现为,立春则艮王、震相、巽胎(表示孕育新生)、离没(表示没落)、坤死、兑囚、乾废(表示废弃)、坎休。余可依次类推。此处所言“帝气”,由王气分离出来。所言“微气”,相当于胎气;所言“衰气”,相当于没气;所言“破气”,与死气略同。诸气之象征对象,详见本经乙部《行道有优劣法》和卷六十九《天谶支干相配法》所述。

⑤恶气:险恶之气。参阅本经己部《西壁图》所绘者。

⑥县官:汉称天子为县官。

【译文】

“去让最为尊贵的帝气、位居前列的王气、强壮的相气和处于孕育滋生状态的微气这三大界域的时气大为欢乐,致使天、地、人都特喜悦,招来应时而至的雨水滋润,灾殃祸害之类的现象全部消除,这被称作顺从天、地、人的吉善时气,招来吉善的事情。相反却偏要去让应予弃置的三大界域内的死亡破败气、困囚气、休退衰落气大为欢乐,就造成反递,破坏皇天按时降下的雨水,邪恶现象和祸害涌现得特别多,简直没办法加以禁遏与防备啊!这些废弃气受到引动而大为欢乐,就使凶恶气猛烈地发泄出来,贤人儒士避世隐居,天子无法理顺朝政,众百姓和臣僚都很难治理,各种事件层出不穷,对此决不能不引为大戒而慎重对待啊!

"天地凡事,有固常法。有气之乡而向尊者^①,欲见乐;无气之乡衰死者,不宜见乐。故乐善者,天上名为顺政;乐恶者,天上名为逆令。顺政者得天力^②,逆令者得天贼^③,得天力者致寿,得天贼者致凶咎。所以然者,天之为政犹影响^④,不夺人所安^⑤。乐善得善,乐恶得恶,是复何言! 夫善恶安危,各从其类,亦不失也,但愚人不计之耳。是故乐道者,道来聚;乐德者,德来聚;乐武者,武来聚;乐正者^⑥,正来聚;乐邪者,邪来聚:何尝不若此乎? 故吾深计天之法,以戒真人也,□□哉^⑦! 天法不可犯也,故重丁宁子^⑧。""唯唯。"

【注释】

①向:指方位。

②天力:谓皇天的佑护辅助。

③天贼:谓皇天的伤残克杀。

④影响:如影随形,如声回应。谓其做出的反应极为迅速准确。

⑤所安:谓所认定的,所采取的。

⑥正:纯正。

⑦□□哉:此句原缺二字。

⑧丁宁:即叮咛。再三嘱告。

【译文】

"天地和一切事情都有固定不变的法则。充满生气而空间坐标处于尊贵区域的位所,希望被引动而大为欢乐;没有生气而空间坐标处于衰落死亡范围的位所,不应叫它受到引动而大为欢乐。所以要让美好的事物大为欢乐,天上把这称为顺从天政;相反却让邪恶的事物大为欢乐,天上把这称为违背教令。顺从天政的人,就获取到皇天的佑护辅助;违背教令的人,就遭受到皇天的伤残克杀。获取到皇天佑护辅助的人,就尽享长寿;遭受到皇天伤残克杀的人,就凶殃祸害临头。之所以如此,是因为皇天施政就像身影追随身形、回音应和本声那样迅速准确,决不违背世人所认定的行动。让那美好的事物大为欢乐,就获得美好的结果;叫那邪恶的事物大为欢乐,就获得险恶的下场。这还用再去讲论什么吗? 美好与险恶,安全与危亡,分别依从它们自身的类属,也不会出现偏差啊! 只不过愚昧的人对此不细加思忖罢了。因而使真道大为欢乐的,真道就前来聚集;使真德大为欢乐的,真德就前来聚集;使武力大为欢乐的,武力就前来聚集;使正直大为欢乐的,正直就前来聚集;使奸邪大为欢乐的,奸邪就前来聚集:其中曾有哪一种事项不像这样呢? 所以我深深思量皇天的法则,用来告诫真人哪! 皇天的法则决不可违犯,因而又再三地嘱咐你们。""是是。"

"所以三倍帝气乐贤者,帝气最尊无上,象天尊,故倍乐之。天者而制御地与人①,故三倍之,象天地人也。夫天地人见乐兴理,而万物各得其所,瑞应善物万二千②,为其具出矣,故先乐之也。乐之当详听一意,端坐长思,心中悦喜,愉愉然也。忠信至诚③,无有恶意,比若对帝王而坐,不敢邪僻。天应其行,妖恶灾害之属莫不悉去。因天为尊,因帝气为权④,自然天述法⑤,故致太平不难也。""善哉善哉!"

【注释】

①制御:驾驭,控制。

②瑞应:吉祥的兆应。如凤凰至、芝草生、甘露降、醴泉出之类。汉

刘歆《西京杂记》卷三谓:"瑞者,宝也,信也。天以宝为信,应人之德,故曰瑞应。"本经卷一百八《瑞议训诀》称:"瑞者,清也,静也,端也,正也,专也,一也,心与天地同,不犯时令也。"

③至诚:指极其真挚诚恳的心意和行动。本经卷九十六《忍辱象天地至诚与神相应大戒》云:"夫至诚者名为至诚,乃言其上视天而行,象天道可为;俯视地而行,象地德而移。"

④权:权量,衡量。指做出相应的处断。

⑤述法:演示法则之意。

【译文】

"之所以要对帝气动用三倍的音乐规模而使贤人大为欢乐,原因在于帝气至尊无上,代表着皇天的尊贵地位,所以就加倍使它大为欢乐。皇天驾驭着大地和世人,因而就要动用三倍的音乐规模,特意象征天、地、人哪! 天、地、人蒙获欢乐而去兴起治理,万物就各得其所,吉祥的兆应和生命力极强的动植物物以及所有的一万两千种生物,就为它们全部显现和生长出来了,所以要先去让帝气大为欢乐啊! 而让帝气大为欢乐,应当仔细聆听,高度集中注意力,端庄地坐定,深长地思索,心中喜悦,感到一片欢愉欣慰啊! 忠正信实,极为恳切,丝毫没有邪恶的念头,就像面对人间帝王坐定而不敢邪僻。皇天对这种行为作出回应,邪僻奸恶与灾殃祸害之类的现象就没有一种不都消除了。依凭皇天构成尊贵,借助帝气做出相应的处断,皇天在自然而然地演示法则,因而实现太平并不难哪!""这太好了! 这太好了!"

"所以再倍王气乐弦者,王气象地,地者与人并居,故再倍其乐,乐地也。地与人见乐悦喜,而万物并理得矣。又地者卑,故其乐少于天也。""善哉善哉!""又王气弱于帝气,卑于帝气为一等,故少之也。尊卑相次之法,其分自然也①。"

"善哉善哉!"

【注释】

①分:区别。

【译文】

"之所以要对王气动用两倍的音乐规模,原因在于王气代表着大地,大地与世人处在一起,所以就要动用两倍的音乐规模而让大地大为欢乐啊!大地与世人蒙获欢乐而深感喜悦,万物就得到它们的共同治理了。再者说来,大地地位卑下,因而对它动用的音乐规模就比皇天要少呀!""这太好了! 这太好了!""王气又比帝气势弱,要比帝气低一等,所以就叫它少一倍啊! 尊卑递次排列的法则,自然就形成了这种区别啊!""这太好了! 这太好了!"

所以三倍帝气乐弦者①,帝气最尊无上,象天尊,故倍乐之。万二千物俱生,善气悉应。所以再乐相气乐弦者②,相气象地,地与人并居,故再倍其乐地,地也与人并人见,皆悦喜,而万物并理。

【注释】

①"所以"句:自此以下整节文字乃系《合校》本附存的以资参考的《太平经钞》钞文。

②再乐相气乐弦者:据上下文意,此七字中"相"字显为"王"字之讹。应径改。

【译文】

之所以要对帝气动用三倍的音乐规模,原因在于帝气至尊无上,代表着皇天的尊贵地位,所以就加倍让它大为欢乐。于是一万二千种生物就全部生长出来,吉善气也都做出回应来。之所以要对强壮的相气动用两倍的音乐规模,原因在于强壮的相气代表着大地,大地与世人处在一起,所以就要动用两倍的音乐规模而让大地大为欢乐,大地与世人连在一起蒙获欢乐,就全都喜悦,而万物就得到它们的共同治理了。

　　"所以乐相气微气一行者①,相气微气象中和人。夫中和人卑于天地,故其乐少。人者,主为天地理万物,人乐则悦喜为善,为善则万物理矣;人不乐则为恶,为恶则万物凶矣。""善哉善哉!""又人者,是中和万物之长也。其长悦喜理,则其万物事理;其长乱,则其物乱。故先乐其长,以顺乐天地人之道也。""善哉善哉!"

【注释】

①一行:意谓仅动用一遍音乐。

【译文】

　　"之所以动用一遍音乐而让强壮的相气和处于孕育滋生状态的微气大为欢乐,原因在于相气和微气代表着世上的人类。世上的人类比天地地位低下,所以对他们动用的音乐规模就少。世人职在为天地整治万物,世人欢乐就高兴做善事,做善事就万物得到整治了;世人不欢乐就去干坏事,干坏事万物就凶险了。""这太好了! 这太好了!""再者说来,人是世上万物的主宰,作为它们的主宰很高兴去整治它们,万物的事情也就得到整治了。作为它们的主宰却自身混乱起来了,万物也就跟着混乱了。所以要先去让万物的主宰大为欢乐,用来去顺从天、地、人的道法而使它大为欢乐啊!""这太好了! 这太好了!"

　　"是故上善之气最尊善,故乐得三重也,以乐善也。是故古者帝王治得善,得天心意者,得重乐也^①,是其明证也。今太平气至,故教其兴乐也。衰乱之年应凶年,故不得兴乐,如兴乐,名为兴乐凶衰,天上名之为大逆也,灾害之本,祸之所从起,可不慎乎?""善哉善哉!"

【注释】

①重(chóng)乐:指规模盛大的乐舞。东汉以前盛行"六乐"即六代古乐之说,盖为此处所本。《周礼·春官·大司乐》云:"以乐舞教国子,舞《云门》、《大卷》、《大咸》、《大磬》、《大夏》、《大濩》、《大武》。以六律、六同、五声、八音、六舞大合乐,以致鬼神祇,以和邦国,以谐万民,以安宾客,以说远人,以作动物。"汉代《乐纬》称:"黄帝之乐曰《咸池》,颛顼曰《六茎》,帝喾曰《五英》,尧曰《大章》,舜曰《箫韶》,禹曰《大夏》,殷曰《大濩》,周曰《勺》,又曰《大武》。"《白虎通义·礼乐》谓:"黄帝曰《咸池》者,言大施天下之道而行之,天之所生,地之所载,咸蒙德施也。颛顼曰《六茎》者,言和律历,以调阴阳,茎者著万物也。帝喾曰《五英》者,言能调和五声,以养万物,调其英华也。尧曰《大章》,大明天地人之道也。舜曰《箫韶》者,舜能继尧之道也。禹曰《大夏》者,言禹能顺二圣之道而行之,故曰《大夏》也。汤曰《大濩》者,言汤承衰,能护民之急也。周公曰《酌》者,言周公辅成王,能斟酌文、武之道而成之也。武王曰《象》者,象太平而作乐,示已太平也;合曰《大武》者,天下始乐周之征伐行武。"

【译文】

"因此第一等吉善的时气最为尊贵和吉善,所以音乐的动用规模就要达到三倍,用来使那吉善大为欢乐啊!因而古代的帝王施行治理赢得吉善的结果,获取到了皇天的心意,就有资格享用规模盛大的乐舞,这正构成那显著的证明了。如今太平气降临了,所以就教导君主兴行音乐啊！衰败动乱的年代正与饥荒年相应合，因而不能去兴行音乐；如果去兴行音乐，就被叫做兴行凶险衰败而让它们大为欢乐，天上把这称作大逆，纯属灾殃祸害的本源和祸患产生的起因，能不对此多加小心吗？""这太好了！这太好了！"

"是故其次乐再重，王气不若帝气，故乐少。是故治少善者，乐为之衰少。所以衰少者，气衰不而大善①，故不敢重多乐也。中有凶气，故不敢具其乐也。比若人家有七善三恶，则心中为之不而乐，此之谓也。""善哉善哉！"

【注释】

①而：能。

【译文】

"因此低一等的音乐规模便控制在两倍的程度，王气比不上帝气，所以对它动用的音乐规模就少。因而治理国家够不上完全吉善的，音乐规模就为他降级减等。之所以降级减等，原因在于时气降低等级而达不到完全吉善，所以就不敢动用规模盛大的音乐；由于其中还存在着凶气，所以就不敢把那音乐全套都用上。这也就好比一户人家存在着七宗良善事和三桩邪恶事，心中为此便不能感到特别欢乐，说的也就正是这个意思呀！""这太好了！这太好了！"

"夫七善三恶，善多恶少，安而止乐乎①？人心中虽乐，时念三恶，则不而纯乐，此天性也。乃且尽善，无复一忧，乃而大乐也。故乐以乐善，不以乐凶也。""善哉善哉！"

【注释】

①止乐:极乐之意。止,尽头,止境。

【译文】

"七宗是良善事,三桩是邪恶事,良善事显得多,邪恶事显得少,这可怎么能够叫人欢乐到极点呢? 人们心里尽管感到欢乐,但又总会想到那三桩邪恶事,就不能满心都在欢乐,这正属于天性啊! 眼看着全部变成良善事,不再怀有一丝忧虑情绪,这才能特别欢乐呀! 所以音乐专去让那良善事大为欢乐,不去叫那邪恶事大为欢乐啊!""这太好了! 这太好了!"

"吾言乃天明券书①,不失一也。是故其次乐一行,相气微气少所而安,人德最少,不而若天地气也,故乃微少;不而若天地,故少其乐。相气微气少所而化②,乃其中国固多恶少善③,故不敢多具其乐也,反名为乐凶恶。其善少,故其乐少也。所以少者,但乐其中善者,不敢乐其中凶恶也。乐其中凶恶,比若小人有七凶三善,三善谪得三从乐④,有七凶恶反七愁苦悒悒⑤,安而从乐乎? 所以然者,十十为法者⑥,十乃三折之也⑦。帝气十十皆善,王气者二善一恶,相气者二恶一善也。故帝气者象天,天者常乐生,无害心,欲施与,三皇象之,常纯善良无恶,无害心。天如三皇,三皇如天也。故上善之人无一恶,但常欲为善,其象天也,其象真神乎!""善哉善哉!"

【注释】

①券书:契据。以喻足可凭信。早期道教有左契、右契之说,参见《老子想尔注》所述。

②化:感化,染化。

③乃其中国固多恶少善:此九字中"国"字或系"固"字之讹。固固,一如既往之意。若原文不误,则"中国"犹言国中。

④谪:通"适",恰恰。从(zòng):"纵"的古字,放任,放纵。

⑤悒悒(yì):忧闷不乐。

⑥十十:犹言百分之百。

⑦折:折算,折抵。

【译文】

"我这讲说正是那皇天如同契约般明晰无误、足可为凭的书文,不存在一点点儿偏差。因而再低一等的音乐规模就限定为一遍,相气和微气确能安定住的地方很少,世人的道德又最少,比不上天气和地气,所以就微弱又遍数少;既然比不上天地,因而便对它们再降低音乐的动用规模。相气和微气确能化导的地方很少,于是在那国境当中依旧邪恶多而良善少,所以就不敢把那音乐全套都用上啊!与此相反就被称作让凶恶大为欢乐。由于良善少,因而音乐的动用规模也就少,之所以少,原因在于只去让其中的良善部分大为欢乐,而不敢让其中的凶恶部分大为欢乐。真去让其中的凶恶部分大为欢乐,也就好比小人存在着七桩凶败事和三宗吉善事,而三宗吉善事恰好能得到三分抑制不住的欢乐,七桩凶败事反倒又带来七分无法排遣的愁苦忧闷了,哪能只管去满心欢乐呢?之所以如此,是因为把十分之十作为标准,满十当中常有三分会被折抵而去除掉啊!帝气绝对样样良善,王气就构成两善一恶了,相气就构成两恶一善了。所以帝气总在代表着皇天,皇天总去乐意化生,没有伤害的心思,只想去施予,而天皇、地皇和人皇恰恰效法它,总保持着清一色的良善,没有任何邪恶的举动,也不存在伤害的心思。皇天正和三皇一个样,而三皇又正和皇天一个样啊!所以第一等良善的人没有一种邪恶的举动,只想总去做善事,他们效法皇天,恐怕正和真神一个样吧?""这太好了!这太好了!"

"王气者象地，地者常养而好德，五帝象之也。地虽养者，名为杀①，故五帝时有刑也②。""善哉善哉！"

【注释】

①杀：地为阴，具有既好养又好杀的两重属性。万物至秋冬枯败，即为"杀"。本经卷七十三至八十五《阙题》(六)谓："地道持两主死亡。"又卷一百三《虚无无为自然图道毕成诫》称："地道行二，与鬼神邻也。"又卷一百十七《天咎四人辱道诫》云："故地者主辱杀，主藏。"又壬部称："阳者守一，阴者守二，故名杀也。"

②刑：指刑罚。《孝经钩命决》云：五帝化象世顺机。亦即开始设立象刑。本经卷四十七《服人以道不以威诀》云："中古设象，而不敢用也。"象刑谓让罪犯穿上与其罪行相应的特制服装，以此示辱。《慎子》云："有虞之诛，以幪巾当墨，以草缨当劓，以菲履当刖，以艾韠当宫，布衣无领当大辟。"《尚书大传》谓："古之用刑者，画象而不犯。盖上刑赭衣不纯，中刑杂屦，下刑墨幪，以居州里而人耻之。"《白虎通义·五刑》称："五帝画象者，其服象五刑也。犯墨者蒙巾，犯劓者赭著其衣，犯膑者以墨幪其膑处而画之，犯宫者履杂扉，犯大辟者布衣无领。"

【译文】

"王气代表着大地，大地总是养育万物而喜好真德，以黄帝为首的五帝恰恰效法它。大地尽管养育万物，但又被称作克杀，所以五帝便常常设置刑罚。""这太好了！这太好了！"

"相气微气者象人，人者无常法，数变易①，三王象之，无常法也。夫和气变易，或前或退，故下上无常②。和者睹刚亦随之，睹柔亦随之，故无常也。

【注释】

①变易:改变更动。指忽善忽恶,时好时坏,本经卷四十二《四行本末诀》云:"一善一恶,为不纯无常之行,两不可据,吉凶无处也。善恶并合者,中和之行也;无常之行者,天地中和、君臣人民万物失其道路也。"又卷四十七《服人以道不以威诀》称:"人以和治,故进退多便其辞,变易无常。"

②下上无常:和气具有阴阳二性,时而会偏向此一方,时而又会偏向彼一方,故曰"下上无常"。又癸部《还神邪自消法》:"万物中和之精,故进退无常。"

【译文】

"相气和微气代表着世人,世人没有固定不变的准绳,屡屡加以改变更动。夏禹等三王恰恰效法它们,也就没有固定不变的准绳啊!中和气变来变去,有时前进,有时后退,所以往下滑还是朝上奔都没有定准儿。看到刚强也跟它走,看到柔弱还跟它走,所以就没有定准儿。

"衰死囚亡之气象万物,数变乱,无正相出入,五霸象之。其气乱凶,故不得有乐也。夫天地之性,乐以乐善,不以乐恶也。夫天地之武以诛恶①,不以诛善。天地格法,不可反也。"

【注释】

①天地之武:指烈性瘟疫、使城邑沉没等。本经卷九十二《万二千国始火始气诀》称:天气中和气怒,神灵战斗,烈病而死者,天伐除之;水而死者,地伐除之。天者为神主,神灵之长也,故使精神鬼杀人。水者,乃地之血脉也,地之阴也,阴者卑,怒必以其身行战斗杀人。

【译文】

"处于衰落、困囚和死亡状态的时气,代表着万物,屡屡在发生变动和混乱,根本就不具备纯正的质性,由这里出来又从那里进去,春秋时期的五霸恰恰效法它们。这种气流混乱又凶败,所以对它们就没有任何理由动用音乐。天地的本性要求音乐去让良善的事物大为欢乐,不叫邪恶的玩艺大为欢乐。天地所采取的武力行动都去诛杀邪恶的那类玩艺,不去诛杀良善的事物。这一高悬在上的天地常法,根本无法给它扭转过来。"

帝气乐①,三皇象之,如天也。王气乐,五帝法之,象地好德养物,而时复刑也。微气者,三王象之,无常法。衰囚亡之气,五霸象之,其气乱。天地之有武,以诛恶而遵善,可深察之。

【注释】

①"帝气"句:自此以下整节文字乃系《合校》本附存的以资参考的《太平经钞》钞文。

【译文】

帝气大为欢乐,天皇、地皇和人皇恰恰效法它,就和皇天一个样啊!王气大为欢乐,以黄帝为首的五帝恰恰效法它,效法大地喜好真德而养育万物,但又经常施用刑罚。而那微气,夏禹等三王恰恰效法它,可却没有固定不变的准绳。处于衰落困囚和死亡状态的时气,春秋五霸恰恰效法它们,这类气流极为混乱。天地有时采取武力行动,都去诛杀邪恶的那类事物,尊崇良善的事物,应对这一法则深做察视。

"善哉善哉!请问乐以乐善意,愿闻大诀①,使愚生心悉解,而不敢复问,岂可闻乎?""子自若不解邪②?""谨已小解,恐下古之人,积愚迷日久,虽与其文,犹复不解,复令犯天禁③,故不敢不问其大诀易知者矣。""善哉!子之言,得其意。诺,安座方解之。然。夫上善大乐岁,凡万物尽生善④,人人欢喜,心中常乐欲歌舞,人默自相爱,不变争,自生乐,上下不相克贼⑤,皆相乐,故乐生于善以乐善,天使自然如此也。""善哉善哉!"

【注释】

①大诀:最重要的定论。诀,通"决",决断。

②自若:仍旧。

③天禁:皇天的禁戒。

④善:谓量多质优。

⑤克贼:制胜伤杀。

【译文】

"这太好了!这太好了!请求再询问一下音乐去让良善的事物大为欢乐的涵义,希望听到其中最为重要的定论,使愚昧的弟子从心里彻底闹明白而不敢再做询问,这一定论恐怕能听到吧?""你们仍旧还不明白吗?""已经恭谨地多少明白一点儿了,但却担心下古时期的世人愚昧迷乱,已经积聚得时间太长了,尽管把那书文授付给他们,他们仍旧闹不清楚,又会使他们触犯皇天的禁忌,因而不敢不再询问其中最重要的定论,以便让人容易了解啊!""你们这番话真是太好了,获取到其中的意旨了。好的,稳稳坐定,立刻为你们做解说。是的。在那大丰收而让人特高兴的年景里,万物全都生长得枝叶茂盛,果实丰硕,人人为此而欢喜,心中总是乐滋滋的,禁不住要载歌载舞。每个人都默默无言地自行彼此爱护,不产生纷争,自行涌生出那股高兴劲儿,上面的人和下面的人不去互相制伏伤杀,都让对方深感欢乐,所以音乐正从良善的事物中产生出来又去让那良善的事物大为欢乐啊! 这正属于皇天叫它自然而然就这样的呀!""这太好了! 这太好了!"

"夫大凶年,凡物无一善者,人人皆饥寒,啼呼哭泣,更相克贼,默自生愁苦忿恚①,心中不乐,何而歌舞? 乐默自废绝。故凶年恶岁无乐,天使其自然无也,是则明天不乐凶恶之证也。是故乐为乐善生,武为兴凶作。是故古者帝王将兴者,得应乐善也;将衰者,得应恶也。此者,自然之法也。是故乐生善,善生乐;凶凶生乐武,武生凶;无为生乐②,乐生无为;武生乱,乱生武;乐生歌舞,歌舞生乐;凶恶生愁苦,愁苦生凶恶。以吾文见下古之人③,使其思之乐之。诀说小竟于此。""善哉善哉!"

右五音、乐当所动发前后、得天地人心意、以致太平、除灾奸、致和气出大诀④。

【注释】

①忿恚(huì):愤怒怨恨。

②无为:顺适自然而不加以人为干涉之意。此系老子乃至黄老道家所强调的从帝王治国到个人活动均须恪守的重要原则。

③见:昭示之意。

④得天地人心意:此六字中"心",原作"以"。据《太平经钞》改。

【译文】

"在那颗粒无收的灾荒年景里,万物没有一样生长得良好的,人人都挨饿受冻,啼叫哭泣,递相制伏伤杀,暗地里都自行涌生出忧愁苦闷和愤怒怨恨,心中特别不高兴,哪里能去载歌载舞呢? 音乐也就无形中自动废止断绝了。所以灾荒年和歉收年就没有音乐,这是皇天叫它自然而然就不存在了,这也恰恰成为皇天不让音乐去使凶恶事物感到欢乐的证明啊!因而音乐正是为了使那良善的事物感到欢乐而产生出来,武力正是为了使那凶险的事情兴行而发动起来。所以古代帝王中那些将要兴起的人物,就获取到音乐去让良善的事物大为欢乐的应象;而那些眼看要衰亡的人物,就获取到音乐去叫邪恶的事物大为欢乐的应象。这可属于原本就那样的定律啊!所以欢乐便生发出良善,良善又生发出欢乐;凶败便生发出爱用武力,武力又生发出凶败;无为而治便生发出欢乐,欢乐又生发出无为而治;武力便生发出动乱,动乱又生发出武力;欢乐便生发出歌舞,歌舞又生发出欢乐;凶败险恶便生发出愁苦,愁苦又生发出凶败险恶。拿我这书文去昭示下古时期的世人,叫他们精思它又喜爱它。对重要定论的解说到此告一段落。”“这太好了!这太好了!”

　　以上为五音、乐当所动发前后、得天地人心意、以致太平、除灾奸、致和气出大诀。

阙题一

【说明】

本篇经文和原题已佚，《合校》本据《太平经钞》配补。其内容适与《敦煌目录》卷一百十五所列《神书青下丹目决》相符，目次应为二百四。篇中以寥寥数语，标揭《太平经》装帧设计和书写方面的特点，宣明编著者传布"太阳仁政之道"的寓意。此节经文，亦见于丁部卷五十六至六十四《阙题》（五），文字则略有出入。

吾书中善者①，悉使青首而丹目②。何乎？吾道乃丹青之信也③。青者生④，仁而有正⑤，赤者太阳⑥，天之正色也⑦。吾道太阳仁政之道⑧，不欲伤害。

【注释】

①善者：指重要精微的论断。

②青首而丹目：此就《太平经》的装帧形式与书写特点而言。本经为帛书写本，帛取青白色（月白），上面打有朱红界划即竖格，以青绢包头（犹现今书画卷的"护首"），用红色来写标题。即《后汉书·襄楷传》所云：皆缥白素、朱介、青首、朱目。

③丹青之信：丹青为两种颜料，即丹砂和青膔。因其不易褪色，故

　　取譬而曰信。信,真确,真实。

④生:化生。以五色配五行,青属木,木主生,故言。

⑤仁而有正:此四字中"正"字本经卷五十六至六十四《阙题》(五)作"心"。于义为长。以人伦五常配五行,仁属木。按照五行相生的关系,则木生火,而火为心,故曰"仁而有心"。

⑥赤者太阳:意谓赤色为火行的象征物。太阳指最旺盛的阳气,散布在南方与夏季,属火行,主养。本经卷六十九《天谶支干相配法》云:"天常谶格法,以南方固为君也。故曰在南方为君也,火在南方为君,太阳在南方为君。"

⑦天之正色:本经卷六十九《天谶支干相配法》谓:"天之为色,外苍象木,内赤象火。"

⑧太阳仁政:意为职在施生并养长人民万物。

【译文】

　　我这部道书中的重要而又精妙的论断文字,全都叫它们用青绢作护首,拿红色写标题。为什么这样做处理呢? 因为我那真道正像丹青那样真确啊! 青色象征着化生,仁爱又含带纯正;红色属于火行的化身,恰恰构成皇天的纯正颜色啊! 我那真道正是火行仁政的真道,根本就不想伤害任何东西。

阙题二

【说明】

本篇经文和原题已佚，《合校》本据《太平经钞》配补。核之《敦煌目录》，则此篇次于卷一百十五，题曰《苦乐断刑罚决》，目次为二百五。篇中列示元气自然、天地三光、春夏秋冬和六方群神、万物万事、凡民男女乐喜或怒争所形成的判若霄壤的两种景象和所带来的大吉大凶的相反结果，论证乐为阳精，为天常道，为大化之本，具有"倡始倡生，倡合乐成功"的独特效能；反之"不乐、分争"，则构成刑罚兵革之阶和凶败之源，具有阴阳相克贼害的极大破坏性；进而标揭乐则阳兴阴伏的"自然之式"，敦促帝王"大纵乐"，断刑罚，为此抬出《周易》"神道"并借用三皇五帝、三王五霸的举措力加申说，并强调孝道和下顺其上的等级秩序以及"圣师"、"善师"代天宣播教化的首要作用。通篇所述，亦渊源有自，系对《春秋繁露·阳尊阴卑》所倡四气法天论的宗教改造与发挥。其与本经乙部《以乐却灾法》、卷一百十三《乐怒吉凶诀》则交相发明，理归一揆。

"请问今太平上皇气具至①，天土理②，何所先后，岂可闻乎？""今天上为法也，乐者顺之以乐，苦者顺之以苦。天上之为法如此矣，乃太平气至，故天上从其乐，以顺奉之，大急兵杖而断刑罚③。地上亦然。乐者,阳也,天之经也④;兵杖刑罚者,阴也,地之怒也。阴兴必伤阳化⑤,今太平气至,乃天与神、兵共治⑥,故断刑罚兵杖争讼,令使察察⑦,万世不复妄也,皆如日月,不可久蔽藏也。

【注释】

①上皇:最盛明。具:完全,齐整。

②天土理:此三字中"土"当作"上"。形近而讹。

③大急兵杖:意为最以兵杖为危急。兵杖指武力和刑罚。

④经:常道,常法。

⑤阳化:指阳气与真道的化导。

⑥乃天与神、兵共治:意为皇天与神灵竟然同人间武力混杂在一起施行治理。表示不可容忍和彻底否定。乃:竟然,居然。

⑦察察:分辨得万分明晰的样子。

【译文】

"请求询问一下:如今最盛明的太平气完全来到了,应当像天上那样施行治理,该把什么放在前面又把什么放在后面呢?恐怕可以听到这方面的教诲吧?""如今天上形成法则,欢乐的事物就用欢乐去随顺它们,愁苦的事物就用愁苦去随顺它们。天上形成法则既然是这样了,太平气正在到来,所以天上就任从人间一片欢乐而去随顺承奉它,并把武力看作最危急的事情,同时断绝掉刑罚。地上也和天上一个样。欢乐属于阳,构成皇天的常法;武力刑罚属于阴,散为大地的怒气。阴气兴盛,必定伤害阳气的化导。如今太平气降临了,竟然皇天与神灵同那人间武力混杂在一起施行治理,因而要断绝掉刑罚、武力和打官司那套恶事,叫世人分辨得万分明晰,永远不能再胡干乱来啊!都像太阳和月亮那样鲜亮,不能长久被遮掩住啊!

"元气自然乐①,则合共生天地②,悦则阴阳和合③,风雨调;风雨调,则共生万二千物;凡物乐,则奇瑞应俱出④,生万物之应,精上著天⑤,三光更明察察也;三光乐而合,则四时顺行⑥,春乐生,夏乐长,秋乐收,冬乐藏;四时乐喜,五行不逆⑦,则人民兴;人民兴则帝王寿,帝王寿则凡民乐,凡民乐则精物鬼邪伏矣,精邪伏则无夭病死之人⑧,无夭伤人则太平气至矣,万国不战斗⑨,盗贼贪猾绝矣。

【注释】

①元气:化生宇宙万物的无形实体。自然:原本固有的情状与态势。

②共生天地:谓元气之清轻者上凝成天,浊重者下凝成地。《河图》云:"元气无形,洶洶蒙蒙,偃者为地,伏者为天。"本经卷四十八《三合相通诀》:"元气与自然、太和之气相通,并力同心,时恍恍未有形也,三气凝,共生天地。"又卷七十三至八十五《阙题》(三)谓:"元气共凝成天,名为一;分而生阴而成地,名为二。"

③悦则阴阳和合:此六字中"悦"上当有"天地"二字。下文论"不乐",首举元气自然,次举天地,可证。

④奇瑞应:指罕见的吉祥兆应。如景星现之类。详参《白虎通义·封禅》所述。

⑤精:指万物的精灵。《论衡·说日篇》称:"夫星,万物之精,与日月同。"张衡《灵宪》谓:"星也者,体生于地,精成于天,列居错峙,各有所属,……在野则象物,在朝则象官,在人则象事。……中外之官,常明者百有二十四,可名者三百二十,为星二千五百,而海人之占未存焉。微星之数,盖万一千五百二十。庶物蠢蠢,咸得系命。"《说文解字》云:"万物之精,上为列星。"本经卷一百二《经文部数所应诀》后附佚文谓:"夫星者,乃人民凡物之精光。"

又本卷《天乐得善人文付火君诀》云："万物之精,善者上合为天为三光也。"又辛部称："凡事各自有精神,光明上属天,为星,可以察安危。"

⑥顺行:谓依次交替推移。

⑦逆:谓打破正常的生克关系。

⑧夭:早亡。

⑨万国:指天下各国。

【译文】

"元气和自然形态很欢乐,那就融合成一体,共同化生出天地来;天地很喜悦,那就阴阳和谐一致,风调而雨顺;风调而雨顺,那就共同化生出一万两千种生物来;所有的生物都很欢乐,罕见的吉祥兆应就一起降现,形成万物的应象,精灵往上附着在天上,日月星辰就更加明亮,把一切都照耀到;日月星辰很欢乐又和谐一致,四季就依次交替推移,春季喜欢化生,夏季喜欢养长,秋季喜欢收获,冬季喜欢贮藏;四季欢乐又喜悦,五行也不打破相生相克的正常顺序,人民就兴盛;人民兴盛,帝王就长寿;帝王长寿,人民就感到欢乐;人民感到欢乐,精鬼邪物就都隐藏起来了;精鬼邪物隐藏起来,就没有得病早亡的人了;没有早亡的人,太平气就来到了,天下各国就不交战了,盗贼和贪婪狡诈的家伙就灭绝了。

"天地六万神俱乐喜也①,天地真仙人出②;天地真仙人出,则正气悉见而邪气悉藏,恶人悉坐自思矣,善人行矣,神人策书尽出而邪伪文亡矣③。人莫不悦乐喜,阴阳和合,同心为一家,传相生④。

【注释】

①天地六万神俱乐喜也:此九字中"万"当作"方"。

②真仙人：指真人和仙人。俱为本经所构设的神仙序列中的正牌神仙。真人职在掌理大地，属二等神仙；仙人职在掌理四时，主管风雨，属三等神仙。详见本经卷四十二《九天消先王灾法》、卷五十六至六十四《阙题》（六）、卷七十一《致善除邪令人受道戒文》所述。

③神人策书：神人为本经所构设的神仙等级序列中的一等正牌神仙，职在掌理皇天。本经主人公授道天师即在此列。策书指天书神文，实谓《太平经》这等道经。

④传相生：谓繁育和传衍子孙后代。

【译文】

“天地六方的神灵全都欢乐喜悦，天地间的真人和仙人就来到世上；天地间的真人和仙人来到世上，正气就全部涌现出来而邪气就全部隐藏起来了，邪恶的人就都坐在那里自行思忖了，良善的人就畅行无阻了，神人的天书就无不降示出来而邪僻虚伪的书文就消亡了。世人没有谁不陶醉在欢乐喜悦当中，男女和谐一致，同心组建一个和美的家庭，繁育和传衍子孙后代。

“凡事乐者，无有恶也。凡阴阳乐，则生之始也，万物所受命而起也①，皆与人相似。男女乐则同心共生，无不成也。不乐，则不肯相与欢合也②，怒不乐而强欢合，后皆有凶③。今吾之文，才举其大纲，见其始。以乐化之为不善，安可胜记也。

【注释】

①受命：谓禀受阳施阴化而形成的天赋生命。

②欢合：谓夫妇愉悦行房。

③有凶:谓身怀葡萄胎或新生儿为先天畸形等。

【译文】

"任何事情一欢乐,就不存在邪恶了。但凡阴阳一欢乐,也就构成化生的开端。万物禀受阳施阴化的天赋生命而兴起,全都和人差不多。男女欢乐,就同心一起生儿育女,没有想生什么却生不下来的。如果不欢乐,就不愿意双方去愉悦地交合,心怀恨怒不欢乐却去硬行交合,生下的子女就都有凶殃。如今我这书文,仅仅列举那大纲,显示出端绪来。通过欢乐来化解那不吉善的事情,哪能记述过来呢?

"已知乐之善,未及不乐之禁,复为开其纲纪。恍惚不乐①,不肯并力合心而共生元气,著自然也。元气自然不乐、分争,不能合身和德而共生天地也。天地不乐,阴阳分争,不能合气四时五行,调风雨而盛生万二千物。万二千物不乐、争分,多伤死,其岁大凶。凡事不乐、争分,三光为之失明,帝王愁苦,万民流亡也;善气蔽藏,恶气行也;正神远去②,鬼物兴也;万物人民夭死,无有年也③。万二千国分争、不乐④,刑罚大起,兵革扬也。乐断废也,则刑大起;六方不和,则日日凶也。天气不调,正从此起,而人不知其所由,反归过以罪上而责帝王。不得其大过,反下责上,尽逆气,何能致太平? 反致凶。故刑气日兴,乐者绝亡,咎在中古以来师教时时有设者⑤,反开列兵之门⑥,闭其乐户⑦,故使邪奸得起,不可卒止。大咎在此,故今天上洞平气至⑧,大纵乐,除刑罚也。地上亦然。

【注释】

①恍惚:指迷濛混沌的原始状态。

②正神:正宗的天神。

③年:指皇天为世人在其生前所注定的寿龄。本经分人寿为三类,即:乙部《解承负诀》、癸部《盛身却灾法》所云上寿一百二十岁,中寿八十岁,下寿六十岁;辛部经文所云头等寿命一百三十岁,二等寿命一百二十岁,三等寿命一百岁;己部《经文部数所应诀》后附遗文所云天寿一百二十岁,地寿一百岁,人寿八十岁,霸寿六十岁,仟寿五十岁。

④万二千国:此系《太平经》编著者仿照战国阴阳家邹衍的大九州说,参取儒家理想化的分封制度,利用术数推导出来的世界政区总数目。卷九十三《国不可胜数诀》谓:"中部有八十一域,次其外,复一周,天下有万国,乃远出到洞虚无表,合三部为万二千国。"又称:"何故乃有万二千国乎?""天数始起于一,终于十,十而相乘,天道到于五而反,故适万国也。其二千国者,应阴阳更数,比若数十而终也,岁月数独十二也,尚五岁再闰在其中也。此应天地之更起在天,天洞虚之表里,应为天地并数,故十二月反并为一岁,尚从闰其中。"

⑤中古:指以黄帝为首的五帝时代。师教:师长所施布的教化。

⑥门:喻指入口处。

⑦户:喻指途径。

⑧洞平气:通透至极的太平气。

【译文】

"已经懂得了欢乐的好处,尚未涉及到不欢乐的禁忌,所以再为世人开示那主要的部分。宇宙迷濛混沌的原始状态不欢乐,就不愿意并力同心化生出元气,附着在自然形态上。元气和自然形态不欢乐却去纷争,就无法合为一体,融通道德而共同化生出天地来。天地不欢乐而阴阳又去纷争,就无法聚合起四时五行气,使风雨协调,叫一万两千种生物茂盛地生长。一万两千种生物不欢乐却去纷争,就多数伤残枯死,造成颗粒无收的年景。各种事情不欢乐却去纷争,日月星辰就由此而暗淡无光,帝王整天愁苦不堪,众百姓大量流亡;吉善的气流被遮盖封闭住,险恶的气流却扬布蔓延;正宗的天神远远离去,鬼物却到处横行;万物和人民早早就死去,根本就没有固定的存活期。世界上一万两千个国家陷入纷争而不欢乐,刑罚就被处处施用,战争连绵不断。欢乐硬行被断绝废弃了,刑罚就处处施用,六方不和睦,就天天造成凶祸啊!时气不协调,正从这里面产生出来,可世人却不清楚它那来由,反倒把罪过归到上面而去责怪帝王。不承认自己犯有大罪过,身为下面的人反而去责怪上面的人,纯属违逆时气,哪能实现太平呢?相反只会招来凶害!因而刑杀气一天比一天兴盛,欢乐的事项灭绝消亡,罪责正源于中古时期以来尽管时时都有师长所施布的教化,可却反倒开启列示武力的入口处,锁闭住欢乐的途径,所以便使奸邪得以冒出来,没办法最后遏止住。大祸患正出在这里,因而在最为通透的太平气降临的今天,皇天要最大范围地听凭世人去欢乐,废除刑罚呀!地上也和天上一个样。

"吾不能胜记纵乐之为善也,纵乐之为恶也。是故阴阳之道[①],从天上,尽地下,旁行无穷极[②]。牝牡之属相嬉相乐[③],然后合心共生成,共为理,传天地之统,御无极之术[④]。设使不相嬉,不肯合心为一,肯共生共成共为理,共传天地之统,御无穷之术?力以刑罚,威而合之,久久犹败。相背分争,阴阳相克贼害,不可禁止也。正使父子、子母、夫妇极亲会相害也[⑤],共乱天道,断无世也[⑥]。其大过所致,如此矣。

【注释】

①阴阳之道:指阴阳交互作用的道法。阴阳原指物体对日光的向背,即向日为阳,背日为阴。引申而有寒暖、暗明等反对之义。后遂用以指天地之间生成万物的二气,进而抽象为一切事物既相互对立又彼此依存的两个方面或属性。其与五行密切相连,属于五行之合,即阴阳中各具五行。

②旁行:四面延伸之意。

③牝:雌性。牡:雄性。牡属天统,牝属地统,故下文称"传天地之统"。

④御:施用。无极之术:谓迭相传衍、永不灭绝的交合道术。

⑤极亲:指最为亲近的关系。

⑥无世:谓家族灭绝。

【译文】

"我简直无法能把听凭世人去欢乐究竟会使人变良善还是叫人变邪恶全部记述出来,因而阴阳交互作用的道法,从天上一直到地底下,再向四面延伸开,都没有能施用到尽头的时候。雄性和雌性这两类生物彼此亲昵都欢乐,然后就心贴心,共同去化生与成就,一起进行养护,传续天统和地统,施用那递相繁衍、永不灭绝的交合道术。假设双方不亲昵,不愿意心贴心成为一体,哪里肯去共同化生,共同成就,共同进行养护,共同传续天统和地统,施用那递相繁衍、永不灭绝的交合道术呢?极力用刑罚威逼人们合到一块,时间一长仍旧归于破败。彼此背逆又纷争,阴阳之间相互虐杀和伤害,也就没办法再能禁阻遏止住了。恰恰会导致父子、母子、夫妇这些关系极为亲近的人,终归去彼此伤害,一起败乱皇天的道法,造成家族灭绝啊! 这类大过错所带来的恶果,也就像这个样子了。

"乐为天之经,太阳之精;孝为地之经①,太阴之精。故乐者倡始倡生,倡合乐成功。天者常嬉善嬉生,故常与天合与同气也,乐合乃能相生;当有上下,故乐为天为上,孝为下象地。地者下承顺其上,阴事其阳,子事其父,臣事其君;君上事天,地亦事天,天事其上②,故与地同气,故乐与孝,最顺天地也。

【注释】

①孝为地之经:对孝与地之关系,《孝经·三才章》已云:"夫孝,天之经也,地之义也,民之行也。"《春秋繁露·五行对》则谓:"土者,火之子也。五行莫贵于土,土之于四时,无所命者,不与火分功名。木名春,火名夏,金名秋,水名冬,忠臣之义、孝子之行,取之土上者,五行最贵者也,其义不可以加矣。五声莫贵于宫,五味莫美于甘,五色莫贵于黄。此谓孝者,地之义也。"本经卷七十三至八十五《阙题》(八)又称:"天地与圣明所务,当推行而大得者,寿、孝为急。孝者,与天地同力也。孝者,下承顺其上,与地同声。"

②上:指元气。天由元气所化生,故出此语。

【译文】

"欢乐构成皇天的常法,属于太阳气精灵的凝结体;孝敬构成大地的常法,属于太阴气精灵的凝结体。因而欢乐本身恰恰在倡导初始,在倡导化生,在倡导欢乐融为一体而成就事业。皇天永远喜爱良善和喜爱化生,所以总与皇天相吻合并且同为一气,欢乐便融为一体并能彼此化生。应当理顺上下关系,因而欢乐属于皇天,属于上面,孝敬则属于下面,其实是在效法大地。大地处在下面,要去承奉顺从上面的皇天,阴物要去侍奉阳物,儿子要去侍奉父亲,臣僚要去侍奉君主;而君主往上要去侍奉皇天,就像大地也去侍奉皇天,皇天则去侍奉还在自己上面的元气,所以君主便与大地同为一气,因而欢乐与孝敬,确属最为顺从天地的了。

"《易》者理阴阳气①,八风为节②,与六甲同位③,阴阳同体,与天地连身④,故为神道也⑤。刑者,绝洞阴战不和之气也⑥,故常随阴节而起⑦。刑者,得阴而剧,得春夏而服⑧,得秋冬而兴;盗贼得夜而起,奸邪得幽冥间处而作⑨,鬼物诸病得冥而发,怨咎得险狭而聚相杀也⑩。此则不乐从刑之大征⑪,可不慎乎?"

【注释】

①《易》:即《周易》。本为古代预测学著作,相传出自周文王之手,后被儒家列入五经,且视其为五经之源。今犹完整传世。

②八风:指北方广莫风、东北条风、东方明庶风、东南清明风、南方景风、西南凉风、西方阊阖风、西北不周风。为节:意为构成时气流转变动的定律。具体指八卦中坎卦居正北,主冬至,生广莫风;艮卦居东北,主立春,生条风;震卦居正东,主春分,生明庶风;巽卦居东南,主立夏,生清明风;离卦居正南,主夏至,生景风;坤卦居西南,主立秋,生凉风;兑卦居正西,主秋分,生阊阖风;乾卦居西北,主立冬,生不周风。详见《淮南子·天文训》、《史记·律书》、《易纬通卦验》、《春秋考异邮》、《白虎通义·八风》所述。

③六甲:指代六十甲子的日期排列顺序。六十甲子中有甲子、甲戌、甲申、甲午、甲辰、甲寅,各为六旬之首,故称六甲。同位:谓八卦各卦主事四十五日,周行一年四季,当三百六十日。三百六十日则为六十甲子纪日的六度循环期。

④连身:本经卷七十二《斋戒思神救死诀》谓:"八卦乾坤,天地之体。"

⑤神道:神妙莫测之道。参见《周易·观·象辞》所述。

⑥绝洞:彻头彻尾、彻里彻外之意。

⑦阴节：指立秋、立冬等节气。按照月令图式，秋、冬则断狱行刑。

⑧服：暂且平息之意。

⑨间处：得便处，空隙处。

⑩怨咎：指相互仇怨憎恶的人。险狭而聚：犹言狭路相逢。

⑪大征：意为最突出的例证。

【译文】

"《周易》旨在调理阴阳二气，把从八个方向递次吹来的季候风作为时气流转变动的标志，与那六十甲子的日期排列位序保持一致，使阴阳形成一个整体，同天地连结为一副躯体，所以就成为神妙莫测的大道啊！刑罚纯属彻里彻外的阴物争斗而不和谐的怒气，因而总随立秋、立冬等节气而兴起。刑罚得到阴气就更为厉害，遇到春季和夏季就暂且平息，赶上秋季和冬季就又兴起。盗贼轮到夜间就去捣乱，奸邪得到谁都不知道的便利处就去活动，鬼物作祟而制造的各种邪病得到黑暗的处所就叫人染上，相互仇怨憎恨的人赶上狭路相逢就扭在一起厮杀。这都属于不欢乐就倒向刑罚的最为突出的例证啊！对此能不多加小心吗？"

"愚生畏之。""子知畏之，寿之征也①；不知畏之，祸之门也。戒子慎之！是故天上为政，各纵乐以为化本②。人人使俱自乐相化，坐思其过得失，莫为善易哉！天上为政如此也，地上亦然。故理欲疾平者③，务断分争刑罚，倡乐为先，皇平之气立至矣。"

【注释】

①征：征象。

②化本：教化之本。

③疾平：意为提前一半实现太平。即由三十年变成十五年。详参本经卷九十三《敬事神十五年太平诀》所述。

【译文】

"愚昧的弟子真对这类情形感到畏惧啊！""你对它们懂得畏惧，正是长寿的征象；不懂得畏惧，正是祸殃的入口处啊！因而才特意告诫你，对此要多加小心。所以皇天推行政事，各方面都听凭世人去欢乐，把这作为化导的根本。让人人都自我感到欢乐，相互去染化，端坐思索本人的过错与得失，没有能比这种方法更有效更容易的了。皇天推行政事便像这样，地上也和天上完全相同。所以在治理上真想提前一半时间实现太平的人，务必要断绝掉纷争和刑罚，把倡导欢乐放在第一位，于是最盛明的太平气也就降临了。"

"请问天上太平气自时来至也，人皆当自化为善，万物自当平安无病。令天上为法①，何故反以人倡之作乐以相化乎？""凡事，在其先导之教之。善恶，是化之先也，开蒙愚之门也②。故天将有可为，皆先倡其先，其象见于天，神文出，古者圣人象之为作意③。故上三皇乃教化以道④，其人民尽有道，物亦然。五帝教化多以德⑤，其人民多类经德也⑥，物亦然。三王教化多以文⑦，其人民多文，物亦然。五霸教化多以武⑧，其人民多悉武好怒⑨，尚强勇⑩，此非悉化之首也⑪。故善人之乡者多善人，恶人之乡者多恶人，此非相易也⑫。

【注释】

①令天上为法：据上下文意，此五字中"令"当作"今"。形近而讹。

②蒙愚：蒙昧愚暗的人。

③作意：谓确立基本的宗旨。

④上三皇：指天皇、地皇、人皇。道：指以施生化生为旨归的道法和道术。本经卷四十九《急学真法》云："道乃能导化无前，好生无辈量。"又卷一百十七《天咎四人辱道诫》谓："古今诸为道者，乃皇天之所取法也，最善之称，冠无上，包无表，内无里，出无间，入无孔，天下凡事之师也；生之端首，万事之长，古今圣贤所得之长；今帝王之所以得天心以自安，民之父母，凡化之所从起也。"《释名·释言语》云："道，导也，所以通导万物也。"

⑤五帝：指黄帝、颛顼、帝喾、尧、舜。德：指以养育养护为旨归的真德或大德。本经卷四十九《急学真法》谓："夫人有真德，乃能包养无极之名字；夫无德者，乃最劣弱困穷小人之名字也。"《释名·释言语》云："德，得也，得事宜也。"

⑥经德：常德。即始终不变的德行。《老子·二十八章》云："常德不离。"

⑦三王：指夏之大禹，商之成汤，周之文王和武王。文：指礼制礼法及礼仪规范等。

⑧五霸：通常指齐桓公、晋文公、秦穆公、宋襄公、楚庄王。武：指武力与武功。

⑨悉：熟悉，熟谙。

⑩尚：崇尚，推重。

⑪悉化：普遍的化导。首：首务。

⑫相易：彼此替代之意。

【译文】

"请求再询问一下：皇天的太平气自动会按时势到来，世人都该自行接受化导去做善事，万物也该自行平安，不存在伤害。可如今皇天构成它那法则，为什么反而还要通过世人做倡导，专去兴行欢乐来彼此染化呢？""因为任何事情都在于首先做好化导和教诲工作，而良善与邪恶,正是化导的头等大事,属于对蒙昧愚暗的人开启那途径啊！因而皇天将要采取什么必要的举措,全都首先倡导那第一要务,特意在天空中显现出兆象来,并且降示神文,而古代的圣人恰恰效法它们来确立起根本的宗旨。所以天皇、地皇和人皇就用真道去施行教化,手下的众百姓就全都怀有真道,万物也不例外。以黄帝为首的五帝大多用真德去施行教化,手下的众百姓就大都接近那始终不变的真德,万物也不例外。夏禹等三王大多用礼仪规范去施行教化,手下的众百姓就大都讲究礼仪规范,万物也不例外。春秋五霸大多用武力去施行教化,手下的众百姓就大多熟悉武力,喜好怒斗,崇尚强横与勇猛,但这绝对够不上实现普遍化导的头等大事啊！所以在良善人聚居的地方就有很多的良善人,而在邪恶人聚居的地方就有很多的邪恶人,这种情况根本不能相互替代啊！

　　"凡天上、天下之事,各自有师法①,各象其师法,而所化悉相类似。天者好生兴物,物不乐,不肯生。今天上皇平洞极之气俱出治,阳精昌兴②,万物莫不乐喜,故当象其气而大纵乐,以顺助天道。好是则天道大喜,今帝王理平人民寿,故其纵乐以奉天道,又使各坐思自化,何有各乎③？又乐者,天也,阳精也,阳与则阴精伏④,犹如春夏起,秋冬伏,自然之式也⑤。真人务顺吾书言,刑自绝。为化如此,与神无异。故理难平,化失之耳。"

【注释】

①师法:指效仿取法的对象。

②阳精:即火行之精。本经辛部云:"夫阳精为神,属天,属赤。"

③各:指不受教化的人。

④阳与则阴精伏：此六字中"与"当作"兴"。

⑤式：法则。

【译文】

"天上和天底下的一切事情，各自具有应去取法的特定对象，分别仿照那应去取法的特定对象，而所化导的结果就都很接近。皇天喜好化生万物并使它们兴盛，可万物不欢乐，就不愿意生长。如今天上通透至极的最盛明的太平气全部涌现出来并施行治理，火行的精灵昌盛振兴，万物没有一种不欢乐喜悦的，因而便应效仿那太平气，最大范围地听凭世人去欢乐，用来顺从并协助皇天的道法。喜好这样去做，皇天的道法就感到特别高兴，使帝王的治理变太平，人民都长寿。所以听凭世人去欢乐，用来承奉皇天的道法，又让他们各自端坐精思，自行接受化导，哪里还有那例外的人呢？再者说来，欢乐属于皇天，形同阳气的精灵，阳气兴盛而阴气的精灵就藏伏起来，这就如同春季和夏季到来了，秋季和冬季就藏伏起来了，正是那原本如此的法则啊！真人务必要承顺我这书文所讲的去做传布，刑罚自动就断绝了。施行教化能像这样，便与神灵没有什么差别。所以治理总难实现太平，只因教化的方法不对头罢了。"

"今天道自有衰盛吉凶，何反言师化之首乎①？""天地不与人语也，故时时生圣人，生圣师，使传其事，此主天②。时且吉乐，故生善师，使善言善化。天道将乱凶衰，则生恶师，使教化恶也。是主化天道且自善自恶之征也者。夫且乐岁生善物多③，五谷成以食人④，其人好善⑤。天且恶岁生恶物多，善者少，以恶物食人，其人色恶⑥。是其化人之师明征也。故善师出，恶师伏，是天盛衰之征，是主天也。

【注释】

①师化:作为师长所施布的教化。

②主天:代天宣教之意。

③夫且乐岁生善物多:据下文,此八字中"夫"当作"天"。

④五谷:五种谷物。通常指麻、黍、稷(高粱)、麦、豆。在多数情况下则被用作谷物或常见食物的通称。

⑤好善:谓体魄健壮,面生光泽。

⑥色恶:谓脸色憔悴难看。

【译文】

"如今皇天的道法原本就有盛衰吉凶的情形,为什么反而强调作为师长所施布的教化恰恰占据首位呢?""因为天地不与世人直接讲话,所以时时就降生下圣人来,降生下圣明的师长来,让他们传告那诸多事体,这正属于代天宣明教化。时世眼看要吉祥欢乐了,因而便降生下高明优异的一流师长,让他们播扬吉善的言论并施行吉善的教化。皇天的道法眼看被搅乱而变得凶险衰败了,就降生下低劣邪恶的师长来,让他们教唆世人怎样干那低劣邪恶的勾当。这正形成了负责施行皇天道法的教化却自行归属吉善或自行归属邪恶的证明啊!皇天想让世上得遇大丰年,就生出茂盛苗壮的众多植物来,五谷都颗粒饱满,去叫世人食用,世人个个都体魄健壮,面带光泽。皇天想让世上遭遇饥荒年,就生出凋谢枯败的众多植物来,茂盛苗壮的非常少,拿乌七八糟的东西去叫世人食用,世人个个面色憔悴特难看。这正形成了化导世人的师长究竟怎么样的证明啊!所以高明优异的一流师长出现在世上,低劣邪恶的师长就藏伏起来,这也构成了皇天盛衰的征象,属于代天宣达教化的表现。

"今天道大周①,故使吾下善说,真人善事,乐其化为上善,故以第一事教之。天周备,其事具者必乐。子知其意,若人、物周遍，有其家为其乐。今天周遍，有何不乐而曰凶乎？此书万世不改，天上之化如此矣。"

【注释】

①大周：意为经过数度循环而满一大轮。指火行赤气又全面占据统治地位。参见本经卷一百十九《三者为一家阳火数五诀》所述。

【译文】

"如今皇天的道法经过数度循环而满一大轮了，因而就派我来到人间讲说吉祥良善，由真人去传布吉祥良善，通过倡行欢乐而使世人都成为最吉祥良善的人，所以就用这宗头等大事去教诲世人。皇天已经循环了一大轮，具体事象已经完全具备，世人必定会转入欢乐。你想了解其中的要意，也就好比人员和物品一样都不缺少，拥有这样的家庭就肯定为它而倍感欢乐。如今皇天已经应有尽有了，还有什么不能欢乐的，却仍瞎说凶险呢？这篇书文永远也无法更改，因为皇天的化导就像这个样啊！"

天乐得善人文付火君诀第二百七

【题解】

　　本篇所谓"天乐得善人",意为皇天在太平盛气降临之际,急欲索求到确能调风雨、使万物具生的地上贤圣。"文付火君",则是说,速将宣达皇天此意的这篇神文授付给第一等"火精道德之君"亦即按"五德终始"的历史循环论而以火德自居的东汉当代帝王。篇中所着力阐扬的是,阴阳相合,生化不已,周而复始,永无穷尽,恰恰构成"太灵自然之术"的重要组成部分,既为大道天法的"喉襟"所在,又为"无极之政"的纲纪所在。由此要求帝王和世人好生乐善,以获皇天之选。

　　"今真人积善又贤,事事通。今天上皇洞平气具至①,今天上欲有可急得,子亦岂知之乎哉?""小生性愚且蒙,不及,唯天师。""行,诸真人安坐,为子悉陈之。今天上乐得善人,可以调风雨而具生凡物者。初天地开辟以来,人为善者少,少而中天意者。天常以是为忧患,而今地上人无中天上可求者。"

【注释】

①上皇洞平气：最盛明最通透的太平气。

【译文】

"如今真人积累善行又贤明，事事都开通。现下皇天最盛明又最通透的太平气全部降临了，如今皇天希望有立刻就能求取到的对象，你们恐怕也知道是什么吧？""弟子禀性愚暗又蒙昧，我们还闹不清楚，只请天师教诲。""近前来，众位真人稳稳坐定，为你们详尽陈述这宗事。如今天上高兴获取到可以使风雨协调、让万物全部得以生长的善人。自从天地开辟以来，世人中做善事的人很少，因而很少有能切合皇天心意的人。皇天常把这种情况当成忧虑又犯愁的事情，可现今地上世人中却没有符合皇天乐意求取到的人选。"

"今天上何不自生人，而反乃取于地上人乎？""夫天地之生凡物也，两为一合①。今是上天与是下地为合，凡阳之生，必于阴中，故乃取于此地上人也。又人含阴阳气之施，必生于土泉②，故皆象其土而生也③。故五方异俗，天下小小而不同。故万二千国一部中人④，不相似也。子知之乎？""唯唯。"

【注释】

①两：指天之阳气与地之阴气。一合：谓通过交合而构成一个新的生命体。

②土泉：指居住地，栖息地。

③象其土而生：意谓体质和气质具有其生活区域的天然特征。《灵枢·阴阳二十五人》依据阴阳五行说，把禀赋不同的各种形体归纳为木火土金水五种类型，又用五音将每一类型分为五类，合称

阴阳二十五人。《淮南子·地形训》亦谓,不同地域各以其类生人,并列示山气、泽气、轻土、重土和东南西北中五方各地人的各自特点,如中央,人多聪明仁慧而善于治理国家之类。

④故万二千国一部中人:此九字中"一部中人"四字《太平经钞》作:"皆随水土"。一部:指大九州。战国阴阳家邹衍认为,中国名为赤县神州,九个像赤县神州那样的州组成一大州,周围有小海环绕;这样的大州又有九个,周围有大海环绕;再往外,才是天地的边际。这种地理假说,史称大九州说。其为此处"一部"所本。本经卷九十二《万二千国始火始气诀》云:"一大部乃万二千国。"

【译文】

"如今天上为什么不自行降生下这样的人,反而竟从地上世人中来求取呢?""天地化生万物,通过阳气与阴气交合而构成一个新生命。如今位于上面的皇天与处在下面的大地通过交合而构成一个新生命,都要经由阳气的施生,而必定在阴气中化育,所以就从这地上世人中来求取啊!再者说来,世人含有天地阴阳二气的施注,必定要在居住的地区降生下来,所以降生下来就都具有居住地区的天然特征啊!因而东西南北中五方风俗就不同,整个天下也略有不同,所以在一大州部内共计一万两千个国家中的人,也不完全相像啊!你们明白这一点了吗?""是是。"

"人生而常善者付于父,故善人上付于天也。万物之精,善者上合为天①,为三光也。其中者付于人②,使其仕③,顺阴阳而理万物也。其下者付于土,使步行而作事也④。真人知之乎?""唯唯。善哉善哉!"

【注释】

①善者上合为天：此六字中"合为"二字《太平经钞》作"属于"。

②中者：指中等人。人：指王朝各级统治者。

③仕：担任官职。

④步行：与入仕者乘车相对而言。谓受驱使，供役使。作事：指从事农耕和手工业生产及商业活动。本经辛部云："人生必因天气，上善者付天，中善付于人，下善付田亩。故上士学而度世，中士当理民，下士当理田野。上士当来云气，中士乘车，下士当步行。此三人各殊职，不相妨害。"又癸部《救迷辅帝王法》谓："善人得以为福德，尊者得之驾乘，卑者得以步足。"

【译文】

"从降生下来总很良善的人要付归给父亲，因而善人就往上付归给皇天。万物的精灵，其中属于良善的，就往上与皇天相融合，成为日月星辰。那些中等人则付归给人间的统治者，叫他们担任官职，承顺阴阳而治理万物。至于下等人就付归给大地，让他们专供役使而从事农业生产等活动。真人清楚这种情况了吗？""是是。这太好了！这太好了！"

"是故今天上欲调风雨，具生万物，乐得善人，故吾见遣①，下简索之也②。以文付真人，以与谨民，令付上火精道德之君③，使以示天下人，共思吾书言。故以付真人，慎毋断绝④，子且病之⑤，加戒慎事！"

【注释】

①见遣：谓受天派遣。

②简索：挑选寻找之意。

③上火精:意为属于第一等火行之精的。东汉盛行汉为火德说,故
　　出此语。

④慎毋:切莫。断绝:谓擅自扣押而不传布。

⑤病:谓遭受天殃。

【译文】

"因此现今皇天想使风雨协调,叫万物全部生长出来,就希望获取
到善人。所以我就接受皇天的派遣,下凡来挑选寻找这样的人,为此而
把这篇书文授付给真人,由真人再授付给百姓中谨顺的人,让他去付归
给作为火行精灵化身的第一等具有道德的君主,由君主再把它亮给全
天下的人来观看,共同精思我这书文的话语。因而就先将书文授付给
真人,真人切莫擅自扣押而不传布它;那样的话,你们就会遭到天殃。
务必引起高度警戒来,慎重去传布!"

"唯唯。今愚生以为天上乃无极①,而正独与此下地为
合乎②?""善哉! 子之难也。天虽上行无极,亦自有阴阳③,
两两为合。""今地下亦自有合乎?""然。地亦自下行何极,
亦自有阴阳④,两两为合。如是一阴一阳,上下无穷,傍行无
竟。大道以是为性,天法以是为常,皆以一阴一阳为喉衿⑤。
今此乃太灵自然之术也⑥,无极之政,周者反始,无有穷
已也。

【注释】

①天上:谓天一直往上拓展。本经卷四十《分解本末法》云:"比若
　　清者,乐上行为天,天乃无上也。"

②下地:谓地一直朝下延伸。本经卷四十《分解本末法》云:"比若
　　浊者,乐下为地,故地最下,无复下也。"

③"天虽"二句：指日月同为照耀天下的星体，日则属阳，月则属阴，而日之旭日又为阳，落日又为阴，月之盈又为阳，月之缺又为阴之类。

④"地亦"二句：指山为阳，水为阴，而山南又为阳，山北又为阴，水南又为阴，水北又为阳之类。

⑤喉衿(jīn)：咽喉与衣领。以喻纲领。

⑥太灵：指元气。

【译文】

"是是。如今愚昧的弟子觉得皇天一直往上拓展而永无边际和止境，唯独就与这一直朝下延伸的大地通过交合而构成一个新物体吗？""你们这诘难真是太好了！皇天尽管一直往上拓展而永无边际和止境，但也自行存在着阴和阳，通过两两交合而构成一个新物体。""如今地下也自行存在着通过交合而构成一个新物体的情况吗？""是的。大地自行往下延伸，哪里会有边际和止境呢？但也自行存在着阴和阳，通过两两交合而构成一个新物体。像这样一阴又一阳，朝上或往下都无穷无尽，向四面延伸也没有尽头。大道正把这作为本性，天法正把这作为常规，都把一阴一阳作为纲领。直至当今，它仍然属于元气本来就那样的定律啊！永无止境的政事绕完一整圈，就又重新开始，没有到头和停止的时候啊！

"欲为真人分别一二而陈道之①，真人会不而知之耳。故略为子举其端，见其始，著其大纲，自思出其纪②，令天下地上贤圣自美之耳。子知之耶？""唯唯。愿闻其教。""诺，自详记吾言。于吾教，子上而息③。""唯唯。"

【注释】

①分别一二:条分缕析之意。

②纪:要领,症结。《老子·十四章》谓:"能知古始,是谓道纪。"

③上:崇尚、推尊。息:谓获长生。阳进阴退曰息。

【译文】

"打算为真人条分缕析地做讲说,真人终归无法了解掌握住它。所以便约略地为你们列举那主要部分,显示出起始的情况,彰明那纲要所在,由此自行精思,寻找出那症结来,使天底下和大地上的圣贤对此自行感到太高妙罢了。你们明白这一用意了吗?""是是,希望听到那教诲。""好的,自行仔细地记下我所讲的一切。对于我的教导,你们能尊崇也就获得长生了。""是是。"

天咎四人辱道诫第二百八

【题解】

本篇所谓"天咎",意为皇天对人间社会某些事象及其当事人的极度憎恶。"四人辱道",则为天咎的具体对象之一。亦即:具有"四毁之行"的在《太平经》编著者看来纯属污辱毁败天道的修炼方式及其奉用者,包括:出家弃双亲,是为不孝不谨顺;终身不娶妻,绝后嗣,是为不好生,灭天统;食粪饮小便,是为"大邪所著";行乞化缘,是为"欺慢痴狂"。对此"四毁之行",篇中斥之为衰劣穷窘的道中之"霸",对其奉用者,则定为"逆子大凶之人",并断言无一不遭天谴,死灭于五方极其遥远黑暗的"不毛之地、无人之野"。这种挞伐,主要是对早期传入中国并依附于黄老之道的佛教修炼方式的排斥。在排斥当中,提出了乱世出邪道的观点,凸显了天地上下善恶"两两相应"、"不失铢分"的组配常法,力倡守父母、保妻子、闲室炼气、易形成神的循序渐进的修道真方。更引人注目的,则为通篇由始至终对"正道"特征、地位与作用的强调,即:正道"清且白",职在"兴善除恶",既为皇天之师,万事之长,大化之根,众民父母,又为"无上之称"和"最善之称"的惟一荣膺者。本篇被《太平经》编著者名之"皇天简士书"或"天上简士文",近及六千言,而盈溢在字里行间的激昂卫道之情和愤慨斥邪之气则愈抒发愈不可遏,委实给人以一种宗教震撼力和感染力。

"今天上有何大憎恶,名为天咎。真人学用日久,岂亦深知之邪哉?""今愚生不及何等也,愿闻之。""然。古今诸为道者,乃皇天之所取法也,最善之称,冠无上^①,包无表^②,内无里^③,出无间^④,入无孔,天下凡事之师也;生之端首^⑤,万事之长^⑥,古今圣贤所得之长^⑦;今帝王之所以得天心以自安,民之父母,凡化之所从起也^⑧。真人知之邪?""唯唯。"

【注释】

①冠:位居第一之意。

②表:外端,边际。

③内:通"纳",容纳。

④间:缝隙,空隙。

⑤端首:首要部分。此处意为引领者。

⑥长:主宰之意。

⑦所得之长:意为所应去敬奉的尊长。

⑧凡化:一切化导。

【译文】

"如今天上对什么产生了深切的憎恶,就把它专门称作天咎。真人学习和施用真道已经时间很长了,恐怕也深深了解这宗事体了吧?""如今愚昧的弟子对此究竟算是怎么一回事还闹不明白,希望听到这方面的教诲。""好的。古今各个方面从事真道修炼的人,恰恰属于皇天所取法的对象和最为吉善的专称,占据那最高地位,包容起来就不存在什么外端,接纳起来就不存在什么里层,能从没有缝隙的地方闪出来,能从不带孔眼的处所钻进去,堪称天下一切事情的师长啊!既是长生的引领者,万事的主宰物,古今圣贤所应去敬奉的尊长;又是当今帝王获取到天心来自我保全的根源,众百姓的父母,一切教化的最先施布者。

真人明白这种情况了吗?""是是。"

"夫道,乃天也,清且明,不欲见污辱也。而今学为道者,皆为四毁之行①,共污辱皇天之神道,并乱地之纪②,讫不可以为化首③,不可以为师法④,不可以为父母⑤,俱共毁败天之宝器⑥,天之皆名之⑦,名为大反逆之子。

【注释】

①四毁之行:四种毁败真道的修持或修炼方式。指抛弃父母而径去修炼道术,不娶妻不要后代而径去修炼道术,食粪饮小便,以出家人的身份乞讨化缘。

②地之纪:大地的纲纪。古传地有大绳维系四角,使地有定位,谓之地纪。此处则指配天辅化的固有准则。参见本经卷三十九《解师策书诀》所述。

③讫:最终,到头来。化首:教化的头等要务。

④师法:指效仿依从的准则。

⑤父母:喻指统率者。

⑥宝器:喻指真道。《老子·六十二章》谓:"道者,万物之奥,善人之宝。"

⑦名:意为给一种叫法。

【译文】

"真道正如同皇天啊! 清纯而又明朗,不想受到任何玷污和辱没啊! 可如今世上去学道的人,却都热衷于四种毁败真道的修炼方式,共同玷污和辱没皇天的神妙真道,一起搅乱大地的纲纪,但最终却构不成教化的头等要务,构不成效仿依从的准则,构不成统领者,全在共同毁败着皇天的宝器,天上对这类人都给一种叫法,叫作极为反逆的坏小子。

"汝居地上，不中师法，上天安而反中师法哉？子欲知其审实，此若小人居民间不中师法也，至于帝王之前，宁而中师法不哉？如使处下不中师法，而上天反畜之，以为师法中类①，天上与帝王之前，反当主畜积邪恶之人邪哉？故天上深知其失道意非②，故疾咎之也。

【注释】

①中类：意谓确实够得上纯正的类属。

②意非：用心歹恶之意。

【译文】

"你在大地上存身，可却构不成效仿依从的准则，即使到了天上，怎么能反而偏偏就构成效仿依从的准则了呢？你们六位真人打算了解那详实的情况，这也就好比普通百姓生活在民间，本来就构不成效仿依从的准则，一旦到了帝王的面前，是否竟能构成效仿依从的准则了呢？如果生存在大地上压根就构不成效仿依从的准则，而一旦到了天上反倒对他们予以收容养护，认为他们所效仿依从的准则够得上纯正的类属，这不成了在天上和帝王面前反倒应当负责收容养护邪恶分子了吗？所以天上深知这类人已经丧失了真道，用心歹恶，因而就特别强烈地憎恨他们啊！

"今洞上皇平气至，不而复容此四人①。此四人也，乃使天上、天下共贱为道者，反名为恶子。是故令使人道日衰消休废②，不复起。今天下之人共为恶，正此四人所毁败也。今天上大憎咎之，故欲更选七也③。真人知之邪？"

【注释】

①四人：四类人。即四毁之行者。

②休废：休止废弃。

③更选七：意谓重新决定世人的生死。七，十分之七。《老子·五十章》谓："出生入死，生之徒，十有三。"

【译文】

"如今通透至极的最盛明的太平气降临了，决不能再容留这四种人了。这四种人竟使天上和天底下都看不起修炼真道的人，反而把修炼真道的人称作邪恶的家伙。因而致使世人所修炼的真道一天比一天衰颓消亡，休退废弃，不能再兴行起来。现今全天下的人一起干坏事，正是被这四种人给毁败的呀！如今天上非常憎恨他们，所以就要重新决定世人的生死啊！真人清楚这种情况了吗？"

"愚生今受性顽钝①，讫能不解何谓也，愿闻之。""子尚不即解，何望于俗人哉？诺，开耳精听，为子详陈道大瑕病所起②，使天下后学者，令昭然知其失道也。

【注释】

①顽钝：顽劣迟钝。

②大瑕病：特别严重的污点与弊端。

【译文】

"如今愚昧的弟子禀性就顽劣迟钝，一直没闹懂天师讲的究竟是什么意思，希望能得到指点。""你们尚且还不能立刻就闹明白，对世俗人可还去要求个什么呢？好好，你们竖起耳朵仔细听，为你们详尽讲说给真道添上特别严重的污点与弊病究竟来自哪里，使天下后来学道的人，非常明晰地懂得自己丧失了真道啊！

"其第一曰不孝①;第二曰不而性真②,生无后世类③;第三曰食粪饮其小便④;第四曰行为乞者⑤。故此四人者,皆共污辱天正道⑥,甚非所以兴化而终古为天上、天下师法者也⑦。假令得道上天,天上简问之⑧,尽为恶人。今不可以调风雨而兴生万二千物,为其师长也。"

【注释】

①不孝:谓径自离家而去却置父母于不顾。故称其为"不孝"。

②而:能。性真:谓保持人所固有的生理机能和本性。《孟子·告子上》称:"食、色,性也。"又《礼记·礼运》云:"饮食男女,人之大欲存焉。"

③生:意为来世一场。无后世类:谓不娶妻而自行断绝本家族的传衍世系。

④食粪饮其小便:此为配置和服用方药的一种方术。该方术在东汉初期即已出现。《论衡·雷虚篇》云:"道士刘春,荧惑楚王英,使食不清。"《后汉书·方伎传》亦记述甘始等三名方士饮用小便。后世药典仍有鼠屎、猪屎汁被道士用作药引的载录。

⑤行为乞者:到处化缘之意。以上所列四毁之行,重在批驳早期汉传佛教的教义和法术。佛教传入中国之初,依附于黄老之道,故在当时亦被视为道术。

⑥正道:纯正的道法。

⑦兴化:兴行教化。终古:永久。

⑧简问:查验勘问。

【译文】

"第一种叫做不孝敬;第二种叫做不能保持人的先天本性,来世一场却断绝了本家族的传衍世系;第三种叫做食用粪便又喝尿;第四种叫做到处去乞讨化缘。因而这四种人全都一起去玷污辱没皇天的纯正真道，绝对不是兴行教化而永久被天上和天底下去效仿依从的人啊！假设叫他们得道升天了，天上查验讯问他们，也一律归入邪恶人的行列。如今这类人不能使风雨协调，叫一万两千种生物生长和兴旺而成为它们的师长啊！"

"可侅哉①！可侅哉！小生聋暗，讫不知有过于天。今唯皇天明师，愿见为复重察察分别解之，冀蒙心得更开。""行，详聆听。为真人具道其意，使可终古以为万世之法。后生谨良为道者②，不复犯天禁，令使得道而上天，天上更喜之。比若地上帝王得善人，与共为治，亦喜之也。故天上所进，地上亦然，岂不善哉！""唯唯。闻命矣。"

【注释】

①侅（hài）：愁苦。

②谨良：谨顺良善。

【译文】

"这太让人感到愁苦了！这太让人感到愁苦了！弟子聋暗，一直不清楚这在皇天那里已经犯下了罪过。如今只请皇天明师做裁定了，愿意看到您为弟子重新明细地逐项做解说，希求蒙昧的内心得以再度开通。""近前来，仔细地聆听，为真人详尽解说其中的意旨，让你们可以永久把它作为万世不变的法则。叫后来出生的谨顺良善地去修炼真道的人，不再触犯皇天的禁忌，使他们得道升天，天上更喜爱他们。这也就如同地上的帝王获取到良善的人而与他们共同施行治理，也很喜爱他们啊！所以天上所升进的人，地上也同样对待他们，这不显得很完美吗？""是是，承受到皇天明师的教诲了。"

"道者,乃皇天之师①,天之重宝珍物也②。为者,其行当若天;成道者,当上行,天乃好爱之仕也③。今或有过误,得道而上天者,天上受如问之④,反皆有不谨孝之行。道为化首,天为人师法,何可反主畜舍、匿养天下不谨孝子哉⑤?子亲有此恶行,而天何宜使此人长生,与其共事乎?若此,天反当主舍此恶人反逆之子邪?地上尚不仕,天安肯仕之乎?故不孝而为道者,乃无一人得上天者也。虽去,但悉见欺于邪神佞鬼耳⑥,会皆住死于不毛之地、无人之野⑦,以戮其形。天之应人如影响,安得行恶而得善者乎?古今希有之也。地王虽为道⑧,前后众多者,其度者少⑨。今天上乃少善人,无可与共事者也,其行悉凶恶也。"

【注释】

①"道者"二句:此系阐明道法与皇天的关系。道法之所以能成为皇天之师,原因则如本经《守一明法》所述:"夫道何等也?万物之元首,不可得名者。六极之中,无道不能变化。元气行道,以生万物,天地大小,无不由道而生者也。"壬部亦称:"夫天畏道者,天以至行也,道废不行,则天道乱毁;天道乱毁则危亡,无复法度。故自然使天地之道守行道不懈。"

②重宝珍物:比喻贵重性、灵妙性。

③仕:谓封赐神职神位。

④受如:指接受升天者所献呈的个人行状。"如"谓个人行状内容属实。

⑤畜舍:接纳和收留。匿养:藏匿和养护。

⑥佞鬼:专用花言巧语哄骗世人的鬼物。

⑦会皆住死于不毛之地:据上下文意,此九字中"住"字当为"往"字

之讹。不毛之地：任何植物都不生长的地方。

⑧地王：地上之王。即君主。如热衷求仙的秦始皇、汉武帝之类。

⑨度者：指黄帝在鼎湖升天成仙这等帝王。

【译文】

"真道属于皇天的师长，也是皇天贵重珍奇的宝物啊！修炼它的人，行为就应效法皇天；修成真道的人，本该朝上飞升，于是皇天喜爱他并封给他神职神位啊！如今有人存在着过失，即使得道升了天，天上接受他所献呈的个人履历表，予以查问，反而都有不谨顺不孝敬的行为。真道构成化导的第一要务，皇天原属世人效法的对象，怎么反而可以收容安顿并藏匿养护天底下那些不谨顺不孝敬的家伙呢？你自身存在这样邪恶的行为，皇天凭什么能让这种人长生不死，与他们共同行事呢？果真如此，皇天反而应当职在收留这种邪恶人和反逆的坏小子吗？地上尚且不叫他们做官，皇天怎么愿意封给他们神职神位呢？所以不孝敬而去修道的人，最终没有一个人得以升天。即使离开人世了，也只不过全被邪神奸鬼所欺哄罢了，终归都来到什么都不生长的地方、根本就没人烟的荒野上，由邪神奸鬼把他们的身形斩断。皇天对世人做出回应，灵验得就像身影追随身形，回音应和本声，哪会行为邪恶却获得美好结果呢？从古至今几乎没有这种事呀！地上的君主尽管修炼真道，前后人数很多，但真正升天成仙的人也简直太少了。如今天上正缺少良善的人，没有真能同他们一起行事的人，正因为他们的行为全都凶恶啊！"

"如是，天何不即杀之，乃使到不毛之地，无人绝气之野乎？""所以不即灭杀之者，天地之间，其气集多所，而畜容，故名为中和。比若人和①，无不而包容也，故得须臾②。天者，主执清明③，比若居帝主之前，不可得容奸恶人也。故天上本不与等子为治也④，地上亦然也。天不与不谨孝子为治，比若圣王不与不谨孝人为治也。圣王尚不肯与为治，天何肯独与为治乎哉？古者圣贤所以不与为治者，乃深睹天法，象天为行也。与愚者为治，天即大恨矣。"

【注释】

①人和：谓人际关系和睦协调。

②须臾：意为不孝求道修道者尚可稍略多活一些时日。

③清明：清纯明朗。

④等子：这号人，这班人。

【译文】

"既然像这样，皇天为什么不立即杀死他们，竟然还让他们到那什么都不生长的地方，没有人烟又气息断绝的荒野去呢？""不立即杀死灭掉他们，原因是在天地之间，那汪气流汇集在很多的地方，能够收容众物，所以就特称为中和人间。这也就如同世人和睦，没有什么不能包容的呀！因而还能让他们稍略多活一些时日。皇天职在执持清纯和明朗，就像在帝王君主的面前决不能容留奸恶的人啊！所以皇天压根就不与这号人施行治理，地上也是这个样。皇天不与那些不谨顺不孝敬的家伙施行治理，也就如同圣明的帝王不与那些不谨顺不孝敬的家伙施行治理啊！圣明的帝王尚且不乐意同他们施行治理，皇天怎么就偏偏乐意同他们施行治理呢？古代的圣贤之所以不与这号人施行治理，原因正在于深切地察见到皇天的法则，效法皇天去行事啊！与那愚昧的人施行治理，皇天就大为恨怒了。"

"何以明之？""人君与之为治，天为甚多灾变怪①。夷狄数来②，是明天恨恶之证也，与重规合矩、券书何异哉③？今天乃见人与之为治,尚憎恶疾之,何肯乃自与其共事乎? 人所恶,天亦恶之也;人所爱,天亦重爱之也。是故古者贤圣睹天意深,故常象天而为行,不敢失铢分也。故而常独与天厚,得天心也。如不与天心合,不得天心,则大凶矣。人行尚如此,何况今乃当为天上简士哉④! 天上简士,乃当与天共事治无穷极之术也,长相与并力同心调气⑤。真人宁解不邪? 宜自慎! 吾言纯天心意也,不可犯也,犯者死矣,□□哉⑥!"

【注释】

①灾变怪:指各种灾祸和奇异不祥的自然反常现象。

②夷狄:古代对边疆少数民族的蔑称。

③重规合矩:万分切合之意。规,校正圆形的工具。矩,校正方形的工具。券书:契据。以喻足可凭信。早期道教有左契、右契之说,参见《老子想尔注》所述。

④简士:谓挑选确可充任神吏的人。

⑤长相与并力同心调气:此九字之下《太平经钞》尚有五字:"故能长久矣"。调气:谓使阴阳二气达到高度和谐的状态。参见本经卷四十二《九天消先王灾法》所述。

⑥□□哉:此句原缺二字。

【译文】

"根据什么确能证明这一点呢?""君主如果与这号人施行治理,皇天给他降现的灾祸和反常现象就特别多又特严重,边区部族就屡屡前来侵扰,这正构成皇天恨怒憎恶的证验,这种证验与圆规重叠、方矩复合、契约对照根本就没有什么两样! 如今皇天看到人间帝王竟与这号人施行治理,尚且憎恶痛恨这种举动,哪里还乐意自己与他们共同行事呢？世人所憎恶的事物，皇天也憎恶它们；世人所喜爱的东西，皇天也看重并喜爱它们。因此古代的圣贤察见天意特别深切，所以就总去效法皇天来行事，不敢出现丝毫的偏差。因而就独自与皇天接下父子般的密切关系，获取到天心。如果不与天心相切合，获取不到天心，那就非常凶险了。世人的行为尚且这样，何况当今正该为天上挑选确能充当神吏的人呢？天上在挑选确能充当神吏的人，就该与皇天共同行事，运用那施行治理而永无尽头的道术，长久地一起同心并力调理好阴阳二气。真人对此到底有没有弄明白呢？应当自行多加小心！我这话语纯粹代表着皇天的心意，绝对不能违犯，违犯的人也就死掉了。"

"善哉善哉！愚生心意，一善解于是。""子尚裁一善解①，俗人不解，冥冥愦愦是也②。天疾之，故使吾下大言③，具出天法。自是之后，学者戒之慎之！

【注释】

①裁：通"才"，仅仅。

②冥冥：懵懂无知的样子。愦愦(kuì)：昏乱的样子。

③大言：一事大决之言。本经卷七十二辟有《不用大言无效诀》专篇。

【译文】

"这太好了！这太好了！愚昧弟子的内心想法，在这宗事体上形成了一种恰切的领悟。""你们尚且仅仅形成了一种恰切的领悟，而世俗人却根本不开窍，一直暗昧昏乱，也就只能是那个样子了。皇天对这种情况非常忌恨，所以就派我下凡对每宗事体都做出决断性的定论，全盘出示皇天的道法。从此以后，学道修道的人对此要引起高度的警戒，慎重加以对待！

"今天乃贵重传相生,故四时受天道,教传相生成①,无有穷已也,以兴长凡物类②。故天者名生称父,地者名养称母,因六甲十二子八卦之气以为纪③,更相生,转相使,故天道得常在,不毁败,是常行施化之功也④。

【注释】

①生成:化生与成就。

②凡物类:指一切生物。包括人类和动植物等。

③六甲:指代六十甲子。六十甲子中有甲子、甲戌、甲申、甲午、甲辰、甲寅,各为六旬之首,故称六甲。十二子:通称十二地支,又称十二辰。乃系古代为表示时间或方位等而制的序列化专用符号,即子丑寅卯辰巳午未申酉戌亥,常与天干配合使用。支之取义,源自树枝,或称其为月之灵。此处乃指其所代表的空间方位。八卦之气:指坎卦居北,主冬至;艮卦居东北,主立春;震卦居东,主春分;巽卦居东南,主立夏;离卦居南,主夏至;坤卦居西南,主立秋;兑卦居西,主秋分;乾卦居西北,主立冬。每卦用事四十五天,执持四时变化,周行一圈则当三百六十日。

④施化:谓阳施阴化。

【译文】

"如今皇天正特别看重所有的生物都递相繁殖传衍,因而春夏秋冬便承受皇天的道法,去让交替化生与成就,没有到头和停止的时候,以便使万物生长又兴旺。所以皇天就把化生当成自己的专名而被称作父亲,大地就把养育当成自己的专名而被称作母亲,随顺六十甲子、十二地支和八卦施布的时气作为纲领,轮番让万物繁殖传衍,一环支配一环,因而皇天的道法得以永久存在而不毁败,这正是总在播布那阳施阴化的功德啊!

"今学道者,纯当象天为法,反多纯无后①,共灭消天统②。其贞者③,尚天性也,气有不及。其不贞者,强为之壅塞④,阴阳无道,种其施于四野⑤;或反弃杀、穷其妻子而去者,是皆大毁失道之人也,无可法。是大凶一分之人也⑥,不可以为人师法,安而中天师法乎?

【注释】

①纯无后:谓仅顾自己单身一人,根本不娶妻不要后代。

②天统:与地统、人统相对而称,亦即皇天的统系。其为三统之首。男子属阳,代表天统,故出此语。本经卷三十五《分别贫富法》云:"夫男者乃承天统,女者承地统。"

③贞者:指先天便不具备生殖能力的男子。即天阉。

④壅塞:谓压抑正常的性要求。

⑤种其施于四野:指在栖身处所而产生的梦遗或手淫现象。

⑥一分:占上一份之意。

【译文】

"现今学用真道的人,纯粹应去效仿皇天,把它奉作准则,可却反而大多只顾自己单身一人,不要子孙后代,共同来灭绝皇天的统系。那些天生就不具备生殖能力的男子,属于顺从天性,他那阳气根本无法施注出来。可那些具备生殖能力的人,却硬行抑制体内的施生阳气,致使阴阳失掉了繁衍新生命的法则,在那四野修炼的处所胡乱遗泄精液。还有人反而抛弃甚至戕杀或根本不顾自己妻室儿女的死活,只管本人甩身而去。这都纯属丧失真道并使真道遭受严重毁败的人,没有任何值得效法的地方。这帮人都是大凶祸必定会占上一份的家伙,它们不能够给世人树立起效仿依从的准则,又怎能符合皇天让世人去效仿依从的那种准则呢?

"夫皇天，乃是凡事之长，人之父母也，天下圣贤所取象也，何用等失道妄为无世类之子为与共事乎？如天但与此子共为治，天名为主舍匿恶人兴凶术①，何可以为圣治人上师乎②？故不舍止之也。古者圣人大贤尚知讳③，不肯与无后世类之人共事。与之为治，悉不得天心。故圣贤，天使其皆贵重有后世，而共憎恶人无后世也。圣人乃深知天意，故独常法象之，不失铢分也，而况天乎哉？

【注释】

①主：职在，负责。

②圣治人：指圣明的帝王。上师：第一等明师。

③讳：忌讳。

【译文】

"皇天正是一切事情的主宰，也是世人的父母，更是天底下的圣贤所去效仿取法的对象啊！哪里会任用丧失真道、胡乱使家族传衍世系灭绝的这号人来与皇天共同行事呢？如果皇天只与这号人共同施行治理，皇天正把这种举动称为职在收容藏匿邪恶的人而去兴行凶险的邪术，哪能成为圣明施治的人间帝王的第一等师长呢？所以就决不收容留用这号人啊！古代的圣人和大贤人尚且懂得忌讳，不肯与灭绝家族传衍世系的人共同行事。果真与他们施行治理，就获取不到皇天的一点点心意。因而对圣贤来说，皇天都叫他们十分看重必有后代，而共同憎恶世人竟然不要后代啊！圣人于是深深了解皇天的心意，所以就只管去效仿取法而不差一丝一毫啊！更何况皇天本身呢？

"今天上久纯无善人，故使吾下大语①，以示敕后来，使愚者悉自知。若天上仕此人，天上反当主聚无后世人邪？

行如此，反得上天，天上反爱无后世而不好生邪？故皆死于不毛地、不生之土、无人之野，令使各归其类也。汝不好生，与天反，故投汝不生之处；汝好无人，故投汝无人之野。俗人冥冥不睹，则言其已度世矣，实不也。吾不敢欺真人也，吾亲以天上行而下②，睹与不睹，比若示盲者以日，言人欺之，反掩其口而笑，愚者比若此矣。真人慎之，天上所恶也，上亦然也③。"

【注释】

①大语：高声宣讲之意。

②亲以天上行：意谓亲身从天上察看完毕。

③上亦然也：此四字中"上"字前面当有"地"字。

【译文】

"如今天上长久没有一个良善的世人，因而派我下凡特做高声宣讲，用来开示并训诫后来学道修道的人，使其中愚昧的人全都自行了解掌握住。如果天上真对这号人封赐神职神位，难道天上反而应当职在聚集起不要后代的人吗？行为竟像这般模样，反而得以升天，难道天上反而喜爱世人绝后却不喜好施生了吗？所以就叫这号人全都死在什么都不生长的地方、什么都不化生的处所、根本就没有人烟的荒野上，让他们各自归从本人的类属啊！你不喜好施生，与皇天对着干，所以就把你投掷在什么都不化生的处所；你喜好没有旁人，所以就把你投掷在根本没有人烟的荒野上。世俗人太愚暗，什么都看不出来，却说他已经超凡成仙了，实际上决没有这档事！我决不敢欺哄真人哪！我亲身从皇天那里察看完毕，这才来到人间，而亲眼见和未曾亲眼见，也就如同拿太阳指给瞎子看，并说这是别人在欺哄你呢，可瞎子却用手捂住嘴，暗自在发笑，愚昧的人也就跟这一个样罢了。真人对此要多加小心。天上所憎恶的事情,地上也相同啊!"

"善哉善哉! 愚生未尝见是天上事,真真一觉于是①。""子努力为善,行吾之文,疗天地之病,解帝王之愁苦。子功满②,得上天,自往睹见之,吾言乃大效矣。""唯唯。不敢道留③,不敢懈忽也。""子慎之无懈忽,审沮懈忽④,大命绝矣。""愚生甚畏天威⑤,诚受行之。"

【注释】

①一觉:彻底觉悟之意。

②功满:谓对皇天所立功绩达到既定的要求。

③道留:中途截留。指擅自扣压本篇书文。

④沮(jǔ):阻止。

⑤天威:皇天的威怒。

【译文】

"这太好了! 这太好了! 愚昧的弟子从未听见过天上的这种事情,真真在这宗事上彻底觉悟了。""你们要努力做善事,行用我这书文,治疗天地对世人忌恨的病痛,解除掉帝王的愁苦。你们功德圆满,就能升天,自行会前去看到那种情形,届时我所讲的这番话语也就得到明显的验证了。""是是,我们决不敢中途截留住书文,决不敢懈怠轻忽啊!""你们要多加小心,切莫懈怠轻忽。果真阻止住书文又懈怠轻忽,你们那本命也就断绝了。""愚昧的弟子非常畏惧皇天的威怒,确实领受并行用这篇书文。"

"善哉善哉! 得天意矣。今天乃清且明,道乃清且白①,天与道乃最居上,为人法。清明者好清明,故三光上著天,各从其类,合如为形。天之为形,比若明镜,比若人之有两目洞照②,不欲见污辱也。若比圣王之前,常欲清明③,不欲见污辱,污辱之则得灭死之过也。真人知之耶?""唯唯。可恢哉!可恢哉!"

【注释】

①清且白:清正又纯洁。

②两目洞照:古以人之双目乃仿照日、月而生,故出此语。洞照:明察秋毫之意。

③常欲清明:此四字中"清明"二字《太平经钞》作"得鲜明"。

【译文】

"这太好了!这太好了!你们获取到皇天的心意了。如今皇天恰恰清纯又明朗,真道也恰恰清纯又明朗,皇天和真道恰恰位居在最上面,成为世人效仿取法的准则。清纯明朗的事物准保喜好清纯明朗,因而日月星辰便往上附着在皇天上,各自依从自身的类属,组合而构成星光灿烂的总体形状。皇天构成自身的形状,就如同明亮的镜子,就酷似人有两只眼睛而能察照出一切,决不愿受到任何玷污和辱没啊!这也就好比圣明的帝王总希望自己面前是那一片清纯明朗,不想受到任何玷污和辱没,谁去玷污和辱没,就落个处死的罪过啊!真人清楚这种情况了吗?""是是。这太让人感到愁苦了!这太让人感到愁苦了!"

"是故人头口象天①,不欲乐见污辱也,常欲得鲜明,得善物。故天下人以淹污辱恶②,与人食之,天乃遣雷电下,自捕取之③。真人知是逆恶邪?""唯唯。愚生甚畏之。"

【注释】

①人头口象天：谓人头和人口呈圆形，乃系仿照天为圆形而生就。

②淹污辱恶：指肮脏恶劣的食物。水已发臭曰淹，引申为朽败、腐臭。

③捕取：击杀之意。汉俗以为，人拿不洁净食物让他人食用，必惹天怒，招雷击杀，雷之隆隆声，如同其人食用恶食的咕噜声。详见《论衡·雷虚篇》所述。

【译文】

"因而世人的头部和嘴部都取法皇天而长成圆形的，不乐意受到任何玷污和辱没，总想得到鲜亮闪光的物品戴在头上，总想得到香甜的食物吃在嘴里。所以天底下有谁拿肮脏恶劣的东西给别人吃，皇天就派雷电劈下来，自行击杀他。真人明了这种反逆行径得到的恶果了吗？""是是。愚昧的弟子对此害怕极了。"

"今大中上古以来①，人自言为善，绝殊于俗人也②。学为道者，反多相示教食粪饮小便，相名为质直善人③。天与道大憎之，天上名此为大反逆之子，天上不欲见其人形也。此大邪所著④，犬猪之精所下也。

【注释】

①大：指太古，亦即上古。指天皇、地皇、人皇所谓三皇时代。中：指中古。即以黄帝为首的五帝时代。

②绝殊：迥然不同之意。

③质直：质朴平实。

④著：谓附体缠身。

【译文】

"迄今从上古、中古时代以来,世人都声称自己在做吉善的事情,和凡夫俗子截然不同。可学用道术的人,反而大多相互教给对方怎样食用粪便又喝尿,彼此美其名曰质朴善人。皇天与真道万分憎恶这号人,天上把这号人叫做极其反逆的坏小子,天上压根就不想看到这号人究竟长个什么模样。这号人正是大邪鬼物依附在他们身上的人,纯属猪狗的精灵所托生的人。

"夫道之生天,天之有道也^①,乃以为凡事之师长。正道者,所以兴善,主除恶也。是故古圣贤帝王将兴,皆得师道^②,入受其策智^③,以化其民人。师之贵之,乃言其能知天心意,象天为行也。天上亦尊贵善道人^④,言其可与和风气^⑤,顺四时,承五行,调风雨,助日月星宿为光明也,而使万物兴也。

【注释】

①有道:谓执持真道。本经乙部《安乐王者法》云:"道无所不能化。天守道而行,即称神而无方。"又卷三十五《分别贫富法》云:"道者,乃天所案行也。"

②师道:指师长所持有的道法道术。

③策智:写在简策上的智谋韬略。《荀子·大略》云,天子即位,则上卿、中卿、下卿各进一策,上写预先即应引起警戒的重大事体并当面予以宣读。

④善道人:怀有吉善真道的人。

⑤风气:指应时而至的八风与二十四节气。本经卷六十七《六罪十治诀》云:"故天使元气治,使风气养物。"

【译文】

"真道使皇天化生出来,皇天又执持真道,于是把这作为一切事情的师长。纯正的真道,完全是用来兴行良善,职在消除邪恶的。所以古代的圣贤和帝王将要兴起,都要获取到师长所拥有的道法,向前领受写在简策上的智谋韬略,用来化导手下的民众。效法它又看重它,这才称得上他们确能明了皇天的心意,效法皇天而端正自身的行为。皇天也尊敬并看重怀有吉善真道的人,是说他们可以同皇天一起调理好八风二十四节气,随顺春夏秋冬,承用木火土金水五行,使风雨协调一致,辅助日月星辰大放光明,而使万物兴盛。

"今如此食粪饮小便,何可以为师? 今地上师尚不中,名为逆子,何能反中天上师乎哉? 小人甚愚也,甚淹污辱天道①。真人得极文②,思其意。地上所恶,天上亦恶之;天上所恶,地上亦然。是地上人恶食粪饮小便,天上亦恶之,故乃遣雷电霹雳下杀之也③。

【注释】

①淹:败坏。

②极文:代天立极之文。极,准则。

③霹雳:响雷,震雷。《释名·释天》云:"震,战也,所击辄破,若攻战也;又曰辟历,辟,折也,所历皆破折也。"本经卷四十三《大小谏正法》谓:"人多相与污恶,使霹雳数作。"

【译文】

"现今像这样去食用粪便又喝尿,凭仗什么能够成为师长呢? 如今连做一名地上的师长都不够格,被称为反逆的家伙,又怎能反而算得上天上的师长呢? 小人简直愚蠢到极点了,严重去败坏、玷污、辱没皇天的道法。真人获取到这篇代替皇天确立最高准则的书文，务必精思其中的意旨。凡属地上所憎恶的事物，天上也憎恶它们；凡属天上所憎恶的事物，地上也憎恶它们。这表明地上的世人憎恶食用粪便又喝尿这帮家伙，天上也憎恶他们，所以就派雷电劈下来，击杀他们。

“此辞者，但可以晓地上人耳[①]。天上恶之剧，于是地上尚憎恶之，天上何用为哉？天乃清明而鲜，何以反当主舍聚此食粪饮小便人乎？锥过误[②]，须臾得道，会不得上升天也，悉往死于五废绝气败凶之地[③]，以顺其行，以彰其过，各归其所求，不欺之也。真人年有善竟[④]，戒之慎之，以示后来。今洞上皇平气至，不得容此恶行，犯之死，明矣。”“可悏哉！可悏哉！”“真人知悏，是子觉也；子不悏，与之同罪；知而故为之，罪不除。”“唯唯。不敢不敢。”

【注释】

①晓：晓谕。

②锥：深深扎进之意。

③五：指五方。废绝气：即死亡气。

④善竟：美好的结果。即长生。

【译文】

“我这番言辞，只可以晓谕地上的人罢了。其实天上对这号人憎恶到了极点，而在这档事上，地上尚且憎恶他们，天上还要他们干什么呢？皇天恰恰清纯明朗又鲜净，凭什么反而应当职在容留聚集食用粪便又喝尿这号人呢？这号人深深扎进了罪过当中，即便转眼间就得道了，终归也不能升到天上去，其实都被天上赶往五方死亡气充斥的凶败地方，在那里死掉，用来顺从他们的行为，用来彰显他们的罪过，叫他们各自归向所求取的目标,决不欺哄他们。真人寿命具有长生的美好结果,对此要引起警戒,多加小心,把书文亮给以后要学道修道的人来观看。如今通透至极的最盛明的太平气降临了,决不能再容留这种邪恶的行径存在,谁还这样干,马上就死掉,显然摆在那里了。""这太让人感到愁苦了! 这太让人感到愁苦了!""真人知道愁苦,这已经表明你们觉悟了;你们不感到愁苦,就与这帮家伙罪过一个样;明白这些后却故意还去做,罪过就死有余辜。""是是。我们决不敢去做,决不敢去做。"

"今上皇天之为性也,常欲施与,故主施主与,主生主长,主出不主纳,主胜不主服①,服则为逆②,故天道不可威劫也③,劫迫之则令人灭亡矣。天主善,主清明,不乐欲见淹污辱。今天与道,乃无上之称也,故帝王象天为行也,称无上之君。不敢失天行之铢分则吉,失之则大凶。

【注释】

①主胜不主服:据本经卷四十七《服人以道不以威诀》,此五字中"胜"、"服"应互换字序。胜,谓以刑罚武力和权术制服人。服,谓以道德征服人。

②服则为逆:此四字中"服"当作"胜"。

③威劫:强力扭转之意。本经卷一百一《西壁图》云:"天道不可强劫,劫必致兵丧,威之死灭世。"

【译文】

"如今至高无上的皇天形成自身的本性,总想去施予,所以便职在施舍,职在赠予;职在化生,职在养长;职在付出,而不职在收纳;职在用道德折服,而不职在用武力制服,用武力制服就构成反逆,因而皇天的道法决不可以使用强力给它扭转过来啊! 使用强力去扭转,也就让人死灭了。皇天执持良善又执持清纯明朗，不愿意受到任何败坏、玷污与辱没。如今皇天与真道，正是至高无上的称谓啊！所以帝王便要效法皇天构成自身的行为，随后也就被称为至高无上的第一等君主了。不敢丝毫偏离皇天所施行的一切，那就吉利；一有偏离，那就非常凶险了。

　　"今学道为长生，纯当象天也。天者好生，故学长生者，纯守天第一生之气，其为行，当随天道意也。故地者主辱杀①，主藏②，不当随地意也。夫道者，乃大化之根③，大化之师长也，故天下莫不象而生者也。今下愚小人欲为道，反无益于民人，而共淹污辱天道，甚逆无状④，天上名之为逆子大凶之人也，天上不欲见之也。"

【注释】

①辱杀：地属阴，能忍辱，又好杀，使万物凋零枯败，故出此语。

②藏：谓收纳死人的鬼魂。本经卷一百一十一《善仁人自贵年在寿曹诀》云："故藏土下，主为地神使，不得复生。"

③大化：谓对普天之下施行的真道教化。

④无状：罪大无可名状。

【译文】

　　"如今学道意在获得长生，就应完全去效法皇天啊！皇天喜好施生，所以学习长生真道的人，就要完全守持住皇天那位属第一的施生阳气，而自己构成本身的行为，就应随顺皇天道法的心意啊！所以大地职在忍辱负重和克杀，职在闭藏，也就不应随顺大地的心意啊！真道恰恰构成普遍化导的根基，属于普遍化导的师长，所以全天下没有谁不效法它而获得生存的了。如今卑贱愚昧的小人心想修炼真道，反而对民众没有什么补益，却去共同败坏、玷污和辱没皇天的道法，极度反逆，罪大无可名状，天上正把他们叫做反逆的家伙和十分凶险的人，天上压根就不想看到他们哪！"

"何谓也？愚生心结闭，未及之也。""善哉，子之问乎！天使子言，详开耳目而听。夫天与道，不好施好生好称邪①？为之何不卜卦赋药②，有益于民人？而使神治人③，病固止也。此三人也④，皆得称师。不利天道，不敢淹污辱天道。夫天道不欺人也，常当务至诚。天道不欺，以欺，即其后久久，日凶衰矣。天之为道也，不乐淹污辱，不欲利人⑤。

【注释】

①好称：喜好美称之意。

②卜卦：用占卜算卦来驱除祸祟的方术。赋药：对症下药。此处用以指代医术。

③使神治人：指招神驱邪、为人治病的方术。

④三人：即卜卦工师、长于药方药剂的医师、长于使神治病的伎家。参见本经卷七十二《斋戒思神救死诀》所述。

⑤利人：谓从世人那里谋取到私利。

【译文】

"这话讲的是什么意思呢？愚昧的弟子内心闭塞郁结，还领悟不出来呀！""你们这提问真是太好了！皇天在驱使你们发问，你们竖起耳朵睁大眼睛注意听！皇天与真道，难道还不喜好施予、喜好化生、喜好美称吗？既然去修炼道术，为什么不致力于占卜算卦或医术，而对民众确有补益呢？就连呼招神灵来整治缠附人身的邪物，疾病固然也会痊愈啊！这三种道术的持有者，都有资格称为师长。若对皇天的道法没有好处，就决不敢去败坏、玷污和辱没皇天的道法啊！皇天的道法绝对不欺哄世人,世人应该总在极为诚恳上花气力。皇天的道法既然不欺哄世人,可世人却去欺哄皇天的道法,时间一长,也就一天比一天凶险衰败了。皇天构成它那真道,不愿意受到任何败坏、玷污和辱没,也不想从世人那里谋取到什么私利。

　　"天乃无上,道复尚之^①,道乃天皇之师法也^②,乃高尚天^③。是故天与道者,主修正凡事,为其长,故能和阴阳,调风雨,正昼夜,列行伍^④,天地之间,莫不被恩受命,各得其所者。今下愚为道,反为欺慢痴狂^⑤,乃共惑乱天之道,毁败天之化首,反行乞丐,求人之物,无益于民间,淹污辱天道,内利百姓^⑥。不可以为师法,反使后生者相教,每为道^⑦:道令人痴狂慢欺,又行被淹污辱而乞丐^⑧,因以此行而名之,谓为痴狂乞丐者之道。反使凡人共骂天,共贱正道,断绝大化。天甚恶之,道甚疾之,天上不欲见其形也。

【注释】

①尚:更在其上之意。尚,上。

②道乃天皇之师法也:此八字中"天皇"当作"皇天"。前文有云:"道者,乃皇天之师"。可证。

③高尚天:谓比皇天还至高无上。

④行伍:指五行相生相克的固有次序。即木生火,火生土,土生金,金生水,水生木;木克土,土克水,水克火,火克金,金克木。

⑤欺慢:欺凌轻慢。痴狂:呆傻癫狂。

⑥内利百姓:谓骨子里想从百姓身上捞取到好处。

⑦每为道:常常说,开口便讲。

⑧行被:行为落入。

【译文】

"皇天至高无上,而真道又超过它去,真道恰恰构成皇天效法的对象,于是比皇天还至高无上。所以皇天与真道,职在修明和端正一切事情,成为它们的师长,因而就能使阴阳和谐,让风雨协调,厘定白天与黑夜,排好五行生克的正常次序,天地之间,没有一样东西不蒙受恩惠,承受本命,各得其所了。如今低劣愚昧的人修炼道术,反而干那欺诈轻慢、呆傻癫狂的勾当,竟然一起去败乱并使世人怀疑皇天的道法,毁败皇天化导的第一要务,反而做出乞丐的行径,求取世人的财物,对民间毫无补益,却去败坏、玷污和辱没皇天的道法,从骨子里想从百姓身上捞到好处。既已不能成为世人效仿取法的准则,反而让后来出生的人议论纷纷,开口便讲:道术简直让人呆傻癫狂,轻慢欺诈,所作所为又落入败坏、玷污和辱没这类烂事当中,竟然成为叫花子,按照这种行径应该给他们起个名称,叫做呆傻癫狂的叫花子道术。由此反而让世人一起责骂皇天,共同看不起纯正的真道,使那普遍化导断绝掉。皇天万分憎恶这帮人,真道也特别痛恨这帮人,天上压根就不想看到他们究竟长个什么模样呀!

"今天上皇洞正气大至,日月星罗列皆重光①,道与天当调风雨,和阴阳,使万物各得其所,而前人邂逅得道而升上天②,无可仕者也。天上问之,悉有过,不可与共事。汝等乃居地上,尚见谓为痴狂乞丐者,不中帝王之师,安而中天上之师哉?天其恶之。大道衰废,咎在下古人相学失法度③。天病之,大悒悒。天道不通,故遣吾下,与真人共谈,分别道得失,乐天下人一觉,俱知天上意,改其行,易其心,不复犯天禁,则学者成矣。如修其故行,天不上之也,会当复往死于五辱之地④,付命于五污之土、绝洞无人痴狂之野,上无三光,下无良土。"

【注释】

①重光:放射出双重光辉。此于古代则被视为瑞应。

②邂逅:侥幸碰上之意。

③下古:指夏商周以下的历史时期。

④五辱之地:指五方最荒凉最腌臜的地方。下文"五污之土",义与此同。《尚书·尧典》载:流共工于幽州,放驩兜于崇山,窜三苗于三危,殛鲧于羽山。盖为此处所言之所从出。

【译文】

"如今天上通透至极的最盛明的正气已经完全降临了,日月星辰罗列在空中,全都闪射出双重的光环,真道与皇天正该使风雨协调,让阴阳和谐,叫万物各得其所,而在此以前侥幸得道的人升到天上,但却没有能叫他们充任神职神位的呀!天上查问他们,他们个个都有过恶,根本就不能与他们共同行事。你们这帮人生存在地上,尚且还被世人称作呆傻癫狂的叫花子,够不上帝王的师长,又怎会够得上皇天的师长呢?皇天憎恶这帮人哪!大道衰颓废绝,祸患正出在下古时期的世人相互学道却偏离了法则与标准。天上把这种情况引为病痛,忧闷不乐到极点。鉴于皇天的道法竟不通达,所以天上就派我来到人间,与真人一起谈论,逐条逐项申明得失,希望天下的世人彻底觉悟,全都明了皇天的心意,改正自身的行为,转变自己的心思,不再触犯皇天的禁忌。这样一来,学道修道的人也就获得成功了。如果还照原来那一套去修炼,皇天决不会让他升天的,终归又会被驱赶到五方最荒凉最腌臜的地方,死在那里,把性命交付在五方最腌臜的处所和彻里彻外渺无人烟的让人呆傻癫狂的荒野上,上面没有日月星辰,下面没有良好的土壤。"

    "何也？愿闻之。""其过何重也！不谪之也①？天道为法，各从其类，下夺之也②。""如是，何以不即杀之，乃到此乎？""欲即灭杀之，又其人自言，欲长生而至信③；欲中杀之，又反且哭天啼地，自言甚冤，又不自知其过所由出，故天考之徒之④，其后投于五辱痴狂之土，使自知也。子欲知其实审，比若明王考人过责，非肯即杀之也，犹当随其罪大小诣狱⑤，大罪大狱⑥，小罪小狱治之，使其人服自知，乃死不恨，而无言也。如不穷其辞语，会自言冤，怀恨而死。故五霸之君⑦，其民臣多怀恨而死者也。子欲知天上之治刑，如此矣。真人解邪？"

【注释】

①谪：放逐，流放。

②夺：收取之意。

③至信：谓对求道修道极为诚信。

④考：勘问。徒：谓判徒刑。

⑤诣狱：关入牢狱进行审理。

⑥大狱：指诏狱。即关押钦犯的牢狱。

⑦五霸之君：指春秋时期的齐桓公、晋文公、秦穆公、宋襄公、楚庄王。

【译文】

    "这是为什么呢？希望听到其中的原因所在。""这帮人的罪过达到了何等深重的地步啊！能不惩罚他们吗？皇天的道法构成准则，也就是各自依从各自的类属，发落到下面去，专门收取他们啊！""既然是这样，为什么不立刻杀死他们，竟把他们驱赶到那样的地方去呢？""皇天本来就想立刻杀死他们，可这帮人却自我辩解说，起初希望长生而对修道极其诚信。皇天又打算中途杀死他们，可他们反而又哭天喊地，自称太冤枉了，声称本人也不清楚到底从哪里惹来的这等罪过，因而皇天便审讯他们，判处徒刑，然后投掷到五方最荒凉最腌臜又让人呆傻癫狂的地方，叫他们自己闹清罪过的由来啊！你们想要了解那详实的情况，也就好比圣明的帝王追究世人的罪责，不乐意立刻就杀死他们，还应按照他们罪过的大小，送交司法机关立案审理，大罪就立大案审理，小罪就立小案审理，使罪犯招供认罪，自知犯法，于是被处死也不怨恨，无话可说啊！如果不让他们完全招供出来，终归要自称冤枉，心怀怨恨而死去。所以春秋五霸这类君主，他们手下的百姓和臣僚大多心怀怨恨而死掉啊！你们想要了解天上如何惩治罪犯和用刑，也就像这个样子了。真人对此解悟了吗？"

"可恢哉！可恢哉！""子知惊恢，生之门也；不知惊恢，死之根也。子慎吾言，吾言正天之兵①，不可诋冒②。诋冒令人伤，小诋小伤，大诋灭亡也。戒真人一言：下古之人积愚，信其无知之心，且言不然，自穷矣。吾亲以天上行而下，知其□□③，万不失一也。吾不敢欺子也，欺子不畏真人，乃畏天威，故吾言乃信复信④。所以言复重者，乃恐其固固有失之者，故复重，使其言多文□□⑤。

【注释】

①兵：兵刃。

②诋冒：毁谤触犯。

③知其□□：此句原缺二字。

④信复信：意为绝对真确又真确。

⑤使其言多文□□：此句原缺二字。文：繁冗之意。

【译文】

"这太让人感到愁苦了！这太让人感到愁苦了！""你们知道愁苦和惊惧,恰恰就摸准了长生的入口处啊！不知道愁苦和惊惧,恰恰就铺下了死亡的根源啊！你们要对我那话语多加小心,我那话语形同纯正皇天的兵刃,决不可以诋毁触犯;诋毁触犯就叫人受伤,稍加诋毁便受小伤,大肆诋毁就死灭了。再告诫真人一句话:下古时代的世人长期愚昧,只信从自己什么都不懂的那点心念,转而声称我所讲论的这一切根本就不是那码事,这就自行陷入绝境了。我亲自从皇天那里察看完毕才来到人间,了解天上的情况,绝对千真万确。我决不敢欺哄你们啊！我欺哄你们即使不畏惧真人,可我委实畏惧皇天的威怒,所以我那话语便绝对真确又真确。我做讲论重复来又重复去,正因担心还有一如既往竟不照着去做的人,所以就重复来又重复去,使所讲论的内容显得有些繁冗了。

"天上之事,实远难知,故文时时下合于地也①。地上善,即天上善也;地上恶,即天上恶也。故人为善于地上,天上亦应之为善;人为恶于地上,天上亦应之为恶,乃其气上通也。五气相连上下同②,六甲相属上下同③,十二子为合上下著④,无有远近皆相通。其下善,其上明;其下恶,其上凶。故五行兴于下,五星明于上⑤。此者,天所以晓于天下人也。凡三光皆然,天上复与地下三光相通,三光明于下,天上亦然;天上明于上,地上亦然。两两相应,和以为经⑥,于天上大善,地上亦然。犹天有六甲十二子,地上亦然;地上有六甲十二子,天上亦然。故常上下相应⑦,不失铢分也。真人其慎之,吾言虽远,慎无闭藏,以示学者,传之必斋戒⑧。其慎之,案文为法,勿得暗诵也⑨。"

【注释】

①"故文"句：此谓黄河有龙马出图、洛水有神龟出书之类。

②五气：指五行之气。即木行春气、火行夏气、土行六月中和气、金行秋气、水行冬气。

③相属：递相排列之意。此就时间而言。

④为合：意为组配成一个坐标系。即由东至西分布开来的十二个方位。此就空间而言。

⑤五星：指木、火、土、金、水五大行星。即东方岁星（木星）、南方荧惑（火星）、中央镇星（土星）、西方太白（金星）、北方辰星（水星）。

⑥和：结为一体之意。经：常道，常法。

⑦应：对应。参见本经卷六十九《天谶支干相配法》所述。

⑧斋戒：早期道教科仪之一。洗心曰斋，防患曰戒。

⑨暗诵：茫然诵读之意。

【译文】

"天上的事体实际上离人间很遥远，难以准确了解到，所以天文就时时降示下来而与地上的情况相切合啊！地上良善，天上就反应良善；地上邪恶，天上就反应邪恶。所以人在地上做善事，天上也做出回应，让他获得好结果；人在地上干坏事，天上也做出回应，让他获得坏结果。这正源于那团气流在往上通达啊！五行气递相连结，天上和地上的表现完全相同；六十甲子依次排定，天上和地上的序列完全相同；十二地支组配成一个坐标系，天上和地上都有显著的位所；无论多远或多近，一律相互在贯通。下面良善，上面就一片光明；下面邪恶，上面就凶象密布。因而五行在地上流转兴起，五大行星就在天上大放光明。所有这一切，恰恰构成皇天用来昭示天底下世人的征象啊！只要是日月星辰，也都全像这个样，天上又与地下的日月星辰相贯通，日月星辰在地下大放光明，天上也呈现出同一种情形；日月星辰在天上大放光明，地上也呈现出同一种情形。两两彼此对应，专把结成一体作为常规定法。在天上特别吉善，到地上也不例外。也就如同天上有那六甲十二支,地上也照样如此;地上有那六甲十二支,天上也照样如此。所以就总是上下相对应,不差一丝一毫啊! 真人对此要慎重对待,我这话语尽管特深远,但切莫擅自扣押住,要把它亮给学道修道的人来观看,传授时务必要斋戒。慎重对待它,查照书文并将它奉为行动的准则,不要光去茫然地诵读啊!"

"唯唯。愿请问太上中古以来,诸相教为道者,反多有去家弃亲,捐妻子①;反多有乞丐痴狂详欺②,食粪饮小便。后学者多以相教示,皆有师法③,亦不苟空也④。""善哉! 子之难问,得其恶意⑤。天疾之,教子问之邪? 其言何一巧也! 子何故问此乎?""怪其久矣,无于质问,常若悒悒⑥。"

【注释】

①捐:舍弃。

②详(yáng):通"佯",装假。

③师法:指自创立而递相传承且必遵用的一师传授之法。

④苟空:谓实无根据而权且糊弄一通。

⑤恶意:指邪道相传的本旨。

⑥常若悒悒(yì):此四字中"若"当作"苦"。形近而讹。

【译文】

"是是。希望再请求询问一下:从上古和中古时代以来,各个方面相互指教而从事道术修炼的人,反而有很多人离家而去,抛弃双亲或者完全不要妻室儿女;反而有很多人甘当叫花子而呆傻癫狂又作假欺诈,食用粪便又喝尿。后来学道修道的人大多又拿这套玩艺去相互教导做开示,可它们也都有那经过先师创立而递相传承并遵用的法则和法式,并非实无根据地在那里权且糊弄一通呀!""真是太好了,你们这话难质问！获取到了邪道相传的本意。正因皇天痛恨他们，就让你们询问这宗事项的吧？你们的问话为什么竟是那样地精巧呢！你们为什么要询问这宗事项呢？""弟子对这宗事项已经长时间感到太奇怪了，但没有地方去做质正询问，经常为此而愁苦，一直忧闷不乐。"

"善哉！天果使子主问事邪？诺，开两耳，且为子分别言之。夫上天初出真道之时，不如此也，悉作孝养亲，续嗣有妻子，正形容①，不痴狂食粪饮小便也。皆以其道，动作中法②。上士为帝王之师辅③，传类相养④，无有伤者。于此之时，比若三皇五帝⑤，动以正道，务相利，不相害伤也，故得以正道行，不自匿藏。三王紊乱⑥，五霸将起，君臣民更相欺慢，故伪作痴狂，尚恐见知，乞丐、食粪饮小便，是困穷之行也，困穷之辞也。

【注释】

①正形容：谓端正自身的行为举止。亦即不能像乞丐那样去化缘。

②中法：符合法度。

③上士：最高明的人。师辅：师长与辅臣。

④传类：谓繁衍人类和物种。

⑤三皇：指天皇、地皇、人皇。五帝：指黄帝、颛顼、帝喾、尧、舜。

⑥三王：指夏之大禹，商之成汤，周之文王和武王。

【译文】

"这太好了！皇天真真在让你们负责询问疑难事项吧？好好，竖起两耳仔细听，立刻为你们细作区分地讲说这宗事项。皇天在最先出示真道的时候，并不像现今这样杂乱，全都教导世人兴行孝敬，奉养双亲，生下后代拥有妻室儿女，端正自己的行为举止，决不呆傻癫狂地像个叫花子,决不食用粪便又喝尿啊!全都凭借真道的固有准绳,修炼起来处处符合法度与规范。高明的人便成为帝王的师长和辅政大臣,繁衍好人类和物种,彼此养护,没有遭受伤害的东西。在这个时候,也就好比天皇、地皇、人皇以及以黄帝为首的五帝,一有行动就按照正道去做,务必相互对对方有利,决不彼此伤害啊!所以就使正道兴行起来,而正道也不自行收回去啊!往下到夏禹等三王,便给正道造成了紊乱的现象,待至春秋五霸兴起时,君主、臣僚和众百姓递相去欺诈怠慢,所以就装出一副呆傻癫狂的模样来,还惟恐被人看出来。像叫花子那样到处去乞讨化缘,食用粪便又喝尿,这可纯属世人陷入绝境而产生出来的行径,纯属世人陷入绝境而编造出来的讲法呀!

"夫道,亦有衰盛,比若此三皇五帝、三王五霸矣。下古多见霸道①,乞丐、弃其亲、捐妻子、食粪饮小便,是道之衰,霸道起也。故三皇五帝多得道上天②,或有尸解③,或有形去④。三王以寿,五霸无得正道者,皆战斗死于野。今下古守此霸道,亦皆死于野,此之谓也。吾不欺真人,是亦道之霸,与霸王同耳⑤,安得上升天哉?""善哉善哉!愚生之心,真真已解矣。不意道亦有霸也,天师解之,乃后知之,诚诚□□哉⑥!""子可谓开矣。"

【注释】

①霸道:指大国国君所奉行的以武力、刑威、权势为凭借而尊王攘夷、挟天子令诸侯的原则与方法。

②得道上天:此系本于黄帝乘龙升天之传说而为言。参见《史记·封禅书》和《论衡·道虚篇》所述。

③尸解:谓留下躯体而实际上人已仙去。本经卷一百十一《善仁人

自贵年在寿曹诀》称:"或有尸解分形,骨体以分,尸在,一身精神
为人,尸使人见之,皆言已死,后有知者见其在也,此尸解人也。"

④形去:谓变易身形,成神登天。

⑤霸王:犹霸主。

⑥诚诚□□哉:此句原缺二字。

【译文】

　　"道法和道术本身也存在着或盛或衰的情形,也就如同三皇五帝演
变到三王五霸了。下古时期的世人大多只看到霸道,而四处乞讨化缘,
抛弃自己的父母,根本就不娶妻不要后代,食用粪便又喝尿,这正标志
着真道在衰落而霸道在兴起啊!所以三皇五帝中大多数人得道升天
了,有的留下躯体而本人已经登仙了,有的变化身形成为天神。三王
还都能长寿而终,可五霸中却没有获取到正道的人,无不致力争战,死
在荒野上。如今下古时期的世人守持这类霸道,也都死在荒野上,说的
正是这种情形啊!我决不会欺哄真人,这些邪道也就是道法中的霸道,
守持他的人正和霸主一个样,哪能得以升天呢?""这太好了!这太好了!
愚昧的弟子在内心真真已经全闹明白了。想不到道法中还有霸道啊!
经天师一做解说,然后才晓得这种事。""你们可以称得上已经开通了。"

　　"请问今学者,当奈何乎哉?""然。今者天道大周备,自
今以往与古异。欲修中古霸道法,真道不得来。真人宜戒
之慎之。欲乐长存修吾文,失铢分之间命不全,可不守乎道
之元①?皇道已起,火光行之②,霸道绝矣。天虽浩大,自有
分理③,以示文凡人,令共议之。宜属上者属上,宜属中者属
中,宜属下者属下,宜上下中共之,何不睹其诚信□□④,比
若与天语!"

【注释】

①元:本原,基元。

②火光:火行之精的光华。

③分理:谓原本划定的范围界限。

④何不睹其诚信□□:此句原缺二字。

【译文】

"道法和道术本身也存在着或盛或衰的情形,也就如同三皇五帝演变到三王五霸了。下古时期的世人大多只看到霸道,而四处乞讨化缘,抛弃自己的父母,根本就不娶妻不要后代,食用粪便又喝尿,这正标志着真道在衰落而霸道在兴起啊!所以三皇五帝中大多数人得道升天了,有的留下躯体而本人已经登仙了,有的变化身形成为天神了。三王还都能长寿而终,可五霸中却没有获取到正道的人,无不致力争战,死在荒野上。如今下古时期的世人守持这类霸道,也都死在荒野上,说的正是这种情形啊!我决不会欺哄真人,这些邪道也就是道法中的霸道,守持他的人正和霸主一个样,哪能得以升天呢?""这太好了!这太好了!愚昧的弟子在内心真真已经全闹明白了。想不到道法中还有霸道啊!经天师一做解说,然后才晓得这种事。""你们可以称得上已经开通了。"

"善哉善哉!时气平矣①。""真人何以知之乎?""见天亲遣天师下言,知天气平矣。""善哉善哉!子得其意。""愿复请问一两事,不敢多言。""行道之。""自今以往,求道皆当于何哉?""皆求之于闲室②,无远父母而去妻子,以渐为之③,僻漏乃止④。或内不善,而僻漏无可益也,反且先死。各自考实,行不负天。人乃可欺,天不可欺也,勿忧人为非也。使各以是自治,不敢为道者,即恶人也,欲欺伪者也。以是占之,万不失一也。学人若此⑤,奸猾绝矣,善人与恶人可见矣。此名为皇天简士书,上可得度世,中可为帝王辅,下愚无知,固固可为民间谨子。真人重知之。""唯唯。愿闻僻漏得道去云何⑥?""然。道成,去而已。如道未成,为日守父母保妻子,日日以渐,清静为之,旦自知其意矣⑦。贤者共策此言⑧。""唯唯。"

右天上简士文、兴道断为、弃霸续命、人自易心、奸猾消、守亲保妻子⑨。

【注释】

①时气:四时流转之气。平:归于正常之意。

②闲室:指清静的修炼处所。

③渐:循序渐进之意。

④僻漏:意为止住腹内排泄物。即达到不食而饱的地步。此就食气方术而言。

⑤学人:使人学道之意。

⑥去:谓离世升天。

⑦旦自知其意矣:据文意,此六字中"旦"当作"且"。形近而讹。

⑧策:谓像占卦那样做揣摩。

⑨"右天上"句:此句系对本卷上篇和本篇之内容主旨所作的总体概括与揭示。为:通"伪",邪伪。

【译文】

"这太好了!这太好了!时气恢复正常了。""真人根据什么知道会这样呢?""看到皇天亲自派遣天师下凡做宣讲,也就知道时气恢复正常了。""这太好了!这太好了!你们获取到其中的要意了。""希望再请求询问一两宗事情,决不敢再多问了。""随即讲来。""从今以后,全都在什么处所求取真道呢?""全都应在清静的修炼场所去求取,不要远离父母,抛弃妻室儿女,依照循序渐进的方式去修炼,修炼到确能吐纳元气、腹内没有饥饿感才止息。有人内心不良善,却要向吐纳元气、腹内没有饥饿感来升进,那可绝对做不到,反而会在前面死去。各自要讲求实际,在行为上决不辜负皇天。对人还能去欺骗,皇天却无法能欺骗啊!不要干出坏事来让人感到忧愁。叫世人各自通过这种道术去自己整治好自己,不敢修炼这种道术,也就属于邪恶的人和打算欺骗的人。用这一条去做占验,绝对不会出现任何偏差。使人学道修道能像这个样,奸恶狡猾的人也就灭绝了,善人与恶人就能区分出来了。这被特称为皇天在挑选神吏的书文,其中最高明的人可以超凡成仙,中等人可以成为帝王的辅臣,低劣愚昧的人尽管懵懂无知,但仍毫无疑问地可以成为民间谨顺的人。真人对此要反复了解掌握住。""是是。希望再听一听,确能吐纳元气、腹内没有饥饿感而得道离开人间了,又该怎样做呢?""好的。真道修炼成功,离开人间也就达到目的了。如果真道尚未修炼成功,那就只管每天守候好父母,保护好妻室儿女,天天依照循序渐进的方式去修炼,保持清静的状态,也就眼看着自行了解掌握那意旨了。贤明的人士只管共同揣摩我这番话语。""是是。"

　　以上为天上简士文、兴道断伪、弃霸续命、人自易心、奸猾消、守亲保妻子。

禁烧山林诀第二百九

【题解】

本篇所谓"禁烧山林"，看似早期道教有关自然资源保护的主张，实则重心不在于此。篇中所着意阐发的是，"禁烧"之缘由究竟何在。既以五行生克及休王说为"天格"，判定山、林、火俱属阳，分别为大地、植物、五行之君长，恃此以消"阴奸"；又依阴阳相须之理，强调"三阳"、"三君"相逢相毁，必使阴阳失据，构成灭亡之路、无后之道、立败之纪，故应"禁烧"。其间所凸现的孤阳不生的观点，值得咀嚼；而"辞者，道之柄，文之所从起也"的提法，亦耐人寻味。当然，既倡言"禁烧山林"，也含有对自然资源须加保护的思想在内。

"请问皇天上洞极之师①，师幸哀愚生不肖②，乃告语以天上之事，诚非小生所敢望也。既加得已，开其道路，使得知天上事，愿闻天上皆何所喜，何所禁。唯得其戒，诚日夜思惟其意，不敢犯之，以示后生。""善哉！子之问也，得其要意。真人安坐，为子道之，可传万世，无有去时也。""唯唯。受命厚厚。""勿谢，子为天地问疑，吾主为天谈③，非子之私也，俱共公事，何须谢哉？""欲不谢，若为轻道易事愁师，谢又触忌讳。""不谦也。但恐书益文多辞④,令难知,故止真人言耳。夫辞者,道之柄,文之所从起也。勿悒悒,方为子分别之。""唯唯。"

【注释】

①皇天上洞极之师:对传道天师的敬称。

②不肖:子不似父曰不肖。即不贤。

③为天谈:替天传语之意。

④益文:谓徒增繁冗。

【译文】

"总向通明至极的第一等皇天明师请求询问事情,而明师对愚昧的弟子太不贤明幸好予以哀怜,于是拿天上的事情来训诲告知,这实在不是小生我们所敢希图的呀! 可已经对弟子施加恩惠,开示弟子升进的道路了,使弟子得以了解到天上的事情了,就再希望能听到天上都喜爱什么,又禁忌什么。只求能获得这方面的告诫,确实去日夜精思那意旨,决不敢违犯它们,并把它们亮给后来出生的世人看。""你们这询问真是太好了! 获取到了学道传道的切要意旨。真人稳稳坐定,立刻为你们讲说这桩事情,可以永远传布下去,没有能让人离开它的时候啊!""是是。弟子蒙受到的教诲之恩真是深厚又深厚啊!""不必感谢。你们为天地询问疑难的事情,我负责代替皇天特作讲说,并不纯属你们个人的事情,我们都在为公事而尽心尽力,哪里还需要感谢呢?""想不感谢,那就显得太轻视真道和随意侍奉师长了,又惹明师去犯愁了;可一感谢,偏偏又触犯到您的忌讳了。""你们不必再这样谦恭了。我只担心书文徒增繁冗,文辞显得太多,让人难以了解和把握,所以就不叫真人再多说什么了呀! 言辞构成真道的根柄,也是书文形成的本原啊! 你们不要为此而感到忧闷不乐,立刻为你们细加区分地做讲说。""是是。"

"今天上乃上皇洞平气俱至,兴盛阳,日光明,邪气止休,正气遂行,衰者消去道德阳①,天上急禁绝火烧山林丛木之乡②。""何也? 愿闻之。""然。山者,太阳也③,土地之纲④,是其君也⑤。布根之类⑥,木是其长也⑦,亦是君也,是其阳也⑧。火亦五行之君长也⑨,亦是其阳也。三君三阳,相逢反相衰,是故天上令急禁烧山林丛木⑩。木不烧,则阴中阴者称母⑪,故倚下也⑫。天所以使子丑寅最先发去兴多⑬,兴多则火王⑭,火王则日更明;丙丁兴⑮,巳午悦⑯。"

【注释】

①阳:兴旺隆盛之意。

②乡:谓所在地。

③太阳:意为最旺盛阳气的凝结体。《国语·周语下》载太子晋曰:"夫山,土之聚也,薮物之归也,川气之导也,泽水之钟也。"《春秋说题辞》云:"阴含阳,故石凝为山。《周易》艮为山,为小石。石,阴中之阳,阳中之阴,阴精补阳,故山合石。"

④土地之纲:此四字中"土"原作"上",据《太平经钞》改。纲:指主体所在。《春秋运斗枢》云:"山者,地基也。"《孝经援神契》谓:"山者,自然之惣也。"《河图绛象》称:河导昆仑山,名地首。东流千里,至规其山,名地契。祁南千里至积石山,名地肩。邠南千里入陇首山间,抵龙门首,名地根。南流千里抵龙首,至卷重山,名地咽。东流贯砥柱,触阏流山,名地喉。西距卷重山千里,东至雒会,名地神。东流至大伾山,名地肱。东流至绛水,千里至大陆,名地腹。

⑤君:君长,统领者。《淮南子·地形训》谓:"山为积德。"《释名·释山》云:"山,产也,产生物也。"本经卷九十三《方药厌固相治

诀》称:"地以昆仑墟为君长。众山以五岳为君长。"

⑥布根之类:泛指植物。

⑦长(zhǎng):意为居前领先之物。本经卷九十三《国不可胜数诀》云:"物之大者,以木为长也,故寅为始生木。"

⑧阳:此系对木之属性的判定。《春秋元命苞》谓:"木之为言触也,气动跃也。其字'八'推'十'为木,八者阴合,十者阳数。"《说文解字》云:"木,冒也,冒地而生,东方之行。"

⑨火:既指烈火,又谓火行。五行:木火土金水。古代以之代表五种物质元素及其典型属性和相互间生克循环的动态系统与模式。行谓运行。五行与阴阳密切相连,属于阴阳之分,即五行分属阴阳又各含阴阳。传统五行说则以土行统率其他四行,东汉盛行汉为火德说,故此处转而称之为"君长"。本经乙部《安乐王者法》述其理据云:"故火能化四行,自与五,故得称君象也。本(木)性和而专,得火而散成灰;金性坚刚,得火而柔;土性大柔,得火而坚成瓦;水性寒,得火而温。火自与五行同,又能变化无常,其性动而上行。"

⑩"是故"句:此十二字中"烧"字之上《太平经钞》尚有二字:"断火"。

⑪阴中阴者:指水行。水居土中,土、水俱属阴,故曰"阴中阴者"。母:按照五行相生说,生者为母,受生者为子。水生木,则水称母,木称子。《春秋元命苞》谓:"木者阳精。生于阴,故水者,木之母也。"本经卷九十三《国不可胜数诀》云:"故木也,乃受命生于元气太阴水中。"

⑫倚下:意为火行可得依凭于木行之下。按照五行相生的关系,木生火,故出此语。倚,凭靠。本经卷四十九《急学真法》云:"故火常倚木而居。"又卷六十九《天谶支干相配法》谓:"仁者象木,明者象火,故悉在东、南也。"

⑬子丑寅：地支第一位至第三位。依次代表北方与农历十一月、东北方与农历十二月、偏东北方与来年农历正月，各为天正周历、地正殷历、人正夏历的岁首起算点，分属水行、土行、木行。《白虎通义·三正》谓此际为"三微之月"，构成万物返本始萌、布根始芽、孚甲始出的特定阶段。《史记·律书》谓："子者，滋也。滋者，言万物滋于下也。……寅言万物始生螾然也，故曰寅。"《释名·释天》云："子，孳也，阳气始萌孳生于下也。于《易》为《坎》，坎，险也。丑，纽也，寒气自屈纽也。于《易》为《艮》，艮，限也，时未可听物生，限止之也。寅，演也，演生物也。"发去：谓万物于再度开始新一轮生命周期的过程中萌发始生之气，驱除危害始生之气的刑杀之气。兴多：谓万物毕生。

⑭王：通"旺"，旺盛。指占据统治地位，发挥主宰作用。依照五行休王说，继春季木王之后，夏季则火王。

⑮丙丁：天干第三位与第四位。丙为阳干，丁为阴干，俱属火行。于时则代表夏季，于方位则代表南方。《史记·律书》谓："丙者，言阳道著明，故曰丙。丁者，言万物之丁壮也，故曰丁。"《释名·释天》云："丙，炳也，物生炳然，皆著见也。丁，壮也，物体皆丁壮也。"

⑯巳午：地支第六位和第七位，巳为阳支，午为阴支，俱属火行。于时则依次代表立夏所在的农历四月、夏至所在的农历五月，于方位则分别代表东南方、南方。《史记·律书》谓："巳者，言阳气之已尽也。午者，阴阳交，故曰午。"《释名·释天》云："巳，已也，阳气毕布已也。于《易》为《巽》，巽，散也，物皆生，布散也。午，仵也，阴气从下上，与阳相仵逆也。于《易》为《离》，离，丽也，物皆附丽阳气以茂也。"悦：喜悦。谓属火行之地支对属火行之天干所发挥的协助养长的功能。本经卷八十九《八卦还精念文》云："太阳盛气，与心相类，丙丁之家，巳午养位。"

【译文】

"如今天上正让通透至极的最盛明的太平气降临到人间,使阳兴盛,太阳更大放光明,邪气被止息住,正气于是兴行,衰败的事物消除离去,道德兴旺又隆盛,因而天上特别紧切地禁止世人放火焚烧山林和树木丛生的地方。""这可出自什么原因呢?希望听到这方面的教诲。""好的。山峦属于最为旺盛的阳气的凝结体,构成土地的主体所在,是土地的统领者。而在植物当中,树木又成为居前领先的种类,也是统领者,属于植物当中的阳物。烈火也身为五行的统领者,也属于五行中的阳物。三个统领者和三种阳物碰到一起,反而彼此使对方衰败,所以天上就特别紧切地禁止世人焚烧山林丛木啊!树木不被焚烧掉,处在土中的水行就得以称作化生木行的母亲,因而火行也随之能够依凭在木行的下面啊!皇天专让十一月、十二月和正月在地底下渐次孕育滋息的生气最先散发到地面上,驱除掉刑杀气,原因就在于万物由此全能生长出来,而万物一律生长出来了,火行随后便占据统治地位;火行占据了统治地位,太阳就更加大放光明。天上属于火行的丙位坐标和丁位坐标大为兴盛,地上同样属于火行的巳位坐标和午位坐标就非常高兴。"

"何也?愿闻之。""此天格也①,性也②。其母盛多而王,则其子相③。其子相,则受气久长,得延年,故天上止之也。阳盛即阴奸日消,阳衰则阴奸日起,故奸猾者常起暮夜,是阳衰而奸起之大证也。故天上乃欲除奸,故禁之也。此自然之术法也,天上亦然,地上亦然。"

【注释】

①天格:皇天的常法。

②性:固有的属性。

③相：五行休王说的专用术语。意谓强壮。按照五行休王说，水王
　则木相，木王则火相，火王则土相。其根据乃为：水生木，木生
　火，火生土。依此则木为水之子，火为木之子，土为火之子。

【译文】

　"为什么这样讲呢？希望听到相关的教诲。""这正属于皇天的常规
定法和固有的本性啊！五行中作为施生的那一行很兴盛，占据了统治
地位，与它相对应的受生的那一行就处于强壮的状态。受生的这一行
处于强壮的状态，就秉受生气时间长，得以延长性命，所以天上就禁止
世人焚烧林木啊！阳物兴盛，奸恶的阴物就日益消亡；阳物衰败，奸恶
的阴物就日益兴起。所以奸恶狡猾的家伙总在夜间冒出来，这正构成
阳物衰败而奸恶的阴物就兴起的显著证明啊！因而天上正打算去除奸
恶，所以就禁止世人焚烧林木。这正属于原本就那样的定律，天上是这
样，地上也是这样。"

　　"善哉善哉！请问三阳相得，何故凶衰乎？""善哉，子之
问也，得其意。然。三阳者应天阳、地阳、人阳①。三尽阳
也，无一阴；三尽君也，无一臣；三尽男也，无一女，名为灭亡
之路，无后之道也②。不敢复传类，不而复相生成，故凶也。
是所谓有天而无地，有日而无月，有上而无下，有表而无里，
天上名此为立败之纪③，故恶之、禁之也。""善哉！愚生过问
此④，其畏之矣。""子知畏之，生之根也；不知畏之，凶之门
也。""唯唯。"

【注释】

①天阳：指火与天阳相应合。地阳：指山与地阳相应合。人阳：指
　木与人阳相应合。木主生，其性仁，故此处同人阳特作系联。

②后：指承续者。本经卷三十五《分别贫富法》云："天道法：孤阳无
　双，致枯。"

③纪：丝缕端绪曰纪。此处乃症结所在之意。

④过问：谓犯下罪过做询问。

【译文】

"这太好了！这太好了！请求再问一下，三种阳物碰到一起，为什
么就会凶败衰亡呢？""你们这提问真是太好了！获取到了其中的要意。
好的。烈火和山峦、林木这三种阳物分别与天阳、地阳、人阳相对应。
三个方面都是阳，没有一个方面属于阴；三个方面都是君主，没有一个
方面属于臣下；三个方面都是男子，没有一个方面属于女子，这被特称
为灭亡的道路，没有承续者的做法啊！不能再传衍各自的种类，不能再
递相化生与成就，所以就结果凶败啊！这就形成了人们所说的有天却
没有地，有太阳却没有月亮，有上边却没有下边，有外表却没有里层，天
上把这种状况称作立刻就败亡的症结所在，所以就憎恶并禁止世人焚
烧林木啊！""这太好了！愚生犯下罪过来询问这个问题，对此感到害怕
极了。""你们知道害怕，恰恰就找到了长生的根源；不知道害怕，恰恰就
跌入了凶败的入口处啊！""是是。"

烧下田草诀第二百一十

【题解】

本篇所谓"下田草",系指低洼地内的丛生野草而言。何以"当烧之",篇中首先定其属性为阴,并据干支配属关系、象征意义和五行相胜说,将乙卯、下田和草列为三阴,将此"三阴相得"视作奸生之源;而焚烧用火,火属阳,且"极阴反生阳",故烧下田草更有悦阴兴阳之效。通篇所论,适与《禁烧山林诀》相反而相成,但在资源保护问题上则已跌入极端化的泥潭,走向反面了。传统的独阴不育、独阴不长、独阴不成的思想,亦杳然不见其踪影。

"请问下田草宁可烧不?""天上不禁烧也,当烧之。""独可故①,当烧之乎? 愿闻之。""然。草者,木之阴也②,与乙相应③。木者,与甲相应④。甲者,阳也,与木同类,故相应也。乙者,阴也,与草同类,故与乙相应也。乙者畏金⑤,金者伤木,木伤则衰阳⑥,阳衰则伪奸起,故当烧之也。

【注释】

①可:通"何",什么。

②木之阴:木指所有植物,植物中树木则生于高处,且形体高大粗
　　壮,抗摧折,故为阳。草则生于低处,且形体细小柔嫩,易倒伏,
　　故为阴。

③乙:天干第二位。属阴干。以天干配五行,则乙属木,代表阴木。
　　《史记·律书》谓:"乙者,言万物生轧轧也。"《释名·释天》云:
　　"乙,轧也,自抽轧而出也。"

④甲:天干第一位:属阳干。以天干配五行,则甲属木,代表阳木。
　　《史记·律书》谓:"甲者,言万物剖符甲而出也。"《释名·释天》
　　云:"甲,孚也,万物解孚甲而生也。"

⑤金:指金行。按照五行相克的关系,金克木,故下文称其"伤木"。
　　本经卷六十五《断金兵法》云:"金王则令甲乙木行无气。"

⑥木伤则衰阳:此就木行与火行的连锁关系而言。阳指火行。本
　　经卷三十九《解师策书诀》云:"故天道因木而出,以兴火行。"又
　　六十五《断金兵法》谓:"木断乙气则火不明。木气得王,火气大
　　明,无衰时也。"

【译文】

"请求询问一下:对长在低洼地里的野草,到底能不能焚烧它们
呢?""天上并不禁止焚烧它们,该烧就只管去烧。""这又偏偏出自什么
原因,该烧就只管去烧呢? 希望听到这方面的教诲。""好的。野草属于
植物中的阴物,与天干中的乙位相对应;而树木则与天干中的甲位相对
应。甲位代表阳,正与树木类属相同,所以就彼此对应啊! 乙位代表
阴,正与野草类属相同,所以野草就与乙位相对应啊! 乙位畏惧金行,
金行会伤害木行;木行受到伤害,就使阳衰败;而阳一衰败,奸伪的事物
就冒出来,所以对野草该烧就只管去烧啊!

"又天上言,乙亦阴也,草亦阴也,下田亦土之阴也①,三
阴相得,反共生奸。故玄武居北极阴中②,阴极反生阳。火

者,阳也,阴得阳而顺吉,生善事。故天上相教,烧下田草以悦阴,以兴阳,故烧之也。天上亦然也,甲者,天上木也;乙者,天上之草。"

【注释】

①土之阴:此就地势而言。高处则为阳,低处则为阴。故出此语

②玄武:指龟蛇。为北方水精。因其位于北方,故曰玄,身有鳞甲,故曰武。本经卷六十九《天谶支干相配法》谓:"夫水者,北方玄武之行也。"又卷八十九《八卦还精念文》谓:"阴上阳起,故玄武为初始。"北极:指正北方。本经乙部《解承负诀》称:"子乃天地之北极也。"

【译文】

"天上还说,乙位代表阴,野草也属于阴,低洼地同样属于土地中的阴地,三种阴物碰到一起,反而会共同滋生出奸恶来。所以龟蛇就栖身在阴气最重的北方,而阴气达到极限,反而萌生出阳气来。烈火属于阳物,阴物得到阳就变得顺从又吉利,产生出良善的事情来。所以天上就教导世人,通过焚烧低洼地里的野草来使阴物高兴,转而去兴起阳物,所以该烧就只管烧啊!天上也是这个样,甲位恰恰代表着天上的树木,乙位恰恰代表着天上的野草。"

"寅与卯何等也①?""然。寅者亦阳,地上木也;卯者阴也,地上之草也。此四事②,俱东行也③。但阳者称木,阴者称草,此自然之法,天上之经也。吾不敢欺真人也。子为天问事决疑,吾为天说事,二人共职,共理阴阳,除天地之病,令帝王不愁苦,万二千物各得其所④,莫不悦喜而出见,无有冤结者也⑤。""善哉善哉!""然。真人可谓知道矣。""不敢不

敢。"“然。学而问道，有何谢乎？"“唯唯。系之胸心，无有去时。"“善哉善哉！学问得其数矣⑥。"

【注释】

①卯：地支第四位。属阴支。以地支配五行，则卯属木行。《史记·律书》谓："卯之为言茂也，言万物茂也。"《释名·释天》云："卯，冒也，载冒土而出也。于《易》为《震》，二月之时，雷始震也。"

②四事：指天干甲乙、地支寅卯所代表的对象。本经卷一百十一《有德人禄命诀》称："天地土生上草木，天地土生下草木。"

③东行：即木行。以五方配五行，则东方属木行，故又谓之为"东行"。

④万二千物：此系《太平经》编著者用术数推导出来的世界物种总数目。其中有二千物属于嘉瑞善物。其理据与"万二千国"相同，即一年为十二个月，扩大千倍即得此数。参见本经卷三十五《分别贫富法》、丁部《阙题》（四）、卷九十三《国不可胜数诀》所述。

⑤冤结：冤气聚结之意。

⑥数：指做弟子的规矩。

【译文】

"地支寅位和卯位又代表着什么呢？"“好的。寅位也属于阳，代表着地上的树木；卯位则属于阴，代表着地上的野草。天上甲乙和地支寅卯所代表的对象，都属于木行，只不过把属于阳性的植物称为树木，把属于阴性的植物称为野草罢了。这正构成原本就那样的法则和天上的常规啊！我决不敢欺哄真人哪！你们为皇天询问事情，对疑惑的地方获取到定论，而我专为皇天讲说事情，咱们两方面职责相同，一起去调理好阴阳，解除掉天地引为病痛的东西，使帝王不再愁苦，一万两千种生物各得其所,全都感到喜悦而生长出来,没有冤气聚结的了!""这太好了! 这太好了!""是的。真人可以称得上了解掌握住真道了。""弟子决不敢当,决不敢当。""好的。你们学习并询问真道,还有什么需要推让的呢?""是是。弟子一定把这牢记在心胸当中,没有能叫它离开的时候。""这太好了! 这太好了! 你们学道问道获取到做弟子的规矩了。"

天神考过拘校三合诀第二百一十一

【题解】

本篇所谓"天神考过",乃谓皇天兴用群神,对世间喜好随意砍伐森林和猎杀各种野生动物的人记录大小过恶,汇总后予以惩治。"拘校三合",则就道经整理编制问题而发。"拘校"即汇集校理,"三合"则谓通过分类、归类而将上古、中古和下古书文予以互证验合并使之上下贯通,融为一体,且另成粹编。有惩于世人违犯阴阳五行化的月令图式,任意"畋射渔猎,共兴刑罚"的逆天行径,篇中发挥天人感应论,仿照王朝举措,拟构出一个天庭"传治"的紧急禁断法,即以诸神、群精、百鬼为监察特使,从三条途径各向皇天进呈举报书,每年一小考,三年一中考,五年一大考,视过恶轻重予以减年夺算、身抵其罪乃至灭世的严厉处罚。在这种神权威慑中,显露出早期道教有关动植物保护的主张。至于通过拘校三合,剔取并编制出足以使"天道正"和"王道备"的"真真文",则意在突出和强化《太平经》的权威地位。

"今天上良善平气至,常恐人民有故犯时令而伤之者①。今天上诸神,共记好杀伤之人。畋射渔猎之子不顺天道而不为善②,常好杀伤者,天甚咎之,地甚恶之,群神甚非之。

【注释】

①时令:指依从四季各节气物候所应从事的以农业生产为主的各项活动。详参《逸周书·时训解》、《管子·四时篇》、《吕氏春秋·十二纪》、《大戴礼记·夏小正》、《礼记·月令》、《淮南子·天文训》暨《时则训》所述。

②畋(tián)射:谓在山野等处进行的打猎活动。

【译文】

"如今天上的良善太平气降临了,时常担心民间百姓中还有故意违犯时令而去随意杀伤动物的人。如今天上的众神灵正在共同记录下喜好杀伤的家伙。那些在山野湖泽打猎捕鱼的人中,有的不顺从天道,专干邪恶的勾当,总去喜好杀伤,皇天非常憎恨这种人,大地也特别厌恶他们,众神灵也狠狠地责怪他们。

"今恐小人积愚,不可复禁,共淹污乱洞皇平气,故今天之大急,部诸神共记之①,日随其行,小小共记而考之②。三年与闰并③,一中考④,五年一大考⑤。过重者则坐⑥,小过者减年夺算⑦。三世一大治⑧,五世一灭之⑨。故今天上集三道行文书⑩,群神共记过,断好杀伤刑罚也,而兴乐⑪,地上亦然。

【注释】

①部:分派,责成。记:谓逐条逐项予以详尽记录。

②小小:渐次。即一条接一条。考,验核勘问。此谓每年进行一次小考。系由人间上计制度比附而来。汉代规定,由县和郡国逐级将全年户口、垦田、钱谷出入等事汇编为计簿(统计表),遣吏上报中央,谓之为上计。属封建王朝对地方官员进行年终考核

的一项重要制度。

③闰:指闰月。月亮绕地球运转的周期,每月合 29.5306 日,全年十二个月,合 354.3672 日,比地球绕太阳公转一周,即一个回归年 365.2422 日,约差十日二十一时,故须设置闰月,以调整阴历和阳历之间的时间差数。其方法为:三年一闰,五年再闰,十九年七闰。因最初常把所置闰月放在岁末,遂称之为"十三月"或"闰月"。本经卷九十三《国不可胜数诀》谓:"一岁反十二月乃终,尚闰并其中,时有十三月,此之谓也。"并:合并在内之意。

④中考:指中等规模的验核勘问。《尚书·尧典》载有每隔三年对官吏进行考绩之说,《周礼·地官》列有每隔三年对乡民进行大比之制。此处盖据以转成天庭"中考"制度。《白虎通义·巡狩》云:"三岁一闰,天道小备。"

⑤五年一大考:此盖附会《礼记·王制》"天子五年一巡狩(视察)"之说而来。《白虎通义·巡狩》云:"五岁再闰,天道大备,故五岁一巡狩。"《风俗通义·五岳》云:"所以五载一出者,盖五岁再闰,天道大备。"

⑥坐:谓抵罪。即本人曾杀伤多少动物,便予之以多少罪罚。

⑦算:指皇天在人生前为之注定的寿龄。本经以一年为一算,与《抱朴子》所称百日一算不同。详见卷一百二《经文部数所应诀》后附遗文及辛部第十三条经文所述。

⑧三世:指本人、父亲、祖父。

⑨五世:即自三世再上推到曾祖父、高祖父。

⑩三道行文书:指官吏、邑民、来往行人应诏向朝廷进献的意见书。之所以定为三道,乃系取法日月星,日以察阳,月以察阴,星以察中央即阴阳交合处。此处则谓天神、地精、人鬼分别向天庭呈递记录世人恶行的举报书。参见本经卷四十八《三合相通诀》、卷五十三《分别四治法》、卷八十六《来善集三道文书诀》、卷八十八

《作来善宅法》所述。

⑪乐：指自然界到人类社会所呈现的一种高度协调和谐的理想状态与欢乐景象。本经卷一百十五至一百十六《阙题》(二)谓："乐为天之经，太阳之精。倡始，倡生，倡合乐成功。"另参乙部《以乐却灾法》、卷一百十三《乐怒吉凶诀》所述。

【译文】

"如今唯恐众百姓长期愚昧不开窍，没办法再禁止住，共同败坏玷污和搅乱最通透又最盛明的太平气，因而皇天现下对杀伤动物的行径采取非常严厉的惩治措施，责成所有的神灵共同记录下这些人的姓名，每天都跟随他们的罪恶活动，一桩接一桩地共同记下来，到年底进行小规模的验核勘问；每隔三年又连同闰月在内，进行中等规模的验核勘问；每隔五年又进行大规模的验核勘问。其中罪过深重的，就按他所杀伤的数量予以同样的处罚；罪过较轻的，就缩减他那应享的寿龄。历经三代人，就进行一次大惩治；上推到五代人，就叫他们的家族灭绝掉。因而现今天上正在汇集由三条途径呈报上来的举报书，让所有的神灵共同记录世人的罪过，断绝掉喜好杀伤的行径和刑罚，营造出欢乐和睦的气氛来，地上也是这个样。

"真人幸为善，常欲有德于皇天，而怜帝王愁苦。时气不和，实咎在人好杀伤，畋射渔猎，共兴刑罚，常有共逆天地之心意。故使久乖乱不调①，帝王前后得愁苦焉，是重过也。真人幸欲常有功于天，有恩于帝王，今天上积疾毒之②，群神教吾言，故今以文付真人，归有德君，以示天下。人得文各自深省，思过失，念书言。天今良平气俱至，不喜人为嫉贼③，吾知天上有此言，今敢不下道之？不言恐为嫉贼，害在吾身。吾不敢犯也，故以事报诸真人慎之。真人不言，害在子身；以示凡人，愚人欲犯之，害在其身，天亦不复过责真人也。

【注释】

①乖乱：颠倒错乱。

②积疾：长久忌恨之意。毒：谓极其憎恶。

③嫉贼：嫉妒并封杀。指妒道不传而擅自扣压天书神文。

【译文】

"真人幸好乐意做善事，时刻想到对皇天能有功德，怜悯人间帝王的愁苦。而那时气不顺当，祸患实际上来自世人喜好杀伤，打猎捕鱼，共同兴行起刑罚来，时常怀有一起对抗天地的心思。所以就导致时气长久地颠倒错乱而不协调，帝王前前后后落个愁苦在那里。这正构成了深重的罪过啊！真人幸好总想在皇天那里立下功劳，对帝王施有恩惠，而现今天上对世人的表现长久忌恨，憎恶到了极点，众神灵就叫我认真讲一讲，所以眼下便把这篇书文授付给真人，真人再去付归给具有道德的君主，让他亮给天下人观看。世人得见书文后，要各自深深反省，考虑本人的过失，精思书文的话语。皇天如今让良善的太平气全部降临下来了，不喜欢世人再干嫉妒真道而封杀天书神文的勾当，我知道天上所曾讲过的这番话语，现下哪敢不来到人间特做宣讲呢？拒不宣讲，唯恐就构成嫉妒真道而封杀天书神文了，祸殃也随之落在我的头上。我可决不敢违犯哪！所以就把这宗事体告知给众位真人并提醒真人对此多加小心。真人不去传布，祸殃便落在你们的身上；把它亮给世人观看了，世人中愚昧的家伙还要去违犯，祸殃便落在他们的身上，皇天也不会再把罪责归在真人的名下而予以惩罚了。

"自今以往，天乃兴用群神，使行考治人①。天上亦三道集行文书以记过,神亦三道行文书以记过,故人亦三道行文书以记过,故人取象于天,天取象于人。天地人有其事象②,神灵亦象其事,法而为之,故鬼神精气于人谏亦谏③,常兴天地人同时④。是故神应天气而作⑤,精物应地气而起⑥,鬼应人治而斗⑦。此三者,天地中和之疾使⑧,随神气而动作⑨,应时而往来,绝洞而无间,往来难知处。

【注释】

①行考:巡查问罪之意。

②事象:谓应去仿照实行的事情。

③精气:精灵之气。本经壬部称:"天地之性,精气鬼神行治人、学人、教人。"人谏:指臣谏君,子谏父,妻谏夫,各以讽谏、顺谏、窥谏、直谏、陷谏(以死相谏)行事等。详参《白虎通义·谏诤》所述。

④"常兴"句:此七字中"兴"当作"与"。

⑤神:谓天界诸神。其为天气的化身。天气:指皇天的施生阳气。

⑥精物:谓地界群精。其为地气的化身。地气:指大地的克杀阴气。

⑦鬼:谓人间百鬼。其为中和气的化身。人治:指人间的治理状况。

⑧疾使:意为火速派出的监察特使。本经乙部《调神灵法》称:"百神自言为天吏,为天使;群精为地吏,为地使;百鬼为中和使。此三者,阴阳中和之使也。"

⑨神气:谓天神之气。

【译文】

"从今以后,皇天要大范围调遣众神灵,命令它们去巡查勘问并惩治世人。天上也从三条途径汇集举报书来记下世人的罪过,神灵也从三条途径向皇天进呈举报书来记下世人的罪过,所以世人也从三条途径向朝廷进献举报书来记下世人的罪过,因而世人从皇天那里择取应去仿照实行的事情,皇天也从世人这里择取应去仿照实行的事情。天、地、人具有那些应去仿照实行的事情,神灵也对这些事情加以仿照,奉为法则去实行,所以鬼物、神灵和精气看到世人在相互进行规谏,也就前去规谏世人,总和天、地、人在同时行动。因而神灵便应合皇天的阳气而发作,精物应合大地的阴气而兴起,鬼物应合人间的治理而争斗。这三种幽冥中的灵物,成为天地与人间火速派出的监察特使,随同神气去行动,应合时机而往来,彻里彻外,没有任何能挡住的地方,往来时很难知道它们到底在哪里。

"故今天道传治①,与往古殊异②。以今占古多不中③,以古占今不复应,故古文衰竭难复用④,用之不比中⑤,又有集处真真文⑥。故天上言,拘校前后三合⑦,取中善者以明事,以合意,然后天上道正,王道备⑧,邪恶悉去,帝王大乐乃无事,人自为谨得天意。真人知此事重乎?""唯唯。""善哉!子知其意矣。"

右天上禁火以兴生、断刑伤杀、止畋射猎、不顺天时气为天所恶、记见在知、赤初受符更始文⑨。

【注释】

①传治:宣明治理之意。

②殊异:截然不同。

③中(zhòng):切合,符合。

④古文:指自上古、中古、下古所有流传于当今之世的各类书文。详见本经卷四十一《件古文名书诀》、卷九十一《拘校三古文法》所述。衰竭:谓已完全丧失其功效和作用。

⑤比中(zhòng)：接连见效之意。

⑥集处：并立共存和会聚交织之意。本经卷五十一《校文邪正法》云："今念从古到今文书，悉已备具矣，俱愁其集居而不纯，集厕相乱。"真真文：意为真而又真的天书神文。指能使人身安增寿、国家治理实现太平的书文。本经卷九十八《核文寿长诀》谓："文书亿卷，中有能增人寿、益人命、安人身者，真文也，其余非也；文书满室，中有能得天心、平理治者，真文也，其余非也。"

⑦拘校：汇集校理。三合：谓通过分类、归类而将三古书文予以互证验合并使之上下贯通，融为一体。本经卷四十一《件古文名书诀》谓："但观视上古之圣辞，中古之圣辞，下古之圣辞，合其语言，视其所为，可知矣。复视上古道书、中古道书、下古道书，三合以同类相召呼，复令可知矣。"

⑧王道：意为称王天下的道法。本经卷四十七《上善臣子弟子为君父师得仙方诀》云："故道者，大同而小异。一事分为万一千五百二十字，然后天道小耳，而王道小备。"

⑨"右天上"句：此句系对本卷共计三"诀"之内容主旨所作的总体概括与揭示。记见在知：意谓必须明白神、精、鬼在对世人罪过进行记录和举报。赤初：指火气返归初始状态，重新占据统领一切的地位。受符：承受天赐神符之意。符为古代用以发兵、传令或表明身份的凭证、信物，包括符券、符节、符传等。道家《庄子》一书已用"符"字作为篇目字眼，即《德充符》。道教则推衍为天符、神符等，用以显示其准确度、可信度、灵验度。《后汉书·光武帝纪上》载：刘秀在即位前，曾奉受《赤伏符》。其符文为："刘秀发兵捕不道，四夷云集龙斗野，四七之际火为主"。又有谶记曰："刘秀发兵捕不道，卯金修德为天子"。此处所云"赤初受符"，盖由此衍出。更始：谓除旧布新从头来。

【译文】

"因而现今天道在宣明治理,便与从前截然不同了。用当今的做法去占验古代,大多对不上号;拿古代的措施来占验当今,又不相吻合。因而从古以来流传到今世的各类书文,都起不到任何作用了,难以再施用,去施用也接连不见效,但也有同各类书文并立共存和会聚交织的真而又真的天书神文。所以天上强调说,对全部书文前后进行汇集校理,通过分类、归类而将上古、中古和下古的书文予以互证验合并使它们上下贯通,融为一体,再选取其中的精善内容来彰明事象和事理,确定下无不认同的意旨,然后天上的真道就归于纯正了,人间称王天下的道法就变得完备了,邪恶的事物就全部去除了,帝王就整日欢乐而无事可做了,人人就都自行做出谨顺的行为,切合皇天的心意了。真人明白这宗事体特别重要了吗?""是是。""这太好了! 你们抓住那意旨所在了。"

以上为天上禁火以兴生、断刑伤杀、止畋射猎、不顺天时气为天所恶、记见在知、赤初受符更始文。

三者为一家阳火数五诀第二百一十二

【题解】

本篇所谓"三者"，系指职在施生的阳气，职在成就的和气，职在杀藏的阴气而言。"为一家"，则谓三气形成和协统一的整体。"阳火"即盛阳火行。"数五"之"数"指天数或者说生数，"五"居天数一、三和七、九正中，乃为生数之主，既表示火行处于统领地位，又包含"五火"亦即天、日、心星、赤气、人心五大应象在内。其"诀"则在篇中具体化为："无阳不生，无和不成，无阴不杀"，惟有三气合一，方可确保万物按其生命周期迭生迭灭，循环不已；而循环过程中更始初生的幽微之气至为贵重，故须急切禁断"杀气"、"凶气"和"刑罚杀伤"。其理据则为"三正论"和《易纬》关于乾坎艮震四阳卦的方位分布说。"急断刑罚"则必然转为"纯阳治"，其必然性源于"天道初起"以迄当今而"大周更始"，火行重新占据主宰一切的"祖始"和"上长"乃至"赤帝之长"的地位，而"五火"——天、日、心星、赤气、人心五大应象遂上通下联，绝对支配和全面保障"纯阳治"；其中尤以"人心之为神圣"又"最尊真善"，不仅成为"造作凡事"的"初元首"亦即本源和首要决定因素之所在，而且"神圣之法，一从心起"。主要在"人心"这一主观能动性超常作用下的"纯阳治"职在化生，遂又特意昭显元气化生天地万物的"洞冥"情形，迭次阐发阴阳交合、阳施阴化；阴中含阳、阳中含阴；阴极生阳、阳极生阴之理。对降雨下雪、山溃云上的常见或奇异的自然现象,也做了"施化之道"的说明。此篇所述,在全经中尤具特色。

"下愚之生愿一请问:今天道当具[①],无不有,无不包容也。天上何睹,何故一时悉欲生,而急刑罚乎[②]?""善哉! 子之难问,得其意。吾常甚好子之言,子之言常发起吾意,使吾道兴。子向不能难问,谁复而难问者乎? 故天道久断绝,闭而不通,天甚疾苦之。吾久悒悒,欲言无可与言者,故天道失其分理久矣[③],岁岁至岁[④],至于今。天运生圣人[⑤],使其语,无而尽解除其病者[⑥],故乃使真人自来,与吾相睹,乃一得为天具语。子难常独深得天意,安坐,为子悉陈道之。吾欲不言,畏天威也,故得子问者,辄欲言,无可匿也。真人亦知之邪?""唯唯。"

【注释】

①具:完备详明之意。

②急刑罚:谓以刑罚为危急之事。

③分理:指原本划定的治理范畴。

④岁岁至岁:犹言年复一年。

⑤圣人:指圣明的人。本经将其列为神仙等级序列中的第五等人,属候补神仙的首要人选。职在掌理阴阳。

⑥病:指天地对世人恶行所产生的憎恶与怨恨。其表现形式则为灾异不绝又日益严重。本经卷九十一《拘校三古文法》云:"古今圣人有优劣,各长于一事,俱为天谈地语,而所作殊异,是故众圣前后出者,所为各异也;俱乐得天心地意,去恶而致善,而辞不尽同,一合一不,大类相似,故众圣不能悉知天地意,故天地常有剧

病而不悉除。"实则系对汉武帝以来在思想和政治领域一直占主导地位的儒家和儒家学说的径行否定。

【译文】

"低劣愚昧的弟子想请求询问一宗事体:如今皇天的道法正赶上完备极了,没有一种不具备的,也没有一种不包纳在内的。可皇天究竟察知到了什么,为何一时间想叫万物全都生长,而把刑罚看成是最危急的事情呢?""真是太好了,你这话难质问! 获取到了其中的意旨。我总是特别喜爱你的问话,你的问话常常能引动我那志意,使我那真道兴行起来。你过去要是提不出诘难质问来,还有谁能提出诘难质问来呢? 因而皇天的道法长时间被断绝,封闭而不通行,皇天对这种情况非常痛恨又深感愁苦。我也长时间地忧闷不乐,想做讲说可却没有真能对他做讲说的人,所以皇天失去既定的治理范畴已经时间很长了,年复一年,一直延续到现在。皇天的运会推演到一定的时际,就给世上降生出圣人来,让他们做宣讲,可他们当中却没有能够解除掉皇天病痛的人,所以就驱使真人自动前来,与我碰到一起,于是得以全面彻底地为皇天详作讲说。你那诘难经常独自深深切合皇天的心意,请稳稳坐定,我为你详尽地讲说这宗事体。我想不做讲说,可却畏惧皇天的威怒啊! 因而只要遇到你询问的事体,就特想做一番讲说,没有什么值得隐瞒的。真人也清楚这一点吗?""是是。"

"然。子解解矣①。今天上所以尽悉欲生长,而急害伤者,天道常有格三气②。其初一者好生③,名为阳;二者好成④,名为和⑤;三者好杀⑥,名为阴。故天主名生之也⑦,人者主养成之,成者名为杀⑧,杀而藏之⑨。天地人三共同功,其事更相因缘也⑩。无阳不生,无和不成,无阴不杀。此三者,相须为一家,共成万二千物。

【注释】

①解解:意为已经明白原本就该明白的事体了。

②格:固定不变之意。

③初一:首位,第一。

④成:成就,成全。

⑤和:意为阴阳交合而构成另外一种彼此和谐的新形态。

⑥杀:克杀。谓使万物残败枯死。

⑦主名:职在宣示之意。

⑧成者名为杀:据上下文意,此五字中"成"当作"地"。

⑨藏:闭藏。谓使万物入藏地下而重新孕育。

⑩因缘:依凭,随顺。

【译文】

"好的。看来你已经明白原本就该明白的事体了。如今天上想叫万物全都生长,而把伤害看成是最危急的事情,原因在于皇天的道法永久具有固定的三种气体。其中处在首位的那一气体喜好施生,被称作阳气;处在中间状态的那一气体喜好成就,被称作中和气;处在末位的那一气体喜好刑杀,被称作阴气。所以皇天职在宣明化生万物,世人职在宣明养护和成就万物,大地职在宣明构成刑杀,使万物残败枯死再入藏地下重新孕育。天、地、人三方面一起去做成同一种事情,而这种事情又递相顺推分不开啊!没有阳气就无法化生,没有中和气就无法成就,没有阴气就无法叫它们残败枯死。这三方面相互依赖,构成一个整体,共同创生出一万两千种生物来。

"然。天道本末中也①。今者,天道初起以来,大周复反②,来属人属阳。阳好生而恶杀,生者须乐,乃而合心为一相生,而中有杀气辄伤,不能相生成。子欲知其信实,比若胞中之子③,不可有小害,辄伤死,死不复生,辄弃一人;为是连伤而不止,便绝灭无后世矣,一家无统绝去矣④,故尤大急刑罚杀伤也。天道同不⑤,常如此耳。今者大急,复更为真人察察分别之,使下古人大觉,知天道今不欲杀伤诀意。所以更为真人察察言者,俗人随吾,但无事习文辞而作巧语也⑥。故更为其陈刑天证。

【注释】

①本末中:谓三种蝉联而下的形态。本:根本,本源。中:指中间状态。末:末稍。本经卷六十七《六罪十治诀》云:"天之性也生凡物,本者常理,到中而成,至终而乱。失乱者不可复理,故当以上始也。故天常守本,地守其中一转,人者守其下三转,故数乱道也。"又卷九十一《拘校三古文法》谓:"故吾之为道,悉守本而戒中,而弃末。天守本,故吾守本也;天戒中,故吾戒中也;天弃末,故吾弃末也。"又卷三十六《三急吉凶法》称:"故迷于末者当还反中,迷于中者当还反本。"

②大周:意为经过数度循环而满一大轮。指火行赤气又全面占据统治地位。反:后多作"返",谓返本,返始。

③胞中之子:即胎儿。

④统:指本家族代代传衍的世系。

⑤同不:即同否。不,同"否"。

⑥事:致力于。文辞:指浮华邪伪文。

【译文】

"好的。皇天的道法又分为根本、中间、末稍三种蝉联而下的形态。时至当今,皇天的道法从最初产生以来,整整经过数度循环而满一大轮,又回到初始的阶段,前来归属世人归属阳。阳正喜好化生而厌恶刑杀,而化生需要天下和乐,才能形成一条心,递次去化生,中间如果存在着刑杀气,就会造成伤害,做不到递次化生与成就。你想了解那真情实况,也就好比胎儿,决不能遇到任何的轻微伤害,一遇到就会受伤死掉,死掉以后不可能复活再生,于是就缺少了一个人;接连像这样受伤害而不止息,也就全家灭绝,没有后代了,整个家族随之丧失传衍的世系而从人间消失了。所以就特别把那刑罚伤杀看成是非常危急的事情啊!皇天的道法是否与此相同,总像这个样子罢了。现今皇天把那刑罚伤杀看成是非常危急的事情,重新再为真人明晰地细作分辨,使下古时期的世人彻底觉悟,明了皇天的道法在现今不想让世人去伤杀的这一定论的要意。之所以重新再为真人明晰地讲论它,原因在于世上俗人必须要按我所讲的那样去做,切莫再致力于浮华邪伪的那套文辞而又编造出滑巧的说法来啊!所以重新再为他们陈述有关刑罚这方面的皇天证象。

"今甲子①,天正也②,日以冬至③,初还反本。乙丑④,地正也⑤,物以布根。丙寅⑥,人正也⑦,平旦人以初起⑧,开门就职⑨。此三者⑩,俱天地人初生之始⑪,物之根本也。

【注释】

①甲子:分别为十天干、十二地支的首位。俱系单数,各属阳干和阳支。以十天干和十二地支之单数与单数(阳干和阳支)、双数与双数(阴干和阴支)递次组配,则自甲子始。此处用以代表北斗星斗柄所指向的子位即正北方和夏历十一月,其被古人定为历法的起算点。《素问·六微旨大论》云:"天气始于甲,地气始于子,子甲相合,命曰岁立。"《淮南子·天文训》谓:"阳生于子。"(汉代《易纬》亦有此说)本经卷三十九《解师策书诀》称:"凡物生者,皆以甲为首,子为本。"又卷四十《分解本末法》云:"故子者,滋也,三而得阴阳中和气,都具成而更反初起,故反本名为甲子。"

②天正:历法名。即以夏历十一月为岁首的周历。《后汉书·陈宠传》载其《论断狱尽冬疏》引《时令》曰:"诸生荡安形体,天以为正,周以为春。"《乐纬稽耀嘉》谓:"周以十一月为正,《息》卦受《复》,物之萌,其色尚赤,以夜半为朔。"《春秋感精符》称:"天统十一月建子,天始施之端也,谓之天统者,周以为政。"

③冬至:八节即八个主要节气之一。在夏历十一月,在阳历十二月二十二日前后。此日太阳经过冬至点,北半球白天最短,夜间最长;南半球则相反。《孝经援神契》云:"斗指子为冬至。至有三义:一者阴极之至,二者阳气始至,三者日行南至,故谓之至。"本经卷三十九《解师策书诀》称:"天气还复初九,甲子岁也,冬至之日也,天地正始起于是也。"

④乙丑:分别为十天干、十二地支的第二位。俱系双数,各属阴干和阴支。此处用以代表北斗星斗柄所指向的丑位即东北方和夏历十二月。

⑤地正:历法名。即以夏历十二月为岁首的殷历。《后汉书·陈宠传》载其《论断狱尽冬疏》引《时令》曰:"十二月阳气上通,雉雊鸡乳,地以为正,殷以为春。"《乐纬稽耀嘉》谓:"殷以十二月为正,《息》卦受《临》,物之芽,其色尚白,以鸡鸣为朔。"《春秋感精符》称:"地统十二月建丑,地助生之端,谓之地统,商以为政。"

⑥丙寅:分别为十天干、十二地支的第三位。俱系单数,各属阳干和阳支。此处用以代表北斗星斗柄所指向的寅位即偏东北方和夏历正月。

⑦人正:历法名。即以夏历正月为岁首的夏历。《后汉书·陈宠传》载其《论断狱尽冬疏》引《时令》曰:"十三月阳气已至,天地已交,万物皆出,蛰虫始振,人以为正,夏以为春。"《乐纬稽耀嘉》谓:"夏以十三月为正,《息》卦受《泰》,物之始,其色尚黑,以寅为朔。"《春秋感精符》称:"人统十三月建寅,物大生之端,谓之人

统,夏以为政。"

⑧平旦:汉代区定的十二时段之一。相当于现代时凌晨三点至五点。亦即拂晓之际,天明时分。初起:谓春回地暖。

⑨就职:谓对万物开始进行培植等各项活动。

⑩三者:即三正。《白虎通义·三正》云:"正朔有三何? 本天有三统,谓三微之月也;明王者当奉顺而成之,故受命各统一正也,敬始重本也。"

⑪初生:谓在新一年内再度展开一整轮化生和成就万物的全过程。

【译文】

"如今甲子所代表的农历十一月,属于历法上的天正,太阳依凭冬至这一天,使阳气在地下返回到重新孕育万物的初始状态。而乙丑所代表的农历十二月,属于历法上的地正,万物自此而在地下扎下根须。丙寅所代表的农历正月,属于历法上的人正,世人在凌晨时分因春回地暖而走出家门,去展开培植万物的活动。这三正,共同构成了天、地、人再度化生和成就万物的全过程的开端,正是万物的根基所在啊!

"初生属阳,阳者本天地人元气①。故乾坎艮震②,在东、北之面③,其中和在坎艮之间④。阴阳合,生于中央⑤,故凡怀妊者,在头下足上,中腹而居。微在中和之下⑥,阳合者生⑦,于最先发去,出其形气投于他方者⑧。此主天地人三气初生之处,物之更始⑨,以上下不可有刑杀气居其中也。置其德气阳气,乃万物得遂生;如中有凶气辄伤,故出其刑,去之也。

【注释】

①元气:化生宇宙万物的无形实体。本经卷五十六至六十四《阙

题》(六)云：“元气，阳也，主生。”又卷六十六《三五优劣诀》称：

"夫天、地、人，本同一元气。”

②乾坎艮震：八卦中的四个卦名。俱属阳卦。

③在东、北之面：此言四阳卦的空间分布位所。其中乾坎艮之位所恰与其为阳卦的属性相反，对此情形本经所称学道六真人曾向授道天师提出疑问，天师在戊部《天谶支干相配法》答之以“《易》者，乃本天地阴阳微气，以元气为初。故南方极阳生阴，故记(标示)其阴(巽离坤)；北方极阴生阳，故记其阳(乾坎艮)”。此处所云，即谓：乾居西北，祖微据始，象征阳气在地下萌发。坎居正北，象征阳气在地下始生；艮居东北，象征阳气在地下形成，震居正东，象征万物在地下随阳气孕育成形而生出地面。这一位序排列，出自《易传·说卦》，后被汉代《易纬》所发挥，亦被本经所袭用。

④中和：意谓阳施阴化而孕育万物。本经卷四十五《起土出书诀》云：“物所生，气属中和。”

⑤中央：谓正中部位。

⑥微：指万物孕育滋生的形态。

⑦阳合者：谓与阳气交合而成形的。本经丁部《阙题》(四)云：“天之法，阳合精为两。阳之施，乃下入地中。”

⑧形气：指伤残克杀之气。形：通“刑”，刑杀，克杀。本经壬部谓："初受天地微气造生，不得有刑，有刑者伤皇道。道法不得有伤，故子刑卯，丑刑戌，寅刑巳，皆出刑气，不与同处。”

⑨更始：谓再度开始新一轮的生命周期和循环过程。

【译文】

“始生的事物属于阳，而阳又来源于天、地、人所禀受的元气。所以八卦中的乾卦、坎卦、艮卦和震卦，列布在东方和北方的西北、正北、东北的空间方位上，而阳施阴化来孕育万物正处在坎卦与艮卦之间。阴阳交合以后,便在正中部位孕育出新的胎体。所以但凡在母体内的胎体,都处在母体头部的下面和足部的上面,而在正中的腹部裹持着。万物孕育滋生的形态在阳施阴化之下进行,与阳气交合而成形的,就化生出来,最先冒到地面上,把那刑杀气驱除到其他处所去。这可正是掌管天气、地气、人气始生的地方,万物在它上面重新开始新一轮的生命周期和循环过程,便要求上下两头决不能有刑杀气夹杂在它们中间啊!设布下德气和阳气,万物才得以实现化生;如果中间夹有凶害气,就会受到杀伤,所以要把那刑杀气驱除到其他处所去啊!

"今者天道大周更始,以上下纯阳治①、天治①,故急断刑罚也。天者称神①,阳亦称神,故今天使神治人。真人欲知吾书文与天相应不,自今以往犯吾书文、欲好刑杀者,天上亦且考之,人亦且更急之,神亦且考之。天上地上,异处同谋,鬼神不与人同家,亦且同谋,是天平气且至也。天初气更始于天上,地初气更始于地下,人初气更始于中央③。此三气,方俱始生,不欲见刑恶凶气,俱欲得见乐气④,故自今以往,天与地乐断刑也。真人知之乎?"

【注释】

①纯阳:清一色俱为阳之意。

②神:神妙,神验。本经卷三十五《分别贫富法》云:"天者最神,故真神出助其化也。"又卷五十六至六十四《阙题》(六)谓:"故天称神,能使神也。"

③中央:即世上、人间。天在上,地在下,故曰中央。

④乐气:和乐之气。指欢乐和睦的自然环境和社会氛围。

【译文】

"如今皇天的道法整整经过数度循环而满一大轮,一切都重新开始,凭仗从上到下清一色俱为阳来施行治理,依从皇天来施行治理,所以就急切地断绝那刑罚啊! 皇天号称最神妙,阳也号称最神妙,因而当今皇天就派遣神灵去惩治世人。真人打算了解我这书文是否真同皇天相应合,那就表现为从今以后胆敢违犯我这书文仍旧喜好刑杀的人,眼看着皇天就要审问处治他们,眼看着世人也对他们更加感到危急,眼看着神灵也去审问处治他们。天上与地上尽管位置不同,但所谋划的事项却相同;鬼神与世人尽管不在同一个处所存身,但所谋划的事项也相同,这正来源于皇天的太平气立刻就要降临了呀! 皇天的初生气流在天上重新开始,大地的初生气流在地下重新开始,世人的初生气流在人间重新开始。这三股气流正都处在开始化生的状态,不想看到刑杀凶恶的气流,都希望看到欢乐和睦的气流,所以从今以后,皇天与大地乐意断绝掉刑罚啊! 真人明白这一点了吗?"

"唯唯。愚生暗昧,以为天上行疾人为恶,而禁刑杀伤也,不意乃天地人在怀妊之气,更始之本元也①。见天师说之,甚惶甚恢。""子知惶且恢,可谓觉悟,知天道意矣。善哉,晓事生! 戒此文慎无断绝②,为身害。""唯唯。不敢不敢。""行去,重之! 凡人学问,各为身计,务顺天道。""唯唯。""出此天上禁忌,勿藏。"

【注释】

①本元:本初,本原。

②断绝:谓擅自扣压而拒不传布。

【译文】

"是是。愚蠢的弟子昏暗蒙昧,原以为天上巡视并痛恨世人干坏事而去禁止刑罚杀伤,想不到竟是天、地、人正处在孕育万物的那股生气上面,并且构成一切重新开始的本原啊!看到天师讲说的这种情形,弟子感到非常恐惧,万分愁苦。""你知道恐惧和愁苦,可以称得上觉悟了,了解到皇天道法的心意了。真是太好了,你这懂得事理的徒弟!对这篇书文要告诫自己切莫擅自扣押住而不传布,不然会给自己带来殃害。""是是,决不敢这样做,决不敢这样做。""回去吧!要重视这篇书文。但凡世人求学问道,各自都是在为自身做打算,务必要顺从皇天的道法。""是是。""向世人出示这天上的禁忌事项,不要把它藏匿起来。"

"唯唯。请问天道何故正以今为大周,为元初,乃更大数考正文哉①?""善乎!子之难问也,大得天心意。然。今者五阳之上长也②,五火之始也③。火之最上者,上为天,为日月之色者④。火赤与天同色,天上色赤⑤,火亦赤,赤者乃称神。天与神者常昌,得凡事之元,是故十一月为天正。天上亦然,故其物气赤,赤者日,始还反⑥,其初九⑦,气属甲子,为六甲长上首也⑧。甲者为精⑨,为凡事之心⑩,故甲最先出于子,故上出为心星⑪,故火之精神,为人心也⑫。人心之为神圣⑬,神圣人心最尊真善,故神圣人心乃能造作凡事⑬,为其初元首⑮。故神圣之法,乃一从心起,无不解说⑯。故赤之盛者,为天,为日,为心。天与日与心常明,无不而照察,故自今以往行此道者,奸邪之属悉绝去矣。夫阳之生者,于幽冥之中⑰,是故阳气起于北,而出于东,盛于南,而衰消于西,天之为法如此矣。"

【注释】

①更(gēng)大数：谓阴阳在全年内此消彼长和交替循环之数。本经卷九十三《国不可胜数诀》谓："应阴阳更数，比若数十而终也，岁月数独十二也。此十二月者，乃元气幽冥，阴阳更建始之数也。"又卷一百二《经文部数所应诀》后附遗文云："三正起于东方，天之首端也；岁月极于东北，天极也。东北，物之始也，一年大数终于此。"考：考定。正文：谓有关三正的论述文字。

②五阳：此盖本于西汉今文易学家孟喜及其再传弟子京房之"十二消息卦(又称十二辟卦)"而为说。在一个卦体中，凡阳爻去而阴爻来，则称之为消；凡阴爻去而阳爻来，则称之为息。十二消息卦包括六消卦和六息卦，消卦曰太阴，息卦曰太阳。息卦六卦为复卦、临卦、泰卦、大壮卦、夬卦、乾卦，俱属阳爻渐增之卦。其中复卦卦形为震下坤上，含一阳爻，象征夏历十一月一阳生；临卦卦形为兑下坤上，含二阳爻，象征夏历十二月二阳生；泰卦卦形为乾下坤上，含三阳爻，象征夏历正月三阳生；大壮卦卦形为乾下震上，含四阳爻，象征夏历二月四阳生；夬卦卦形为乾下兑上，含五阳爻，象征夏历三月五阳生。此处所云"五阳"，即表示上列阳气渐增的过程。

③五火：据下文所述，则指天、日、心星、赤气、人心。

④日月：月为衬字，无实义。

⑤天上色赤：古代素以天玄(深青色)而地黄为天地之正色，此处言天"色赤"，则如本经卷六十九《天谶支干相配法》所云："故天为之色，外苍象木，内赤象火。"

⑥还反：谓太阳南至，还归本位。本经卷五十六至六十四《阙题》(一)谓："日照明，以南向北。"

⑦初九：乾卦倒数第一阳爻的爻题。象征阳气始生，潜藏地下。本经卷四十四《案书明刑德法》云："故十一月大德在初九，居地下。

德时在室中,故内有气,万物归之也。"又卷八十九《八卦还精念
文》谓:"亥子共身,周流相抱,极阴生阳,名为初九。"

⑧六甲:指六十甲子中的甲子、甲戌、甲申、甲午、甲辰、甲寅,各为
六旬之首,合称六甲。长上首:犹言第一位。

⑨精:指人格化的精灵与神灵。

⑩心:主宰之意。心为五脏之主。故出此语。

⑪心星:指二十八宿东方七宿中的心宿。其为天之明堂所在,即天
王布政之宫。本经卷六十九《天谶支干相配法》谓:"甲,天也,王
者之本位也,故甲为心星。心星,火也,为王者,故东方亦为王者
之先也。心星,火也,行属南方,比若日出东方,而位在南方也。"

⑫"故火"二句:以人体五脏配五行,心属火行。故出此语。本经卷
四十九《急学真法》云:"故火为心,心为圣。"又卷六十九《天谶支
干相配法》云:"火之精为心,心为圣。"

⑬神圣:神妙圣明之意。谓对万事万物之认知剖判,悉出于心,且
可无所不知,俱能照察。本经卷九十六《忍辱象天地至诚与神相
应大戒》云:"心者,最藏之神尊者也;心者,神圣纯阳,火之行也。
精明人者,心也。心者纯阳,位属天。"

⑭造作:创造,创制。

⑮初元首:意为最初来源和首要决定因素。

⑯解说(tuō):犹解脱。说,通"脱",解开,解除。

⑰幽冥:指元气所笼罩的幽深玄远的地方。

【译文】

"是是。请求再询问一下,皇天的道法为什么正把当今列为整整经
过数度循环而满一大轮的时候,列为初始状态从头来的时候,于是天师
便用阴阳在全年内此消彼长和交替循环的定数去考定有关三正的论述
文字呢?""真是太好了,你这诘难质问!完全切合了皇天的心意。好
的,当今正是五阳的极盛阶段和火行五大应象的始生时刻。火行的最

高应象,往上便构成皇天,便构成太阳的光色。火行色赤,与皇天同属一种光色,皇天的光色在内层为赤色,火行也为赤色,赤色的物体号称最神妙。于是皇天和神灵便总昌盛,获取到一切事情的基元,因而农历十一月便成为天正。天上也是这样,所以天上的物体都充满赤气,赤气最浓烈的要数太阳,太阳到冬至那天便返回到运行的本位,这时阳气始生,潜藏地下,归属于天正历元甲子日,占据六旬首日的第一位。甲位的阳气凝化成精灵,成为一切事情的主宰,所以甲位的阳物最先从子位生发出来,因而往上凝结成心星,所以火行的精灵与神灵也随之铸就了人心啊!人心形成神妙圣明的功能,具有神妙圣明功能的人心最为尊贵又真诚良善,所以具有神妙圣明功能的人心就会创造出一切事情来,成为它们的最初来源和首要决定因素。因而神妙圣明的道法,正完全从心里涌生出来,没有任何事情不能解开的。所以最为盛明的赤气凝结体,是那皇天,是那太阳,是那人心。皇天和太阳和人心总在保持着盛明,没有什么不能照出和察见的,因而从今以后行用这真道,奸邪之类的恶事就全部灭绝离去了。阳物去施生化生,都在幽深黑暗的地方进行。所以阳气便从北方萌生,在东方涌出,到南方兴盛,到西方衰歇消亡。皇天构成它那道法,就像这个样子了。"

　　"善哉!愿闻今阳之生者,何故正于幽冥中乎?""夫生者,皆反其本,阴阳相与合乃能生①,故且生者,悉复其初始也。天地未分、初起之时,乃无有上下日月三光②,上下洞冥③,洞冥无有分理。虽无分理,其中内自有上下左右表里,阴阳具俱相持④,而不分别。若阴阳相持始共生,其施洞洞⑤,亦不分别,已生出,然后头足具何知⑥。阴阳之初生之始,如是矣。故人今将变化而施生者⑦,悉往就幽冥闲处⑧,天使不忘其本也。人初受⑨,天地之法是其先也,故天使其不忘也。""善哉善哉！见皇天师言，乃知分理也。""子可谓易示晓矣。"

【注释】

①合：交合：本经卷八十九《八卦还精念文》谓："一合生物，阴止阳起。"又卷一百十七《天乐得善人文付火君诀》云："夫天地之生凡物也，两为一合。今是上天与是下地为合，凡阳之生，必于阴中。"

②三光：指日、月、星。本经乙部《和三气兴帝王法》云："天有三名：日、月、星，北极为中也。"

③洞冥：意为混沌一整团、溟濛一整片。本经卷九十三《国不可胜数诀》谓："一者，其元气纯纯之时也。元气合无理，若风无理也，故都合名为一也。又壬部云：天地未分之时，积气都为一。"

④具俱：两两相对之意。

⑤洞洞：形容幽深迷濛的状态。

⑥具何：意为具备哪些部位和器官。

⑦变化：谓生出后代来。

⑧闲处：清静的处所。

⑨初受：谓首次获得生命。

【译文】

"这太好了！希望能再听一听，如今阳物去施生化生，为什么偏偏就在幽深黑暗的地方进行呢？""因为任何要生出的东西，都要返归到它那本原所在。阴阳彼此交合，才能化生，所以要生出的东西，一律要恢复到它那初始形态去呀！在天地尚未分立、还处在原始状态的时候，并没有上下区分和日月星辰，从上到下一片混沌，一片混沌并不存在着划定的范围界限。尽管不存在划定的范围界限，但其中自行就有上下左右和外端里层，阴与阳两两相对彼此守持而不做区分。像阴阳彼此守持那样,才开始一起化生,那种施化状态幽深迷漫,也不做区分,已经化生出来了,然后才知道具备了像头部和足部之类的哪些部位和器官。阴阳最初化生的原始情形,也就像这个样子了。所以如今世人打算生下后代来,男女夫妇就全到幽深黑暗的清静处所去阳施阴化,这正是皇天叫世人不忘记那本原所在啊!世人首次获得生命,天地的道法恰恰成为他们的先导,所以皇天就叫世人不忘记那本原所在啊!""这太好了!这太好了。看到皇天天师的讲说,这才懂得原本所划定的范围界限了。""你可以称得上很容易开启晓谕啊!"

　　"请问阳与火何独伍乎①?""行气者各自有伍②,非独火也。金火最为伍③,赤帝之长④。故《天策书》非云邪⑤?'丙午丁巳为祖始'⑥!始者,先也,首也,故书言祖始也。万事之始,从赤心起,心者洞照知事。阳始于阴中,亦洞照,故水者,外暗内明而洞照也,中有阳精也⑦。故阳始起于北,而阴始起于南,十一月地下温,五月地下寒⑧。"

【注释】

①伍:排为同列之意。

②行气:谓为天行气。指五行,即木、火、土、金、水。

③金火最为伍:金属阴,火属阳,金性坚刚,得火而柔。按照五行相克的关系,火克金,故出此语。

④赤帝:太微垣天区五帝神之一。名曰赤熛怒,其于夏起受制,主南方和火行。火色赤,故称赤帝。参见《春秋文曜钩》及本经卷九十三《敬事神十五年太平诀》所述。

⑤天策书:即本经卷三十八丙部所列《师策文》。凡十三句,句七字,为韵语。又称九十字策。

⑥丙午丁巳为祖始：此系《师策文》第二句。丙午为天干第三位与地支第七位，丁巳为天干第四位与地支第六位。以天干、地支两两组合而配五行，丙午、丁巳俱属火行，用以象征德应火行赤气的东汉当朝皇帝。为：指特为兴利帝王、去除凶害而出示天书真道。祖：指历代帝王最早的效法对象三皇（天皇、地皇、人皇）。始：谓三皇时代所形成的治理盛况。详见本经卷三十九《解师策书诀》所述。

⑦阳精：指由极盛阳气所化成的神灵与精灵。即火行之精。《大戴礼记·曾子天圆》谓："天道曰圆，地道曰方，方曰幽而圆曰明。明者，吐气者也，是故外景。幽者，含气者也，是故内景。故火日外景而金水内景，吐气者施而含气者化，是以阳施而阴化也。阳之精气曰神，阴之精气曰灵。"《春秋元命苞》称："阳精在内，故金水内景。"张衡《灵宪》云："夫日譬犹火，月譬犹水，火则外光，水则含景。"本经卷八十九《八卦还精念文》谓："玄明内光，大幽多气。"

⑧"十一月"二句：十一月为冬至所在，五月为夏至所在。冬至则极阴生阳，故曰"地下温"；夏至则极阳生阴，故曰"地下寒"。《易纬稽览图》卷上云：冬至之后三十日极寒，夏至日之后三十日极温。本经卷九十《冤流灾求奇方诀》谓："比若冬至之后，天当大寒杀人，乃以五月，初始见阴气于井中，为其清，日日益剧；到冬至后，乃大寒伤杀人。"

【译文】

"请求再询问一下，阳和火行为什么偏偏排在同列呢？""为天行气的五行各自都有同列，并不单单火行是这样啊！金行和火行构成火克金的关系显得最为密切，火行正属于南方赤帝的主宰物。所以从前向你授付的《天策书》不是说过吗——'丙午丁巳为祖始'！所谓始，也就是表示最先，表示起首，所以《天策书》才强调这'祖始'二字啊！万事的起始处，都从赤纯的人心那里生发出来，人心能察照一切，通晓事态。

阳从阴中开始生出,也能察照一切,所以水就表面显得幽暗,里层却透明而能照出一切来,因为里层含有阳气化成的精灵啊!所以阳气从北方开始萌生出来,而阴气则从南方萌生出来。在农历十一月的时候,地下就变得温暖了;在农历五月的时候,地下就变得寒冷了。"

　　"今阴阳始起,何不于天上而正于地中乎?""善哉!子之难问也。然。地为母,父施于母,故于阴中也,其施阳精,同始发于天耳。阳者其化,始气也,微难睹,入阴中成形,乃著可见,故记其阴中①,不记其阳也。"

【注释】

①记:标示之意。

【译文】

　　"如今阴气和阳气开始萌生出来,为什么不在天上却正在地下呢?""真是太好了,你这话难质问。好的,大地属于万物和人类的母亲,就像那世上的父亲,须向母亲体内施注,所以就在阴体当中啊!皇天施注那阳精,同样是从皇天那里开始发作的罢了。阳去化生,开始只凭那股生气,形态隐微,很难看得见,进入阴体当中形成胚胎,这才变得明显,能够看出来。所以就标示那阴体当中的形态,而不标示阳气怎么样啊!"

　　"今天雨雪①,同是其施化之道,见可睹,而言阳施精,微不可睹乎?""善哉,子之言也,难得其意。欲为真人分别说之,恐天道大形见②,故不为子说也。然恐真人心恨,夫为人师,为人上者难③。请安坐,为子微说之。天雨雪,造将为之时④,呼吸但气耳⑤,阴阳交相得,乃施可睹。于此之时,天气下,地气上合其施,故雨雪有形而可见也。"

【注释】

①雨雪:谓降雨下雪。《春秋元命苞》云:"阴阳和而为雨。阴阳扬为雪。"《春秋说题辞》谓:"盛阳之气,温暖为雨。……盛阴之气,凝滞为雪。"

②大形见:披露无遗之意。

③难:意为角色不好充当。

④造:到。

⑤呼吸:喻气流运动。《大戴礼记·曾子天圆》谓:"阴阳之气,各尽其所,则静矣。阳气胜则散为雨露,阴气胜则凝为霜雪。"汉刘歆《西京杂记》卷五载董仲舒《雨雹对》曰:"(阴阳)二气之初蒸也,若有若实,若无若虚,若方若圆,攒聚相合,其体稍重,故雨乘虚而坠,风多则合速,故雨大而疏,风少则合迟,故雨细而密。其寒月则雨凝于上,体尚轻微,而因风相袭,故成雪焉。"《淮南子·天文训》谓:"阴阳相薄。……阳气胜则散而为雨露,阴气胜则凝而为霜雪。"

【译文】

"如今天上既下雨又下雪,同样属于阳施阴化的道法,但都看得很清楚,这还能说阳去施注精气,形态隐微而看不出来吗?""你这问话真是太好了!进行诘难抓住了那意旨所在。打算为真人细加区分来做解说,唯恐皇天的道法露无遗,所以就不为你详做解说了。然而也担心真人心里产生怨恨,作为别人的师长和别人的上司真是角色不好当,真人请稳稳坐定,为你约略地讲一讲。天上下雨或下雪,到那快下的时候,呼出吸进的只是气罢了,阴阳交合而彼此和谐,施注的情形这才可以看出来。就在这个时候,皇天阳气往下施注,大地阴气往上与那施注的阳气交合在一起,所以雨雪就具有形状而能看得见哪!"

　　"请问：今或有山溃云上①，皆可睹，而言不可睹，何也？欲不问，苦悒悒，今故具问之。为弟子不谦不也。""不问无以得知之，致当问之②，无所疑也。诺，为子微说之，不可穷极。然。云雨溃山，此者阴之盛怒，而不自忍，伤阳化③，凶事也，非善变也④。有伤于化之道，阴之失也，阴之伤也。真人勿复穷问，天道亦不可察察尽言也。子自思其意。""唯唯。""行去。"

【注释】

①山溃云上：盖系一种奇异的自然现象。《素问·六元正纪大论》谓："云奔雨府，霞拥朝阳，山泽埃昏，其乃发也，以其四气，云横天山，浮游生灭，怫之先兆。"《易纬通卦验》卷下称："霜降太阴云出，上如羊，下如磻石。"《春秋元命苞》云："阴阳聚而为云。"《河图帝通纪》称："云者，天地之本也。"《释名·释天》谓："云犹云云，众盛意也。又言运也，运行也。"

②致当：极应。致，极。

③阳化：即阳气的施化。因山为土地之纲和君长，属地之阳，故出此语。参见本经卷一百十八《禁烧山林诀》所述。

④善变：象征吉善的突然变化。

【译文】

　　"请求再询问一下，如今有时候出现山峰在云彩上面崩溃的现象，全都可以看得见，然而您却说阳气施注的情形看不出来，这又该怎样做解释呢？心里本想不问，可被忧闷憋得太难受，所以眼下就一古脑端出来径做询问了。但身为弟子却又显得太不谦恭了，绝对下不为例了。""不做询问就没办法能够了解到，所以极应做询问，不要怀有什么疑虑。好了，为你约略讲一讲，但也不能讲到底。好的。云雨叫山峰崩溃，这正表明阴物勃然大怒而不自行忍耐住,专去损伤阳气的施化,纯属凶险一类事,够不上象征吉善的突然变化啊！对阳气施化的道法造成损伤,正是阴物的过失,也是阴物自身的损伤呀！真人不要再穷究问到底了,皇天的道法也不能任何都不放过地讲论个底朝天啊！你只管自行去精思其中的要意。""是是。""回去吧！"

道祐三人诀第二百一十三

【题解】

本篇所谓"道",系指《太平经》所构建的"天师道"亦即太平道而言。"祐",保佑救助之意。"三人",则谓好道守道行道、好德守德行德、好仁守仁行仁的三类人。篇中把太平道归结为道德仁的统一体,推尊为"正人"的护身灵符和皇天"要语"的宣达者。以此为悬鹄,列示能否获受此道的三项正反验核标准;阐明"三人"生前秉受"三统之命"和天庭"录籍"的神学依据;申说学道、学德、学仁、求官、聚财五大人生要事和每事必定获得的"大度、中度、小度"的三种结果,强调其结果分别掌握在皇天、神灵和人世那里,但更取决于每个人自身所力行的程度。紧扣力行,又发挥阴阳五行家的"一日分为四时说",张布皇天日行一周施气化物法,借以敦促上中下三士争做道德仁的践行者,亦即太平道教理教义的忠实信徒。

真人再拜:"谨问天师道,太平气至,谁者当宜道哉①?谁者不宜道乎?""善哉! 子问事也。夫道与人,比若风雨,为者则善,不为则已②。好为者,则其人也;不好为者,即非其人也。为者不用力、易开通者,即是其人也;不开不通,终日无成功,即非其人也。为之即吉,不为则凶,是其人也;不为之，其人自吉善，无所疾苦，已为之后，反有所疾苦，即非其人也。又凡人自养，不可不详察也。夫道者，乃正人之符也③；疾病鬼物者④，乃邪恶之阶路也，贼杀良民之盗贼也。或见人且入正道，因反怒人，与人争斗；于人为正道，反凶不为善，反安隐于等之间⑤，不可不谨详自精者⑥。得道则吉，失道则凶也，死生之命，不可自易而不谨详也。"

【注释】

①道：获受此道之意。本经辛部谓："太平道，其文约，其国富，天之命，身之宝。近出胸心，周流天下。此文行之，国可安，家可富。"

②已：陷入绝境之意。

③符：谓护身灵符。

④疾病鬼物者：指招神除病等邪术。详参本经卷一百十四《病归天有费诀》所述。

⑤等：谓歹徒恶棍之类。

⑥精：谓精思事象及其义理。本经卷五十《诸乐古文是非诀》云："故古者名学为往精，精者，乃精念其事象可宜，复思其言也。极思惟此，书策凡事毕矣。"

【译文】

真人连拜两次这才说："弟子恭谨地想问一下，天师的真道在太平气降临的今天，什么样的人正该获取到这套真道呢？什么样的人又偏偏获取不到这套真道呢？""你询问事情简直太好了呀！真道与人，就好比风和雨，真去行用的人就吉善，不去行用的人也就陷入绝境了。喜好去行用的人，就属于合适的人选；不喜好行用的人，就不属于合适的人选。去行用却不吃力而容易启发、一点就通的人，就属于合适的人选；怎么启发也闹不通，整天费劲也没有成功的时候，就不属于合适的人选。去行用就事事吉利,不去行用就处处凶险,就属于合适的人选;不去行用,本人自行仍很吉善,没有什么痛苦的事情,可行用以后,反倒产生了痛苦的事情,就不属于合适的人选。再者说来,世人自行养护好自己,也不能不仔细思忖啊!真道正是正派人的护身灵符,而招神除病之类的邪术,正是陷入邪恶的阶梯和门路,是虐杀善良百姓的盗贼啊!有人看到别人就要进入纯正的真道了,随后反而对他感到恨怒,与他争斗。对于别人行用纯正的真道,反而凶恶地加以看待,对他不做好事,反而心安理得地混迹在歹徒恶棍的圈子里,这都属于不能不谨慎仔细地来自我反思的行径。获取到真道就吉利,丧失掉真道就凶险。在性命非死即生的问题上,决不能自我忽视而不谨慎仔细地做对待啊!"

"善哉善哉!愚生已解矣。""然。真人既问疑事,且告真人天要语①。吾道之所以而长久养者,人而乐道乐德乐仁,忽于凡事,独贪生耳。道正长于养守此二人也②。过此而下者,吾道不而长久养也。"

【注释】

①天要语:皇天的紧要戒语。

②"道正"句:据上下文意,此十字中"二"当作"三"。三人,即乐道者、乐德者、乐仁者。

【译文】

"这太好了!这太好了!愚昧的弟子已经闹明白了。""好的,真人既然询问疑惑不解的事情,那就把皇天的紧要戒语再告诉给真人。我那真道确能长久养护的对象,原因出自他能喜爱真道,喜爱真德,喜爱仁惠,对一般的事情根本不往心里去,唯独贪求长生啊!真道正对这三类人长久予以养护和守护啊!超出这个范围之外的人,我那真道不能长久养护他们呀!"

"何哉？夫人,道乃无不覆盖①,何故独宥此三人②,不宥余哉？""然。善哉,子之难问也,得其意。夫大道之出也,人皆蒙之恩,乃及草木,莫不化为善,皆得其所,俱而各竟其天年。夫无道德不仁,不可久养也。""何哉？""然。但以其不好道德仁也。""夫好道德仁,何故独可久养哉？愿闻其意。""然。子晓事生哉! 其问事绝诀也③,详听,为子分别言其意。""唯唯。"

【注释】

①覆盖:意谓大道佑护范围如天之广,无所不包。

②宥(yòu):通"佑",佑护。

③绝诀。即绝决。直截了当之意。诀,通"决"。

【译文】

"根据什么这样讲呢？只要是人,真道就没有不加以佑护的呀! 为什么唯独佑护这三类人,而不佑护其余的人呢？""好的,你这诘难质问太好了,获取到了其中的要意。大道降示到世上,每个人都蒙受到它那恩德,直至延及到草木,无不受到化导而去做善事,全都获取到自身的固有位置,各自都能尽享天年。但不具备真道真德,也不仁爱,就不能长久养护这类人啊!""这可出自什么原因呢？""好的,只因他们不喜好真道真德和仁爱!""喜好真道真德和仁爱,为什么就唯独可以长久养护他们呢？希望听到其中的意旨。""好的。你真是懂得事理的徒弟啊! 询问事情直截了当,那就仔细听,为你条分缕析地讲说那意旨。""是是。"

　　"然。是好道德仁,此三人皆有三统之命①。乐好道者,命属天;乐好德畜养者②,命属地;乐好仁者,命属人。此三人者,应阴阳中和之统,皆有录籍③,故天上诸神言吾文能养之也。行不若此,亦无录籍,故吾文不能久养之也。今太平气至,无奸私,故不而久养奸恶之人也。不如往者内乱之时,能包养恶人也。"

【注释】

①三统:指职在施生的天统,职在养长的地统,职在成就的人统。本经卷九十二《万二千国始火始气诀》谓:"夫天地人三统,相须而立,相形而成,比若人有头足腹身;一统凶灭,三统反俱毁败,若人无头足腹,有一亡者,便三凶矣。"

②蓄养:积蓄培养之意。《周易·大畜·象》云:"君子以多识前贤往行,以蓄其德。"

③录籍:指天庭在人生前所设置的未来神仙的花名册。本经卷一百十《大功益年书出岁月戒》称:"录籍在长寿之文,须年月日当升之时,传在中极,中极一名昆仑。辄部主者往录其人姓名,不得有脱。"又卷一百十二《不忘诫常得福诀》云:"神仙之录在北极,相连昆仑。昆仑之墟有真人,上下有常。真人主有录籍之人,姓名相次。高明得高,中得中,下得下。"

【译文】

　　"好的。喜好真道真德和仁爱,这三类人都有归属于天统、地统、人统的本命。喜好真道的这类人,本命归属于皇天;喜好真德并加以积蓄培养的这类人,本命归属于大地;喜好仁爱的这类人,本命归属于人世。这三类人应合阴气、阳气、中和气的统系,都在天庭未来神仙的花名册上载有姓名,所以天上的众神灵宣布我这书文可以养护他们啊!行为不像这样,又在天庭未来神仙的花名册上没有姓名,因而我这书文就不能长久养护这种人啊! 如今太平气降临了,不存在奸诈营私的弊病,所以就更不能长久养护奸恶的人了。再也不像从前内部混乱的时候,能够包容养护奸恶的人哪!"

"愿闻其竟说①。""然。奸邪恶气出活者,反能久养奸恶之人也,而不能久养善人者,是其众害多,善者少也,比犹若大寒至而热气衰也。今正气至,乃不能久养奸恶之人,比若阳气至而阴气消亡也。夫太阳上赤气至②,乃火之王精也③。火之王者乃光④,上为日⑤,日者乃照察奸恶人,故言不得为非,故不容恶人也。又道者主生,德者主养,仁者主用心故爱⑥。春即生,夏者即养,人则用心治理养长万物。故太阳所生养长,用心最劳苦,此之谓也。"

【注释】

①竟说:即最终的结论。

②太阳上赤气:第一等的盛阳火行之气。

③火之王精:谓火行占据统治地位的阳精。

④光:大放光明之意。

⑤上为日:意为往上凝结成太阳。本经卷六十九《天谶支干相配法》谓:"阳者日最明,为众光之长。"卷九十六《忍辱象天地至诚与神相应大戒》云:"火者,动而上行,与天同光;故日者,乃火之王,为天之正,无不照明。"

⑥故爱:谓特意行惠。

【译文】

"希望能听到这宗事体的最终结论。""好的。奸邪凶恶的气流发泄出来而让世上得以存活的对象，反而表现为能够长久养护奸恶的人，不能长久养护良善的人，源于其中各种祸害人的恶物太多，而良善的东西太少，这也就如同严酷的寒气袭来了，热气也就衰歇了。如今正气来到，就不能再长久养护奸恶的人，这也就如同阳气来到了，阴气就消亡了。第一等盛阳火行之气降临下来，正属于火行占据统治地位的阳气精灵啊！火行占据统治地位，就大放光明，往上凝结成太阳，太阳恰恰在照出并察见奸恶的人，因而就强调决不允许再干坏事，所以就不能容留邪恶的人哪！再者说来，真道职在施生，真德职在养长，仁爱职在用心去特意行惠。皇天在春季就化生万物，到夏季就养长万物，世人就该用心去整治万物并使它们得到养护和成长。因而最为旺盛的阳气化生、养护并使万物成长，在这方面用心最为劳苦，说的也就正是这个意思啊！"

　　"善哉善哉！愚生重闻命乎？""然。安坐，为子更有所修解①。""唯唯。""一事：学道而大度者在天②，中度者在神灵③，小度者在人也④。二事：学德而大度者在天，中度者在神灵，小度者在人也。三事：学仁而大度者在天，中度者在神灵，小度者在人也。四事：学官而大度者在天⑤，中度者在神灵，小度者在人也。五者：好畜聚财业大多者在天，中多者在神灵，小多者在人也。然此五事大度、中度、小度，一由力之⑥，归命于天，归德于地，归仁于人。守此三事学身⑦，以贤心善意思之惟之，身乃可成；积之聚之，神且自生⑧；守之养之，道且自成；乐之好之，身且自兴。天道无亲无疏，付归善人。

【注释】

①修解：逐条说明之意。

②大度：指成神。

③中度：指成仙。

④小度：指一生平安，获享天寿一百二十岁。

⑤学官：谓研习入仕居官的原则与方法。

⑥一：完全。力：力行。

⑦学身：意为叫本人去自觉地学用。

⑧神：指寄居在人体各部位、诸器官内并起主宰作用的人格化的神灵与精灵。本经倡言兴衰由人，人可恃道支配神。乙部《守一明法》云："万神可祖，出光明之门。"癸部《盛身却灾法》谓："千二百二十善神为其使，进退司候，万神为其民，皆随人盛衰。此天地常理。"

【译文】

"这太好了！这太好了！愚昧的弟子需要再度受到教诲吧？""好的。你稳稳坐定，还有为你逐项解说的事体需要交代。""是是。""第一宗事体为：学习行用真道而成神的人，决定权在皇天那里；学习行用真道而登仙的人，决定权在神灵那里；学习行用真道而一生平安并尽享天寿一百二十岁的人，决定权在人世那里。第二宗事体为：学习行用真德而成神的人，决定权在皇天那里；学习行用真德而登仙的人，决定权在神灵那里；学习行用真德而一生平安并尽享天寿一百二十岁的人，决定权在人世那里。第三宗事体为：学习行用仁爱而成神的人，决定权在皇天那里；学习行用仁爱而登仙的人，决定权在神灵那里；学习行用仁爱而一生平安并尽享天寿一百二十岁的人，决定权在人世那里。第四宗事体为：学习怎样当好官吏而成神的人，决定权在皇天那里；学习怎样当好官吏而登仙的人，决定权在神灵那里；学习怎样当好官吏而一生平安并尽享天寿一百二十岁的人，决定权在人世那里。第五宗事体为：喜好积聚钱财、振兴家业而数量巨大的人,决定权在皇天那里;数量中等的人,决定权在神灵那里;数量稍多的人,决定权在人世那里。然而这五宗事体都有成神、登仙、尽享天寿的三种结果,完全来自大力践行它们,把本命归付在皇天那里,把真德归付在大地那里,把仁爱归付在人世那里。守持这三宗事体来叫自己去学习行用,用那贤明良善的心意只管去精思又精思,身躯于是保全住;不断积累又持续聚集,体内神灵眼看着就自动涌生出来;守持又养护它们,真道眼看着就自动修炼成功;喜好真道并为此而倍感欢乐,身躯眼看着就自动强健充盛。皇天的道法并不区分和谁亲近又同谁疏远,只是付归给良善的人。

"是故天自力行道,日一周①。所以一周者,凡物之生,悉法六甲五行四时而生,一气不至,物有不具,则其生不足、不调矣。为人君上父母而不调,大过也,故天日一周,自临行之也②。所以自临行之者,假令子水也,但有水气未周,五行气不足,四时气不周③,故为行而临之。甲加其上,有木行,有春气④;丙加其上,有火行,有夏气⑤;戊加其上,有土行,有四季中央之气⑥;庚加其上,有金行,有秋气⑦;壬加其上,有水行,有冬气⑧。五身已周⑨,四气已著,乃凡物得生也。天地施化得均,尊卑大小皆如一,乃无争讼者,故可为人君父母也。

【注释】

①日一周:谓天由西向东,每昼夜运转三百六十五度,施布化生之气。参见《白虎通义·天地》、《论衡·说日篇》所述。

②临:顾临。指施化,施布。行:巡视,巡察。

③"假令"四句:此言时辰适值夜半之际的特定情形。子为地支第

一位,属阳支。以地支配五行,子属水行,故曰"子水"。子在此处代表冬季和夜半之时。自此以下所云天行自临施气化物之法,将昼夜一日同四季各做归属,递加配隶,盖本于《灵枢·顺气一日分为四时》所云:"春生夏长,秋收冬藏,是气之常也。人亦应之,以一日分为四时,朝则为春,日中为夏,日入为秋,夜半为冬。"《素问·金匮真言论》亦谓:"阴中有阴,阳中有阳。平旦至日中,天之阳,阳中之阳也。日中至黄昏,天之阳,阳中之阴也。合夜至鸡鸣,天之阴,阴中之阴也。鸡鸣至平旦,天之阴,阴中之阳也。"

④"甲加"三句:此言时辰迤至早晨的特定情形。甲为天干第一位,属阳干。于此代表春季,属木行。

⑤"丙加"三句:此言时辰迤至正午的特定情形。丙为天干第三位,属阳干。于此代表夏季,属火行。

⑥"戊加"三句:此言时辰迤至午后的特定情形。戊为天干第五位,属阳干。于此代表季夏六月,属土行。《释名·释天》云:"戊,茂也,物皆茂盛也。"四季:指春夏秋冬每季的后十八天,合计则为七十二日。五行家有土王(旺)四季之说,即在以上时段内,均由土行占据统治地位,发挥主导作用。《白虎通义·五行》云:"土所以王四季何? 木非土不生,火非土不荣,金非土不成,水无土不高。土扶微助衰,历成其道,故五行更王,亦须土也。王四季,居中央,不名时。"

⑦"庚加"三句:此言时辰迤至日入的特定情形。庚为天干第七位,属阳干。于此代表秋季,属金行。《史记·律书》谓:"庚者,言阴气庚万物,故曰庚。"《释名·释天》云:"庚,犹更也。庚,坚强貌也。"

⑧"壬加"三句:此言时辰迤至入夜后的特定情形,恰与夜半子时相衔接。壬为天干第九位,属阳干。于此代表冬季,属水行。《史

记·律书》谓:"壬之为言任也,言阳气任养万物于下也。"《释名·释天》云:"壬,妊也,阴阳交,物怀妊也,至子而萌也。"

⑨五身:即五行。因其为构成物体的基本要素,故称"五身"。

【译文】

"因而皇天自身就大力守行真道,每天都运转一整圈。之所以运转一整圈,是因为万物生长全都依赖和随顺日期的推移、五行的流转、四季的交替而生长,若有一种时气没降临,万物就出现缺环,它们生长起来也就不充沛,不顺畅了。皇天作为别人的君主和父母,却叫他们不顺畅,这可构成重大过失了呀! 因而皇天每天都运转一整圈,亲自去对万物进行施化和巡视。之所以亲自去对万物进行施化和巡视,原因在于,假定适值本属水行的夜半时分,仅仅拥有水行气,但还没有整轮流转过来,五行气并未全都具备,四时气也没置换完毕,所以就为万物去做巡视而予以施化。在时辰转入早晨之际,就注入春季的气流,使万物在全天当中具备木行而有春气。在时辰转入正午之际,就注入夏季的气流,使万物在全天当中具备火行而有夏气。在时辰转入午后之际,就注入季夏六月的气流,使万物在全天当中具备土行而有四季每季最后十八天的中央气。在时辰转入太阳落山之际,就注入秋季的气流,使万物在全天当中具备金行而有秋气。在时辰转入到入夜以后,就注入冬季的气流,使万物在全天当中具备水行而有冬气。五行气已经完全具备,四时气已经注入体内,于是万物才得以生长了呀! 天地的施注化育非常均匀公平,对尊卑大小全都一个样,于是就没有再打官司的人和事了。所以就有资格成为万物和世人的君主与父母啊!

"夫人为道德仁者,当法此,乃得天意,不可自轻易而妄行也。天道为法如此,而况人乎! 故上士法天,其道乎! 中士法地,其德乎! 下士法人①,其仁乎! 过此而下者,不属于人,故与禽兽草木同乎无常命。真人得吾文书,自深思其要意,缘而无善与天相得同事也②?与吾文反者,乃天地之怨也,吾亦不耐也。吾文书所恶,正是也。真人慎之! 以付上士,归县官③,示凡人,自今以往,天与古异。""善哉善哉!"

右分别太平文出、所宜所不宜诀④。

【注释】

①人:通"仁"。《春秋繁露·仁义法》云:"仁之为言人也。"《春秋说题辞》谓:"人者,仁也,以心合也。"

②缘:顺奉遵用之意。

③县官:汉称天子为县官。

④"右分别"句:此句系对本卷共计二"诀"之内容主旨所作的总体概括与揭示。

【译文】

"世人中致力真道真德和仁爱的人,应当效法皇天的这种做法,于是便获取到皇天的心意了,决不能自行轻慢而去乱干胡来呀! 天道构成法则便是这样,更何况世人呢! 所以高明的人效法皇天,恐怕该去守道行道吧? 中等人效法大地,恐怕该去守德行德吧? 第三等人效法仁爱,恐怕该去守仁行仁吧? 超出以上范围之外的人,就根本谈不上还属于人,因而便与禽兽草木一个样,不具备固定的寿命。真人得到我这篇书文,要自行深思其中的切要意旨,顺奉遵用还能没有良善的行为而与皇天保持一致并共同办事吗? 那些与我这篇书文对着干的家伙,纯属天地怨恨的目标,我也早对他们不耐烦了。我这篇书文所憎恶的对象,恰恰正是这类人哪! 真人要慎重对待它! 把这篇书文授付给高明的人,再付归给天子,亮给世人看。从今以后,皇天与古时候绝对不一样了。""这太好了! 这太好了!"

以上为分别太平文出、所宜所不宜诀。

卷一百二十至一百三十六　辛部(不分卷)

【说明】

　　《太平经》辛部经文,已全部亡佚。核之《敦煌目录》,原有四十八篇。《合校》本据《太平经钞》,略补其缺。《钞》不分卷,亦均无题。下列经文,大致同《敦煌目录》卷一百二十《不食长生法》相对应。集中演述辟谷食气的修炼方术,涉及到怎样借助药物开始减食,如何通肠气满,以及"忽带收肠"的注意事项和修成之后的效应等。文中所言效应,除去个人可以却病健体、安身履职、积财度厄外,更紧要的是,能够佐助国家在"凶年"亦即大荒之年养民存民,因而作者非仅称该术为"不穷之道",更强调"此乃富国存民之道"。从中适可看出,早期道教是把包括气功在内的修炼方术,自觉地同政治融为一体并作为治术来加以倡行的。

　　请问不食而饱①,年寿久久,至于遂存②,此乃富国存民之道。

【注释】

　　①不食而饱:指辟谷食气的修炼方术。又称服气或行气、炼气。即
　　　不食五谷,而以呼吸吐纳元气为主,辅之以导引、按摩等养生延

年。本经辛部云："请问胞中之子，不食而取气。在腹中，自然之气；已生，呼吸阴阳之气。守道力学，反自然之气；反自然之气，心若婴儿，即生矣。随呼吸阴阳之气，即死矣。"现代气功研究认为，辟谷属于气功修炼到一定阶段后人体所产生的正常生理反应，但并非彻底绝食。《论衡·道虚篇》则谓："道家相夸曰：真人食气，以气而为食，故《传》曰：食气者，寿而不死；虽不谷饱，亦以气盈。此又虚也。夫气谓何气也？如谓阴阳之气，阴阳之气不能饱人，人或咽气，气满腹胀，不能餍饱。如谓百药之气，人或服药，食一合屑，吞数十丸，药力烈盛，胸中愦毒，不能饱人。食气者，必谓吹呴呼吸，吐故纳新也。昔有彭祖，尝行之矣，不能久寿，病而死矣。"

②遂存：实现长生之意。

【译文】

请问不吃东西却肚内不饿，而且寿命活得很长，直至实现长生，这种食气方术正属于使国家富足、叫百姓存活的真道，可它究竟应该怎样去修炼呢？

比欲不食①，先以导命之方居前②，因以留气③。服气药之后，三日小饥，七日微饥，十日之外，为小成无惑矣④，已死去就生也⑤。服气药之后，诸食有形之物坚难消者，以一食为度⑥；食无形之物⑦，节少为善。百日之外可不食，名不穷之道，名为助国家养民，助天地食主⑧。少者为吉，多者为凶，全不食亦凶，肠胃不通⑨。通肠之法，一食为适，再食为增，三食为下，四食为肠张，五食饥大起，六食大凶恶，百疾从此而生，至大饥年当死。节食千日之后，大小肠皆满⑩，终无料也⑪。令人病悉除去，颜色更好，无所禁防⑫。

【注释】

①比:等到,及至。

②导命之方:指具有滋补作用的草木药方和药物。

③气:指人体内的先天真元之气。

④小成:初成。即已达到初步适应的状态。

⑤死去:脱离死亡之意。

⑥度:限度,标尺。

⑦无形之物:谓软食,即流质食品。

⑧食主:供养帝王之意。帝王为天地第一贵子和万民之主,而天地身为父母,又有育子之责,故曰食主。

⑨肠胃不通:谓排泄功能受阻。汉刘熙《释名·释形体》云:"胃,围也,围受食物也。肠,畅也,通畅胃气,去滓秽也。"

⑩满:谓元气充盈。

⑪料:指渣滓物。

⑫无所禁防:意谓不再惧怕邪物的侵害。

【译文】

等到人们真想不再吃东西而要去修炼,那就先用疏导性命的药物叫人吞服下去,借此来留住体内的先天元气。吞服留住体内先天元气的药物以后,三天以内会感到有些饥饿,七天以内会感到稍微还饥饿一点儿,到了十天以外,就达到初步适应的状态,没有什么疑惑不安的了,已经脱离死亡,归就长生了。吞服留住体内先天元气的药物以后,进用各种难消化的硬食,要把仅吃一次作为限度;进用流质食品,少吃为好。坚持到一百天以外,就能不用再吃东西了。这被称作永不死亡的道术,又被称作帮助国家养护百姓,协助天地供养帝王。在修炼中少吃东西就带来吉利,多吃东西就引发凶险,什么东西都不吃,也造成凶险,导致肠胃排泄功能受阻。使肠胃通畅的方法是,每天只吃一次东西最合适。如果吃两次东西,就属于多出来的了;吃三次东西,就属于必须排泄出去的了;吃四次东西,就属于肠胃承受不了的了;吃五次东西,就属于越吃越感到饥饿的了;吃六次东西,就属于非常凶险的了,各种疾病反而会从这里生出来,赶上大荒年的时候,就会死掉。节食一千天以后,大肠和小肠里全都元气充盈,到最后就不存在任何渣滓物了。能使人各种疾病全部去除掉,面色变得越来越红润,充满光泽,更没有什么还要对大邪鬼物加以防范的了。

　　古者得道老者①,皆由不食。君臣民足以安身心,理其职;富者足以存财,贫者足以度躯②;君子行之,善乐岁③,凶年不危亡。夫人曰有三命④,而不自知。日三食乃生,朝不食,一命绝⑤;昼不食,二命绝⑥;暮不食,三绝⑦;绝三日不食,九命绝⑧。无匿物⑨,无宝留⑩,此由饥也。奸邪大起,悉从此始。用吾道,万事自理,吉岁可以兴利,凶年可以存民。常当忽带收肠⑪,使利行步也。

【注释】

①得道老者:如赤松子、彭祖等传说中的上古仙人之类。老:长寿。

②度躯:保命之意。

③乐岁:丰年。

④曰:当为"日"字之讹。三命:指人先天被注定的三统之命,即:属天之命,属地之命,属人之命。详参本经卷一百十九《道祐三人诀》所述。

⑤一命:谓天统之命。朝主生,故言。

⑥二命:谓地统之命。昼主养,故言。

⑦三绝:依上下文例,"三"下当有"命"字。三命,谓人统之命。暮主施,故言。

⑧九命:每日有三命,三日则共为九命。

⑨无匮物:意谓形不成肠清的状态。

⑩无宝留:意谓做不到先天元气留驻在体内。

⑪忽带:意谓把腰带系扎得紧紧的。忽:古代极短的长度单位名称。

【译文】

古代得道而长寿的人,全都出于不吃五谷杂粮。修炼成这种道术,君主、臣僚和众百姓足以使自己身心安然无恙,各自履行好各自的职责。富有的人足以积存下财物,贫穷的人足以保住性命;君子施用它,在丰收年就更吉善,在大荒年就不危亡。人在一天里具有归属于天统、地统、人统的三种生命,可自身却对此闹不清楚。人每天必须吃三顿饭,才能存活下去。早晨那顿饭不吃,归属于天统的那一命就断绝了;中午那顿饭不吃,归属于地统的那一命就断绝了;晚上那顿饭不吃,归属于人统的的那一命就断绝了。接连三天不吃饭,加在一起就九命断绝了。人们形不成肠清的状态,做不到先天元气留驻在体内,这是由饥饿造成的呀!奸邪四处冒出来,都是从这里开始的。行用我这道术,一切事情自动就会得到治理。丰收年可以带来各种好处,饥荒年可以使百姓存活。修炼时应当经常把腰带扎得紧紧的,收束起肠胃来,以便对走路有帮助。

【说明】

下列经文,同《敦煌目录》卷一百二十一《占相乃不能救决》大致相对应。主要讲论依据天时星象测知人事兴衰的占验术和对占验结果所采取的正反两方面的态度与行动。计有十事,而重心则投注在君臣关系上,即针对君衰、君有过失、君失政要、君年少、君年老的不同情况,要求臣僚运用真道、仙方力加救助,否则罪重不除。由君臣关系延及上下、父子、他人和自我关系,也对从属者一方提出了同样的要求,发出了同样的威慑。在本文中，占验术和真道仙方、忠顺孝善、天罚余殃，是串接成一个完整链条的。

天地之间，凡事各自有精神[①]，光明上属天，为星，可以察安危[②]。天地之性，自有格法[③]，六甲五行四时节度[④]，可以占覆未来之事[⑤]，作救衰乱，防未然之事。

【注释】

①精神：谓起主宰作用的人格化的精灵与神灵。

②"光明"三句：系本汉代谶纬为说。《春秋感精符》谓："地为山川，山川之精，上为星辰，各应其州城分野，为国作精符验也。"《河图括地象》称："川德布精，上为星，河精上为天汉。"张衡《灵宪》亦云，星乃"体生于地，精成于天，列居错峙，各有所属，在野则象物，在朝则象官，在人则象事"。本经卷一百二《经文部数所应诀》后附佚文云："夫星者，乃人民凡物之精光。"

③格法：常法。

④六甲：指六十甲子中的甲子、甲戌、甲申、甲午、甲辰、甲寅，各为六旬之首。五行：木火土金水。古代以之代表五种物质元素及其典型属性和相互间生克循环的动态系统与模式。节度：指交替变化的固有次序和定律。

⑤占覆：占测为占，应验为覆。参见本经卷五十《去邪文飞明古诀》所述。

【译文】

在天地之间，一切事物里面都各自有起主宰作用的精灵与神灵，它们闪烁出的光明往上归属于皇天，化作星辰，可以察看人间的安危。天地的本性，从一开始就有常规定律，月份和日期的推移，五行的流转，春夏秋冬的交替到来，都能借助它们占测并验证未来的事情，振作起衰败的国运，挽救那动乱的局势，防备还没发生的凶险事。

　　臣见君父之衰，救之，使其更兴盛，是大功也。深知其衰也，不救之，或反言而去^①，名为倡妖^②，罪不除也。三事：臣知其君有失，将睹凶害而救之，使其更无凶害，是大功也。知而不救，名倡凶，其罪不除也。四事：知君理失其要意，灾害连起，而救助其理之，是其宜也，为晓事之臣。知而不救，其罪不除也。五事：臣知其君年少，其贤未能及，事而救之，助其为知，是其宜也。知而不助为贤，反言不及^③，名为不忠，弱其上，其罪不除也。六事：臣知其君老，有天期而忧之^④，为其索殊方、大贤之助、异策内文^⑤，令君更得延年，是大功也。知而不能，反言吉凶者，其过大也。

【注释】

①反言：意谓散布衰落的种种征象。去：离职。

②妖：谓妖言。即蛊惑人心的言论。

③不及：意为少年国君不懂世务。

④天期：即去世的日期。

⑤殊方：指仙方秘药。大贤：指天师这类人物。内文：指图谶和法术一类的神秘书文。因其事秘密，故曰内。参见本经卷四十七《上善臣子弟子为君父师得仙方诀》、卷五十《草木方诀》和《生物方诀》所述。

【译文】

　　做臣僚的看到君主的衰落情形，就去挽救，使君主重新兴盛起来，这可够得上大功劳啊！深知君主的衰落情形却不去挽救，有的还散布衰落的种种征象，离职而去，这被叫做宣扬蛊惑人心的言论，罪该万死，死有余辜啊！第三种事情为：做臣僚的知道自己的君主存在过失，看出了凶殃祸害的苗头，就去挽救，使君主避免再有凶殃祸害出现，这可够得上大功劳啊！心里清楚却不去挽救，这被叫做煽动凶败事，罪该万死，死有余辜啊！第四种事情为：心里清楚君主的治理失去了那切要的意旨，灾殃祸害接连降现，就去挽救，辅助君主进行治理，这正属于应尽的职责呀！称得上是通晓事理的臣僚。心里清楚却不去挽救，罪该万死，死有余辜啊！第五种事情为：做臣僚的知道自己的君主年龄小，他那贤明还达不到当君主的水准，自己就敬奉他并且救助他，帮助他增长智慧，这正属于应尽的职责呀！明明知道君主的目前缺陷却不去帮助他变贤明，反而扬言幼主什么都不懂，这被称作不忠诚，使自己君主的威权受到削弱，罪该万死，死有余辜啊！第六种事情为：做臣僚的知道自己的君主已经年纪老了，说不定哪年就会死去，对此非常忧虑，于是为他求索仙方妙药和大贤士的辅助以及奇异隐秘的天书神文，使自己的君主重新得以延长寿命，这可够得上大功劳啊！明明知道君主死期已近却不竭力去做扭转，反而声称君主说不定哪一天就会死去，这种罪过就太大了。

七事：为人下，知上有危有失理，或失忘①，而共救之案之，是为大功。知而不救，自解避而去②，为不顺忠孝之人，罪皆及其后。八事：父母有疾，占相之③，知能尽力竭精，有以救之。知而不救，天将大罚。九事：父母年老且尽，为子者知父母老期将至④，为求贤师异方，令得丁强⑤，孝子之宜也。此由食人之食，以食归之⑥，而有大功也。十事：知人凶衰有大害，患将至而救之，使其更兴，与其奇方异策、内文善事，令无复忧苦，是为大功。知而不为，有罪不除也。

【注释】

①失忘：谓在治理方面存在失当的地方或遗忘的事项。

②解避：解脱出来躲避开之意。

③占相：卜问察看。

④老期：即人生的衰老阶段。

⑤丁强：意谓像成年人那样强壮。

⑥归：通"馈"，回赠。

【译文】

第七种事情为：作为别人的下属，知道自己的上司面临着危险，在治理方面存在失当的地方或遗忘的事项，就共同去营救他，让他做查考予以纠正，这属于立下了大功劳。心里清楚却不去营救，只管自己解脱出来躲避开，径行离去，这纯粹是不谨顺、不忠诚、不孝敬的人，罪过都会殃及到本人的子孙后代。第八种事情为：父母患上重病，就请人卜问察看，懂得付出全部力量，竭尽一切心思去想办法进行营救。得知父母的病情却不去营救，皇天将会给他严重的惩罚。第九种事情为：父母年老，眼看要寿命终结了，做儿子的知道父母已经进入人生的衰老阶段了，就特意为父母访求贤明的师长和奇异的药方，让他们重新变得像成年人那样强壮，这属于孝子应尽的本分啊！也是由得到父母养育就该做出同样回报的道理所决定的，随之也立下了大功劳啊！第十种事情为：知道别人处于凶险衰败的境地，将会遇上大祸害，在祸害降临以前就去进行救助，使他重新兴盛起来，授给他奇异的仙方和隐秘神书所讲论的吉善事体，使他不再忧愁苦闷，这可够得上大功劳啊。心里清楚却不去这样做，就犯下大罪，死有余辜啊！

　　夫为人子，见父母有死难而抛去之，处乐违苦①，此乃与禽兽同耳。岂可统三才②，继天地乎？是以圣人出也，施教戒，劝人为善，断绝凶恶，以救天地之灾，令三光、五行、星辰顺叙③,岂徒言哉?

【注释】

①违苦:躲避困苦之意。

②统三才:意谓续接天统、地统与人统。三才:天、地、人。

③三光:指日月星。顺叙:意谓按照正常的规律来运行流转。

【译文】

作为人家生下来的儿子,看到父母遭遇到死亡的祸难却丢下不管,自己离去,只知道享乐,却躲避困苦,这正与禽兽完全一样,哪里能够接续起天统、地统和人统,承继起天地来呢? 所以圣人就出现在世上,施布教令和禁戒,劝导世人做善事,断绝掉凶恶的行径,去挽救天地所降示的灾殃,使日月星辰和五行按照正常的规律来运行流转。这哪里仅仅是空说一通呢?

【说明】

下列经文,与《敦煌目录》卷一百二十二《闭藏出用文决》大致相对应。主要列示《太平经》这等天书神文应合"天地大周更始"而出世的必然性,历经汇集校理和"集善、定善"而构成"天地阴阳之语"的权威性,化除灾害致太平的独特功用,进而呼吁当今帝王奉用与"勤行"并珍藏此类"洞极之经"。早期道教求助皇权又直欲驾驭皇权的意向,在文中颇有显露。

今天上乃具出文书①,以化除诸灾害,以致善,是故吾自晓敕真人出书也。今天上教吾大言②,勿有蔽匿也。今天地大周更始③,灾害比当消亡,无复余粮类④。故教人拘校古今文⑤,集善者以为洞极之经⑥,定善不可复变易也⑦。虽圣贤之人，不能复致其文辞。夫文辞，天地阴阳之语也，故教训人君贤者而敕戒之，欲令勤行，致太平也。

【注释】

①具：完备详尽。

②大言：一事大决之言，即就每项事体作出重大的决断性的定论。详参本经卷七十二《不用大言无效诀》。

③大周更始：谓经过数度循环，火行阳气占据统治地位，开始新的化生过程。参见本经卷一百十九《三者为一家阳火数五诀》所述。

④余粮类：谓积聚财物而吝不施舍的恶人。参见本经卷六十七《六罪十治诀》所述。

⑤拘校：汇集校理。古今文：指有史以来世间流传的全部书文。

⑥洞极之经：通透到极点的经典。实指《太平经》这等道经而言。

⑦定善：意谓确立起无所不适的绝对行之有效的定论。详参本经卷九十一《拘校三古文法》所述。

【译文】

如今天上正完备详尽地出示神文天书，用来化解消除掉各种灾殃祸害，以便使吉善的事物大行于世，因此我自然就晓谕并命令真人去传布天书啊！如今天上责成我特就每种事物都做出定论来，不要有什么隐匿不讲的。如今天地循环了一大轮，一切都重新再开始，灾殃祸害一并应当消亡，不再有积聚财物而不施舍的恶人。所以就教导世人汇集校理古今的所有书文，把其中真正属于吉祥美好的那部分内容聚集起来，编成通透到极点的经书，确立起无所不适的绝对行之有效的定论，谁都没办法再给它做变动。即使是圣人贤人，也无从再献上他们所杜撰的文辞。经书的文辞纯属天地阴阳要宣达的话语，所以就用它来训导贤明的君主，并且戒饬他，目的是叫他经常照着去做，实现天下太平啊！

所以言蔽藏者①，贤君得而藏于心，用于天下，育养万物而致太平也。而归功于上帝②，则坚于石室深穴也③。天生善物，必归之善处。如珠玉也，必帝王宝之；其粗恶之物，众弃之。况人为善，而天岂不爱乎？帝王岂不重之乎？

【注释】

①蔽藏：秘密收藏。

②而：能。上帝：指天帝。

③石室：宫廷中收藏最重要的图书档案的处所。

【译文】

强调秘密收藏好它，原因出自贤明的君主得到它以后，把它的定论藏在心中，施用到全天下去，化育养护万物而实现太平啊！能够做到用突出的治绩来向天帝报谢佑助的功德，就会把它牢牢地收藏在宫廷中最重要的藏书处所啊！皇天化生出美好的物品，必定会付归到美好的地方。就好像珍珠宝玉，帝王必定会珍视它们；至于粗糙恶劣的东西，一般人也会把它扔掉。更何况这等经书教导世人去做善事，皇天哪里会不喜爱它呢？帝王哪里能不看重它呢？

【说明】

下列经文，与《敦煌目录》卷一百二十三《三道集气出文男女诵行决》大致相当。主要论列三道行书亦即朝廷鼓励地方官吏和邑民、来往行人分头上书言事的落实问题和处理问题，涉及到聚合善恶、大范围集议、置封收纳、汇总报呈天子、复议梳理和紧急批复、常规处置的办法等。其理据，则为人道应合天道、人神相互效仿的既定"法则"。在这一法则的支配下，文中也倡言对民间疾苦利害应予申张。

今天上无极之天①,中无极之天,下无极之天,旁行无极之天②,今为法,况三道集气共议③。其应天地人之位也,乃太平至,天悦喜,则帝王寿。其道神灵祐④,天地善气莫不响应⑤,道德日至,邪伪退,妖臣奸冗灭⑥,凡臣悉除⑦,万善自来,五行和⑧,四气时良⑨。

【注释】

①上:谓最上层。天有九重,故而除"上"以外,下文旋即又言"中"、"下"。

②旁行:谓向四面延伸。

③况:比照。三道集气共议:此谓神应天气而作,精物应地气而起,鬼应人之中和气而动,分别记人过恶,上诉于天,对证考治。详参本经卷一百十八《天神考过拘校三合诀》所述。

④其道:指世间仿照皇天之所为而通上三道行书,即朝廷鼓励各地官吏、邑民、来往行人上书言事。

⑤响应:如声回应。形容疾速之程度。

⑥妖臣:邪恶的大臣。奸冗:此二字中"冗"当作"宄"。在内曰奸,在外曰宄。泛指为非作歹的人。

⑦凡臣:意为凡是确能授职胜任的人。除:授官署职。

⑧和:意谓保持正常的生克关系。

⑨四气:指春之少阳气,夏之太阳气,秋之少阴气,冬之太阴气,以及每季季末后十八日特别是季夏六月后十八日之中和气。换言之,即五行之气。《白虎通义·五行》谓:"行有五,时有四何?四时为时,五行为节,故木王即谓之春,金王即谓之秋,土尊不任职,君不居部,故时有四也。"本经卷六十九《天谶支干相配法》称:"夫皇天乃以四时为枝,厚地以五行为体,枝主衰盛,体主规矩。"

【译文】

　　如今皇天最上层的迄无边际的那片天，中层的迄无边际的那片天，下层的迄无边际的那片天，径直向四面延伸而迄无边际的那片天，在现今定立起一个法则，也就是全都比照从三条途径聚集气体来共同议论事情如何。这一法则同天、地、人的本位相对应，于是太平就到来，皇天就喜悦，帝王也随之长寿了。鼓励各地官吏、居民和来往行人向朝廷献呈意见书，神灵对此大加佑助，天地的吉善气没有不像回音应和原声那样做出应合的，具有道德的人一天接一天到来，邪伪的小人退走，奸恶的大臣和为非作歹的家伙灭绝，凡是确能授职胜任的人一律都安排了职务，各种吉善事自动就降临，五行保持着和谐的生克关系，四时气总是处于正常流转的状态啊。

　　其为政法，起于本。本者，天地之间，人象神①，神象人，而各自有隅②。聚亭部乡县善恶③，所好所疾苦，各有其本，事皆近。察察自相短④，短长得失，明于日月，故大教其集议⑤，贤不肖共平其事⑥。故天下州县乡里置封⑦，仰万民各随材作书⑧，直言疾苦利害可否，致书投于封中。长吏更撰⑨，上天子，令知民好恶、贤不肖利害，可集议而理之⑩，即太平之气至矣，而福国君万民，万二千物各得所矣。封，即今瓯函也⑪。

【注释】

　　①象：效仿、取法。

　　②隅：方面。此处谓同类事象。

　　③亭：汉代基层行政组织。既负司奸捕盗之责，又为驿馆所在。其由十里（百户为里）组成，设置亭长。乡：由十亭或十里组成，大

小不等。一乡辖户达五千者,设立有秩、三老和游徼等职,分掌
乡政教化和治安之事。县:汉代所设二级地方政区。下辖乡。
汉制:户口达万户以上者设县令,在万户以下者设县长。

④察察:分辨得万分明晰的样子。短:揭发之意。

⑤集议:大范围聚议。

⑥不肖:子不似父曰不肖。即不贤。平:衡量裁定。以上所云,参
见本经卷八十六《来善集三道文书诀》所述。

⑦州:汉代监察区名。除京师而外,共设十二州,州置刺史。京师
则设司隶校尉。里:汉代基层行政组织之一。由百户人家组成,
设里魁。封:指收纳意见书的专用设施。犹今所谓意见箱。本
经编著者倡设"太平来善之宅",筑于通衢大道上,长、宽、高均三
丈,四面各开窗口,以供世人投书之用,则与此处所云有异。参
见卷八十八《作来善宅法》所述。

⑧仰万民:使万民仰瞻,即吸引之意。随材:意为按照各自的实际
能力和社会身份来做。

⑨更撰:意谓轮番进行筛选编集。

⑩理:做出系统整理和厘定之意。其具体办法,参见本经卷九十一
《拘校三古文法》所述。

⑪"封"二句:原用小字刻写,当为《经钞》抄纂者随手所作的附注。
唐武则天垂拱元年(685),始置匦使院,设方函,四面分别涂青丹
白黑四色,列于朝堂。凡臣民有冤滞或匡正者,均可投状于匦,
即这里所称匦函。匦(guǐ),匣。

【译文】

施行治理的方法,是从根本那里产生出来的。根本在于天地之间
世人效仿神灵,神灵又效仿世人,各自都有同类的事象。聚集起乡亭郡
县的善恶表现以及人们所喜好的东西和感到痛苦的事情,这都各有它
们产生的根源,事象也很接近。因而彼此任何微小的地方都不放过,主

动进行检举揭发,得失与短长就比太阳和月亮还要明显地摆在那里了,所以要叫人们大范围地聚在一起进行议论,贤明的人和不贤明的人共同衡量裁定那些事象。这就需要在全天下各州、各县、各乡、各里设置意见箱,吸引众人分别按照自己的实际能力和社会身份写出意见书,毫不隐瞒地讲明感到痛苦的事情,有利和有害的东西,哪些应该做,哪些不该做,把它献上并投在意见箱中。地方官吏再轮番进行选编,奏呈给当朝天子,使他了解到百姓所喜好与憎恶的事情,贤明人和不贤明的人的动向,有利和有害的东西,再让贤明人聚在一起加以讨论,做出系统的整理和厘定,太平气也就来到了,而给国君和平民百姓带来吉福,一万两千种生物也各得其所了。文中的"封",也就是当今朝廷接受臣民投书的匣子。

天道有缓有急,人事亦然,有缓有急。天道急,即风雨雷电不移时而至;人道有急,亦趋走不移时而至①。急者即以时应天法则上之②,刺一通付还本事③,而有赏罚④。缓者须八月为一日上也⑤,天上法如此。夫阴阳为法如此⑥,人道亦如此矣。

【注释】

①趋走:快步曰趋,跑动曰走。汉刘熙《释名·释姿容》云:"疾行曰趋,趋,赴也,赴所至也。疾趋曰走,走,奏也,促有所奏至也。"

②急者:指地方上突发的事关人命或吉凶安危的重大问题或案件。

③刺一通:意为下达一道公文。即火速作出批复。

④赏罚:指对举报属实或失实者所采取的具体处置办法。

⑤八月为一日:本经卷四十八《三合相通诀》谓,万物在仲秋八月成熟,果实已可区别确定,故须至八月,开始对各地上书进行检视。

又卷一百十《大功益年书出岁月戒》云,天庭常以八月晦日(三十日),校录山海河梁江湖诸神所上簿书。

⑥阴阳:原指物体对日光的向背,即向日为阳,背日为阴。引申而有寒暖、暗明等反对之义。后遂用以指天地之间生成万物的二气,进而抽象为一切事物既相互对立又彼此依存的两个方面或属性。其与五行密切相连,属于五行之合,即阴阳中各具五行。

【译文】

皇天的道法存在着平缓或紧急的情况,人间的事情也是这样,也存在着平缓或紧急的时候。皇天的道法出现紧急的情况,就表现为风雨雷电转眼间便来到了;人间的道法出现紧急的情况,也表现为加快脚步,一路奔跑,转眼间就来到了。地方上遇到重大变故就要顺应皇天的法则马上报告给朝廷,朝廷也迅即下达文书,对此做出批复,拿出处理的意见,并对报告属实与否予以赏罚。属于不紧急的事情,就等到八月份选定某一天集中奏报到朝廷。天上的规则就像这个样子啊! 阴阳构成法则既然是这个样子,人间的道法也就跟着是这个样子了。

【说明】

下列经文,与《敦煌目录》卷一百二十四《人腹各有天子文归赤汉决》大致相合。主要发挥五行学说,强调心神在人体五脏中的主宰地位和"执正凡事"的作用。由此宣明:世人只有执善清静,才能与心神相见相通而事谐延命;否则必定事败早亡。

凡人腹中,各有天子①,五气各有王者②。天有五气,地有五位③,其一气主行为王者④,主执正凡事,居人腹中,自名为心⑤。心则五藏之王⑥,神之本根⑦,一身之至也⑧,主执为善。心不乐为妄,内邪恶也⑨。凡人能执善,清静自居,外不妄求,端正内,自与腹中王者相见^⑩,谓明能还睹其心也。心则王也,相见必为延命,举事理矣;不得见王者,皆邪也,不复与王者相通,举事皆失矣,而复早终^⑪。

【注释】

①天子:喻指主宰者。

②五气:指五行之气,即木气、火气、土气、金气、水气。王者:谓占统治地位的那一气。

③五位:指木为东方,火为南方,金为西方,水为北方,土为中央。

④一气:指火行之气。传统五行说认为,土行为五行之主。东汉以后,盛行汉为火德说,火行遂跃居土行之上。主行:意为统率其他四行。本经乙部《安乐王者法》,对火行何以统率其他四行,述之颇详。

⑤自名为心:以五脏配五行,心属火行,故出此语。

⑥五藏(zàng):即五脏。指心、肝、脾、肺、肾。藏,内脏。

⑦神:指体内众神灵,为天之太阳气的化身和生命的主宰。本经壬部有云:"神者居人心阴。"

⑧至:最重要的部位。

⑨内:"纳"的古字,接纳,收纳。

⑩相见:谓与腹中心神面对面接触。本经乙部《调神灵法》称:"故圣人能守道,清静之时,旦食诸神皆呼与语言,比若今人呼客耳。"又本经佚文有云:"思神与人者内相恃,皆令可睹。"

⑪早终:早死。

【译文】

任何人的腹中,各自都有主宰物,五行气也各自都有占据统治地位的那一气。皇天具有五行这五气,大地也就有与它们相对应的五个方位。其中火行气统率其他四行而成为占据统治地位的那一气,职在执持并端正一切事情,寄居在人的腹中,自己把自己称为心。心是五脏的主宰,体内众神灵的根基,整个人体的最重要的部位,职在支配世人去做善事。心不愿意人去胡作非为,把邪恶收纳进来。任何人只要能够执持住良善,清静自守,不对外界想入非非,端正内心,自动就会和腹中的心神见上面,这是说通明就能反转来看到自己的内心啊!心神是生命的主宰,与它见上面必定会使人寿命延长,只要一做事情就都获得成功了。没办法看到心神的人,都属于邪恶的家伙,不重新与心神相沟通,只要一做事情就都归于失败了,而且会早早死掉。

【说明】

下列经文,同《敦煌目录》卷一百二十五《图画多夷狄却名神文决》基本相当。突出宣扬万事万物有神论,并赋予众神以真邪、善恶、吉凶的不同属性,借此对是否"蓄积"《太平经》这样的"真文真道",予以日后必有邪害或度世登仙的因果报应论的说明与强调。

今太阳德盛①,欲使天上天下,上无竟②,下无极,旁行八洞外内③,真神真精光悉出助帝王治④,而致上皇洞平之气⑤,未常见之,善人命长,万物无复夭死自冤者⑥,而邪神悉消亡,天下无复强枉病者⑦,岂可闻乎?

【注释】

①太阳:最旺盛的阳气。代表五行中的火行。

②竟:尽头。

③八洞:指八方通透之处。

④精光:精灵的光华。

⑤上皇:最盛明。洞平:意为彻里彻外全太平。

⑥夭死：半途死灭。汉刘熙《释名·释丧制》云："少壮而死曰夭，如取物，中夭折也。"

⑦强柱：横遭之意。指被邪神鬼物所殃祟。

【译文】

　　现今最为旺盛的阳气恩德广大，想叫天上和天底下，往上没有尽头，往下没有边际，横向延伸到通透至极的八方内外，所有这些地方的真神与真精灵全都涌现出来，辅助帝王施行治理，招来那最为盛明又彻里彻外的太平气，简直是前所未见，良善的人由此而寿命长久，万物不再有中途死灭而自己感到冤枉的，邪神又全都消除离去，天下不再有横遭它们殃祟而得疾病的人，恐怕可以听到这方面的秘诀吧？

　　善哉！子之问也。天使悉断邪伪凶恶，而出真事。凡图画①，各有精神。真事有真神，邪事有邪神，善事有善精神②，恶事有恶精神。夫蓄积邪之家③，后必有邪害也；蓄积真文真道之家，后必有度世者也。故真伪，各精所致也④。故天有吉有凶，吉则吉精神，凶则凶精神。地亦有吉凶，吉则吉精神，凶则凶精神。

【注释】

①图画：图谋筹划之意。

②善精神：本经癸部《盛身却灾法》谓："千二百二十善神为其使，进退司候，万神为其民，皆随人盛衰。此天地常理。"

③邪：谓邪文邪道。

④精：谓精思事象及其义理。本经卷五十《诸乐古文是非诀》云："故古者名学为往精，精者，乃精念其事象可宜，复思其言也。极思惟此，书策凡事毕矣。"

【译文】

你这问话真是太好了呀！皇天让完全断绝掉邪僻奸伪、凶败险恶的玩意儿，出示真确事。只要是进行图谋筹划，各自就都有精灵和神灵在里面。真确事就有真神，邪伪事就有邪神，良善事就有良善的精灵与神灵，歹恶事就有歹恶的精灵与神灵。收藏和积聚邪文邪道的人家，日后必定会遇上邪害；收藏和积聚真文真道的人家，日后必定会有超凡成仙的人。因而真与伪，正是各自精思那事象和意旨所招来的。所以皇天既有吉利事，又有凶险事。吉利事就有吉利的精灵与神灵来降临，凶险事就有凶险的精灵与神灵来降临。大地也是既有吉利事，又有凶险事。吉利事就有吉利的精灵与神灵来降临，凶险事就有凶险的精灵与神灵来降临。

【说明】

下列经文，同《敦煌目录》卷一百二十六《九事亲属兄弟决》基本相符。所谓九事，系指道、德、仁、义、礼、文、武、辩、法而言。亲属兄弟，则喻指同类事象及其相召相从、相求相应的关系。文中列举九事各自"合为一家"的具体表现及其导致的结果，标揭皇天和神灵对其作出的不同反应，由此推尊大化天下的道治，奉之为"理乱之本"和"太平之基"。对德治、仁治，尚且退而求其次，予以首肯；对其他六治，则一蟹不如一蟹地痛加贬抑和揶揄。通体所述，是对三皇五帝和三王五霸所兴用的皇道、帝道、王道、霸道之优劣的展开与延伸，而诸种治国方略的择定，又是随时世为高下，以敬事天地四时五行为进退的。此文宜与本经丁部《六罪十治诀》、癸部《七事解迷法》互作印证。

夫三皇五帝①，各有亲属兄弟②；三王五霸③，各自有亲属兄弟，小小分别④，各从其类，世兴则高⑤，世衰则下⑥。比若昼夜，相随而起，从阴阳开辟⑧，到今不止。贫为小人，富为君子⑧,更共相为使,转相理。是天地亲属也,万物不兴其中,几类似之,而实非也。天有六甲、四时、五行刚柔牝牡孟仲季⑨,共为亲属兄弟,而敬事之,不失其意,以化天下,使为善主仁义礼智文武⑩,更相为亲属兄弟。

【注释】

①三皇:指天皇、地皇、人皇。五帝:指黄帝、颛顼、帝喾、尧、舜。

②亲属兄弟:喻指同类事象及其相召相从、相求相应的关系。

③三王:指夏禹、商汤、周文王与武王。五霸:指齐桓公、晋文公、秦穆公、宋襄公、楚庄王。

④小小:稍稍。分别:谓各具特点,形成差别。

⑤高:指皇道、帝道、王道、霸道各被兴用的程度。

⑥下:指各遭冷遇而湮没不彰的状态。

⑦阴阳:谓天地。

⑧君子:指统治者。

⑨刚柔牝牡:谓其阴阳属性。牝牡犹言雌雄。孟仲季:指排列的顺序。如春三月,则依次为孟春、仲春、季春之类。

⑩善主:妥善统领之意。文:文饰。此处指浮华的理论和做法。

【译文】

天皇、地皇、人皇和以黄帝为首的五帝,各自具有像亲属兄弟那样的连带关系;夏禹等三王和春秋五霸,也各自具有像亲属兄弟那样的连带关系,稍稍形成差别,各自依从本身的类属,时世昌盛就处于支配的地位,时世衰败就陷入湮没的状态。这就好比白天与黑夜交替出现,从天地开辟以来一直到现今也不止息。贫穷就成为普通百姓,富足就成为统治者,轮番你驱使我,我驱使你,辗转相互治理。上述各种情形好像都是效法天地的结果,可万物如果在里面不兴盛,也就表面上看上去似乎与天地关系很密切,但在实际上却不是那么一回事了。皇天具有六甲、四时、五行的阴阳属性和排列顺序,它们共同结成了像亲属兄弟那样的连带关系,能够恭敬地侍奉它们,不偏离它们的心意,用来化导天下,使之妥善地统领起仁爱、正义、礼法、智谋、文饰和武力,让这六者递相结成像亲属兄弟那样的连带关系来。

夫道与道为亲属兄弟者①,凡道乃大合为一②,更相证明转相生。今日身已得道,凡道人皆来,亲人合心为一家③,皆怀善意,凡大小不复相害伤,灾害悉去无祸殃。帝王行之,天下兴昌,垂拱无为④,度世命长。吏民行之,其理日明,凡道皆出,莫不生光⑤。道与道为亲属传相行⑥,故与道召道⑦,以道求道,即以道为亲属兄弟。尚化如此⑧,则天下皆好生恶杀,安得有无道者哉?

【注释】

①道与道:指帝王以道治国和天下有道之士及其所怀道法道术等。本经卷四十九《急学真法》云:"道乃能导化无前,好生无辈量。"

②凡道:指各种道法道术。大合为一:意谓融为一体,定于一尊。

③亲人:使人相亲之意。

④垂拱:垂衣拱手,极言天下大治之甚。无为:即顺应自然而不加以人为干涉。此系老子学说的重要组成部分,在汉初被奉为治国的指导思想。

⑤光:使人心明之光。

⑥传相行:意谓递次往各处扩展延布。

⑦与:赞许,推重。

⑧尚化:意为崇尚以道化导天下的统治术。

【译文】

讲论起帝王用真道治国而与天下道士结成亲属兄弟那样的连带关系,是说各种道法和道术融合成一个整体,交互证明,辗转相生。今日帝王已经得道,所有的道士就全部来到,使人们彼此亲近,心往一处想,组成一家人一般,全都怀有良善的意念,从上面到下面都不再彼此伤害,灾殃祸害全部去除掉,再也没有祸殃了。帝王行用真道,天下繁荣昌盛,实现大治,自身得以超凡成仙,寿命长久。官吏和百姓行用真道,其中的事理一天比一天明晰,各种道法全都涌现出来,没有不让人生出心明之光来的。帝王用真道治国而与天下的道士结成亲属兄弟那样的连带关系,就递次往各处扩展延布,所以推重真道就招来真道,用真道去求取真道,人们就与真道结成了像亲属兄弟那样的连带关系。崇尚以真道化导天下的统治术达到了这种程度,天下就全都喜好化生,憎恶伤杀,哪里还会有凶残无道的人呢?

德与德为亲属兄弟者①,今日身执大德,以德为意,凡有德之人推谦相事②,天下德人毕出矣。以是为法,安坐无事。帝王行之,其国富。吏民行之,无所不理。以德召德,德自来矣。

【注释】

①德与德:指帝王以德治国和天下德人及其所行之德。本经卷四十九《急学真法》云:“夫人有真德,乃能包养无极之名字;夫无德者,乃最劣弱困穷小人之名字也。”

②推谦:推谓推重他人,谦谓于己自谦。

【译文】

讲论起帝王用真德治国而与天下有德之人结成亲属兄弟那样的连

带关系,是说今日帝王自身执有大德,把德作为特留心的事情,一切具有真德的人就互相谦让,推重别人而一起相处了,天下具有真德的人就全部挺身站出来了。把这作为治国的根本大法,稳稳坐定而不推出人为的其他举措。帝王去行用它,国家就富强。官吏和百姓去行用它,就没有任何事情得不到治理了。凭借真德去召取真德,真德也就自行来到了。

仁与仁为亲属兄弟者①,今日身为仁,凡仁者自来相求。以仁召仁,仁人尽来矣。帝王行之,天下悉仁矣。吏民行之,莫不相亲。所谓仁与仁合为一家,是为亲属兄弟矣。

【注释】

①仁与仁:指帝王以仁治国和天下仁人及其所施展的仁术。《春秋元命苞》谓:“仁者,情志好生爱人,故其为人以仁,其立字二人为仁。”《乐纬动声仪》称:“仁者好生。”《白虎通义·情性》云:“仁者,不忍也,施生爱人也。”《释名·释言语》云:“仁,忍也,好生恶杀,善含忍也。”本经卷四十九《急学真法》谓:“仁者,乃能恩爱无不包及、但乐施与无穷极之名字。”

【译文】

讲论起帝王用仁爱治国而与天下的仁人结成亲属兄弟那样的连带关系,是说今日帝王自身施行仁爱,一切仁爱的人就自动前来,以求赏识。凭借仁爱去召取仁爱,仁爱的人也就全部来到了。帝王行用它,天下就全都仁爱了。官吏和百姓行用它,就没有谁不相互亲近的了。所谓仁爱与仁爱聚合成同一个大家庭似地,这也就结成亲属兄弟那样的连带关系了。

义与义为亲属兄弟者①,以义求义,今日身已成义,凡义之人,悉来归之,以义合也。帝王行之,苦乐相半②。吏民行之,生伤半。以义求义,是为亲属兄弟矣。

【注释】

①义与义:指帝王以义治国和天下义士及其所奉持的正义观、道义观、节义观等。《乐纬动声仪》称:"义者断决。"《白虎通义·情性》谓:"义者,宜也,断决得中也。"《释名·释言语》云:"义,宜也,裁制事物,使合宜也。"

②苦乐相半:义有大义和私义之分,故出此语。

【译文】

讲论起帝王用正义、道义、节义治国而与天下的义士结成亲属兄弟那样的连带关系,是说凭借正义、道义、节义去求取正义、道义、节义,今日帝王自身已经树立了正义、道义、节义的榜样,一切讲求正义、道义、节义的人也就全都前来归附了,这是依仗正义、道义、节义而聚合起来的呀!帝王行用它,糟糕的地方和良好的地方各占一半。官吏和百姓行用它,生存和伤亡也各占一半。凭借正义、道义、节义去求取正义、道义、节义,这也就结成亲属兄弟那样的连带关系了。

礼与礼为亲属兄弟者①,以礼求礼,今日身已成礼矣,凡礼之人悉来。行者守节②,生者不安腹③。中内空虚④,外使若环⑤,趋走跪起⑥,无闻命矣⑦。日短⑧,衣物尽单⑨。帝王行之,愁苦且烦。吏民行之,职事纷纷⑩,丁者力乏⑪,老弱伤筋。礼礼相亲,是为亲属兄弟矣。

【注释】

①礼与礼:指帝王以礼治国和天下礼家及其所执守的礼治主张和创制的礼制礼法及礼仪等。《老子·三十八章》谓:"夫礼者,忠信之薄而乱之首。"《庄子·天道》云:"礼法度数,刑名比详,治之末也。钟鼓之音,羽旄之容,乐之末也。哭泣衰绖,隆杀之服,哀之末也。"《乐纬动声仪》称:"礼有尊卑。"《白虎通义·情性》谓:"礼者,履也,履道成文也。"《释名·释言语》云:"礼,体也,得事体也。"

②节:谓礼仪规范。

③不安腹:意谓必须起身照着去做。

④中内:内心。空虚:谓对礼仪规范的制订原则茫然无知。

⑤环:接连不断之意。

⑥趋:谓以碎步疾行表示敬意。走:跑动。

⑦无闻命:意为不再听从那套规定了。

⑧日短:谓寒冷季节。

⑨衣物尽单:意谓必须仍按礼服的规定去办。单指单薄的服装。冬季依礼穿单衣,乃系本经编著者对礼制的一种嘲讽和揶揄。

⑩职事:职务,职业。此处意为份内之事。

⑪丁者:青壮年人。

【译文】

讲论起帝王用礼法治国而与天下精通礼法的人结成亲属兄弟那样的连带关系,是说凭借礼法去求取礼法,今日帝王自身已经树立起礼法的楷模,一切精通礼法的人就全都来到了。施行礼法的人恪守各种礼仪规范,而每个活着的人就得起身跟着去做。然而人们心里对礼仪规范的制订原则并不明白,可在外面受驱使却一直没完没了,一会儿该快速迈小步进来,又该奔走退下,一会儿需要这样跪拜,又需要那样起身,结果人们也就厌倦得不再听从这一套了。在白天很短的寒冷季节,仍要依照礼服的规定去办。帝王行用它,愁苦又烦劳。官吏和百姓行用它，属于份内之事该举行的活动一项接一项，青壮年人累得浑身没有劲儿，老年人和小孩子又不免伤筋折骨。礼法与礼法彼此亲近，这也就结成亲属兄弟那样的连带关系了。

　　文与文为亲属兄弟者①，今日已成文矣，以文求文，文人悉来，至若浮云，中外积之聚若山。至诚若少②，大伪出焉。帝王行之，以理其事，或得或失。吏民行之，更相期③，妄以相拱④，害变疾病万种，人日短命。以文相期，以文相恐，转相取，转相生，此乃文之亲属也。

【注释】

①文与文：指帝王以文治国和文饰者及其所奉持的文饰主张及撰写的奏章、诗文、歌赋等。《释名·释言语》云："文者，会集众彩以成锦绣，会集众字以成辞义，如文绣然也。"

②至诚若少：此四字中"若"当作"苦"，涉上文而讹。至诚：指极其真挚诚恳的心意和行动。本经卷九十六《忍辱象天地至诚与神相应大戒》云："夫至诚者名为至诚，乃言其上视天而行，象天道可为；俯视地而行，象地德而移。念天地使父母生长我，不欲乐我为恶也，还孝之于心乃行。"

③期：谓有所企求。又"期"或系"欺"字之讹。下文"期"字，疑复如是。

④拱：排挤，倾轧。

【译文】

　　讲论起帝王用文饰治国而与擅长文饰的人结成亲属兄弟那样的连带关系，是说今日帝王已经树立起文饰的标尺了，凭借文饰去求取文饰，擅长文饰的人也就全都来到了，人数多得如同天上飘浮的云彩，朝廷内外积聚起的奏章和诗文歌赋堆成了山。可就是至诚太少而让人感到犯愁，非常虚伪的那套玩意儿也就从里面冒出来了。帝王行用它，去处理相关的政事，有的还见效，有的就糟透了。官吏和百姓行用它，轮番有所希图和企求，随意去相互倾轧，凶害灾异和各种疾病就多极了，人们寿命一天比一天缩短。借用文饰来相互萌生希图和企求，倚仗文饰来彼此恐吓与排挤，辗转去求取又辗转来涌生，这正是文饰结成的亲属兄弟那样的连带关系啊！

武与武为亲属兄弟①，今日已成武矣，以武召武，凡武人悉来聚，其气阳阳②，其兵煌煌③，其力皆倍，其目皆张，其欲怒不得止，武鬼居其角④，取胜而已，不复惜其命。君子行之，其治日凶。则吏民行之⑤，灭杀人世⑥。无有善意，理有聚害，此即以武生武，则武之亲属也。

【注释】

①武与武：指帝王以武治国和天下武士及其所尚之武。《庄子·天道》谓："三军五兵之运，德之末也。"《释名·释言语》云："武，舞也，征伐动行，如物鼓舞也。故《乐记》曰：'发扬蹈厉，太公之志也。'"

②阳阳：雄盛的样子。

③煌煌：鲜亮的样子。

④角：人体经穴名。又称角孙，位于耳尖上方发际处。

⑤则吏民：意为使吏民奉为准则。

⑥人世：指家族传衍的谱系。

【译文】

讲论起帝王用武力治国而与天下武士结成亲属兄弟那样的连带关

系,是说今日帝王已经树立起武力的准绳了,凭借武力去召取武力,一切武士就全都前来聚集了。那股气势特雄盛,那些武器亮闪闪,个个勇力倍增,双目瞪圆,怒杀对方的念头去不掉,而武力的鬼魂就附着在他们的耳尖发梢上,只管取胜才罢休,不再顾惜自己的性命。君主行用这一套,他那治理就一天比一天凶险了。叫官吏和百姓都把这奉为准则去实行,就灭绝掉每个家族的传衍谱系了。一点儿也没有良善的心意,治理形成祸害聚集的态势,这也就属于凭借武力而生出武力,武力于是就结成亲属兄弟那样的连带关系了。

辩与辩相为亲属兄弟者①,今日已成大辩矣②,凡有辩之人悉来归之。辩辩相与,无有终穷,一言为百言,百言为千言,千言为万言,供往供来,口舌云乱,无有真实。人君行之,其政万端③,吏民无可置其命。以辩求辩,是为亲属兄弟也。

【注释】

①辩与辩:指帝王以辩治国和天下辩士及其所施用的雄辩术。《庄子·天道》云:"骤而语形名赏罚,此有知治之具,非知治之道,可用于天下,不足以用天下,此之谓辩士,一曲之人也。"《韩非子·八奸》谓:"人主者固壅其言谈,希于听论议,易移以辩说。为人臣者求诸侯之辩士,养国中之能说者,使之以语其私为巧文之言,流行之辞,示之以利势,惧之以患害,施属虚辞,以坏其主,此之谓流行。"《韩诗外传》卷七载:"子贡曰:两国构难,壮士列阵,尘埃涨天,赐不持一尺之兵,一斗之粮,解两国之难。用赐者存,不用赐者亡。孔子曰:辩士哉!"《史记·陆贾列传》载太史公曰:"余读陆生《新语》书十二篇,固当世之辩士。"《越绝书·叙外传

记》称："圣人发一隅，辩士宣其辞。"

②大辩：第一等辩客。此处指帝王而言。

③万端：谓头绪极多而纷繁。

【译文】

讲论起帝王用论辩治国而与天下辩客结成亲属兄弟那样的连带关系，是说今日帝王已经成为头号辩客了，一切拥有论辩话题和论辩能力的人就全都前来归附他。这类的论辩和那类的论辩互相交锋，没有到那尽头的时候，一句话扩展成一百句话，一百句话扩展成一千句话，一千句话扩展成一万句话，任凭你来，更有我往，各种说法像乱云一样搅动，可偏偏没有真确实际的东西在里面。君主行用这一套，他那政务就头绪极多而纷繁，官吏和老百姓根本没地方能够保住自家的性命了。凭借论辩去求取论辩，这也就结成亲属兄弟那样的连带关系了。

法律与法律为亲属兄弟也①，今日已成法律矣，以法律求法律，凡天下法律之人皆聚。事无大小皆有治，凡人无有无罪之人也。自生至老，一人之身有几何罪过？无有无罪者！以此相生人②，君子之十九强死③。以此为理，天下大乱，不可止也。

【注释】

①法律与法律：指帝王以法治国和天下习法者及其所执守的法治理论与拟定的法律条文等。《周易·噬嗑》卦称："亨利。用狱。"《象》曰："雷电噬嗑，先王以明罚敕法。"《老子·五十八章》谓："其政察察，其民缺缺。"《庄子·天道》云："赏罚利害，五刑之辟，教之末也。"《文子·道德》称："法烦刑峻，即民生诈。"又该书《精诚》称："刑罚不足以移风，杀戮不足以禁奸。"《管子·七臣七主》

谓:"夫法者,所以兴功惧暴也;律者,所以定分止争也。"《韩非子·难三》云:"法者,编著之图籍,设之于官府,而布之于天下者也。"《史记·孝文本纪》载其《议除收孥相坐律诏》曰:"法者,治之正也,所以禁暴而率善人也。"《白虎通义·五刑》谓:"圣人治天下,必有刑罚何? 所以佐德助治,顺天之度也。故悬罚赏者,示有劝也;设刑罚者,明有所惧也。"《释名·释典艺》云:"法,逼也,莫不欲从其志,逼正使有所限也。律,累也,累人心,使不得放肆也。令,领也,理领也,使不相犯也。科,课也,课其不如法者,罪责之也。"

②相:察看,观照。

③十九:十分之九。强死:死于非命之意。

【译文】

　　讲论起帝王用法律治国而与熟悉法律的人结成亲属兄弟那样的连带关系,是说今日帝王已经大力实施法律了,凭借法律去求取法律,天下所有熟悉法律的人就全都聚集在帝王的周围。事情不分大小全有惩治的条款,而只要是人,也就没有一个没有罪的了。从降生到年老,一个人的身上这可该犯下多少桩罪过呢? 简直没有一个没罪的人了! 用这来察看活在世上的人,君子有十分之九便死于非命。拿这套东西进行治理,天下就大乱,没办法再止息住。

　　以此论亲属兄弟相求,各从其类。理乱之本,太平之基,审此九事可知也。天上诸神言,好行道者,天地道气出助之①;好行德者,德气助之②;行仁者,天与仁气助之③;行义者,天与义气助之;行礼者,天与礼气助之;行文者,天与文气助之;行辩者④,亦辩气助之;行法律者,亦法律气助之。天地各以类行神灵也⑤,天将助之,神灵趋之。深思其要意则太平气立可致矣⑥。

【注释】

①天地道气：谓天道职在施生的太阳气和地道职在养长的太阴气。

②德气：即地道之太阴气。

③与：给予。仁气：即人道之职在施舍的中和气。

④行辩者：依文例，此三字之上，疑脱"行武者，天与武气助之"九字。

⑤行：驱遣之意。

⑥要意：切要的意旨。

【译文】

通过以上九个方面来论证事物之间像亲属兄弟那样的连带关系，它们彼此做求取，显然是各自依从自身的类属的。对治乱的本原和太平的根基，只要明了这九个方面的事情，也就可以掌握住了。天上的众神灵都在讲，喜好施行真道的人，天地的真道气就出来协助他治理；喜好施行真德的人，真德气就出来协助他治理；喜好施行仁爱的人，皇天就把仁爱气授给他，协助他治理；喜好施行节义的人，皇天就把节义气授给他，协助他治理；喜好施行礼法的人，皇天就把礼法气授给他，协助他治理；喜好施行文饰的人，皇天就把文饰气授给他，协助他治理；喜好施行论辩的人，论辩气也来协助他治理；喜好施行法律的人，法律气也来协助他治理。天地各自按照类属来驱遣神灵，皇天打算协助谁，神灵也就跟着奔向那里。深思这其中的切要意旨，太平气就立刻可以招来了。

【说明】

下列经文，与《敦煌目录》卷一百二十七《不效言成功》大致相当。主要根据阳生阴杀的自然属性来解说世人的至善之行和极恶之行，痛斥不求奇方道术而使父母悁郁至死的大逆之民；假借天庭监控群神的

"大术"以及勘核世人善恶的定制,震慑人间欺诳得官、无功食禄的佞臣猾子;运用面向日月而坐便知其热、清的事例,强调《太平经》付诸施行即可悉除灾害,确属"真文"。

请问上善易为也①,上恶易为耶②?夫阳极为善,阴极为恶,阳极生仙③,阴极杀物,此为阴阳之极也④。夫凡民生,不能尽力养父母,求奇方道术,以资父母,使怀悒悒而至死⑤,复相教善衣食歌舞以乐之⑥,是为大逆之民,天岂福之乎?

【注释】

①上善:第一等的善行。

②上恶:最大的恶行。

③生仙:意谓使人长生成仙。

④极:最高表现之意。

⑤悒悒(yì):忧闷不乐。

⑥善衣食歌舞:谓让父母于晚年纵情享乐。这在道家看来,等于加速死亡。

【译文】

请问第一等的良善行为容易去做呢?还是最严重的邪恶行为容易去干呢?阳气达到极限就构成良善,阴气达到极限就构成邪恶,阳气达到极限可以使人长生成仙,阴气达到极限就会克杀万物,这属于阴气和阳气的最高表现啊!只要是平民百姓活在世上,却不能竭尽一切力量去奉养父母,求索奇异的仙方和道术来供给父母享用,致使父母内心忧闷不乐,直至死去;又互相教唆,在晚年专给父母吃好的,穿好的,让他们观看歌舞,纵情享乐。这纯属大逆不道的习民,皇天哪里会福佑他们呢?

　　天上效凡书文对①，今天上为法，令天上人不得相期为猾②，自有大术也③。地上亦然④。今真人岂知之耶？

【注释】

　　①效：验核。对：对证，勘合。本经卷九十六《六极六竟孝顺忠诀》谓，众神精常以每月十五日而小上对，一月而中上对，一岁而大对。壬部经文又云，每当大月三十日，小月二十九日，各部群神必须将簿书送呈天之明堂。又卷一百十《大功益年书出岁月戒》称，天庭常以八月晦日（三十日），校录审计众山海陵池、通水河梁、淮济江湖所受出入之簿书各分明。

　　②期：谓侥幸有所收获或蒙混过关。又"期"或系"欺"字之讹。

　　③大术：指重大的治理措施。

　　④地上亦然：谓由至高神天君委派群神轮流当值，自上方监视世人的一举一动，有过则予以严惩。参见本经卷一百十一《善仁人自贵年在寿曹诀》、卷一百十二《写书不用徒自苦诫》所述。

【译文】

　　天上对一切书文簿册都进行验核并与当事人当堂对证，如今天上定立起法则，叫天上的神仙不准相互萌生希图和企求，干那奸猾的勾当，这在原本上就有重大的治理措施啊！地上也是这个样。真人恐怕对此也清楚吧？

　　自古到今，多有是佞臣猾子①，弄文辞②，共欺其上，愁其君父，而得官位，无功于天地而食禄，天甚疾之，地甚恶之，天上名之乱纪③。今天上平气至，欲断之，恐此子复乱理④。今人积愚，多可欺而得仕，今天灾不可欺而去也，不可诈伪而除也⑤。

【注释】

①佞臣:奸邪媚上的臣僚。

②弄文辞:意谓卖弄虚夸浮华的言辞。

③乱纪:败乱纲纪。

④此子:意为这班人。

⑤除:授官署职。

【译文】

从古到今,存在着很多这类奸邪媚上的臣僚和狡诈奸猾的家伙,他们卖弄虚夸浮华的言辞,共同欺哄自己上面的人,使君主落得个愁苦,而本人却谋取到官位,对天地没有功劳却享受俸禄,皇天特别痛恨这类人,大地也非常憎恶这类人,天上把这类人特称为败乱纲纪。如今天上的太平气降临了,要灭绝掉他们,唯恐这帮人再搅乱国家的治理。当今的世人愚昧积聚,大多可以通过欺哄而谋取到官位,可眼下的天灾凭借欺哄却去除不掉啊,在皇天那里没办法再耍弄欺哄的伎俩而被授予官职了。

真与伪与天相应不①,悉以示下古之人②,试使用之,灾害悉除,即是吾之真文也,与天上法相应,可无疑也,不言而反日彰明矣。用之而无成功,吾道即伪矣,亦不言而明矣。天上为法,不效巧言③,乃效成功。成事④:比若向日月而坐,俱有光明,何以知其热与清乎? 去人积远,以何效之? 主以成功也。向日而坐煴也⑤,足以知热;向月而坐,足以知清。吾之真文,亦若是矣。

【注释】

①不:同"否"。

②下古：三古之一。实谓东汉当朝。

③巧言：表面上好听而实际上虚伪的话语。参见本经卷九十三《效言不效行致灾诀》所述。

④成事：旧有的事例。此为汉代惯用语。

⑤煴（yūn）：温暖。

【译文】

真实虚假是否与天道相合，把这条判断标准详尽谕示给下古时期的人们。加以试行施用，灾殃祸害全部去除了，这也就是我那真文啊！它确实与天上的法则相应合，可以深信不疑，不用我自己说什么，它反倒自动地一天比一天得到彰明了。试行施用它却没有成功的地方，我那道法也就属于假的了，不用我自己说什么，这也明摆在那里了。天上定立起法则，并不看它讲的多么漂亮，而是看它形成的功效究竟如何。拿已有的事例来说，就如同面朝太阳和月亮坐定，都可以目睹它们的光辉，但又凭仗什么可以知道哪个温暖、哪个清凉呢？它们都离人们特别远，又通过什么去察验呢？那个天然标准就是它们各自所形成的功效啊！朝着太阳坐定感到挺暖和，就足以知道它本身是火热的；朝着月亮坐定，就足以知道它本身是清凉的。我那真文，也就同这种情况一个样了。

【说明】

下列经文，同《敦煌目录》卷一百二十七《上士善言教人增算决》大致相当。主要称颂"天地神圣上士"为世人特别是帝王造作"神圣善言"的莫大功德，亦即：协理阴阳，国衰复兴，增寿仙度，弭灾悦天。这不啻《太平经》作者的隐然自况。

天上为法，目视则理阳①，瞑则理阴②；视则理有形，瞑则理无形；视则理人身，瞑则理精神③。以是为效，故能使阴阳悉理,则无有失职者也。地上亦然,为洞极皇平也④。

【注释】

①目视:张开眼。实指白天。

②瞑:闭目。实指黑夜。《山海经·大荒北经》和《海外北经》谓,章尾山或钟山,有神名曰烛龙或烛阴。其视乃明,则为昼;其瞑乃晦,则为夜。此处所云,或本于此。又《春秋繁露·人副天数》谓,人之所以乍视乍瞑,乃副昼夜。此处或循其意而申之。

③精神:指寄居在人体各部位、诸器官内并起主宰作用的人格化的精灵与神灵。精灵为地之太阴气的化身,神灵为天之太阳气的化身。

④洞极皇平:谓通透到极点的最盛明的太平气象。

【译文】

皇天构成法则:睁开眼睛就形成白天而去治理阳物,闭上眼睛就形成黑夜而去治理阴物;睁开眼睛就形成白天而去治理看得见的东西,闭上眼睛就形成黑夜而去治理看不到的东西;睁开眼睛就形成白天而去治理世人的身躯,闭上眼睛就形成黑夜而去治理世人体内的精灵与神灵。把这作为效验,因而就使阴阳全能得到治理,没有玩忽职守的神物了。地上也是这样,结果就形成通透到极点的最盛明的那番太平气象了。

今天之出书,神之出策符神圣之文①,圣人造文造经,上贤之辞②,此皆言也。故天地神圣上士③,为人尽力以言积年④,可立天地⑤,除灾害。帝王案用之,乃致遨游而无事⑥,上得仙度增年,得天意,子孙续嗣⑦,无有绝也。世衰乃更为大兴,天下仰命⑧,莫不得其天地六方八远绝洞阴阳⑨,俱悦天病⑩,风雨为时⑪,雷电不作⑫,日月更明,三光不失度⑬,四时五行顺行⑭,各得其所。此神圣善言所致也,其功莫不大哉!

【注释】

①策符:策指经典性的秘文,如本经丙部有《师策文》,后世道教有玉策之类。符指符箓,如本经庚部有四篇复文,后世道教有云篆天书之类。

②上贤:第一等贤士。

③上士:最高明的人。

④积年:增多寿龄之意。

⑤立天地:意为使天地各正其位。

⑥遨游:游乐。

⑦续嗣:接替皇位。此就东汉中后期皇帝多无嫡子而发。

⑧仰命:赖以存活之意。

⑨八远:八方极远之地。绝洞:通透至极。

⑩天病:指上天对世人的忌恨。其表现形式则为降示各种灾异。详参本经卷四十三《大小谏正法》所述。

⑪为时:按节令应时而至之意。汉代谶纬有八风三十六雨的说法。详见《春秋说题辞》所述。

⑫作:谓击人劈屋之类。

⑬度:指行星的固有运行轨道和恒星在天体中的既定位置。

⑭顺行:谓寒暑依序交替到来,五行保持正常的生克关系。

【译文】

如今天上降示天书,神灵降示神验圣明的策符神文,圣人创制文辞和经书,第一等贤士亮出言论,这都属于讲论事体的东西啊!所以天地神验圣明的第一等神士,为世人竭尽一切力量来讲论人可增寿,能使天地各正其位,消除一切灾殃祸害。帝王查照并施用它,就会四处游乐而无事可做,往上得以超凡成仙,增加寿龄,获取到皇天的心意,子子孙孙承接好帝位,没有断绝的时候。时世衰败于是重新转变成非常兴盛,天下人赖以存活,无不得到天地六方八远通透至极的阴阳气的佑助,一起使皇天转怒为喜,风雨按节气准时到来,雷电不去人劈屋,日月更加光明,从日月到星辰都不脱离固有的运行轨道和既定的天体位置,四时五行保持正常的交替顺序和流转过程,各得其所。这是神人圣人的吉善言辞所带来的结果,它那功德还不最大吗?

【说明】

　　下列经文,同《敦煌目录》卷一百二十九《随俗接文决》大致相对应。主要罗列天文、地理、人、物、神灵等二十一类同中存异的事象,阐发以"自然元气"为本原的阳施阴化的普遍定律,冀以实现和保持对立面的协调与统一。这既被引为《太平经》的基本教义,又被列作随俗传道和整饬神文俗辞的"无极"大法。其归宿,仍然落在除灾止乱致太平,实现"帝王延年,垂拱无忧"上。

　　天上各异,自有自然元气阴阳①,与吾文相似,各从其俗②,记吾书辞而行之,即太平矣。天上无极之三光各异,自有自然元气阴阳,与吾文相似,各从其俗,记吾书辞而行之,即太平矣。天上中居各异③,自有自然元气阴阳,与吾文相似,各从其俗,记吾书辞而行之,即太平矣。

【注释】

①自然:指原本固有的情状与态势。本经认为自然属阴,职在养育。元气:化生宇宙万物的无形实体。本经认为元气属阳,职在

化生。此处乃谓阳施阴化的本原与定律。参见丁部卷五十六至六十四《阙题》(六)所述。

②俗:谓传道所至之处的风俗习惯。本经卷八十六《来善集三道文书诀》称:"今天之法界,万里异天地,五千里复小异;千里异风气,五百里复小异;百里异阴雨,五十里复小异。"又卷一百十七《天乐得善人文付火君诀》谓:"又人含阴阳气之施,必生于土泉,故皆象其土而生也。故五方异俗,天下小小而不同。"

③中居:指紫微宫。即北极星所在的天区。古以紫微宫为至高天神的居所。《史记·天官书》载:"中宫天极星。其一明者,太一常居也。"《春秋演孔图》谓:"天皇大帝,北辰星也。含元秉阳,舒精吐光,其星有五,居紫宫中,制驭四方,冠有五采。"本经卷五十六至六十四《阙题》(六)称:"上神人乃与皇天同形,舍于北极紫宫中,与天上帝同象,名天心神。"

【译文】

天上各个处所都不相同,但原本就有自然元气阴阳,和我这书文讲的差不多,分别依从当地本处的风俗习惯,铭记我这书文中的话语并去行用它,也就太平了。天上永不熄灭的日月星辰各不相同,但原本就有自然元气阴阳,和我这书文讲的差不多,分别依从当地本处的风俗习惯,铭记我这书文中的话语并去行用它,也就太平了。天上北极星所在的天区各不相同,但原本就有自然元气阴阳,和我这书文讲的差不多,分别依从当地本处的风俗习惯,铭记我这书文中的话语并去行用它,也就太平了。

天上三光各异,其有自然元气阴阳,与吾文相似,各从其俗,记吾书辞而行之,即太平矣。天上云气各异,自有自然元气阴阳,与吾文相似,各从其俗,记吾书辞而行之,即太平矣。天上音响雷电各异①,自有自然元气阴阳,与吾文相似,各从其俗,记吾书辞而行之,即太平矣。

【注释】

①音响:谓天籁。即自然界的声响。

【译文】

天上的日月星辰各不相同,但原本就有自然元气阴阳,和我这书文讲的差不多,分别依从当地本处的风俗习惯,铭记我这书文中的话语并去行用它,也就太平了。天上的云气各不相同,但原本就有自然元气阴阳,和我这书文讲的差不多,分别依从当地本处的风俗习惯,铭记我这书文中的话语并去行用它,也就太平了。天上的音声雷电各不相同,但原本就有自然元气阴阳,和我这书文讲的差不多,分别依从当地本处的风俗习惯,铭记我这书文中的话语并去行用它,也就太平了。

天下风雨各异,自有自然元气阴阳,与吾文相似,各从其俗,记吾书辞而行之,即太平矣。天下居中风云气各异①,自有自然元气阴阳,与吾文相似,各从其俗,记吾书辞而行之,即太平矣。

【注释】

①居中:谓京师。《白虎通义》卷上《京师》云:"王者必即土中者何?所以均教道,平往来,使善易以闻,为恶易以闻,明当惧慎,损于善恶。"又云:"京师者,何谓也? 千里之邑号也。京,大也;师,众也。天子所居,故大众言之。明诸侯法日月之径千里。"

【译文】

天下的风雨各不相同,但原本就有自然元气阴阳,和我这书文讲的差不多,分别依从当地本处的风俗习惯,铭记我这书文中的话语并去行用它,也就太平了。天下京师地区的风云气各不相同,但原本就有自然元气阴阳,和我这书文讲的差不多,分别依从当地本处的风俗习惯,铭记我这书文中的话语并去行用它,也就太平了。

地上之人各异,自有自然元气阴阳,与吾文相似,各从其俗,记吾书辞而行之,即太平矣。地上蚑行各异①,自有自然元气阴阳,与吾文相似,各从其俗,记吾书辞而行之,即太平矣。地上草木各异,自有自然元气阴阳,与吾文相似,各从其俗,记吾书辞而行之,即太平矣。地上山阜各异②,自有自然元气阴阳,与吾文相似,各从其俗,记吾书辞而行之,即太平矣。地上川谷水泽各异,自有自然元气阴阳,与吾文相似,各从其俗,记吾书辞而行之,即太平矣。

【注释】

①蚑(qí)行:泛指用脚行走的动物。

②山阜:山峦丘陵。汉刘熙《释名·释山》云:"山,产也,产生物也。土山曰阜。阜,厚也,言高厚也。大阜曰陵,陵,隆也,体高隆也。"

【译文】

地上的世人各不相同,但原本就有自然元气阴阳,和我这书文讲的差不多,分别依从当地本处的风俗习惯,铭记我这书文中的话语并去行用它,也就太平了。地上的动物各不相同,但原本就有自然元气阴阳,和我这书文讲的差不多,分别依从当地本处的风俗习惯,铭记我这书文中的话语并去行用它,也就太平了。地上的植物各不相同,但原本就有自然元气阴阳,和我这书文讲的差不多,分别依从当地本处的风俗习惯,铭记我这书文中的话语并去行用它,也就太平了。地上的山峦丘陵各不相同,但原本就有自然元气阴阳,和我这书文讲的差不多,分别依从当地本处的风俗习惯，铭记我这书文中的话语并去行用它，也就太平了。地上的河谷湖泽各不相同，但原本就有自然元气阴阳，和我这书文讲的差不多，分别依从当地本处的风俗习惯，铭记我这书文中的话语并去行用它，也就太平了。

　　地下各异①，自有自然元气阴阳，与吾文相似，各从其俗，记吾书辞而行之，即太平矣。地下无极阴阳各异，自有自然元气阴阳，与吾文相似，各从其俗，记吾书辞而行之，即太平矣。

【注释】

　　①地下：地底下。本经有"土府"等专称，大多散见于庚部卷一百十至一百十四诸文中。

【译文】

　　地底下各不相同，但原本就有自然元气阴阳，和我这书文讲的差不多，分别依从当地本处的风俗习惯，铭记我这书文中的话语并去行用它，也就太平了。地下永无尽头的阴阳各不相同，但原本就有自然元气阴阳，和我这书文讲的差不多，分别依从当地本处的风俗习惯，铭记我这书文中的话语并去行用它，也就太平了。

　　五行各异，自有自然之气阴阳①，与吾文相似，各从其俗，记吾书辞而行之，即太平矣。四时各异，自有自然元气阴阳，与吾文相似，各从其俗，记吾书辞而行之，即太平矣。

【注释】

　　①自然之气：依上下文例，此四字中"之"当作"元"。

【译文】

　　五行各不相同,但原本就有自然元气阴阳,和我这书文讲的差不多,分别依从当地本处的风俗习惯,铭记我这书文中的话语并去行用它,也就太平了。春夏秋冬各不相同,但原本就有自然元气阴阳,和我这书文讲的差不多,分别依从当地本处的风俗习惯,铭记我这书文中的话语并去行用它,也就太平了。

　　六甲十干各异①,自有自然元气阴阳,与吾文相似,各从其俗,记吾书辞而行之,即太平矣。六甲十二子各异②,自有自然元气阴阳,与吾文相似,各从其俗,记吾书辞而行之,即太平矣。八方各异,自有自然元气阴阳,与吾文相似,各从其俗,记吾书辞而行之,即太平矣。神灵各异,自有自然元气阴阳,与吾文相似,各从其俗,记吾善恶书辞而行之,即太平矣。如不从其本类教之,即大乱矣,志之哉③!

【注释】

　　①十干:通称十天干,又称十母。乃系古代为表示时间或方位等而创制的序列化专用符号,即甲乙丙丁戊己庚辛壬癸,常与地支配合使用。干之取义,源自树干,或称其为日之精。

　　②十二子:通称十二地支,又称十二支、十二辰。乃系古代为表示时间或方位等而创制的序列化专用符号,即子丑寅卯辰巳午未申酉戌亥,常与天干配合使用。支之取义,源自树枝,或称其为月之灵。

　　③志:牢记之意。

【译文】

　　六甲十天干各不相同,但原本就有自然元气阴阳,和我这书文讲的差不多,分别依从当地本处的风俗习惯,铭记我这书文中的话语并去行用它,也就太平了。六甲十二地支各不相同,但原本就有自然元气阴阳,和我这书文讲的差不多,分别依从当地本处的风俗习惯,铭记我这书文中的话语并去行用它,也就太平了。八方各不相同,但原本就有自然元气阴阳,和我这书文讲的差不多,分别依从当地本处的风俗习惯,铭记我这书文中的话语并去行用它,也就太平了。神灵各不相同,但原本就有自然元气阴阳,和我这书文讲的差不多,分别依从当地本处的风俗习惯,铭记我这书文中兴善除恶的话语并去行用它,也就太平了。如果不顺从这些事象的固有类属去化导人们,也就乱成一团了,对此要牢记不忘啊!

　　天教吾具出此文,以解除天地阴阳、帝王人民万物之病也。凡人民万物所患苦,悉当消去之,故教子用法无极以示之^①,乃拘校前后圣贤神文与凡人俗辞^②,合而大考之后^③,天地之病,都得消除。已消除,帝王延年,垂拱无忧也。

【注释】

①用法:行用道法之意。

②凡人俗辞:指民间流传的口头语等。本经卷八十八《作来善宅法》谓:"或有黎庶幼弱老小、田家婴儿妇女,胸心各有所怀善字诀事,各有一两十。"

③合:按类聚合之意。大考:谓通盘考辨验定。

【译文】

　　皇天责成我完整详尽地出示这篇书文,用来解除掉天地阴阳和帝王、百姓以及万物的病痛啊!百姓和万物所感到忧患痛苦的那些东西,全部应当消除掉,所以就教诲真人你行用道法永无止境来去开示世人,于是汇集校理前前后后问世的圣人贤人的神文和民间流传的口头语,按类聚合又经过通盘考辨验定以后,天地对世人行为的忌恨,也就全部得以消除了。消除以后,帝王就延长寿命,实现天下大治而不存在任何忧愁了。

【说明】

下列经文,验之《敦煌目录》,已无从推定其与哪篇略相接近。文中所强调的是,天之太阳气与地之太阴气上下交合而生成万物,并在万物形体内发挥主宰和察照作用,且向天地传递善恶讯息。人居天地之间,必须秉承天意而持正为善。

天,太阳也①;地,太阴也②。人居中央,万物亦然。天者常下施,其气下流也;地者常上求,其气上合也。两气交于中央,人者居其中,为正也③。两气者,常交用事④,合于中央,乃共生万物。万物悉受此二气以成形,合为情性⑤;无此二气,不能生成也,故万物命系此二气。二气交相于形中,故为善,天地知之;为恶,天地亦知之。故古者上善德之人,乃内独知天意,故常方为善也⑥。

【注释】

①太阳:最旺盛的阳气。天由阳气凝聚而成,故出此言。

②太阴:最旺盛的阴气。地由阴气凝聚而成,故出此言。

③正:谓品性纯正无邪。

④交用事:谓交互发挥阳施阴化的功用。

⑤情性:本性,习性。

⑥方:方正,端正。《老子·五十八章》谓:"圣人方而不割(不割伤人)。"

【译文】

皇天属于最旺盛的阳气的聚合体,大地属于最旺盛的阴气的聚合体,人类正处在天地的中间,万物也是这样。皇天经常往下施生,它那阳气朝下流布啊!大地经常往上求取施注,它那阴气朝上迎合啊!天气与地气在中央交合,人类正处在当中,就构成纯正无邪啊!阴阳二气总是交互发挥阳施阴化的功用,在中央交合,于是共同化生出万物来。万物全都禀受这二气来构成形体,凝合为情性;没有这二气,就无法化生和成就,因而万物的生命全都拴系在这二气上。这二气在万物的形体中彼此察照,所以做善事,天地也一清二楚;干坏事,天地同样一清二楚。故而古代第一等良善又仁德的人,就心中独自了解皇天的心意,所以就总是特端正而去专做善事啊!

【说明】

下列经文,同《敦煌目录》卷一百二十九《天地复命顺事法》存在相近之处。主要论列复归人之各种情性和事之不同类属的"吉凶安危之法"。其间涉及到事物的演化态势和恶性循环问题,但对"天地群神"在幽冥中的支配作用,也强调得尤为突出。

天谶曰①:复乐者乐②,复善者善,复恶者恶,复喜者喜,复顺者顺,复真者真,复道者道,复悦者悦。凡所复,天地群神亦复之以影响哉③!复文者文复④,复伪者伪复,复辩者辩复,复佞者佞复,复武者武复,复逆者逆复,复凶者凶复,复邪者邪复。凡所复,悉天地群神复之。凡吉凶安危之法,在所复已。

【注释】

①天谶(chèn)：谓上天降示的绝对灵验的预言与定论。

②复：复归。语本《老子·十六章》："万物并作，吾以观复。夫物芸芸，各归其根。"

③影响：如影随形，如声回应。谓对世人作出的反应特别迅速准确。

④复文者文复：文谓文饰。后一"复"字，意为恶性循环，愈陷愈深。

【译文】

皇天绝对灵验的神文说：复归于和乐的人，他就和乐在身；复归于良善的人，他就良善在身；复归于邪恶的人，他就邪恶在身；复归于喜庆的人，他就喜庆在身；复归于顺适的人，他就顺适在身；复归于真实的人，他就真实在身；复归于真道的人，他就真道在身；复归于欢悦的人，他就欢悦在身。凡属自己所要复归的直接目标，天地群神便像影随其形、回音应和原声那样叫他复归啊！复归到文饰上的人，文饰就越陷越深；复归到邪伪上的人，邪伪就越陷越深；复归到诡辩上的人，诡辩就越陷越深；复归到谄媚上的人，谄媚就越陷越深；复归到武力上的人，武力就越陷越深；复归到反逆上的人，反逆就越陷越深；复归到凶败上的人，凶败就越陷越深；复归到邪僻上的人，邪僻就越陷越深。凡属自己所要复归的直接目标，都是天地群神叫他复归的。一切吉凶安危的法则，就在于所要复归的直接目标究竟选定为什么罢了。

【说明】

下列经文，与《敦煌目录》卷一百三十《欺有善恶决》存在一定联系。主要申说积财致富的手段问题。一方面斥责智欺愚、强欺弱、少欺老的掠夺行径，断言其果报必定为日后凶贫；另方面提倡谦和慈善的聚财之道，宣明其果报必定为皇天久佑。这番借"天心"名义做出的正反之论，反映了本经编著者的均财思想。

凡人家力强者，多畜私财，后反多贫凶，何也？神人言①，此乃或多智反欺不足者②，或力强反欺弱者，或后生反欺老者，皆为逆，故天不久祐之。

【注释】

①神人：对传道天师的尊称。

②不足者：指憨厚朴实的人。

【译文】

只要是势力大的人家，就设法越来越多地积蓄自家的钱财，可到后来却大多反倒变得贫困或凶败了，这是为什么呢？神人回答说：这正是有的人智谋多，反而欺压榨取朴实憨厚的人；有的人力量强，反而欺压榨取软弱的人；有的人年纪轻，反而欺压榨取年老的人，全都属于倒行逆施，所以皇天就不长久地保佑他们啊！

何也？然。智者当苞养愚者①，反欺之，一逆也；力强当养力弱者，反欺之，二逆也；后生者当养老者，反欺之，三逆也。与天心不同，故后必凶也。夫财者，天地之间盈余物也②，比若水，常流行而相从，常谦谦居其下③。得多财者，谦者多得也。故期者④，天不祐之矣。

【注释】

①苞：通“包”，包容。

②盈余物：意为由人共享、谁都可以得到的东西。

③谦谦：谦和恭谨的样子。

④期：谓非分之想。

【译文】

这是为什么呢？好的，听我讲：智谋多的人本应包容养护愚蠢的人，反而去欺压榨取他，这是第一种倒行逆施的行径啊！力量强的人本应养护力量微弱的人，反而去欺压榨取他，这是第二种倒行逆施的行径啊！年纪轻的人本应养护上岁数的人，反而去欺压榨取他，这是第三种倒行逆施的行径啊！他们全都和皇天的心意对着干，所以到最后必定会凶败啊！财物属于天地间由人共享、谁都可以得到的东西，这也就好比水，总是四处流淌而跟在其他东西的后面，总是谦和恭谨地处在下面。真能多多得到财物的人，只是那谦和的人才能多多得到啊！因而怀有非分之想的人，皇天就不保佑他了。

【说明】

下列经文，同《敦煌目录》卷一百三十《象文行增算决》大致相当。主要开示享年高、名目怪的上天定人寿算的三等格法，声明一年为一算，世人夭亡余算至多而上天又极吝转赐，由此凸现行用《太平经》的功效：既可蒙天增算延年，又可度世登仙。

从天地阴阳中和三法失道已来[①]，天上多余算[②]。蓄积不施行[③]，何也？愿闻其意。

【注释】

①天地阴阳中和三法：谓天为阳，主生；地为阴，主养；人为中和，主施。换言之，即道、德、仁。参见本经卷四十九《急学真法》所述。

②余算：算指上天在人生前为之注定的寿龄。享寿未尽，其剩余部分则为余算。余算可由上天转赐他人。据下文，本经以一年为一算，与晋代葛洪《抱朴子》所称百日一算不同。

③施行：谓转赐他人。

【译文】

自从天地阴气、阳气与人间中和气分别负责化生、养护、施予的道法丧失以来，天上有很多世人享寿未尽而剩余下的寿龄，可却只积存在那里并不转赐给别人，这是为什么呢？希望能听到其中的意旨。

然。天之受命①，上者百三十，谓之阳历闰余也②；其次百二十，谓岁数除纪也③；其次百岁，谓之和历物纪也④。人悉当象是为年⑤，今失三法已来，多不竟其年者。余算一岁一算，格在天上⑥，人行失天道，无能取者。今象吾文，为善行者，天上悉且下此算以增之，或得度世，或延年矣。

【注释】

①受命：赋予世人寿命之意。

②阳历：指阳气在全年十二个月之内自当年冬至所在的夏历十一月在地下始生，至来年夏至所在的夏历五月在空中达到极盛，随后衰降，到夏历十月又入藏地下的整个过程。详见本经卷四十四《案书明刑德法》所述。闰余：指闰月。月亮绕地球运转的周期，每月合 29.5306 日，全年十二个月，合 354.3672 日，比地球绕太阳公转一周，即一个回归年 365.2422 日，约差十日二十一时，故须设置闰月，以调整阴历和阳历之间的时间差数。其方法为：三年一闰，五年再闰，十九年七闰。因最初常把所置闰月放在岁末，遂称之为"十三月"或"闰月"。本经卷九十三《国不可胜数诀》谓："一岁反十二月乃终，尚闰并其中，时有十三月，此之谓也。"又己部《经文部数所应诀》后附遗文云："天地所私者（另行赐予的寿命）三十岁，比若天地日月相推而有余闰。"故而此处乃定上寿为"百三十"岁。质言之，系由岁末置闰法亦即一年十三

月推导而来。也就是把十三个月扩大十倍,再变“月”为“年”,便成一百三十岁。

③岁数:指一年所包括的月数。即十二个月。本经卷九十三《国不可胜数诀》谓:“岁月数,独十二。此十二月者,乃元气幽冥,阴阳更建始之数也。”除(shū)纪:意为年终十二月构成全年的终极所在。除,通“涂”。为十二月的别称。《尔雅·释天·月阳》云:“十二月为涂。”纪:终极。此处乃定二等寿命为“百二十”岁。质言之,系由一年十二个月推导而来。即把十二个月扩大十倍,再变“月”为“年”,便成一百二十岁。本经乙部《解承负诀》云:“凡人上寿百二十者,应天大历一岁,竟终天地界也。”又己部《经文部数所应诀》后附遗文云:“三正(历法名,即天正——周历、地正——殷历、人正——夏历)起于东方,天之首端也;岁月极于东北,天极也。夫天寿者,数之刚也;东北,物之始也,一年大数终于此,故百二十为象天也。”实与本处所云意合意同。

④和历:指阴阳二气在空间位所的分布坐标上消长升降而使万物完成由生出到枯死的生命过程与周期。本经己部《经文部数所应诀》谓:“天下施于地,怀妊于玄冥(北方),字为甲子(冬至所在的当年夏历十一月);布根东北,丑(当年夏历十二月)为寅始(立春所在的来年夏历正月);见于东,日出卯(春分所在的夏历二月);毕生东南,辰以巳(夏历三月和立夏所在的夏历四月)。;垂枝于南,养于午(夏至所在的夏历五月);向老西南,未以申也(夏历六月和立秋所在的夏历七月);成于西方,日入酉(秋分所在的夏历八月);毕藏于西北,戌与亥(夏历九月和立冬所在的夏历十月)。”物纪:意为万物在地面上从生出到枯死的纲领与法度。丝缕头绪曰纪。喻纲领,法度。此处乃定三等寿命为“百岁”。质言之,系由万物生长过程与周期历时十个月推导而来。即把十个月扩大十倍,再变“月”为“年”,便成一百岁。本经己部《经文

部数所应诀》后附遗文云："地者,阴也,常受施西北,为极阴也。阴者杀而阳生,故亥者核也,阴终西北角也。西北为地之司命,故地寿得百岁。"实与本处所云意合意同。

⑤象是为年:意谓照此获享天年。本经乙部《解承负法》、癸部《盛身却灾法》以一百二十岁为上寿,八十岁为中寿,六十岁为下寿;己部《经文部数所应诀》后附遗文以一百二十岁为天寿,百岁为地寿,八十岁为人寿,则与此处之天赋寿命三等说不同。

⑥格:谓另行转赐的常法。

【译文】

好的,听我讲。皇天授给世人应享的寿命,最高的为一百三十岁,把这称为阳历闰余;其次为一百二十岁,把这称为岁数除纪;再次为一百岁,把这称为和历物纪。世人本该全都照此获享天年,可至今丧失掉天生地养人施予的道法以来,大多尽享不了本人的天年。剩余下的寿龄是把一年作为一算,对它另行转赐的常法在天上掌握着。世人的行为偏离了皇天的道法,没有能得到转赐余算这种奖赏的人。如今照我书文所讲那样去做善事的人,天上正打算把这些剩余的寿龄全部转赐给他们,使他们增加寿龄。有的还能超凡成仙,有的得以延年益寿。

天地□□已来①,帝王专以忧天下不平,失职为忧患也。微此②,无可忧者也。天下善人、忠臣孝子,悉共忧此,但行吾文,此忧除矣。

【注释】

①天地□□已来:此句原缺二字。

②微此:意谓除去这一点。

【译文】

自从天地开辟以来,帝王专门把忧虑天下不太平、人和万物失去天职作为忧患啊！除去这一点，也就没有值得忧虑的了。天下善人和忠臣孝子都在共同忧虑这一点，只要行用我这书文，这种忧虑就会解除了。

【说明】

下列经文，同《敦煌目录》卷一百三十一《阳盛兵刃消决》大致相当。主要阐述阳盛阴衰、火兴金灭之理，申说神、精、鬼的各自归属、感应对象和制衡关系，区定上士、中士、下士分别升天调气、入仕治民、务农理财的既定命运与天然职守。

"天上言，阳气大兴盛，鬼物不得妄行为害。何也？""夫阳盛者，阴必衰，故物不得妄行为害也①。""谁禁之乎？""阳精禁之②。""阳精何以禁之哉？""夫阳精为神，属天，属赤③，主心。心神，乃天之神也；精者，地之精也；鬼者，人之鬼也。地，母也，鬼，子也，子母法同行，并处阴道。太平气至，阳气大兴，天道严，神道明④，明则天且使人俱兴用之。神道用，则以降消鬼物之道也⑤。

【注释】

①故物：据上下文意，"物"上当有"鬼"字。

②阳精：谓阳气的精粹物。

③赤：指火行。

④神道：谓神灵所奉守行用的皇天道法。本经卷九十二辟有《火气正神道诀》专篇。

⑤降消：降伏并消除之意。

"天上强调说,阳气大规模兴盛,鬼物就没办法到处乱窜构成祸害。这是为什么呢?""这是因为阳兴盛,阴就必定衰歇,所以鬼物就没办法到处乱窜而构成祸害啊!""这是谁在禁遏它们呢?""这是阳气的精粹物在禁遏它们。""阳气的精粹物为什么能禁遏它们呢?""因为阳气的精粹物属于神灵,属于皇天,属于火行,执掌人心。心神正是皇天的神灵,精灵正是大地的精灵,鬼物正是人间的鬼物。大地形同母亲,鬼物形同儿子,儿子和母亲按常规在一起行动,都处在阴道范围内。太平气降临了,阳气大规模兴盛,皇天的道法更加严格,神灵奉行的道法更加明了,既已明了,皇天就让世人都去兴用它。神灵奉行的道法被兴用,就拿去降伏并消除鬼物的阴道了。

"神道兴,与君子同行;鬼物道者,与小人同行。故君子理以公正,神亦理公正;小人理邪伪,鬼物亦理邪伪,明于同气类也。今阳道兴火,兵刃当消灭,火厌之①。故兵积,阴气盛;火积,阳气盛。阳盛消兵,自然感召也②。

①火厌(yā)之:按照五行相克的关系,则火克金,故出此语。厌,通"厭",遏制。

"神灵奉行的道法兴行起来,正与君子在同一行列;而鬼物阴道恰恰与小人同列。所以君子靠公正去治理,神灵也靠公正去治理。而小人专用邪伪那一套去治理,鬼物也用邪伪那一套去治理,这正表明各自归属各自的气类啊!如今盛行阳气道法,兴用火行,兵器就应消除灭绝掉,由火行把它压制住。因而兵器堆积,阴气就兴盛;属于火行的事物聚积,阳气就兴盛。阳气兴盛而消除灭绝掉兵器,正是自然而然的感应啊!

　　"人生必因天气①,上善者付天②,中善付于人③,下善付田亩。故上士学而度世,中士当理民,下士当理田野。上士当来云气④,中士乘车,下士当步行。此三人各殊职⑤,不相妨害。上士度世上天,为中和调风雨;中士属县官⑥,当理人;下士当理财产。各有所职,不相妨矣。"

【注释】

①必因天气:"因"即仰赖之意。"天气"谓天之太阳气。古以人禀阴阳二气而生,阳实阴虚,故云"必因天气"。

②上善者:第一等良善的人。付:付归。

③人:谓统治者。

④来云气:使云气缠身之意。亦即驾云。来,招徕,招致。

⑤职:谓天职。详参本经卷一百十七《天乐得善人文付火君诀》、癸部《救迷辅帝王法》所述。

⑥县官:汉代称天子为县官。

【译文】

　　"人一降生到世间,必定要仰赖皇天的阳气,其中最良善的人付归于皇天,中等良善的人付归于人间的统治者,第三等良善的人付归于土地。所以高明的人就去学道,直至超凡成仙;中等人应去治理众百姓;第三等人应去管理好田地。高明的人会驾乘云气,中等人就会乘坐车辆,第三等人只能徒步行走。这三类人天职各自不同,但彼此并不妨害。高明人成仙升天,为人间调理好风雨;中等人归属于天子,应去治理好民众;第三等人应去料理好财产。他们各自具有各自的天然职守,彼此并不妨害啊!"

【说明】

下列经文,同《敦煌目录》卷一百三十二《见神戒》有相近之处。主要宣示由专精而渐次招致小神、中神、大神相见的求道度世之法,并把垂成之际必有大邪神鬼作祟惑乱列为必须严加"分别"的道戒。

天上诸学道之为法也,人精求道也,已小合于小道,见诸神①,为小得道门户,未合于中道②。乃得至于大道,至于大道乃能致于真神也。小合小道者,致小神;合于中道者,致中神;合于大道者,致大神③;大神至,乃得度世长存。而至此,皆有大邪神鬼,不欲人度世,善惑人致怠④,退而自言变怪⑤,真伪相杂。当此乃能分别邪正,则度世矣。

【注释】

①诸神:指一般的神灵。

②未合于中道:据前后文意,此五字之下疑有脱文。

③大神:此系《太平经》所构设的神仙等级序列中的特级神仙的专称。其为至高神天君的辅佐,如同人间宰相或帝王的太子。本经丙部《九天消先王灾法》谓:"其无形委气之神人,职在理元气。"又壬部经文称:"上皇神人之尊者,自名委气之公,一名大神,常在天君左侧,主为理明堂文之书,使可分别。曲领大职。"佚文又有云:"大神比如国家忠臣,治辅公位,名为大神。"

④致怠:意谓陷入懈怠状态。

⑤自言变怪:谓向他人宣称自己要做当朝天子或日后会登仙成神

之类。详参本经卷七十一《致善除邪令人受道戒文》、卷一百十四《九君太上亲诀》所述。

【译文】

天上对学习道术的各种人所定立的法则是,一个人特别专精地去求取道术,已经同初级道术大致相契合了,就能看到一般的神灵,属于初步获取到了入道的途径,但还没同中级道术相契合。直至得以步入大道的境地。步入大道的境地,才能把真神招到面前来。大致与初级道术相契合的人,就能招来一般的神灵;进而与中级道术相契合的人,就能招来中等的神灵;直至与大道相契合的人,就能招来地位仅次于至高天神的神灵。这一级别的神灵来到后,才会超凡成仙而长生。但也就在这个节骨眼上,都有大邪鬼物不想让人超凡成仙,特别会迷惑人,使人陷入懈怠的状态,在它们离去以后就会叫人胡乱扬言疯疯颠颠,真假混杂在一起。在此时此刻能够分清邪伪和纯正,也就超凡成仙了。

【说明】

下列经文,同《敦煌目录》卷一百三十三《赐(贵)[遗]决》大致相当。主要借用皇天名义,按照"善心"之有无及其施用之程度,区定上士、中士、下士的品级和与之相应的"上阳、中阳、下阳"的类属,并大力标举上士在朝野赢得的回报和光宗耀祖的业绩,列示中士在家乡获取的回赠和显扬父母的成效,指斥下士为内空外实的"人秕"和败家毁业的逆贼;更借腹内神灵之威,对世人予以震慑。

天上名上士①,从生到终,无一恶意,乃为凡人所爱,五方人民县官共赐之遗之②。中士乃为邻里所爱,邻里共赐之遗之③。下士无有善心意,无可得赐遗,但窃取其家私赐遗④,此天下人秕所为⑤。

【注释】

①名：特称，专称。

②五方：东西南北中。其中东属木行，西属金行，南属火行，北属水行，中属土行。赐：指赐给官职。遗：指赠给美名。

③赐：指为其解难排忧等。遗：指为其扩大声誉等。

④家私赐遗：谓用家财去笼络和收买人心。

⑤人秕(bǐ)：人中秕糠。秕，徒有外壳而内空的谷粒。

【译文】

　　被天上特称为上士的人，是说他从降生下来直到死去，从未萌生过一次邪恶的念头，于是受到世上所有人的喜爱，五方的百姓和官府、朝廷一起赐给他官职，赠给他美名。而中等的士人恰恰受到邻里的喜爱，邻里一起为他排忧解难，扩大声誉。下等的士人没有良善的心意，根本得不到社会上的赠赐，只会暗地把家财偷出来去笼络和收买人心。这纯属天底下的人中秕糠所干的勾当。

　　何谓秕哉？上士纯善，心意无恶，是上阳也①；中士心意半善，是其中阳也；下士心意纯无善，是下阳也，故名秕，秕不成实，内空无米，为无实信也②。无信实之人，为之秕人。上士得县官四方赐与其家者，言不忘本祖也；中士得四邻赐与其家，言不忘父母也；下士反窃取其家财以付傍邻里者，当象其秕，内空外实，反背其本也，皆有害。天上言，背反其家，家中不和，悉由此人。

【注释】

①上阳：男子为阳，上士复为男子中的伟丈夫和佼佼者，故有"上阳"之谓。下文"中阳"、"下阳"，意均仿此而定。

②实信:真实可靠之意。

【译文】

什么叫做人中秕糠呢？第一等的士人彻里彻外都良善,心意根本就不存在着邪恶的成分,这属于上阳啊!中等士人的心意有一半是良善的,这属于中阳啊!下等士人的心意根本就没有一星半点儿良善的因素,这属于下阳啊!所以就把这类人称为秕子,秕子结不出果实,里面是空的,没有谷粒,这正属于不真实可靠的表现啊!不真实可靠的人,也就成为秕糠那样的人。第一等士人获取到朝廷、官府和四方百姓赐给赠给他家的荣誉,这是说他能够不忘记自家的祖先啊!中等的士人获取到周围邻居赐给赠给他家的荣誉,这是说他能够不忘记自己的父母啊!下等的士人反而偷出自家的财物主动交给旁边邻里人享用,正像那秕子,里面空虚,外面有层壳,反而背逆原先播下的种子啊!这都会遇上凶害。天上强调说,背逆自己的家庭,家中不和睦,都是由这类人造成的。

夫臣外交①,其国必空;家人外交,其家必空。天之咎②,皆从此起。夫安危起于人腹中神灵③,见于远方,上下旁行,洞达亿万里,可不慎乎?

【注释】

①外交:谓与敌对之国暗中勾结。即充当内奸。

②咎:谓灾殃。

③腹中神灵:指寄居在人之心阴(右)、肾阴、肝阴的神、精、鬼。详参本经壬部经文所述。

【译文】

作为臣下,却与敌对的国家暗中勾结,他所在的国家必定会空虚。作为家庭成员,却与外面的人暗中串通,他所在的家庭也必定会空虚。

皇天的灾殃,都是从这种行径中引发出来的。安全与危险正从寄居在人们腹中的神灵那里产生出来,神灵能把具体情形显现在远方,朝上往下并向四面延伸,透彻地抵达亿万里之外,对此能不多加小心吗?

【说明】

下列经文,同《敦煌目录》卷一百三十三《太平气至大效决》或有关联。极言《太平经》之太平道所独具的简单易行的显著特征与安国富家又保身的巨大功用。

太平道,其文约①,其国富,天之命,身之宝②。近出胸心,周流天下③。此文行之,国可安,家可富。

【注释】

①约:简单易行之意。

②身之宝:化自《老子·六十二章》:"道者,万物之奥。善人之宝。"

③"近出"二句:详参本经卷六十八《戒六子诀》所述。

【译文】

致使天下太平的真道,它那文辞简单易行,能让国家富强起来,属于皇天的训示,保身的法宝。在近处从自己的心胸中把它阐发出来,周流到全天下。行用这部书文,整个国家可以获得安定,每户人家能够富足起来。

【说明】

下列经文,同《敦煌目录》卷一百三十三《选举近历文》约略相当。主要袭用官制象天论,告诫帝王授官署职,务须确得胜任之人。

天地格法：善者当理恶①，正者当理邪，清者当理浊。不可以恶理善，邪理正，浊理清。此反逆之，令盗贼不止，奸邪日生，乃至大乱，各从此起。

【注释】

①理：整治。

【译文】

天地的常规定律是：良善的东西应当整治邪恶的东西，纯正的东西应当整治邪僻的东西，清朗的东西应当整治污浊的东西，决不能用邪恶的东西去整治良善的东西，用邪僻的东西去整治纯正的东西，用污浊的东西去整治清朗的东西。这类倒行逆施，会使盗贼止息不住，奸邪日益冒出来，直至天下大乱。须知各方面的危害都是从这里面引发出来的。

帝王将任臣，必详其选举①，当以天心，列宿合②，乃敢任之。日者，君德也③；月者，臣德也④。若列宿不合⑤，必不能致太平，奸邪生矣。

【注释】

①详：慎重对待之意。选举：汉代实行察举制和征辟制，前者由郡国向中央荐举各类人才，后者由朝廷直接征召社会名流赴京任职，或由各级官府自行辟用下属官吏。

②列宿：指众星辰。汉代盛行官制象天论，如谓天有三台星，故设三公；天有北斗九星（其中辅、弼二星不常出现），故设九卿。《春秋繁露》即辟有以天数为理据的《官制象天》专篇，谶纬则续加推衍。《后汉书·天文志》亦谓："天者，北辰星合元垂耀，建帝形，运机授度，张百精，三阶九列，二十七大夫，八十一元士，斗衡、太

微、摄提之属百二十官,二十八宿各布列,下应十二子。"

③"日者"二句:日属阳,普照天下万物,故而拟之为君德。《尸子》有云:"日五色,阳之精,象君德也。五色照耀,君乘土而王。"至《宋书·历志上》引《晋乾象五星法》仍谓:"唯日之行天有常,进退有率,不迟不疾,不外不内,人君德也。"

④"月者"二句:月属阴,其光柔和,形同日之辅佐,故而拟之为臣德。

⑤不合:谓星光转暗或闪烁不定之类。以上所云,详参本经卷九十六《守一入室知神戒》、卷九十八《署置官得失诀》、卷一百九《四吉四凶诀》所述。

【译文】

帝王在委任臣僚以前,一定要慎重对待选拔举用问题。应当依照皇天的心意,确认他们真与众星辰相吻合,才敢委任他们。太阳代表着君主的道德,月亮象征着臣僚的道德。如果不与众星辰相吻合,就必定实现不了太平,而奸邪却到处冒出来了。

【说明】

下列经文,同《敦煌目录》卷一百三十四《官舍衣食千决》大致相合。主要仿照人间官署及邮驿制度,拟构神仙天国的同类设置,点明它们所安顿、所接待的具体对象,借此来敦促世人消除怀疑心理,像头、腹、足协调一致那样全力行道、行德、行仁,踏上"无穷之路",步入神仙天国。

说天地上下、中央八远邮亭所衣食止舍何等也①。作道德而怀疑者②,取决于此谶。今天上有官舍邮亭以候舍等③,地上有官舍邮亭以候舍等,八表中央皆有之④。

【注释】

①邮亭:指驿馆。汉制,十里(百户为里)一亭,五里一邮。邮与邮之间相距二里半。亭设亭长,邮设督。既负司奸捕盗之责,又为驿馆所在。此处则被移植为天庭的建置。止舍:意谓安顿休息。何等:指什么人、哪些人。

②作:兴用之意。

③官舍:谓官府宅第。候舍:意为迎候并安排食宿事宜。等:尔等,你等。参见本经卷一百十四《不用书言命不全诀》所述。

④八表:犹言八远或八极。外端曰表。本经卷四十七《上善臣子弟子为君父师得仙方诀》称:"众仙人之第宅多少,比若县官(天子)之室宅也。"

【译文】

讲说天地上下、中央和八方极远之地分布的天庭驿馆,它们供给衣食、予以安顿的都是些什么人。兴用真道真德而心怀疑虑的人,由这篇绝对灵验的天文就足可打消一切疑虑了。如今天上设有官署宅第和驿馆来迎候并安顿你等,地上也设有官署宅第和驿馆来迎候并安顿你等,八方极远之地和中央区域全都设有这类处所。

　　天上官舍,舍神仙人。地上官舍,舍圣贤人。地下官舍,舍太阴善神善鬼①。八表远近名山大川官舍,以舍天地间精神②。人仙未能上天者③,云中风中以舍。北极昆仑官舍邮亭④,以候圣贤善神有功者。

【注释】

①太阴:指天庭设置的司法机构,全称太阴法曹。掌管减人年命,命尽责成地府收人形骸,拷问魂神,判定乐游鬼、愁苦鬼、恶鬼名

籍等。参见本经卷一百十二《有过死谪作河梁诫》、卷四十《努力
为善法》所述。

②天地间精神：指山海陵池各部诸神。参见本经卷一百十《大功益
年书出岁月戒》所述。

③人仙：即仙人。谓超脱尘世而身变形易、长生不死的人。其在本
经中半具神性又半具人性，为本经所构设的神仙等级序列中的
三等正牌神仙（其上为神人、真人，其下为道人），职在掌理四时，
属于早期道教修炼所欲实现的主要目标和理想结果之一，但与
神话传说及后世道教、文艺作品所称神通广大者不同。详参本
经丙部《九天消先王灾法》、卷五十六至六十四《阙题》（六）所述。

④北极昆仑：北极指紫宫，即至高神天皇大帝（北极星座最大最亮
那颗星）的居所。昆仑为山名，被视为仙府治所和天皇大帝在地
上的都邑，处于地中心，适与紫宫相对应，故与北极连称。本经
以天君为至高神，亦居北极紫宫。

【译文】

　　天上的官署宅第，用来安顿神人仙人。地上的官署宅第，用来安顿
圣人贤人。地下的官署宅第，用来安顿太阴法曹所统领的善神和善鬼。
八方远近名山大川的官署宅第，用来安顿天地间的精灵与神灵。人已
成仙但尚未升入天庭的，就在云中风中的官署宅第得到安顿。北极紫
宫和昆仑山的官署宅第和驿馆，分别用来迎候对皇天建有功绩的圣人
贤人和善神。

　　道为首①，德为腹，仁为足而行之，天设官舍邮亭，得而
居之。欲得天力者行道，欲得地力者行德，欲得人力者行
人②。此三者，无穷之路；失此三者，乱之本也；不循此三者，
名逆天。故圣人苟道德行仁，过此而言，属万物之行矣。

【注释】

①首：头部。比喻占首要地位的事物。

②行人：犹言行仁。人，通"仁"。汉刘熙《释名·释形体》云："人，仁也，仁生物也。故《易》曰：立人之道曰仁与义。"

【译文】

把真道当成头部，把真德当成腹部，把仁爱当成足部而去践行它们，皇天设布的官署宅第和驿馆，就让他有权在那里存身。希望得到皇天助力的人就去守行真道，希望得到大地助力的人就去守行真德，希望得到人间助力的人就去守行仁爱。这三方面的事体，构成了永不死亡的通道；丧失掉这三方面的事体，就成为败乱的根源；不遵循这三方面的事体去践行，就被称作背逆皇天。所以圣人包纳真道真德并且同时施布仁爱，超出这个范围以外的做法，讲论起来就都属于万物之类的行径了。

【说明】

下列经文，与《敦煌目录》卷一百三十五《斗前后六辰生死决》大致相当，主要将建除这种以天文十二辰象征十二种人事情况、据以占测吉凶的方术，同汉代盛行的五行休王说、八卦休王说糅为一体，列示分属生死两大界域的七气，重在申明：思"气"不同，必定会招致神来鬼到、福至祸降的截然相反的结果。

请问四时之神气以助理①，致善除恶，何者致大神，何者致中神，何者致小神？日思月建帝气者②，致大神；思相气者③，致中神；思杀气者④，致小神。思月建后老气者⑤，致老物⑥；思月建后病衰气者⑦，致邪鬼；思月建后死气者⑧，致纯鬼⑨；思月建后破气者⑩，致破杀凶恶咎害也。生气者⑪，属天属阳属前。天道以神气生,故斗前六神皆生⑫;后六神属地属阴⑬,天道以死气为鬼,为物凶咎。

【注释】

①神气:谓天神之气。

②月建:又称斗建。意谓北斗星斗柄所指。古代用十二地支代表十二方位,即以子为北,午为南,卯为东,酉为西等等。依此,则夏历十一月黄昏时斗柄指北,即称该月为建子之月。嗣后斗柄每月移动,指向一个既定方位,周而复始,遂成十二月建。在东汉以前,另有一种方术,简称建除,即以天文十二辰分别象征十二种人事情况,据以占测吉凶。其所定术语,俱为神名,起首二神曰建、除,故合称建除十二神。作为第一神的“建”,指寅为建。寅则代表斗柄指向寅位的正月,而“建”之为义,《淮南子·天文训》解作主生万物,本经则释为元气建位,形同帝王。这里所谓月建,即指此而言。实际上是把斗柄建寅同寅为“建”神套挂在一起的。帝气:由《太平经》编著者在王气基础上引申出来的第一尊贵之气。王为五行休王说和八卦休王说的专用术语,意谓旺盛,占据统治地位。

③相:五行休王说和八卦休王说的专用术语,意谓强壮。如木王,则火相。

④杀气:按照建除家言,未(十二地支第八位,代表六月)为执(神名),职在攻陷。本经壬部则谓,执乃预为帝王气执除大邪。据本经乙部《行道有优劣法》、戊部《天谶支干相配法》、卷一百十五至一百十六《某诀》所述,此处“杀气”当作“微气”。微气同八卦休王说中的“胎”(孕育)气,大略相当。

⑤后:指以寅为元气建位作基准而往后倒数的神位。《太平经》编著者把十二月建分为春夏六月和秋冬六月两组,每组再去分别

套挂建除家的十二神,称之为"帝王月建前后"或"斗前六神"与"斗后六神"。详参壬部第十节经文所述。老气:相当于八卦休王说中的"没"(没落)气。

⑥老物:指精魅。古代认为物老则成精。

⑦病衰气:相当于八卦休王说中的"休"(休退)气和"废"(废弃)气。

⑧死气:五行休王说和八卦休王说的专用术语,即死亡之气。

⑨纯鬼:地地道道的阴鬼。

⑩破气:与帝王气对冲之气。按照建除家言,寅为建,申(地支第九位,代表七月)为破。斗柄指寅,则由北斗第一星至第四星组成的斗魁恰恰指申,故曰破。

⑪生气:使人和万物存活生长之气。

⑫斗前六神:指建除十二神中的寅为建,卯(二月)为除,辰(三月)为满,巳(四月)为平,午(五月)为定,未为执。

⑬后六神:指建除十二神中的丑(十二月)为闭,子(十一月)为开,亥(十月)为收,戌(九月)为成,酉(八月)为危,申为破。以上详参本经卷七十三至八十五《阙题》(三)和壬部第十节经文所述。

【译文】

请问掌控春夏秋冬的天神之气正来协助帝王实行治理,招来良善,去除邪恶,究竟怎样去做的人就能招来地位仅次于至高天神的神灵呢?怎样去做的人就能招来中等的神灵呢?怎样去做的人就能招来一般的神灵呢?每天都精思北斗星斗柄指向寅位所确立起的帝气的人,就招来地位仅次于至高天神的神灵;精思处于强壮状态的相气的人,就招来中等的神灵;精思杀气的人,就招来一般的神灵。而偏去精思由帝气所在寅位往后数的老气的人,就招来精魅;偏去精思由帝气所在寅位往后数的病衰气的人,就招来邪鬼;偏去精思由帝气所在寅位往后数的死气的人,就招来地地道道的阴鬼;偏去精思由帝气所在寅位往后数的破气的人,就招来残破灭杀、凶败险恶和灾殃祸害。使人和万物存活生长的气体属于皇天,属于阳,属于北斗星斗柄从寅位朝前移动的方位。皇天的道法通过神灵之气使人和万物生存,所以北斗星斗柄从寅位朝前移动的六个方位上的神灵,全都使人生存,而北斗星斗柄从寅位往后数的六个方位上的神灵,则属于大地属于阴,皇天的道法把死气作为鬼魅,构成万物的灾殃祸害。

【说明】

下列经文,同《敦煌目录》卷一百三十六《时形中神精决》大致相近。主要播扬万事万物有神论和神灵决定安危说。具体到人命,则喻形体为家,喻气为舆马,喻身中精灵神灵为长吏,强调保养精、神,以求无病不老,避邪祟,免凶害。而其保养之法,要结在于"思善",亦即"忠孝顺"三字而已。这表明早期道教是把修炼方术同伦理纲常相结合,并作为统治术来加以倡行的,其宗旨与后世道教重在个人养生的内丹修炼术,迥然有别。

子欲使后世常谨常信,自亲自爱,神明精气不得去离其身[①],则不知老,不知死矣。夫神明精气者,随意念而行,不离身形。神明常在,则不病不老,行不遇邪恶;若神明亡,病者立死,行逢凶恶,是大效也。人欲不病,宜精自守也。

【注释】

①神明:神灵之明。神为天之太阳气的化身,入人体内,居于心阴
　　(右)。精气:精灵之气。精为地之太阴气的化身,入人体内,居
　　于肾阴。此系本经编著者对战国精气说(见《管子·内业篇》)的
　　道教改造。

【译文】

真人你打算让后来出生的人时常谨顺,时常诚信,自己亲近自己,自己爱惜自己,体内的神灵之明和精灵之气没办法离开自己的形体,那他们也就不知道衰老是一种什么情形,死亡又是怎么一回事了。神灵之明和精灵之气,随同人的意念而转移,总不离开形体。神灵之明常在那里,也就不生病,不衰老,行动遇不到邪恶的东西;如果神灵之明不存在了,患病的人立刻就死去,行动也碰上凶险危害。这是最明显的证验啊! 世人要想不患病,应当专精而自我守持啊!

凡事不过自然,自然中无精神,凡事皆不成;神不过大道与天地之性①,中无大精神②,尚皆不成,不能自全。故天地之道,据精神自然而行。故凡事大小,皆有精神,巨者有巨精神,小者有小精神。各自保养精神,故能长存。精神减则老,精神亡则死,此自然之分也③,安可强争乎?

【注释】

①神:神妙之意。

②大精神:指地位超常的精灵与神灵。

③分(fēn):本分。此处意为定律。

【译文】

任何事情都超不过自然而然的形态去,自然而然的形态中没有精灵与神灵,任何事情都成功不了。神妙都超不过大道和天地本性去,其中没有地位超常的精灵与神灵,尚且仍都成功不了,不能够自我保全。因而天地的道法,依凭精灵与神灵,自然而然地去施行。所以任何大小事情,都有精灵与神灵。大事情有那地位超常的精灵与神灵,小事情有那一般的精灵与神灵。各自保住并养护好精灵与神灵,因而就能长久存活。精灵与神灵在体内数量减少,人就变衰老;精灵与神灵不存在了,人就死去。这是原本就那样的定律,哪能硬行去抗争呢?

　　凡事安危,一在精神①,故形体为家也②,以气为舆马③,精神为长吏④,兴衰往来,主理也⑤。若有形体而无精神,若有田宅城郭而无长吏也⑥。夫长吏者,乃民之司命也⑦。忠臣孝子,大顺之人所宜行也。夫人之身,而不忠于上,不孝其亲,是负其身,戮其刑⑧,亡其本也。常思善,精神集来随人也;思恶,精神亦来集人也。乃入人腹中,随趋人所思,使悁悒不能忘之矣⑨。

【注释】

①一:完全。

②家:喻依托。

③气:指人体内的先天元气。舆马:车马。喻动力。

④长吏:地位较高的官员。喻主宰。以上取喻,化自《淮南子·原道训》"以天为盖,以地为舆,四时为马,阴阳为御(驾车者)。"本经卷四十二《四行本末诀》称:"神者,乘气而行,故人有气则有神,有神则有气,神去则气绝,气亡则神去。故无神亦死,无气亦死。"

⑤主理:谓起决定作用。

⑥城郭:城谓内城,郭谓外城。

⑦司命:掌管世人生死寿夭的神灵。此处借喻生杀予夺大权的掌握者。本经卷一百十二《写书不用徒自苦诫》称:"故令司命,近在胸心。"又本经佚文称:"常有六司命神,共议人过失。"

⑧刑:通"形",形体。

⑨悁悒(yuān yì):忧愁郁闷。

【译文】

任何事情的安危,完全在于精灵和神灵。所以形体构成本家,把气作为车马,把精灵和神灵作为长官,兴衰往来,发挥决定作用啊!如果仅有形体而没有精灵与神灵,也就如同只有田地住宅和内城外城却没有长官啊。长官是对百姓生死予夺的掌握者,而忠臣孝子属于十分谨顺的人所应追求和达成的目标。人有那副身躯,却对上面不忠诚,也不孝敬自己的父母,这纯属辜负了他那副身躯,由此而受到死刑惩治,就失去根本了呀!时常考虑做善事,精灵与神灵就汇集到一起,前来追随人啊!总琢磨干坏事,精灵与神灵也前来聚集在人的周围啊!于是都进入人的腹内,跟着人所思求的事情转,使人像忧愁郁闷那样无法忘掉了。

【说明】

下列经文,与《敦煌目录》卷一百三十六《力学反自然之气决》大致相合。主要讲述胎息这种位属上乘的食气养生术。

请问胞中之子①,不食而取气②。在腹中,自然之气③;已生,呼吸阴阳之气④。守道力学,反自然之气;反自然之气,心若婴儿⑤,即生矣⑥。随呼吸阴阳之气,即死矣⑦。

【注释】

①胞中之子:指尚在母体内的胎儿。

②不食而取气:谓胎儿在母体内不进食物,不用鼻口呼吸外界空气,通过摄取内气而竟得存活。后世道教则谓,婴儿取气于脐管,母呼亦呼,母吸亦吸。

③自然之气：即先天真元之气。

④呼吸阴阳之气：意谓吐出胸中浊气，吸入清气。阴阳之气指外界空气。

⑤婴儿：喻指柔和无欲的状态。《老子·十章》谓："专气致柔，能如婴儿乎？"

⑥生：长生。以上系讲胎息修炼法。此法以调理自身内气循环为主，使呼吸吐纳绵绵，不用口鼻，守神于内，若胎儿在母腹之中，故名胎息。胎息在汉代已臻极致，参见《后汉书·王真传》李贤注。《论衡·道虚篇》则谓："道家相夸曰：真人食气，以气而为食，故《传》曰：食气者，寿而不死；虽不谷饱，亦以气盈。此又虚也。夫气谓何气也？如谓阴阳之气，阴阳之气不能饱人，人或咽气，气满腹胀，不能餍饱。如谓百药之气，人或服药，食一合屑，吞数十丸，药力烈盛，胸中愦毒，不能饱人。食气者，必谓吹呴呼吸，吐故纳新也。昔有彭祖，尝行之矣，不能久寿，病而死矣。"

⑦死：终归于死之意。

【译文】

请问母体内的胎儿，不吃东西摄取气就存活，这是怎么一回事。这是在母体内靠先天元气，生下来以后，就呼吸外界的阴阳二气了。守持真道，大力学习行用，返归到专靠先天元气的那种状态。返归到专靠先天元气的那种状态以后，内心纯粹得跟婴儿一样，也就长生了。只是像常人那样随着外界的阴阳二气呼出吸入，也就终归死亡了。

《太平经》云①：请问胎中之子，不食而气者何也？天道乃有自然之气，乃有消息之气②。凡在胞中且而得气者，是天道自然之气也；及其已生，嘘吸阴阳而气者③，是消息之气也。人而守道力学，反自然之气者，生也；守消息之气者，死矣。故夫得真道者,乃能内气外不气也④。以是内气养其性,然后能反婴儿,复其命也⑤。故当习内气,以内养其形体。

【注释】

①云:自此以下整段文字,乃系《合校》本附存的以资参考的《道典论》卷四《胎息》所引经文。所述较《经钞》为详。

②消息之气:即后天阴阳之气。阳出阴入曰消,阴出阳入曰息。

③嘘吸:呼吸。气:意谓保持吐故纳新的活动。

④内气外不气:谓在体内调理好先天元气而不在外界呼吸阴阳二气。

⑤复其命:《老子·十六章》谓:"静曰复命,复命曰常。"

【译文】

《太平经》上说:请问母体内的胎儿,不吃东西却靠气来存活,这是怎么一回事呢? 天道既有先天元气,也有空中阴阳二气。凡是在母体内能够摄取到气的,这是天道的元气。等他降生下来以后,一阴一阳做呼吸而保持吐故纳新的活动,这是空中的阴阳二气。人能守持真道,大力学习性用,返归到专靠先天元气的那种状态,也就长生了。只会呼吸阴阳二气,也就终归死掉了。所以获取到真道的人,正能在体内调理好先天元气而不在外界呼吸阴阳二气。用这体内的先天元气来培养自己的情性,然后能返回到婴儿的纯真状态,就归复性命本真了。所以应该精通在体内调理好先天元气的道术,用内气来养护自己的形体。

【说明】

下列五句经文,出自《三洞珠囊》卷四《绝粒品》所征引,标明为《太平经》第一百二十云。其内容则对比说明自然界不同生物的生存方式及寿命差异,由此强调食气方术的长存奇效。实则渊源有自,同《大戴礼记·易本命》和《淮南子·地形训》结有不解之缘。

　　是故食者命有期①，不食者与神谋②；食气者神明达③，不饮不食，与天地相卒也④。

【注释】

①食者：指人类和动物。命有期：谓生命存在固定的期限。

②不食者：指蓍草。其生千岁，三百茎，被取作占筮之用。《易纬坤灵图》则称："灵蓍四十九茎，下有千岁龟守之。"与神谋：谓灵验。《易传·系辞上》云：蓍之德（占问的好处），圆而神（圆满而神妙）。

③食气者：指传说中的赤松子、彭祖等精通食气方术的仙人。

④相卒：意为共同终结。即天地只要不毁灭，擅长呼吸吐纳的得道之人便与之同在。以上所云，源自《大戴礼记·易本命》及《淮南子·地形训》。本经卷三十六《守三实法》则云："天下人本生受命之时，与天地分身，抱元气于自然，不饮不食，嘘吸阴阳气而活，不知饥渴。"

【译文】

　　因而人类和动物，都有固定的生命期限，而像千年蓍草，被用来占卦却相当灵验。专靠调理体内先天元气的人，神明通达一切，既不饮用又不食用什么东西，便与天地同在啊！

卷一百三十七至一百五十三　壬部(不分卷)

【说明】

《太平经》壬部经文,已全部亡佚。核之《敦煌目录》,原有五十七篇。其篇目之多,居于全经首位。《合校》本则据《太平经钞》,略补其缺。《钞》不分卷,亦绝少近似题目的字句,故并缺题。全部《钞》文,有的大略可与《敦煌目录》相勘合,次序上或有出入;有的则难以推定其间的意义联系。下列经文,即属后一种情形。其内容,主要是论证"天"与"道"、"道"与"自然"的关系,即:天畏道,道畏自然。由"畏"字转而强调,世人必须相互各有约束,否则必遭天诛。

凡人不能相拘①,故自制命为不善②,天将诛之。故小人得诛于中人③,中人得诛于上人④,上人得诛于大人⑤。夫小失法⑥,自致危亡。夫神灵大小之诛,亦若此,而不能拘制,天当诛之必矣。

【注释】

①相拘:彼此约束。

②自制命:意谓自行掌握命运。即认为命不在天而肆无忌惮。

③小人:最低贱的人。即普通百姓。中人:中等人。谓官府属吏。

④上人：上等人。谓县令郡守之类。

⑤大人：圣人在位者。指以帝王为首的最高统治集团的核心成员。

⑥小：逐渐。法：指行为的准则。即伦理纲常。

【译文】

世人不能够彼此约束，因而就只管自行去掌握本人的命运而肆无忌惮干坏事，皇天将会诛杀这类人。所以普通老百姓会被官府的办事人员所诛杀，官府的办事人员会被官府的长官所诛杀，官府的长官会被帝王和大臣所诛杀。因为人们逐渐失去行为的准则，就自己给自己造成危亡的结果。神灵逐级被诛杀的情况，也像人间这个样子。它不能约束控制自身，皇天就必定会诛杀它了。

天畏道，道畏自然①。夫天畏道者，天以至行也②，道废不行，则天道乱毁③；天道乱毁则危亡，无复法度。故自然使天地之道守行道不懈，阴阳相传、相付、相生也。道乃主生，道绝万物不生，万物不生则无世类④，无可相传。万物不相生相传，则败矣，何有天地乎？天地阴阳，乃当相传相生，今绝灭，则灭亡，故天畏道绝而危亡。

【注释】

①自然：谓原本固有的情状与态势。

②至行：至善之行。此处指阴阳极为协调的状态。

③天道：指皇天的运转形态。

④世类：指递相传衍的物种种类。

【译文】

皇天畏惧真道，真道畏惧自然而然的法则。皇天之所以畏惧真道，原因是皇天要使阴阳达到极为协调的状态，而真道废绝不兴行，皇天的运转形态就混乱毁败了；皇天的运转形态一旦混乱毁败，就陷入危亡的境地，不再具有规律。所以自然而然的法则就让天地的运转守行真道而不停止，使阴阳递相传衍，递相授付，递相化生啊！真道职在化生，而真道废绝，万物就化生不出来；万物化生不出来，就不存在递相传衍的物种种类了，就没有能递相传衍的主体了。而万物不递相化生，不递相传衍，整个世界也就毁败了，还要天地做什么用呢？天地阴阳正应当使万物递相传衍，递相化生，如今万物却绝灭了，它们本身也随之灭亡了，所以皇天畏惧真道废绝而使自身陷入危亡的境地。

　　道畏自然者，天道不因自然^①，则不可成也。故万物皆因自然乃成，非自然悉难成。如使成，皆为诈伪，成亦不可久。夫天地虽相去远阔，其制命无脱者^②。

【注释】

　　①天道：指皇天的运转定律，与上文"天道"含义不同。因：依从，随顺。

　　②制命：意谓主宰世人和万物的命运。

【译文】

　　真道之所以畏惧自然而然的法则，原因在于皇天的运转定律不随顺自然而然的法则，就成就不了任何生物。所以万物全都依从自然而然的法则才得以成就，不依从自然而然的法则，全都难以成就。如果硬要使什么东西成就，全都属于欺诈虚假的东西，即使成就了它们，也不能维持长久。天地尽管离得特别遥远，但它们主宰世人和万物的命运，却没有一样能够逃脱在外的。

【说明】

下列经文,与《敦煌目录》卷一百三十七《闭奸不并责平气象决》大致相当。主要赋予天地以"半阳半阴"的自然属性和"半善半恶"的社会属性,指明阳、善"主生主养"的"自然之法"。据此敦促统治者崇德抑刑,通过赏善来闭奸。并借斗、尺、方圆等比量之喻和火盛雷鸣、内含朱雀精灵的天象,说明兴善得善,兴恶得恶,进而强调"因本缘类"以明天道及人之善恶真伪贤不肖。

请问太平气俱至,欲常以善意去奸恶,当何先哉? 夫天地之性,半阳半阴。阳为善,主赏赐;阴为恶,恶者为刑罚,主奸伪。赏者多,罚者少;奸猾者多,赏者少,奸门开。所以然者,罚者多刑,主杀伤,犯法者皆成奸罪人,故奸门开,奸猾多也。阳者主赏赐,施与多,则德王用事①。阳与德者,主养主生,此自然之法也。故昼为阳,为日,为君为德;夜为阴,为月,为臣为奸。

【注释】

①王:谓占据主导地位。用事:当政。指起支配作用。

【译文】

请问太平气全部降临了,总想凭仗良善的用意去除掉奸恶,应当把什么放在第一位呢? 天地的属性有一半构成阳,有一半构成阴。阳属于良善,职在进行赏赐;阴属于邪恶,邪恶的东西就构成刑罚,旨在施展奸伪的伎俩。进行赏赐的地方多,予以惩罚的地方也就少;奸猾的人数量多,得到赏赐的人就数量少,而要弄奸猾手段的大门也就打开了。之所以如此,是因为惩罚起来就施用刑罚多,旨在杀伤,触犯法律的人就全都成为奸恶有罪的人,所以要弄奸猾手段的大门一打开,奸猾的人也就数量多了。而阳则职在进行赏赐，本身施予的东西多，也就能使恩德占据主导地位并起支配作用了。阳与恩德，职在养护，职在化生，这是原本就那样的定律啊！所以白天就构成阳，构成太阳，构成君主，构成恩德；黑夜就构成阴，构成月亮，构成臣下，构成奸恶。

　　天地之性，半善半恶，故君子上善以闭奸①。兴善者得善，兴恶者得恶。此由若以斗拱斗②，非斗者自然走③；以尺拱尺，非尺者自然落④；犹方与圆不相得，规与矩不相值⑤，纵与横不相合。故阳兴必动以类行⑥，故火盛乃雷鸣⑦，朱雀在其中⑧，是以夏雷也，冬则藏。

【注释】

①上善：崇尚善行。上，通"尚"，崇尚。

②斗：量器名。拱：意为迭合式做比量。

③走：意为掉进去。

④落：意为甩下来。

⑤规与矩：校正圆形和方形的两种工具。值：对应。

⑥动以类行：意谓依从类属来行动。

⑦火盛乃雷鸣：《论衡·雷虚篇》谓："雷者，太阳之激气也。何以明之？正月阳动，故正月始雷。五月阳盛，故五月雷迅。秋冬阳衰，故秋冬雷潜。"

⑧朱雀：火行之精。《淮南子·天文训》称："南方，火也。……其兽朱鸟。"

【译文】

　　天地的属性有一半构成良善，有一半构成邪恶，所以君子就崇尚良善而去锁闭住奸邪。兴行良善的人就得到美好的结果，兴行邪恶的人就得到险恶的结果。这就如同拿斗和斗来做比量,够不上分量的就自然掉进去;用尺子和尺子来做比量,达不到尺度的就自然甩下来;又好比方形和圆形根本就合不到一起,圆规与方矩根本就对应不上,纵向与横向根本就无法保持一致。所以阳兴盛,必定任何举措都按照类属来行动。因而火行旺盛就雷声大作,朱雀这一精灵也置身在里面。所以夏天就总打雷,冬季就不打雷了。

凡事各因其本,乃天道可得而明。不缘其类,圣贤何从得深知之? 故从天地开辟已来,人之善恶真伪,但观其所行,以类求之,占其成功,善恶得失、贤不肖可睹矣①。何须坐争之乎②?

【注释】

①不肖:子不似父曰不肖。即不贤。

②坐争:围坐争辩之意。

【译文】

任何事情各自依凭它那根本,皇天的道法这才能够弄清楚。不遵从它那类属,圣贤会从什么途径得以深切了解掌握住呢? 因而从天地开辟以来,人们的善恶真伪,只须观察各自所做的事情,再按类属进行判断,验核取得的具体功效,善恶得失与贤明不贤明,就能看出来了,何必还要围坐在一起争辩不休呢?

【说明】

下列经文,主要执持能否安天地、利帝王、竟天年、惠凡民的四把尺度,评判"贤、明、智、辩、力、勇"六类人的善恶之分及有益无益,并把所获功效列为察验人事是非的惟一标准。

　　请问从古到今，贤者明者、智者辩者①、力者勇者②，此六人皆有万倍之才③，岂有善恶哉？此六人，悉有万倍人之才能，其才能安和天地，令使凡邪恶害之属不生，帝王长无忧而寿，身能自除其疾病，各竟其天年，恩流凡人，此贤明智辩力勇，大善有益矣。而不能共和天地，使帝王无忧而寿，而身有疾病，被灾不能祓去④，或夭年而死⑤，与凡人无别，此六人无益也。但效其成功，无复问也。成功者是也，不成功者非也。效事若此，深得皇天心意，帝王为之延年命，万物悉治也。

【注释】

①辩者：能言善辩的人。

②力者：力大气壮的人。

③万倍：远远超越常人之意。

④祓（fú）：谓通过举火、薰香沐浴、或用牲血涂身等方式除灾去邪。

　　此类仪式，自先秦便已相沿成俗，通称祓除。

⑤夭年：损寿之意。

【译文】

　　请问从古到今，贤能的人和英明的人，机智的人和善辩的人，力大气壮的人和勇猛威武的人，这六类人都具有远远超过常人的才能，恐怕他们也存在着良善与邪恶的区分吧？不错，这六类人全都具有远远超过常人的才能，但他们的才能能使天地安定谐合，叫一切邪恶凶害之类的东西不冒出来，让帝王长久没有忧虑并且长寿，本身也能自行去除所患的疾病，各自尽享本人的天年，恩德扩展到一切人，像这样的贤能人、英明的人、机智的人、善辩的人、力大气壮的人、勇猛威武的人，也就十分良善并对世上有益了。反过来却不能使天地共同保持谐和的状态，不能使帝王没有忧虑并且长寿，本身也得疾病，遭受到灾殃却无法术去除掉，有的还损寿死去，这样就与普通人没有什么区别了，这六类人对世上也就没有什么益处了。只管去察验他们取得的功效怎么样，其他方面根本不用再去理会啊！取得功效的，就是够格的；没取得功效的，就是配不上的。像这样去察验任何事情，也就深切获取到了皇天的心意，帝王由此而延长他的寿命，万物也全部得到治理了。

【说明】

下列经文，依照天地人各领其职、合三为一的组配模式，开列帝王、后妃、大臣应分别念施生、欲养长、思成就而并力致太平的道法。

请问凡物一时有不生者①，又有不养者，长之不成，其大过悉从何来？当生而不生者，天也；当养所不养者，地也。天地为万物之庐②，贤人为万物工匠③。帝王者象天，常欲生；后妃者象地，常欲养；大臣者象人④，常欲思成⑤。此三人并力，凡物从生到终无有伤也。欲象平之道为法者⑥，必当如此矣。

【注释】

①一时：谓在同一时段内。

②庐：棚屋。此处喻指根基所在、依托所在。

③工匠：此处喻指决定力量所在、关键所在。

④大臣者象人：人代表天地阴阳交合而成的中和气，大臣恰恰介乎于帝王和后妃之间，故出此语。

⑤成：成就，成全。

⑥象：效法。平：太平。

【译文】

请问万物在同一时段内有化生不出来的,又有得不到养护的,还有生长到最后却成熟不了的。这些大罪过都是从哪里产生出来的呢?本应化生却不去化生,责任就在皇天那里;本应养护却不去养护,责任就在大地那里。皇天和大地是万物的依托所在,贤明的人是万物的决定力量所在。帝王代表着皇天,就该总想去化生;后妃代表着大地,就该总想去养护;大臣代表着人间,就该总想去成就。这三种人力量往一处使,万物从生到死就没有受伤害的了。真想效法太平真道而把它作为准则的人,必定就该这样去做了。

【说明】

下列经文,集中论述"弱"与"强"、"寡"与"众"既相互对立又相互转化的关系,强调"弱"为道的运用,"寡"为道的纲要,由此向帝王重申道家执要守柔、无为不争的君人南面之术。

"请问天道助弱耶①?助强耶②?助寡耶?助众耶?"神人言③:"天道助弱。""何哉?""夫弱者,道之用也④。寡者,道之要也⑤。故北极一星⑥,而众星属⑦,以寡而御众也⑧。道要一⑨,而道属焉⑩。是故国王极寡⑪,而天下助而治,助寡之效也。父母极强⑫,反助婴儿,是强助弱之效也。

【注释】

①弱:柔弱。

②强:刚强。

③神人:对传道天师的尊称。

④"夫弱"二句:语出《老子·四十章》。用:施用。

⑤要:纲要,枢要。

⑥北极一星:指北极星座中最大最亮的那颗星。古人视其为至高
　　神,谓之为太一或中宫大帝。《史记·天官书》载:"中宫天极星。
　　其一明者,太一常居也。"《春秋文耀钩》谓:"中宫大帝,其精北极
　　星。含元出气,流精生物也。"本经卷五十六至六十四《阙题》
　　(六)称:"上神人乃与皇天同形,舍于北极紫宫中,与天上帝同
　　象,名天心神。"

⑦属:隶属,从属。

⑧御:驾驭,统率。

⑨道要一:意谓真道的纲要在于那个"一"。一,指元气、心神或精
　　气神的统一体——神器。本经乙部《修一却邪法》和丙部《五事
　　解承负法》谓,一为数之始,道之根,气之始,命之所系属,众心之
　　主,天之纲纪,万物之本。

⑩道:指各种具体道法和道术。

⑪极寡:仅此一人之意。

⑫极强:极为刚强。谓对婴儿可任意处置。

【译文】

　　"请问皇天的道法是扶助柔弱的事物呢？还是扶助刚强的事物呢？
是扶助数量少的事物呢？还是扶助数量多的事物呢？"神人回答说:"皇
天的道法扶助柔弱的事物。""这是为什么呢？""因为柔弱的事物,属于
皇天道法的施用;而数量少的事物,属于皇天道法的纲要啊！所以北极
最大最亮的星星,只有一颗,但所有的星辰却都归它统领,这是用数量
少的事物来驾驭那众多的事物啊！而真道的纲要也只在于那个'一',
但各种道法与道术却都隶属在它的下面。所以国王只有一位,但全天
下都协助他进行治理。这正是皇天的道法扶助数量少的事物的证明
啊！而父母对于婴儿来说极为刚强,但反而要去扶助婴儿,这正是刚强
的事物扶助柔弱事物的证明啊！

"上善之人寡而弱①,不善之人强而众②,众则寡矣,强则弱矣③。故君子求弱不求强④,求寡不求众⑤,故天道祐之。故不与人争也,而人自为争⑥;不与人争强也,而人助为强,故不争而善胜也⑦。"

【注释】

①上善之人:最良善的人。寡而弱:意谓其能执事之要,以柔弱胜刚强。《老子·八章》谓:"上善若水,水善利万物而不争,处众人之所恶,故几于道。"

②强而众:逞强贪多之意。

③"众则"二句:意谓逞强贪多最终却向相反的方向转化。《老子·二十二章》谓:"多则惑。"又《三十六章》称:"将欲弱之,必固强之。"《老子想尔注》云:"先强后必弱。"

④求弱不求强:《老子·四十三章》谓:"天下之至柔,驰骋天下之至坚。"又《七十六章》云:"故坚强者死之徒,柔弱者生之徒。"

⑤求寡不求众:《老子·二十二章》谓:"少则得。"

⑥人自为争:意谓己方不争但人们却主动为他去争。《老子·八十一章》谓:"圣人之道,为而不争。"又《六十六章》云:"是以天下乐推而不厌。"

⑦不争而善胜:语出《老子·七十三章》。又《二十二章》和《六十六章》俱谓:"以其不争,故天下莫能与之争。"

【译文】

"最为良善的人抓住要领又表现出柔弱来,不良善的人却逞强又贪多,可贪多结果反而变少了,逞强反而变弱了。所以君子追求柔弱而不追求刚强,追求数量少而不追求数量多,因而皇天的道法就佑助他。所以己方不与人争这争那,可人们却主动为他去争;自身不与人争出谁刚强来,可人们却帮助他成为刚强的那一方,所以不争却最能占据上风啊!"

【说明】

下列经文,起首有"分别天道、精身与德不诀"十字,《合校》本辑校者疑系题目。此十字,《敦煌目录》付之阙如,然而列有《效请雨止决》,又与文中内容基本一致。唯此《决》列于卷一百四十一,而本文之后的下节《钞》文"明之者师也"云云,又同《敦煌目录》卷一百三十九《明师证文延帝命法》大致相当,形成题、文次序的颠倒现象。此类现象在《经钞》中并非偶见。本文主要把乞雨止雨是否灵验,列为皇天对太平之道被世上行用与否而作出的回应与证象,进而强调生、养、施乃系天、地、人的"大纲",道、德、仁则为治国的善术,亟宜择其等次循行不悖,以求天安邪消,善至恶去。

　　分别天道、精身与德不诀①。"请问夫道审当乐欲行,何为明效?"神人言:"吾受此文于天上诸神,诸神言吾,闻与阴阳风雨寒暑相应也,以是为大效。天乐其道行,而人未明信之,以乞雨止雨而明效之②。行太平之道,乞请皆应;不行太平之道,乞请不应。明天道至在大平也。

【注释】

①"分别"句:疑系题目。精,谓精思,精念。不,同"否"。

②乞雨止雨:古因旱灾或水灾而举行的祭祀活动,属吉礼。乞雨特称大雩(yú),主要为献舞呼天;止雨则击鼓。此礼自春秋时期已相当盛行。到西汉,董仲舒更力加倡导,详定其仪式,冬季亦不停用,被东汉奉为定制。详见《春秋繁露》卷三《精华》、卷十六《求雨》《止雨》及《后汉书·礼仪志·请雨》所述。

【译文】

分清天道而精念自身同道德相应与否诀。"请问真道确实正赶上它自身乐意在世上兴行,能拿什么对此做出显著的证明来呢?"神人回答说:"我从天上的众神灵那里领受到这篇天文,众神灵都对我做解说,由此听到它与阴阳风雨寒暑相应合,把这作为最显著的证据。皇天高兴它那真道在世上兴行,可世人却不完全相信这一点,那就用乞请皇天在大旱时降雨或在涝灾时停止降雨,作为明确的验证。行用太平真道,一切乞请就都非常灵验;拒不行用太平真道,任何乞请就都不见效。这正反两方面的回应正表明皇天道法的最终目标完全落在太平上啊!

　　"故万物不生者,失在太阳①;生而不养者,失在太阴②;养而不成者,失在中和③。故生者,父也;养者,母也;成者,子也。生者,道也;养者,德也;成者,仁也。一物不生,一道闭不通;一物不养,一德不修治;一德不成④,一仁不行。欲自知有道德与仁否,观物可自知矣。五者帝王君父师⑤,欲深自知道德仁优劣,但观此。故理之第一善者,莫若乐生,其次善者乐养,其次善者乐施。故生者象天,养者象地,施者象仁。此三者,天地人之大纲也;过此而下者⑥,但备穷乃后用之耳⑦。如此,天气自为平安⑧,邪气自消灭,善人自至,恶人自去,莫不响应也⑨。"

【注释】

①太阳:最旺盛的阳气。属天。

②太阴:最旺盛的阴气。属地。

③中和:指由天之太阳气同地之太阴气交合而成之气。属人。

④一德不成:据上下文义,此四字中"德"当作"物"。

⑤五者帝王君父师:即圣帝、明王、贤君、严父、大师这五类人。

⑥过此而下者：意谓超出生、养、施范围以外的做法，即礼、义、文、武等。

⑦备穷：意为应对别无选择的局势。

⑧天气：犹言时气。

⑨响应：如声回应。形容疾速之程度。

【译文】

"因而万物化生不出来，过失就出在最为旺盛的阳气那里；化生出来却得不到养护，过失就出在最为旺盛的阴气那里，得到了养护却最终成熟不了，过失就出在由阴阳交合而成的中和气那里。所以进行化生的阳气，就形同父亲；加以养护的阴气，就形同母亲；使万物成熟的中和气，就形同儿子。进行化生的东西是真道，加以养护的东西是真德，使它们成熟的东西是仁爱。有一种生物没化生出来，就表明真道在那里并未贯通而被封闭住了；有一种生物没得到养护，就表明真德在那里并未得到修明；有一种生物最终没能成熟，就表明仁爱在那里并未予以施加。打算自行了解本身具备不具备真道真德与仁爱，观看万物就能自行了解到了。圣帝、明王、贤君、严父、大师这五类人，打算深深自行了解本人的真道真德与仁爱是优是劣，只管去察看这一点就足够了。因而最为吉善的治国举措，没有能比得上喜好化生的了；第二等吉善的治国举措，在于喜好养护；第三等吉善的治国举措，在于喜好施予。因而化生正是效法皇天，养护正是效法大地，施予正是效法仁人。这三方面属于天、地、人的大纲所在，而超出这个范围以外的其他做法，只是迫于应对别无选择的局势，然后才施用它们罢了。做到这样，时气自动就形成平和安定的状态，邪气自动就消亡灭绝，良善的人自动就来到，邪恶的人自动就离去，没有不像回音应和原声那样来做出回应的了。"

【说明】

下列经文，同《敦煌目录》卷一百三十九《明师证文延帝命法》大略相当。主要申论天出奇文、师主宣教、帝王行用的"相须而成"的致治法式。其间把"延年益命"列作师教以及天佑帝王的"明证",显现出道教神权径欲支配皇权而所持有的确能奏效的心理诱惑力和心理征服力之所在。

　　明之者师也,谓先知之称师,当主证而明之。自古至今,凡文出皆天地也①。故天地先出之,明之者师也,故夫文出皆有师,行之者县官也②。古者帝王承天意,受师教,力行以除去灾害,以称天心,得延年益命,此之谓也。

【注释】

①文:指神文天书。诸如黄河有龙马出图,洛水有灵龟出书,伏羲和大禹分别据以创制八卦、《洪范》(《尚书》篇名)之类。此类说法,在汉代谶纬中愈演愈奇,不一而足。

②县官:汉称天子为县官。

【译文】

　　阐明书文内容和义理的人是师长,这是说最先能了解掌握它们,才有资格被称为师长,师长应当负责进行验证和阐明。从古至今,所有的神文天书都是由天地降示到人间的。因而从天地那里首先降示下来,加以阐明的就是师长了。所以书文降示下来以后,就都有师长,而行用的人又该是当朝天子了。古代的帝王承顺皇天的心意,接受师长的教导,大力去行用,用来去除掉灾殃祸害,以便切合皇天的心意,得以益寿延年,说的也就正是这个意思呀!

　　造之者天①,明之者师,行之者帝王。此三事者,相须而成②。天不出文,师无由得知;师不明文,帝王无从得知治。

故天将兴帝王,必有奇文出;明师使教帝王县官,令得延年益寿,是祐帝王之明证也。

【注释】

①造:创制。

②须:依赖。

【译文】

创制书文的是皇天,阐明它的是师长,行用它的是帝王。这三宗事情,彼此依赖而得以告成。皇天不降示书文,师长就没有任何来路得以了解掌握它们;师长不阐明书文的内容要旨,帝王就没有任何途径得以知晓治理天下的原则与方法。所以皇天打算让帝王兴盛起来,必定会有奇异的神文降示下来;明师接受皇天的驱遣去教导帝王和当朝天子,使他益寿延年,这正是皇天佑助帝王的显著证据啊!

【说明】

下列经文,同《敦煌目录》卷一百三十九《常念相成黄帝议训决》存在一定联系。主要阐明天地人、君臣民、生养施必须三合为一的组配模式以及在此模式内"念"失其职的各自危害,进而结合战国以来皇道、帝道、王道优劣论,插入君道、吏道特别是师道,分别对其内涵予以界定,并标揭皇、帝、王、吏、师道如同"首、腹、股、手足、绳墨"的"上下相须而立"的整体排列关系,以及依次维持和区别对待这种关系所将带来的太平奇效。其间把"常诵大师之法"提升到主导地位,适可见出早期道教是亟欲参政乃至执政的。

凡人民万物不生,生而不养,养而不长,长而反不成,不竟其天年,其过安在? 凡民万物不生者,天也;不养者,地也;长而不成者,人也。过在人乎? 万物不得时生者^①,君也;生而不养者,臣也;长而不成者,民也。天与君父主生,此太阳之长也,生之祖也。天不欲生,物不得生;父不欲施,物亦不得生;君不欲生,物亦不得生,故天与君父主生。夫君父常念生,不乐杀者,凡物尽生。一念杀者一物死,十念杀者十物死,百念杀者百物死,自此至万念,皆若此矣。

【注释】

①时生:谓在冬至开始化生和时至春季出生。

【译文】

人民和万物化生不出来,化生出来却得不到养护,得到养护却长不起来,长起来却反而成熟不了,不能尽享各自的天年,这种过错究竟出在谁的身上呢? 人民和万物化生不出来,责任在皇天那里;得不到养护,责任在大地那里;生长到最后却成熟不了,责任在世人那里啊! 过错恐怕还是归在世人的身上吧? 万物没办法届时都生长出来,这是由君主造成的;生长出来却得不到养护,这是由臣僚造成的;生长到最后却成熟不了,这是由民众造成的。皇天与君主、父亲职在化生,他们是最为旺盛的阳气的主宰,也是化生的本原啊! 皇天不想化生,万物就根本没办法化生出来;父亲不想施予,万物也没办法化生出来;君主不想化生,万物仍没办法化生出来。所以皇天和君主、父亲职在化生。君主和父亲总去想着化生,不乐意伤杀,万物就全都化生出来了。产生一个伤杀的念头,就会有一种生物死掉;产生十个伤杀的念头,就会有十种生物死掉;产生一百个伤杀的念头,就会有一百种生物死掉;从一百个念头一直到一万个念头,都像这个样子了。

地母臣承阳之施^①,主长养万物,常念长养之不。念一不长养,则一物被伤,十念则十物伤,百念则百物伤,自此至万,乃若此矣。是故上古帝王之任臣②,常求慈仁、好长养万物与为治;中古半慈仁②,物半伤;下古不详择臣而任之③,故万物悉伤矣。

【注释】

①地母臣:与天父君相对而称,俱属阴,故曰承阳之施。

②上古:指天皇、地皇、人皇所谓三皇时代。

③中古:指以黄帝为首的五帝时代。

④下古:指夏商周以下的历史时期。

【译文】

大地、母亲和臣僚承受阳性主宰物的施予,职在养护并使万物生长起来,就要总去思量能否养护并使它们生长起来。有一个念头不愿养护并使它们生长起来,就会有一种生物受到伤害;有十个这样的念头,就会有十种生物受到伤害;有一百个这样的念头,就会有一百种生物受到伤害;由一百个念头一直到一万个念头,就都像这个样子了。所以上古时代的帝王委任臣僚,总去访求仁慈而喜好养护万物并使它们真能生长起来的人选,与他们共同实行治理。而中古时代演变成一半仁慈,万物就有一半受到伤害了。下古时代恶化到不仔细审慎地选择臣僚,随便就委任,所以万物就全都受到伤害了。

　　其德皇①,王之言煌煌也②。帝者③,为天地之间作智,使不陷于凶恶,故称帝也。王者④,人民万物归王之不伤,故称王。王者,往也。君者⑤,各安其部界⑥,人归附之而无害,故称君。君者,号也。吏者⑦,治也,而助上治物,使凡民万物大小,不失其治,乃得称吏。师者⑧,悉解天下辞悉⑨,乃得称大师者,所谓能解天下天下文也^⑩。故得称皇、帝、王、君、师也。

【注释】

①德皇:意谓最高统治者的功德治绩可以称得上是"皇"的。皇,对最高统治者按功德治绩所定的一种顶级位号或称号。

②王之言煌煌也:此六字中"王"当作"皇"。煌煌:形容明亮至极,照彻内外。《史记正义·谥法解》谓:"靖民则法曰皇。"《桓子新论》云:"无制令刑罚,谓之皇。"《尚书璇玑钤》:"皇者,煌煌也。"《春秋运斗枢》谓:"皇者天,天不言,四时行焉,百物生焉。三皇垂拱无为,设言而民不违,道德玄泊,有似皇天,故称曰皇。皇者,中也,光也,弘也,含弘履中,开阴布纲,上合皇极,其施光明,指天画地,神化潜通,煌煌盛美,不可胜量。"

③帝:对最高统治者按功德治绩所定的一种二级位号或称号。《逸周书·谥法解》称:"德象天地曰帝。"《吕氏春秋·下贤》曰:"帝也者,天下之适也。"《桓子新论》谓:"有制令,无刑罚,谓之帝。"《易纬坤灵图》云:"帝者,天号也。德配天地,不私公位,称之曰帝。"《孝经援神契》谓:"帝者,谛也,象上可承五精之神。"

④王:对最高统治者按功德治绩所定的一种三级位号或称号。《逸周书·谥法解》谓:"仁义所往曰王。"《吕氏春秋·下贤》曰:"王也者,天下之往也。"《荀子·王霸篇》云:"天下归之,之谓王。"《大戴礼记·盛德》称:"法政而德不衰,故曰王也。"《韩诗外传》卷五谓:"王者何也? 曰往也。天下往之,谓之王。"《春秋繁露·王道通三》云:"古之造文者,三画而连其中,谓之王。三画者,天地与人也;而连其中者,通其道也。取天地与人之中,以为贯而参通之。非王者,孰能当是?"

⑤君:即君主,国君。属通称。《逸周书·谥法解》云:"从之成群曰

君。”《荀子·君道篇》谓:“君者何也?曰能群也。能群也者何也?曰善生养人者也,善班治人者也,善显设人者也,善藩饰人者也。”《韩诗外传》卷五谓:“君者何也?曰群也。为天下万物而除其害者,谓之君。”《新书·大政下》称:“君者,群也。无人谁据?必蹶政。谓此国素亡也。”《春秋繁露·深察名号》谓:“深察君号之大意,其中亦有五科:元科、原科、权科、温科、群科。合此五科,以一言谓之君。君者元也,君者原也,君者权也,君者温也,君者群也。”《周易乾凿度》卷上称:“大君者,君人之盛者也。《易》曰:知临大君之宜,吉。临者,大也。阳气在内,中和之盛应于盛位,浸大之化,行于万民,故言宜处王位,施大化为大君矣,臣民欲被化之词也。”《白虎通义·三纲六纪》云:“君,群也。群下之所归心也。”

⑥部界:指划定的辖领区域和上下秩序。

⑦吏:泛指各级各类官员。《鹖子·撰吏五帝三王传政乙》云:“昔之帝王所以为明者,以其吏也;昔之君子其所以为功者,以其民也。力生于神,而功最于吏,福归于君。”《管子·明法解》称:“吏者,民之所悬命也。”《韩非子·外储说右下》谓:“故吏者,民之本纲者也。故圣人治吏不治民。”《大戴礼记·盛德》云:“古者天子,孟春论吏德行能功。能得德法者为有德,能行德法者为有行,能理德法者为有能,能成德法者为有功。故论吏而法行,事治而功成。……吏者,辔也。”《汉书·景帝纪》载其《定长吏车服诏》曰:“吏者,民之师也。车驾衣服宜称。吏六百石以上,皆长吏也。”又《王莽传下》载其《责七公书》曰:“夫吏者,理也。宣德明恩,以牧养民,仁之道也。抑强督奸,捕诛盗贼,义之节也。”《艺文类聚·刑法部》引《风俗通义》曰:“夫吏者,治也。当先自正,然后正人。”又《艺文类聚·职官部》引晋杨泉《物理论》曰:“吏者,理也,所以理万机,平百揆也。”

⑧师:谓帝王师。《老子·二十七章》谓:"故善人者,不善人之师。"《韩诗外传》卷五云:"智如泉源,行可以为表仪者,人师也。"贾谊《新书·官人》称:"知足以为源泉,行足以为表仪,问焉则应,求焉则得,入人之家,足以重人之家,入人之国,足以重人之国者,谓之师。"本经卷一百十五至一百十六《阙题》(二)谓:"天地不与人语也,故时时生圣人,生圣师,使传其事,此主天。"又卷一百十七《天咎四人辱道诫》称:"是故古圣贤帝王将兴,皆得师道,入受其策智,以化其民人。师之贵之,乃言其能知天心意,象天为行也。"

⑨天下辞:由天降示的文辞。下,降示。

⑩天下天下文:由上天降示到人间各地的文辞。后一"天下",意为人间各地。

【译文】

统治者的功德可以称得上"皇"的,"皇"是说他像皇天那样无比明亮啊! 称得上"帝"的,是说他为天地之间创制明智的做法,使世人不陷入凶败险恶,所以就称之为"帝"啊! 称得上"王"的,是说人民和万物都归向他并奉他为王,使自身不受到伤害,所以就称之为"王","王"是说全都自动归向他啊! 称得上"君"的,是说他能够安定住本人所辖有的区域国界,人们归附他而受不到伤害,所以就称之为"君"。所谓君,正是位号啊! 而官吏,是说他们去治理,能够辅助自己的君主整治万物,使众百姓和万物无论大小都不失去治理,这才有资格称为官吏。而师长,是说他们能够详尽透彻地讲解皇天降示的全部文辞,于是有资格被称作大师的人,正是说他能够讲解皇天降示给全天下的文辞啊! 因而就得以依次称之为皇、帝、王、君、师了!

故皇道为首①,帝道为腹②,王道为股③,吏为手足④,师道者绳墨⑤,为法为则,上下相须而立。故善治者常念皇道,中念帝道,下念君吏吏道⑥。常诵大师之法,则守其绳墨,然后天心可安，地意可得，四时自顺⑦，五行不战⑧，三光常明⑨，鬼神精气不害⑩。五官五土各得其所⑪，盗贼不发，帝王垂拱⑫，俱称万岁⑬。天道为法如此，不如吾文，诚难哉！谨思其意，行此二事⑭，亦有戒哉。"

【注释】

①皇道：意为堪称为"皇"的治国平天下之道（原则与方法）。首：头部。以喻首要地位。

②帝道：意为堪称为"帝"的治国平天下之道（原则与方法）。

③王道：意为堪称为"王"的治国平天下之道（原则与方法）。股：大腿。以喻重要组成部分。

④吏为手足：循上下文例，此四字中"吏"下当有"道"字。吏道，即为官从政之道。《韩诗外传》卷五谓："据法守职而不敢为非者，人吏也。"

⑤师道：为师之道。《荀子·致仕篇》云："师术有四，而博习不与焉。尊严而惮，可以为师；耆艾而信，可以为师；诵说而不陵不犯，可以为师；知微而论，可以为师。故师术有四，而博习不与焉。"《吕氏春秋·诬徒》谓："达师之教也，使弟子安焉，乐焉，休焉，游焉，肃焉，严焉。此六者得于学，则邪辟之道塞矣，理义之术胜矣。此六者不得于学，则君不能令于臣，父不能令于子，师不能令于徒。"绳墨：木工画直线用的工具。以喻所应尊奉的准则。

⑥君吏吏道：谓君道和吏道。此四字中"君吏"之"吏"，当作"道"字。君道，即为君之道。《文子》卷下《下德》云："君者用六律。……用六律者，生之与杀也，赏之与罚也，与之以夺也，非此无道也，伐乱禁暴，兴贤良，废不肖，匡邪以为正，攘险以为平，矫枉以为直，明于施舍开塞之道，乘时因势以服役人心者也。"

⑦顺：谓按固定顺序交替到来。

⑧不战:谓保持正常的生克关系。

⑨三光:指日月星。

⑩精气:精灵的光气。

⑪五官:指五行之官。《左传·昭公二十九年》载晋太史蔡墨之言曰:"故有五行之官,是谓五官。……木正曰句芒,火正曰祝融,金正曰蓐收,水正曰玄冥,土正曰后土。"《淮南子·天文训》云:何谓五官? 东方为田(掌农事),南方为司马(掌兵),西方为理(掌刑狱),北方为司空(掌土木),中央为都(掌全盘)。五土:指东方青土、南方赤土、西方白土、北方黑土、中央黄土。各与五行相配属。又称五色土。《淮南子·地形训》尚有"偏土(青土)、牡土(赤土)、弱土(白土)、牝土(黑土)、正土(黄土)"之分。《释名·释地》云:"土青曰黎,似黎草色也。土黄而细密曰埴,埴,腻也,黏腻如脂之腻也。土赤曰鼠肝,似鼠肝色也。土白曰漂,漂轻飞散也。土黑曰卢,卢然解散也。"

⑫垂拱:垂衣拱手。极言天下大治之甚。

⑬万岁:即万年。极言世人享寿之长。意谓个个成了老寿星。

⑭二事:一指思用何种治国之道,二谓常诵大师之法。

【译文】

因而为皇之道就形同人的头部,为帝之道就形同人的腹部,为王之道就形同人的腿部,为吏之道就形同人的手足,为师之道就形同画线用的绳墨,各自构成法度又构成规则,上下相互依赖而确立起来。所以最善于治理的人就总去精念为皇之道,而属于中等的人就去精念为帝之道,属于第三等的人就去精念为君之道和为吏之道。时常诵读大师的道法,就能执守住所应尊奉的准则,然后天心可以安定下来,地意可以获取到,春夏秋冬就按固定顺序交替到来,五行保持正常的生克关系,太阳、月亮和星辰总是大放光明,鬼神和精灵的光气不去殃害世人,天上五方和地上五方都各得其所,盗贼不出现,帝王垂衣拱手而天下大治,臣民都在高喊我可成为老寿星了。天道构成的法则就像这样,不照我这书文去做,确实也就难办了。谨慎地精思其中的意旨,考虑采用哪一种治国之道和诵读大师的道法,也有引以为戒的地方吧!

【说明】

下列经文,与《敦煌目录》卷一百四十《阴念为善得善为恶戒》大致相当。主要显示神、精、鬼寄身在世人体内心、肾、肝右部而随时对人的意念活动起回应乃至驱动的作用,据此彰明专一思正念善的安鬼免咎术。

天地之性,精气鬼神行治人、学人、教人。神者居人心阴①,精者居人肾阴,鬼者居人肝阴。于人念正善②,因教人为善;常居人藏阴③,趋人为恶,教人为恶亦趋人为恶。古者贤人圣人,腹中常阴念为善,故得善应④。凡人腹中常阴念恶,故得恶应⑤,不能自禁。咎在常阴念善恶⑥,鬼神因而趋善恶,安鬼于此可验矣。

【注释】

①心阴:阴指右部。古以右为阴,左为阳。本经乙部《录身正神令人自知法》称,人体部位"左法阳,右法阴"。下文"肾阴"、"肝阴",意均仿此。《素问·宣明五气篇》有云:"五藏所藏:心藏神,肺藏魄,肝藏魂,脾藏意,肾藏志,是谓五藏所藏。"

②正善:纯正和良善。

③藏(zàng):指五脏。即心、肝、脾、肺、肾。藏,内脏。按照阴阳五行说,则肝属木行,心属火行,脾属土行,肺属金行,肾属水行。《素问·五脏别论》称:"所谓五藏者,藏精气而不写(泻)也。"《灵枢·本藏》谓:"五藏者,所以藏精神、血气、魂魄者也。……所以

参天地、副阴阳而连四时、化五节者也。"

④善应：指美好结果的回应。

⑤恶应：指凶险结果的回应。

⑥阴念善恶：意谓时而暗中念善，时而暗中念恶。

【译文】

天地的本性是，精灵之气和鬼神前去整治人，效仿人，教导人。神灵寄身在人心的右部，精灵寄身在人肾的右部，人鬼寄身在人肝的右部。对于人正逢他精念纯正和良善之际，趁势就教人去做善事。它们经常寄身在人体五脏的右部，促使人去干坏事，既教人去干坏事又促使人去干坏事。古代的圣人和贤人，在心中总是暗暗思忖做善事，所以就获取到美好结果的回应。只要人们在心中经常暗暗地琢磨干坏事，所以就获取到凶险结果的回应，没办法自行控制住。祸患在于总是暗暗地一会儿想做善事，一会儿又想干坏事，鬼神趁势就促使他一会儿去做善事，一会儿又去干坏事。使鬼神安静而不做出回应的道术，从上面的情形中就可以察验到了。

【说明】

下列经文，既说明太平气的主要表现——风调雨顺、物丰地沃、招致四时五行神吏，又推演建除这种以天文十二辰分别象征十二种人事情况、据以占测吉凶的方术。所作推演源于又异于《淮南子·天文训》，更与后世术数家所言截然不同。它以北斗星的运转为枢机，以代表元气建位的建神为基准，把建除十二神分成前后两组，对其神义与神职递作扼要诠解，并参取五行休王说，来着力宣传早期道教的气论和重生思想。此文宜同本经戊部卷七十三至八十五《阙题》（三）、辛部第二十节经文相参读。

太平气，风雨时节①，万物生多，长又好，下粪地②，地为之日壮且富多③,可能长生④。凶年雨泽不时⑤,地上生万物疏少⑥,短而不长,不能自粪,则地之为日贫薄少,无可能成生万物。天地之行,尚须阴阳相得和合,然后太平,而致四时五行之吏也⑦。

【注释】

①时节:意谓按时令节气而至。汉代谶纬有八风三十六雨的说法。详见《春秋说题辞》所述。

②下粪地:意谓万物根须枝叶烂在地里而给田土提供天然的肥料,即腐殖质之类。

③富多:谓面积扩大。

④长生:指连年增收。

⑤雨泽:风雨的泽惠。

⑥疏少:稀少。

⑦吏:指天庭神吏。

【译文】

在太平气笼罩下,风雨按节气准时到来,万物生长出来的特别多,形状既长又好,能给田地提供肥料,田地由此而日益肥沃并且面积扩大,足可连年大丰收。可在凶荒年月,风雨却不准时到来,地上生出的万物稀稀拉拉,形状矮短又长不起来,没办法自动给田地增加肥料,田地由此而日益瘠薄并且面积缩小,根本就无法化生和成就万物。天地运行尚且仰赖阴阳和谐一致,然后太平,招来四时五行的神吏。

　　帝王月建前后也①,职当为帝王气逐邪恶之吏也。夫建气王气②,是乃天四时五行之帝气也。相气除气为前一③,是正其前,毛头直指之吏也④,所向者伏奸,不得复行为害。除前满、平、定气⑤，皆善良吏也⑥。前五执者⑦，居前预为帝王气执除大邪⑧。建前五将⑨，悉受天正气，皆天之神吏，当为天使，无大小万二千物之属⑩，皆当被服其德而奉行其化⑪。

【注释】

①帝王月建前后：月建又称斗建。意谓北斗星斗柄所指。古代用十二地支代表十二方位，即以子为北，午为南，卯为东，酉为西等等。依此，则夏历十一月黄昏时斗柄指北，即称该月为建子之月。嗣后斗柄每月移动，指向一个既定方位，周而复始，遂成十二月建。在东汉以前，另有一种方术，简称建除，即以天文十二辰分别象征十二种人事情况，据以占测吉凶。其所定术语，俱为神名，起首二神曰建、除，故合称建除十二神。作为第一神的"建"，指寅为建。寅则代表斗柄指向寅位的正月，而"建"之为义，《淮南子·天文训》解作主生万物，本经则释为元气建位，形同帝王。这里所谓月建，即指此而言。实际上是把斗柄建寅同寅为"建"神糅在一起的。以此为基准，又把十二月建分为春夏六月和秋冬六月两组，每组再去分别套挂建除十二神，此即"帝王月建前后"的涵义。亦即本经《敦煌目录》卷一百三十五第二篇篇题所标示的"斗前后六辰"。

②建气王气："建"谓建除十二神中的第一神。"王"乃五行休王说的术语，意为旺盛，起支配作用。春则木王，故"建气王气"连称。

③相气除气："相"系五行休王说的术语，意为强壮。春木王，则火相。"除"指北斗星斗柄指向卯所代表的东方，为建巳之月，即农历二月；在建除十二神中，卯为除。前一：指以"寅为建"作基准，往前正数的第一位。除为第二神，故位当"前一"。

④毛头：即旄头，意为前驱、先锋。毛，通"旄"。此系对"卯为除"这第二神神职所作的界定。

⑤满：北斗星斗柄指向辰所代表的偏东方，为建辰之月，即农历三月；在建除十二神中，辰为满。平：北斗星斗柄指向巳所代表的东南方，为建巳之月，即农历四月；在建除十二神中，巳为平。定：北斗星斗柄指向午所代表的正南方，为建午之月，即农历五月；在建除十二神中，午为定。

⑥善良吏：此系对满、平、定三神神职所作的概括说明。《淮南子·天文训》称，满、平主生万物，定主攻陷。《太平经》既本之为言，又有变动。

⑦前五执者：前五，指以"建"为基准，往前正数的第五位。执，北斗星斗柄指向未所代表的西南方，为建未之月，即农历六月；在建除十二神中，未为执。执属第六神，故这里曰"前五"。

⑧执除大邪：此系对"未为执"这第六神神职所作的解释。执以下第七神为破，第八神为危，故称"大邪"。

⑨建前五将：即"除、满、平、定、执"五神。

⑩万二千物：此系《太平经》编著者用术数推导出来的世界物种总数目。其中有二千物属于嘉瑞善物。

⑪被服：蒙受。

【译文】

帝王气在北斗星斗柄最先指向的正月寅位确立起本位，处于本位往前移动和朝后倒数的各个方位坐标上的众神灵，职责正是为帝王气驱逐邪恶的那些神吏。正月寅位的建神元气和占据主宰地位的王气，这正属于皇天四时五行的最为尊贵的帝气。而处于强壮状态的相气和二月卯位的除神之气构成帝王气所在本位的往前移动的第一位，这正是扫清本位前方的一切障碍，充当先锋而直接指向前方的神吏啊！它所指向的地方，使奸邪藏伏起来，不能再去造成祸害。除神之气再往前移动的三月辰位的满神之气、四月巳位的平神之气、五月午位的定神之气，都是善良的神吏啊！在帝王气本位往前移动到第五位的六月末位的执神,置身在前面,预先为帝王气捉拿并去除掉大奸邪。在帝王气本位往前移动的除神、满神、平神、定神、执神这五神,全都秉受皇天的正气,都是皇天的神吏,成为皇天派出的使者,一万两千种生物,无论大小,全都应当蒙受到它们的恩德,承奉并顺从它们的化导。

当王气为死①,当月建为破②,此尊严第一之气,故不可当也。当者死,名为杀气大耗③。月建后为闭④,闭塞邪奸,恐后休伏之气来干帝王建气也⑤,故天闭其后。后而开⑥,却休邪气教去也⑦。其后为成奸⑧,便当收之也⑨。后五为危⑩,危者其处,近天执大杀⑪,一转破即击⑫,故为危也。此后五将⑬,天将欲休之,与地同气,主闭藏奸邪,鬼物同处,不可使也⑭。

【注释】

①当:对冲之意。死:五行休王说的术语,意为死灭。如春季木王,则土死。此缘木克土而使然。

②破:北斗星斗柄指向元气建位的寅位,则由北斗第一星至第四星组成的斗魁便随之指申,形成对冲。申代表偏东南与七月。在建除十二神中,申为破。

③大耗:意为极度空虚。又被用作岁中虚耗神的名称。

④后:指倒数第一位。闭:北斗星斗柄于十二月指向丑所代表的东北方,即建丑之月。丑在建除十二神中为闭,属第十二神。以"建"为基准来倒数,故曰"后"。

⑤休伏之气:指处于衰歇状态的阴气。十二月阳气形成,故阴气休伏。干:凌犯,侵害。

⑥开:北斗星斗柄于十一月指向子所代表的北方,即建子之月。子

在建除十二神中为开。

⑦却：斥退。十一月极阴生阳，阳既生，故必驱除休邪气。本经卷七十三至八十五《阙题》(三)谓："开者，天之法，不乐害伤也，故开其后者，示教休气为其有为奸者，乐开使退去也。"

⑧成：北斗星斗柄于九月指向戌所代表的偏西方，即建戌之月。戌在建除十二神中为成。

⑨收：北斗星斗柄于十月指向亥所代表的西北方，即建亥之月。亥在建除十二神中为收。以上所言"成"、"收"，实乃次序颠倒。本经卷七十三至八十五《阙题》(三)谓："不去当见收，收则考问之，则成罪。"

⑩后五：指倒数第五位。危：北斗星斗柄于八月指向酉所代表的西方，即建酉之月。酉在建除十二神中为危。危属第八神，由十二倒数至八，共五位，故曰"后五"。

⑪近：接近，贴近。天执：即上文所称预先替帝王气"执除大邪"之"执"，为建除第六神。大杀：即上文所称"当月建为破"之"破"，乃系与申(七月)相应的建除第七神。

⑫一转：谓翻越一位。

⑬后五将：即"闭、开、收、成、危"五神。

⑭使：意谓充任天使。以上所云，源于《淮南子·天文训》，又与之迥异。参见本经戊部卷七十三至八十五《阙题》(三)、辛部第二十节经文所述。

【译文】

正与占主宰地位的王气相对冲，那就构成死灭；正与帝王气本位所在的寅位相对冲，那就构成破败，因为这正是最为尊严、位居第一的皇天正气啊！所以就不能与它对着干呀！对着干的，也就死灭，这被称作杀气极度空虚。从帝王气本位所在的寅位往后倒数第一位，就构成闭，这是闭塞住奸邪，唯恐处在帝王气后面的休伏阴气前来凌犯已经建立起本位的帝王气,所以皇天就锁闭住后面。锁闭住后面再敞开,这是斥退那处于衰歇状态的邪气而叫它离去啊!离去后又构成奸邪,就该把它囚禁起来。从帝王气本位所在的寅位往后倒数第五位就构成危,危的位置恰恰与皇天所要捉拿与击杀的对象很贴近,翻越一位就临到破败被击杀,所以就构成危啊!这类处于十二月丑位的闭神,处于十一月子位的开神,处于十月亥位的收神,处于九月戌位的成神,处于八月酉位的危神,皇天要让它们藏伏不动,与地气相同,负责锁闭住奸邪,而与鬼物呆在一处,所以就不能派它们出来充任天使啊!

【说明】

下列经文,与《敦煌目录》卷一百四十三《三统不宜有刑决》大致相当。主要阐述皇道、帝道、王道、霸道在既定时空框架内迭起递生的"天历气数"和"地历"气数,强调化生与黜刑。

问曰:"北方为皇之始,东方为帝之始,南方为王之始,西方为霸之始①。今天有六甲十二子②,皇道当于何起③?"

【注释】

①霸:位号。与"王"相对而称。指靠武力威权征服诸国、辖领天下的统治者。《桓子新论》谓:"兴兵约盟,以信义矫世,谓之伯也。"《白虎通义·号》云:"昔三王之道衰,而五霸存其政,率诸侯,朝天子,正天下之化,兴复中国,攘除夷狄,故谓之霸也。……霸者,伯也,行方伯之职,会诸侯,朝天子,不失人臣之义,故圣人与之。非明王之法不张。霸犹迫也,把也,迫胁诸侯,把持其政。"《风俗通义》卷一《五伯》称:"伯者,长也,白也,言其咸建五长,功实明白。或曰霸者,把也,驳也,言把持天子政令,纠率同盟也。"本经卷六十六《三五优劣诀》谓:"九皇始萌于北,五帝始生于东,

三王茂盛于南,五霸杀成于西。"之所以如此,是因为天生万物,阳气因元气而在北方与阴气交合使之萌生地下;生当冒出地面,故生于东;既生应茂盛,故盛于南;既茂盛应成熟,故杀成于西。换言之,北方为极阴生阳之地,东方为始生之地,南方为长养之地,西方为刑杀之地,故而此处亦与皇、帝、王、霸相比附。另参本部第八节经文所述。

②六甲:指六十甲子中的甲子、甲戌、甲申、甲午、甲辰、甲寅,各为六旬之首。此处代表时间的排列顺序。十二子:即十二地支。此处代表空间方位的分布。古以天干为母,地支为子。

③皇道:意为堪称为"皇"的治国平天下之道(原则与方法)。《管子》卷六《兵法》称:"明一者皇。"《列子·仲尼》曰:"三皇,善任因时者。"《黄石公三略》卷中谓:"夫三皇无言而化流四海,故天下无所归功。"《汉书·王莽传下》载地皇三年二月《霸桥灾下书》曰:"夫三皇象春。……皇、王,德运也。"《桓子新论》谓:"三皇以道治。"《春秋运斗枢》曰:"三皇结绳。"《孝经钩命诀》云:"三皇设言民不违。"本经卷六十六《三五优劣诀》称:"夫天、地、人,本同一元气,分为三体,各有自祖始。故三皇者,其祖头也。"

【译文】

学道真人询问说:"北方是称得上'皇'的那样的统治者兴起的地方,东方是称得上'帝'的那样的统治者兴起的地方,南方是够得上'王'的那样的统治者兴起的地方,西方是算得上'霸'的那样的统治者兴起的地方。如今皇天具有六甲的时间顺序排列和十二地支的空间方位分布,为皇之道应该正从哪里兴起呢?"

"然。天有三统①,各有大无②。初一者天皇③,二者帝,三者王,四者霸。天皇起于上甲子④,地皇起于乙丑⑤,人皇起于丙寅⑥,霸道起于丁卯⑦,是天历气数也⑧。地历者⑨,皇道起于子⑩,帝道起于丑⑪,王道起于寅⑫,霸道起于卯⑬。此四者,初受天地微气造生⑭,不得有刑⑮,有刑者伤皇道。道法不得有伤,故子刑卯,丑刑戌,寅刑巳⑯,皆出刑气,不与同处。"

【注释】

①三统:指职在施生的天统,职在养长的地统,职在成就的人统。本经卷九十二《万二千国始火始气诀》谓:"夫天地人三统,相须而立,相形而成,比若人有头足腹身;一统凶灭,三统反俱毁败,若人无头足腹,有一亡者,便三凶矣。"

②大无:犹太无。指本原,即元气。

③初一:第一,最先。天皇:远古传说时代的三皇之首。

④上甲子:指冬至所在的农历十一月。周正(历法名)建子,即以北斗星斗柄指向子位(正北方)的十一月为岁首,代表天统,又称天正。甲子为六甲之首,历法的起算点,故称"上"。

⑤乙丑:指农历十二月。殷正建丑,即以北斗星斗柄指向丑位(东北)的十二月为岁首,代表地统,又称地正。

⑥丙寅:指正月。夏正建寅,即以北斗星斗柄指向寅位(偏东北)的正月为岁首,代表人统,又称人正。参见本经卷一百十九《三者为一家阳火数五诀》所述。

⑦霸道:指大国国君所奉行的以武力、刑威、权势为凭借而尊王攘夷、挟天子令诸侯的原则与方法。《文子·下德》谓:"霸者则四时。"又该书《自然》云:"霸者通于理。"《管子》卷六《兵法》称:"谋得兵胜者霸。"《吕氏春秋·先己》云:"五伯先事而后兵,故兵莫强焉。"又该书《名类》称:"霸者同力。"本经卷六十六《三五优劣诀》称:"五霸者,是其末穷劣衰、兴刑危乱之气也。"故到五霸,乃四分有其一者,天道其统几绝也。丁卯:指农历二月,于方位为

东方。二月为仲春,东方为万物俱生之处,既生,杀伤亦与之俱来,故而此处称"霸道起于丁卯"。

⑧天历气数:皇天的历法气数。《白虎通义·三正》云:"三正之相承,若顺连环也。"本经卷一百十九《三者为一家阳火数五诀》云:"今甲子,天正也,日以冬至,初还反本。乙丑,地正也,物以布根。丙寅,人正也,平旦人以初起,开门就职。此三者,俱天地人初生之始,物之根本也。"

⑨地历:大地的历法气数。

⑩子:十二地支的第一位。代表北方。《史记·律书》谓:"子者,滋也。滋者,言万物滋于下也。"《释名·释天》云:"子,孳也,阳气始萌孳生于下也。于《易》为《坎》,坎,险也。"本经卷六十九《天谶支干相配法》云:"天与地法,上下相应,天有子,地亦有子。"

⑪帝道:意为堪称为"帝"的治国平天下之道(原则与方法)。《文子·下德》谓:"帝者体太一。"又该书《自然》云:"帝者贵其德。"《列子·仲尼》曰:"五帝,善任仁义者。"《管子》卷六《兵法》称:"察道者帝。"《吕氏春秋·先己》云:"五帝先道而后德,故德莫盛焉。"丑:十二地支的第二位。代表东北方。《释名·释天》云:"丑,纽也,寒气自屈纽也。于《易》为《艮》,艮,限也,时未可听物生,限止之也。"

⑫王道:意为堪称为"王"的治国平天下之道(原则与方法)。《文子·下德》谓:"王者法阴阳。"又该书《自然》云:"王者尚其义。"《列子·仲尼》曰:"三王,善任智勇者。"《管子》卷六《兵法》称:"通德者王。"《吕氏春秋·先己》云:"三王先教而后杀,故事莫功焉。"又《名类》称:"王者同义。"《黄石公三略》卷中谓:"王者制人以道,降心服志,设矩备衰,四海会同,王职不废。虽甲兵之备,而无战斗之患。君无疑于臣,臣无疑于主,国定主安,臣以义退,亦能美而无害。"寅:十二地支的第三位。代表偏东北方。《史

记·律书》谓:"寅言万物始生蜿然也。"《释名·释天》云:"寅,演
也,演生物也。"

⑬卯:十二地支的第四位。代表东方。《史记·律书》谓:"卯之为
言茂也,言万物茂也。"《释名·释天》云:"卯,冒也,载冒土而出
也。于《易》为《震》,二月之时,雷始震也。"

⑭微气:孕育滋生之气。造生:意谓使万物在地下形成胚胎并生出
地面来。《汉书·律历志》云:"孳萌于子,纽牙于丑,引达于寅,
冒茆于卯。"

⑮刑:谓伤残克杀之气。

⑯"子刑卯"三句:指地支之间相互伤残、克杀的三种情形。详见
《淮南子·天文训》所述。本经卷一百十八《禁烧山林诀》称:"天
所以使子丑寅最先发去兴多,兴多则火王。"又卷一百十九《三者
为一家阳火数五诀》云:"阳合者生,于最先发去,出其形气投于
他方者。此主天地人三气初生之处,物之更始,以上下不可有刑
杀气居其中也。置其德气阳气,乃万物得遂生;如中有凶气辄
伤,故出其刑,去之也。"

【译文】

"好的。皇天设布下天、地、人三大统系,各自具有本原。占首位的
是像皇天普照那样的称得上'皇'的统治者,占第二位的是称得上'帝'
的统治者,占第三位的是够得上'王'的统治者,占第四位的是被称为
'霸'的统治者。天皇从作为历法起算点的甲子所代表的以十一月为岁
首的天正那里兴起,地皇从乙丑所代表的以十二月为岁首的地正那里
兴起,人皇从丙寅所代表的以正月为岁首的人正那里兴起,霸道从丁卯
所代表的农历二月那里兴起。这正是皇天的历法气数啊! 而大地的历
法气数是,为皇之道从子位所代表的北方兴起,为帝之道从丑位所代表
的东北方兴起,称王之道从寅位所代表的偏东北方兴起,称霸之道从卯
位所代表的东方兴起。这四种天历气数和地历气数的组合形态,最先

禀受天地孕育萌生的时气,使万物在地下形成胚胎并冒出地面来,决不能存在伤残克杀气。存在伤残克杀气就戕害为皇之道。道法限定不能出现伤杀的现象,所以地支子位就摧残地支卯位,地支丑位就摧残地支戌位,地支寅位就摧残地支巳位,这三种摧残情形都是把伤残克杀气赶走,不与它们呆在一处。"

【说明】

下列经文,与《敦煌目录》卷一百四十三《力学问得封不敢失三事决》大致相当。主要向世人宣示获得天、地、君主封赐的各自途径和理想结果,即:好道不懈而长寿成仙,是为天封;好德博爱而家有宝地,是为地封;好学从政而居官持禄,是为君主之封。

问曰:"天封人以等①,地封人以等,人封人以等,岂可闻耶?"曰:"天封人以道,地封人以养德,人封人以禄食②。""何也?""天者以道自殊且久③,故封之道,使寿,可得食风气而饱④。地者主养,善地⑤,地令人富,故封人以德富⑥。君者封人以禄食,赐之以衣服。此三事,皆善也。好道不解⑦,故得封于天。好德爱,地知,相地授而居之⑧,去凶得吉,得封于地。好学而有益于上政者,君父乃不能远也⑨,须以理事⑩,故得封于人也。是古者圣贤力学,不敢失此三事。故有得道而去者⑪,有避世而之复地者⑫,或有得君之禄食者也。"

【注释】

①等:意为自身内部具有等级差别的同一类东西。

②禄食:官俸和食邑。

③自殊:显示本身迥然与众不同之意。

④食风气:谓吸纳皇天的精粹阳气。

⑤善地:即风水宝地。

⑥德富:意为真德使人富有。

⑦解:通"懈",懈怠。

⑧相地:察看风水之意。本经卷五十《葬宅诀》分地为三类,即大生地、逆地、消地。

⑨远:抛在一边、置之不顾之意。

⑩理事:谓料理政务。

⑪得道而去者:指超凡成仙的人。

⑫复地:指祖先得以转世再生的宝地。本经卷五十《葬宅诀》谓:"五祖气终,复返为人。"

【译文】

学道真人询问说:"皇天用自身内部具有等级差别的同一类东西去封赏世人,大地也用自身内部具有等级差别的同一类东西去封赏世人,君主也用自身内部具有等级差别的同一类东西去封赏世人,恐怕可以听到这方面的教诲吧?""皇天用真道去封赏世人,大地用旨在养护的真德去封赏世人,君王用官俸和食邑去封赏世人。""为什么要这样去封赏呢?""皇天凭借真道来表明自身永久长生而迥然与众不同,所以就用真道来封赏世人,使他们长寿,能够吸纳皇天的精粹阳气而腹内充盈。大地职在养护,而风水宝地这类地块能使世人富起来,所以就拿真德使人富有来封赏世人。君主用官俸和食邑来封赏世人,赐给他们衣服。这三宗事情,都是良善获得的结果。喜好真道而不懈怠,所以就能从皇天那里得到封赏。喜好真德并施行仁爱,大地掌握得很清楚,就专挑一块风水宝地授付给他,让他住在那里,远远离开凶害,得到吉福,真从大地那里获取到这样的封赏。喜好学习而对君主的朝政具有补益,形同世人父亲的君主没办法把他抛到一边去,肯定要依靠他来料理政事,所以就得以从君主那里获取到这种封赏啊！如此便使古代的圣贤去大力学习，不敢偏离这三宗事情。因而就有获取到真道而超凡成仙的人，也有避开世间祸乱而到能使祖先转世再生的宝地上去生存的人，也有获取到君主赐给的官俸和食邑的人。"

【说明】

下列经文，集中讲论音乐。既宣称音乐实属"天地阴阳五行之语言"，又把同声相应推衍为"以无形身召有形身之法"，由此区定出上中下三等声占术的效应，即：得音乐之奥妙足可持平治国的法度；或助君主理政获寿；或腹中无忧。此文与丙部《诸乐古文是非诀》、庚部《乐怒吉凶诀》、卷一百十五至一百十六《某诀》可相互补充。

问曰："夫乐五音者①，得其音何如，不得其音何如，并可闻耶？""夫音，非空也，以致真事，以虚致实，以无形身召有形身之法也②。夫乐，乃以音响召事，比若人开口出声，有好有恶，善者致吉，恶者致凶。此书俱出，于人口乃致善恶之应。

【注释】

①五音：指宫、商、角、徵(zhǐ)、羽。依次分属土行、金行、木行、火行、水行。实为五声音阶上的五个音级，大致相当于现代简谱上的 1(do)、2(re)、3(mi)、5(sol)、6(la)。《汉书·律历志上》云："商之为言章也，物成孰可章度也。角，触也，物触地而出，戴芒角也。宫，中也，居中央，畅四方，唱始施生，为四声纲也。徵，祉也，物盛大而繁祉也。羽，宇也，物聚臧，宇覆之也。"《白虎通义·礼乐》称："土谓宫，金谓商，木谓角，火谓徵，水谓羽。所以

名之为角者,跃也,阳气动跃;徵者,止也,阳气止;商者,张也,阴气开张,阳气始降也;羽者,纤也,阴气在上,阳气在下;宫者,容也,含也,含容四时者也。"

②以无形身召有形身之法:本经卷一百十三《乐怒吉凶诀》、卷一百十五至一百十六《某诀》(《敦煌目录》作《音声儛曲吉凶》)谓:"春动角音,上则引动岁星心星,下则引动东岳,气则摇少阳,音则动木行,神则摇勾芒,禽则动苍龙,位则引青帝,神则致青衣玉女。"其他四音亦各有感召的具体对象。

【译文】

学道真人询问说:"由五音构成的音乐,听出它那演奏的奥妙所在该会怎么样呢? 听不出它那演奏的奥妙所在又会怎么样呢? 这两方面的问题都可以听到答案吧?""音乐决不是演奏演奏就算结束了,它会引来真事情,会通过虚无缥缈的形态引来实实在在的东西,属于通过无形的实体感召有形的实体的道法啊! 音乐正通过发出的音响招引真事,这也就好比人们开口说话,既有好听的话,也有难听的话,好听的话就招来吉福,难听的话就招来凶害。这篇书文完整地出示以后,在人们开口讲话这宗事情上正会招来吉福和凶害的两种回应结果。

"乐声,正天地阴阳五行之语言也①。听其音,知天地情,四时五行之气和以不②,知尽矣。故上士得其意③,以平理度也④;中士为之,以助君理,以致寿;贤者为之,以致无忧。音者,乃一以乘万⑤,万乘无极,天下毕备矣。"

【注释】

①阴阳:原指物体对日光的向背,即向日为阳,背日为阴。引申而有寒暖、暗明等反对之义。后遂用以指天地之间生成万物的二

气,进而抽象为一切事物既相互对立又彼此依存的两个方面或属性。其与五行密切相连,属于五行之合,即阴阳中各具五行。本经卷五十六至六十四《阙题》(六)、癸部《和合阴阳法》对阴阳之分,述之甚详。

②以不:与否。

③上士:最高明的人。

④理度:治国的法度。

⑤乘:驾驭之意。

【译文】

"音乐的音声,正是天地阴阳和五行要讲的话语啊! 聆听它那音声,就能知道天地的情状,对四时五行气和谐与否就全都了解掌握住了。所以高明的人获取到它那意旨所在,就可以借助它持平治国的法度;中等人在这方面用心思,就可以借助它辅助君主进行治理,给君主带来长寿;贤明的人在这方面用心思,就可以借助它达到无忧无虑。音乐正凭借一宗事去驾驭一万宗事,凭借一万宗事去驾驭无数宗事,结果天下的所有事就都了解掌握住了。

【说明】

下列经文,在《敦煌目录》中杳无踪迹可寻,但与本经已部卷一百二《经文部数所应诀》基本相同,其语意则较为明晰,内容更显完整。文中主要说明《太平经》部帙和卷数划分、厘定的理论根据,宣示这部神书兼社会法典一旦被行用即可收到的"除恶致善消灾害"的卓异功效。

问:"《太平经》何以百七十卷为意①?"曰:"夫一者,乃数之始起②。故天地未分之时,积气都为一③,分为二④,成夫妇⑤。

【注释】

①意:指编定特用心的地方。

②数:指自然基数。汉代《易》学纬书《乾坤凿度》卷上《生天数》谓:"天本一而立,一为数源。"本经卷四十《分解本末法》称:"天,初一也。"

③一:指元气混沌迷蒙的原始状态。本经卷九十三《国不可胜数诀》谓:"一者,其元气纯纯之时也。"

④二:指天地。即元气清轻者上为天,浊重者下为地。《河图括地象》云:"元气无形,洶洶蒙蒙,偃者为地,伏者为天。"本经卷四十《分解本末法》谓:"天,下与地相得为二。"又卷七十三至八十五《阙题》(三)谓:"元气共凝成天,名为一;分而生阴而成地,名为二。"

⑤夫妇:喻阴阳。《论衡·自然篇》谓:"天地,夫妇也。"

【译文】

学道弟子询问说:"《太平经》为什么把全书编定成一百七十卷作为特用心的地方呢?"天师回答说:"一是自然基数的起始数,所以在天地还没划分开的时候,元气积聚,汇合成混沌迷蒙的那个'一',接下来分成天地这个'二',形成夫妇即阴阳。

"天下施于地①,怀妊于玄冥②,字为甲子③;布根东北④,丑为寅始⑤;见于东⑥,日出卯⑦;毕生东南⑧,辰以巳⑨;垂枝于南⑩,养于午⑪;向老西南⑫,未以申也⑬;成于西方⑭,日入西⑮;毕藏于西北⑯,戌与亥⑰。故数起于一而止十⑱,二干之本⑲,五行之根也⑳。

【注释】

①下施:意谓朝下施注具有始生功能的阳气。

②怀妊:谓阳气在地下孕育万物,万物随之胚胎滋生。玄冥:指北
方。北方为八卦中坎卦所居之位,属水行,为极阴之地。极阴而
生阳,其气色幽昧,外暗内明,故称玄冥。本经卷一百十九《三者
为一家阳火数五诀》谓,由阳气所生者,悉返本初即元气的混沌
状态,方能阴阳相合而得生,故而此处乃称"怀妊于玄冥"。

③字:特称之意。甲子:天干第一位和地支第一位的组合体。于此
用以代表天地相合之始的纲纪,即正北方和夏历十一月冬至
之日。

④布根:谓万物随阳气跃动而扎下根须。东北:艮卦所居之位。属
土行。

⑤丑:地支第二位。寅:地支第三位。二者在总体方位上均为东北
的标示符号。在时令上,丑则代表夏历十二月,寅则代表立春所
在的来年夏历正月。万物既布根,至正月则往上开始拱动,故而
此处遂谓"丑为寅始"。

⑥见:"现"的古字。显现,出现。指万物随阳气升腾而冒出地面。
东:震卦所居之位。属木行。

⑦日出卯:卯为地支第四位,于此代表东方和春分所在的夏历二
月。此处所谓"日出卯",乃与下文"日入酉"相对而言,同时含有
日出于东、归于西之义。《尚书考灵曜》称:"仲春仲秋,日出于
卯,入于酉。"《晋书·天文志》谓,二月春分,日在西方奎宿十四
度稍强;八月秋分,日在东方角宿五度稍弱,此乃黄、赤二道之交
中,距北极俱九十一度稍强,是为出卯入酉。

⑧毕生:谓万物随阳气散布而全部生齐。东南:巽卦所居之位。属
木行。

⑨辰:地支第五位。以:和,与。巳:地支第六位。在总体方位上,
辰、巳均为东南的标示符号。在时令上,辰则代表夏历三月,巳
则代表立夏所在的夏历四月。

⑩垂枝：谓万物随阳气大盛而垂布枝叶。南：离卦所居之位。属火行。

⑪养：养长，即繁茂生长之意。南方为火行盛阳所在，故曰养。午：地支第七位。此处代表南方与夏至所在的夏历五月。

⑫向老：谓万物随阳气衰减而趋于成熟。西南：坤卦所居之位。属土行。阳极生阴，阴进阳退，阴气自五月生成并逐渐兴旺，则阳气随之减弱，故曰"向老"。

⑬未：地支第八位。申：地支第九位。二者在总体方位上，均为西南的标示符号。在时令上，未则代表夏历六月，申则代表立秋所在的夏历七月。《史记·律书》谓："未者，言万物皆成有滋味也。……申者，言阴用事，申贼万物，故曰申。"《释名·释天》云："未，昧也，日中则昃，向幽昧也。申，身也，物皆成其身体，各申束之，使备成也。"

⑭成：谓万物随阳气止消而成熟。西方：兑卦所居之位。属金行。

⑮日入酉：此与上文"日出卯"相对而言。酉：地支第十位。此处代表西方和秋分所在的夏历八月。《史记·律书》谓："酉者，万物之老也，故曰酉。"《释名·释天》云："酉，秀也，秀者，物皆成也。于《易》为《兑》，兑，说也，物得备足，皆喜说也。"

⑯毕藏：谓万物随同阳气入藏地下，重新凝结，开始新一轮的循环过程。西北：乾卦所居之位。属金行。

⑰戌：地支第十一位。亥：地支第十二位。在总体方位上，戌亥均为西北的标示符号。在时令上，戌则代表夏历九月，亥则代表立冬所在的夏历十月。《史记·律书》谓："……亥者，该也，言阳气藏于下，故该也。戌者，言万物尽灭，故曰戌。"《释名·释天》云："戌，恤也，物当收敛，矜恤之也。亦言脱也，落也。亥，核也，收藏百物，核取其好恶真伪也。亦言物成，皆坚核也。"

⑱十：指天、地、八方相加的和数。详下文所述。

⑲二干：即十天干。十天干各分阴阳，单位数属阳干，双位数属阴干，故又称"二干"。十天干乃系古代为表示时间或方位等而创制的序列化专用符号，常与地支配合使用。干之取义，源自树干，或称其为日之精。本经卷五十六至六十四《阙题》（六）谓："甲丙戊庚壬，阳也，主生；乙丁己辛癸，阴也，主养。"本：意为依托。

⑳五行之根：《白虎通义·五行》谓："五行各自有阴阳。"本经卷八十八《作来善宅法》亦称："天有五行，亦自有阴阳；地有五行，亦自有阴阳；人有五行，亦自有阴阳也，故皆十。"因而此处将"数起于一而止十"视之为"五行之根"。以上所云，构成《太平经》分全书为十部的理论根据。

【译文】

"天往下对地施入具有始生功能的阳气，在北方孕育万物的胚胎，这被特称为甲子。万物在东北方扎下根须，这在时令上属于丑位所代表的十二月恰好成为寅位所代表的正月的过渡期了；万物在东方冒出地面来，而太阳从春分所在的二月卯位跃升出来；万物又在东南方全部生齐，时令正值辰位与巳位所代表的三月与四月；到南方又垂枝布叶，在午位所代表的五月得到繁茂生长；而在西南方接近成熟，时令正值未位与申位所代表的六月与七月；最后在西方成熟，而太阳归入秋分所在的八月酉位；接下来在西北方全部入藏地下重新作胎，时令正值戌位与亥位所代表的九月与十月。所以自然基数从一开始做计算，到十就满数了。满数十既是十天干的依托，又是五行的根基啊！

"故一以成十①，百而备也②。故天生物，春响百日欲毕终③。故天斗建辰④，破于戌⑤。建者，立也，万物毕生于辰；破者，败也，万物毕死于戌。故数者，从天下地八方，十而备⑥。阴阳建破，以七往来⑦，还复其故⑧，随天斗所指以明事,故斗有七星⑨,以明阴阳之终始。

【注释】

①一以成十:此四字中"成"字,本经卷一百二《经文部数所应诀》作
　"乘"。揆之下文"百而备",于义为长。一以乘十,意为对十乘一
　次,即十乘十。

②百:谓到一百。备:满数之意。

③春响:意谓春季时光延续。响,用同"向",趋向,向着。百日:此
　举成数而言。即春三月内。毕终:谓出齐生全。

④天斗:即北斗星斗柄,由第五至第七星组成。建辰:建谓斗柄所
　指向的空间坐标方位和由此而代表的夏历具体月份。指向辰
　位,则于时令为建辰之月,即夏历三月。辰在以天文十二辰象征
　十二种人事情况、据以占测吉凶的建除方术中,被称为满。满为
　神名,主生。上文所言"春响百日欲毕终",则与满相合。

⑤破于戌:破谓构成对冲。斗柄指向辰位,则由第一至第四星组成
　的斗魁恰恰指向戌位,适成空间坐标方位两相对冲之势。戌代
　表西北和夏历季秋九月,在建除方术中被称为成。

⑥备:意谓形成了基数序列。本经卷四十《分解本末法》谓:"故本
　之于天地周流八方也,凡数适十也。"又卷九十三《国不可胜数
　诀》称:"一凝成天。"天有上下八方,故为十也。上文所谓"从天
　下地八方",亦为此意。

⑦七:古以七为阳数的成数。此处乃谓斗柄旋转所指向,处于寅位
　到申位的范围以内,即夏历正月至七月之间,其旋转次数则共为
　七次。斗柄指寅,则天下皆春;指申,则天下皆秋。春属阳,为
　建;秋属阴,为破。凡阳建之位,便相应破其对冲的阴位。在建
　除方术中,称寅为建,称申为破。申至寅一建一破,建破总数亦
　为七。本经卷六十九《天谶支干相配法》称:"东、南为天斗纲,斗

所指向,皆王受命。西、北属地,为斗魁所系者,死绝气。"往来:循环往复之意。

⑧还复其故:意谓周而复始。

⑨斗有七星:《春秋运斗枢》曰:北斗七星,第一天枢,第二璇,第三玑,第四权,第五玉衡,第六开阳,第七摇光。第一至第四为魁,第五至第七为杓,合为斗,居阴布阳,故称北斗。以上所云,构成《太平经》定全书为一百七十卷的理论根据。

【译文】

"所以用十乘以十,到一百也就满数了。因此皇天化生万物,春季时光便延续一百天,要让它们全出齐。故而北斗星斗柄指到三月辰位构成满而建位,斗魁则恰恰同时指向九月戌位构成破。所谓建位,也就是定立起来了呀! 于是万物都在三月辰位出齐生全了。所谓破,也就是败落了呀! 于是万物都在九月戌位枯死了。故而基数数字由天上到地下再加上八方,总共到十就形成序列了。阴阳之间的定立与败落,依照北斗星斗柄和斗魁递次运转的七个坐标方位循环往来,周而复始,紧紧随同天上北斗星斗柄所指向的空间坐标方位来彰明事象,因而北斗星就有七颗星,用来彰明阴阳交替消长进退的全过程。

"故作《太平经》一百七十卷,象天地为数,应阴阳为法,顺四时五行以为行,不敢失铢分也①。失之则为脱天事②,无所据。不应天地之心意,不随天数而为经,无益于理世之用也;不象天地之法,不能去害也。欲知其效,收世之闲文③,积之三十里,乃至天④,行之不能消灾害矣"。

【注释】

①不敢失铢分:即不差毫厘之意。铢、分均为重量单位。十二粟为

一分,十二分为一铢,十二铢为半两。

②脱:偏离。

③闲文:无关痛痒的书文。

④乃至天:极言堆起的高度。

【译文】

"所以就创制《太平经》一百七十卷,效法天地构成那数目字,应合阴阳构成那最高法则,随顺春夏秋冬和五行构成那行事定律,决不敢有丝毫的差错啊! 有差错就纯属偏离了皇天的事体,没有根据了。不符合天地的心意,不随同天数形成经典,而去用它治理人间,也就没有什么补益了。不效仿天地的法则,就不能去除掉灾害。要想了解那效验,收集起世上无关痛痒的书文,铺满三十里,堆积到天边,可一施用却无法消除掉灾殃祸害了。"

大天之下,八十一域万一千国中①,各自有文书,悉欲除恶致善消灾害,今尽收录聚之,方圆百里,上可将至天,终不能消去灾害。此文虽少②,帝王能行,必俟明效矣③。

【注释】

①八十一域:此据大九州说为言。战国阴阳家邹衍认为,中国名为赤县神州,九个像赤县神州那样的州组成一大州,周围有小海环绕;这样的大州又有九个,周围有大海环绕;再往外,才是天地的边际。这种地理假说,史称大九州说。由于赤县神州之内又分九州,九九相乘,则一大州计有八十一域。万一千国:此四字中"一"当作"二"。万二千国乃系《太平经》编著者仿照战国阴阳家邹衍的大九州说,参取儒家理想化的分封制度,利用术数推导出来的世界政区总数目。卷九十三《国不可胜数诀》谓:"中部有八十一域,次其外,复一周,天下有万国,乃远出到洞虚无表,合三

部为万二千国。"又称:"何故乃有万二千国乎?""天数始起于一,终于十,十而相乘,天道到于五而反,故适万国也。其二千国者,应阴阳更数,比若数十而终也,岁月数独十二也,尚五岁再闰在其中也。此应天地之更起在天,天洞虚之表里,应为天地并数,故十二月反并为一岁,尚从闰其中。"

②少:指文字有限。实谓《太平经》之精纯赅备。

③俟(sì):等待。

【译文】

在广大无边的皇天之下,八十一处区域和一万两千个国家中,各自都有文书,编写的初衷都是要去除邪恶,引来良善,消除掉灾殃祸害,可现下把它们全部收集、誊录、汇聚在一起,方圆上百里,往上差不多到达天边,可最终还是不能消除掉灾殃祸害啊! 这部经书尽管文字有限,可帝王确能行用它,一定会看到那明显的效验了。"

【说明】

下列经文,大力标举上古神人、真人、仙人、道人所共同修持的"照内不照外"的内视方术,突出强调厘正天文、地文、人文而使天、地、人、物俱正的重要性,并从反面亦即人失其职造成的恶果,来凸现人为万物之长的决定性作用。

上古第一神人①,第二真人②,第三仙人③,第四道人④,皆象天得真道意⑤,眩目内视⑥,以心内理⑦,阴明反洞于太阳⑧,内独得道要,犹火令明,照内不照外也⑨,使长存而不乱。今学度世者,象古而来内视⑩,此之谓也。

【注释】

①神人：通常指神妙莫测、奇异至极的人。《庄子·天地》云："愿闻神人。曰：上神乘光，与形灭亡，此谓照旷。致命尽情，天地乐而万事销亡，万物复情，此之谓混冥。"本经在其所构设的神仙序列中，将"神人"列为正牌神仙中的一等神仙。职在掌理皇天。有关"神人"及下文所称"真人"、"仙人"、"道人"，详见本经卷四十二《九天消先王灾法》、卷五十六至六十四《阙题》（六）、卷七十一《致善除邪令人受道戒文》所述。

②真人：通常指炼养天性而悟道归真的人。《庄子·刻意》称："能体纯素，谓之真人。"《文子·微明》引中黄子曰："真人者，不视而明，不听而聪，不行而从，不言而公。"《素问·上古天真论》谓："上古有真人者，提挈天地，把握阴阳，呼吸精气，独立守神，肌肉若一，故能寿敝天地，无有终时，此其道生。"本经在其所构设的神仙序列中，将"神人"列为正牌神仙中的二等神仙。职在掌理大地。

③仙人：指超脱尘世而身变形易、长生不死的人。《论衡·无形篇》云："图仙人之形，体生毛，臂变为翼，行于云，则年增矣，千岁不死。此虚图也。"《释名·释长幼》云："老而不死曰仙。仙，迁也，迁入山也。故其制字，人旁作山也。"本经在其所构设的神仙序列中，将"仙人"列为正牌神仙中的三等神仙。职在掌理四时，主管风雨。

④道人：指怀有道法方术的人。《庄子·天下》云："古之道人，至于莫之是、莫之非而已矣。"汉严遵《道德指归论·上德不德篇》谓："庄子曰：虚无无为，开导万物，谓之道人。"《文子·微明》引中黄子曰："所谓道者，无前无后，无左无右，万物玄同，无是无非。"本经在其所构设的神仙序列中，将"道人"列为正牌神仙中的四等神仙。职在掌理五行，主管教化吉凶。卷一百十七《天咎四人辱

道诫》云:"天上亦尊贵善道人,言其可与和风气,顺四时,承五行,调风雨,助日月星宿为光明也,而使万物兴也。"

⑤真道意,真道的奥义妙旨。

⑥眩目:谓合目而生光华。

⑦内理:整治意念之意

⑧太阳:指外界的盛阳气光。

⑨照内不照外:本经佚文有云:"守一明法,四方皆暗,腹中洞照,此为太和之明。"并见乙部《合阴阳顺道法》所述。

⑩来:臻及之意。

【译文】

上古时期位居第一等级的神人,位居第二等级的真人,位居第三等级的仙人,位居第四等级的道人,全都效法皇天而获取到真道的奥义妙旨,合上眼睛顿生光明,转而向腹内察看,用赤心整治一切意念,内部深处的明彻程度反而超过外界的盛阳气光,心中独自获取到真道的要领,就好像让火闪出光焰,只在火团内部照耀而不照耀到火团的外面来,使自身长久生存又不惑乱。如今学习超凡成仙的道术的人,效仿古人而臻及合目往腹内看的境地,说的也就正是这个意思。

久久传相生,复衰微,反日厌其所为,传失道意,不能内照,日益不理。故天出圣人,象天文理①,故天文自睹也。故天文正,天亦正;地文正②,地亦正;人文正,人亦正;天地人俱正,万物悉正。人者,万物之长也③。人失职被伤,不以寿死④,万物亦随之;天地亦尔,邪气大作,病人不绝天年⑤。

【注释】

①天文:皇天所降示的神文。此处隐指《太平经》这等道经。

②地文：指地阴宝书文、地阴宝记之类，参见本经卷五十《葬宅诀》
　所述。

③"人者"二句：此系宣示人在自然界中所占据的固有地位和应起
　的作用。《老子·二十五章》谓："道大，天大，地大，人亦大。域
　中有四大，而人居其一。"伪《古文尚书·泰誓》云："惟天地，万物
　父母；惟人，万物之灵。"《素问·宝命全形论》曰："天覆地载，万
　物悉备，莫贵于人。"《礼记·礼运》称："人者，五行之秀气也。"
　《孝经·圣治章》谓："天地之性人为贵。"《风俗通义》称："万类之
　中，唯人为贵。"本经卷五十《生物方诀》云："故万物芸芸，命系
　天，根在地，用而安之者在人。凡物与天地为常，人为其王。"

④寿：指天年。即皇天为世人在其生前所注定的寿龄。本经分人
　寿为三类：乙部《解承负诀》、癸部《盛身却灾法》所云上寿一百二
　十岁，中寿八十岁，下寿六十岁；辛部经文所云头等寿命一百三
　十岁，二等寿命一百二十岁，三等寿命一百岁；己部《经文部数所
　应诀》后附遗文所云天寿一百二十岁，地寿一百岁，人寿八十岁，
　霸寿六十岁，仵寿五十岁。

⑤病人：意为殃害人。

【译文】

　　长期以来世人递相繁殖传衍，却又陷入了衰微的状态，反而日益厌
恶古人所修炼的法术，在传续中失去了真道的意旨，不能够往腹内做察
照，日益得不到治理。所以皇天就降生下圣人，取法天书神文施行治理，
因而对天书神文也就自行察知到意旨所在了。所以天书神文变纯正了，
皇天也跟着变纯正了；大地降示的书文变纯正了，大地也跟着变纯正了；
人间的书文变纯正了，世人也跟着变纯正了；皇天、大地和世人都变纯正
了，万物也全部变纯正了。人是万物的主宰。人一丧失自身的职守而受
到伤残，不按天年死去，万物也就跟在后面死去。天地也像这样罢了，造
成邪气四处蔓延，那就接连不断地去殃害人，使人损寿早亡。

【说明】

下列经文,与《敦煌目录》卷一百四十六《委气大神圣上明堂文书决》基本相合。主要宣示至高天神天君及其辅臣大神的绝对权威地位,申明天庭对成神者署职任事、对群神严加考核的制度,架设人间卿相群僚尽忠尽职必定成神的上升之路,炫耀白日升天的光景。凡此种种,不啻对人间王朝的天国化的再设计。或者说,借用天国特为人间王朝确立样板。其中详言天庭关于委输文簿的呈报及催促程序,反映出《太平经》编著者对当时糟透了的国家经济问题的高度关注。

惟古今之行,各有次第,不相逾越。上皇神人之尊者①,自名委气之公②,一名大神,常在天君左侧③,主为理明堂文之书④,使可分别。曲领大职⑤,当为君通神仙⑥,录未生之人⑦,各有姓名,置年岁月及日时⑧。当上升之期⑨,使神往师化其身乃上之⑩。各有姓名,置年岁月及日时。至时当上升之期,使神往师化其身乃上之⑪。随其智能高下,各各使不忘部署分别⑫,各令可知,使自状其能⑬,却乃任之⑭。

【注释】

①上皇:天之神子曰上皇,其与天地元气相似。详参本经卷九十六《守一入室知神戒》所述。

②自名:原本称作之意。委气:意为积气而无形。

③天君:本经所定立的至高神的专称。左侧:谓身边。左属阳,故而此处特加标揭。本经庚部《某诀》(《音声僻曲吉凶》)云:"吉事尚左,凶事尚右,左者阳,右者阴,言各从其类也。"

④明堂:天帝布政之宫,即二十八宿中东方七宿中的心宿。

⑤曲领:多方面兼任之意。

⑥通：谓上下疏通。神仙：指未来神仙，即命中注定该成神登仙的世人。

⑦录：意为造册登记。

⑧置：预设，排定。

⑨上升：谓升入天庭。即登仙成神。

⑩师化其身：谓进行训戒并变易其形体。详参本经卷一百十《大功益年书出岁月戒》所述。

⑪"各有姓名"四句：语意与前四句重复，当系衍文。

⑫部署分别：指被委任的神位和相应的具体职责。

⑬状：犹今言履历表。此处为报呈之意。

⑭却：退还。谓审核予以确认之后。

【译文】

想来古今的一切活动，各自都有制度规定，相互不能超越。作为皇天神子的神人，其中地位最高的，原本称作委气之公，又名大神，总在至高天神天君的身边，负责为天君掌管天庭明堂的花名册和各种文书，使它们区分得清清楚楚；并且兼任多方面的重要职务，在职责范围内特为天君做好同未来神仙上下疏通的事务，造册登记好那些还没降生的世人，各自载明姓名，预定下登仙成神的具体年份、月份以及日期和时辰。到了该升入天庭的时候，就派遣神灵前去进行训戒并变化他们的形体，于是把他们升进到天庭。依据每个人才能和智慧的高低，使他们个个牢记本人被委任的神位和相应的具体职责，分别叫他们心里明白这一切，责成他们自己报告自己的特长，经审核确认之后才任命他们。

奏上，出言曰，大神为上主领群神，各有所部①，宜服明之②，勿使有疑。令寿命长借③，宜当谛之④。圣明有心⑤，宜以白日所有生⑥，复而以簿书筹算相明⑦，可在计曹⑧，主领钱数珍宝之物⑨。

【注释】

①部：指天庭所划分和设置的部门机构。

②服：服从，顺从。明：意谓对此规定一清二楚。

③长借：谓长久得到天庭的赐予。寿命由天庭掌握，故曰借。

④谛：仔细注意、审慎对待之意。

⑤圣明有心：指世间因最精明和持心最坚密而得以登仙成神的两类人。本经卷一百十一列有专篇《有知人思慕与大神相见诀》、《有心之人积行补真诀》。

⑥白日：谓白日升天的高级成神方式。

⑦簿书：指生前预为登录的神仙簿籍。筹算：谓与原所注定的寿龄进行核定。本经以一年为一算，与晋代葛洪《抱朴子》所称百日一算不同。

⑧计曹：主管会计的机构。东汉实行国家和皇帝私人两套财计班子分立的制度，前者权归大司农，后者权归少府（九卿之一）。随着尚书台地位的提高和分曹办事组织形式的出现，尚书台下又设金曹，负责货币盐铁诸事。此处所谓天庭计曹，即由当时封建中央政府的财计系统和部门设置移植而来。

⑨珍宝之物：按汉制，其由少府掌管。

【译文】

关于个人特长的文书奏上以后，接着就宣布说，大神为天君掌领众神灵，神灵各自具有归属的部门与机构，应当绝对服从，心里对这条规定要一清二楚，自身不要产生什么疑虑。想使寿命长久得到天庭的赐予，就应仔细加以注意。世上那些最精明的人和持心最坚密的人，应按他们白日升天的成神方式享受到相应的待遇，叫他们长生，再通过神仙簿与寿龄数互作验证与核定，可在天庭计曹供职，掌管钱币数目和奇珍异宝这类物品。

　　诸当上计之者①,悉先时告白,并计曹者②,正谓奏司农③。当大月三十日,小月二十九日,集上大神明堂,勿失期,如天君教,皆不得失平旦三刻之间也④。明堂大神上承五刻集奏,如天君旧令从事。

【注释】

①上计:本属封建王朝对地方官员进行年终考核的制度。汉代规定,由县和郡国逐级将全年户口、垦田、钱谷出入等事汇编为计簿(统计表),遣吏上报中央,谓之为上计。

②并:连同之意。

③司农:汉设九卿之一,掌管国家财政和收支核算。对郡国每月初一所呈报的现存钱谷簿册即月计,负责进行审核。凡未按期报送或报送不详细者,则记录在案,并予以催促。

④平旦:汉代所定十二时段之一。相当于现代时凌晨三点至五点。

三刻:汉代实行一昼夜百刻纪时制,三刻约当现代时四十分左右。

【译文】

　　各处神灵按规定应当在年终向天庭报送钱粮统计表的,全都提前做禀告,连同天庭计曹在内,正式通知它们奏报到天庭大司农那里。每逢大月三十号那天,小月二十九号那天,汇集上奏到大神掌领的天庭明堂,不要超过期限,按照天君的教令,全都不准超过凌晨三刻之外。掌领明堂的大神延至五刻时分就集中各处的奏报事项,遵照天君旧有的教令进行处理。

　　大神受君之敕,部下司农①,司农受敕,使下所部州郡国②,言所部领所主,当上簿入司农委输者③,各以所出送书到④。如懈惰不时送者,司农辄上明堂大神,上白天君出教,下司农,令郡国催促,不失后。书置时日漏刻⑤,相授各有分别,勿有所乱。皆令同文⑥,各有所副文⑦。天上自无水旱之灾,不得有增减之文。转轮当至⑧,勿稽留因缘⑨,恐独受取⑩,觉知者有主⑪,天上知闻,罪辄不赦。各慎其职,各明其事。天君皆预知不言,音宜详⑫,所问不用此言⑬。水旱无常,灾害并生,人民疾病,死生无数⑭,不用天君教令致也。

【注释】

①部下:谓按分管部门予以下达。

②州:汉代监察区名。除京师而外,共设十二州,州置刺史。京师则设司隶校尉。郡:汉代所设一级地方政区。下辖县。东汉顺帝时,京师以外十二州共置七十一郡。郡设太守。国:指诸侯王国。汉行郡国并行制,皇子封王,其郡为国。

③委输者:指转运的货物。以货物置于舟车上曰委,转运到他处交卸曰输。汉行均输法,大司农下设均输令,负责实施事宜。既命郡国缴纳贡物钱和运输费,又令郡国在价低处买进货物,运至京师,再运到价高之地去出卖。此项收入,则由均输令属下会计官员进行核算。

④出:指当地的出产。

⑤漏刻:古代最重要的一种计时器。漏指漏壶,利用其滴水多寡来计量时间。刻指刻箭,即在漏壶中插入一根标竿,称之为箭,箭上刻有一条条横划,表示日以下的时间单位,箭底部托有箭舟,浮于水面,水流出或流入壶中时,箭下沉或上升,借以指示时刻。一昼夜凡百刻,以太阳出没为标准,自冬至则昼漏四十刻,夜漏六十刻;自夏至则昼漏六十刻,夜漏四十刻;春分秋分则昼漏夜漏均为五十刻。

⑥同文:指统一的项目及填报格式。

⑦副文:誊抄的副本。

⑧转轮:谓转运的货物。

⑨因缘:谓借机作弊。

⑩恐独受取:意为应把据为己有当成后果可怕之事。

⑪主:指查办机关。

⑫音:指天君教令。

⑬问:追究。

⑭数:定数。指应享的天年。

【译文】

大神领受天君的命令,按分管部门下达到大司农那里;大司农接到命令,又把它传达到所应知会的各州和郡、国去,强调应向大司农报送钱粮统计表和献纳物品的各个神灵辖区,分别根据本辖区的出产,把表册报送上来。如果有懈怠而不按期限报送的,大司农就奏报到天庭明堂的大神那里去,大神再禀告给天君,请天君颁布教令,转发给大司农,责成各郡国快做催促,赶紧报送,不能落在后面。对表册设有核定具体日期和时辰的计时器具,报送和收纳各有时间规定,不能出现混乱的现象。全都要求使用统一的项目和填报格式,分别备好副本。天上本来就不会发生水灾旱灾,决不许出现故意增多或减少数量的情况。运送的物品抵达后,不要故意拖延再上路的时间和从中作弊,把据为己有当成是后果可怕的事情,被发现后就有查办的机关来查办。天上了解到情况后,罪重就决不加以赦免。各自要谨慎地履行本人的职责,各自要证明本人所作的事情。天君对一切全都预先就掌握得一清二楚,只是不先说出来罢了。对天君的教令要小心对待,天庭所追究的正是不遵从天君教令的行为。水灾和旱灾随时发作,各种灾殃祸害一起降现下来,人民染上疾病,死生没有固定的期限,这都是不遵从天君的教令所造成的呀!

天君教出告大神，卿相中二千石文书①，群僚在职之神务尽其忠②，务尽其行，上称天君之心。天君与诸师化之，当得升度者，就而正③，各使成神，光景随其尊卑④。所化之神，皆随有职位次第官属。天君敕大神常化成之，人各自度量，志意日高，贪慕上升。其化生，光耀日中，所见洞彻，正神相随⑤，浮游八表⑥。观天所施为，知其动摇⑦，各从其宜。

【注释】

①卿相：指九卿和王国之相。中（zhòng）二千石：汉代官位品级之一。二千石官，汉分三等，三等中有两等实领年俸不足二千石，其一即实领二千一百六十石，举其整数而言，故称之为中二千石。中，意为满。汉制，九卿俱为中二千石官。文书：指同天庭众神的往来文书。

②在职之神：指生前即被注定会供职天庭、身化为神的人。

③就而正：意为就任本人在天庭的正位。而：你。

④光景：指成神的规格。

⑤正神：正牌的天神。

⑥八表：八方边际。外端曰表。

⑦动摇：指对成仙登神者的教戒和化度方法等。本经庚部诸篇屡屡言之，且所述甚详。

【译文】

天君出示教令，嘱告大神，要让人间朝廷上的九卿、王国辅相等高级官员在同天庭众神的文书往来上，还有那些生前就被注定会供职天庭、化作神灵的众官吏，务必竭尽自己的忠诚，务必恪尽自己的职守，往上切合天君的心意。天君和各个充当师长的神灵就去化度你们，本该超凡升天的人，各自会就任本人在天庭的正位，分别使你们成神，成神的规格依从人间原有的尊卑地位而定。新被化度的神灵,都有跟随在后的职位高低不同的官属。天君命令大神时常去化导成就这些人,因而人要各自揣摩估量,志向应一天比一天定立得高远,贪求并仰慕升入天庭。在他变化成神的时候,光华在天空正中闪耀,地上的人看得非常清晰,正牌的天神跟在他后面,任凭他游历八方边际。世人看到了皇天所施行的事情,懂得了神灵化度的具体方式,也就各自该采取合适的做法了。

【说明】

下列经文,第一段同《敦煌目录》卷一百四十六《朝天诣见敕》,第二段与同卷《(摩)[群]僚正仪敕》大致相当。主要以至高天神天君为主宰,仿照东汉皇朝的礼仪制度,构设天庭朝会或集会有关时间、内容、仪节等方面的规则。其等级之森严,尊卑之显著,远逾人间,隐隐透露出对东汉中后期外戚权臣跋扈行径的贬抑倾向。

朝天谒见,自有常日①。当以月初建②,大神小神自相差次③,铨次尊卑④。朝大臣,不过平旦。朝会群神,各明部署。案行无期⑤,务明其文书。督责有职之人⑥,先坐其事⑦,当如天君教令。有所白,辄开明堂,乃得所言,各有所明,各有所带,不得无有功效。

【注释】

①常日:固定的日期。

②月初建:指每月初一。北斗星斗柄所指称月建,如十一月指子（代表北方）,即称建子之月。汉制规定,每年正月初一,举行朝会大礼。平常则原定公卿每月初一朝见,后因频繁,只在六月、十月朔日朝见,又因六月盛暑,亦省免,唯十月不变。参见《后汉

书·礼仪志·朝会》并李贤注。此处所言朝天,即本于此。

③差次:谓分出等级班次。

④铨次:排列区定之意。

⑤案行:考查巡视。无期:意为不定期进行。

⑥有职之人:指生前注定要登仙成神的世人。

⑦坐:治罪。指所在神灵督责不力,自身将首先受到惩治。

【译文】

众神灵到天庭去朝会拜见,原本就有固定的日期。应当在每月的初一,大神和小神自行划分出等级和班次来,排列区定好尊卑顺序。让大臣朝见,不超过凌晨时分。朝会众神灵,各自对它们安排好位置。考查巡视并不定期进行,务必要它们把报呈的文书簿册搞仔细。督责生前注定要登仙成神的世人,如果不得力,神灵自身将首先受到天庭的惩治,应当完全遵照天君的教令去做。神灵有所禀告,就敞开天庭的明堂予以受理,这才允许进行禀告,各自要有奏明的事情,各自要有带来的物品,不准没有功绩和成效。

天君敕大神,群僚集会①,各正其仪②,勿使有过差。以法令各察所部③,天上觉知,其过不除。各慎所职,无为诸神所得短④。

【注释】

①集会:谓聚集起来讨论政事。

②仪:谓礼节仪态。

③法令:谓礼制礼法。所部:指神灵所划归的部门或区域。

④短:揭发、举报之意。

【译文】

天君命令大神,众神灵聚集到一起讨论政事,要它们各自端正礼节仪态,不要让它们出现闪失和差错。按照礼制礼法去分别察视各个神灵辖区,天庭发现了违礼行径,它那罪过就死有余辜。各自要慎重对待自身的职守,不要被其他众神灵揭发举报上来。

【说明】

　　下列经文,第一段同《敦煌目录》卷一百四十六《有(恶)[善]于人上其姓名敕》,第二段与同卷《明堂务平书上勿恐迷决》大致相当。主要借至高天神天君的敕命,向世人开列天庭在郡国选士的标准与措施,向大小群神提出公平理政、进言荐忠贤的要求,其中隐含着对东汉中后期察举制、征辟制弊端的纠弹与矫正,对当时吏治颓风的谴责与挽救。

　　天君敕大神曰,郡国之中有圣智,志意常念贪生之术,愿与生神同行①,与天合思,欲布恩于人,思惟生成,助天理生,助地养形②,慕仁善化③,上其姓名于大神。使曹有文辞④,数上功,有信可任。曹白其意,天君当自有数⑤,众神所举各令保⑥。是郡国选择,务取尤善。

【注释】

　　①生神:指天庭的长生之神。
　　②形:指已具形体的万物。
　　③善化:意为以感化、教化为善举。
　　④使曹:指天庭负责派遣天神化人成神的机构。
　　⑤数:意为固定的安排。
　　⑥保:指充当保人,承担保举不实的责任。东汉在官吏选任上实行察举制和征辟制,如果被荐举人名实不副,则荐举人将会受到减俸降职或免官下狱的处罚。此处所云,即由此而来。《后汉书·

明帝纪》载其《诏有司顺时气》曰:"今选举不实,邪佞未去,权门请托,残吏放手,百姓愁怨,情无告诉,有司明奏罪名,并正举者。"唐李贤注:"举非其人,并正举主之罪。"《汉官仪》载章帝建初八年十二月己未诏曰:"有非其人,不习官事,正举者故举不实,为法罪之。"

【译文】

天君命令大神说,在天底下郡国当中发现了圣明睿智的人,他们的志向总是专一思念那贪求长生的道术,乐意和长生的神灵站在同列,与皇天的想法一致,希望向世人施布恩惠,只想去化生和成就万物,协助皇天治理化生出来的东西,协助大地养护形体已经具备的万物,仰慕仁爱,把进行化导当成良善的举动,就把他们的姓名奏报给大神。天庭派遣神灵专去化人成神的机构,具有奏禀的文辞,多次奏禀他们对皇天建有功劳,确实诚信,可以任用。这些机构表达了举荐之意,天君自行就有固定的安排,众神灵所荐举的对象,各自让神灵充当他们的担保人。这表明对郡国中登仙成神者的选择,务必要优中择优啊!

　　天君敕明堂,诸当为天君理众职,务平其心①。各行天上所部②,使有分理③,皆尽忠诚,通达所知④,务成其功,务理其所。各誉笃达⑤,宜进所思,音声所通其意,虽有心言⑥,天君预闻其语,当何隐蔽而不尽忠诚!

【注释】

①平:持平。即公平处理。

②行:视察,巡视。

③分理:谓各自的职守和权限。

④通达:意为全面详尽地上报。

⑤笃达：指忠厚明达之士。

⑥有心言：指世间特有心计者的表白之语。

【译文】

天君命令天庭明堂，所有供职的神灵都应当为天君履行好各种职责，务必要把用心摆公平。分头去视察天庭所划定的各个神灵辖区，使它们具有各自的职守和权限，全都竭尽忠诚，全面详尽地上报自己所了解到的情况，务必建成自身的功绩，务必处理好自身应该处理好的事务。各自都赞许世间忠厚明达的人士，积极呈报自己所想到的问题。凡属话语所要表达的意思，即使是特有心计的人想要说的事情，天君也预先就知道他们想说什么，这还能把什么隐藏起来而不竭尽忠诚呢？

【说明】

下列经文，与《敦煌目录》卷一百四十七《明古今文决》或有关联。主要申说"圣人之文"乱、废、明给天道带来的正反完全相应的结果。

问曰："今欲更明圣贤仁之法而悉绝邪文，何更能明之哉？""天病此邪伪文，使除之，取明天之道。夫古今圣人之文，所以理天地。夫圣人之文明，则天道大理矣。夫皇天所怒而不悦，故有战斗①，水旱灾害不绝，王者愁苦，皆曰圣人文稍稍乱而不明，故天道云乱而难理也。圣人文乱，天道亦乱；圣人文废而不用，天道亦废而不用。

【注释】

①战斗：指日蚀月蚀、行星恒星反常、四时颠倒、五行违背正常生克
　　关系等灾异现象。

【译文】

学道真人询问说："如今打算重新宣明圣人、贤人、仁人的道法而把邪伪的书文全部断绝掉,怎样去做才能重新宣明它们呢?""皇天忌恨这类邪伪的书文,让去除掉它们,取决于宣明皇天的真道。古今圣人的书文,是用来理顺天地的。圣人的书文得到宣明,天道也就完全理顺了。皇天感到愤怒而不高兴,所以就出现阴阳争斗的反常现象,水灾旱灾接连不断,帝王感到愁苦,都说圣人的书文逐渐被搅乱,因而天道就像乱云那样搅动而难理顺啊!圣人的书文被搅乱,天道也就陷入混乱;圣人的书文被废弃而不施用,天道也就随之被废弃而不施用了。"

【说明】

下列经文,同《敦煌目录》卷一百四十七《古者天(卷)[券]文未出出文大气甲子有征决》约略相当。主要择取汉代谶纬关于三皇设言民不违的道治之说,阐明后世远离天道、出现丧乱而使"天出券文"的必然性,借此为《太平经》的应运而生张帜扬威。

问曰:"古者无文①,天道不乱。""时天券文未出②,上皇神人理③,上祖考本④。与皇天分体久久⑤,去天道远,丧乱不复知天意,故天出券,使圣人书⑥,师传之。圣人不竟久留也⑦,故记而置之⑧,以遗后生。故太平气至,天道当理矣。"

【注释】

①文:指文字和形诸文字的律令条规。此乃特就汉代《孝经》纬书有关三皇无文、设言教民而大治的说法而发。

②天券文:上天降示的如同契约般切合有效、足可为凭的神文。券,契据。道教有左契、右契之说,参见《老子想尔注》所述。

③上皇神人：形同皇天神子的神妙至真之人。本经卷九十六《守一
入室知神戒》云："天之神子，号曰上皇。"《庄子·天道》称："不离
于精（醇粹不杂），谓之神人。"

④上祖：崇尚初始。参见本经乙部《阙题》（一）和丁部《使能无争讼
法》所述。

⑤分体：本经癸部《利尊上延命法》谓："人本生于元气，乃与天地分
权、分体、分形、分神、分精、分气、分事、分业、分居。"

⑥书：载录。

⑦不竟久留：终归于死之意。

⑧置：厝置，编列。

【译文】

学道真人询问说："上古时代并没有文字和文书，但天道却不混
乱。""在那时皇天极有效力的神文没有降示，正由身为皇天神子的神人
在施行治理，能够崇尚初始，考索本原。世人与皇天分离开形体以后，
时间一长，就远远离开天道了，丧乱频频出现，不再了解皇天的心意，所
以皇天就降示极有效力的神文，让圣人载录下来，叫当师长的人去传授
它。圣人终归要死去，所以就记述下来编排好，留给后来出生的人。所
以太平气来到了，天道就该理顺了。"

【说明】

下列经文，与《敦煌目录》卷一百四十八《治天为三时念道德决》大
致相合。主要申说"天有四时三部"而朝主生、昼主养、暮主施和东南
生、西南养、西北施的自然教令，据此敦促帝王"朝常念道，昼常念德，暮
常念仁"，以求行三统，得太平。其间贯穿着道家的重生思想，又与传统
的月令图式同中存异。

问曰："今欲使理气①，事而长生②，岂可得闻不？""然。

详念吾之言。皇天自有常法，为人君上者当象天而行，乃以道德仁为行三统。君上乐欲无事者，朝常念道，昼常念德③，暮常念仁，既无一事矣。""愿闻朝何故念道，昼何故念德，暮何故念仁？""然。天道可顺不可逆也。顺天者昌，逆天者亡④。"

【注释】

①理气：谓协调天之太阳气、地之太阴气、人之中和气，使三气达到太和亦即高度统一的状态。

②事：奉事。

③昼：指中午。

④"顺天"二句：语本《孟子·离娄上》："顺天者存，逆天者亡。"《管子·形势》则谓："其功顺天者，天助之；其功逆天者，天违之。天之所助，虽小必大；天之所违，虽成必败。顺天者有其功，逆天者怀其凶，不可复振也。"

【译文】

学道真人询问说："如今打算让人们去调理好时气，侍奉它而获得长生，能否听到这方面的教诲呢？""好的，要仔细精思我所讲的一切。皇天原本就有固定不变的法则，身为世人君主的人应当效仿皇天去行事，正该用真道、真德、仁爱作为传续天统、地统、人统的手段。希望天下无事的君主，便在早晨总去精思真道，在中午总去精思真德，在傍晚总去精思仁爱，这样就没有一桩麻烦事了。""希望能听一听，早晨为什么就要精思真道呢？中午为什么就要精思真德呢？傍晚为什么就要精思仁爱呢？""好的，天道只能顺从，决不能违逆啊！顺从皇天的人就兴盛，违逆皇天的人就败亡。"

　　"今愿闻其要意。""然。天有四时三部①,朝主生,昼主养,暮主施②。故东南生③,西南养④,西北施⑤。故人象天为行,以东南种而生之,西南养而长之,仲秋已往⑥,夏内居嫁娶而施传类⑦。此皇天自然教令也,故人民嘿自随之⑧。理能常象此者,即得天意矣;不能象此,名为逆天教令,故多伤也。伤少则春物伤⑨,伤丁壮则夏物伤,伤老即秋物伤,伤怀妊即冬物伤⑩,此自然之法也。古者圣王,常思念天道而行,不敢失铢分矣。"

【注释】

①三部:指朝、昼、暮。

②"朝主生"三句:盖系化自《素问·生气通天论》:"故阳气者,一日而主外。平旦人气生,日中而阳气隆,日西而阳气已虚,气门乃闭。是故暮而收拒,无扰筋骨,无见雾露。反此三时,形乃困薄。"

③东南生:东南为八卦中巽卦之位,于时为立夏所在的夏历四月,属于极阳生阴的地户,故以"生"属之。生谓万物生齐。

④西南养:西南为八卦中坤卦之位,于时为盛暑六月,属于五行中土行起支配作用的阶段,以"养"属之。养即养护、养长之意,指万物繁茂。

⑤西北施:西北为八卦中乾卦之位,于时为立冬所在的夏历十月,属于极阴生阳的天门,故以"施"属之。施谓阳气入藏地下,重新孕育万物。

⑥仲秋:即夏历八月,为秋分所在的月份。已往:以后。

⑦夏内居嫁娶而施传类:循上下文义,此九字中"夏"当作"冬"。"施传类"指行房繁衍后代。此处所云,无论夏内居抑或冬内居,均与《管子·四时》、《吕氏春秋·十二纪》、《礼记·月令》、《大戴

礼记·夏小正》、《淮南子·时则训》以及《白虎通义·嫁娶》的说
法,迥然不同乃至相反。

⑧嘿(mò):同"默",暗暗。

⑨少:指儿童。

⑩怀妊:指胎儿。

【译文】

"眼下希望能听到其中的切要意旨。""好的。皇天设有春夏秋冬四
季和每日早午晚三时,早晨职在化生,中午职在养护,傍晚职在施予。
所以东南方就使万物生齐,西南方就使万物繁茂,西北方就使阳气在地
下重新孕育万物。因而世人效法皇天形成自身的常规活动,在东南方
就种下庄稼而叫它们生长出来,在西南方就养护庄稼而叫它们长得茂
盛,农历八月份以后,直到冬季,就在室内居住,娶妻嫁夫并繁衍后代。
这是皇天原本就那样的教令啊! 所以世人暗暗地自动依随它。治理国
家总能效仿这种做法的,也就获取到皇天的心意了;不能效仿这种做
法,就被称作违逆皇天的教令,因而受到伤残的东西就特多啊! 使儿童
受到伤残,春季的万物也就跟着受到伤残;使年轻人和壮年人受到伤
残,夏季的万物也就跟着受到伤残;使老年人受到伤残,秋季的万物也
就跟着受到伤残;使胎儿受到伤残,冬季的万物也就跟着受到伤残,这
是原本就那样的定律啊! 古代圣明的帝王,总是精思皇天的道法而去
循行施用,丝毫不敢偏离啊!

【说明】

下列经文,与《敦煌目录》卷一百四十八《与天有人王相日不(恐)
[怒]决》大致相合。主要区定古今君主计有"纯生、纯养、纯施、纯刑、纯
杀"五种类型,并列示其不同结局;进而从道生、德养、仁施的天法出发,
推演六甲王相微气之日止怒言善、饮食作乐的择吉术,宣明圣帝明王的
五郊迎气礼,昭示天上处理库存军器的止盗息兵法。

问曰:"欲得与地长厚①,可得闻乎?""然。常顺天所为者,长与天厚;轻逆之者,长与天为怨。故古圣王之理者,一曰常生,二曰常养,三曰常施。为行如是,谨以承仰天道。不理之名②,四曰刑之而不理,五曰杀,是其极也。以此分别,第一之君纯生,第二之君纯养,第三之君纯施,第四之君纯刑,第五之君纯杀。生者延年国昌,养者增算③,施者无过,刑者有病,杀者暴穷④。古者圣王,睹天禁明⑤,不敢妄为也。

【注释】

①欲得与地长厚:此六字中"地"上疑脱"天"字。长厚:长久和洽之意。厚谓感情深,关系协调。

②不理之名:意谓根本就构不成治理的那类概括语。

③增算:即增加寿龄。算为上天在人生前为之注定的寿龄。凡人早亡,享寿未尽,其剩余部分则为余算。余算归天掌握,可转赐他人。故而此处乃有"增算"之说。本经以一年为一算。详见辛部第十三条经文所述。

④杀者暴穷:暴穷犹言暴亡。本经卷三十五《分别贫富法》谓:"使人活者名为自活,杀人者名为自杀。"

⑤天禁:上天的禁忌。

【译文】

学道真人询问说:"希望能与天地长久保持和谐融洽的关系,可以听到这方面的做法吧?""好的。总是顺从皇天所施行的事体,这种人就能长久和皇天保持和谐融洽的关系。轻易就去违逆它,这种人就会长久与皇天结下仇怨。所以古代的圣明帝王施行治理,第一种叫做总去化生,第二种叫做总去养护,第三种叫做总去施予。付诸行动能像这样,就凭借它们恭谨地去承奉天道了。然而根本就构不成治理的那类概括语,就是第四种叫做使用刑罚而构不成治理,第五种叫做杀戮,这纯属恶化到极点了啊!拿这几方面的情况特做区分,第一等的君主属于全力去化生,第二等的君主属于全力去养护,第三等的君主属于全力去施予,第四等的君主属于全力去用刑,第五等的君主属于全力去杀戮。而专去化生的人就自身延长寿命又国家昌盛,专去养护的人就增加寿龄,专去施予的人就不存在过失,专去用刑的人就疾病缠身,专去杀戮的人就突然死掉。古代圣明的帝王把皇天的禁忌观察得非常明晰,不敢胡乱去干这干那呀!

"古者圣王,得六甲王相微气之日①,不怒,不言恶事。至此之日,故言善事②,饮食作乐③,以止灾去凶邪也。故王气常欲见尊敬,故上古度世之人,圣王之理顺此,故得卧理而思,讫无一事④。春东首⑤,夏南首,秋西首,冬北首,四季首其角⑥。君臣人民俱知其法,天下邪气悉消。天上格法⑦,常以王日下取库兵⑧,理之地下⑨,以休废之日乃致之⑩,故盗贼不兴,兵革息矣。"

【注释】

①六甲:指代全年日期的排定序列。王相微气之日:王相为五行休王说的专用术语。王谓旺盛,即占据统治地位;相谓强壮。王相日均属吉日。微气之日指冬至和夏至。夏至阴气始动,冬至阳气始萌,故称微气之日。参见《白虎通义·诛伐》所述。

②故:特意,特地。

③乐(yuè):谓音乐。

④讫:由始至终。

⑤春东首：谓于立春之日在国都东郊迎候木行气。首，始。参见
　《大戴礼记·曾子天圆》所述。下文"夏南首，秋西首，冬北首"，
　则谓于立夏、立秋、立冬之日分别在国都南郊、西郊、北郊迎候火
　行气、金行气、水行气。
⑥四季首其角：四季谓每季的后十八天，此处指立秋前第十八天。
　角，角落，此处指都城西南五里处的祭祀场所。五行家有土旺四
　季说，故曰"四季首其角"。以上所云，专就五郊迎气礼特作阐
　绎。详参《后汉书·祭祀中·迎气》所述。
⑦格法：常法。
⑧库兵：库存的兵器。
⑨理：安放之意。
⑩休废之日：指凶日。休废为五行休王说的专用术语，休谓休退，
　废谓死亡。致：意为重新取出来。

【译文】

　"古代圣明的帝王遇到全年中旺盛的王气、强壮的相气或孕育的微
气所在的日子，就不动怒，不讲论险恶的事情。在这样的日子里，特意
讲论美好的事情，用膳时演奏音乐，借此止息住灾害，去除掉凶殃邪物
啊！因而旺盛的王气总希望受到世人的尊崇和敬仰，所以上古时期超
凡成神的人和圣明的帝王施行治理，就都顺从这一点，因而得以安卧精
思去治理，由始至终发生不了一桩意外事。立春那天，在国都东郊迎候
木行气；立夏那天，在国都南郊迎候火行气；立秋那天，在国都西郊迎候
金行气；立冬那天，在国都北郊迎候水行气；立秋前的第十八天，在国都
西南五里处迎候土行气。君主、臣僚和平民百姓都懂得这种五郊迎气
法，天下的邪气就全消亡了。天上的常法是，总在王气所在的日子往下
去收取库存的兵器，安放到地底下，到休退废灭气所在的日子才重新取
出来。所以盗贼就兴不起来，战争也止息住了。"

【说明】

下列经文,立足于天人感应论,借助五行休王说和三统谐和说,敦促帝王远斥小人,设法招致道人、德人、仁人这"三贤"辅政调气御天道,以求居安万物理。

问曰:"天独怒而不应和人,宁可知否?""然。天理乃以气为语言①,见于四时。春角气不知②,肝脉不动③;角蔟不和④,清音不应⑤,此即天不悦不语言也。古者圣王见此,即思惟得失之理,以反之。"

【注释】

①气:指春之少阳气,夏之太阳气,秋之少阴气,冬之太阴气,以及每季季末后十八日特别是季夏六月后十八日之中和气。换言之,即五行之气。《白虎通义·五行》谓:"行有五,时有四何? 四时为时,五行为节,故木王即谓之春,金王即谓之秋,土尊不任职,君不居部,故时有四也。"本经卷六十九《天谶支干相配法》称:"夫皇天乃以四时为枝,厚地以五行为体,枝主衰盛,体主规矩。"语言:意为表达自身意志的话语。

②角气:即少阳气。又称木气。角为五音之一,属春属木,象征阳气动跃,故称角气。知:据上下文意,当系"和"字之讹。

③肝脉:即反映人体肝气的脉象。《素问·玉机真藏论》云:"春脉者肝也,属东方木也,万物之所以始生也,故其气来,软弱轻虚而滑,端直以长,故曰弦。"与此相反则为病症。又《素问·六节脏象论》谓肝:"其华在爪,充在筋,……为阳中之少阳,通于春气。"

④蔟(còu):指太蔟。为十二律(十二个高度不同的标准音)之一,属阳律,律管长八寸。按照阴阳五行说,孟春之月(农历正月),

其音为角,律中(应)太蔟。

⑤清音:与"浊音"相对而言。浊音即低音,清音即高音。

【译文】

学道真人询问说:"皇天独自在发怒而不对世人做出协调一致的回应,到底能不能察觉出来呢?""好的。皇天施行治理,正把时气作为表达自身意志的话语,专门在春夏秋冬上显示出来。春季木行少阳气不协调,人体肝气的脉象就显不出流动来;角音和阳律太蔟对应不上,清音就吹奏不出来。这也就表明皇天不高兴,不想理睬世人那一套了。古代的圣明帝王察见这种证象,立刻就只管去深思治理上的得失,把这种证象扭转过来。"

"然。王气所居,乃得仁助其理也。此二气共生成于此也,乃反休废凶气至,来助其理,此乃三气,小人之气反见于是,无统天位①,故象小人。天见照,见其类②,令圣贤策之而思之③,当索幽隐道人、德人、仁人④,以反复其气⑤,立相应矣。故王者御天道⑥,以民臣为股肱⑦;为御不良,则乱其道矣。古者圣人将御天道,索道德仁贤明共御之,乃居安也。故道人属天,德人属地,仁人属中和⑧。故三统不和,三贤理之⑨,故太平气至,万物皆理矣。"

【注释】

①无统天位:意为不在天位之列。

②见其类:意谓使这帮人暴露出来。见,"现"的古字,显现。

③策:谓像占卦那样做揣摩。

④幽隐:谓隐遁在民间。道人:指身怀道术的人。本经卷一百十七《天咎四人辱道诫》称:"天上亦尊贵善道人,言其可与和风气,顺

四时,承五行,调风雨,助日月星宿为光明也,而使万物兴也。"

⑤反复:恢复。

⑥御:驾驭,支配。

⑦股肱:大腿和胳膊。以喻辅政重臣。

⑧中和:犹言人间。人间由天地交合而成,故称。

⑨三贤:即道人、德人、仁人。

【译文】

"好的。王气所在的地方,正需要仁气来协助它治理。这两种气共同在春季化生与成就,可反而竟是处于休退废绝状态的凶殃气窜到,前来协助它治理,这就形成了三种气,而邪恶小人的那种气反而在这里显现出来,但它根本就不在天位的行列,所以就代表着奸恶小人。皇天加以察照,致使这帮奸恶小人暴露出来,让圣贤仔细揣摩并精密思索,由此就该求取隐遁在民间的身怀真道的人、具有真德的人、奉行仁爱的人,叫那正气恢复到原状,皇天也就立刻做出回应了。所以帝王驾驭天道,要把民众和臣僚作为辅佐的力量;进行驾御却不妥善,也就搅乱天道了。古代的圣人打算驾驭天道,就去求取身怀真道、具有真德、奉行仁爱的这些贤明人士来一起进行驾驭,于是便处于平安状态中了啊!所以怀有真道的人归属皇天,具有真德的人归属大地,奉行仁爱的人归属人间,因而天统、地统和人统不协调,就由这三种贤明人士来治理,所以太平气也就降临了,万物全部得到治理了。"

【说明】

下列经文,同《敦煌目录》卷一百四十八《道人为师天决》约略相当。主要论述天地人、生养施、道德仁、上中下三类君主的对应关系和前者递次支配后者的作用,开示君主法道、臣僚重德、民众行仁的由上至下辗转相生的三统教化流布法,借此更突现"大道人"的帝王师地位。

问曰:"万民何以尽为仁哉?""然。天道乃生德,德乃生仁①。今君乃以道人为师,取法于道;君乃法道,其臣德矣;民乃取法于臣,臣德则民仁矣。令下象上法,上法天也②,转而相生,民安得不尽仁哉?

【注释】

①"天道"二句:化自《老子·三十八章》:"失道而后德,失德而后仁。"

②上法天:意谓身居上位者须效法皇天。

【译文】

学道真人询问说:"众百姓通过什么途径就能全都变得仁爱了呢?""好的。皇天的真道正衍生出真德来,真德正衍生出仁爱来。如今君主专把怀有真道的人作为师长,效法真道;而君主效法真道,他手下的臣僚也就具有真德了;众百姓原本又都效法臣僚,臣僚具有真德,众百姓也就仁爱了。让身居下位的人去效法身居上位的人所效法的对象,而身居上位的人所效法的对象正是皇天,由上至下辗转递次衍生,众百姓哪能不都变得仁爱了呢?

"古者圣王以大道人为师者①,乃欲化下流也②。上君为政如天③,中君为政如地,下君为政如人。如天者,不失天意,父事大道也④;如地者,不失地意,母事地道也;如人者,不失人意,思乐得中和之道⑤。圣人见万物尽生,知其理重道也⑥;见物尽养,知其真德也;见万物尽成,知其真仁也。夫理真道者,但有生心;理真德者,但有养心;理仁者,但有施心。非此三统道德仁⑦,非谓太平之君矣。"

【注释】

①以大道人为师：指古代所传神农以名叫悉诸者为师，黄帝以风后为师，颛顼以绿图为师，帝喾以赤松子为师，尧以务成子为师，舜以尹寿为师之类。参见《吕氏春秋·尊师》、《白虎通义·辟雍》、《潜夫论·赞学》所述。

②下流：逐级往下延伸之意。

③上君：第一流的君主。

④父事大道：此四字中"大"当作"天"，形近而讹。父事：意谓像侍奉父亲那样来侍奉。下文"母事"，其意仿此。

⑤中和之道：即人道或仁道。

⑥重道：此二字中"重"当作"真"。

⑦三统道德仁：指真道与天统相匹配，真德与地统相匹配，真仁与人统相匹配。

【译文】

"古代的圣明帝王把怀有高深真道的人作为师长，目的是想让教化逐级往下延伸啊！第一流君主处理政务如同皇天，第二流君主处理政务如同大地，第三流君主处理政务如同世人。如同皇天的人，就不偏离皇天的心意，像侍奉父亲那样来侍奉皇天的道法。如同大地的人，就不偏离大地的心意，像侍奉母亲那样来侍奉大地的道法。如同世人的人，就不偏离世人的心意，满心希望获取到人间中和的道法。圣人看到万物全部都化生出来了，就清楚那位君主是用真道去施行治理呢！看到万物全部都长得茂盛，就清楚那位君主是用真德去施行治理呢！看到万物全部都结出果实，就清楚那位君主是用仁爱去施行治理呢！用真道去施行治理的人，就只有化生的心念；用真德去施行治理的人，就只有养护的心念；用真仁去施行治理的人，就只有施予的心念。不属于这真道、真德、真仁恰与天统、地统、人统相对应的治理，也就称不上是太平君主了。"

【说明】

下列经文,同《敦煌目录》卷一百四十九《事关天上三万六千天戒决》存在一定联系。主要播扬至高神天君及其辅臣——形同"帝王太子"的天上之士即委气神人的绝对威权和施化神通。

天上之士①,乃生天上,受委气无形而生。知天上之士,何所不知,何所不明,何所不见? 自然元气,同职共行②。天上之士,常在无极之殿③,与天同理文书,上下不失其事,乃知可生之物,复下地形④,使得成就,万物皆被荣⑤。天上之士,天之所尊敬,诸神所仰,如帝王太子,敢有不敬者乎? 天君者,则委气,故名天君,尊无上,所敕所教,何有不从令者乎?

【注释】

①天上之士:指无形委气神人。又名大神。属特级神仙,为至高神天君的辅佐,如同人间宰相或帝王的太子。本经丙部《九天消先王灾法》谓:"其无形委气之神人,职在理元气。"又壬部第十六条经文称:"上皇神人之尊者,自名委气之公,一名大神,常在天君左侧,主为理明堂文之书,使可分别。曲领大职。"佚文又有云:"大神比如国家忠臣,治辅公位,名为大神。"

②同职共行:谓阳施阴化。本经卷五十六至六十四《阙题》(六)云:"元气,阳也,主生;自然而化,阴也,主养凡物。"本部首节经文亦云:"万物皆因自然而成,非自然悉难成。"

③无极之殿:指天庭的最高治所。此与本经多处所言明堂,即天帝布政之官——二十八宿中的心宿迥异。

④地形:谓生长的具体处所。

⑤被荣:意谓承受到恩宠的荣耀。

【译文】

天上的神士,正在天上生存,它是秉受聚积的元气,看不到形体而生存的。懂得天上的神士是怎么一回事,那还有什么闹不清楚的呢? 还有什么不明了的呢? 还有什么看不出来的呢? 自然和元气,天职相同而结成一体去履行。天上的神士总在无极之殿办公,与皇天一起处理神灵奏呈的文书,致使上下都不耽误自身该做的事情,于是熟悉确可化生的万物,又往下安顿好它们生长的具体处所,使它们得以成就,万物都承受到恩宠的荣耀。天上的神士是皇天所尊敬的对象,是众神灵所承奉的主宰,如同人间帝王的太子,敢有谁不敬奉吗? 天君聚积起一身元气,所以就被称为天君,至尊无上,它所下达的命令和教戒,哪里敢有拒不听从的呢?

【说明】

下列经文,同《敦煌目录》卷一百五十《两生成一决》基本相合。主要列举天地、日月、昼夜、春夏秋冬、月相盈亏和男女双方均都自行组成同一类特定事物的具体例证,阐明阴阳相须互持"共成一"之道,由此要求君臣合心并力,形成太平盛治的局面。其所论,适与本经庚部《两手策字要记》文异而旨同。

问曰:"夫太平之君道盛,其德乃次天也①。得书独行,化流天下②,乃可无不平也。""夫大神不过天与地③,大明不过日与月④,尚皆两半共成一⑤。夫天地各出半力,并心同欲和合,乃能发生万物⑥。昼夜各半力,乃成一日。春夏秋冬各出半力,而成一岁。月始生于西,长而东行,至十五日,名为阳,过十五日消,名为阴⑦,各出半力,乃成一月也。男女各出半力,同志和合,乃成一家。天地之道,乃一阴一阳,各出半力,合为一,乃后共成一。故君与臣合心并力,各出半力,区区思同⑧,乃成太平之理。"

【注释】

①次天:与天同列之意。

②化流:教化流布之意。

③大神:谓最神妙的事物。本经乙部《阙题》(二)谓:"故天地不语而长存,其治独神。"又卷九十八《为道败成戒》云:"是故天之为象法也,乃尊无上,反卑无下,大无外,反小无内,包养万二千物,善恶大小,皆利祐之,授以元气而生之,终之不害伤也。故能为天,最称神也,最名无上之君也。"

④大明:谓最盛明的事物。《易传·系辞上》云:"法象莫大乎天地,变通莫大乎四时,悬象著明莫大乎日月。"

⑤两半:意为阴阳各为一个方面。

⑥发生:孕育化生之意。

⑦"月始生"六句:此系描述月相的变化情形。以满月为界标,月渐盈即属阳,月渐亏则属阴。本经卷九十六《六极六竟孝顺忠诀》谓:"天以十五日为一小界,故月到十五日而折小还。"

⑧区区:犹"拳拳",形容恳切。

【译文】

　　学道真人询问说:"太平君主施用真道特盛明,他那恩德就与皇天同列。得到天书专门去行用,教化遍及天下,就能没有一处不太平。""最神妙的事物没有能超过天地的,最盛明的事物没有能超过太阳和月亮的。它们尚且都是阴阳各为一个方面而共同组成同一类事物。天地各自使出自身那各占一半的力量,用心相同,想法一致,交合融汇在一起,才能够孕育化生出万物来。白天和黑夜各自使出自身那各占一半的力量,就构成一整天。春夏秋冬各自使出自身那各占一半的力量,就构成一整年。月亮从西方开始显露出来,越变越圆,向东运行,到十五天便成为满月,这被称为阳;再过十五天就亏缺消失了,这被称为阴;阴阳各自使出自身那各占一半的力量,就构成一整月三十天了。男女各自使出自身那各占一半的力量,志念相同,交合融会在一起,就构成一户人家。天地间的真道,就是一阴与一阳,各自使出自身那占一半的力量,合为一体,而后共成一个本体。所以君主和臣僚同心并力,各自使出自身那各占一半的力量,念念不忘地去考虑同一宗大事,就形成天下太平的大治局面了。"

【说明】

下列经文,与《敦煌目录》卷一百五十一《恩及草木无用他邪法》大致相当。主要针砭世传"人文"弭灾乏力的致命弱点,显示《太平经》这部"天券文"用意开明、足可除凶布恩的效应。

问曰:"时人文虽多①,乃自言物毕备者,灾害盗贼常有余也,而常得愁苦于此凶,日以为忧,吏民共救之,不能救也,绝者复起。""今吾可以长补其不足,而使无复灾也。从古天券文出已来,凡贤圣文书,宁亦有同者? 皆异也。故天命师,使出除凶,德覆民臣,光被四表②,远迩响应,恩及草木。是其用心意开也③,其书皆异也。"

【注释】

①时:现今,眼下。人文:谓世间盛行的流于一般化的书文。
②光被:遍及。四表:四方极远之地。表,外端、边际。
③开:开通,开明。

【译文】

学道真人询问说:"现今世上盛行的流于一般化的书文尽管很多,可其中自称能使万物一样不缺地生长完好的,实际一施用却灾殃祸害与盗贼总是多得除不净,然而这类凶祸又时常让人感到很愁苦,每天都把它当成忧虑事,官吏和百姓共同去挽救,却根本挽救不了,断绝的凶害又重新发作起来。""现下我可以完全弥补上那类书文做不到的地方,使灾害不再发生了。皇天极有效力的神文从古代降示下以后,只要是贤人圣人的书文,又哪有完全一样的呢? 全都不相同。所以皇天就命令天师,让他来到人间去除凶害,恩德覆盖到百姓和臣僚每个人的身上,遍及到四方最远的地方,远近都群起响应,恩惠扩展到草木那里。这表明天师的用心特开通,他那书文正与世上的全部书文都不一样。"

【说明】

下列经文,同《敦煌目录》卷一百五十三《守一长存决》基本相合。重在讲论意守身中诸神的守一修炼术。既提出"念而不休"的要领,"真合为一"的极则,又盛言其度世、居官、面君、悦神的多种效应,从根本上把此术奉作"长生久视之符"和"无极之道"。

问曰:"古今要道①,皆言守一②,可长存而不老。""人知守一,名为无极之道③。人有一身,与精神常合并也④。形者乃主死,精神者乃主生,常合即吉,去则凶。无精神则死,有精神则生。常合即为一⑤,可以长存也。常患精神离散,不聚于身中,反令使随人念而游行也⑥。故圣人教其守一,言当守一身也⑦。念而不休,精神自来,莫不相应,百病自除,此即长生久视之符也⑧。

【注释】

①要道:指近在胸心、散满四海的真道。详见本经卷六十八《戒六
　子诀》所述。

②守一:高度集中和控制意念力的一套精神修炼方术。本经述及
　守一多处,具体所指非一,此处则谓意守身中诸神。

③无极:犹言长生永存。

④精神:指寄居在人体各部位、诸器官内并起主宰作用的人格化的
　精灵与神灵。精灵为地之太阴气的化身,神灵为天之太阳气的
　化身。《白虎通义·情性》则云:"精神者,何谓也? 精者,静也,
　太阴施化之气也,象火之化,须待任生也。神者恍惚,太阳之气
　也,出入无间也。总云支体万化之本也。"

⑤一:指身形与精神的紧密结合体。

⑥游行:四处游荡之意。

⑦一身:指身体各主要部位。如头之顶、五脏之心、脉之血气等。
　详参本经乙部《修一却邪法》所述。

⑧久视:长生永存。符:护符。此系本于《老子·五十八章》为说。

【译文】

学道真人询问说:"古今的切要真道,全都讲论守一这种修炼术,
可以长久存活而不衰老。""世人懂得守一,这被称作寿命永无尽头的
道术。世人拥有一副身躯,与体内的精灵和神灵总是紧密融合在一
起。身形主管死灭,体内精灵与神灵才主管着生存,身形与它们总是
融合在一起,就吉利;它们一离开形体,那就凶险了。体内没有精灵与
神灵了,人就死掉了;体内留有精灵与神灵,人就还活着。身形与它们
总是融合在一起,就构成了一个统一的整体,可以长久生存下去啊!
祸患总出在精灵与神灵离开散去,不聚集在人体内,反而叫它们跟随
着人的意念而游来逛去。所以圣人就教导人们守一,这是说应当意守
住全身的各个主要部位啊! 精念而不停止,精灵与神灵就会自动到

来,没有一个不相应合的,各种疾病就会自动消除掉,这也正是长生永存的护身符啊!

　　"阳者守一,阴者守二①,故名杀也。故昼为阳,人魂常并居;冥为阴②,魂神争行为梦③,想失其形,分为两④,至于死亡,精神悉失,而形独在。守一者真,真合为一也。人生精神,悉皆具足⑤,而守之不散,乃至度世,为良民父母⑥,见太平之君,神灵所爱矣。"

【注释】

①二:指地道。地属阴,既好养,又好杀,故曰二。本经卷五十《诸乐古文是非诀》谓:"一为道之纲,二为道之横行。"又卷一百三《虚无无为自然图道毕成诫》云:"天道行一,故完全也;地道行二,与鬼神邻也。"又卷一百十五至一百十六《某诀》云:"地者常养而好德。"卷一百十七《天咎四人辱道诫》复云:"故地者主辱杀,主藏。"

②冥:指夜寝之际。

③梦:睡眠时局部大脑皮质尚未完全停止活动而引起的脑中表象活动。《灵枢·淫邪发梦》谓:"阴气盛,则梦涉大水而恐惧;阳气盛,则梦大火而燔炳;阴阳俱盛,则梦相杀;上盛,则梦飞;下盛,则梦堕;甚饥,则梦取;甚饱,则梦予;肝气盛,则梦怒;肺气盛,则梦恐惧哭泣飞扬;心气盛,则梦善笑恐畏;脾气盛,则梦歌乐,身体重不举;肾气盛,则梦腰脊两解不属。凡此十二盛者,至而写(泻)之,立已。"《潜夫论·梦列》称:"凡梦有直,有象,有精,有想,有人,有感,有时,有反,有病,有性。"

④两:意为完全脱节的两部分。

⑤具足:齐备。指五脏有五脏神,头有头神,腹有腹神,四肢有四肢
　神之类。参见本经乙部《阙题》(二)所述。

⑥为良民父母:意谓居官理政。

【译文】

　　"阳性物体守执那个'一',阴性物体守持那个'二',所以就被特称为
克杀啊!因而白天属于阳,人的魂神常与形体融合在一起;夜晚属于阴,
魂神争着让人来做梦,在梦境中就离开了那副身躯,分成了完全脱节的
两部分,直至死亡,精灵与神灵全都消失了,而只有形体剩在那里。守一
这种修炼术在于本真,本真聚合成那个'一'啊!世人体内生出精灵和神
灵来,每个部位也不缺少,而意守它们,不让它们离散,直至超凡成仙,成
为善良百姓的父母官,面见太平的君主,成为神灵所喜爱的对象了。"

【说明】

　　下列经文,出自唐初道士王悬河《三洞珠囊》卷四《绝粒品》所征引。
其内容,则与《敦煌目录》卷一百四十五《八人能受三道服食决》相接近。
主要列示食气这种气功修炼术所形成的三个品级和各自臻及的境界。
其间贯穿着与神吏通功、与地精并力而调气助治的思想,这同后世炼气
旨在个人养生迥然有别。

　　《三洞珠囊》卷四《绝粒品》引《太平经》第一百四十五
云:问曰:"上中下得道度世者,何食之乎?"答曰:"上第一者
食风气①,第二者食药味②,第三者少食③,裁通其肠胃④。"

【注释】

①食风气:谓吸纳皇天的精粹阳气。《庄子·逍遥游》和《楚辞·远
　游》已有神人吸风饮露、餐六气的说法;本经卷一百十四《大寿

诚》称:"天食精华气。"

②药味:指植物类养生药物。此处乃谓辟谷术,即不食五谷而以调理体内元气为主,偶或食用松籽等物略作补充,恃此以维持生命。《论衡·道虚篇》谓:"道家或以服食药物,轻身益气,延年度世。此又虚也。夫服食药物,轻身益气,颇有其验。若夫延年度世,世无其效。百药愈病,病愈而气复,气复而身轻矣。凡人禀性,身本自轻,气本自长,中于风湿,百病伤之,故身重气劣也。服食良药,身气复故,非本气少,身重得药而乃气长,身更轻也。禀受之时,本自有之矣。故夫服食药物,除百病,令身轻气长,复其本性,安能延年,至于度世?"

③少食:谓节食而逐渐步入腹内气满的状态。详参本经辛部首节经文所述。

④裁通其肠胃:意谓在一定期间内不存在饥饿感。裁,通"才"。仅仅。汉刘熙《释名·释形体》云:"胃,围也,围受食物也。肠,畅也,通畅胃气,去滓秽也。"

【译文】

《三洞珠囊》卷四《绝粒品》引《太平经》第一百四十五里面说:真人询问说:"上、中、下三等得道而超凡成仙的人,都食用什么东西呢?"天师回答说:"属于第一等的人,吸纳皇天的精粹阳气;属于第二等的人,服用草木等药物;属于第三等的人,逐渐节食,仅仅让内气在他的肠胃里流转起来。"

又云①:天之远而无方②,不食风气,安能疾行,周流天之道哉?又当与神吏通功③,共为朋④,故食风气也。其次当与地精并力⑤,和五土⑥,高下山川⑦,缘山入水,与地更相通,共食功⑧,不可食谷⑨,故饮水而行也。次节食为道,未成固象⑩,凡人裁小别耳,故少食以通肠,亦其成道之人。

【注释】

①又云:此二字为《三洞珠囊》编者所附加的提示语。

②无方:没有方向、处所的限制。谓无所不至。方,方位,处所。

③神吏:指神士天吏。通功:谓调和阴阳气,上助元气天治。本经
卷四十二《九天消先王灾法》对此述之颇详。

④朋:同列之意。

⑤其次:指中等得道者。即职在理地的真人。地精:大地众精灵。

⑥五土:指东方青土、南方赤土、西方白土、北方黑土、中央黄土。
各与五行相配属。又称五色土。

⑦高下:来回穿越之意。

⑧食功:谓享用协助地精和合五土、调理地气而获得的人间祭品。

⑨谷:谓五谷杂粮。

⑩固象:指修炼所应达到的符合标准的稳定状态。

【译文】

又说:皇天广远而没有边际,若不吸纳皇天的精粹阳气,怎么能够
快速移动,把皇天的大道传布到所有的地方去呢? 同时还应与神士天
吏一起完成调和阴阳气的使命,共同结成伙伴,所以就吸纳精粹的阳气
啊! 属于第二等的,应当同地上的众精灵劲儿往一处使,调和五方的土
地,来回穿越山峦河流,沿着山峦走,下到水中去,与大地轮番相互融
通,共同享用人间的报谢祭品,就不能再食用五谷杂粮了,所以只饮水
而四处奔波啊! 属于第三等的,节食修炼真道,尚未形成符合真道标准
的稳定状态,仅仅能与普通人区分开来罢了,所以减少食物量,致使内
气在肠道里流转起来,这也是修成真道的人。

卷一百五十四至一百七十　癸部(不分卷)

【说明】

《太平经》癸部经文,已全部亡佚。《合校》本据《太平经钞》略予配补,并验之《敦煌目录》,酌加标题。由《敦煌目录》可知,《经钞》癸部之文实际上相当于《经》甲部的经文节录,而癸部经文,原来至少为四十六篇,在流传过程中已杳无踪迹可寻,完全不见下落了。起首这段文字,《经钞》未曾留下类似标题的字句,故缺标题而径予移录。它主要点明《太平经》的内容构成、命名涵义和全经基本宗旨之所在——绝对顺适天生地养的永恒真道。

一曰神道书①,二曰核事文②,三曰去浮华记③,都曰大顺之道④。

【注释】

①神道书:指本经中具有根本性、主导性的思想内容,即对守元气、奉天地、顺五行、驭神灵等根本道法所作的通盘阐说。因其灵验如神,故称神道书。

②核事文:指本经中具有辅助性、借鉴性的思想内容,即对诸多事象、事类所作的通贯古今又究洽内外的辨析与验定。核:考核,

验证。

③浮华记：指本经中具有否定性、反衬性的思想内容，即对某些学派包括儒家官学的理论或世行方术所作的批驳与排斥。因其在本经编著者看来为害甚巨，故须去之(本经丙部卷五十列有专篇《去浮华诀》)。以上三句，系从整体上宣明《太平经》的内容结构层次。之所以如此予以区定，则是按照"守本、戒中、弃末"的原则来进行的。详参本部《神人真人圣人贤人自占可行是与非法》及卷九十一《拘校三古文法》所述。

④都曰：总称，统称。大顺：语出《老子·六十五章》，本谓自然状态，此处则转为绝对顺适之意。

【译文】

第一类特称为神道书，第二类特称为核事文，第三类特称为去除掉浮华记，总括起来特称为绝对顺适的真道。

"太"者，大也，大者，天也，天能覆育万物①，其功最大。"平"者，地也，地平，然能养育万物。"经"者，常也②，天以日月五星为经③，地以岳渎山川为经④，天地失常道，即万物悉受灾。帝王上法皇天，下法后地，中法经纬星辰岳渎⑤，育养万物，故曰大顺之道。"

【注释】

①覆育：覆盖化生。

②常：谓永恒不变的法则与定律。

③五星：指水、木、金、火、土五大行星。亦即东方岁星(木星)、南方荧惑(火星)、中央镇星(土星)、西方太白(金星)、北方辰星(水星)。在古代，五大行星与日月合称七曜。为经：意为构成了天

象的常规定律。

④岳:高大的山峦。此处指五岳而言,即东岳泰山,西岳华山,南岳衡山,北岳恒山,中岳嵩山。渎:大川长河。此处指四渎而言,即长江、淮水、黄河、济水。《风俗通义·四渎》云:"谨按《尚书大传》《礼三正记》,江、河、淮、济为四渎。渎者,通也,所以通中国垢浊,民陵居,殖五谷也。江者,贡也,珍物可贡献也。河者,播为九流,出龙图也。淮者,均,均其务也。济者,齐,齐其度量也。"刘熙《释名·释水》云:"天下大水四,谓之四渎,江、河、淮、济是也。渎,独也,各独出其所而入海也。江,公也,小水流入其中,公共也。淮,围也,围绕扬州北界,东至海也。河,下也,随地下处而通流也。济,济也,源出河北,济河而南也。"为经:意为构成了地理的固定形貌。

⑤经纬:织物之纵线为经,横线为纬。此处则指天象与地貌上下对应、交织而成的那样一种完整又协调的形态与景观。

【译文】

所谓"太",是说盛大,而盛大正指皇天,皇天能够覆盖化生万物,它的功德最为盛大。所谓"平",是指大地,大地平阔,然而能够养育万物。所谓"经",也就是永恒不变的法则与定律,皇天把太阳、月亮和五大行星的运行作为天象的常规定律,大地把五岳四渎和众多山川的分布作为地理的固定形貌,天地失去常道,万物也就全都遭受灾殃了。帝王往上取法皇天,往下效仿后土,在中间模拟众星辰与众山川上下对应、交织而成的那样一种完整又协调的形态,培育养护万物,所以就特称为一切都绝对顺适的永恒真道。"

神人真人圣人贤人自占可行是与非法

【题解】

本篇标题，《敦煌目录》甲部题作《自（古）［占］盛衰法》。其所谓"神人真人"，分别为本经编著者所构设的神仙系统中的二、三等级；"圣人贤人"，则属候补神仙的两个层次。"自占可行是与非法"，乃指一种以意念为转移、以身中神为媒介、以证象为标志的吉凶预测术。篇中强调，腹明心正才能御神，专精至诚方可感天，御神感天，则各类事体的"瑞应"疾如雷电，纷至沓来，此乃帝王治国的宝器，贤圣登仙的本源。对于人愧则脸红，惊怒即面青，篇中也作了阴阳五行化的神学说明。为了凸现《太平经》这部"内学神策"的权威性和灵验性，篇中概述其内容由"神道书、核事文、去浮华记"三个层面所构成，力倡"守本戒中弃末"之论，既做出了弭兵止刑、大人中士小人各得其所的超前保证，又发出了奉持并行用本经的强烈呼唤。

　　古者神人自占是非，得与不得，其事立可观也，不但暗昧①，昭然清白②。神道至众③，染习身神④，正心意，得无藏匿，善者出，恶者伏，即自知吉凶之法，如照镜之式也⑤。

【注释】

①暗昧:指外界一片昏暗幽昧的景状。

②清白:清明洞白。指腹内所呈现的那番境界。

③神道:谓神灵所奉守行用的皇天道法。参见本经卷九十二《火气
　　正神道诀》所述。至众:极多。

④染习身神:意谓同体内众神灵长久打成一片。

⑤照镜之式:指前后左右观照的法式。后世道教称此法式为四规。
　　参见《抱朴子·杂应篇》所述。本经壬部亦有"洞照之式"的说
　　法。卷四十二《四行本末诀》则云:"是故古圣贤,深观天地岁月
　　日人民万物,视所兴衰浮平进退,以自知行得与不得,与用洞明
　　之镜自照,形容可异。"卷八十六《来善集三道文书诀》又云:"以
　　其事对之,比若窥明镜,相对而面语。"

【译文】

　　古代的神人占测对与错,得与不得,具体的事项立刻就能观看出
来,不只是外界一片昏暗幽昧的景状,一时间就在内心变成清明洞白的
另一番境界了。神灵所奉行的真道多极了,长久地同体内的众神灵打
成一片,端正心意,根本就没办法能够隐藏住什么,良善的东西涌生出
来,邪恶的玩意儿退伏下去,这也就是自行了解掌握了吉凶的道法,如
同在镜子里前后左右做观照啊!

　　于此之时,贤明自安,时不再来,物不重应①,乃得独盛,
洽远方②。故事见其应见,慎无拒逆③,撰以为宝器④,可谓
得天地之心意矣,其事时矣⑤,事皆职矣⑥,神道来矣,贤者谋
矣,吉人到矣,邪者不来矣,清明见矣⑦,四方悦矣,幽人隐士
出矣⑧,得天心矣,得治术矣,邪不发矣,自然达矣⑨,真人来
辅矣,天下善应矣⑩,各以其事来矣,去愦乱矣⑪。

【注释】

①重应:做出两番回应之意。

②洽:遍及。

③慎无:切莫。

④撰:执持。宝器:喻指真道。《老子·六十二章》谓道乃:"善人之宝。"

⑤时:时至即出之意。

⑥职:归就本位之意。

⑦清明:谓政治有法度,有条理。

⑧幽人:指藏身于民间的贤人。

⑨自然:谓原本固有的情状与态势。达:顺畅之意。

⑩善应:意谓美好事物做出回应。如颂声四起之类。

⑪愦(kuì)乱:昏乱,混乱。

【译文】

正是在这种状态下,贤明的人自己感到非常安宁,这一绝佳的时机不会再度来到,物象也不会做出两番回应,于是独自获得兴盛,遍及远方。所以事情出现在那里,相应的证象就显现在那里。对此切莫抗拒违逆,应当把它执持住作为宝器,也就称得上获取到天地的心意了,于是事情便时至即出了,事情就都归就本位了,神灵所奉行的真道就来临了,贤明的人就做谋划了,吉善的人就来到了,邪恶的东西就不往前凑合了,政治清明的局面就出现了,天下四方就都高兴了,隐居避世的人就挺身而出了,获取到皇天的心意了,赢得了治理国家的好方法了,奸邪不再兴起了,自然而然的情态顺畅了,真人前来辅政了,天下美好的事物全都做出回应了,各自用本身的表现形式显出来了,去除掉混乱了。

　　此应出腹中,发于胸心,乃若雷电之应证也①。夫瑞应反从胸中来②,随念往来,须臾之间,周流天下。心中所欲,感动皇天,阴阳为移言语③。至诚感天④,正此也。

【注释】

①乃若雷电之应证:意谓做出的回应和证明极为迅速准确。雷随电至,故取而为喻。应证:回应和证明。

②瑞应:吉祥的兆应。如凤凰至、芝草生、甘露降、醴泉出之类。汉刘歆《西京杂记》卷三谓:"瑞者,宝也,信也。天以宝为信,应人之德,故曰瑞应。"本经卷一百八《瑞议训诀》称:"瑞者,清也,静也,端也,正也,专也,一也,心与天地同,不犯时令也。"

③移言语:充当中介和见证人之意。本经壬部经文有云:"天治乃以气为语言,见于四时。"

④至诚:指极其真挚诚恳的心意和行动。本经卷九十六《忍辱象天地至诚与神相应大戒》云:"夫至诚者名为至诚,乃言其上视天而行,象天道可为;俯视地而行,象地德而移。念天地使父母生长我,不欲乐我为恶也,还孝之于心乃行。"

【译文】

这些相应的证象都来自腹中,从胸心生发出来,恰如雷声随同闪电到来那样迅速准确啊!吉祥的兆应反而从心胸中生发出来,随顺意念往来,须臾之间就周流到整个天下。心中希望去做的事情,能够感召引动皇天,阴阳就为他充当中介和见证人。所谓至诚感天,正构成这种情状啊!

《道典论》卷四《妙瑞篇》引《太平经》云①:人君为善于内,风雨及时于外②,故瑞应反从人胸中来。故有可欲为,皆见瑞应,何有不来者乎?夫至诚,乃感皇天,阴阳为之移动。

谁往为动者乎？身形不能往动也,动也者冥③,乃心中至诚感天也。

【注释】

①云:自此以下整段文字,乃系《合校》本附存的以资参考的他书所引经文。

②及时:按节气时令应时而至之意。汉代谶纬有八风三十六雨的说法。详见《春秋说题辞》所述。

③冥:指当事人所进行的高度专注的意念活动。意念活动以无形状态而展开,且为个人独自掌控,不被他人所见,故称之为"冥"。

【译文】

君主在心中筹谋吉善的事情,风雨就在外界按时节降临,所以吉祥的兆应反而从人的胸心中引发出来。因此产生想去施行的吉善事情,就都显现出吉祥的兆应,哪有它们不降示的呢？极其诚挚,才会感召皇天,阴阳为他做出反应。是谁前去引动的呢？身形并不能前去引动啊!前去引动的是那当事人所进行的高度专注的意念活动,是心中极为诚挚感召了皇天啊!

念者能致正①,亦能致邪②,皆从志意生矣。使能动天地,和阴阳,合万物,入能度身③,出能成名,贤不肖皆由斯生④。故贤者善御⑤,万不失一也。

【注释】

①致:招致。正:指真神、正神。

②邪:指邪神鬼物。参见本经乙部《阙题》(一)、卷三十五《分别贫富法》、卷九十二《洞极上平气无虫重复字诀》、壬部第九节经文所述。

③入：谓入修真道。度身：谓登仙成神。

④不肖：子不似父曰不肖。即不贤。

⑤御：谓驾驭身中神。

【译文】

精思专念能够招来真神正神，也能招来邪神鬼物，这都是从心志意念产生出来的。使人能够感动天地，调理好阴阳，聚合起万物，入道修炼能够超凡成仙，进入社会能够建立起名声，贤明还是不贤明，全都由这意念生发出来。所以贤明的人善于驾驭身中神，任何偏差也不会出现啊！

人腹中有过①，反面赤，何也？心者，五藏之主②，主即王也③。王主执正，有过乃白于天也④。

【注释】

①过：指亏心事或难以告人的隐私。

②五藏(zàng)：即五脏。指心、肝、脾、肺、肾。藏，内脏。《素问·五脏别论》称："所谓五藏者，藏精气而不写(泻)也。"《灵枢·本藏》谓："五藏者，所以藏精神、血气、魂魄者也。所以参天地、副阴阳而连四时、化五节者也。"

③王：形同帝王之意。本经辛部谓，心为世人腹中天子。

④白：禀告。指心神将人过失上诉到天庭，人遂产生面赤的反应。此缘心之颜色本为赤色之故。

【译文】

世人心中存在着过失，反倒在脸上泛起红晕，这是为什么呢？这是因为心是五脏的主宰，主宰也就形同帝王，形同帝王就负责执持纯正，因而发现人有过失就奏报到皇天那里去啊！

惊即面青,何也? 肝者主人①,人者忧也,反恝肝②,胆为发怒③,故上出青也。诸神皆有可主,以万物相应,故令人常自谨良而顺天地,而灾不得复起也。

【注释】

①人:通"仁"。以五色、五脏、人伦五常配五行,则青色、肝、仁俱属木行。

②恝(hài):愁苦。

③胆:六腑之一。古以肝为人体中的统军之官,主出谋虑;以胆为中正之官,主决断。肝胆相连,胆为肝之府。因肝仁,不忍发作,转由胆代为显示。胆色青,肝色亦青,故人惊骇震怒,遂面呈青色。参见《素问·灵兰秘典论》和《白虎通义·情性》所述。

【译文】

世人一惊骇,脸上就发青,这又是为什么呢? 这是因为人的肝部执持仁爱,世人一忧虑,反而使肝部感到愁苦,胆就代替肝来发作,所以脸上就发青啊! 体内各部位的神灵都有执持的事项,与万物相应合,因而就让人们总要自行恭谨良善,顺从天地,而灾害也就没办法再发作了呀!

外学多①,内学少②;外事日兴③,内事日衰④,故人多病,故多浮华。浮者,表也;华者,末也。夫天道远⑤,入邪中,不能自还。所谓神道书者,本根与阴阳合⑥,与神明同。核事文者,考核异同,疑误不失。浮华记者,离本已远,乃居野⑦,其文错乱,不可常用,时可记也⑧。

【注释】

①外学:指儒家经学。

②内学：指预决吉凶和祸福的谶纬之学。因其事秘，故称内学。

③外事：指文教武备和争权夺利等。

④内事：指法天奉道和修心养性等。

⑤远：离失甚远之意。

⑥阴阳：原指物体对日光的向背，即向日为阳，背日为阴。引申而有寒暖、暗明等反对之义。后遂用以指天地之间生成万物的二气，进而抽象为一切事物既相互对立又彼此依存的两个方面或属性。其与五行密切相连，属于五行之合，即阴阳中各具五行。本经卷五十六至六十四《阙题》（六）、癸部《和合阴阳法》对阴阳之分，述之甚详。

⑦居野：意谓纯属粗陋的玩艺，不登大雅之堂的东西。

⑧时可记：意谓毕竟还有这么一说，不妨随时记述下来做参照，当成反面教材用。

【译文】

儒家经学之类的学问涉猎得太多，而预决吉凶的学问却钻研得很少。外部用力的事情一天比一天兴行，而内心炼养的事情却一天比一天衰微，所以世人就大多身患疾病，所以就大多陷入浮华。所谓浮，是说表面上的那套玩艺；所谓华，是说末梢一类的东西。与皇天的道法偏离得非常远，就陷入邪僻当中，没办法自行回到皇天的道法上来。我这部经典中所讲的神道书，是说根基与阴阳保持一致，与神灵的明彻程度完全相同。所讲的核事文，是说考求验核事物不同与相同的地方，有关疑难和谬误之处都不遗漏掉。所讲的浮华记，纯属离开根基已经太远了，正该打发到一边去。它那文辞颠三倒四，乱诌一通，根本不能够经常加以施用，但随时可以记下来做反面参考。

守本者，治若神矣；守中者，少乱而烦矣；守末者，昏矣。故贤者守本戒中，不敢从末也。夫能守之不止，方方善来者①,无拒逆,撰为宝器,万世不复易也。人力自为善者可厄乎②? 邪辟夷狄却乎③? 兵革绝乎? 杖策绞无声乎④? 四方安乎? 道路通乎? 人君明乎? 神策⑤,大人守之动四方⑥,中士为之令臣良⑦,小人为之不相伤⑧。其辞约⑨,其法明,占神文乎可不行⑩? 不能持乎? 慎无伤以拘奸乎⑪?

【注释】

①方方:四面八方。善:谓吉善的回应。

②厄:使其遭劫厄之意。

③邪辟:即邪僻。辟,通"僻"。夷狄:古代对边疆少数民族的蔑称。

　却:退走。

④杖:杖击。策:鞭抽。绞:缢杀。

⑤神策:指《太平经》这等神文天书。

⑥大人:圣人在位者。指以帝王为首的最高统治集团的核心成员。

⑦中士:中等人。

⑧小人:指普通百姓。

⑨约:简单易行之意。

⑩占:意为像占卜那样做揣摩。

⑪拘奸:控制奸恶。

【译文】

持守根本的人,他那治理就如同神灵了;持守中间状态的人,他那治理就稍略混乱而又纷繁了;守持末梢的人,他那治理就昏乱了。因而贤明的人总是持守根本,对中间状态保持警戒,决不敢依从末梢啊! 能够持守根本而不间断,四面八方的吉善回应便纷至沓来,对此切莫抗拒违逆,应当把它执持住作为宝器,永远也不能再有什么来替代它了。世人自行下大力量招来的吉善回应还能使他遭到劫厄吗? 邪僻的边区部

族该退走了吧? 战火该熄灭了吧? 杖杀、鞭抽、缢杀之类的刑罚该断绝
了吧? 四方该安宁了吧? 道路该畅通了吧? 君主该圣明了吧? 对神文
天书,最高统治者守行它,就会让四方闻风而动;中等人照它讲的去践
行,就使这些当臣僚的人都贤良;普通百姓照它讲的去践行,彼此就不
再相互伤害了。神文天书的言辞简单易行,它那道法特明彻。已经反
复揣摩神文天书了,能够不去施用吗? 能够不去持守吗? 该对它切莫
加以损害而去控制住奸邪了吧?

以自防却不祥法

本篇标题,《敦煌目录》甲部题作《却不祥法》。其所谓"以自防却",意为用来自行防止和去除。其对象则为"不祥",亦即妄行害人的百邪、百鬼及百病。具体到"法",则名为"大顺天地阴阳四时五行之道",也就是静室悬象思神、顺应时气变化的修炼方术。篇中以一年中的主要节气为界标,演述春夏秋冬和季夏六月五行"王(旺)气"的流转推移过程,说明各行"神吏"的服色标志、循序"行用"和"思守"的侧重对象及其时段日期和调整方式,点出各自所能获得的功效,总括为"内可治身,外可治邪"。其间触及到阴中之阳、阳中之阴、阴中之阴、阳中之阳交参互涵的问题,也带有气功健身术的可取因子。它既与乙部《以乐却灾法》、《悬象还神法》大同而小异,又和己部《八卦还精念文》殊途而同归。

　　顺用四时五行①,外内思正,身散邪②,却不祥,悬象而思守③,行顺四时气④,和合阴阳,罗网政治鬼神⑤,令使不得妄行害人。

【注释】

　　①四时:四季。即春夏秋冬。

②散：驱散之意。

③象：指四时五行诸神的图像。本经乙部《以乐却灾法》和《悬象还神法》并谓春则青童子十，夏则赤童子十，秋则白童子十，冬则黑童子十，每季后十八日，黄童子十二，且有男神女神之分，皆以一尺为法，统称人体五脏神。卷七十二《斋戒思神救死诀》则云，四时五行神精，入为人五脏神，其画像共居五尺素帛之上，亦有男女之别；出为五德神和四时兵马，前者离人近，后者离人远，其画像亦有尺寸和色彩的具体规定。

④四时气：指春之少阳气，夏之太阳气，秋之少阴气，冬之太阴气，以及每季季末后十八日特别是季夏六月后十八日之中和气。换言之，即五行之气。本经卷六十九《天谶支干相配法》称："夫皇天乃以四时为枝，厚地以五行为体，枝主衰盛，体主规矩。"

⑤罗网：控制之意。政治：矫正治服。政，通"正"。本经卷九十二有《火气正神道诀》。

【译文】

　　顺从并借助四时五行，从外界到内心都去精思那纯正的状态，把身上的邪气和邪物驱散掉，去除不祥，悬挂五行神的图像，精思并守持住它们，一切行动随顺春夏秋冬的时气，使阴阳保持协调一致，控制住并去矫正和治服鬼神，叫它们没办法胡乱祸害人。

　　立冬之后到立春①，盛行用太阴气②，微行少阳之气也③。常观其意，何者病为人使④。其神吏黑衣服⑤，思之闲处四十五日⑥，上至九十日，令人耳目聪明⑦。

【注释】

①立冬：八节即八个主要节气之一。在农历十月初，在阳历十一月七或八日。习惯上以之为冬季之始。立春：八节即八个主要节

气之一。在农历正月,在阳历二月三、四或五日。

②太阴气:最旺盛的阴气。分布在北方和冬季,属水行。

③微行:稍微运作之意。少阳之气:不甚旺盛的阳气。分布在东方
　与春季,属木行。水生木,故须微行之。

④何者:指五行神。病为人使:意为忌讳被人所驱使。

⑤神吏:指北方水行诸神。水色黑,故其服饰为黑衣服。

⑥闲处:指清静的修炼处所。

⑦令人耳目聪明:耳为肾之官,肾为耳之主,属太阴水行;目为肝之
　官,肝为目之主,属少阳木行。故曰"令人耳目聪明"。

【译文】

从立冬以后到立春,在体内大力运作起太阴水行气,稍微运作起少阳气做辅助。总去观察那意向所在,弄清五行神中哪种神忌讳被人所驱使。太阴水行气的神吏身穿黑色的服饰,在清静的修炼处所精思它们四十五天,最高达到九十天,会使人耳聪目明。

立春盛德在仁①,气治少阳,王气转在东方②,兴木行。其气弱而仁③,其神吏青衣④,思之幽闲处四十五日,至九十日,令人病消以留年⑤。行不止,令人日行仁爱。春分已前⑥,盛行少阳之气,微行太阳之气⑦,以助少阳。观其意无疑,深思其意,百邪服矣。

【注释】

①盛德:日新之谓盛德。见《易传·系辞上》。仁:人伦五常之一。
　以四时和人伦五常配五行,春、仁俱属木。

②王气:旺气。五行家认为,五行之气在一年内轮流占据统治地
　位,发挥主宰作用,即:春则木王,夏则火王,秋则金王,冬则水

王,六月和每季的后十八天则土王。东方:本经以东方为始生之地。木行在此空间坐标方位内起支配作用。以五方配五行,东方属木,故曰"转在东方"。本经乙部《阙题》(二)谓:"东方主仁。"又丁部《断金兵法》云:"天地以东方为少阳,君之始生也,故日出东方。"

③弱:柔和。仁:木行主生,故曰仁。

④神吏:指东方木行诸神。木色青,故其服饰为青衣。

⑤留年:意为年华留驻。

⑥春分已前:谓在农历二月下半月以前。春分为八节即八个主要节气之一。在农历二月,在阳历三月二十或二十一日。此日,太阳直射赤道,南北半球昼夜长短平分,故称。

⑦太阳之气:最旺盛的阳气。分布在南方与夏季,属火行。木生火,故须微行之。

【译文】

　　立春时盛大的德业表现在仁爱上,面对时气要修炼少阳气,这时占据主导地位的时气由北方转移到了东方,开始兴用木行。木行气柔弱而仁爱,它那神吏身穿青色的服饰。在清静的修炼处所精思它们四十五天,最高达到九十天,会使人疾病消除,年华留驻。修炼一直不止息,能让人天天都去施布仁爱。在春分以前,只管在体内大力运作起少阳气,稍微运作起太阳火行气,用来辅助少阳气。观察它们的意向果真没有任何值得怀疑的了,那就进一步深思其中的意旨,于是一切邪物就都被治服了。

　　立夏日盛德火①,王气转在南方②,太阳之气以中和治③。其神吏用之④,得其意,口中生甘⑤。神吏赤衣,守之,百鬼去千里。夏至之日⑥,盛德太阳之气,中和之气也⑦。其神吏思之⑧,可愈百病。季夏六月⑨,盛德合治⑩,王气转在西南⑪,回入中宫⑫。其神吏黄衣,思之令人口中甘⑬。每至季⑭,思之十八日⑮。

【注释】

①立夏:八节即八个主要节气之一。在农历四月,在阳历五月五、六或七日。火:以四时配五行,夏属火。

②南方:本经以南方为长养之地。火行在此空间坐标方位内起支配作用。以五方配五行,南方属火,故曰"王气转在南方"。本经丙部《分解本末法》称:"万物转在南方,而茂盛。"戊部《天谶支干相配法》谓:"天常谶格法,以南方固为君也。"故曰在南方为君也,火在南方为君,太阳在南方为君。

③中和治:中和指阴阳交合而成的协调状态。按照汉代《易纬》的说法,阴始于巳(建巳之月即农历四月),故曰"中和治"。

④神吏:指南方火行诸神。火色赤,故其服饰为赤衣。

⑤口中生甘:口中谓舌面。舌为心之官,心为舌之主,心属火行而火生土,土味甘,故曰"口中生甘"。甘:指香甜的味觉。《春秋繁露·五行之义》谓:"甘者,五味之本也。"《春秋元命苞》云:"甘者食常,言安其味也。甘味为五味之主,犹土之和成于四行也。"

⑥夏至:八节即八个主要节气之一。在农历五月,在阳历六月二十一日或二十二日。此日,北半球昼最长,夜最短;南半球则相反。至谓阳气至极,阴气始至和日行北至。

⑦中和之气:阴生于午(建午之月即农历五月),所谓极阳生阴,故用"中和之气"对上文"盛德太阳之气"加以诠解和界定。

⑧神吏:指中央土行诸神。土色黄,故其服饰为黄衣。

⑨季夏:古以孟、仲、季为序,排列每季度的三个月份,故有此称。四时配五行,季夏属土行,又称建未之月。

⑩合治:阴形于未,阴阳相进退,故曰合治。

⑪西南:本经以西南为阳衰阴起、万物接近成熟之地。土行在此空间坐标方位内发挥支配作用。本经丙部《兴善止恶法》云:"西南者,阳衰阴起之乡。"《分解本末法》称:"万物转在西南,而向盛。"又己部《经文部数所应诀》谓:"向老西南。"

⑫中宫:九宫之一。即中央,为最高天神太一即北极星的居所。参见《灵枢·九宫八风》所述。

⑬口中甘:口为脾之官,脾为口之主,脾属土行而土行味甘,故曰"口中甘"。

⑭季:指各季的季末。

⑮十八日:此据五行家土旺四季说而为言。

【译文】

到立夏那天,盛大的德业表现在火行上,占据主导地位的时气由东方转移到了南方,最为旺盛的阳气凭借阴阳交合的协调状态来施行治理。对它那神吏加以利用,获取到它们的心意,口中就涌生出甘甜的感觉来。火行气的神吏身穿红色的服饰,守持住它们,各种鬼物就躲到远远的地方去了。到夏至那天,盛大德业所在的最为旺盛的阳气,带有中和气的气息,精思它那神吏,可以治好一切疾病。到季夏六月份,盛大的德业形成阴阳共同治理的状态,占据主导地位的时气由南方转移到了西南方,回到中央的处所。它那神吏身穿黄色的服饰,精思它们会让人口中感到甘甜。每当到了各季的季末,要精思它们十八天。

立秋日盛德在金①,王气转在西方②,断成万物③。其神吏白衣④,思之四十五日,至九十日,可除病,得其意,令骨强老寿⑤。秋分日少阴之气⑥,微行太阴之气也⑦。逆疾顺之⑧。

【注释】

①立秋：八节即八个主要节气之一。在农历七月初，在阳历八月七、八或九日。金：以四时配五行，秋属金。

②西方：本经以西方为万物成熟和克杀之地。金行在此空间坐标方位内起支配作用。以五方配五行，西方属金，故曰"王气转在西方"。本经丙部《分解本末法》称："万物转在西方，而成熟。"丁部《三五优劣诀》云："既茂盛当成实，故杀成于西。"

③断成：了结和成就之意。

④神吏：指西方金行诸神。金色白，故其服饰为白衣。

⑤骨强老寿：金质坚刚，又为物成之地，故出此语。

⑥秋分：八节即八个主要节气之一。在农历八月，在阳历九月二十三日或二十四日。此日，太阳直射赤道，南北半球昼夜长短平分，故称。少阴之气：指不甚旺盛的阴气。分布在西方与秋季，属金行。

⑦微行太阴之气：金生水，秋分之后为霜降、立冬，故须微行太阴之气。

⑧逆：谓行用少阴、太阴二气陷入失调状态。疾：迅速。

【译文】

到立秋那天，盛大的德业表现在金行上，占据主导地位的时气由西南方转移到了西方，了结并成就万物。它那神吏身穿白色的服饰，精思它们四十五天，最高达到九十天，可以去除掉疾病，获取到了它们的心意，能使人骨节强壮而长寿。到了秋分那天，只管在体内大力运作起少阴金行气，稍微运作起太阴水行气做辅助。出现二气失调的现象，要迅速把它们理顺。

立冬之日盛德在水①，王气转在北方②。其神吏黑衣，令人志达耳聪③。守之四十五日，至九十日，百病除。此五行四时之气，内可治身，外可治邪，故天用之清④，地用之宁⑤，天用之生⑥,地用之藏⑦,人用之兴。能顺时气,忠臣孝子之谓也⑧。此名大顺天地阴阳四时五行之道,故道为仁贤出,不为愚者生矣。

【注释】

①水:以四时配五行,冬属水行。

②北方:本经以北方为极阴生阳和孕育万物之地。水行在此空间坐标方位内起支配作用。以五方配五行,北方属水,故曰"王气转在北方"。本经丙部《分解本末法》称:"万物始萌于北,元气起于子。"《易纬》则有"阳生于子(建子之月即农历十一月)"的说法。

③志达:心志明达之意。

④清:清明。

⑤宁:安宁。

⑥生:化生。

⑦藏:包养含纳。

⑧忠臣孝子:此就世人同天地的关系而言。参见本经卷九十六《六极六竟孝顺忠诀》所述。

【译文】

到立冬那天,盛大的德业表现在水行上,占据主导地位的时气由西方转移到了北方。它那神吏身穿黑色的服饰,能叫人心志明达,听闻灵敏。守持它们四十五天,最高达到九十天,各种疾病都会去除掉。以上这五行四时气,在内部可以整治好身心,在外部可以治服邪物,因而皇天循用它们而清明,大地循用它们而安宁,皇天循用它们而化生万物,大地循用它们而含纳万物,世人循用它们而兴盛。能够顺从时气,这正是说世人够得上是天地的忠臣孝子啊!这被称为绝对顺适天地阴阳四时五行的真道,所以真道专为仁惠贤明的人来降示,不为愚昧的人产生出来啊!

盛身却灾法

【题解】

本篇标题,《敦煌目录》甲部与此相同。其所谓"盛身",系指人提神聚气、保持旺盛平正的精神状态而言。"却灾"乃谓病不加身,凶邪无从得入。其"法"则为:静身存神、抱神、聚神、见神、驱使神。篇中言称,神依人年龄可使人成倍提神,亦随人而盛衰;人能清静端思,便可与神"同城",获佑助而得长寿。

年十岁,二十年神①;年二十,四十年神;年三十,六十年神;年四十,八十年神;年五十,百年神;年六十,百二十年神;年七十,百年神②;年八十至百二十,神尽矣。少年神加,年衰即神灭,谓五藏精神也,中内之候也③。

【注释】

①"年十岁"二句:意谓人依年龄可成倍提神。下文"年二十"云云,义均仿此。神:指主宰人之寿命的五脏真神。

②百年神:依上下文例,此三字中"百"下当有"四十"二字。

③中内:腹内,体内。候:指征兆反应。

【译文】

世人年满十岁,能提神提到二十岁的拥有数量;年满二十岁,能提神提到四十岁的拥有数量;年满三十岁,能提神提到六十岁的拥有数量;年满四十岁,能提神提到八十岁的拥有数量;年满五十岁,能提神提到一百岁的拥有数量;年满六十岁,能提神提到一百二十岁的拥有数量;年满七十岁,能提神提到一百四十岁的拥有数量;从八十岁一直照这样成倍往上提,到一百二十岁也就提神提到尽头了。年纪轻,神气就增加;年纪老了,神气也就消失了,这说的正是五脏神啊! 它们构成了世人体内状态究竟如何的征兆。

千二百二十善神为其使①,进退司候②,万神为其民,皆随人盛衰。此天地常理,若以神同城而善御之③,静身存神,即病不加也,年寿长矣,神明祐之。

【注释】

①千二百二十善神:人从十岁二十年神,到百岁二百年神,合计为一千一百神,外加百二十岁百二十神,适为千二百二十神。使:供人驱遣之意。
②司候:即伺候。司,通"伺",谓对人的意念活动进行督促耸动。参见本经卷九十八《神司人守本阴祐诀》所述。
③同城:意谓筑起防御邪恶的壁垒。本经卷一百十二《有过死谪作河梁诫》云:"无离舍宅及城郭。"《周易参同契·养性立命章》谓:"阴阳为度,魂魄所居。阳神日魂,阴神月魄。魂之与魄,互为室宅。性主处内,立置鄞鄂。情主营外,筑垣城郭。城郭完全,人物乃安。"

【译文】

总共一千二百二十个吉善的神灵被世人所驱遣,对世人的意念活动进行督促和耸动。其实所有神灵都是世人的驱遣对象,随同世人的盛衰做出相一致的反应来。这属于天地的常理,如果和体内的神灵筑起防御邪恶的城池而善于驾驭它们,使身心清静,留住神灵,也就疾病无法侵入体内,寿命长久了,因为神灵在保佑救助他。

　　故天地立身以靖①,守以神②,兴以道,故人能清静,抱精神,思虑不失,即凶邪不得入矣。其真神在内,使人常喜,欣欣然不欲贪财宝,辩讼争③,竞功名,久久自能见神。神长二尺五寸,随五行、五藏服饰④。

【注释】

①立身:谓保持各自的固有形态及其上位和下位的对应关系。靖:通"静"。

②神:指天神地祇众神灵。

③辩讼争:即打官司。

④随五行、五藏服饰:意谓依木行、肝部为青色而穿青衣,依火行、心房为赤色而穿赤衣,依土行、脾部为黄色而穿黄衣,依金行、肺部为白色而穿白衣,依水行、肾部为黑色而穿黑衣。汉刘熙《释名·释彩帛》云:"青,生也,象物生时色也。赤,赫也,太阳之色也。黄,晃也,犹晃晃象日光色也。白,启也,如冰启时色也。黑,晦也,如晦冥时色也。"

【译文】

　　所以天地凭借宁静而保持自身的形态和位置,依靠天神地祇来做守护,仰仗真道来兴盛,因而世人能够清静无为,抱持住体内的神灵,思虑不出偏差,凶邪毒物就没办法侵入进来了。那些真神寄身在世人的体内,叫世人总感到高兴,保持愉悦的心态,不想去贪求什么财物珍宝,或去打什么官司,博取什么功名利禄,时间一长,世人就会自动看到体内的神灵了。这些神灵身长二尺五寸,依从五行和五脏的颜色配戴自身的服饰。

君仁者道兴①,君柔者德生②。中心少有邪意③,远方为之乱。神气周流,疾于雷电,急还神明,以自照内,故病自愈而人自治。故人生百二十上寿④,八十中寿,六十下寿,过此皆夭折⑤。此盖神游于外,病攻其内也⑥。

【注释】

①君仁者道兴:以人伦五常配五行,仁属木,木主生,道亦主生,故出此语。

②柔:柔和。

③中心:内心。少:稍略。

④上寿:第一等寿命。此处和下文所列示的三寿说,与本经辛部经文所定头等寿命一百三十岁,二等寿命一百二十岁,三等寿命一百岁;己部《经文部数所应诀》后附遗文所定天寿一百二十岁,地寿一百岁,人寿八十岁,霸寿六十岁,仟寿五十岁,显然不同。

⑤夭折:早亡,短命。

⑥病攻其内:犹言疾病攻心。此处所云,详参本经乙部《阙题》(二)所述。

【译文】

君主仁慈,真道就兴行;君主柔和,真德就产生。内心稍微闪出邪恶的念头,远方就由此而大乱。神气绕遍一切地方,比打雷闪电还迅速。赶快把神灵之明追回来,用以主动察照腹内达到的明彻境界,因而疾病就自动痊愈,人们就自己管理好自己了。所以世人活到一百二十岁,属于上寿;活到八十岁,属于中寿;活到六十岁,属于下寿;活不到六十岁的,都算短命。这是因为神灵游逛到体外,而病魔又去攻击他的心灵啊!

思本正行法

【题解】

　　本篇标题,据《敦煌目录》甲部酌定。《经钞》起首为"思本正行令人相亲爱"九字,循其节录通例,乃系标题,惟漏钞"法"字而不明转晦(这种现象不仅在本部非此一处,在乙部也曾出现,如"修一却邪"、"行道优劣"之类)。执题以验本文,亦复题、文相合。其所谓"思本",意为慎思求寿之道的本元;"正行"则谓端正以孝行为首务的"善谨"之行;"令人相亲爱",乃就"阴阳传类更相生"而言。篇中强调"遇一得生",阴阳递有盛衰,既向帝王发出了"盛而为君,衰即为民"的警告,又给儒家的孝道观注入了道教重生的成分。

　　古之求寿不失其道者,天地有常行,不可离本也。故求安而长存者,慎无忘此道本元也。故画图以示后来,陈人物生、受命之时①,久远以来到今,不失阴阳传类②,更相生而久长③,万万余世,不可阙也。一衰一盛,高下平也④。盛而为君,衰即为民;盛即得道,衰即受刑。

【注释】

①陈：陈述。人物：人类和万物。受命：禀受本命。本经卷三十六《守三实法》云，人类本生受命之时，乃与天地分身，抱元气于自然，呼吸阴阳气而存活。又同卷《三急吉凶法》谓，动植物俱受天地阴阳统而生。

②阴阳传类：指人之男女、物之雌雄相交合而保持人种、物种的延续。

③更相生：意谓递相繁衍。

④平：持平、均等之意。

【译文】

古代求取长生而不失去那道法的人，都是鉴于天地具有永恒的行动但却不能离开根本哪！所以谋求平安而长生的人，切莫忘掉这种道法的本原啊！因而绘制下图像，用来亮给后来出生的人观看，陈述人和万物秉受本命降生下来，一直延续了很长时间，直到现在，都不废弃阴阳交合来传衍人种和物种，递相繁殖而长久存在，永远也不能出现缺坏和断层啊！一衰一盛，位在上面还是位在下面，都是均等的。兴盛就成为君主，衰微就成为普通老百姓；兴盛就获取到真道，衰微就遭受到刑杀。

　　夫孝者，莫大存形①，乃先人统也②，扬名后世③，此之谓善人谨民。天地爱之，五行功之④，四时利之，百王任之⑤，万民好之，鬼神祐之，五藏神留之⑥。遇一得生⑦，今且失之，离我神器⑧，复为灰土，变化无常，复为万物矣。

【注释】

①莫大存形：意谓确能保住自身生命是第一位的。《孝经·开宗明

义章》云:"身体发肤,受之父母,不敢毁伤,孝之始也。"

②统:指一脉相传的家族世系。《孝经·圣治章》称:"父母生之,续莫大焉。"

③扬名后世:详参《孝经·广扬名章》所论。

④功:成就、成全之意。

⑤百王:泛指历代最高统治者。

⑥留:谓不出游体外。

⑦一:犹言"道"。

⑧神器:谓精、气、神的统一体。本经癸部《王者无忧法》谓:"神主生,精主养,形主成,此三者共成一神器。"

【译文】

说起孝来,没有能比保全住自己的身躯更为紧要的了。它正是自家祖先一脉相传的世系所在啊!使自己扬名后世,显示父母生下了这样一个好儿子,这才称得上是良善的人和谨顺的百姓。天地喜爱他,五行成就他,四时便利他,历代帝王任用他,万民亲近他,鬼神佑助他,五脏神牢牢留在他的体内守护他。遇到真道,才得以长生;而现今失去真道,使自身由精、气、神构成的神器分离开,就又成为泥土灰烬了;变来变去没常性,就又成为万物了。

分别形容邪自消清身行法

【题解】

本篇无论执文以验题,抑或执题以验文,均与《敦煌目录》甲部《清身守一法》相合。惟次序有出入,即《经钞》置列于此,等于卷五之文,而《敦煌目录》则属于卷十五之文。其所谓"分别形容",系指暝目回视、神精之形体容貌历历可辨的一种幻象和幻觉而言。"邪自消",是说步入这种幻象和幻觉后所能产生的效力。"清身行",则谓戒绝嗜欲,专力积善。其"法"为:斋室精思,入神见神,也就是"守一明法"。对此,篇中叙述其始修到初成的大致过程和"度厄"功用,并强调"还全神气",方可有望尽享天年,增寿一倍。

道之生人①,本皆精气也②,皆有神也③,假相名为人④。愚人不知还全其神气⑤,故失道也。能还反其神气,即终天年⑥,或增倍者,皆高才⑦。

【注释】

①生人:使人降生与存活之意。

②精气:指流布于天地之间的精微化生之气。参见《管子·内业篇》及《吕氏春秋·尽数篇》所述。

③神:指体内神灵。其为天之太阳气的化身。

④假相:意谓借人形貌。

⑤还全:追还保全。

⑥天年:指皇天为世人在其生前所注定的寿龄。本经分人寿为三类,即:乙部《解承负诀》、癸部《盛身却灾法》所云上寿一百二十岁,中寿八十岁,下寿六十岁;辛部经文所云头等寿命一百三十岁,二等寿命一百二十岁,三等寿命一百岁;己部《经文部数所应诀》后附遗文所云天寿一百二十岁,地寿一百岁,人寿八十岁,霸寿六十岁,仵寿五十岁。

⑦高才:天赋卓异的人。本经卷四十《努力为善法》称:"高才有天命者或得度。"

【译文】

真道使人降生和存活下来,原本都是由天地的精微气造就的呀!全都有神灵寄居在里面,只不过借助人的那种形貌,然后把它特称为人罢了。愚昧的人不懂得追还并保全那神灵和精气,因而就失去了真道呀!能够把那神灵和精气追回来,也就能尽享天年,还有的会成倍增加寿龄,这样的人都属于高才。

　　或求度厄①,其为之法:当作斋室②,坚其门户,无人妄得入。日往自试③,不精不安复出,勿强为之。如此复往,渐精熟即安,安不复欲出,口不欲语、视食饮,不欲闻人声。关炼积善④,瞑目还观形容⑤,容象若居镜中,若窥清水之影也⑥,已为小成⑦。

【注释】

①度厄:谓从世间的劫厄中解脱出来。

②作：特地辟设之意。斋室：斋戒的香室。洗心曰斋,防患曰戒。

③试：指安卧端坐,专意思神。

④关炼：关指摒弃外界声色财货的诱惑,去除内心的嗜欲贪念。炼指炼形。《淮南子·主术训》和《本经训》有慎守三关(目耳口)和闭四关(心目耳口)之说。炼形参本经卷四十二《九天消先王灾法》所述。

⑤形容：谓体内神灵与精灵的形体容貌。本经卷一百十四《不用书言命不全诀》称："俗夫之人,不见神形容,神神自相知,形容皆气所成,何有不就者乎?"

⑥清水之影：清水中的倒影。本经佚文有云："守一明法,正白如清水,是为少阴之明。"

⑦小成：初成。

【译文】

有的人谋求能从世间的劫厄中解脱出来,具体的修炼方法便是:应当专门辟设斋戒的香室,把大门关得严严的,没人能随便就进来。自己每天都到室内试加修炼,觉得专精达不到,安定不下来,那就再出来,不要硬行坚持修炼。像这样来回进去修炼,逐渐精熟了,也就安定下来了,安定下来以后,简直不想再出来了,口中也根本不想说话,不理会喝点什么和吃些什么,不想听到别人的讲话声。摒弃外界的一切诱惑,炼养身形,积聚起良善的意念,合上眼睛往腹内察视神灵的形体容貌,那些形体容貌就像映照在镜子里面,又像看到了清水中的倒影啊!达到这般境界,也就初步修炼成功了。

　　无鞭策而严①,无兵杖而威②,万事自治,岂不神哉!谓入神之路也,守三不如守二③,守二不如守一④。深思此言,得道深奥矣。

【注释】

①鞭策：鞭打。指代刑罚。严：严正，肃正。

②兵杖：兵器。指代武力。威：雄威。

③三：指人道。人变化无常而乱治，故曰三。二：指地道。地好养又好杀，故曰二。本经卷五十《诸乐古文是非诀》谓："一乃道之纲，二为道之横行，三则已乱不可明。"又乙部《修一却邪法》称："守一延命，守二与凶为期，守三为乱治。"

④守一：守持根基之意。

【译文】

不动用刑罚就显出严正来，不使用武力就显出雄威来，各种政事自行得到治理，难道还不神妙吗？这是说进入与神灵打成一片的道路了。守持那个"三"，比不上守持那个"二"；守持那个"二"，比不上守持那个"一"。深深思索这两句话，也就获取到真道的精深奥妙之处了。

通神度世厄法

【题解】

本篇标题,《敦煌目录》甲部题作《道神度厄法》。"道"与"通"字形相近,或系"通"之讹文。其所谓"通神",意为与神交结,打成一片。"度世厄",则属通神所带来的效应,亦即足可超脱、远离人世的劫厄。其"法",篇中无详述,约略言及的是,天人一体,人副天数,故可度厄;同为学道度厄,上士、中士、下士又有积功长生、全家幸存、只身独免的区别。

天之生人,万事毕备①,故十月而生,与物终始②。故可度灾厄,致太平。上士学道③,辅佐帝王,当好生积功乃久长。中士学道,欲度其家④。下士学道⑤,才脱其躯⑥。道为贤明出,不为愚者。能用之者吉,不能用之,宁无伤无贼哉⑦?

【注释】

①万事毕备:谓人在胞胎中含怀先天元气,业已阴阳皆具,胎体头圆象天,足方象地,四肢象四时,五脏象五行,七窍象日月星等。此说在古医经《灵枢·邪客》以及《淮南子·精神训》、《春秋繁

露·人副天数》中述之甚详。参见本经卷三十五《分别贫富法》
所述。

②与物终始:天道生成万物,始于正月,止于十月,人象天数,故亦
十月成形降生。参见《春秋繁露·阳尊阴卑》、本经卷九十三《国
不可胜数诀》所述。

③上士:最高明的人。

④度其家:谓使全家从灾厄中解脱出来。

⑤下士:低劣的人。

⑥才脱其躯:意谓仅仅个人幸免于难。

⑦贼:虐杀。

【译文】

皇天使人降生下来,一切事情预先就都给人安排妥当了,所以怀胎
十个月才呱呱坠地,与万物的生长期一个样。因而就能从灾厄中解脱
出来,实现太平。高明的人学用真道,前去辅佐帝王,应当喜好施生,积
累功德,于是获得长生。中等人学用真道,目的想把全家从灾厄中解脱
出来。第三等人学用真道,仅仅能使本人幸免于难。真道专为贤明的
人来降示,不为愚昧的人做显现。确能行用它的人就吉利,不能行用
它,难道还受不到伤害,遭不到虐杀吗?

贤不肖自知法

【题解】

本篇标题，《敦煌目录》甲部题作《贤不有自知法》，则"有"字显系"肖"字之讹。其所谓"贤"，指上士高贤，也就是可望步入天国的二等候补神仙。"不肖"，包括中士和下士，也就是一般人和愚夫蠢才。"自知法"，则谓世人据以测定自己究竟身居"贤"列抑或身归"不肖"的常法，亦即：事无大小，悉尽畏之、半畏之、全无可畏。对此，篇中重在说明其所以然，强调元气自然之有术，万事万物之有神有君长，并向高贤特别是不肖，开示了一条积学不止，由愚人而逐级成为贤人、圣人、道人、仙人、真人、神人的修道升天之路。

上士高贤，事无大小，悉尽畏之①；中士半畏之；下士全无可畏。上士所以畏之者，反取诸身②，不取他人。心开意通无包容③，知元气自然之根④，尊天重地。日月列星，五行四时，六甲阴阳⑤，万物蚑行动摇之属⑥，皆不空生；鬼神精魅六合之间⑦，表里风云雷电，不空行也。此皆有神有君长⑧，比若人有示⑨，故畏之，不敢妄行。

【注释】

①悉尽畏之：意本《老子·五十三章》："使我介然有知，行于大道，唯施是畏。"

②反取诸身：谓反转来从自己身上寻找类似的影象。《礼记·中庸》云："射有似乎君子，失诸正鹄，反求诸其身。"《孟子·公孙丑上》亦有类似的说法。

③无包容：此三字中"无"下当有"不"字。

④元气：化生宇宙万物的无形实体。自然：原本固有的情状与态势。本经卷五十六至六十四《阙题》(六)称："元气，阳也，主生；自然而化，阴也，主养凡物。又壬部谓：自然元气，同职共行。"

⑤六甲：指六十甲子中的甲子、甲戌、甲申、甲午、甲辰、甲寅，各为六旬之首。

⑥蚑(qí)行：泛指用脚行走的动物。动摇：指遇风便枝叶摇动的植物。

⑦精魅：妖精鬼怪。六合：上下四方。

⑧皆有神有君长：详参本经卷九十三《方药厌固相治诀》所述。

⑨示：告示。汉刘熙《释名·释书契》云："示，示也，过所至关津以示之也。"

【译文】

　　高明的人和特别贤能的人，事情无论大小，全对它们感到畏惧；中等人对它们有一半感到畏惧，下等人对它们根本就什么都不感到畏惧。高明的人之所以全都感到畏惧，是因为反过来从自己身上寻找那类似的影子，而不管别人怎么样。内心开明，意下贯通，没有什么不包含容纳进来的，明了元气和自然的根基所在，尊崇皇天，敬重大地。太阳月亮和众星辰，春夏秋冬和五行，六甲阴阳和万物中的一切动植物，都不是凭空就降生出来的。鬼神精魅在上下四方之间，风云雷电从里到外，都不是漫无目的地游动和发作的。这一切都存在着神灵，都有统领它们的君长,这就如同人间有告示,所以就畏惧它,不敢乱来。

中士半畏之者,上不知元气自然之有术,才知今见风雨云气与生物也;尚时言天无神,不畏列星日月也,才知大火、北斗①。

【注释】

①大火:星名。又称流火。即心宿中央的红色大星。每年农历五月黄昏,此星出现在正南方,方向最正,位置最高;六月以后,则开始偏西下降。北斗:指北斗星。

【译文】

中等人对大小事情有一半感到畏惧,原因是他们往上不清楚元气和自然存在着道法,仅仅晓得眼前看到了风雨云气和生长出来的万物,还经常声称皇天那里并没有什么神灵,对太阳月亮和众星辰决不感到畏惧,仅仅知道天上有大火星和北斗星罢了。

下士则不知土地山川之广大可恢,才知耕田,种其所有,治其家眷术也;不知四时五行可以何履也①,但知随而种树之②,收其利耳;不知六甲阴阳为神,通言其无有也。夫人愚,学而成贤③;贤学不止,成圣;圣学不止,成道④;道学不止,成仙;仙学不止,成真;真学不止,成神:皆积学不止所致也。

【注释】

①履:意谓顺从其道而修身养性,益寿延年。

②种树:种庄稼、栽果木之意。

③贤：贤人。其与下文"圣"，属于本经所拟设的神仙等级序列中的候补神仙。

④道：指道人。道人与下文"仙、真、神"，属于本经所拟设的神仙等级序列中由下至上排定的四个具体等级。详见本经卷四十二《九天消先王灾法》、卷五十六至六十四《阙题》（六）、卷七十一《致善除邪令人受道戒文》所述。

【译文】

下等人根本就不懂得土地和山川广大得让人犯愁，仅仅知道耕田，种下该种的庄稼，养活一家老小的谋生手段罢了。更不懂得可以怎样随顺四时五行去修身养性，益寿延年，只晓得跟在它们的后面种庄稼，栽果树，收取到那点儿好处罢了。也不懂得六甲阴阳都是神灵，异口同声地声称它们压根就不存在。作为人却很愚昧，但坚持学用真道就能成为贤人；成为贤人继续学用真道，就能成为圣人；成为圣人继续学用真道，就能成为道人；成为道人继续学用真道，就能成为仙人；成为仙人继续学用真道，就能成为真人；成为真人继续学用真道，就能成为神人。这都是坚持学用真道而不间断所带来的结果啊！

利尊上延命法

【题解】

本篇标题，系由《合校》本辑校者依据《敦煌目录》甲部所列者而添加的。其所谓"利尊上"，意为兴利于帝王，主要就解决民族矛盾和边疆战事而发。"延命法"，乃指大顺天地、自得万神俱老寿、积久成真人的修炼方术而言。这种方术，在篇中是作为对"夷狄"极具吸引力和征服力的首要良策来加以宣示的。其根基则建立在世人包括"夷狄"莫不渴望生存的共同心理之上，而编著者反对武力征服、意欲在边疆地区"立教"布道的愿望，也随而出之。篇中第二节文字，则与《敦煌目录》甲部《循古文法》约略相当。论及元气化生天、地、人、物的问题，并按这种气化论，强调尊天、重地、贵人和敬事明师。

一曰延命①，夷狄自伏②。法万种③，其类不同④，俱得老寿，天地爱之，其身无咎。所以然者，名为大顺之道⑤。道成毕⑥，身与天地同域⑦。古者为之，万神自得，欲知其效，瑞应自至，凶祸自伏。帝王以治，不用筋力⑧，能知行此，夷狄自伏，行之不已成真人⑨。故圣人之教，非须鞁揣击而成⑩，因其自然性立教⑪。帝王所以能安天下者，各因天下之心而安之,故得天下之心矣。

【注释】

①曰:讲说之意。

②夷狄:古代对边疆少数民族的蔑称。自伏:主动归顺之意。

③法:指延长性命的道法。万种:泛言其多。

④类:指具体种类。即各种方术。

⑤大顺之道:意为绝对使人顺适的真道。

⑥成毕:彻底修炼成功之意。

⑦身与天地同域:即生命永存之意。

⑧筋力:体力。指征伐等各类举措。

⑨成真人:其主体系指夷狄中的修炼者而言。本经卷八十八《作来善宅法》谓:"或有四境夷狄隐人、胡貊之属,其善人深知秘道者,虽知中国有大明道德之君,不能远故赍其奇文善策殊方往也。"

⑩鞁(bèi)揣(zhuī)击:意为将马具打制得铮亮去进击。指用武力征服。鞁,泛指驾马的马具。揣,捶击。《老子·九章》谓:"揣而锐之,不可长保。"

⑪自然性:指世人渴望生存的共同心理。

【译文】

一讲延长性命,边区部族就会主动归服。延长性命的道法真是多极了,具体种类各不相同,但都获取到长寿,天地喜爱他们,自身遇不到祸殃。造成这种效应的方术,就被特称为绝对使人顺适的真道。这种真道修炼成功,身躯就与天地归在同一个范围内了。古代施用这种真道,一切神灵自行就会听从世人的调遣。要想了解那效验,就是吉祥的兆应自动降现下来,凶殃祸害自动藏伏起来。帝王用这种真道去施行治理,就根本不用再费什么力气了。懂得行用这种真道,边区部族自动就会归服;行用不止息,各个部族的成员就能修炼成真人。因而圣人对天下的教化,并不是依靠武力征服才奏效的,而是依凭世人天生就渴望存活的本性来施布教化的。帝王能使天下安定的方法,在于随顺天下人的心愿而使他们安定下来,所以就赢得天下的人心了。

是道修古文①。人本生时,乃名神也②,乃与天地分权、分体、分形、分神、分精、分气、分事、分业、分居③,故为三处:一气为天,一气为地,一气为人,余气散备万物④。是故尊天、重地、贵人也。故三皇五帝皆立师⑤,疑者跪问之⑥。故国常治,虽灾厄亦可愈也。

【注释】

①是道:以道为是。即奉道。修:修习,修明。古文:指上古、中古、下古诸种天经、地经、人经等。详参本经戊部卷七十三至八十五《阙题》(五)所述。自此以下,当为《敦煌目录》甲部《循古文法》中的文字。

②神:意为最神异的动物。系就人为万物之灵而言。本经卷三十六《守三实法》称:"天下人本生受命之时,与天地分身,抱元气于自然,不饮不食,嘘吸阴阳气而活,不知饥渴。"又卷四十《乐生得天心法》云:"夫人者,乃天地之神统也。"

③权:谓权限。体:谓躯体。形:谓外貌。神:谓神灵。精:谓精灵。气:谓气体、气态。事:谓事务、事项。业:谓职业、功业。居:谓所在的方位和处所。

④散备万物:意谓散布在万物的体内而使之成形。以上所云,乃系描述元气化生天地、人类、万物的过程。参见本经卷七十三至八十五《阙题》(三)所述。

⑤三皇:指天皇、地皇、人皇。此处与通常所说三皇为伏羲、神农、

燧人不同。五帝：指黄帝、颛顼、帝喾、尧、舜。古传神农以名叫悉诸者为师，黄帝以风后为师，颛顼以绿图为师，帝喾以赤松子为师，尧以务成子为师，舜以尹寿为师等。参见《吕氏春秋·尊师》、《白虎通义·辟雍》、《潜夫论·赞学》所述。

⑥跪问：盖本《庄子·在宥篇》黄帝向广成子膝行而进，再拜稽首询问"至道"为说。

【译文】

把真道视为绝对正确有效的东西，修明古代的天书神文。人类在最初出现的时候，正被称为最神异的动物啊！于是与天地划分开权限，划分开躯体，划分开外形，划分开神灵，划分开精灵，划分开气态，划分开事务，划分开职业，划分开所在的方位与处所，因而就形成三大去处：一气构成了皇天，一气构成了大地，一气构成了人类，剩下的元气散布在万物的体内而使各自成形。所以就要尊崇皇天，敬重大地，珍视人类啊！因而三皇五帝全都选立师长，遇到闹不明白的事情就向师长跪拜请教，所以国家就长久得到治理，即使遇上灾祸劫厄，也能化解它们啊！

王者无忧法

【题解】

　　本篇标题,《敦煌目录》甲部与此相同。其所谓"王者无忧法",乃系奉行《太平经》的大顺之道、可致太平气的同义语。篇中借用"心"和"股肱"、"手足"来喻示帝王同群臣、百姓的关系,又将"道"奉作"天之心"与"天之首",位居帝王之上,赋之以驱动全天下"肢体"的功能,由此敦促帝王应天行道,以期治臻太平而无忧常乐。

　　大顺之路①,使王者无忧无事致太平。夫天地不大动摇②,风雨不横行③,百神安其居,天下无灾矣。万物各居其处,则乐无忧矣。何以致之? 仁使帝王常乐,道使无愁苦也。若帝王愁苦,即天下不安。夫帝王,天下心也;群臣,股肱也④;百姓,手足也。心愁则股肱妄为,手足行运不休止,百姓流荡⑤,是其自然相使也。天亦如是也,天失道,云气乱;地失道,不能藏矣。

【注释】

　　①大顺之路:意为一切都绝对顺适的永恒真道。

②大动摇：谓日蚀、月蚀、星变、地震之类的灾异。

③横行：指频繁而又严重的水旱风灾等。详参本经卷四十三《大小谏正法》所述。

④股肱：大腿和胳膊。以喻辅政的重要力量。本经壬部云：故王者御天道，以民臣为股肱；为御不良，则乱其道矣。

⑤流荡：漂泊，流浪。

【译文】

一切绝对顺适的永恒真道，使帝王没有忧虑，无事可做，实现天下太平。天地不出现严重的灾异现象，风雨不到处造成灾害，众神灵都稳定在自己的处所，天底下就没有祸殃了。万物各自都在各自的固有位置上生长，也就内心欢乐而不存在忧愁了。这种局面是靠什么来实现的呢？仁德能使帝王总感到欢乐，真道能使帝王不存在愁苦。如果帝王愁苦，天下就不安定了。帝王形同全天下的心脏，群臣形同胳膊和大腿，百姓形同手和脚。心一愁苦，胳膊和大腿就胡乱动弹，总让手和脚摆动不止，众百姓就流离失所，这是它们递相支配的自然反应。皇天也像这样，皇天丧失掉真道，云气就乱成一团了；大地丧失掉真道，就不能包养含容万物了。

　　王者与天相通。夫子乐其父，臣乐其君，地乐于天，天乐于道，然可致太平气。天气且一治①，太上皇平且一下②，天地和合。帝王且行吾道，何咎之有③？道者，天之心，天之首。心首已行，其肢体宁得不来从之哉？

【注释】

①天气：即时气。一治：意为彻底得到调理。

②太上皇平：指第一等盛明太平的景象。一下：完全降临人世之意。

③咎：祸殃。

④首：头部。喻占首要地位的事物。

【译文】

帝王恰恰与皇天相贯通。做儿子的来使自己的父亲感到欢乐，当臣下的来使自己的君主感到欢乐，大地让皇天感到欢乐，皇天让真道感到欢乐，这样就能招来太平气。时气眼看着得到彻底调理了，第一等盛明太平的景象眼看着完全降临到人间了，天地融洽又和谐了。帝王迅即就去行用我那真道，还会有什么祸殃呢？真道是皇天的心脏，又是皇天的头部，心脏和头部已经运作起来了，四肢和躯体难道还有不跟着行动的吗？

还神邪自消法

【题解】

本篇标题,《敦煌目录》甲部与此相同。其所谓"神",系指最旺盛的上天阳气所化生的神灵而言。这等神灵进入人体内,则为心神,属于生命的主宰。"还神",即追还并固守这一主宰物。"邪自消",乃称其效验之大。篇中按照三统论,说明"神、精、形"的质的规定性,强调"神主生、精主养、形主成",三者缺一不可,共同构成人和万物的生存"神器"。又以"气"代"形",阐发"气、精、神"相互依存的关系和共同承担维护生命活动的作用。由此提出还神守身和安身养气的长生之道。并将此道同上天的感应之气联结到一起。其间关于神、精、形、气四个概念的区分,不无前后抵牾之处,亦与本部《令人寿治平法》所述存在龃龉的地方。既是对战国秦汉道家"精气说"和形神关系论的发挥改造,又为后世道教内丹术鸣其嚆矢。

分别三气所长①,还神守身。太阳,天气②,故称神。形者,太阴,主祇③,包养万物,故精、神藏于腹中,故地神称祇。精者④,万物中和之精⑤,故进退无常⑥。天地阴阳之精,共生万物,此三统之历也⑦。

【注释】

①三气:谓阳气、阴气、人气(中和气)。长:主宰之意。

②天气:指皇天的施生之气。

③主:执掌。祇(qí):指地神。本经卷一百十一《善仁人自贵年在寿曹诀》称:"主知人鬼者,有道之家其去者,得封为鬼之尊者,名为地灵祇,亦得带紫艾青黄。"

④精者:指人格化的精灵。精,语本《老子·二十一章》,《老子想尔注》则释为道之别气,入人身中为根本,持其半。《庄子·德充符》和《达生》亦以神精或形精对举。而《管子·内业》则称精为气之精者,并提出"精气"这一概念;《吕氏春秋·尽数》亦言精气,均视之为化生万物的精微之气。本经亦多处言及精或精气,实际上已将其变成人格化的精灵了。

⑤中和之精:谓由阴阳二气交合而成的人之中和气之精粹物的化身。本经乙部《和三气兴帝王法》云:"中和者,主调和万物。阴阳者,要在中和。"而辛部又称:"精者,地之精。"本部《令人寿治平法》复曰:"精者受之于地,而气者受之于中和。"《太平经圣君秘旨》所存遗文又谓:"气生精,本阴阳之气,气转为精。"所言颇有出入,可相参证。

⑥进退无常:中和具有阴阳二性,时而会偏向此一方,时而又会偏向彼一方,故曰"进退无常"。本经卷四十七《服人以道不以威诀》称:"人以和治,故进退多便其辞,变易无常。"本经庚部《某诀》(《音声儛曲吉凶》)云:"夫和气变易,或前或退,故下上无常。和者睹刚亦随之,睹柔亦随之,故无常也。"

⑦三统:指职在施生的天统,职在养长的地统,职在成就的人统(中和之统)。本经卷九十二《万二千国始火始气诀》谓:"夫天地人三统,相须而立,相形而成,比若人有头足腹身;一统凶灭,三统反俱毁败,若人无头足腹,有一亡者,便三凶矣。"历:历运,历数。

【译文】

区分清楚阳气、阴气、人气这三气所主宰的事情,使神灵回到体内,保全好自己的身躯。最为旺盛的阳气属于皇天的施生之气,因而就被特称为神灵。而形体是最为旺盛的阴气的凝结物,辖领地神,包容并养护万物,所以精灵和神灵就藏身在世人的腹内,故而地神就被称作地祇。精灵是万物和人类中和气的精粹物的化身,所以就进退没有定准。皇天的阳精和大地的阴精一起让万物得以生存,这是天统、地统和人统的历数啊!

神者主生,精者主养,形者主成①。此三者,乃成一神器②。三者法君臣民,故不可相无也。故心神动摇,使形不安③。存之不置,利其可安,即留矣;不用其可安,即去矣。始学,用其可安之,教之久久,自都安不去矣。

【注释】

①"精者"二句:上文既云形主包养万物,此处又称精者主养,形者主成,显然前后抵牾。又本经卷一百十九《三者为一家阳火数五诀》谓:天道常有格三气,第三气好杀,名为阴,亦与这里所讲"精者主养"相龃龉。

②神器:语本《老子·二十九章》。原谓神物,言其至为贵重。此处则喻指生命的统一体。

③"故心神"二句:意本《淮南子·原道训》:"形者,生之舍也;气者,生之充也;神者,生之制也。一失位则三者伤矣。"

【译文】

神灵职在施生,精灵职在养护,形体职在成就。这三方面合在一起,才构成生命的统一体。这三方面正效法君主、臣僚和民众的关系,所以决不能缺少其中的任何一个方面啊！因而心神一摇动,就使形体不安生。把心神留存在体内而不抛在一边,怎样对它确能安稳住有利便去怎样做,它也就被留存在体内了。不按照确能使它安稳住的道法去做,它也就离去了。开始学道的时候,按照确能使它安稳住的道法去做,时间一长,它也就自行安稳住而不离去了。

　　阴气阳气更相摩砺①,乃能相生。人气亦轮身上下②,神、精乘之出入。神、精有气,如鱼有水,气绝神、精散,水绝鱼亡③。故养生之道,安身养气,不欲数怒喜也④。古者明师教帝王,皆安身使无忧,即帝王自专矣⑤。天喜,太平气出,无不生成;天恨,形罚之气出⑥,莫不杀伤,万物莫不被其毒⑦,故同忧也。

【注释】

①摩砺:交互作用之意。

②人气:指人所禀受的内含阴阳的先天元气。按照后世道教内丹术的说法,气为生命的动力。轮身:在全身循环流注之意。

③“神、精”五句:本经卷四十二《四行本末诀》称:“神者,乘气而行,故人有气则有神,有神则有气,神去则气绝,气亡则神去。故无神亦死,无气亦死。”适可与此处所言两相发明。

④怒喜:《素问·阴阳应象大论》云:“暴怒伤阴。暴喜伤阳。”《淮南子·精神训》谓:“人大怒破阴,大喜坠阳,大忧内崩,大怖生狂。”

⑤自专:谓专气致柔。语本《老子·十章》。

⑥形罚:即刑罚。形,通“刑”。

⑦毒:指极度的戕害。

【译文】

　　阴气和阳气轮番地交互起作用,才能够递相化生。世人所禀受的先天元气在全身上下循环流注,神灵和精灵也随它出来进去。神灵和精灵有气作依托,就好比鱼儿有水;气一断绝,神灵和精灵也就离散了,就如同水已干涸,鱼儿便死掉了。所以养生的道术,在于安定好身形,炼养那内气,不希望人们喜怒无常啊!古代的明师教导帝王,都是让他安定好身形,叫他内心不忧虑重重,这样一来,帝王也就自行专气致柔了。皇天感到喜悦,太平气就降临下来,没有一样东西不加以化生和成就的;皇天要是感到愤恨了,刑罚气就降临下来,没有一样东西不加以伤杀的,万物没有一种不遭受那极度的残害的,所以就共同产生忧虑了。

　　天不守神,三光不明;地不守神,山川崩沦[1];人不守神,身死亡;万物不守神,即损伤。故当还之乃曰强[2],不还自守曰消亡也。

【注释】

①崩沦:崩陷堙塞。

②乃曰强:此三字中"曰"当作"日"。形近而讹。下句之"曰",亦复如是。

【译文】

　　皇天不守持住天神,日月星辰就暗淡无光;大地不守持住地神,山峦河流就崩塌堙塞;世人不守持住体内的神灵,身躯就毁灭;万物不守持住体内的神灵,自身就受到损害和伤残。所以应把神灵追回到体内,这才会一天比一天强健;不把神灵追回到体内,自行守持住它们,也就一天比一天衰败消失了。

和合阴阳法

【题解】

本篇标题,《敦煌目录》甲部与此相同。其所谓"和合",意为使之协调融洽。"阴阳",则代表事物的两个对立面。其"法",也就是实现并保持对立面的统一。篇中列举自然界到人类社会的二十二组对立现象,强调双方之间相互依赖、相互联结的关系及其主从之序,并将此称作"道之根柄、阴阳之枢机、神灵之至意"。

自天有地,自日有月,自阴有阳①,自春有秋,自夏有冬,自昼有夜;自左有右②,自表有里;自白有黑,自明有冥③;自刚有柔,自男有女,自前有后,自上有下,自君有臣;自甲有乙,自子有丑,自五有六④;自木有草⑤,自牝有牡⑥,自雄有雌,自山有阜⑦。此道之根柄也,阴阳之枢机⑧,神灵之至意也。

【注释】

①自阴有阳:此四字中"阴"、"阳"二字应互换字序。

②自左有右:左属阳,右属阴。本经庚部《某诀》(《音声僻曲吉凶》)

云:"吉事尚左,凶事尚右,左者阳,右者阴,言各从其类也。"

③冥:幽暗。

④五:天数的中数。居于一、三与七、九之间,为奇数,属阳。六:地数的中数。居于二、四与八、十之间,为偶数,属阴。

⑤自木有草:木为阳,草为木之阴。参见本经卷一百十八《禁烧山林诀》与《烧下田草诀》所述。

⑥自牝有牡:此四字中"牝"、"牡"二字应互换其字序。牡为雄性鸟兽,牝为雌性鸟兽。

⑦阜:土丘。汉刘熙《释名·释山》云:"土山曰阜。阜,厚也,言高厚也。"

⑧枢机:谓关键所在。以上所云,可与马王堆汉墓帛书《黄帝四经·称》之阴阳论相参稽,即:凡论必以阴阳大义。天阳地阴,春阳秋阴,夏阳冬阴,昼阳夜阴。大国阳小国阴,重国阳轻国阴。有事阳而无事阴,伸者阳而屈者阴。主阳臣阴,上阳下阴,男阳女阴,父阳子阴,兄阳弟阴,长阳少阴,贵阳贱阴,达阳穷阴。娶妇生子妇,有丧阴。制人者阳,制于人者阴。客阳主人阴,师阳役阴。言阳默阴,予阳受阴。

【译文】

依凭皇天,才有大地;依凭太阳,才有月亮;依凭阳,才有阴;依凭春季,才有秋季;依凭夏季,才有冬季;依凭白天,才有夜晚;依凭左部,才有右部;依凭外表,才有里层;依凭白色,才有黑色;依凭明亮,才有幽暗;依凭刚强,才有柔弱;依凭男子,才有女子;依凭前方,才有后方;依凭上面,才有下面;依凭君主,才有臣僚;依凭天干甲,才有天干乙;依凭地支子,才有地支丑;依凭奇数五,才有偶数六;依凭树木,才有花草;依凭雄性兽类,才有雌性兽类;依凭雄性鸟类,才有雌性鸟类;依凭山峦,才有土丘。这正是真道的根本所在,阴阳的关键所在,神灵最留意的地方啊!

令人寿治平法

【题解】

本篇标题,《敦煌目录》甲部题作《令人寿法平法》。其中"法平",或谓使刑法公平,亦未可知。"法"字乃系"治"字之讹,亦有可能。其所谓"令人寿治平",意为让世人延年益寿,使国家治理实现太平。其"法"就前者而言则是"爱气尊神重精";就后者而言则是无为之术。篇中强调,神、精、气本之于天地人三统,递有所受,三者"共一位"。这被后世道教内丹术奉为养生三宝,一体三用。从"爱气尊神重精"出发,篇中又引出以无事正大事的平国之道,倡言内爱其身即可外治家国。值得注意的是,本篇首段经文,亦被《太平经圣君秘旨》所节录,且有《太平经钞》漏钞的关于精气神及其修炼法的重要文字,宜合观并读。

三气共一,为神根也①。一为精②,一为神③,一为气④。此三者,共一位也,本天地人之气⑤。神者受之于天,精者受之于地,气者受之于中和。相与共为一道⑥。故神者乘气而行,精者居其中也,三者相助为治,故人欲寿者,乃当爱气、尊神、重精也。

【注释】

①神根:亦即生命之本。

②精:指体内精灵,为地之太阴气的化身。此系本经编著者对战国精气说的神学改造。后世道教内丹术则把精视为生命的基础。

③神:指体内神灵,为天之太阳气的化身。后世道教内丹术则把神视为生命的主宰。

④气:指人所禀受的先天元气。后世道教内丹术则把气视为生命的动力,与精、神同为虚无先天真一之气的具体衍化形态,精非后天交感之精,气非呼吸之气,神非思虑之神,合称为养生三宝。

⑤本天地人之气:此六字《太平经圣君秘旨》(下称《秘旨》)"气"下有"根"字。本:意为来源于。

⑥相与共为一道:《秘旨》于此六字中无"道"字。

【译文】

　　天气、地气和人气融合成一体,这是生命的根基啊!一为体内的精灵,二为体内的神灵,三为先天的内气。这三方面共同组成一个整体,来源于皇天的太阳气、大地的太阴气和人类的中和气。神灵从皇天那里化生出来,精灵从大地那里化生出来,内气从中和那里化生出来,彼此共同构成一个整体道法。所以神灵随同内气而活动,精灵置身在其中,这三方面相互协助而施行治理。因而世人想长寿的,正应当爱惜内气,尊崇神灵,敬重精灵啊!

　　欲正大事者①,当以无事正之②。夫无事,乃生无事③,此天地常法、自然之术也,若影响④。上士用之以平国,中士用之以延年,下士用之以治家。此可谓不为而成,不理而治。大道坦坦,去身不远⑤,内爱吾身,其治自反也。

【注释】

①正:扶正,端正。大事:指治国得太平。

②无事:谓无为而治。其与下文"无事"词意迥异。

③无事:没有变故之意。指灾异不起,盗贼不生等。即社会安定,
　　天下无事。

④若影响:如影随形、如声回应之意。谓对世人做出的反应极为迅
　　速准确。

⑤"大道"二句:语出《文子·上德》。

【译文】

　　希望扶正国家大事的人,正该通过不去人为地制造事端来扶正它。
不去人为地制造事端,才会形成天下太平无事的局面。这是天地的常
法,原本就那样的定律,就像身影随同身形、回音应和原声那样地灵验
啊!高明的人运用它来使国家太平,中等人运用它来延长寿命,下等人
运用它来积聚家财。这可以称得上是不去做它,它却成功;不去治理,
它却得到了治理。大道广阔平坦,距离每个人并不遥远。从内心里爱
惜自己的生命,相应的治理也就自动归拢来了。

七事解迷法

【题解】

本篇标题,《敦煌目录》甲部与此相同。其所谓"七事",系就帝王是否单纯采用德、仁、义、礼、文、法、武作为治身和治国的指导原则而发。"解迷",则是逐项为其消除掉偏好其一而实际做不到圆通畅达的认识上和决策上的失误。其"法"则归结为奉用道治。篇中认为,七事"各异治",每事固然独具其用,各有所长,但均属逐末治标之举,尽管不可悉予废弃,但切切不可单一行用,单一行用则绝对收不到治万民、安天下的施政效果。相反,只有"合以守一,分而无极"的真道,才是治身安国致太平的"大术"。执此术而驾驭七事,方属"深得其诀",名为"洞照之式"。此文宜与本经辛部第六条经文(《敦煌目录》卷一百二十六题作《九事亲属兄弟决》)相参证。

以德治身何如①,及以治万民,致大和之气何如②,善而不达③,何能安哉?以仁、义治身何如④,及治万民何如,善而不达,何能安哉?以礼治身何如⑤,及以治万民何如,善而不达,何能安哉?以文治身何如⑥,及治万民,善而约束,使不得为非何如,善而不达,何能安哉?以治身何如⑦,及治万民何如,善而不达,何能安哉？以灭武兵革治身何如⑧,及以治万民何如,善而不达,何能安哉？然此七事,亦不可无,亦不可纯行⑨。

【注释】

①德:指以养育养护为旨归的真德或大德。本经卷四十九《急学真法》云:"夫人有真德,乃能包养无极之名字;夫无德者,乃最劣弱困穷小人之名字也。"

②大和之气:指天之太阳气、地之太阴气、人之中和气的统一体。本经卷四十八《三合相通诀》云:"气者,乃言天气悦喜下生,地气顺喜上养。气之法,行于天下地上,阴阳相得,交而为和,与中和气三合,共养凡物。三气相爱相通,无复有害者。气者,主养以通和也。"

③达:圆通畅达。即各个方面无不奏效之意。

④仁:仁慈,仁惠。《春秋元命苞》谓:"仁者,情志好生爱人,故其为人以仁,其立字二人为仁。"《乐纬动声仪》称:"仁者好生。"《白虎通义·情性》云:"仁者,不忍也,施生爱人也。"《释名·释言语》云:"仁,忍也,好生恶杀,善含忍也。"本经卷四十九《急学真法》谓:"仁者,乃能恩爱无不包及、但乐施与无穷极之名字。义:指正义或道义所在。"《乐纬动声仪》称:"义者断决。"《白虎通义·情性》谓:"义者,宜也,断决得中也。"《释名·释言语》云:"义,宜也,裁制事物,使合宜也。"

⑤礼:谓礼制礼法及礼仪规范等。《老子·三十八章》谓:"夫礼者,忠信之薄而乱之首。"

⑥文:文饰。指繁冗的条文教令和奏章、诗文、歌赋等。《释名·释言语》云:"文者,会集众彩以成锦绣,会集众字以成辞义,如文绣然也。"

⑦以治身何如：据下文，此五字中"以"下当有"法"字。法，谓法治及法律条文等。《周易·噬嗑》卦称："亨利。用狱。"《象》曰："雷电噬嗑，先王以明罚敕法。"《老子·五十八章》谓："其政察察，其民缺缺。"《庄子·天道》云："赏罚利害，五刑之辟，教之末也。"《文子·道德》称："法烦刑峻，即民生诈。"又《文子·精诚》称："刑罚不足以移风，杀戮不足以禁奸。"《管子·七臣七主》谓："夫法者，所以兴功惧暴也；律者，所以定分止争也。"《韩非子·难三》云："法者，编著之图籍，设之于官府，而布之于天下者也。"

⑧灭武：意为旨在铲除武力的军事行动。古有以武止武之说。《左传·宣公十二年》有云：夫文，止戈为"武"。《庄子·天道》谓："三军五兵之运，德之末也。"《释名·释言语》云："武，舞也，征伐动行，如物鼓舞也。故《乐记》曰：发扬蹈厉，太公之志也。"

⑨纯行：单一施用之意。

【译文】

用真德来整治自身究竟会怎么样，把它推广到治理众百姓上，招来高度和谐的正气又究竟会怎么样，认为很好却仍不能各个方面全都奏效，又哪里会天下安平呢？用仁爱或正义来整治自身究竟会怎么样，把它推广到治理众百姓上又究竟会怎么样，认为很好却仍不能各个方面全都奏效，又哪里会天下安平呢？用礼仪来整治自身究竟会怎么样，把它推广到治理众百姓上又究竟会怎么样，认为很好却仍不能各个方面全都奏效，又哪里会天下安平呢？用文饰来整治自身究竟会怎么样，把它推广到治理众百姓上，规定得十分详备以便严加约束，使人们没办法去干坏事又究竟会怎么样，认为很好却仍不能各个方面全都奏效，又哪里会天下安平呢？用法律来整治自身究竟会怎么样，把它推广到治理众百姓上又究竟会怎么样，认为很好却仍不能各个方面全都奏效，又哪里会天下安平呢？用武力来整治自身究竟会怎么样，把它推广到治理众百姓上又究竟会怎么样，认为很好却仍不能各个方面全都奏效，又哪里会天下太平呢？然而这七宗事体，既不能没有它们，也不能单一去施用。

古者神人治身①，皆有本也；治民，乃有大术也。使万物生，各得其所，能使六极八方远近欢喜②，万物不失其所，乃当自然，能安八方四远③，行恩不失氂毛④。今未能养其本末，安能得治哉？今此上德、仁、义、礼、文、法、武七事⑤，各异治，俱善有不达，而各有可长，亦不可废，亦不可纯行。治身安国致太平，乃当深得其诀⑥，御此者道也⑦。合以守一⑧，分而无极⑨，上帝行之⑩，乃深乎不可测，名为洞照之式⑪。

【注释】

①神人：指神妙至真之人。《庄子·天道》称，不离于精（醇粹不杂），谓之神人。

②六极：上下四方。

③四远：四方边远之地。

④氂(lí)毛：喻指极为细微的物体。

⑤上：崇尚，推重。

⑥诀：意为恰切无疑的定论。

⑦道：指以施生化生为旨归的真道或大道。本经卷四十九《急学真法》云："道乃能导化无前，好生无辈量。"

⑧一：指道。

⑨分而无极：意为扩散到各个方面。

⑩上帝：指第一流帝王。

⑪洞照之式：意为内外无不透彻察知的法式。其与本部《神人真人

圣人贤人自占可行是与非法》所称"照镜之式"，意颇相近。

【译文】

古代的神人整治好自身，都有根本之所在哪！治理百姓，更有重大的道术啊！使万物生长，各得其所，能使六方边际、八方远近全都欢喜，万物不失去自身固有的生长处所，这才够得上自然而然，确能安定住八方和四周极远之地，施布恩惠不漏掉极其细微的生物啊！如今尚未养护好从根本到末梢的一切东西，怎能实现天下大治呢？现下崇尚真德、仁爱、正义、礼仪、文饰、法律、武力这七宗事体，治理起来各不相同，认为每样都好但却不能各个方面全都奏效，也不过是各有长处，因而既不能废弃掉，也不能单一去施用。整治好自身，安定住国家，实现天下太平，正该深深获取到恰切无疑的定论，定论也不外乎驾驭这七宗事体的恰恰是那个真道啊！合起来就去守持住真道，分开来就扩散到各个方面去。第一流的帝王行用它，就高深奇妙得无法猜测出来，这被称作内外无不透彻察知的法式。

救四海知优劣法

【题解】

本篇标题,《经钞》原无"海"字,由《合校》本辑校者据《敦煌目录》增补。其所谓"救四海",系指知优劣的"优"之极致而言。以此极致为优,则形同末端的个人独得自全,属于"劣"。介乎于优劣之间者,乃是合家能避祸灾。这三种效应,便构成了大人、中士和下士学道行道的验核区定之"法"。篇中对此大力加以阐发,核心则为三等命定论以及与之相应的"三气共一治"说,由此标举君明、臣良、民顺的高度协调的"治长"状态,推崇帝王研习施用真道而能平天下、救四海、恩及夷狄得天助的绝佳表现。

天生人,凡有三等:第一天生,第二地生,第三人种类。受命天者为人君,受命地者为人臣,受命人者为民。君者,应天而行;臣者,应地而行,顺承其上;为民者属臣①,转相事②。凡是三气共一治③,然后能成功。故上之安者,其臣良也;臣职理者,其民顺常④;民臣俱善,其君明,其治长。

【注释】

①属：隶属，归属。

②转相事：意谓民众以臣僚为中介而奉事君王。事，奉事。

③三气：指君属天之太阳气，臣属地之太阴气，民属天之太阳气同地之太阴气交合而成的人之中和气。参见本经乙部《和三气兴帝王法》所述。

④顺常：顺从伦理纲常之意。

【译文】

皇天使人降生下来，总共把人分成三个等次。第一等属于皇天让他降生下来的，第二等属于大地让他降生下来的，第三等属于人类繁殖传衍的。从皇天那里承受到本命的人，就成为君主；从大地那里承受到本命的人，就成为臣僚；从人类那里承受到本命的人，就成为平民百姓。当君主的，就要应合皇天去行事；做臣僚的，就要应合大地去行事；做百姓的，隶属于臣僚，通过侍奉臣僚而去侍奉君主。总共这三气，共同形成协调一致的治理状态，然后才能取得成功。所以君主安定，他那臣僚就贤良；臣僚克尽职守，治下的百姓就顺从伦理纲常；百姓和臣僚都良善，他们的君主就英明，国家的治理就长治久安。

太平者以道行，三气悉善，合乎章也①；怀道德，不相伤也。故大人治道②，以平天下，救四海，恩及夷狄，祸不得起，其善证日生③，凶不得来。中士学道为国臣，助其治也，度其家，辟祸灾。其次治道，损其父母④，反远游，德独小薄，才脱躯也⑤，安能辅明王助国家哉？能平四海者，天助之；为人臣者，助为治，与地谋；才自脱者，道狭小，无可得治。此三人皆度世老寿⑥，有大小不同邪？

【注释】

①合：和洽。章：盛明。

②治道：研习施用真道的意思。

③善证：犹言瑞应。即吉祥的兆应。

④损：抛弃之意。

⑤脱躯：谓个人独自身全。

⑥度世：谓超凡成仙。

【译文】

实现天下太平的人凭借真道来实现，君臣民这三气全都吉善，那就融洽得非常通透啊！身怀真道与真德，彼此并不妨害啊！所以身居高位的人修炼真道，就用它去平定天下，拯救四海的民众，恩德扩展到边区的部族，祸害就没办法产生出来，吉祥的兆应日益降现，凶殃就没办法袭来。中等人学用真道，就成为国家的臣僚，协助帝王进行治理，使自己全家从灾厄中解脱出来，躲避开祸殃。第三等人修炼真道，就抛弃自己的父母，反而到远方去游历，德业偏偏落得微小单薄，仅仅能保全本人的身躯罢了，怎会辅佐圣明的帝王而对国家有所帮助呢？能够平定天下的人，皇天就佑助他；身为臣僚的人，协助帝王施行治理，就与大地做谋划；仅仅才保住自己身躯的人，道法太狭窄，没办法投身到国家的治理当中去。这三类人都能超凡成仙，寿命长久，可却存在着大与小的差别吧？

是神去留效道法

【题解】

本篇标题,《敦煌目录》甲部题作《时神效道法》。其所谓"是",意为悟知确认;而悟知确认的对象"神去留",则指主宰人命的体内神灵游离人体之外和留驻人体之内而言。"效道",察验真道之义。篇中言称,人日三变,言行举止俱受体内神灵支配,尤其是在入睡之后,体内神灵即会脱身而出,使人独与"众邪"相合,仅剩一气。人要固守住这长寿或命绝的主宰物,必须明悉阴阳的属性,保持志念纯正,专精于真道,施用"君子制尸不制鬼"的法则。

神人言①,明行效道②,视命在谁乎③?令人昭然觉悟,知命所从来。法审谁者④?持其正也。人法阴阳生⑤,阳者常正,阴者常邪;阳者常在,阴者常无;阳者常息,阴者常消;阳者常生,阴者常杀。

【注释】

①神人:对传道天师的尊称。

②明行:谓彰明自身的行为。效道:察验真道之意。

③视命:自察性命安危之意。

④法：指取法的准绳。审：确应。

⑤人法阴阳生：意为人之形体与情性俱按阴阳两部分天然生就。参见本经乙部《录身正神令人自知法》所述。

【译文】

　　传道神人说，世人彰明自己的所作所为，再来察验真道，看一看性命安危到底掌握在谁那里呢？使人明明白白地觉悟过来，知道性命的来源所在。取法的标准确实该是什么呢？这就是持守纯正啊！世人都按阴阳两部分而天然生就，阳是总纯正，阴却总邪恶；阳是总存在，阴却总泯灭；阳是总升进，阴却总消退；阳是总化生，阴却总伤杀。

　　人日三变①，象三气。其政殊异②，相与分争乖错③，不相从也。而习使其常，守人形容者吉④。唯有真道者，能专精自殊异也。不学者，则不知神去留之效，立见之物，不可隐也。故君子制尸不制鬼⑤。

【注释】

①三变：疑指朝念道，昼念德，暮念仁。本经壬部称："天有四时三部，朝主生，昼主养，暮主施。君上乐欲无事者，朝常念道，昼常念德，暮常念仁。"又《论语·子张》载录君子有三变之说，即望之俨然，即之温和，听其言严厉。

②殊异：截然不同，迥然有异。

③乖错：违逆错乱。

④守人形容：意谓保持常态。即步入安宁的境地。形容，形体容貌。

⑤尸：指三尸邪神。一名上尸，居人脑中；一名中尸，居人心中；一名下尸，居人腹中，共为人害。

【译文】

世人每天发生三次变化,这正取法阳气、阴气、中和气。三气发出的政令截然不同,搅在一起纷争就违逆错乱,彼此不顺畅啊! 而形成习惯,致使三变总是那样,保持好常态,这样的人就吉利。只有真道才能使人步入专精的境地而表现出自己迥然与众不同啊! 拒不学用真道的人,就不明白体内神灵离去和留驻的效验,立刻就会在什么东西上显现出来,根本隐藏不住。所以君子制伏三尸邪神而不去制伏鬼物。

人不卧之时,行坐言语,分明白黑,正行住立①,文辞以为法度②,此人神在也。及其瞑目而卧,光景内藏③,所念得之,但不言,神在内也。及其定卧,精神去游④,身不能动,口不能言,耳不能闻,与众邪合,独气在,即明证也。故精神不可不常守之,守之即长寿,失之即命穷。人之得道者,志念耳;失道者,亦志念耳。

【注释】

①住立:止步和站立。
②文辞:谓谈吐。
③光景:指白天所接触的诸种事象。景,通"影",影像。
④去游:谓出游体外。

【译文】

人在还没躺下的时候,行走、坐定、讲话,都像黑白两种颜色那样分明,端正行为举止,谈吐讲究礼貌规矩,这正表明人体内的神灵正在人体内啊! 等到闭上眼睛躺下,白天的事象还记在心里,一回想就闪现出来,只是嘴里不说它,这也表明神灵还在体内啊! 等到睡熟以后,体内的精灵与神灵离开人体,游逛到外面去,可人的身体却根本动弹不了,嘴里也说不出话来,耳朵也听不到声音,与那些邪物聚合在一起,只有那口气还存在,这就是神灵不在体内的显著证明啊!所以对体内的精灵与神灵,不能不时常守护住它们,能守护住就长寿,守护不住就丧命了。世人中获取到真道的人,只在于自己的志念罢了;失去真道的人,也只在于自己的志念罢了。

救迷辅帝王法

【题解】

本篇标题，《经钞》"辅"作"转"，由《合校》本辑校者据《敦煌目录》甲部所列者改定。其所谓"救迷"，是说将世人从对"大道"功用分辨不清的蒙昧状态中解救出来。"辅帝王"，意为辅助帝王修身治国。篇中着力标揭大道的穷极变化性和普遍适应性，对比说明人之善恶兴衰、吉凶祸福，安危贵贱，特别是寿同天地与度世成仙，悉尽取决于守道行道与否。借此力促东汉统治者施用《太平经》所包纳的"太平之道"。

大道变化无常，乃万里相望，上下无穷，周流六方。守之即吉，不守即伤，阴阳开辟以为常①。其付有道②，使善人行之，其寿命与天地为期。夫德有优劣，事有本末，凡事悉道之也。将兴者得善，将衰者得恶，比若土地，得良土即善，得薄土为恶。

【注释】

①阴阳：指天地。

②有道：谓有道之君。

【译文】

大道变化无常,在万里以外也恰恰联结得到,往上往下都没有能到尽头的时候,流布遍及六方。守行它就吉庆,拒不守行就受到伤害,从天地开辟以来一直如此。把它付归给具有道德的君主,再让良善的人施用它,寿命就与天地相始终了。德行存在着优劣,事情具有本末,任何事情都是由真道来决定其结果的呀。眼看要兴起的人就获得美好的结果,眼看要衰败的人就落得险恶的下场,这就好比田地,得到肥沃的田地,庄稼就长得好;得到瘠薄的田地,庄稼就长得坏。

善上合天①,贱者都泽②;坐者为主人,行者为流客③:此尽道也④。善人行成福,恶人行成灾,善人得以为福德⑤;尊者得之驾乘⑥,卑者得以步足⑦;圣贤得以度世,小人得之不相克贼⑧,此皆道也。教不重见,时不再来。急教帝王,令行太平之道。道行,身得度世,功济六方含生之类矣⑨。

【注释】

①善上:最良善的人。

②都泽:谓全城沦为水中亡物。《淮南子·俶真训》有历阳(古县名)城一夕沉为湖泊的说法。

③行者:为生计四处奔波的人。流客:流亡寄居的人。

④尽道:悉由守道与否造成之意。

⑤福德:福分和德业。

⑥驾乘:比喻取得并保有尊贵的地位。

⑦步足:比喻从事日常活动而平安无事。

⑧克贼:制伏与伤残。

⑨济:救护。含生之类:泛指一切生物。

【译文】

最良善的人与皇天融为一体,低贱的人和一片汪洋同归于尽;安坐不动的人却成为主人,四处奔波的人却成为流亡寄居的人:这都是由是否守行真道而造成的。良善的人一做什么就形成吉福,歹恶的人一做什么就形成灾殃,良善的人得以铸就福分和德业;尊贵的人得以保有尊贵的地位,卑贱的人得以从事日常活动而平安无事;圣贤得以超凡成仙,普通百姓得以相互不再制伏与伤残,这都是由是否守行真道而造成的。训导不会重新再降现,时机不会重新再来到。急切地教导帝王,让他行用能使天下太平的真道。真道加以行用了,他本人就能超凡成仙,而功德也救护六方的一切生物了。

附录

太平经佚文

【说明】

《太平经》残缺不全,损失颇为严重。在其流传过程中,除有全书节要性质的《太平经钞》外,还有专题辑要——《太平经圣君秘旨》。至于其他道书、道教类书、综合性类书以及正史古注,也间有征引,或摘录片断,或择记只言片语。《合校》本广加搜采,共得二十六种(敦煌经卷残页亦在内,《上清后圣道君列纪》和《灵书紫文上经》则不计)。对各书所引经文,均据卷帙部位的对应关系妥予厝置。其中难以确定者,一并附存于全书之末,标之以“《太平经佚文》”总题目。这些佚文,大多反映了本经仅见于此的颇具道教特色的思想内容,非但不可小觑,犹且弥足珍贵。下列两节佚文,出自《后汉书》卷三十《襄楷传》李贤注引。一则要求世人效法天象,承顺阴阳相须之理;二则讲论房中即男女交合、受孕得子的契机与注意事项。其中既包含着对东汉中后期皇朝无有嫡传继位人的忧虑,也隐含着对近世帝王荒淫行径的指斥;既有“不妄施”即节制房事活动的关于性卫生的合理因素,也有人多则国富的关于人口问题的传统思想,并将二者之间的关系因果式地联结在一起,构成了本经兴国广嗣之术的重要组成部分。

天失阴阳则乱其道①,地失阴阳则乱其财②,人失阴阳则绝其后③,君臣失阴阳则其道不理④,五行四时失阴阳则为灾。今天垂象为人法⑤,故当承顺之也。

【注释】

①阴:指月、星和夜。阳:指日和昼。

②阴:指土壤、河流与雌性动植物。阳:指山岳和雄性动植物。财:谓天然资源。本经卷七十三至八十五《阙题》(三)谓:"天地人三统共生、长、养万物,名为财。"辛部经文又云:"夫财者,天地之间盈余物也。"

③阴:指女子。阳:指男子。

④阴:指臣。阳:指君。道:指君尊臣卑、君为臣纲的原则。理:得到贯彻之意。

⑤垂象:垂示征象。法:谓效仿的准则。

【译文】

皇天丧失掉阴阳中的任何一个方面,就会搅乱它所拥有的道法;大地丧失掉阴阳中的任何一个方面,就会破坏它所掌控的资源再生;人类丧失掉阴阳中的任何一个方面,就会灭绝掉它所传衍的后代;君臣丧失掉阴阳中的任何一个方面,它所确立的尊卑原则就得不到贯彻落实;五行和春夏秋冬丧失掉阴阳中的任何一个方面,就会形成巨大的灾害。如今皇天垂示兆象,构成世人效仿的准则,所以就应当承奉并顺从它啊!

又问曰:"今何故其生子少也①?"天师曰:"善哉!子之言也。但施不得其意耳②。如令施其人欲生也③,开其玉户④,施种于中,比若春种于地也,十十相应和而生⑤。其施不以其时⑥,比若十月种物于地也,十十尽死,固无生者。真人欲重知其审,今无子之女⑦,虽日百施其中,犹无所生也。不得其所生之处,比若此矣。是故古者圣贤,不妄施于不生之地也,名为亡种竭气而无所生成⑧。今太平气到,或有不生子者,反断绝天地之统⑨,使国少人⑩。理国之道,多人则国富,少人则国贫。今天上皇之气已到,天皇气生物,乃当万倍其初天地。"

【注释】

①生子少:此乃特就东汉中后期帝王多无后嗣这一状况而发。《后汉书·皇后纪》载:"孝章以下,渐用色授,恩隆好合,遂忘淄蠹。……东京皇统屡绝,权归女主,外立者四帝,临朝者六后。莫不定策帷帟,委事父兄,贪孩童以久其政,抑明贤以专其威。"

②施:谓男子施精于女体。即房中交合之术。

③其人:指女子。欲生:谓受孕怀胎。

④玉户:指女性生殖器官。

⑤十十:犹言百分之百。

⑥时:指受孕的期日。马王堆汉墓出土的帛书医籍《胎产书》有云:"月朔,已去汁×(月经),三日中从之,有子。其一日男,其二日女也。"唐孙思邈《千金翼方》卷五《行房法》亦谓:"妇人月信断,一日为男,二日为女,三日为男,四日为女,以外无子。"

⑦无子之女:即不育症患者。

⑧"名为"句:此系本经编著者所创制的一种颇具指向性的专用术语。夷考房中术,其起源甚早,至汉代广为流行,旨在养生。《汉书·艺文志·方技略》便载录房中八家,或冠以容成、务成子、尧舜、商汤乃至黄帝等人名。其小序则谓:迷者弗顾(违背养生之旨),以生疾而殒性命。马王堆汉墓出土的帛书医籍《合阴阳》、

《天下至道谈》，亦主房中养生，可证《汉志》所言之确。

⑨天地之统：统指统系。男子为阳，故属天统；女子为阴，故属地统。

⑩使国少人：意谓人口匮乏。

【译文】

学道真人又询问说："如今是什么原因致使帝王生下皇子那样少呢？"天师回答说："你这问话太好了！只是施精没能获取到那要意罢了。如果要对那个女子施精使她受孕，打开她的生殖器官，把命根注入到里面去，这也就如同春天把种子播撒到地里去，百分之百地相应，就会生下儿子了。倘若施精不按确能受孕的日期做，这也就如同在农历十月往地里种东西，百分之百都会死掉，压根就没有能够生长出来的。真人想再了解那端详，如今一个身患不育症的女子，即使每天往她下部施精一百回，仍然没有能生下来的孩子啊！掌握不住确能受孕的关键，也就像这个样子了。所以古代的圣贤不往根本就生不出后代的地方胡乱施精，这被称作灭亡种姓，耗竭内气而没有什么能够化生和成就的东西。如今太平气来到了，有的人却生不下儿子来，反而断绝掉天地阴阳的统系，使国家人口匮乏。治国之道是：人口众多就国家富强，人口匮乏就国家贫弱。如今皇天最盛明的太平气已经降临，皇天的盛明气化生万物，正该比天地开辟的时候要多上万倍。"

【说明】

下列十五字佚文，出自唐道士王悬河《三洞珠囊》卷九《老子化西胡品》所引，记述道教所奉鼻祖——老子的转生年代。此十五字，实则不类本经之文。

老子往西①，越八十余年②，生殷周之际也③。

【注释】

①西:指西域,包括古天竺印度在内。东汉后期,佛教在中国内地流行,依附于黄老道家之学。在这种情况下,产生了老子西入天竺变身为佛的传说。该传说始见于《后汉书》卷三十《襄楷传》。襄楷为传习并向朝廷献呈《太平经》的齐地方士化的儒家学者。

②越:经过。

③生:转生。殷周之际:即商末周初。详参本经甲部所列《三洞珠囊》卷九引《太平部》卷第八《老子传授经戒仪注诀》所述。

【译文】

老子往西域去传道,经过了八十多年,在殷末周初又转生到世上。

【说明】

下列三小节佚文,出自唐末道士杜光庭《道德真经广圣义》卷五《释疏题明道德义》所引,扼要解释"德"、"成"的内涵及守德的标准。

德者,正相得也①。

【注释】

①相得:意谓行德而得德。《老子·二十三章》谓,从事于德者,同于德;同于德者,德亦乐得之。对此,《老子想尔注》解释说,人举事与德合,德欲得之也。本经卷九十七《炉道不传处士助化诀》则称,学之以德,其人得。又卷一百《东壁图》云:以德得之,道之中和也(中和指中间层次,其基始则为职在施惠的仁,其极致则为职在化生的道。德乃职在养长,故介乎二者之间)。《太平经》于此论德,是以善有善报为着眼点的。

【译文】

所谓德,是说行德而恰恰人就相应地得到德。

所谓成者,成济众生①,令成极道②。

【注释】

①成济:成全救护。

②极道:至高之道。此三句《合校》本未予收录,兹补列。

【译文】

所谓成,是说成全救护所有的世人,使他们修炼成最高的真道。

常德不丧①。

【注释】

①丧:离失。《老子·二十八章》谓:"常德不离,复归于婴儿。"《老子想尔注》云:"专精无为,道德常不离之,更反为婴儿。"

【译文】

经常守德,而不叫它离开失去。

【说明】

下列两小节佚文,依次出自宋代(?)周固朴《大道论·至德章》、《理国章》所引,简释"德"、"成"、"不丧"的各自含义,强调清静无为的治国之道。

德者,正相德也。成者,成济也。不丧者,不失也。

【译文】

所谓德,是说行德而恰恰人就相应地得到德啊! 所谓成,是说成全救护所有的世人啊! 所谓不丧,是说不失去它啊!

爰清爰静①,是知理道②。

【注释】

①爰:语助词,无义。清:谓清心寡欲。静:谓归根复命。清静即自
　　然无为。《老子·四十五章》称:"清静为天下正。"
②理道:指治国的原则与方法。

【译文】

清心寡欲,归根复命,这才属于懂得治理国家的原则与方法。

【说明】

下列两小节佚文,出自唐代史崇奉敕撰《一切道经音义妙门由起》
首篇《明道化》、次篇《明天尊》所引,阐发"道"的属性,强调真道是天仙
大人同至高天神相沟通的媒介。

道者,乃天地所常行①,万物所受命而生也②。

【注释】

①"道者"二句:本经乙部《安乐王者法》称:"天守道而行,即称神而
　　无方。地守道而行,五方合中央,万物归焉。"
②受命:谓禀受本命。

【译文】

真道正属于天地所永远守行的东西,是万物禀受本命而生存的
根源。

能得太上之心者①,皆无形自然②。天仙大人有真道③,
乃能得太上之心,余者何因得与相见乎?

【注释】

①太上:指至高天神天君。本经壬部谓:"天君者,则委气,故名天君,尊无上。"又卷一百十四《九君太上亲诀》对太上威灵述之甚详。

②无形自然:此系申说持修真道所达到的境地。无形指元气,自然则谓本来就如此的那种情状和态势。本经壬部有云:"天上之士上受委气无形而生,自然元气,同职共行。"

③大人:圣人在位者。此处指以帝王为首的最高统治集团的核心人物。

【译文】

能够获取到至高神天君的心意的人,全都表现为化成精气,自然而然。天上的神仙和人间的掌权者怀有真道,才能获取到至高神天君的心意,其他的做法凭借什么能与天君见面呢?

【说明】

下列五句二十字佚文,出自唐代徐坚《初学记》卷二十三《道释部·道士第三》所引,说明道德明师的主导作用和传道布道的扩展方法。

悟师一人①,教十弟子,十以教百,百以教千,千以教万。

【注释】

①悟师:指深谙真道善德的明师。此处所云,同本经卷六十七《六罪十治诀》的同类论述相近似,或即出于此篇。

【译文】

对真道善德确有体悟的一位明师训导好十名弟子,这十名弟子就能再去训导好一百个人,这一百个人就能再去训导好一千个人,这一千个人就能再去训导好一万个人。

【说明】

下列一小节佚文,出自南宋曾慥《道枢》卷三十《三住篇》所引,宣示修道初成的标志。后世道教视之为三住法(存保元气和神、形)的要诀。

　　神者,道也。入则为神明①,出则为文章②,皆道之小成也③。

【注释】

①神明:神灵之明。本经卷九十二《火气正神道诀》称:"心主神,心正则神当明。"

②文章:文彩。此处则谓面目涌生光泽。

③小成:初成。

【译文】

让人神气充盈的东西,也就是那真道啊！进入内室就构成神灵般的内心明彻,来到外面就显出满面生辉的模样,这都属于真道初步炼成的标志。

【说明】

下列五小节和一整节佚文,出自北宋张君房《云笈七签》所引。前三小节见于卷六,申说"太平"之义和实现太平的首要之务及其证象;后两句依次见于卷十一和卷十二,解说人"胆"在内修方术中的地位;一整节佚文,则见于卷八十九及卷九十二,指陈"多言"即纷繁治国主张的危害,力倡圣心出言,言当成经,以除灾害。

　　今平气行矣,平亦是安①。

【注释】

①安：安宁，和和。

【译文】

如今太平气施布开来了，其实太平也就是那安宁的局面。

欲复古太平之法，先安中气也①。

【注释】

①中气：指由天之太阳气与地之太阴气交合而成的人之中和气。本经乙部《和三气兴帝王法》称："阴阳者，要在中和。中和气得，万物滋生，人民和调，王治太平。"又卷一百十七《天咎四人辱道诫》谓："天地之间，其气集多所而畜容，故名为中和。"又卷一百一十九《三者为一家阳火数五诀》云："二者好成，名为和。"

【译文】

打算恢复古代天下太平的道法，首先要使人间的中和气安平下来。

三五气和①，日月常光明，乃为太平。

【注释】

①三五：三指天地人，五指五行，即木火土金水。

【译文】

天气、地气、人间气和五行气协调一致，太阳和月亮总是大放光辉，这才够得上太平。

积清成精①，故胆为六府之精也②。

【注释】

①积清成精:指"守一明法"这种高度集中和控制意念力的修炼方术所达到的一种幻境,即"少阳之明"。《太平经圣君秘旨》谓,明有正青,青而清明者,少阳之明。此四字佚文,本为《上清黄庭内景经·胆部章》注所节引,而《黄庭内景玉经》梁丘子注(卷中)则作"积精成青",文有异而义无不同。

②六府,即六腑,指胆、胃、大肠、小肠、三焦、膀胱。此处乃谓六腑的精明之气,内聚于胆。胆色青黄,外与东方青龙、雷震之象相对应。古代以其为中正之官,认为人作决断,悉出于胆。参见《素问·灵兰秘典论篇》所述。后世道教讲论内丹术,则谓胆神名龙曜,字威明,思存胆神,则可乘庆云,役使万神朝三元。

【译文】

修炼内视如何清明的道术,达到精粹的境地,所以胆部就成为六腑的精气凝聚处。

积清成青也①。

【注释】

①积清成青也:此五字佚文本为《上清黄庭内景经·隐藏章》注所节引,而《黄庭内景玉经》梁丘子注(卷下)则作:"积精成青也"。彼此属于仅有一字之差的异文。

【译文】

修炼内视如何清明的道术,达到那纯青的境地。

何谓为多言①?然。一言而致大凶②,是为上多言人也③;一言而致辱,是为中多言人也;一言而见穷④,是为下多言人也。夫古今圣贤也,出文辞满天地之间,尚苦其少,有不及者⑤,故灾害不绝。后生贤圣复重言之,天下以为法,不敢厌其言也⑥。故言而除害者⑦,常苦其少,是以善言无多,恶言无少。故古之圣人将言也,皆思之。圣心出而成经⑧,置为人法。愚者出言,为身灾害,还以自伤。

【注释】

①多言:指有关治国的纷繁主张。《老子·五章》谓:"多言数穷,不如守中。"

②一言:一句话。语本《论语·子路篇》:"一言而丧邦。"

③上:意为最糟糕的。

④见穷:意谓陷入回答不上来的窘迫境地。以上分多言为三等,各以一言为限,则是在极力强调大道希声。

⑤不及:指讲不全和讲不透的地方。

⑥厌:厌弃。

⑦而:能。

⑧经:谓坚确不移的定论。以上整节文字,亦见于《云笈七签》卷九十二《仙籍语论要记》,惟第九句"出文辞"三字"文"上多一"言"字。此节所述,与本经卷九十七《事师如事父言当成法诀》有相近之处。

【译文】

什么叫做纷繁的治国主张呢?好的,我告诉你:讲出一句话,却给自己招来大凶害,这就属于最糟糕的持守纷繁治国主张的人;讲出一句话,却给自己招来羞辱,这就属于中等的持守纷繁治国主张的人;讲出一句话,却被别人问住,这就属于第三等的持守纷繁治国主张的人。古今圣贤传布出文辞来,已经填满天地之间了,可世人仍旧为它们感到数量少而苦恼,唯恐还有讲不全和讲不透的地方,所以灾殃祸害就接连不断。后来出世的圣贤又继续加以解说,天下把它们奉为行用的准则,不敢厌弃那些说法啊!所以讲出来真能消除灾害的理论,就总是让人为它数量太少而感到苦恼,因此吉善的理论并没有多起来的,邪僻的理论也没有减少了的。所以古代的圣人在提出主张以前,都精思它们。经过圣明用心提出来的主张,就形成坚确不移的定论,明摆在那里,成为人们奉行的准则。而愚蠢的人提出主张来,却对自身造成了灾殃祸害,反转来自己毁伤了自己。

【说明】

下列三节佚文,依次出自北宋官修大型类书《太平御览》卷六五九《道》、卷六六〇《真人上》、卷六六八《养生》所引,主要申说专一默识的修道道戒,指明得道的品级与终极目标,开示"静为基先"的守一思神修炼术。

言则道不成①,多言则为害;闭口不言,万岁无患②。

【注释】

①言则道不成:此系强调修道必须坚心密志,慎勿妄泄。

②万岁:即万年。谓所获得的存活极为长久的圆满结果。以上所云,同本经卷九十八《为道败成戒》可相印证。

【译文】

轻易说这或说那,真道就修不成,一个劲儿地说这又说那,就构成凶害。紧闭双唇,什么也不说,就能长生久存,没有祸患。

后学得道,各有品阶①,至于指极②,圣真仙人③。

【注释】

①品阶：指神仙的等级序列。本经卷四十二《九天消先王灾法》、卷五十六至六十四《阙题》（六）将贤人、圣人列为候补神仙，将道人、仙人、真人、神人列为由下而上的正牌神仙，将无形委气神人列为特级神仙，凡七等。卷五十六至六十四《阙题》（六）且云："故天第一，地次之，神人次之，真人次之，仙人次之，道人次之，圣人次之，贤人次之。此八者，皆与皇天心相得，与其同意并力，是皆天人也，天之所欲仕也。天内各以职署之，故思虑常相似也，是天所爱养人也。"又卷七十一《致善除邪令人受道戒文》谓："六人生各自有命：一为神人，二为真人，三为仙人，四为道人，五为圣人，六为贤人，此皆助天治也。神人主天，真人主地，仙人主风雨，道人主教化吉凶，圣人主治百姓，贤人辅助圣人，理万民录也，给助六合之不足也。"又壬部称："上古第一神人、第二真人、第三仙人、第四道人，皆象天得真道意。"

②指极：谓最高层次。下文所称"圣真仙人"，实则不在"指极"范围之内，显与上述神仙等级序列存有出入，盖为泛言。

③圣：即圣人。为候补神仙之首选，职在掌理阴阳，治理百姓。真：即真人。为正牌神仙中的二等神仙，职在掌理大地。本经卷一百十二《不忘诫长得福诀》谓："神仙之录（名册）在北极，相连昆仑。昆仑之墟有真人，上下有常。"仙人：为正牌神仙中的三等神仙，职在掌理四时。

【译文】

后来致力学道的人获取到真道，各自具有等级序列，达到了最高的层次，也就变成了圣人、真人和仙人。

古者三皇之时①，人皆气清，深知天地之至情，故悉学真道，乃复得天地之公②。求道之法，静为基先③，心神已明④，与道为一,开蒙洞白⑤,类如昼日。不学其道,若处暗室而迷方也⑥,故圣贤遑骇⑦。

【注释】

①三皇:指天皇、地皇、人皇。

②公:指按道功大小所给予的回报,或长寿,或登仙,或成神,或充任神职等。

③静:谓归根复命(本性)。《老子·十六章》对"静"之内涵加以深刻阐发,《老子想尔注》则云:"道气归根,愈当清静。……知宝根清静,复命之常法。"均与此处所言归于一揆。

④心神:指寄居在人体心脏部位的人格化的神灵。本经辛部称之为腹中天子,为全身主宰。

⑤开蒙:破开翳障。

⑥迷方:意谓分不清实际方向。

⑦遑骇:惶惑惊骇。此处所云,与本经卷七十三至八十五《阙题》(四)之言颇相类似。

【译文】

在古代天皇、地皇和人皇时期,世人全都精气清纯,深深了解天地的最高意旨,所以也就一律学用真道,于是又得到天地的公正回报。求取真道的方法,清静构成它那根基和先导,心神已经明彻,就同真道融为一体,破开一切翳障,腹内上下通明,就像位于天空正中的太阳。不学用那真道,就如同置身在漆黑的屋室中,分不出方向来,所以圣贤对这种情况感到既惶惑,又惊骇。

【说明】

下列一节经文,出自《路史》卷二《前纪二·九头纪·泰皇氏》罗苹注所征引。具体内容乃与《太平御览》第三节引文中前五句大致重合,字句则存有歧异之处。对本节引文《合校》本未予收录,兹补列。

三皇之时,人皆气清,深知天地之至情,故悉得至道①。

【注释】

①至道:最高真道,至高无上之道。

【译文】

在古代天皇、地皇和人皇时期,世人全都精气清纯,深深了解天地的最高意旨,所以也就一律获取到至高无上的道法。

【说明】

下列一节佚文,出自唐代道士朱法满《要修科仪戒律钞》卷十二《善功缘》所引,强调人以群分,恶人损善败道,必入死路;臣、子、弟子不忠、不孝、不顺,罪不容赦。

恶人入道,损败善人,亦如拙匠损败人材木,拙女毁人布帛,终无成善功。然恶人与善人反,如人健时吃好美食,大美乃得肥壮①;若病人食饭苦,亦不肯食,久久因病而死。令恶人闻善言劝喻,亦如临死人吃美食耳,反而为恶。若善人见善人乃喜,贤人见贤人乃喜,智人见智人乃喜,恶人见恶人乃喜,奸人见奸人乃喜,各得其类乃喜②。若子不能尽力事父母,弟子不能尽力事师尊,臣不能尽力事君长,此三行而不善,罪名不可除也③。

【注释】

①大美:谓对食物感到特别适口可心。

②类:同类。

③罪名不可除:意为罪该万死,死有余辜。

【译文】

　　歹恶的人钻入了真道的圈子里,就损伤毁败良善的人,这也就如同拙劣的木匠损坏毁败别人家的木料,拙劣的女子毁坏别人家织成的布匹和绢帛,到最后也没有做出好活计的时候来。然而歹恶的人和良善的人毕竟截然相反,良善的人就如同人在健壮时食用上等的食物,特别适口可心,于是变得肥胖强壮;而歹恶的人就如同病人吃什么东西都觉得口苦,也不乐意再吃,时间一长,就因病死掉了。让歹恶的人听到一片好话的劝导和晓谕,也就如同人在临死前让他吃顿上等的食物,可他反倒觉得太难吃了。如果是良善的人,一看到良善的人就感到高兴;贤能的人,一看到贤能的人也感到高兴;明智的人,一看到明智的人同样感到高兴;歹恶的人,一看到歹恶的人照旧感到高兴;奸诈的人,一看到奸诈的人依然感到高兴。这是各自遇到了与本人属于同类的人就感到高兴。如果当儿子的不能够尽力服事自己的父母,做弟子的不能够尽力服事自己的师尊,做臣僚的不能够尽力服事自己的君主,在这三种行为上做得很不好,那就罪该万死,死有余辜。

【说明】

　　下列八字佚文,出自宋元间(?)道士所撰《存神固气论·形神俱妙法》所引,强调道、术对形神的决定作用。

　　　　神以道全①,形以术延②。

【注释】

①神:指寄居在人体各部位、诸器官内并起主宰作用的人格化的精
　　灵与神灵。精灵为地之太阴气的化身,神灵为天之太阳气的化

身。全:保全。亦即使之永驻体内。

②形:指形体,为精灵与神灵寄居的处所。术:指仙方炼气等方术。

延:意为延长存活的时日。

【译文】

人体内的众神灵依仗真道而获得保全,身形通过道术而延长存在的时日。

【说明】

下列十字佚文,出自南宋(?)隐士所撰《三论元旨·真源章》所引,点明真道包容一切又生精灵和神灵的功能。

道包无表里①,其能生精神。

【注释】

①包:包纳,包容。

【译文】

真道包纳一切,不存在外端与里层,它能生出精灵与神灵来。

【说明】

下列六小节佚文,依次出自唐初道士孟安排《道教义枢》卷一《道德义》和《法身义》、卷二《七部义》、卷七《混元义》、卷九《净土义》所引。其中一、二、四这三小节佚文,《合校》本未予收录,兹补列。本组佚文除去解说"德"、"成"涵义,可与《道德真经广圣义》、《大道论》引文相对照外,则申明"道"所独具的化导与施生的功能;从天象与人事两方面宣示"太平"的标志和《太平经》的效用;而"地理"之释,乃为本经"三合为一"思想的具体体现之一;"度世"之诠,既是对修道果报的逐层胪举,又是神仙天国等级制的侧面反映。

德者,正相得也。言成者,谓成济众生,令成极道①。

【注释】

①极道:最高之道。即长生成仙。

【译文】

所谓德,是说行德积德而人就恰恰相应地得到德啊!所谓成,是说成全救护所有的世人,使他们修炼成最高的真道。

常得不丧也①。

【注释】

①常得:经常守德之意。得,通"德"。汉刘熙《释名·释言语》云:"德,得也,得事宜也。"

【译文】

经常守德,而不叫它离开失去。

道无不导①,道无不生②。

【注释】

①导:化导。汉刘熙《释名·释言语》云:"道,导也,所以通导万物也。"

②生:化生。

【译文】

真道没有不能够化导的,也没有不能够化生的。

今平气行矣,有解三台①,正为太平;有解景星②,见曰太平。今明此经见世,能使六合同文③,万邦共轨④,君明物度⑤,可谓太平。

【注释】

①有解:使之受感动之意。三台:星名。又称三能或三阶。共六星,两两而居,起于文昌宫,止于太微宫。《黄帝太阶六符经》云:"泰阶者,天之三阶也。上阶为天子,中阶为诸侯公卿大夫,下阶为士庶人。上阶上星为男主,下星为女主。中阶上星为诸侯三公,下星为卿大夫。下阶上星为元士,下星为庶人。三阶平则阴阳和,风雨时,社稷神祇咸获其宜,天下大安,是为太平。"《晋书·天文志上·中宫》则谓:"在人曰三公,在天曰三台,主开德宣符也。西近文昌二星曰上台,为司命,主寿。次二星曰中台,为司中,主宗室。东二星曰下台,为司禄,主兵。所以昭德塞违也。"《礼纬含文嘉》称:"王者得礼之制,不伤财,不害民,君臣和集,草木昆虫各蒙正性,则三台为齐明,不阔不狭如其度。"本经卷一百十二《不忘诚长得福诀》云:"三台七星(北斗),辅正天威。"

②景星:瑞星名。状如半月。属于甚难招致的瑞应之一。人君须有大德,方于晦朔月隐时出现,以利民人夜作。参见《白虎通义·封禅》所述。

③六合:上下四方。同文:谓文字统一。

④共轨:指车辆宽度俱为同一尺寸。

⑤物度:意谓万物各得其所。

【译文】

如今太平气施布开来了,能让三台星受到感召和引动,这才真正算得上太平;能让景星受到感召和引动,自行在夜空出现,这才称得上太平。如今能证明这部经典降示到世上,致使上下四方文字统一,所有邦国的车辆宽度都是同一个尺寸,君主圣明,万物各得其所,可以称得上太平。

地理者,三色也①,谓水土石②。

【注释】

①三色:指黑、黄、青。

②水土石:此谓与颜色相对应的物质实体。水色黑,土色黄,属阴。石色青,属阳。

【译文】

所谓地理,是说黑、黄、青这三色,指的是水流、平地和山石。

上天度世者①,以万岁为一日,其次千岁为一日②,其次百岁为一日,其次乃至十日为一日也。

【注释】

①上天:谓白日升天。属于登仙成神的高级方式。本经壬部描述其情景为:“其化生,光耀日中,所见洞彻,正神相随,浮游八表。”

②其次:盖指尸解仙而言。详参本经卷一百十一《善仁人自贵年在寿曹诀》所述。

【译文】

通过白日升天而登仙成神的,便把人间的一万年等同为天上的一天;其次则把人间的一千年等同为天上的一天;再其次是把人间的一百年等同为天上的一天;第四等最起码也是把人间的十天等同为天上的一天。

【说明】

下列一节文字,出自宋元间(?)术士众手纂辑的《金锁流珠引》卷十五《五行六纪所生》注所引,并标明具体篇目为《内品修真秘诀》。但该篇目不见于《敦煌目录》,或系《太平经》佚题,也并非无此可能。但本节文字主要开示"上清大真人"赖以升天、成为"后圣"治下重要僚属的步纲踏斗法术。其内容与文例,同《太平经钞》甲部钞文相近似,殆非原始经文。

《太平经·内品修真秘诀》云①:上清大真人未升天以前②,皆一一取本命之日③,修行四等法诀④,后步履斗星⑤,蹑地纪⑥,升登天门⑦,便入金阙玉台而后圣君也⑧。

【注释】

①内品:内功修炼的品级名目。

②上清:道教所谓天外至高仙境三清境之一,其尊神为灵宝天尊。"上清"一词,始见于晋代。

③本命:指生辰属于五行中的木命或火命、土命、金命、水命之类。

④四等法诀:谓离水除火、土镇锁津,制金理火、制木理金。此类法诀,系以五行相克为理据,并通过身心受教、佩符作法、捻诀念咒来运作的。详见《金锁流珠引》卷十五《五行六纪所生下》及注文所述。

⑤步履斗星:谓"步斗"法术。即借方丈之地,按北斗七星的排列位置举足步行,用以朝拜星宿,遣神召灵。

⑥蹑地纪:古以天圆地方,其四角用大绳维系,使地有定位,称之为地纪。此处乃谓绕行一周,配以禹步作法。禹步为道士作法时所采用的一种特殊步伐,多为先举左足,三步九迹,踩踏出离、坎卦形来。相传由大禹模仿神鸟禁咒的步态创制而成,故曰禹步。

⑦天门：谓天宫之门。

⑧金阙：黄金铸成的宫阙。道教谓上清境有金阙宫。玉台：玉砌的
仙观台，又称琼台。后圣君：意谓成为后圣帝君手下的重要僚
属。后圣与前圣相对而言，前圣全称上清高圣太上玉晨玄皇大
道君，为万道之主；后圣则全称太平真正太一妙气、皇天上清金
阙后圣九玄帝君，亦即老子的化身之一。参见《太平经钞》甲部
钞文所述。

【译文】

《太平经·内品修真秘诀》说：上清境大真人在尚未升入天庭以前，
全都分别选取自身本命所在的生日那天，按照四等道法的秘诀进行修
炼，然后随顺北斗七星再作法术，踩踏出紧紧与大地纲纪相合拍的步伐
与印迹，飞升并登上天庭的宫门，于是就进入金阙玉台，成为后圣帝君
手下的重要僚属了。

【说明】

下列一节文字，出自宋代《太上说玄天大圣真武本传神咒妙经》卷
六所引，叙述北方尊神真武大帝降伏龟、蛇二魔王的法力与灵迹。殆非
《太平经》经文。

《太平经》载：真君受元始符命神光宝书①，统领天丁②，
收天关地轴③。二魔王，忽一见如鳌苍龟④，其形五变；一现
万丈巨蛇，其形三变。真君腾空，步乾踏斗⑤，化千丈大身，
挥魁魖之剑⑥，冲折二魔⑦。各敛形状⑧，龟如拳五寸，蛇如鞭
三尺，和合并体，被真君蹑踏之。谨显二魔变相：苍龟，一变
色若金光，甲缝苍青⑨；二变色如碧玉，甲缝含金；三变色若
苍黄⑩，甲纹光青；四变色如碧绿，甲缝含银；五变龙首龟身，

出紫金光,甲间碧玉⑪。巨蛇,初变状若金色,鳞如赤丹;次变体现青碧色,鳞络金线纰⑫;末变首如螭龙⑬,身色苍黄,鳞间金玉。

【注释】

①真君:指真武大帝,即玄武,为二十八宿中北方七宿的化身,与南方朱雀、东方青龙、西方白虎,同为护卫神。元始:指道教所崇奉的至高尊神元始天尊。符命神光宝书:仙符神策的一种。

②天丁:勇健的天兵。

③收:收闭。天关:道教谓天关在天西北角,与北斗七星相联系。北斗七星构成天关的纲柄,斗纲运关,则九天并转。地轴:古传昆仑山为大地中心,横则为地轴。下有八柱,柱广十万里,有三千六百轴,互相牵制。参见汉代纬书《河图括地象》佚文所述。

④鳌(áo):传说中海中能负山的大鳖或大龟。

⑤步乾:谓进退转折步位,略如乾卦卦形。乾为八卦首卦。踏斗:谓进退转折步位,略如北斗七星的形状。

⑥魁魁(sháo)之剑:形如北斗七星的神剑。魁指斗魁,由北斗第一至第四星组成。魁,同"杓",指斗柄,由第五至第七星组成。

⑦冲折:制服之意。

⑧各敛形状:意谓显现原形。敛,收敛。

⑨甲缝:指背甲正中的纹路。通常以此来区分左右背甲。

⑩苍黄:苍谓天苍,黄谓地黄。

⑪间(jiàn):夹杂之意。

⑫络:缠绕。金线纰(ōu):金色的沤麻线。纰,沤麻。

⑬螭(chī)龙:无角龙。

【译文】

《太平经》记载:真武大帝领受元始天尊的符命神光宝书,统领勇健的天兵收闭起天关和地轴。这时有两个魔王忽然闪现出来,一个就像苍青色的海中大龟,它那形体变化了五次;另一个是万丈巨蛇,它那形体变化了三回。真武大帝腾跃到空中,施展踏乾步斗的法术,化成千丈大神身,挥动形如北斗的神剑,制服了这两个魔王。它们各自显现原形,龟就像五寸的拳头,蛇就像三尺的皮鞭,形体缠绕在一起,被真武大帝踩在脚下。在这里显示一下这两个魔王开始时的变化形状。先说苍龟,它第一次变化时,身色如同金光,背甲正中的纹路呈现出苍青色;第二次变化时,身色如同碧玉,背甲正中的纹路含带金光;第三次变化时,身色如同天苍地黄一般,背甲正中的纹路泛光发青;第四次变化时,身色如同碧玉,背甲正中的纹路含带银光;第五次变化时,头像龙,躯体像海中大龟,泛出紫金光,龟甲夹杂着碧玉色。再说那条巨蛇,它第一次变化时,形状通体像金色,鳞片像丹红色;第二次变化时,全身呈现出青碧色,鳞片就像缠绕着金色的沤麻线;第三次变化时,头像不带角的龙头,身色如同天苍地黄一般,鳞片又夹杂着金光和碧玉光。

【说明】

　　下列三节佚文,出自六朝道教类书《道要灵祇神鬼品经》十八品中《灵祇神品》所引,强调"用道"为主,辅之以德,方可与神交结而睹神;指明"大神"在天庭形同人间宰辅的特殊地位以及森严的天庭黜废制度;申论"四时精神"随人邪正而做出相应的回应。

　　夫神者,因道而行,不因德也,故用道者与神明①,用德者与神谋。道之与德更明,思神与人者内相恃②,皆令可睹。

【注释】

　　①明:意谓同生光明。指内心通明洞照。
　　②相恃:相互撑持。

【译文】

神灵依从真道而接受人的调遣,并不随顺真德走啊! 所以行用真道的人,就与神灵同样地明彻;而行用真德的人,只能与神灵做些商量。真道与真德都行用就使内心迭生光明,精思神灵与人的举动,在心中相互撑持抱成团,就会让人什么都能察见到。

　　大神比如国家忠臣①,治辅公位②,名为大神。大神有小私③,天君闻知复退矣④,故不敢懈怠。小神者⑤,安得自在⑥?

【注释】

①大神:无形委气神人的别称。属特级神仙。其为至高神天君的辅佐,如同人间宰相或帝王的太子。本经丙部《九天消先王灾法》谓:"其无形委气之神人,职在理元气。"又壬部第十六条经文称:"上皇神人之尊者,自名委气之公,一名大神,常在天君左侧,主为理明堂文之书,使可分别。曲领大职。"

②治:秉政佐治。辅公:古传夏商周三代递设四辅三公,为天子左右重臣。东汉唯置太傅一人,谓之上公。

③小私:指因私意而产生的微小差错。

④天君:至高神名。退:贬斥。

⑤小神:一般的神灵。

⑥自在:自我放纵。

【译文】

天庭的大神就如同国家的忠臣,执政佐治占据辅臣上公的地位,所以就被特称为大神。大神出现由私心造成的微小差错,天君听说后,也要把他贬退,所以他决不敢懈怠。而一般的神灵,又怎能自我放纵呢?

四时之精神^①，犹风也水也，随人意而为邪正。人正则正，人邪则邪，故须得其人，乃可立事也；不得其人，道难用也。夫水本随器方圆，方圆无常。风气亦随人治^②，为善恶无常，此即其明戒也。天地之神与风气，影响随人^③，为明戒耳。

【注释】

①四时之精神：指掌控春夏秋冬的精灵与神灵。本经卷七十二《斋戒思神救死诀》谓："四时五行神精，其近人者，名为五德之神；其远人者，名为阳历，字为四时兵马。"

②风气：谓八风和二十四节气。八风指条风，即立春时的东北风；明庶风，即春分时的东风；清明风，即立夏时的东南风；景风，即夏至时的南风；凉风，即立秋时的西南风；阊阖风，即秋分时的西风；不周风，即立冬时的西北风；广莫风，即冬至时的北风。参见《淮南子·天文训》、《史记·律书》及《白虎通义·八风》所述。

③影响：如影随形，如声回应。谓对世人作出的反应特别迅速准确。

【译文】

掌控春夏秋冬的精灵与神灵，就像风和水，依从世人的意愿构成邪恶或纯正。人纯正，它们就纯正；人邪恶，它们就邪恶。所以需要获取到合适的人选，才能够定立起事体来；获取不到合适的人选，真道也就难以行用了。水原本随顺容器构成方形或圆形，而方形或圆形怎样叫水跟它变也都做得到，没有固定模式。八风和二十四节气也依从世人形成降临的情状，是好是坏并不固定，这就是那明显的戒条啊！天地的神灵和八风二十四节气，依从世人做出特别迅速准确的反应，这就构成那明显的戒条了。

【说明】

　　下列一整节和两小节佚文,依次出自唐人所编《道典论》卷四《灾异》、《吉兆》、《胎息》所引,重在阐发善恶报应论的"承负说",列示东汉社会拼死"趣利射禄"、日益急刑峻法、"冤结积多"的"乱天仪无法之治",宣明《太平经》所陈"上皇兴平第一之道"的巨大功用;强调深知"天意"是帝王得道佑、获百吉的根本前提;倡言"食气"这一修炼方术,提出"真人室宅"的独创用语。

　　今天地开辟以来,凶气不绝,绝后复起,其故何也? 其所从来者,乃远复远。本由先王治,小小失其纲纪①,灾害不绝,更相承负②,稍积为多,因生大奸,为害甚深。动为变怪③,前后相续,而生不祥,以害万国。其所从来,独又远矣。君王不知,遂相承负,不能禁止,令人冤呼嗟动天,使正道失其路,王治为其伤,常少善应④。人意不纯,转难教化,邪气为其动,帝王虽愁,心欲止之,若渴而不能如之何。君王虽有万人之仁德,犹不能止此王流灾也,故反以为行善无益,天道无知也。禁民为恶,愁其难化,反相克贼,急其诛罚,一人有过,乃及邻里⑤,重被冤结积多,恶气日以增倍。以为道德与经无益⑥,废之而不行,各试其才,趣利射禄斗命⑦,中者为右⑧,是为乱天仪无法之治⑨,安能与皇天心合乎? 天甚病之久矣,阴阳为其失节⑩,其明证也。治得天心,然后邪可去,治易平,故今教以上皇兴平第一之道⑪,得而急行,恶可消灭,天之祐善者明矣。先王灾虽流积,一旦除灭易耳。今帝王乃居百里之内⑫,用道德仁义,乃万里百姓皆蒙其恩,父为其慈,子为其孝,家足人给,不为邪恶。

【注释】

①纲纪：法度，纲常。

②承负：意谓先人罪过递相给后人造成了累积式的极其深重的流恶余殃。既为历史的重压，又为现实的苦果，属于社会恶性运行的根源，国家濒临崩溃的前兆。此说来源于《周易·坤卦·文言》："积善之家必有余庆，积不善之家必有余殃"，同时又糅入了东汉的世俗观念。

③变怪：谓各种灾异现象。详参本经卷四十三《大小谏正法》所述。

④善应：犹言瑞应。即吉祥的兆应。如凤凰至、芝草生、甘露降、醴泉出之类。

⑤及：株连。指连坐法。

⑥经：经典。此处隐指《太平经》这等神书。

⑦射禄：猎取官位俸禄。

⑧为右：就算占上风之意。

⑨天仪：上天的法度。汉代盛行官制象天说，此处则隐指与星宿相对应的封建官僚制度。

⑩阴阳：原指物体对日光的向背，即向日为阳，背日为阴。引申而有寒暖、暗明等反对之义。后遂用以指天地之间生成万物的二气，进而抽象为一切事物既相互对立又彼此依存的两个方面或属性。其与五行密切相连，属于五行之合，即阴阳中各具五行。

⑪上皇：最盛明。

⑫百里之内：指京师。里，或系"重"字之讹。百重，指深宫。

【译文】

如今从天地开辟以来，凶害气接连不断，断绝后又重新冒出来，这是什么原因造成的呢？其实造成这种状况的来由相当久远，乃至远上加远。原本是由从前的帝王施行治理，稍略失去了国家纲纪，导致灾殃祸害不断绝，递相承负，逐渐积聚，形成罪过众多的局面，随即产生出大奸贼来,构成的祸害特别深重。动不动就出现灾异和各种反常的现象,前后一个接着一个,生出不吉祥的事情,殃害到各个邦国。这种状况的来由偏偏又变得更为久远了,可君主却不清楚,于是递相承负,没办法禁阻和止息住,致使人们蒙受冤屈而呼叫嗟叹,引动皇天,造成正道失去了推行的途径,帝王的治理由此受到伤害,经常看不到吉祥的兆应。世人的用意不纯正,转而特别难教化,邪恶气被它所引动。帝王尽管愁苦,心里盼望遏制住它,汲汲若渴,但却对它一点儿办法也没有。君主即便具有一万个人加在一起那样的仁德,仍旧不能制止住这以往帝王沿袭流布的灾殃啊!因而反倒让人觉得做善事没有任何益处,天道也不真是具有什么感知。禁止众百姓干坏事,可却为他们特难教化犯愁,反过来就相互制伏与伤残,加重诛杀和刑罚,一个人犯下罪过,竟然株连到周围的邻居,再度使人蒙受无法解开的冤屈,越积聚越多,凶恶气每天都在成倍地增长。人们认为道德与经典根本就毫无用处,把它抛到一边而不行用,各自去比试谁的本事大,追逐私利,猎取官位俸禄,舍出性命做争斗,能够夺取到手就算占了上风,这纯属败乱皇天的职官制度、根本就没有法度的治理状况,怎么能与皇天的心意相切合呢?皇天已经长时间对这种状况万分忌恨了,阴阳由此而不协调,就是最明显的证验啊!治理合乎天心,然后邪恶就能去除掉,治理也容易实现太平,所以现今授付给最盛明的兴行太平的第一真道,得到后火速行用它,凶恶就能消灭掉,这表明皇天佑助良善是显而易见的了。以前的帝王所造成的灾殃,尽管流布又积聚,但在一个早晨就把它消除扫灭掉,也是很容易的了。如今帝王置身在深宫里面,果真行用道德仁义,万里以外的百姓就蒙受到他所施布的恩泽,每位做父亲的由此而慈祥,当儿子的由此而孝敬,家家富足,人人充裕,不再干那邪恶的勾当了。

　　王者深得天意,至道佐祐之①,但有百吉,无有一凶事也。

【注释】

①至道:指身怀最高真道的人。住:当作"往"字。形近而讹。

【译文】

帝王深深获取到皇天的心意,身怀最高真道的人就前去佑助他,只会样样都吉利,没有一桩凶险的事情啊!

　　古者上真睹天神食气①,象之为行②,乃学食气③。真神来助其为治,乃游居真人腹中也。古者真仙之身,名为真人室宅耳。

【注释】

①上真:第一等真人。食气:谓吸食天地间的精粹生气。本经卷一百一十四《大寿诫》云:"天食精华气。"又卷三十六《守三实法》云:"天下人本生受命之时,与天地分身,抱元气于自然,不饮不食,嘘吸阴阳气而活,不知饥渴。"

②象:效仿,模拟。

③食气:又称服气或行气、炼气。为道教修炼方术之一。即不食五谷,而以呼吸吐纳元气为主,辅之以导引、按摩等养生延年。

【译文】

古代的第一等真人看到天神吸食天地间的精粹生气,就模仿它们照着做,于是学习呼吸吐纳先天元气的修炼术。真神前来协助他们施行治理,于是在真人的腹内游动寄居。古代真人仙人的身躯,就被称为真人的室宅了。

【说明】

下列长短四十四节佚文,悉为《太平经圣君秘旨》所辑存者。除论述气、精、神的关系外,重点缕述守一之法,主要涉及到:处所必择清室,时限最低百日,基础为少食除秽,方式为平床坐卧;禁忌表现在内逆外谨,巧意不专;解救办法包括助以方药,示以真道七种;必备条件则应安贫乐贱,去荣辞显,为善行仁,尽忠尽孝;要领乃为先知天意,不喜不怒不言,常自内求;意守对象或在无形元气,或在五脏诸神,或在神器即精、气、神的统一体;所臻幻觉幻境有所谓少阳、太阳、少阴、太阴、中和、太和之明,以及万神积集,始如萤火与久似电光等;其功用,则正反兼及,正面为十可,反面为九不可,直至达到天、地、人、物、万事皆"行"俱"毕"的神奇地步。

　　夫人本生混沌之气①,气生精②,精生神③,神生明④。本于阴阳之气,气转为精,精转为神,神转为明⑤。

【注释】

①本生:原本生自之意。混沌之气:即元气。混沌用以形容浑然一体、不可分割的那种形态。本经戊部卷七十三至八十五《阙题》(三)称:"元气恍惚自然,共凝成天,分而生阴乃成地,阴阳相合施生人。"

②精:谓体内精灵。属于人体所含地之阴气的化身。人禀元气而生,体含天地阴阳二气。沿元气化生天地人的顺序逆向而行,便由人体所含的地之阴气炼化出体内精灵来。本经壬部云:"精者居人肾阴。"

③精生神:神谓体内神灵,属于人体所含天之阳气的化身。精生神非谓精气(气之精者)再生出神气来,也不是说精灵再衍化出神灵来,而是说经过地之阴气炼化出体内精灵之后,天之阳气进一步炼化出体内神灵来。本经壬部谓:"神者居人心阴。"

④明:审断照察之明。谓意念活动的优异状态,即体内神灵对人的

这种意念活动和状态起原发性、支配性的作用。

⑤"本于"四句:此系描述人体精灵、神灵和神灵之作用沿元气化生天地人的顺序逆向而行,迭加升华。较上文"气生精"云云,义更明晰。本经突出宣扬并全面贯彻万事万物有神论,多处提及神精,均指人格化的神灵、精灵而言,系对战国秦汉"精气说"和形神关系论的宗教化改造。参见癸部《还神邪自消法》、《令人寿治平法》、辛部第六、第二十二节经文所述。

【译文】

世人原本生自浑然一体的元气,由元气所分出的地之阴气先炼化出体内的精灵来,又在体内精灵化生后由元气所分出的天之阳气炼化出体内的神灵来,再由体内的神灵炼化出审断照察的心明之光来。依凭那阴阳二气,由阴气转变成体内的精灵,又继体内精灵之后而由阳气转变成体内的神灵,再由体内的神灵转变成审断照察的心明之光。

　　欲寿者,当守气而合神、精,不去其形①。念此三合以为一,久即彬彬自见身中②,形渐轻,精益明③,光益精④,心中大安,欣然若喜,太平气应矣⑤。修其内,反应于外⑥,内以致寿,外以致理⑦,非用筋力⑧,自然而致太平矣。

【注释】

①形:指躯体。

②彬彬:鲜亮纯盛的样子。见:"现"的古字,显现。其显现的主体则为神灵与精灵。

③精:谓精念事象及其义理所臻及的境地。本经卷五十《诸乐古文是非诀》云:"故古者名学为往精,精者,乃精念其事象可宜,复思其言也。极思惟此,书策凡事毕矣。"

④光：心明之光。指对精念事象所形成的驾驭和促进的作用。

⑤应：感应，回应。

⑥"修其内"二句：本经卷六十八《戒六子诀》谓："内兴盛,则其外兴；内衰,则其外衰。"

⑦致理：意为达到天下大治。

⑧筋力：体力。此处谓各种政治举措。

【译文】

希望长寿的人,应当守持住先天元气,聚合起体内的神灵与精灵,使它们不离开自己的躯体。精念这三方面的聚合情形,凝结成一个整体,时间一长,神灵与精灵就自动在人体内明晰地显现出形体容貌来了,而身形就逐渐变得轻飘,精念事象也越发明彻,而心明之光又让人更能精念事象了,于是心中非常安平,欣慰万分并总感到喜悦愉快,太平气也就做出回应来了。在内心进行炼养,反而在外部得到回应；内心炼养用来达到长寿,外部回应用来实现天下大治,不采取各种人为的政治举措,自然而然就招来太平了。

守一明之法①,未精之时②,瞑目冥冥③,目中无有光。

【注释】

①守：谓从意念上十分专注地加以守持。一：指元气或身中神,或精、气、神的统一体等。明：意为自生各种光明。

②精：精熟之意。

③瞑目冥冥：意谓闭目一团黑。冥冥：昏暗的样子。

【译文】

意守一明的这种道术,在尚未精熟的时候,就闭目一团黑,眼睛里没有光采。

守一复久,自生光明,昭然见四方,随明而远行,尽见身形容①。群神将集,故能形化为神②。

【注释】

①身形容:指体内众神灵的形体容貌。本经卷一百十四《不用书言命不全诀》称:"俗夫之人,不见神形容,神神自相知,形容皆气所成,何有不就者乎?"

②形化为神:意谓有形的躯体变成了无形的神灵。

【译文】

守一又时间很长久了,就会闭目自动生出光明来,非常清晰地看到四面八方,随着光明度越来越强,便往远处延伸,全部看到体内众神灵的形体容貌。群神将被聚集到一起,所以就能使人的身躯变成神灵。

守一明法,明有正青,青而清明者,少阳之明也①。

【注释】

①少阳:指东方、春季和五行中的木行气色等。

【译文】

意守一明的这种道术,腹内通明具有纯青一片而纯青又显得清澈透明的那种境界,这属于少阳的通明层次啊!

守一明法,明正赤若火光者度世①。

【注释】

①明正赤若火光:此谓火行太阳之明。

【译文】

意守一明的这种道术,腹内通明得纯红一片,好像火闪光焰,达到这种境界的人,就能超凡成仙了。

守一明法,明正黄而青者①,中和之光②,其道良药。

【注释】

①正黄而青:意谓黄中泛青。

②中和之光:中和指阴阳交合所成之气的形态。黄属阴属土行,青属阳属木行,土生木,故二色一主一从,构成中和之光。

【译文】

意守一明的这种道术,腹内通明达到纯黄一片而又泛出纯青的那种境界,就属于中和的光色了,它那道术就成为驱除百病的良药了。

守一明法,正白如清水,此少阴之明也①。

【注释】

①少阴:指西方、秋季和金行的气色等。

【译文】

意守一明的这种道术,达到腹内通明得纯白一片如同清水的境界,这就属于少阴的通明层次了。

守一明法,明有正黑,清若窥水者①,太阴之光②。

【注释】

①窥:透视之意。

②太阴:指北方、冬季和水行的气色等。

【译文】

意守一明的这种道术,腹内通明具有纯黑一片而又清澈得就像透过水看到一切的那种境界,这属于太阴的光色啊!

守一明法,四方皆暗,腹中洞照,此太和之明也①,大顺之道。

【注释】

①太和:指天之太阳气、地之太阴气、人之中和气的统一体。本经卷四十八《三合相通诀》云:"气者,乃言天气悦喜下生,地气顺喜上养。气之法,行于天下地上,阴阳相得,交而为和,与中和气三合,共养凡物。三气相爱相通,无复有害者。气者,主养以通和也。"

【译文】

意守一明的这种道术,四方漆黑一团,可腹内却照察一切,这属于太和的通明层次啊!是非常顺适的真道。

守一明法,有外暗内暗,无所属①,无所睹,此人邪乱,急以方药助之②,寻上七首③,内自求之。

【注释】

①属:依归。

②方药:指对症的医方和药物。

③上七首:指真道九首中的前七种,即元气无为、虚无自然、数度分别可见、神游出去而还反、大道神与四时五行相类、刺喜、社谋。详参本经卷七十一《真道九首得失文诀》所述。

【译文】

意守一明的道术,存在着外部和腹内全都昏暗一片、无所依归又无所睹见的现象,这种现象表明修炼的人陷入了邪僻惑乱的状态,要赶紧使用对症的医方和药物做救助,追寻九种真道中的前七种,自行在内心求取它们。

守一之法,老而更少,发白更黑,齿落更生。守之一月,增寿一年;两月,增寿二年,以次而增之①。

【注释】

①次:按比例之意。

【译文】

守一的这种道术,能使老年人变成青年人,能使白发变成黑发,能使脱落的牙齿重新再长出来。守行一个月,可以增寿一年;守行两个月,可以增寿两年;总之会按比例来增幅。

守一之法,始思居闲处①,宜重墙厚壁,不闻喧哗之音。

【注释】

①闲处:指清静的专修场所。

【译文】

守一的这种道术,开始修炼时要考虑置身在清静的处所,应当隔出几道墙来,墙壁也要垒得很厚,听不到外面喧哗的声音。

守一之法,光通六外①,身乃无害,可终其世②,子得长久。

【注释】

①六外：上下四方之外。

②终：保全。世：谓本人的一生。

【译文】

守一的这种道术，心明之光能够通达到上下四方以外，于是身躯不受危害，可以保全住本人的一生，子孙也得以绵延不绝。

守一勿失，事且自毕，急除众忧①，一复何求？

【注释】

①众忧：谓各种不必要的忧虑。

【译文】

守一而不放弃它，各种事情眼看着就自动告成了，赶紧排除掉一切忧虑，除去这个"一"，还去索求什么呢？

守一不穷①，士子欲无忧，不可相欺，垂拱②。

【注释】

①穷：陷入绝境之意。

②垂拱：垂衣拱手。即无所事事，惟一是守。

【译文】

守一能让人不陷入绝境，士子打算没有忧愁事，就决不能彼此欺骗，要无所事事，只管去意守那个"一"。

守一是为久游①，身常自谨，患祸去之。

【注释】

①久游：谓与体内神灵长久打交道，保持着融洽和谐的状态。

【译文】

坚持守一，就能与体内众神灵长久和谐地打交道，本身总保持自我谨慎，祸患就远远离去了。

守一之法，神药自来①。

【注释】

①神药：指仙药和治愈率为百分之百的动植物药物。详参本经卷五十《草木方诀》和《生物方诀》所述。

【译文】

守一的这种道术，会使神药自动地降现到面前。

守一之法，凡害不害①，人各有一不相须②。虎狼不视，蛟龙不升，有毒之物皆逃形。子欲长无忧，与一相求；百神千鬼，不得相尤③；守而常专，灾害不迁④。

【注释】

①凡害不害：意谓任何祸害都不能施加到修炼者的身上。

②相须：意谓靠彼此配合来免祸脱灾。

③尤：降祟之意。

④迁：转嫁之意。

【译文】

守一的这种道术，会使任何凶害都无法施加到修炼者的身上，每个人各自掌握了那个"一"，就不用靠彼此配合来免祸脱灾了。虎狼对人不敢盯上一眼，蛟龙也不在人们头上盘旋，有毒的东西全都躲得远远的。你等希望永久没有忧愁事，就去求取那个"一"。百神千鬼，也没办法降下殃祟来；意守而总是特专注，灾害就不转嫁于人了。

守一之法，不言其根①。谨闭其门②，不敢泄漏③，谨守其神。外暗内明，一乃可成。

【注释】

①不言其根：意谓默识无语乃是守一的根基。

②门：指耳目口鼻舌。

③泄漏：谓让体内神灵出游体外。

【译文】

守一的这种道术，默识不语是修炼它的根基。谨慎地封存住耳目口鼻舌这些出入口，决不敢让体内的众神灵游逛到体外去，谨慎地守定住这些神灵。外部一片昏暗，而腹内一片通明，这样那个"一"才会修炼成。

守一之法，将与神游，万神自来，昭昭可俦①。

【注释】

①俦（chóu）：结成同伴之意。

【译文】

守一的这种道术，眼看要与神灵相交结了，所有的神灵这时就会自动来到，可以非常明显地和它们结成同伴。

夫欲守一，喜怒为疾①，不喜不怒，一乃可睹。

【注释】

①疾：大忌。

【译文】

很想修炼守一这种道术，易喜易怒则是大忌，既不喜悦，也不动怒，那个"一"才可以察见到。

守一之法，内有五守①，外有六候②，十一之神③，同一门户④。

【注释】

①五守：谓意守五脏神，即肝神、心神、脾神、肺神、肾神。

②六候：据下文所述，系谓六个司命神守候在体外身旁，共议人　过失。

③十一之神：指五脏神与六司命神。二者相加，适为十一。

④门户：喻同一行列。

【译文】

守一的这种道术，在体内有五脏神的意守，在体外有六个司命神的监测，这十一个神灵，属于同一个行列。

守一之法，当念本无形①，凑液相合②，一乃从生，去老反稚，可得长生。子若守一，无使多知，守一不退，无一不知，所求皆得，端坐致之。子欲大乐，与一相知，去荣辞显③，一乃相宜。子欲养老，守一为早，平床坐卧，与一相保，不食而饱，不德衰老。

【注释】

①无形:谓混沌元气。

②凑:通"腠",肌肉的纹理。液:指气血。此处意谓像肌肉纹理同
　气血相融合那样。

③去荣辞显:谓抛弃高官显职的诱惑与追求。

【译文】

守一的这种道术,应当精念元气这个根本,同它就像肌肉纹理与气
血相融合那样融为一体,于是"一"就紧跟着涌生出来了,甩掉衰老,返
回到童年,可以获得长生了。你等如果真要守一,就不要让自己去懂得
这又懂得那,意守那个"一",不打退堂鼓,就没有任何事情不懂得的了,
所要求索的东西都会获取到,稳稳地坐在那里,就把它们全招来了。你
等希望最快乐,与"一"结成好伙伴,那就抛弃高官显职的诱惑与追求,
这样"一"就同你等保持协调一致。你等希望养老,那就及早修炼守一
术,放平床铺,端坐静卧,与"一"紧相护持,不再进用五谷杂粮,但却肚
子里饱饱的,不会再衰老。

守一之法,皆从渐起①,守之积久,其一,百日至。

【注释】

①渐:谓徐徐而进。

【译文】

守一的这种道术,全都从徐徐而进做起,意守它时间一长,那个
"一"超过一百天就来到了。

守一之法,无致巧意①,一乃自效②。

【注释】

①巧意:指偷奸耍滑快炼成的念头。

②自效:自行来到。

【译文】

守一的这种道术,只要不对它生出什么偷奸耍滑快炼成的念头,那个"一"也就自行降现了。

夫欲守一,乃与神通;安卧无为,反求腹中;卧在山西①,反知山东。

【注释】

①山西:山峰的西侧。汉刘熙《释名·释山》云:"山东曰朝阳,山西曰夕阳,随日所照而名之也。"

【译文】

很想修炼守一这种道术,就要同神灵相融通;安稳地躺卧在那里,不去搞什么人为的举动,反过来专从腹内做求索;就像躺卧在山峰的西侧,反而会了解山峰的东侧情况如何。

守一之法,乃万神本根,根深神静①,死之无门。

【注释】

①静:安宁。即保持本然固有的状态。

【译文】

守一的这种道术,正是所有神灵的本根所在。本根深厚,神灵就安宁,死亡也没有入口处了。

守一之法，老小异度①，各因其性②，一乃相遇。

【注释】

①小：指年轻人。度：规则。

②因：依从，随顺。性：谓天性。

【译文】

守一的这种道术，对老年人和青年人来说，规则并不一样，各自随顺各自的天性，"一"才能够遇得上。

守一之法，安贫乐贱，常内自求，一乃相见，知非贵贱①。

【注释】

①知非贵贱：意为人人可得。

【译文】

守一的这种道术，要安于贫困，甘愿卑贱，总在内心去求取，"一"才和他来见面，由此可知，守一是不对世人分什么尊贵与卑贱的。

守一之法，少食为根①，真神好洁②，粪秽气昏③。

【注释】

①根：基础环节之意。

②好洁：本经乙部所存《三洞珠囊》引文有云："神精性喜常居空闲之处，不居污浊之处，欲思还神，皆应斋戒香室中。不斋不戒，则精神不肯还返于人，皆上天共诉人过。"

③粪秽：谓随意拉屎放屁吐脏痰之类的行为及其对修炼场所造成的空气污染。

【译文】

守一的这种道术,把少吃东西作为基础环节。真神喜好馨香清洁,随便就拉屎放屁吐脏痰会使神灵感到人气昏浊。

守一之法,密思其要①,周而复始,无端无徼②,面目有光明,精神洞晓。

【注释】

①要:要领。

②徼(jiào):边际,尽头。

【译文】

守一的这种道术,要周密地精思它那要领,炼完一轮再从头来,没有终点和尽头,就会面庞与眼睛焕发出光辉,对精灵与神灵就会彻底弄个清。

守一之法,百日为小静,二百日为中静,三百日为大静。内使常乐,三尸已落①。

【注释】

①三尸:道教邪神名。一曰上尸,居人脑中;一曰中尸,居人心中;一曰下尸,居人腹中,共为人害。三尸之说,互有歧异,后世乃有守庚申之举。

【译文】

守一的这种道术,历经一百天,就会形成使人安静下来的初等状态;历经二百天,就会形成使人安静下来的中等状态;历经三百天,就会形成使人安静下来的最高状态。总让内心很愉悦,三尸邪神就被打发到别处去了。

守一之法,有三百六十六数①,数有一精,精有一神,守一功成,此神可睹。

【注释】

①数:指人体部位的数目。此数目盖仿一年三百六十六天而来。本经《真道九首得失文诀》称,真道第三种为数度分别可见,其排列次序由头发直至足根。

【译文】

守一的这种道术,具有三百六十六个需要数得过来的人体部位数。每个部位数都有一个精灵在里面,每个精灵又有一个神灵在它上面,守一修炼成功,这些神灵都能看得见。

守一之法,有内五政①,游心于外,内则失政。守一不善,内逆外谨,与一为怨。

【注释】

①内五政:指肝神主仁,心神主礼,脾神主智,肺神主义,肾神主信。《白虎通义·情性》谓:"肝所以仁者何? 肝,木之精也;仁者好生,东方者阳也,万物始生,故肝象木色青而有枝叶。肺所以义者何? 肺者,金之精;义者断决,西方亦金,杀成万物也;故肺象金色白也。心所以为礼何? 心,火之精也;南方尊阳在上,卑阴在下,礼有尊卑,故心象火,色赤而锐也;人有道尊,天本在上,故心下锐也。肾所以智何? 肾者,水之精;智者进止无所疑惑;水亦进而不惑;北方水,故肾色黑,水阴,故肾双。脾所以信何? 脾

者,土之精也;土尚任养,万物为之象,生物无所私,信之至也,故脾象土,色黄也。"

【译文】

守一的这种道术,具有腹内五脏神分别执持仁义礼智信的政事,把心思荡悠到外面去,腹内就会丧失掉那些政事。守一却不精善,内心实际违逆,可在外表上却装出恭谨的模样,就会与"一"结下仇怨。

守一之法,常有六司命神①,共议人过失。

【注释】

①司命神:掌管世人生死寿夭的神灵。本经卷一百十二《写书不用徒自苦诫》称:"故令司命,近在胸心。"

【译文】

守一的这种道术,常有六个司命神在人身旁,共同议论人的过失。

守一之法,乃诸神主人善之根①,除祸之法,致福之门。守一者,乃神器之主②。从一神积至万神,同一器,则得道矣。

【注释】

①主:支配,掌控。

②神器:谓精、气、神的统一体。本经癸部《王者无忧法》谓:"神主生,精主养,形主成,此三者共成一神器。"

【译文】

守一的这种道术,正是众神灵支配世人做善事的总根源,也是去除凶祸的道法和招来吉福的门径。守一属于体内神灵、精灵和形体组成的世人神器的主宰,从一种神灵积聚到万种神灵,全都处在同一个神器中,也就获取到真道了。

守一之法,内若大逆不正,五宫乖错①,六府失守②,群神恐恢③,俱出白于明堂④,必先见于面目颜色⑤。天地共知之,群神将逝形⑥,当死矣。

【注释】

①五宫:即五脏。其中肝为兰台宫,心为绛宫,脾为黄庭宫,肺为尚书宫,肾为丹元宫。

②六府:即六腑,指胆、胃、大肠、小肠、三焦、膀胱。

③恐恢(hāi):恐惧与愁苦。恢,愁苦。

④白:禀告。明堂:天帝布政之宫,指东方七宿中的心宿。

⑤必先见于面目颜色:本经癸部《神人真人圣人贤人自占可行是与非法》称,人有隐私过错而面赤,系因心神执正,上告于天之故。又本经卷一百十二有《七十二色死尸诫》。

⑥逝形:谓从人体中离去。

【译文】

守一的这种道术,如果在内心里大逆不正,五脏违逆错乱,六腑失去本位,体内众神灵就感到恐惧愁苦,全都会从人体里跑出来,到天庭明堂去做禀告,这必定会首先在人的面色和神色上显现出来。天地共同了解这种情况,众神灵将从人体中离去,这个人也就该死掉了。

守一之法,为善,效验可睹。今日为善清静,神明渐光,始如萤火①,久似电光。

【注释】

①萤火:萤火虫闪出的亮光。

【译文】

守一的这种道术,人做善事的话,效验就可以看得到。眼下一天比一天多做善事,清虚宁静,神灵之明就会逐渐放出光采来,开始像萤火虫闪出的亮光,时间一长就如同电光了。

守一之法,外则行仁施惠为功,不望其报①。忠孝亦同。

【注释】

①报:回报,酬报。

【译文】

守一的这种道术,表现在外界活动中,就只管奉行仁爱,施布恩惠,形成功德,但不希图对方回报。对上面尽忠和对父母尽孝,也是这样。

守一之法,有百福亦有百祸。所守不专,外事多端①,百神争竞,胜负相连②。

【注释】

①外事:谓与修炼无关或影响修炼的诸多杂事,如追逐名利、忙于社会应酬等。

②"百神"二句:其意乃谓人被神灵在体内争斗所戕害。

【译文】

守一的这种道术,既有各种吉福,也有各种祸殃。所意守的对象不专注,致力于外界事务很繁杂,百神争着占上风,胜负就在人体内一个接着一个产生出来,他就离死不远了。

守一之法,内常专,神爱之如赤子①,百祸如何敢干②?

【注释】

①赤子:婴儿。婴儿初生,体为赤色,故言。《老子·五十五章》谓:
"含德之厚,比于赤子。"

②干:触犯,侵犯。

【译文】

守一的这种道术,内心一直保持专注,神灵喜爱他就如同自己的婴
儿,各种祸殃怎敢去侵犯呢?

守一之法,与天地神明同,出阴入阳,无事不通也①。

【注释】

①通:通畅,顺畅。

【译文】

守一的这种道术,与天地神明吻合一致,在阴阳之间出此入彼,没
有任何事情不通畅。

守一之法,先知天意,生化万物,不言而理,功成不宰①,
道生久视②。

【注释】

①不宰:不充当主宰,亦即不把功劳归于自己名下之意。

②久视:长久存在之意。以上所云,本于《老子·五十一章》和《老
子·五十九章》。

【译文】

　　守一的这种道术，预先就能了解到皇天的心意，施生和化育万物，一句话都不讲就得到了治理，功业告成却不自居，真道使他长生不老。

　　守一之法，可以知万端；万端者，不能知一。夫守一者，可以度世，可以消灾，可以事君，可以不死，可以理家，可以事神明，可以不穷困，可以理病，可以长生，可以久视，元气之首①，万物枢机②。天不守一失其清③，地不守一失其宁④，日不守一失其明，月不守一失其精⑤，星不守一失其行⑥，山不守一不免崩，水不守一尘土生，神不守一不生成，人不守一不活生。一之为本，万事皆行。子知一，万事毕矣⑦。

【注释】

　①元气：化生宇宙万物的无形实体。本经卷五十六至六十四《阙题》(六)称："元气，阳也，主生。"又卷九十八《核文寿长诀》谓："天道广从，无复穷极，不若一元气与天持其命纲也。"

　②枢机：意为关键处。

　③清：清明。

　④宁：安宁。

　⑤精：谓精亮之光。

　⑥行：指行星的固有运行轨道和恒星在天体中的既定位置。

　⑦"子知一"二句：化自《庄子·天地》所引《记》曰。关于守一，马王堆汉墓帛书《黄帝四经·十大经·成法》则云："黄帝曰：一者，一而已乎？其亦有长乎？力黑曰：一者，道其本也，胡为而无长？凡有所失，莫能守一。一之解，察于天地；一之理，施于四海。何以知一之至，远近之稽？夫惟一不失，一以驺化，少以知多。夫

达望四海,困极上下,四向相抱,各以其道。夫百言有本,千言有要,万言有总。万物之多,皆阅一空。夫非正人也,孰能治此?罢必正人也,乃能操正以正奇,握一以知多,除民之所害,而持民之所宜。抱凡守一,与天地同极,乃可以知天地之祸福。”

【译文】

守一的这种道术,能够了解掌握住所有的事物,但所有的事物却不能够了解掌握住那个"一"。守一的人,可以超凡成仙,可以消除灾殃,可以侍奉君主,可以不死亡,可以管理好家庭,可以侍奉神明,可以不穷困,可以治病,可以长生,可以永存,既是元气的端首,又是万物的关键。皇天不守一就会失去它那清明,大地不守一就会失去它那安宁,太阳不守一就会失去它那光明,月亮不守一就会失去它那精亮的银光,星辰不守一就会失去它们的固有运行轨道和既定的空中位置,山不守一就免不掉崩陷,水不守一就生出尘垢,神灵不守一就无法化生和成就,世人不守一就不能够存活。把那个"一"作为根本,一切事情就全都行得通。你等知道守一,一切事情就全都告成了。

【说明】

下列两句佚文,出自敦煌经卷残页,解说龟为"太阴之精"及其隐伏处所。

太阴之精为龟①,匿于渊源之中也②。

【注释】

①太阴:指北方和水行之气。
②渊源:《春秋文耀钩》谓:"鳖为太阴,水虫之位也。"宋均注云:"鳖十二,在天渊之西。"

【译文】

太阴气的精灵是龟,隐伏在深渊里面。

【说明】

下列四句佚文,出自敦煌经卷残页所引"乙第二(当指乙部第二篇《录身正神法》)云",说明精灵与神灵在世人职守中的分布情况及思神的道效。

人三百六十职①,职一精,精一神,思神至成道人②。

【注释】

①职:职守,职责。指人体各部位、诸器官所可发挥的功能。

②道人:指身怀道术的人。本经卷一百十七《天咎四人辱道诫》称:

"天上亦尊贵善道人,言其可与和风气,顺四时,承五行,调风雨,

助日月星宿为光明也,而使万物兴也。"

【译文】

世人具有三百六十个职守,每个职守中便有一个精灵,每个精灵上面又有一个神灵。精思神灵,最后就能成为道人。

太平经复文序

【题解】

本篇出于唐初道流之手,《正统道藏》原刻将其列在《太平经》卷一百十九终结处,形同全经后序,主要记述《太平经》的由来及其传授系统和流播经过。不仅有助于探究本经庚部四卷、二千一百三十二个"复文",即似篆非篆的符箓秘文同经中诸篇的源流关系,验核全书的卷帙篇数,更对考察《太平经》这第一部道教原始经典的历史命运,具有重要的参考价值。

皇天金阙后圣太平帝君①,太极宫之高帝也②,地皇之裔③。生而灵异,早悟大道,勋业著于丹台④,位号编于太极⑤。上清锡命⑥,总统群真⑦,封掌兆民⑧。山川河海,八极九垓⑨,莫不尽关于帝君而受事焉⑩。君有太师、上相、上宰、上傅、公卿、侯伯⑪,皆上真寮属⑫,垂谟作典⑬,预令下教⑭。故作《太平复文》⑮,先传上相青童君⑯,传上宰西城王君⑰,王君传弟子帛和⑱,帛和传弟子干吉⑲。

【注释】

① 皇天金阙后圣太平帝君：仙界位号。获此位号者为李君，名曜景，亦即老子化身之一。金阙：黄金铸成的宫阙。后圣：与"前圣"相对称。前圣指上清高圣太上玉晨大道君，即灵宝天尊，为万道之主。

② 太极宫：仙宫名。太极为道教所称三界之一，其上为无极界，其下为现世界。

③ 地皇：三皇之一。道教谓元始天尊大洞之气为天皇，灵宝天尊洞玄之气为地皇，道德天尊洞神之气为人皇。裔：后嗣。此处为继承人之意。

④ 丹台：仙台名，全称洞灵丹台。道教谓此台处于最高治所太玄都玉京山东南，为众尊神集校民人簿录、区别善恶的专用场所。

⑤ 太极：即上文所谓太极宫。

⑥ 上清：三清之一，其尊神为灵宝天尊。锡命：赐命。

⑦ 群真：指九真，即上真、高真、大真、玄真、天真、元真、神真、灵真、至真。

⑧ 兆民：即人间百姓。兆，极言其多。

⑨ 八极：八方极远之地。九垓（gāi）：九重天。

⑩ 关：禀告。受事：接受驱遣。

⑪ "君有"句：句中太师、上相、上宰、上傅、公卿、侯伯，俱为仙界官号，系由人间三公、丞相和主要封爵移植或改造而来。其各自职掌，详见本经甲部《太平经钞》钞文所述。

⑫ 上真：真仙。寮（liáo）属：即僚属，谓下属众官员。寮，通"僚"。

⑬ 垂：垂示。谟：谋略。此处指法式、规范等。

⑭ 下教：谓到人间施布道法和教化。

⑮ 复文，指用两个以上隶书累积成的符箓秘文。共四篇，二千一百三十二字，载于《太平经》卷一百四至一百七。

⑯青童君:神真名,掌管向有志登仙修真的世人传授法术等。

⑰西城:山名,山上所筑宫室则称西城宫。王君:即总真王君,亦为神真名,主管成真者。《真灵位业图》说是东汉人王远,字方平。

⑱帛和:道士名。东汉后期辽东人,先拜擅长行气辟谷术的董奉为师,后随王君学大道,成为地仙,被帛家道奉为祖师。晋葛洪《神仙传》卷七为其立传。

⑲干吉:又作于吉,道士名,东汉后期琅琊人。以上所列示的《太平复文》的授受系统,仅为一说,尚有其他说法。

【译文】

皇天金阙后圣太平帝君,是太极宫的最高圣帝,是地皇的继承人。降生下来就灵异,早早就悟识大道,功业在仙都的洞灵丹台十分显著,位号编列在太极宫。上清境颁赐命令,让他统领各类仙真,掌管亿万百姓。山川河海与八方边际九重天,没有一个地方不向帝君禀报情况并接受驱遣的。帝君手下有太师、上相、上宰、上傅和公卿侯伯,都是第一等的仙真僚属,垂示法式,制定典则,预先命令下凡去施布道法和教化,所以就创制出《太平复文》,第一个传授给上相青童君,又传授给上宰西城宫总真王君,王君又传授给弟子帛和,帛和再传授给弟子干吉。

干君初得恶疾,殆将不救,诣帛和求医。帛君告曰,吾传汝《太平本文》①,可因易为一百七十卷②,编成三百六十章③,普传于天下,授有德之君,致太平,不但疾愈,兼而度世④。干吉授教,究极精义,敷演成教⑤。

【注释】

①本文:谓原始秘文。

②因:依凭。易:推演之意。一百七十卷:《太平经》卷一百二《经文

　　部数所应诀》称:天数起于一,终于十,北斗星以七往来,标志着
　　阴阳建破(立败),故定全经为一百七十卷。
　③三百六十章:此章数与全年天数相应合。
　④度世:谓超凡成仙。
　⑤敷演:铺陈演述。

【译文】

　　干吉在当初患上了很危重的疾病,眼看着就没办法救治了,于是去
拜见帛和求医,帛和告诉他说,我把《太平本文》传授给你,你可以依据
它推演成一百七十卷,编排成三百六十章,广泛传布到整个天下去,授
付给具有道德的君主,实现太平。这样不单单能使疾病痊愈,同时还能
超凡成仙。干吉领受到这番教诲,就彻底弄通其中的精切意旨,加以铺
陈演述,形成了太平道的教义教理。

　　当东汉末,中国丧乱①,赍经南游吴越②。居越东一百三
十里③,山名太平④,溪曰干溪⑤,遗迹见存⑥。士庶翕然归
心⑦。时孙策初定江南⑧,方正霸业。策左右咸奉干吉,策以
为摇动人心,因诬以罪而絷之⑨。策告曰,天久旱,得雨当
免。倏忽之间⑩,阴云四合,风雨暴至。策愈恶之,令斩首,
悬诸市门⑪。一旦暴风至⑫,而失尸所在。君因更名字,遂入
蜀去。策览镜,见君首在镜中,因发面疮而卒⑬。时咸以戮
辱神仙⑭,致斯早殒⑮,故孙权立⑯,益信奉道术,师葛仙公⑰,
介先生亦游其庭⑱。

【注释】

　①中国:指中原地区。
　②赍(jī):持带。吴越:指苏浙地区。

③越东：指今浙江绍兴以东一带。

④山名太平：山在今浙江余姚、上虞、宁波之间，其形如伞，又名伞山。

⑤干溪：以干吉之姓命名的溪流。唐末五代天台山道士王松年《仙苑编珠》卷中援引《神仙传》佚文云："干吉在上虞钓台乡高峰之上，演述《太平本文》为一百七十卷。今太平山干溪在焉。"

⑥见存：现仍存留之意。以上四句，原用小字刻写，或系对"南游吴越"所作的注语。

⑦士庶：指士大夫及众百姓。翕(xī)然：不约而同的样子。

⑧孙策(175—200)：字伯符，吴郡富春(今浙江富阳)人。孙坚长子，孙权之兄，三国吴政权的奠基人。

⑨絷(zhí)：囚禁。

⑩条忽：此二字中"条"当作"倏"。形近而讹。倏忽，转瞬间。形容疾速。

⑪市门：市场入口处。

⑫一旦：突然间。

⑬面疮：面部恶疮。以上所述孙策杀干吉之事，《三国志·孙策传》裴注引《江表传》及其他神仙记传并有载录，细节则相出入。

⑭戮辱：杀戮污辱。

⑮殒(yǔn)：死亡，去世。

⑯孙权(182—252)：字仲谋，三国吴政权的建立者。孙权继承孙坚、孙策开创的江东基业，并于公元208年联合刘备大败曹操于赤壁，奠定天下三分局面，公元229年称帝，建立吴国。

⑰葛仙公：指葛玄。其为丹阳句容(今属江苏)人，系汉末著名术士左慈的弟子，晋代道教学者葛洪的三代从祖。事迹详见《道藏·太极葛仙公传》。

⑱介先生：指介象。其为三国会稽(今绍兴)人，精通隐形、气禁等

法术,被孙权待以上宾之礼。晋葛洪《神仙传》卷九为其立传。

【译文】

正当东汉末年,中原地区衰败动乱,干吉就携带《太平经》南下,游历吴越地区。在绍兴以东一百三十里的地方,有座山叫太平山,山下有条溪流叫干溪,遗迹现今仍然存留。吴越的读书人和众百姓都不约而同地归向干吉。这时孙策刚刚平定江南,正谋划称霸一方的大业,可孙策的手下人却都尊奉干吉,孙策认为这纯属动摇人心,随后就寻找一个罪名把他囚禁起来。孙策告诉干吉说:天气长时间干旱,你能求到雨来,就把你放出去。转瞬间,阴云从四面聚集到一起,风雨就猛然降下来了。孙策由此更加厌恶干吉,下令把他斩首,首级被悬挂在市场的入口处示众,可突然间暴风刮来,尸首也不知到哪里去了。干吉自此改换名字,于是入蜀而去。孙策只要一照镜子,就看见镜子里有干吉的首级,随即面部长出恶疮而死去了。当时人们都认为这是因为斩杀污辱神仙,才引来这种早早去世的结果的。所以孙权掌权以后,更加信奉道术,把葛玄葛仙公当成师长来看待,介象介先生也在孙权的住地出入往来。

　　南朝丧乱①,《太平》不复行。暨梁②,陶先生弟子桓法闿③。闿,东阳乌伤县人④,于溪谷间得《太平本文》,因取归而疾作⑤。先生曰,太平教未当行,汝强取之,故疾也。令却送本处⑥,未几疾愈。至陈宣帝时⑦,海隅山渔人得素书⑧,有光烛天。宣帝敕道士周智响往祝请⑨,因得此文,丹书焕然⑩。周智响善于《太平经》义,常自讲习,时号太平法师。宣帝略知经旨,而不能行。陈氏五主⑪,宣帝最贤。

【注释】

①南朝:指中国历史上在南方与北朝对峙而立的宋、齐、梁、陈四个朝代。时当公元420—589年。

②梁:南朝第三个王朝。历四帝,共五十六年(502—557)。

③陶先生:指陶弘景,为道教茅山派创建人,世称山中宰相。《梁书》、《南史》并有传。桓法闿(kǎi):道士名。字彦舒,法闿为其道号。

④东阳:郡名。即今浙江金华。乌伤县:即今浙江义乌县。

⑤疾作:发病,犯病。

⑥却送:退归,送还。

⑦陈宣帝:南朝陈第四位君主。名陈顼,在位十四年(569—582)。

⑧海隅山:山名。素书:帛书。因《太平本文》写于白色缣帛上,故称素书。

⑨祝请:祝祷请受。《云笈七签》卷六《四辅》谓,周智响清斋七日,拜礼进趋,敛气开函,方遂其事。

⑩丹书:指用红色书写的字迹。

⑪陈氏五主:指陈武帝陈霸先、文帝陈蒨,废帝陈伯宗,宣帝陈顼,后主陈叔宝。

【译文】

　　南朝衰败动乱,《太平经》不再流行。到了梁代,陶弘景先生的弟子桓法闿,他是东阳郡乌伤县人,在溪谷间得到了《太平本文》,随即带回来,可却犯了病。陶先生对他说,太平教还没到兴行的时候,你硬行收取它,所以才得病。于是让他把《太平本文》送还到原处去,很快就疾病痊愈了。到陈宣帝时,海隅山下的捕鱼人获取到帛书,只见有光焰照亮了天空。陈宣帝就命令道士周智响前去祈祷请受,由此得到这部神文,上面用红色书写的字迹在闪闪发光。周智响精通《太平经》的意旨,经常在自家讲论研习,当时号称太平法师。陈宣帝也粗略了解经文的意旨,但却不能够真去行用。在陈朝五个皇帝中,顶数宣帝最贤明了。

爰自南朝湮没①,中国复兴②,法教虽存③,罕有行者。绵历年代,斯文不泯④,缮写宝持⑤,将俟贤哲⑥。壬辰之运⑦,迎圣君下降,睹太平至理⑧,仙侯莅事⑨,天民受赐⑩,复纯古斯文之功彰也⑪。凡四部⑫,九十五章,二千一百二十八字⑬,皆《太平本文》。其三百六十二章⑭,是干君从本文中演出,并行于世,以复相辅成教而传受焉,故不谬也。

【注释】

①湮(yān)没:意谓在历史上消失。

②中国复兴:指隋朝重新统一全国,唐朝继之而起。

③法教:道法教理。

④斯文:指《太平经》及太平道这份道教遗产。泯:泯灭。此处意本孔子在匡地被囚时所抒发的感慨之语:"天之将丧斯文也,后死者不得与于斯文也。天之未丧斯文也,匡人其如予何?"见《论语·子罕》。

⑤宝持:谓像护持宝器那样来护持。

⑥俟:等待。

⑦壬辰之运:运谓际运。按照道教的说法,后圣李君逢壬辰之年,则于三月六日出世行化。本文既讲隋代之后,则此壬辰年为唐太宗贞观六年(632)。

⑧太平至理:谓《太平本文》所喻示的有关实现天下太平的最为精深的道理。

⑨仙侯:泛指仙真大小官吏。莅事:履行职责、处理各种事务之意。莅,临视。

⑩天民:指德返自然本性而能使人们前来归附的人。参见《庄子·庚桑楚》所述。

⑪纯古斯文:意为诞生于古代的十分纯正的真道遗经。

⑫四部:四类,即"兴上除害复文、令尊者无忧复文、德行吉昌复文、神祐复文"。

⑬二千一百二十八字:此字数同本经卷一百四至一百七所载列者尚少四字。

⑭三百六十二章:章,犹言篇。此篇数加本文四篇,适与敦煌写本《太平经目录》三百六十六篇相合。

【译文】

从南朝在历史上消失,中国重新统一,得到振兴,太平道的道法教理虽仍存世,但很少有能行用的人。历经那么长的年代,这份真道遗经并未泯灭,于是把它再缮写下来,像宝器那样加以护持,等待贤哲来行用它。恰逢壬辰之年的际运,迎接后圣帝君下凡,得见《太平本文》所喻示的有关实现天下太平的最为精深的道理,而由大小仙真负责处理各种事务,天民都受到恩赐,于是复兴古代纯正的真道遗经的功德,也就彰显了呀!总共四类,九十五章,二千一百二十八字,都属于《太平本文》。剩下的三百六十二篇,则是干吉从本文推演出来的,和本文一起在世上流传,用来互相补充,形成教义和教理,传付并承受它们,所以并不乖谬啊!

敦煌写本太平经目录

【说明】

一八九九年，珍藏在中国甘肃敦煌鸣沙山莫高窟第 17 窟（现编号）的大批时逾千载的写本古籍和画册，首次被发现。八年后，竟由英人斯坦因将其精华部分席卷而西，入藏伦敦不列颠图书馆。其中《道经太平部卷第二》（S 四二二六号），有手抄《太平经》总目录，包括甲、乙、丙、丁、戊、己、庚、辛、壬、癸十部，每部各十七卷，共一百七十卷，三百六十六篇〔此篇数系仿全年天数而来，内脱五篇，实得三百六十一篇。原抄于"右十部、一百七十卷、三百六十六篇"下有曰：乙第二（当指乙部第二篇《录身正神法》）云："人三百六十职，职一精，精一神，思神至成道人。"则似以"三百六十职"为篇数构成之来历，然与今存《经文部数所应诀》之说迥然有异，仅可聊备一说〕。这部总目录，贵在完整，缺点是存在着较严重的文字讹谬和脱漏现象。惟其完整，依据它，既可以和明正统《道藏》本《太平经》的残存篇目作比较，究其异同；又可以窥见《太平经》的基本原貌和散佚情况；也可以从《太平经钞》里找出若干有关的篇目；还可以证成《太平经钞》甲部钞文属于伪作的说法，推定《太平经钞》癸部的内容实际上适与《太平经》甲部大致相当。惟其讹脱严重，反转来亦须凭借《太平经》残存篇目及《经钞》钞文，对其加以验核订正。二者交互为用，遂使最大限度地恢复本经的真实面目赖有资斧。这部总目录的学术价值和客观功用既如上述,故录存于后,以便读者了解全经崖略,并同《合校》本所编目录相观照。其间讹脱之处的校订,可参阅《文史》第四辑所刊载的王明先生《〈太平经〉目录考》一文。需要指出的是,《道藏》本庚部卷一百十七"天咎四人辱道诫第二百八",《金锁流珠引》卷十五《五行六纪所生》注引《太平经·内品修真秘诀》,这两个篇题均不见于本目录中。本目录中壬部卷一百四十五"游玄食振阴灭死无人之野决二百八十九",显然和"天咎四人辱道诫"为同一内容。而"内品修真秘诀"或许与本目录中卷九十八的两个阙题有关。

二十七家引用太平经书目

太平经钞 《太平经》的节录诠次本。出于唐末道士间丘方远之手。书分甲、乙、丙、丁、戊、己、庚、辛、壬、癸十部，每部一卷。所钞纂内容，以文约旨博、备尽枢要见长，既可与今存《正统道藏》本《太平经》（凡五十七卷）相参证，又可补其缺佚，但也存在断章取义、割裂错讹之处。其中甲部钞文，经当代学者考证，属于赝作。

太平经圣君秘旨 《太平经》的要言专题辑录。原题"传上相青童君（神名）"，或疑亦为间丘方远所辑。书凡一卷，其中论述气、精、神三者关系的文字，略与《太平经钞》癸部《令人寿治平法》相同。缕述守一之道的文字，有与《太平经》卷七十一《真道九首得失文诀》、卷九十六《守一入室知神戒、《太平经钞》乙部《守一明法》基本相合或部分相合者，其余则为《太平经》的佚文。

五行大义 综论阴阳五行原理和要旨的著述。隋萧吉撰。凡五卷。始自释名，终于虫鸟。共分二十四段，又细分为四十段。以汇集、排比隋以前诸家之说为主，间下己意。由此保存了许多失传古书的部分原文。卷三《论杂配·论配藏府》引有《太平经》一条经文。

《后汉书·襄楷传》李贤注 《后汉书》系前四史之一，南朝刘宋范晔撰，由十纪、八十列传组成。襄楷为桓帝时齐地方士化的儒者，其本传次于卷三十(下)。李贤为唐高宗太子,曾在一些学者的协助下,为范史作注。注涉《襄楷传》,共引用《太平经》五条经文。

路史 记述和评论远古传说时代暨夏商周历史、地理、氏族的史籍。路史即"大史"之意。南宋孝宗朝罗泌撰。其子罗苹注。凡四十七卷。分《前纪》、《后纪》、《国名纪》、《发挥》、《余论》五部分。其中《前纪二·九头纪·泰皇氏》罗苹注引有《太平经》一条经文。

初学记 唐代玄宗朝官修类书。徐坚等撰。凡三十卷,共分二十三部,二百一十三个子目。其中卷二十三为《道释部》,部下《道士第三·事对》引有《太平经》一条经文。

白氏六帖 由唐代诗人白居易为积聚写作资料而自编的一部类书。初名《白氏经史事类》。凡三十卷,共分一千三百六十七门,附五百零三门,颇为零散琐碎。其中卷二十六《三教》,引有《太平经》关于守一修炼术的一条经文。

太平御览 北宋太宗朝官修大型类书。凡一千卷,分为五十五部。其中卷六五九至六七九为道部,道部中《道》、《真人》、《斋戒》、《养生》、《服饵》、《殿》引有《太平经》经文。

道要灵祇神鬼品经 六朝时的道教类书。凡一卷,分为十九品(品类),专述灵祇神鬼的名号、职司、所居地域以及奉灵制鬼之法等。其中《灵祇神品》引有《太平经》五条经文。

三洞珠囊 道教类书。唐初著名道士王悬河辑。凡十卷,分为三十五品。其中卷一《救导品》、卷三《服食品》、卷四《绝粒品》、卷九《老子为帝师品》和《老子化西胡品》,引有《太平经》十二条经文。

上清道类事相 道教类书。亦为王悬河所辑。凡四卷,分六品,专录诸道典中有关神仙道士所居楼观室宅等建筑之文。其中卷三《宝台品》引有《太平经》两条经文。

云笈七签 道教大型类书。北宋道教学者张君房于真宗朝编定。凡一二二卷,约百万言。举凡教理教义、仙真位籍、方术科仪、神话源流、诗歌传记,无不根据原文精加择录,分类纂辑,征引道书多达七百余种,致有"小道藏"之称。其中卷六《四辅》、卷七《本文》、卷四十九《秘要诀法》、卷八十九《诸真语论》等,引有《太平经》经文。

　　道枢　道教类书。两宋之际曾慥编辑。凡四十二卷,一百零八篇,不啻于南宋以前道教修炼方术的百科全书。其中卷三十《三住篇》引有《太平经》一条经文。

　　一切道经音义妙门由起　唐朝道士史崇等人于玄宗朝奉敕撰。《一切道经音义》为大型道教辞典,已佚。《妙门由起》凡六篇,类集诸道经之说,叙述道教、道经的源流。其中《明道化第一》、《明天尊第二》,引有《太平经》两条经文。

　　道典论　唐人编集。凡四卷。书题曰论,实则类似于道教辞典。其中卷二《弟子》、卷三《承负》、卷四《妙瑞》、《灾异》、《怪袄(妖)》、《吉兆》、《凶征》、《胎息》,共征引《太平经》较完整的十二条经文。

　　道教义枢　道论著述。由道士孟安排编撰,成书于唐高宗初年。凡十卷,共列道教义理名数重要者三十七目,实存三十二目。其中卷一《道德义》、《法身义》,卷二《七部义》、卷七《混元义》、卷九《净土义》,引有《太平经》八条经文。

　　大道论　道论著述。题曰周固朴撰,盖为宋人。书凡一卷,分为十八章。其中《至德章》、《理国章》,引有《太平经》两条经文。

　　三论元旨　道论著述。作者殆为岩泉隐居之士,书或成于南宋。凡一卷,分道宗、虚妄、真源三章,论述道、心、性,故称三论。其中《真源章》,引有《太平经》一条经文。

　　道德真经广圣义　《老子》一书的集注汇解本。出于唐末著名道士杜光庭之手。因博采众说,间下己意,而以阐释唐玄宗御注为主,故名《广圣义》。书凡五十卷。其中卷五《释疏题明道德义》,引有《太平经》三条经文。

太上黄庭内景玉经　梁丘子注《太上黄庭内景玉经》即《黄庭内景经》,出于西晋之末或东晋之初。用七言韵语写成,凡二百二十九句,分为三十六章,每章各取首句二字为题,主要讲述存思体内诸神灵的修炼法,为道教上清派的主要经典之一,亦为后世内丹理论的渊源。历代注解甚多,其中《云笈七签》卷十一所录《胆部章》注、卷十二所录《隐藏章》注,各引《太平经》一条经文。梁丘子即唐朝前期隐士白履忠,其注《玉经》,在卷中、卷下亦引《太平经》两条经文,与《七签》引注适成一字之差,又字序相反。

存神固气论　不著撰人,盖为宋元时道士所作。凡一卷,内分《炉鼎地位》至《形神俱妙法》等十四节,而以《中源篇》结尾。各节简要阐述内丹修炼法。其中第十四节《形神俱妙法》引有《太平经》一条经文。

三洞神符记　不著撰人,出于北宋以前。凡一卷,由两部分组成。前一部分汇记三洞(洞真、洞玄、洞神)各经关于天书、神符的名称及解说,后一部分为《太上敷落五篇》。在前一部分,有《文生东》之目,摘引《太平经》卷六十五《王者赐下法》中的一节经文。

太玄金锁流珠引　原题唐初李淳风注,盖由宋元间术士众手纂辑而成。书凡二十九卷,七十八篇,详述步纲踏斗、画符念咒、斋醮作法、考召神鬼等。其中卷十五《五行六纪所生》注引有《太平经》一条经文,并题曰《内品修真秘诀》,此题亦不见于敦煌写本《太平经目录》。而所引经文,实与《太平经》不类。

正一法文太上外箓仪　六朝时流传的百卷本《正一法文》的组成部分之一。凡一卷。乃系传授初级法箓之仪法,主要供未能立治所的民间道士使用。其中《下人四夷受要箓》引有《太平经》一条经文。

要修科仪戒律钞　唐前期道士朱法满撰。凡十六卷，为道教科仪戒律的类钞。其中卷一《部秩钞》、卷十二《善功缘》、卷十四《饮酒缘》引有《太平经》三条经文。

太上说玄天大圣真武本传神咒妙经本经　原为旧籍，唐宋时有所增补，凡六卷。书中以紫微大帝与妙行真人问答的形式，叙述护卫之神北方七宿玄武将军的源起及应化之由，又叙玄武奉元始天尊敕命，率神兵下凡，翦妖伏魔，济度世人的神话。其中卷六引有《太平经》一节文字，或系伪托。

历世真仙体道通鉴　道教大型神仙传记。元代道士赵道一编撰。后世简称《仙鉴》。凡五十三卷，上起黄帝，下迄宋代，收录飞升、冲举、尸解、隐化等仙真七百余人。其中卷二十《干吉传》载有《太平经》丙部《师策文》。

中华经典名著
全本全注全译丛书
（已出书目）